변방의 유다인

A Marginal Jew:
Rethinking the Historical Jesus, Volume I

The Anchor Yale Bible Reference Library는 많은 나라의 개신교, 가톨릭 그리고 유다인 학자들이 각 책에 공헌하는 세계적이며 종교를 초월하는 전망의 기획이다. 이 전망은 어떤 교회 조직에 의해 후원을 받지 않으며 어떤 특정한 신학적인 교리를 반영하지 않는다.

이 시리즈는 반세기 전에 윌리엄 폭스웰 올브라이트(William Foxwell Albright)와 데이비드 노엘 프리드먼(David Noel Freedman) 같은 Anchor Bible 창시자들에 의해 수립된 전통 속에 책들을 만드는 데 전념한다. 이것은 학자들뿐 아니라 또한 교육을 받은 비전문가들이 접근할 수 있는 방법으로 최고의 동시대 학문을 제시하는 것을 목표로 한다. 이것은 사회학적 또 문학적 비평과 같은, 현대의 방법들에서 오는 통찰에 의해 보충된 건전한 철학적 또 역사학적 학문의 일에 전념한다.

편집장
존 J. 콜린스

THE ANCHOR YALE BIBLE REFERENCE LIBRARY

변방의 유다인

A Marginal Jew: Rethinking the Historical Jesus, Volume I

역사적 예수를 다시 생각함

1권
문제와 인물의 근원들

존 P. 마이어 지음
조장윤 옮김

대전가톨릭대학교 출판부

IMPRIMATUR
New York, June 25, 1991
The Most Rev. Patrick J. Sheridan, V.G.

변방의 유다인

A Marginal Jew:
Rethinking the Historical Jesus, Volume I

1권: 문제와 인물의 근원들

교회인가 2025년 7월 14일(대전교구)
제1판 제1쇄 펴낸날 2025년 7월 30일

지은이 존 P. 마이어
옮긴이 조장윤
펴낸곳 대전가톨릭대학교 출판부
주소 30006 세종특별자치시 전의면 가톨릭대학로 30
전화 044-861-7208 전송 044-861-7106
홈페이지 http://www.dcatholic.ac.kr

편집·제작 기쁜소식 02-762-1194

ISBN 978-89-98369-43-9 94230
ISBN 978-89-98369-42-2 94230(세트)

값 50,000원

Elizabeth O'Reiliy Meier

אשת-חיל מי ימצא

훌륭한 아내를 누가 얻으리오?

(잠언 31, 10)

•차례•

감사의 글

많은 사람이 이 작업의 첫 권을 내가 완성하도록 도와주었다. 여기에 소수만 언급될 수 있다. 미국가톨릭대학교의 다양한 동료들이 친절하게 원고의 부분들을 독해하였다. 그들 중 주된 이들은 존 갤빈(John P. Galvin), 프랜시스 지냑(Francis T. Gignac), 윌리엄 뢰베(William P. Loewe), 프랭크 마테라(Frank J. Matera)이다. 나는 또 다른 재단의 학자들의 후한 도움의 축복을 받았다. 곧 뉴욕 포덤대학교의 마일스 버크(Myles M. Bourke), 노트르담대학교의 해럴드 애트리지(Harold W. Attridge)와 존 콜린스(John J. Collins), 루터교대신학교의 존 로이만(John P. Reumann), 그리고 유니온대신학교 명예교수 레이먼드 브라운(Raymond E. Brown) 교수들이다. 나는 뉴욕 예시바대학교의 루이스 펠드만(Louis H. Feldman), 뉴욕 유다인대신학교의 셰이 코헨(Shaye J. D. Cohen) 교수들에게 요세푸스의 논문에 대한 그들의 현명한 조언에 대하여 특별한 보답의 말씀을 드리고 싶다. 앵커 바이블 시리즈의 편집자, 데이비드 노엘 프리드먼(David Noel Freedman) 교수에게 내가 가는 길의 한 걸음 한 걸음을 따라 귀중한 제안과 교정에 대하여 아무리 많은 감사도 그 은덕을 갚을 수 없을 것이다.

나는 또한 미국가톨릭대학교의 도서관들, 조지타운대학교의 우드스톡 신학도서관, 버클리연합신학대학원, 워싱턴 D.C.의 도미니칸연구소, 뉴욕 유니온대신학교, 뉴욕 용커스의 성요셉신학교와 하버드신학대학원의 직원들에게 감사를 드리고 싶다. 끝으로 더블데이의 편집자들인 테레사 도르소냐(Teresa D'Orsogna), 토머스 카힐(Thomas Cahill), 마이클 이아나치

(Michael Iannazzi)에게 그들의 인내와 이해에 대하여, 그리고 교수들인 크리스토퍼 베그(Christopher T. Begg)와 캐슬린 웨버(Kathleen Weber)에게 교정과 찾아보기에서 그들의 도움에 대하여 감사해야 할 일이 있다.

1장과 7장의 부분들은 "역사적인 예수: 몇 가지 개념들을 다시 생각함", *TS* 51(1990) 3~24에 나왔다. 3장의 부분들은 "요세푸스 안의 예수: 신중한 제안", *CBQ* 52(1990) 76~103에 나왔다. 나는 이 책에 자료로 사용할 수 있도록 허락함에 대하여 양쪽 학술지에 감사를 드린다.

옮긴이의 글

성서학자 존 P. 마이어는 역사적 예수에 대한 성서학적 연구의 대가이다. 역사적 예수의 출생과 생활과 가르침을 알기 위해 실제적 예수로 돌아가서 생활과 가르침을 문헌적으로 그 실제를 연구하며 『변방의 유다인』을 썼다. 이 연구는 역사적 예수를 탐구해 신학과 신앙생활에 그 바탕을 새롭게 놓으며 그리스도교의 신앙과 신학에 구조를 튼튼하게 한다.

이 책은 유다교 학자들, 개신교와 가톨릭의 저명한 성서학자들로부터 공통으로 고전적인 책으로 높은 평가를 받았다. 교황 베네딕토 16세도 중요한 책으로 평가했을 뿐만 아니라 이 연구에 대한 응답으로 『나자렛 예수』를 썼다. 나의 은사 박상래 교수 신부님은 돌아가시기 전까지 이 책에 심취하시며 신학생들을 이제 자신 있게 가르칠 수 있겠다고 말씀하셨다. 이 책 때문이라고 하셨다.

나는 Yale University Press로부터 해설 본문만 번역을 하고 NOTES(주해)는 원문을 그대로 출판할 수 있도록 허락을 받았다. 주해는 박사 학위를 위해 준비하는 이들과 전문적인 연구자들을 위해 해설의 주장을 뒷받침하는 연구이며 그 안에 중요한 내용들이 있다. 번역 부분은 일반적인 교양을 갖춘 이들이 알 수 있도록 쓰였다.

이 책의 번역 출판을 허락하신 대전가톨릭대학교 총장님께 감사를 드리며, 출판을 위해 많은 공헌을 해 주신 기쁜소식 출판사에 감사를 드린다. 아울러 많은 노고로 찾아보기를 완성해 주신 김경옥 님께 감사를 드린다.

변방의 유다인

입문

1. 이 책의 특징과 기원

이 책은 현대 종교 학계의 가장 큰 난문제 중 하나인, 역사적 예수를 해결하려고 힘쓴다. 내가 1장에서 상세하게 설명하겠지만, "역사적 예수"에 의해 나는 우리가 현대의 역사적인 연구의 학문적인 도구들을 사용함으로써 되찾고, 회복하며, 또는 재구성할 수 있는 예수를 의미한다. 우리 사료의 단편적인 상태와 우리가 사용해야 하는 논증의 간접적인 특징을 감안하면, 이러한 "역사적 예수"는 항상 그가 우리 시대의 1세기 동안에 팔레스티나에서 실제로 살고 일했던 것처럼 나자렛 예수의 완전한 현실과 일치하지 않으며 일치할 수 없는 과학적인 생각, 이론적인 관념으로 남아 있을 것이다. 제대로 이해하면, 이러한 접근법은 어떤 믿음 자세를 증명하거나 그것을 공격하려고 시도하지 않는다. 나의 방법은 단순한 원칙을 따른다. 곧 그것은 그리스도교의 믿음 또는 이후의 교회 가르침이 예수에 대하여 말하는 것을 배제하면서, 이러한 주장을 단언하지도 또는 부인하지도 않는다.

이 책에서 내가 하려고 제안하는 것을 나의 학문적인 동료들에게 설명하기 위해, 나는 흔히 "비교황 선출 비밀회의"의 환상을 이용한다. 가톨릭 신자, 개신교인, 유다인, 그리고 무신론자—모두 초세기 종교적인 운동들을 인지하는 솔직한 역사학자들—가 하버드신학대학원 도서관의 깊은 곳에 갇혀서, 엄격하고 간소한 식사를 하면서, 나자렛 예수가 누구였고 그 자신의 시대와 장소에서 무엇을 의도했는지에 대해 합의 문서를 타결할 때까지 나오지 못할 것을 상상하라. 이 문서의 가장 중요한 요구는 그것이 오로지 역사학적 사료와 논증들에 기초하고 있어야 할 것이다. 결과로 이루어진 비종교적인 "일치의 형식 문구"는 위원회들에 의해 작성된 에큐메니컬 성명들에 대한 고질적인 모든 병들로 고생할 것이다. 때로는 애매한 언어가 다른 점들을 미봉책으로 가리기 위해 주의 깊게 선택되었을 것이며, 때로는 아무 합의에 이를 수 없는 차이점들이 공개적으로 인정되어야 했을 것이다. 아마 예수에 대한 이 흰 종이는 굶어서 지친 비밀회의의 어떤 한 회원의 견해들도 충분히 반영하지 못했을 것이다. 분명히 그것은 가톨릭 신자나 개신교 회원이 확고하게 믿음으로 지녔을 확언들을 포함하지 않았을 것이다. 합의 문서가 현대의 역사학적인 연구의 방법을 사용하는 어느 또는 모든 사람에 의해 열려 있어야 한다는 기본적인 요구는 좁은 초점, 단편적인 전망, 아마 왜곡들도 만들었을 것이다.

물론 어떤 것이 얻어질 것이다. 저 헛된 기대, 곧 "모든 이성적인 사람들"이 역사적 예수에 대하여 말할 수 있을 것에 대한 초안을 우리는 가지게 될 것이다. 그 문서는 다양한 그리스도교 종파들과 또 신자들과 신자들 간에 대화를 위한 공통되는 기반으로, 마찬가지로 역사가들과 신학자들 양쪽 모두에 의해 더 많은 연구에 초대로서 역할을 할 수 있을 것이다. 이러한 제한적인 의견 일치 선언은, 이는 믿음의 그리스도의 대체물로서 작용한다고 주장하지 않지만, 현재 작업의 소박한 목표다.

역사의 예수에 관한 이 책은 그 자체의 긴 역사가 있다. 1984년에 나는 뉴욕 유니온대신학교의 레이먼드 브라운 교수로부터 *Jerome Biblical Commentary*의 새로운 판을 위해 역사의 예수에 관한 논문을 쓰라는 요청을 받았다. 이는 1990년에 출판되었다.[1] 1968년 출판된 *Jerome Biblical Commentary*의 원판에 연장된 역사적 예수의 논문이 포함되지 않았다는 것은 아마 60년대에 미국 가톨릭 성서학 연구의 상태의 증상에 따른 것이었다.[2] 이런 이유로 나는 아무것도 없이 시작해야만 했다. 뒤따르는 연구는 내가 처음에 기대했던 것보다 더욱 흥미롭고 매력적이었다.

나의 연구와 집필하는 동안, 나는 나의 더 전문적인 작업 결과의 정수를 뽑을 수 있을 대중적인 강연과 논문들을 제공하도록 여러 단체에 의해 요청을 받았다. 대중화의 이러한 시도들은 1984년 12월에 *Washington Post*의 "전망" 난에[3] 기사를, 1986년 12월 *New York Times Book Review*에[4] 훨씬 더 긴 논문을 포함시켰다. 계속해서 더 긴 연구는 후에 나의 논문 모음집, *The Mission of Christ and His Church*에 출판되었다.[5]

이 시기에 즈음하여, 1987년 초에 Catholic University와 Catholic Biblical Association의 여러 동료들이 학생들과 함께 강의에서 사용을 위해 또한 교육받은 평신도 독자를 위해 역사적 예수의 책 분량의 논문을 쓰도록 나에게 촉구했다. 처음에 나는 이처럼 엇갈리는 결과로 매우 자주 시작된 기획을 시도하기를 주저했다. 그럼에도 Catholic University의 조셉 코몬차크(Joseph A. Komonchak) 교수는 박사 학위 수준 학생들과 더 일반적인 성직자 청중 또 교육을 받은 평신도를 겨냥한 역사적인 예수의 견실한 프레젠테이션에 실제적인 빈틈이 현재에 있다는 것을 나에게 가리켜 보였다. 원래 1956년에 출판된, 잘 알려진 권터 보른캄(Günther Bornkamm)의 *Jesus of Nazareth*은[6] 이제 어느 정도 오래되었다. 그리고 초기 유다교에 관한 최근의 책은 우리를 저 두 위대한 마르틴 곧 루터와 하이데거의 몇몇 특성을 보른캄의 나자렛 예수의 묘사 안에 감지하도록 우리를 이끈다.[7] E. P. 샌더스(E. P. Sanders)에 의한 더 최근의 또 광범위한 *Jesus and Judaism*은[8] 보른캄의 예수의 결점들 중 많은 것을 피하지만, 여전히 예수에 관한 샌더스의 몇몇 입장들은 대단히 논란의 소지가 많은 것으로 증명되었다. 1세기에 그런 것처럼, 오늘날도 그렇다. 곧 아무의 것도 아닌 예수—또 아무도 아닌 예수—가 모두의 취향에 맞는다.

운이 좋아서, 이맘때 데이비드 노엘 프리드먼 교수가 Anchor Bible Reference Library 시리즈를 위하여 예수 책을 쓰라는 요청과 함께 나에게 왔다. 나는 아주 불안한 마음으로 동의했다. 내가 받았던 격려에도 불구하고, 예수에 대한 탐구의 2세기에 의해 남겨진 흩어진 잔해가 자주 나에게 이렇게 묻게 했다. 아주 많은 사람이 실패한 곳에 왜 해 보려는 것이지? 오직 자신들을 보기 위해 역사적 예수의 연못 안으로 자아도취적으로 유심히 보았던 학자들의 군단에 가담하는가? 다른 노선의 연구는 학자들을 회의론자들로 만드는 데 그렇게 적합하게 맞추어지지 않은 것으로 보인다. 지독하게 자발적인 예수로부터 동성애 독신주의자 예수로, 묵시문학적 광적인 사람 예수로부터 지혜 교사 예수 또는 종말론에 대하여 알지 못하는 견유학파적인 철학자로, 모든 상상할 수 있는 시나리오, 곧 서로 간에 취소하고 열렬한 새로운 저자들이 과거의 잘못을 되풀이하며, 정반대 입장들과 함께, 상상할 수 있는 모든 극단적인 이론이 제안된 지 오래되었다. 어떤 의미에서 삼세(三世)를 버틸 만큼 "예수 책들"이 충분히 있으며, 죄스러운 불자(佛子)가 단죄되어 그것들을 끝까지 읽으면서 그의 다음 세 화신(化身, incarnations)을 잘 보낼 수 있을 것이다.

2. 노력해야 할 이유

그럼에도 불구하고, 다른 의미로 모든 성서학자—참으로 그리스도교 기원에 관심이 있는 교육을 받은 사람은 누구나—는 자신에 대한 가장 중요한 질문들을 직면하며 대답을 해야 하는 도전을 피할 수 없다. 수세기를 지내면서 위대한 지성들이 저 질문에 대해 모순되는 대답을 제시했는데, 우리가 어떻든 또는 어떻게 진리를 알 수 있는지에 대한 질문에 왜 모두가 고심해야 하는지 몇 년 전 나의 수업 시간에 질문을 하면서 나를 가르쳤던 철학 교수를 나는 자주 기억한다. 최고의 또 가장 똑똑한 사람들이 허우적거렸는데 왜 시도하려고 노력해야 하는가? 사려 깊은 학생 한 명이 대답하기를 아무도 탐구와 사랑의 실천을 멈추어서는 안 되는데, 바로 우리의 선조들이 그 주제를 엉망진창으로 만들어 놓았기 때문이라고 대답했다. 모든 인간이 자신을 위하여 해결해야 할 어떤 위대한 의문들이 있다. 우리는 지나간 탐구에서 배우지만, 분명히, 삶의 중요한 문제를, 모든 사람이 정면으로 맞서야 하는 문제를 해결하기 위해 우리 자신의 개인적인 노력을 다른 사람들의 교훈으로 대체할 수 없다. 실제로 나의 동료 학생은 교수에게 플라톤을 인용하고 있었다. 곧 검토되지 않은 삶은 가치 있는 삶이 아니다.—또 그것은 우리를 위하여 취하도록 어떤 다른 사람에게 우리가 지불할 수 없는 검토다.

진리의 특징, 하느님의 실제, 삶의 의미, 죽음과 그것을 넘어서 있는 것에 대한 답을 위하여 탐구할 모든 사람의 필요가 사실이라면, 예수라 불리는 사람의 실제와 의미에 대하여 답하기 위하여 교육을 받은 모든 그리스도인의 탐구할 필요는 사실이다. 분명히 학생은 먼저 다른 사람들에 의해 이루어진 연구에서 배운다.—그러나 직접 얻은 문제를 가장 잘 해결할 수 있는 방법을 결정하기 위하여. 그것이 모두 교육에 관련된 것이다. 실로 서구 문명의 모든 것에 대하여 예수의 영향을 고려할 때, 만일 그가 세상의 주요한 종교적 문화적 세력의 하나를 촉발시킨 이 수수께끼 같은 인물의 역사적 연구가 말할 수 있는 것을 어느 정도 탐구하지 않았다면, 어떤 종교적 신념이 있는 사람 누구도 오늘날 참으로 교육을 받았다고 간주될 수 없다. 조사되지 않은 종교적인 생활은—또는 나아가 반종교적인 생활도—살아갈 가치가 없다.

3. 객관성에 대한 탐구

그럼에도 불구하고, 감정이 고조된 질문에 대한 긴장된 개인적인 고심은 어떤 객관적인 관점이 가능한지 우리가 의심하게 만든다. 가장 주의 깊은 현대의 학자들도 그들이 그렸던 예수의 초상에 대한 그들 자신의 특수한 양상을 떠났다. 어떻게 달리 될 수 있겠는가? 물론 한 사람의 개인적 입장의 이러한 피할 수 없는 영향력은 새로운 저널리즘에 의해 만들어진 예수에 도움이 되는 모든 객관성을 폐물로 처분하는 것을 정당화하지 않는다. 역사적인 예수의 탐구를 위한 객관성은, 신학자 카를 라너(Karl Rahner)의 구절을 빌리자면, "접근적인 목표"이다. 이것은, 비록 우리가 결코 그것에 완전히 이르지 못할지라도, 계속 향하여 밀어붙여야 하는 것이다. 목표를 향하여 밀어붙이는 것은 우리를 궤도에 올려놓는 것이다. 구체적으로, 그것은 우리의 사료를 알고, 그것들에 대하여 역사적인 판단을 하기 위한 분명한 기준을 가지며, 과거와 현재의 다른 탐구자들에게서 배우며, 그리고 우리의 동료들의 비평을 요청하는 것을 뜻한다. 이 모든 것은 따라오는 장들에서 시도될 것이다.

어떤 의미에서, 그래도 만연하는 주관주의에 대한 가장 중요한 산울타리는 우리 자신의 개인적인 입장, 우리 자신의 견해와 배경의 정직한 인정이다. 오늘날 작가들이 충분히 자기 비평적이지 않음에 대하여 먼저 질책하고 그다음 역사적인 예수의 초상화로 그들 자신의 견해와 의제의 무비판적인 투사에 전념하기 위해 어떻게 나아갈 것인가에 대해 놀라기를 결코 그치지 않기 때문에, 예수가 어떻게 적절하게 모습을 드러낼지에 대해 숨 막힘을 참지 못하면서, 나는 "가장 중요한"이라고 말한다. 만년의 노먼 페린(Norman Perrin)의 예수에게 다양한 접근법은 모두 그가 때마침 감탄했던 지성적인 멘토를, 곧 먼저 요아힘 예레미아스(Joachim Jeremias), 그다음 루돌프 불트만(Rudolf Bultmann), 끝으로 폴 리쾨르(Paul Ricoeur)와 미르체아 엘리아데(Mircea Eliade)를 반영했다. 불트만은 물론 1차 세계대전 후 독일의 지성적인 흐름을 반영하면서, 결단에 대한 존재론적 부름을 표명하는 하이데거식 라삐 예수를 만들었다. 포스트리버럴 개신교인 샌더스는 그가 재구성한 예수가 클래식 리버럴 개신교인들의 사랑을 받는 사회적인 복음의 설교자가 아닌 것을 만족해하는 것으로 보인다. 내가 매우 큰 붓으로 그린다면, 일반적으로 가톨릭 신자들은 가톨릭 칼케돈 신경 신봉자의 예수를 예배하며, 개신교인들은 개신교 예수에 의해 그들의 마음이 이상하게 따뜻해진 것을 알게 되고, 반면에 유다인들은 아주 자연스럽게 예수의 유다인임을 다시 요구할 것이다.

이 모든 것을 말한 것은 학구적인 불가지론으로 우리를 몰고 가려는 것이 아니라 오직 쓰인 것은 무엇이든지 어떤 관점에서 쓰였다는 것을 우리에게 상기시키기 위한 것이다. 예수 연구의 세계에 마음의 중립적인 스위스는 없다. 전통적인 믿음 입장의 배척은 중립을 의미하지 않으며, 그것은 단순히 구절의 넓은 의미에서 "믿음 입장" 자체인 다른 철학적인 견해를 의미한다. 예를 들어 폴 홀렌바크(Paul Hollenbach)는, 그는 사회학적인 분석과 해방신학에 관심이 있는데, '그리스도교라 불리는 잘못'을 단순히 바로잡기 위해서가 아니라, "전복시키기 위해" 역사적 예수를 추구한다는 것을 공공연히 인정한다.[9] 잘못은 "다윗의 아들, 그리스도, 하느님의 아들, 성삼위의 제2위 등등으로 예수의 신성화"였다고 말한다.[10] 예수의 십자가형에 선행하는 어떤 "초기의 그리스도론"도 배척하면서, 홀렌바크는 인간 나자렛 예수와 교회에 의해 선포된 예수 그리스도 간에 어떤 연속성이 있다는 것을 논리적으로 부인한다. 분명히 홀렌바크는 로만 가톨릭 신자이거나 정통 개신교인인 것처럼 특별한 세계관에 확고하게 몰두한다. 우리가 그것을 편견, *Tendenz*, 세계관이라, 또는 믿음 입장이라 부르든지, 역사적인 예수에 대해 쓰는 사람은 모두 어떤 이념적인 유리한 위치에서 쓴다. 어떤 비평가도 제외되지 않는다.[11] 이 딜레마에 대한 해결책은 얻어지거나 전적인 상대주의에 젖어 있지 않은 절대적인 객관성을 가장하는 것이 아니다. 해결책은 확실한 공통으로 가진 기준을 고수함으로써 학문적인 판단을 하는 데에 그 영향을 배제하려고 힘쓰고 또한 우리의 조심이 불가피하게 전락했을 때 다른 학자들의 교정을 요청하기 위해, 우리 자신의 관점을 정직하게 인정하는 것이다.

나 자신의 경우, 나는 가톨릭 신자의 맥락에서 일한다는 것을 솔직하게 인정해야 한다. 나의 가장 큰 유혹은 그러므로 후대의 교회 가르침의 연장된 경험 세계를 예수의 지상 직무의 "빅뱅" 순간으로 시대착오적으로 다시 해독하려고 할 것이다. 따라오는 것에서 나는 내가 믿음으로 지니는 것을 괄호로 묶고 역사적인 연구와 논리적인 논증에 의해 오직 확실하거나 개연성이 있다는 것만을 조사하기 위해 나의 최선을 다할 것이다. 나는 비가톨릭 학자들이 특히 가톨릭 신학을 탐구로 해독함으로써 나 자신의 규칙을 지키지 못하는 것을 지적할 것이다. 동시에 이 책의 가톨릭 독자들은 내가 연구와 이성에 의해 아는 예수와 믿음에 의해 지니는 것 간에 엄격한 구분을 고수함으로써 역정이 나서는 안 된다. 이러한 구별은 가톨릭 전통 안에 굳게 자리 잡고 있다. 예를 들면 토마스 아퀴나스는 우리가 이성으로 아는 것과 믿음으로 확언하는 것 간에 조심스럽게 구분을 한다. 이 책은 전자의 영역에 머물며, 반면에 물론 믿음과 신학을 위한 역사적 예수의 연구의 관련성을 부인하지 않는다. 이것은 단순히 한 번에 한 질문을 하는 문제이다. 조직신학자들이 이 책이 중단하는 곳을 찾고 또 사고방식을 더욱 추구한다면 나는 기쁠 것이다. 그러나 한 책은 오직 그만큼만 할 수 있다.

4. 변방에 있음에 대한 난외의 주

Anchor Bible Reference의 편집자인 데이비드 노엘 프리드먼이 내가 이 책에 *A Marginal Jew*라고 제목을 붙이려고 한다는 것을 처음 듣고, 그는 제목이 "흥미를 자아내며 약간 신비롭다."고 언급했다.[12] 이것은 정확히, "자!"와 수수께끼 양쪽 모두, 곧 매력적인 마인드티저(mind-teaser)의 의미로 히브리어 *māšāl*(비유) 그런 비슷한 것을 의미하려는 것이었다. 짧고 간단한 대답 또는 융통성 없는 양식보다는 질문들의 모습을 열고 저 질문들에 대답을 하는 어떤 가능한 방식을 가리키려는 의도이다. "변방의"의 범주는 각각 다른 저자들에 의해 서로 다른 방식으로 정의되며 따라서 당혹하게 만드는, 다방면의 실제를 반영하기에 알맞으며 게다가 그것에 일부 접근법을 제공한다.

"변방의"라는 말 배후에 기본적인 공간적 이미지는 간단명료하다. 종이 한 장, 한 곳에 모여 있는 사람들의 그룹, 지리적인 영역은 모두 그들의 여백, 경계, 맨 끝, 외부의 한계가 있다. 이러한 공간적인 이미지는 아마 틀림없이 형이상학적인 적용에 적합하다. 보통의, 흔히 있는, 명백한, 안정된, 잘사는 사람들은 모두 이용 가능한 공간의 중심 또는 주요한 부분에서 작용하거나 중심에 끌린다. 이상한, 특이한, 애매모호한, 위험한, 빈곤한 사람들은 모두 저 공간의 경계나 여백에 나타나거나 밀린다. 흔히 변두리의 실제는, 특히 그것은 경계에 고정되었기 때문에, 두 가지 서로 다른 구체적인 지역을 자체가 양다리를 걸치고 있는 것을 알면서, 양쪽의 것을 공유하지만 어느 것에도 전적으로 속하지 않는다.

사회학자들, 인류학자들, 그리고 경제학자들에 의해 쓰이면서, 공간적인 이미지의 은유적 사용은 더욱 특별한 의미의 어리둥절하게 만드는 다양성을 만들었다. 단 하나의 예만 들자면, 재니스 펄만(Janice E. Perlman)은, 그녀의 리우데자네이루의 도시의 가난과 정치학의 연구에서, 도시 사회에서 변방의 그룹들을 알아보는 서로 다른 다섯 가지 방법을 추출한다.[13] (1) 도시의 주변부에 있는 수준 이하의 불법 거주자 이주지에 위치한 사람들, (2) 무직자 또는 할 일이 충분하지 않은 자들, (3) 이동에 사로잡혀 시골에서 도시 문화로 이주자들, (4) 지배적인 소수민족 그룹에 통합되는데 어려움을 가진 인종적인 또는 소수민족 사람들, 또는 (5) 그들이 병리학적인, 재능이 있거나 일반적인 관행을 따르지 않는 사람들이라도 일탈적인 사람들이다.

"변방의"의 몇몇 이러한 정의는 예수의 연구를 위해 흥미로운 가능성들을 가지고 있지만,[14] 여기서 나의 요점은 이 말의 다양한 사용이 어떻게 단 하나의 사회학적 문제의 정교한 학문적 분석에도 있을 수 있는지 강조하려는 것이다. 이 예수 책에서 말은 마찬가지로 의미의 다양성이 있다.—바라건대 엉성한 사고나 모호해지려는 욕구 때문이 아니다. 오히려 *māšāl* 처럼, 놀리는 말처럼, "변방의"는 예수의 생활과 직무의 여러 연합한 면모를 상기시키고 연결하기 위해 사용되었다. 예를 들면 그것은 이 면모들의 딱 여섯 가지를 나열하도록 도와줄 것이다

1) 예수를 따라오는 세기의 유다인과 외교인 문헌의 관점에서, 나자렛인은 레이더 화면에 기껏해야 "깜빡 신호"였을 뿐이다. 3장에서 우리가 보게 될 것처럼, 1세기 유다인 역사가 요세푸스가 조금이라도 예수를 언급하는 것은 주목할 만하지만, 요세푸스가 더 많은 공간과 찬사를 세례자 요한에게 주는 것은 거의 주목할 만한 것이 아니다. 그리스도에 대한 그의 곁눈질에서 로마의 역사가 타키투스는 그런데도 더 짧다. 독실한 그리스도인이 받아들이기 어렵지만, 사실은 1세기와 2세기 초엽의 유다인 또 이교인 역사가들의 눈을 통하여 본 것처럼 국가적 또 세계적 역사에 단순히 중요하지 않았다는 것이다. 그가 조금이라도 보였다면, 그것은 그들의 시야의 주변부에 있었다.

(2) 그의 사회의 가장 높은 권한에 의해 범죄자로 선언되어 따라서 가장 수치스럽고 잔인한 방법으로 공개 처형에서 죽은 사람은 누구나 분명히

그 사회의 주변부로 밀려났다. 극도의 궁핍화, 최종적인 주변부가 죽음이며, 특히 중범죄에 대해 국가에 의해 가해진 벌로서 고문에 의한 죽음이다. 로마인들의 눈에 예수는 노예들과 반역자들의 무시무시한 죽음을 당했다. 유다인들의 눈에 그는 신명 21, 23: "[나무에] 매달린 사람은 저주를 받은 자이다."의 맹비난의 범위에 들어갔다. 양쪽 그룹 모두에 예수의 재판과 처형은 그를 무섭고 혐오스러운 방법으로 변방인으로 만들었다. 그는 어떤 의미에서 양쪽 세계에 속했다. 결국 그는 양쪽에서 쫓겨났다.

(3) 그럼에도 예수를 하찮게 대한 사람들은 역사가들과 정치가들뿐만 아니었다. 어느 정도 예수는 자신을 소외되게 하였다. 대략 30살의 나이에 예수는 하부 갈릴래아의 평범한 언덕 도시의 평범한 목수이면서, 적어도 경제적 필요성과 괜찮은 삶에 요구된 사회적 품위 유지의 최소한도를 누렸다. 무슨 이유에서인지, 그는 생계와 고향을 버리고, "실직자" 그리고 예언적 직무를 착수하기 위해 떠돌이가 되었으며, 놀랄 것도 없이 회당에서 가르치기 위해 고향에 돌아왔을 때 불신과 배척을 받았다. 그는 한때 누렸던 "영예" 대신에 이제 영예/수치 사회에서 수치에 노출되었는데, 거기에서 다른 사람들의 존경은 오늘 우리 사회에서 그것이 하는 것보다 훨씬 더 사람의 존재를 결정했다. 기본적으로 그의 추종자들의 호의, 지원 그리고 경제적인 기부금에 의존하면서, 예수는 팔레스티나의 보통 일하는 유다인들의 눈에 의도적으로 변방인이 되었고, 그런데 자신은 정말 팔레스티나 유다인으로 남아 있었다.

(4) 예수의 가르침과 실천의 어떤 것들(예, 그의 전적인 이혼 금지, 자발적인 단식의 배척, 자발적인 독신)은 그것들이 그의 시대 주요 유다인 종교 그룹들의 견해와 실천과 조화를 이루지 못했다는 의미에서 변방적이었다. 교사로서 그의 변방적임은, 가난한 갈릴래아인으로서, 그가 어떤 서기 학교에 한 번도 참석하거나 잘 알려진 스승 아래 배우지 않았다는 사실에 의해 커질 뿐이었다. 그럼에도 불구하고 그는 그의 시대의 많은 유다인들이 받아들인 가르침과 실천들에 감히 도전장을 내밀었다. 그는 그것의 근거가 그의 반대자들에게 결코 분명하지 않은 최고의 권위로 그 자신의 가르침을 선포했다.

(5) 예수의 가르침과 생활의 방식은 이리하여 많은 유다인들에게 불쾌했다. 그것은 그에게서 그들을 밀어젖혔고 또한 그를 팔레스티나의 유다교의 변두리로 밀쳤다. 그가 죽을 때쯤에 그는 돈독한 바리사이들로부터 정치적인 대사제들을 거쳐서 항상 방심하지 않는 빌라도에까지 모든 사람에게 자신을 해롭고 위험하고 또는 의심스럽게 보이게 만들었다. 예수가 신속하고 잔혹한 종말을 맞이한 한 가지 이유는 단순하다. 곧 그는 팔레스티나의 매우 많은 사람들과 그룹들을 멀어지게 만들어, 서기 30년에 예루살렘에서 최후의 충돌이 왔을 때, 그에게는 사람들, 특히 영향력이 있는 사람들이 매우 적게 그의 편에 있었기 때문이다.

(6) 현대의 사회학적 연구에서, "변방의"라는 말은 흔히 시골의 문화의 가난한 사람들에게 적용되는데 그들은 도시로 이주하지만 지배적인 도시의 문화에 잘 통합되지 않는다. 그들은 두 세계 사이의 경계에서 길을 잃는다. 내가 비유를 늘이겠지만, 예수는 비슷한 의미로 변방인이 될 것이다. 예언자와 교사로 변한 가난한 평신도, 자격증 없이 시골의 갈릴래아에서 종교적인 인물인 예수는 적어도 부분적으로 부유한 귀족적인 도시의 사제단과의 충돌 때문에 예루살렘에서 죽음을 맞이했다. 후자들에게 충격적인 교리와 주장과 함께 갈릴래아의 시골 지역 출신 가난한 평신도는 위험하게 반체제적임의 의미와 수도에서 세력 기반이 없음의 의미로도 변방인적이었다. 그는 쉽게 죽음의 쓰레기통으로 떨어내질 수 있었다.

예수의 생활, 가르침 그리고 죽음의 이러한 측면은 그가 변방인으로 고려되는 방법들을 고갈시키지 않을 뿐 아니라, 적어도 이것들은 설명을 위한 몇 가지 길을 열어 준다. 그것들은 또한 예수의 변방인임의 다양한 측면들(자발적인 무직, 떠돌아다니는 예언적인 직무, 자발적인 독신, 이혼과 단식의 배척)을 묶어 주는지 또는 서로 설명하는지 혹 어느 정도로 그런지에 대한 질문을 제기한다. 우리는 이 책 전체를 통하여 이러한 알기 어려운 유도(誘導)들을 추구해야 하겠지만, 적어도 "변방의"라는 중요한 말은 우리에게 추구하기 위한 유도들을 제공한다.

5. 사회학, 문학 비평, 신약성경 주석에 대한 주목

신약성경 주석에서 가장 흥미진진하고 논란의 여지가 있는 진전의 몇 가지는 지난 20년 동안 사회학적 분석과 신약성경 본문에 대한 현대의 문학 비평의 적용에서 왔다. 나는 독자에게 이 책이 어떻게 이러한 새로운 주석학적 방법과 관련되는지 간단히 설명해야 한다고 생각한다.

역사적 예수의 탐구에 전념하는 누구에게든, 예수 시대에 대한 사회적, 정치적, 또 경제적 실제들에 대한 학문적인 작업은 오로지 환영받을 수 있다. 예수가 움직였던 사회적인 환경을 고려하는 것은 역사를 그 인간적인 모든 차원에서 그야말로 신중하게 고려하는 것이다. 너무 자주 역사적인 예수에 대해 매우 신학적인 논의들은, 오직 육신을 떠난 또 대개 유다인이 아닌 예수를 만들기 위해, 예수 자신의 시간과 공간의 구체적인 상황을 배제하였다.

예수의 환경의 구체적인 상황을 다루기 위해, 나는 원래 그의 시대의 정치적, 사회적, 또 경제적 환경을 아우르는 이 책에서 별도의 한 장을 가지려 의도했었다. 그러나 생각해 보면, 이 접근법은 이 구체적인 상황들이 예수 자신의 논의에서 분리된 채로 있을 수 있다. 그뿐만 아니라 이 책은 "신약성경의 배경" 책 또는 "신약성경의 세계" 책이 될 의도가 없다. Anchor Bible Reference Library 시리즈의 다른 책들이 그 목적에 도움이 될 것이다. 대신에 나는 여러 사회적, 정치적, 역사적, 또 문화적 자료를 예수의 생활과 직무의 더 넓은 논의 내의 적절한 곳에 섞어 넣도록 시도하는 접근법을 선택했다. 예를 들면, 예수의 "숨겨진 세월"(9장과 10장)의 "공백" 기간은 젊은 예수가 그것들을 체험했을 갈릴래아의 생활의 몇몇 문화적, 언어적, 사회적, 또 경제적 면모들 안에 묘사할 기회를 제공한다. 마찬가지로 11장의 예수 생애의 연대표의 긴 논의는 그의 생활의 결과에 영향을 미칠 여러 통치자들과 역사적인 사건들의 도입을 가능하게 한다. "섞어 넣음"의 비슷한 과정이 책 전체를 통하여 사용될 것이다.

하지만 오해를 미연에 방지하기 위해 나는 시작부터 두 가지 중요한 구분을 강조해야 할 것이다. 첫째, 한편 예수 시대의 사회적인 실제들의 고려와 반면에 정식의 사회학적 분석(또는 인류학의 비교 문화 분석) 간에 중요한 구분이 있다. 정식의 사회학적 분석은 사회적 자료의 한낱 묘사를 넘어선다. 그것은 지배권이 있는 이론 내에 자료를 설명하기 위한 모델 또는 모델들을 제안한다. 나는 시작부터 이러한 사회학적 분석은 이 책의 목표가 아니라는 것을 분명하게 해야 하겠다.[15]

오히려 이 책은, 복음서들과 다른 가능한 사료들 내에서, 실제로 역사적 예수에게 거슬러 올라가는 것을 그것이 묻기 때문에 매우 기본적인 수준 위에 작용한다. 이 책의 주된 목표는 신뢰할 수 있는 자료의 탐지이다. 불가피하게, 이러한 자료의 선택과 편집이 이미 어느 정도의 해석을 관련시키면, 해석이 자료의 모음을 동반할 것이다. 그러나 모든 시도는 절대 최소로 설명을 유지하도록 만들어질 것이다. 우리의 목적은 주로 신뢰할 만한 자료를 확인하는 것일 것이며, 모델들을 통한 정교한 사회학적 해석이 아니다. 제롬 네이레이(Jerome H. Neyrey)가 메어리 더글러스(Mary Douglas)의 모델들을 신약성경 주석에 적용하면서 현명하게 언급한다. 곧 "더글러스는 비교 문화적 분석을 목표로 하기 때문에, 그녀의 모델은 오히려 필연적으로 꽤 높은 수준의 추상에 몰두한다…. 더글러스의 모델 일은 더욱이 역사를 재구성할 수 없는데, 그것은 사회의 정지된 사진이며 역사를 쓰기 위한 자료를 이루는 체험의 독특함을 생산하지 못하기 때문이다."[16]

그에 반해서 우리가 이 책에서 찾는 것은 정확히 매우 좁은 기간에 개별적인 사람들과 사건들의 역사적인 재구성을 위하여 필요한 특정한 자료이다. 따라서 입수 가능한 자료의 사회적 차원에 대하여 관심이 있지만, 나는 네이레이가 묘사하는 "모델 일"에 관여하지 않는다. 이것은 이러한 사회학적 분석이 이 책에 모아진 자료에 적용될 수 있다는 것을 부인하려는 것은 아니다. 그것은 순전히 한꺼번에 한 걸음을 주장하기 위한 것이다.

만들어질 필요가 있는 둘째 중요한 구분은 예수의 생활과 직무가 일어난 사회적 조건들에 주의를 기울임과 사회적, 경제적, 또 정치적 세력에 대한 그의 일의 종교적 차원의 대대적 축소 간의 차이이다. 이 환원론은, 이는 흔히 신약성경의 사회학의 가장 저명한 수행자들에 의해 배척을 받지만, 몇몇 대중적인 발표에 영향을 미치기 시작한다. 이러한 경우에, 종교와 종교적인 관심사는 단순히 그때의 사회적 맥락 안에서 이해되지 않는다. 종교는 사회적 또 정치적 의제를 위한 가면, 다양한 사회경제적 그룹들이 그것에 의해 그들의 파워 플레이를 진전시키는 그저 도구가 될 뿐이다. 이러한 단순화는 보통 자료에 특별한 이데올로기(흔히 마르크시즘)를 부과한 결과일 뿐만이 아니다. 더 중요한 것은, 그것은 모든 자료, 예를 들어 개인이나 그룹에 의해 박탈 또는 그들 자신의 가장 좋은 경제적인 또 정치적인 이익과 반대로, 그들의 종교적인 확신을 위하여 순교를 받아들임을 이해하지 못하기 때문에 비과학적이며 비역사적이다. 이러한 비과학적인 단순화는 이 작업에 발붙일 곳이 없다. 이것은 세속화된 사회에서 교회와 사회의 분리에 대한 우리 자신의 체험과 달리, 종교, 사회생활 또 정치는 일반적으로 고대 세계에 그리고 특별히 팔레스티나에 매우 밀접하게 연관되었다는 것을 부인하려는 것이 아니다. 돈독한 유다인들을 위하여 종교는 생활 전체에 스며들었다. 하지만 이 사실을 인식하는 것은 종교를 단순히 사회적 또 정치적 세력의 한 차원이나 모습으로 낮추기 위한 것은 아니다.

신약성경 주석의 도구들에 또 다른 반가운 추가는 현대의 문학 비평에 의해 최근 몇 년 동안에 만들어진 공헌이다. 복음서들에 적용되면서, 문학 비평—또한 때로는 담화 비평, 수사 비평, 또는 독자 반응 비평에 돌려져—은 가설적인 사료, 역사적 배경 또는 역사적 저자의 의도에 문의하는 정신의 산만함 없이, 그 자체의 견지에서 인정되어야 하는 심미적 전체, 문학예술의 한 부분으로서 각각의 복음서의 자율성을 주장한다. 초점은 오히려 배경이나 사료로서 본문 배후에 있는 실제적, 역사적 세계가 아닌, 본문에 의해 계획되었거나 본문에 포함된 문학적 "세계"에 있다. 그 가장 엄밀한 형태로, 담화 비평은 담화 안에 주어진 모든 순간에 독자에게 "상정상의 저자"가 말하는 것을 넘어서 우리가 복음서 이야기의 아무것도 알지 못하는 "상정상의 독자"를 상상하는 것을 요구한다. 한편 물론 상당히 인위적이지만(쓰인 복음서의 처음 그리스도인 청중이라도 기본적인 이야기는 이미 알았다.), 이 방법은 이야기를 만들고 발전시키기 위해 개인적인 저자들에 의해 사용된 문학적 기술들과 또한 본문에서 담화의 다양한 부분들을 엮는 앞뒤로 왔다 갔다 하는 많은 표시들 위에 우리의 주의를 집중시킨다.

따라서 문학 비평은 그렇지 않으면 사료들과 역사적인 배경을 위한 우리의 열성적인 탐구에서 잃어버릴 수 있었던 것에 집중하는 유용한 방법이다. 그것은 우리가 문학의 전체를 듣고 그 전체 안에서 담화의 각각의 부분이 어떻게 작용하는지 이해하도록 돕는다. 그럼에도, 분명히 나자렛 예수에 대하여 진일보한 사실이 주장하는, 그것을 위해 어떤 그리스도인들이 기꺼이 죽으려 했던 사실이 주장하는 1세기 그리스도교 선전의 문서들로 이러한 비역사적 접근법은, 역사적 예수에 대한 탐구에서 사용되는 중요한 방법이 될 수 없다.[17] 물론 현대의 문학 비평은 우리가 유창하게 그것이 역사적인 정보의 신뢰할 만한 사료라고 선언하기 전에 무엇이 더 큰 작업에서 한 절이나 구절의 문학적 기능인지 묻도록 상기시킴으로써 유익한 주의를 제공한다.[18] 사회적 문맥의 강조와 함께, 그것은 일하는 성경학자의 연장통에 유용한 부가물이다.

6. 이 책의 구조

끝으로 이 책에서 자료의 정리와 그것의 이유에 대하여 한마디 해야만 한다. 그 청중에게 말할 때, 이 책은 두 수준에서 일하려고 힘쓴다. 기본적인 본문은 석사 수준의 대학교 학생, 또는 아마 박식한 대학생도, 마찬가지로 일반적인 교육을 받은 독자도 알아들을 수 있는 말로(바라건대) 정했다. 가능한 한 문헌의 더 전문적인 질문과 상세한 논의는 주해들에 분류된다. 거기에서 박사 학위 학생들과 학자들은 더 상세하게 특별한 문제들을 추구하며 더 많은 독서를 위한 참조들을 찾을 수 있다. 나는 이 이중의 접근법이 이 책을 넓은 범위의 독자들에게 다가가기 쉽고 유용한 것으로 만들게 되기를 바란다. 완전히 독창적이지 않고 어떤 의미로 결정적이지 않으면서, 이것은 단순히 새로운 학도들을 예수에 대한 학문적 대화로 인도하고 이미 대화에 전념한 이들에게 적당한 기여를 하려고 힘쓴다.

이 책은 1부와 2부로 1권을 이루면서, 주요한 네 부분으로 나누어진다. 1부, "문제의 뿌리"는 대부분의 사람들이—학자들마저—"좋은 것"에 이르기 위해 건너뛰기를 더 원할 정의들, 방법, 그리고 사료들에 대한 저 모든 골치 아픈 문제들을 다룬다. 역사적 예수에 대한 매우 많은 대중적인 설명은 우리가 우리의 손전등과 도로 지도를 먼저 살펴보지 않고 예수에 대한 탐구로 갈 때 결과로 이루어지는 혼란과 피상성을 보여 준다. 우리가 정확히 무엇을 찾고 있으며 또 그것을 어떻게 기대해야 하는지에 대한 신중한 저울질은 이후에 계속해서 많은 실책을 방지할 것이다.

2부, "인물의 뿌리"는 그다음 가장 다루기 힘든 점에 대한 탐구를 시작한다. 곧 출생, 다년간의 발전, 그리고 예수의 문화적 배경이다. 필요에 의해 도움이 되도록 하면서, 나는 이러한 비교적 공백기를 예수가 그의 직무를 시작하면서 발을 딛는 단계를 이해하기에 필요한 약간의 언어적, 교육적, 정치적, 또 사회적 배경으로 채우기 위해 사용한다.

3부는, 이는 2권을 시작할 것인데, 적절한 공생활에 전념할 것이다. 이 때문에 11장(연대순에 대하여)으로부터 분명해질 것처럼, 예수의 세례와 그 생활의 마지막 주간 사이에 사건의 순서를 대부분 알지 못하며, 나자렛인의 주요한 행동과 언사는 주제별로 정리될 것이다. 곧 하느님의 나라의 선포, 죄인들과 식탁 친교, 기적 등등.

4부는 예수의 삶의 중대한 그리고 십자가형과 매장으로 끝나는, 비극적인 최후의 날들로 우리를 데려갈 것이다. 분명하게 될 것처럼 1부에, 부활의 논의가 생략되는데 그것이 부인되기 때문이 아니며 그러나 단순히 내가 사용하게 될 역사적 예수의 제한적 정의가 오직 믿음에 의해서만 확언될 수 있는 사안으로 우리가 나아가는 것을 허용하지 않기 때문이다.

끝맺는 말은 그때, 우리가 알게 되었을, 역사적 및 신학적 양쪽의, 약간 처음의 고찰을 시도할 것이다. 내가 명확하게 할 것처럼, 이 전체 작업은, 신학자들에게 이 특별한 탐구로부터 오늘날 그리스도론의 더 큰 과업—이 책이 명백하게 착수하지 않는 것—에 유용할 수 있는 것을 전용하라는, 어떤 의미로, 서론과 초대이다. 이 초대가 받아들여진다면, 그때 이 책은 그 일을 한 것이고 그 최종적인 목적을 달성한 것이리라.

NOTES TO THE INTRODUCTION

[1] "Jesus", *The New Jerome Biblical Commentary*, ed. Raymond E. Brown, Joseph A. Fitzmyer, and Roland E. Murphy(Englewood Cliffs, NJ: Prentice Hall, 1990) 1316-1328.

[2] *The Jerome Biblical Commentary*, ed. Raymond E. Brown, Joseph A. Fitzmyer, and Roland E. Murphy(Englewood Cliffs, NJ: Prentice Hall, 1968).

[3] "Who, Really, Was Jesus of Nazareth?" "Outlook" section of the Sunday Washington *Post*, December 23, 1984, pp. 1 and 5.

[4] "Jesus Among the Historians", *New York Times Book Review*, December 21, 1986, pp. 1, 16-19.

[5] "Jesus Among the Historians", *The Mission of Christ and His Church*(Good News Studies 30; Wilmington, DE: Glazier, 1991) 7-32. In the same volume, see also the two studies on the use of the Jesus of history by contemporary Roman Catholic systematic theologians(pp. 33-48, 49-69).

[6] Günther Bornkamm, *Jesus of Nazareth*(New York: Harper & Row, 1960[German original, 1956]).

[7] It is the tendency of Bornkamm to read German Lutheran polemics about legalism into the situation of Jesus that especially calls for correction. The great challenge to a simplistic (and indeed polemical) view of Judaism at the time of Jesus was given from the Christian side by E. P. Sanders in his controversial work, *Paul and Palestinian Judaism*(Philadelphia: Fortress, 1977), updated by his *Paul, the Law, and the Jewish People*(Philadelphia: Fortress, 1983). In many ways, Sanders represents to this generation what George Foot Moore(*Judaism in the First Centuries of the Christian Era*[2 vols.; New York: Schocken, 1971; original copyright 1927, 1930]) represented to the first decades of this century: a more sympathetic, less polemical view of Judaism, one less distorted by Protestant-Catholic controversies read back into the first centuries A.D. As is to be expected, Jewish scholars have been in the forefront of championing a more balanced view of early Judaism vis-à-vis Christian origins. Notable in this regard have been Jacob Neusner and Geza Vermes. An easy first step into the monumental works of Neusner would be his *First Century Judaism in Crisis*(Nashville/New York: Abingdon, 1975) and his *Judaism in the Beginning of Christianity*(Philadelphia: Fortress, 1984). Vermes' works include *Jesus the Jew*(Philadelphia: Fortress, 1973) and *Jesus and the World of Judaism* (Philadelphia: Fortress, 1984). To be sure, the opinions of Sanders, Neusner, and Vermes hardly coincide, and their various positions are very much debated today. For example, Sanders conducts something of a running debate with Neusner about the latter's views on the Pharisees and the Mishna in *Jewish Law from Jesus to the Mishnah. Five Studies*(London: SCM; Philadelphia: Trinity, 1990); see esp. pp. 309-331. For Vermes' thoughts on the debate, see his review of Sanders' *Jewish Law* in the *London Times Literary Supplement* for Jan. 11, 1991, p. 19. Another critique of Sanders' ideas on "Pharisees" and "sinners" can be

found in James D. G. Dunn, "Pharisees, Sinners and Jesus", *The Social World of Formative Christianity and Judaism*(Howard Clark Kee Festschrift; ed. Jacob Neusner et al.; Philadelphia: Fortress, 1988) 264-289. Yet, for all their differences, these scholars represent a turning point in research: simplistic generalizations about "late Judaism"(a dreadful misnomer!) being a religion of legalism and fear will no longer be taken seriously by most scholars. Likewise, much greater care must be taken in quoting chronologically later rabbinic sources to explain 1st-century NT texts. Unfortunately, not all scholars—especially those who are not professional exegetes—have learned the lesson. For example, Thomas Sheehan's *The First Coming*(New York: Random House, 1986) still uses the pejorative term "late Judaism" to describe a religion that saw God as a distant and almost impersonal Sovereign, a religion of fear(see, e.g., p. 59).

[8] E. P. Sanders, *Jesus and Judaism*(Philadelphia: Fortress, 1985).

[9] Paul Hollenbach, "The Historical Jesus Question in North America Today", *BTB* 19(1989) 11-22, p. 20, borrowing a phrase from the liberation theologian José Porfirio Miranda. The directly opposite approach, stressing the continuity between Jesus of Nazareth and the Christ proclaimed by the Church, is taken by Marinus de Jonge, *Jesus, the Servant-Messiah*(New Haven/London: Yale University, 1991).

[10] Hollenbach, "The Historical Jesus Question", 19.

[11] One must still take seriously the warnings of Henry J. Cadbury, *The Peril of Modernizing Jesus*(London: SPCK, 1962; 1st published in London: Macmillan, 1937); see esp. pp. 1-27.

[12] Letter to me, dated Oct. 15, 1990.

[13] Janice E. Perlman, *The Myth of Marginality. Urban Poverty and Politics in Rio de Janeiro*(Berkeley/Los Angeles/London: University of California, 1976) 93-96. She goes on to list seven schools of thought in sociology that seek to explain marginality and to propose ways of dealing with it. She herself takes a critical stance toward all seven approaches.
It is interesting to note that a number of dictionaries and encyclopedias of the social sciences do not supply definitions of "marginal" or "marginality." Those that give definitions do not always agree in their approaches; compare, e.g., Perlman's explanation with the definitions offered by Thomas Ford Hoult, "marginality", "marginal man", *Dictionary of Modern Sociology*(Totowa, NJ: Littlefield, Adams & Co., 1972) 192; and Arthur W. Frank III, "Marginal Man", *Encyclopedia of Sociology*(Guilford, CT: Dushkin, 1974) 165.

[14] See, e.g., Perlman's observation about the "deviant": "In the case of an artist, criminal, prophet, or revolutionary, marginality implies a lack of participation in the occupational, religious, or political mainstream"(*The Myth of Marginality*, 96). See also Schuyler Brown, "Jesus, History, and the Kerygma", *Vom Urchristentum zu Jesus*(Joachim Gnilka Festschrift; ed. Hubert Frankemölle and Karl Kertelge; Freiburg/Basel/Vienna: Herder, 1989) 487-496.

[15] For a brief sketch of the promise, problems, and limitations of a sociological approach to the NT, see Bengt Holmberg, *Sociology and the New Testament. An Appraisal*(Minneapolis: Fortress, 1990), esp. pp. 145-157.

[16] Jerome H. Neyrey, *An Ideology of Revolt. John's Christology in Social-Science*

Perspective(Philadelphia: Fortress, 1988) 210; cf. Holmberg, *Sociology and the New Testament*, 153-154.

[17] A fortiori this holds true of the still more abstract and ahistorical methods of structuralism and semiotics.

[18] See, e.g., the discussion of the function of Luke 1:80 in the Baptist's "Infancy Narrative" in Chapter 12.

1부

문제의 근원들

1장

기본적인 개념들:

실제 예수와 역사적 예수

역사적 예수는 실제 예수는 아니다. 실제 예수는 역사적 예수가 아니다. 나는 이 역설을 시작부터 강조하는데 "역사적 예수의 탐구"[1]에서 끝없는 혼동이 이 두 개념을 분명히 구분하지 못함에서 생기기 때문이다.

실제 예수

우리가 "실제" 예수 또는 "실제" 네로 또는 옛날 역사의 아무나 실제의 사람을 탐구하기를 바란다고 말할 때 우리는 무엇을 의미하는가? "실제"란 말의 개념은 우리가 옛날의 또는 현대의 역사를 다루든지 신중한 구분을 필요로 하는 까다로운 개념이다. 역사적인 연구에서 "실제적"의 의미에는 서로 다른 단계적 차이가 있다.

(1) 분명히 우리는 그 사람의 전체적 실제, 그가 생각했고, 느꼈고, 체험했고, 행하고 또 말한 적이 있는 모든 것을 의미할 수 없다. 오늘날에도 인쇄된 정부의 모든 기록, 텔레비전 뉴스 테이프, 입수 가능한 자서전들에도 불구하고, 우리는 말하자면 리처드 닉슨이나 로널드 레이건의 전체적

인 실제를 알 수 없다. 참으로, 이 개별적인 사람들 자신이—다른 사람은 그만두고—전면적인, 모두를 아우르는 견지로 규정된 그들의 전체 실제를 도대체 어떻게 알 수 있는가?

(2) 그런데도 현대의 공적인 인물에 이를 때에, 역사가 또는 전기 작가는 "상당히 완전한" 그림을 보통 조립할 수 있다. 우리는 아마 지금부터 최후의 날까지 리처드 닉슨의 대단한 재능과 비극적 결함을 토론할 것이지만, 공공의 기록 보관소, 군사적인 기록, 저녁 뉴스 프로, 선거 집계, 대통령의 기자 회견, 워터게이트 테이프, 의회 청문회, 대통령 도서관은 지겨움을 주는 산더미 같은 실증적인 자료를 토론하지 않는다. 사실을 헤쳐 나가고 해석하는 것이 엄청난 일이지만, 적어도 사실들은 거기에 있다. 리처드 닉슨의 "전체적 실제"는 그것이 그를 피할 때 우리를 계속해서 피할 것이다. 그럼에도 우리는 "실제" 리처드 닉슨의 "상당히 완전한" 그림과 기록을 개선하기를 바랄 수 있다. 열정적이며 선입견이 있는 해석이 불가피하지만, 검증 가능한 사실의 막대한 자금은 엉뚱한 가설에 대하여 약간의 통제를 실행한다. 이러한 제한적, 진지한 의미로, "실제" 리처드 닉슨—또 모든 최근의 공적인 인물—은 역사가에게 원칙적으로 입수 가능하다. 실제적인 것과 역사적인 것은 일치하지 않지만, 많은 공통부분이 있다.

(3) 나자렛 예수는 그렇지 않다. 예수는 1세기 팔레스티나에서 대략 35년을 살았다. 저 해들은 각각 육신적 또 심리적 변화로 채워졌다. 공생활을 시작하기 이전에도, 그의 많은 말과 행동은 그의 가족과 친구들, 그의 이웃 사람들과 고객들에 의해 목격되었을 것이다. 원칙적으로 이 사건들은 흥미 있는 문의자들에게 그때 입수 가능했다. 그다음, 그의 삶의 마지막 3년가량 동안, 예수가 말하고 행한 것은 공적으로 또는 적어도 그의 제자들, 특히 그와 함께 여행을 한 사람들 앞에서 일어났다. 또 원칙적으로 이러한 사건들은 당시에 열성적인 문의자에게 되찾을 수 있었다.

그럼에도 불구하고 이 행동과 말의 대부분, 곧 "실제" 예수의 "상당히 완전한" 기록은 오늘 우리에게 돌이킬 수 없게 잃어버렸다. 이것은 현대의 불가지론적 학자들의 새로운 통찰이 아니다. 전통적으로 그리스도교는 예수의 "숨겨진 세월"로 말했다.—이는 모두 오직 3년 혹은 4년에 이른다!

교부 시대의 위경적 복음서들, 중세 시대의 신비적 환시들, 그리고 현대의 공론(空論)은 공백을 채우려고 애썼지만, 아무 소용이 없다. "실제 예수"는, 더욱이 공적인 말과 행동의 상당히 완전한 기록에 대한 리처드 닉슨의 의미로, 알려지지 않았고 알려질 수 없다. 실제 예수를 알기를 바라는 독자는 이 책을 바로 지금 닫아야 하는데, 역사적 예수는 실제 예수도 아니고 그에게 가는 길이 쉽지 않기 때문이다. 실제 예수는 입수 가능하지 않으며 결코 입수 가능하지 않을 것이다. 이것은 예수가 존재하지 않았기 때문이 아니라—확실히 존재했다.—단지 오히려 살아남은 사료들이 그의 공생활의 말과 행동을—그의 삶의 나머지는 말할 것 없이—모두 또는 더구나 대부분을 기록하기를 의도하지 않고 또 결코 의도하지 않았기 때문이다.

(4) 나는 단순히 미묘한 스콜라스틱한 구분에 열중하지 않으려고 또는 그때 나 자신의 견지로 이길 수 있는 신학적인 협잡 게임을 설정하지 않으려고 실제 예수에 대한 이러한 통찰을 강조한다. 내가 만드는 요건은 고대 역사의 대부분 인물들에게 적용된다. 소크라테스나 피타고라스의 생활과 견해는 우리가 오늘날 알 수 있는 것보다 훨씬 더 많은 것에 이른다. 사실 더 많이 뒤로 갈수록, 흔히 사료들이 더 불충하게 되며 더 적게 우리는 말할 수 있다. 바빌로니아와 이집트의 많은 통치자들은 그들 자신의 시대에 어렴풋이 거인들처럼 보였으며 그들의 영향력은 엄청났다. 그리스-로마 역사의 한 전문가는 우리가 알렉산더 대왕에 대하여 확실히 아는 것은 인쇄된 몇 페이지에 맞을 수 있다고 나에게 언급한 적 있다.[2] 이것은 역사에 실제로 일어나는 것은 역사가에 의해 되찾을 수 있는 역사보다 훨씬 더 넓다는 것을 단순히 상기시킨다.[3]

(5) 그렇긴 한데, 율리우스 카이사르 또는 키케로와 같은, 고대 역사의 위대한 인물들 중 몇몇은 "실제" 인물에 약간의 접근을 허용하는 자서전적 저술들과 공적인 기록들의 축적을 우리에게 남겼다. 그러므로 우리는 고대 역사의 인간들의 무리에서 어떤 잘 알려진 공적 인물들의 특별한 경우를 구분해야 한다.[4] 분명한 예를 들자면, 마르쿠스 아우렐리우스(기원후 161~180년에 다스림)에게서 우리는 명상록이라 불리는 책 안에 그의 가장 내밀한 사색을 적어 놓은 로마 황제의 드문 경우를 본다. 이것은, 많은

양의 편지들을 더하여, 유명한 역사가 앤서니 벌리(Anthony Birley)가 꽤 완전한 전기를 쓰도록 허용했다. 그렇지만 여전히 여기 마르쿠스가 어디에 있었는지 또는 그가 무엇을 하고 있었는지 분명하지 않은 어떤 세월이 있다.[5]

모지스 핀리(Moses Finley) 경은, 아우구스투스의 길고 영광스러운 다스림도 포함하여,[6] 그리스-로마 역사를 공부하는 데에 역사가들이 직면하는 극심한 한계들에 대하여 우리에게 경고한다. 참으로 핀리는 신뢰할 수 있는 통계를 포함하여, "확고한" 데이터의 부족을 매우 강하게 느껴서, 고대 역사의 공부는 별로 중요하지 않은 의미로 과학이 아니라고 결론을 맺었다.[7] 아마 화학과 물리학과 같은 "하드" 과학과 인문학, 특히 고대 역사(분명히 현대 역사보다 더 소프트한)를 포함하는 "소프트" 과학 간에 구분을 하는 것이 더 현명할 것이다. 고대 역사는 훨씬 더 적게 수량화할 수 있고, 가장 설명이 가능한 것으로 그런 대강의 규칙들, 많든 적든 개연성이 있는 설명, 역사성을 판단하는 특별한 기준, 그리고 비유에 바탕을 둔 추론에 훨씬 더 의존한다.[8] 어쨌든 핀리의 기본적인 주의는 좋은 조건이다. 비교적 소수의 위대한 공적인 인물들을 제외하고, 고대 역사의 "실제" 사람들은—그들이 힐렐과 샴마이 또는 예수와 시몬 베드로라고 하더라도—그야말로 역사적 연구에 의해 오늘 우리에게 단순히 접근 가능하지 않으며 결코 그렇게 할 수 없을 것이다.[9]

나는 이 요건을 강조하는데, 역사의 예수를 추구하는 학자들이 흔히 그들의 논의들을 네 정전 복음서에 의해 제기된 어려움들과—특히 만일 그들이 루돌프 불트만의 영적인 후예들이라면—역사적인 연구에 의해 믿음을 정당화하려는 노력의 위험과 함께 시작하기 때문이다. 저 모두가 사실일 수 있지만, 한 걸음 더 뒤에서 시작할 필요가 있다. 곧 예수에 관하여 무언가 알기 어려움은 탈레스, 티아나의 아폴로니우스, 또는 고대 세계의 다른 어떤 사람에 대하여 알기 어려움의 더 큰 맥락에 놓여야 한다. 데이비드 노엘 프리드먼은 똑같은 문제가 구약성경 공부에 전념하는 사람들을 위하여 딱 들어맞는다고 옳게 지적했다. 그는 이렇게 논평한다. "한편 다윗이나 솔로몬과 같은 사람이 실제로 살았고 다스렸는지 질문을 하는 사람이 아무도 없지만, 내가 알기로, 그들의 존재에 대해, 훨씬 덜한 그들의 주목할 만한 성취에 대해 입증할 성경 밖의 증거는 단 하나도 없다."[10] 이처럼 문제는 예수나 그의 이야기를 하는 사료들에만 특이하지 않다. 참으로 고대 역사의 많은 잘 알려져 있지 않은 인물들과 비교하여, 우리가 예수에 대하여 얼마나 많이 알 수 있는지 놀랄 만하다.

역사에서 "실제" 인물에 대한 이 다양한 구분들의 결과를 요약하면 이렇다. (1) 사람의 전체적 실제는 원칙적으로 알 수 없다.—이러한 전체적 실제가 존재했다고 아무도 부정하지 않는다는 사실에도 불구하고. 이것은 인간들에 대한 모든 역사적인 지식은 그 경우의 바로 그 특성에 의해 제한된다는 것을 단순히 우리에게 상기시킨다. 사람의 다량의 전체적 실제는 부적절하며 비록 그것이 알려질 수 있다고 하더라도 역사가들에게 아주 재미없다는 생각에서 약간의 위로를 얻을 것이다. (2) 현대 역사의 많은 공적인 인물들을 위하여, 입수 가능한 실증적인 자료의 더미들은 "실제" 인물의 "상당히 완전한" 묘사를 가능하게 하지만, 반면에 자료에 대한 가지각색의 해석들은 자연스럽게 남는다. (3) 한편 사료의 양이 훨씬 적게 확장되었어도, 고대 역사의 학생들은 소수의 위대한 인물들(예, 키케로, 카이사르)의 "상당히 완전한" 묘사를 때로는 재구성할 수 있다. (4) 어쨌든, 고대 역사에서 대부분의 인물들의 상당히 완전한 묘사를 재구성하기 위한 충분한 사료가 없다. "실제" 탈레스나 티아나의 아폴로니우스는 단순히 우리의 손에 닿지 않는다. 나자렛의 예수가 분류되는 것은 이 마지막 범주에 있다. 우리가 그의 전체적 실제 또는 단지 상당히 완전한 전기적인 묘사를 의미하든지, 우리는 역사적 연구를 통하여 "실제" 예수를 알 수 없다. 하지만 우리는 "역사적 예수"를 알 수 있다.

역사적 예수

역사 - 비평적 방법에 의해 "실제" 예수를 아는 것에 대해 천진난만한 스타일의 희망을 버린 다음, 우리는 "역사적 예수" 또는 "역사의 예수"를 추구한다고 말할 때 무엇을 의미하는가?[11] 간단히 말해서, 역사의 예수는 추상과 구조이다. 역사의 예수에 의해 나는 우리가 현대의 역사적 연구의 과학적 도구를 사용함으로써 "되찾거나" 조사할 수 있는 예수를 뜻한다.[12] 이러한 연구가 오직 18세기 문예부흥과 함께 일어났기 때문에(Hermann Reimarus[1694~1768년]가 "탐구자"의 최초 유명한 본보기임), 역사적 예수에 대한 탐구는 특이하게 현대의 시도이며, 라이마루스로부터 샌더스와 별로 위대하지 않은 사람들에게까지 그 자체의 뒤얽힌 역사가 있다.[13] 바로 그 특성 때문에, 이 탐구는 오직 모자이크의 단편들, 많은 해석을 허용하는 빛바랜 프레스코의 희미한 윤곽을 재구성할 수 있다. 우리는 예수가 말하고 행한 것의 VCR 비디오테이프나 소니 카세트 기록이 없을 뿐임을 끊임없이 상기해야 한다. 좋든 싫든, 빌라도 앞 예수의 심문에 대한 워터게이트 테이프가 없다. 설상가상으로 로마제국의 동쪽 끝에 있는 변방의 주(州)의 이 변방의 유다인은 그 자신의 기록을(키케로가 했던 것처럼), 고고학적 기념물 또는 인공물을(아우구스투스가 했듯이), 중개자 없이 그에게서 직접적으로 오는 것을 아무것도 남기지 않았다. 이러한 삭막한 사실들에 대한 한순간의 고찰은 나의 최초의 역설이 참되다는 것을 분명하게 만든다. 곧 역사적 예수는 실제 예수가 아니며, 또 그 반대도 마찬가지다. 역사적 예수는 "실제" 인물의 단편을 우리에게 줄 수 있겠지만, 그 이상 아무것도 없다.[14] 따라서 두 용어 "실제 예수"와 "역사적 예수"는 비교적 명백한데, 그렇다 할지라도 한스 큉(Hans Küng) 같은 몇몇 신학자들은 그것들을 혼동하는 경향이 있다.[15]

더욱 애매한 것은 "지상의 예수" 또는 "지상 생활 동안의 예수"이다. 한편 네 복음서는 그가 말했거나 공적으로 또는 그의 제자들 앞에서 사적으로 행한 모든 것의 완전한 범위로 실제 예수를 묘사하고 또 묘사한다고 주장하지 않으며(요한 20, 30; 21, 25을 보라), 또한 한편 그들은 분명히 현대의 가설적인 재구성(역사적 예수)을 제공하지 않지만, 그것들은 "지상의 예수" 곧 지상 생활 동안의 예수의 묘사를—아무리 부분적이고 신학적으로 색칠을 했어도—우리에게 제공한다. "지상의 예수"라는 이러한 용어의 모호성은 그것이 서로 다른 뉘앙스와 함께 실제 예수와 역사적 예수에 대하여 사용될 수 있다는 사실에 놓여 있다. 곧 그것들도 지상의 예수에 대해 언급한다. 모호성은 신학자에게 "지상의 예수"라는 바로 그 구절은 육화 이전이나 부활 이후에도 하늘에 있는 존재를 의미할 수 있다는 사실에 의해 더욱 복합적이다.[16] 개념에서 명확성의 이러한 부족 때문에, 나는 "지상의 예수"를 이 책에서 주요한 범주로 사용하지 않을 것이다.

이러한 구분들의 하나의 중요한 결과는 학자들이 주어진 이야기에서 복음서들이 "역사적 예수"를 묘사한다거나 묘사하는 데 실패했다고 입심 좋게 써서는 안 된다는 것이다. 그것은 절망적인 시대착오이다. 그들의 담화의 대부분에(요한 1, 1~8과 대부분의 부활 발현을 제외하고), 복음서들은 역사적 예수가 아니라, 지상의 예수를 (내가 바로 설명한 의미로) 묘사한다.[17] 틀림없이 복음서들은 역사적 예수에 대한 우리의 재구성을 위해 주요한 사료들로서 역할을 한다. 하지만 복음서 저자들을 역사적 예수를 제시하거나 제시하려 의도하는 것으로 말하는 것은 그들을 주석학적 시대 기계 안에서 문예부흥으로 이동시킨다.

역사적 그리고 역사상

실제의, 역사적, 지상의—이것들은 약간 용어적인 명확성을 역사적 예수에 대하여 석연치 않은 논쟁으로 가져오기 위한 시도로 내가 사용할 구분들이다. 이 일을 함에서, 나는 일부러 역사상(*geschichitlich*)에서 "역사적(*historisch*)을 구별하는, 많은 독일 저자들에게 알려진 고전적 부분에 의존하기를 선택하지 않는다.[18] "역사적"은 과거에 대하여, 우리의 현재 생활에 대한 어떤 가능한 연관성이나 영향 또 의미의 탐구를 배제하는 연구자들과 함께, 지식의 마른 기본 뼈대와 관련 있다. 예를 들어, 정확성에 대한 갈증 외에 아무것에도 이끌리지 않고, 특정한 세기에 다스리는 바빌론의 왕들의 정확한 연대표를 작성하려 힘쓰는, 고대 바빌로니아 역사의 전문가를 상상해 보라. 이러한 "역사적" 연구는 객관적인 연구의 냉정한 눈으로 본, 그것들 자체를 위한 완전하고, 입증할 수 있는 자료에 관심이 있는,

죽은 과거로서 과거를 목표로 한다. 대조적으로, "역사상"은 과거를 의미 있는, 도전적인, 호감이 가는, 또 오늘날의 남녀를 위하여 자극하는 것으로서 과거와 관련이 있다. 예를 들어 마르틴 루터 킹 주니어에 대하여 논문을 쓰는 흑인 대학생을 상상해 보라. 그 젊은 학자는 사실들을 연구하는 데에 매우 신중할 것이다. 필연적으로 그 학생은 자료들이 오늘의 문제와 약속에 대해 말하는 것으로 보이는 한 일정한 자료를 선택하고, 정리하고, 또 강조할 것이다.

원칙적으로, 역사적과 역사상의 이 구분은 과거의 다른 어떤 위대한 저명인사와 똑같이 예수에게 적용될 수 있다. 이론상으로, 그는 차분하게 먼 과학적 탐구의 대상으로 만들어질 수 있으며, 또는 여러 세대를 걸쳐 매우 중요한 사료와 그리스도인의 사상과 생활의 중심으로서, 오늘날 몇 백만에 의해 여전히 예배를 받는 인물로서 접근될 수 있다.

비록 역사적(*historisch*)과 역사상(*geschichtlich*)의 이 구분이 흔히 예수 연구에 되풀이되지만(특히 불트만의 전통에 의해 강하게 영향을 받은 사람들 가운데), 네 가지 이유 때문에 나는 오늘날 영어를 말하는 학자들에게 그것이 유용한지 여전히 의심스럽다. (1) 사용된 지 백 년 가까이 지나서, 구분은 모호한 채로 있으며 저자에 따라, 더욱이 그것을 준수하지 않는 몇몇 독일인들과는 의미와 역할이 다르다. (2) 한편 추측컨대 객관적인 연구를 촉진하기 위하여 사용되었지만, 흔히 그것과 함께 신학적 또는 이념적 의제들의 과한 짐을 진다. (3) 이중의 구분은 상황의 복합성을 제대로 다루지 못한다. (4) 이론적으로는 방어할 수 있지만, 그것은 실제 세계에 소용이 없다.—학자들의 "실제" 세계에서도.

무엇보다 먼저, 그 구분은 그것을 사용하는 많은 작가들 가운데에도 항상 똑같은 것 또는 기능을 의미하지 않는다. 마르틴 켈러(Martin Kähler, 1835~1912년)는, 지난 세기에 그 구분을 예수에게 적용했는데, 최근 19세기 독일 프로테스탄티즘에서 "비평적 경건주의"의 특별한 종류의 변호로 그렇게 하였다.—또 그는 그 자신의 구분을 항상 아주 엄격히 준수하지도 않았다.[19] 그의 최종적 목표는 역사적 비평의 침해로부터 예수 그리스도에 관한 기본적 전통적 그리스도교의 가르침의 보호였던 것으로 보인다.[20]

이것은 루돌프 불트만(1884~1976년)이 그의 그리스도교의 20세기 종합과 마르틴 하이데거의 실존론의 브랜드 안에 구분을 떠맡을 때 정확히 그의 강력한 염려가 아니었다.[21] 불트만은 예수의 죽음과 부활의 가장 중요한 선포(*kerygma*)를 강조하는 데에 또 그리스도교 믿음의 기반 또는 내용으로서 역사적 예수를 배척함에 켈러와 하나이다. 하지만 불트만은 켈러가 거의 따르지 않았을 방향으로 그 구분을 밀어붙인다. 불트만에게 있어서, 예수가 실제로 실패했을 것이나 십자가 위에 절망했을 것이나 그것은 아무 차이도 만들지 않는다.[22] 예수가 십자가 위에서 죽었다는 단순한 사실이 그리스도교 믿음, 곧 신자와 하느님 간의 만남을 위해 충분하다.[23] 예수의 가르침에 대하여 어떤 것이 알려지는 동안에, "우리는 이제 예수의 생활과 성격에 관하여 거의 아무것도 알 수 없는데, 초기 그리스도교 사료들이 양쪽에 대하여 아무 관심을 보여 주지 않으며, 더욱이 단편적이며 또 흔히 전설적이기 때문이다…."[24] 이 지점에서 독자는 역사상의 그리스도, 케리그마의 그리스도, 믿음의 그리스도가 불트만에 의해 칭송되었다는 불안한 느낌을 가질 수 있으며, 불트만이 십자가에 못 박힌 예수의 역사성과 신원을 설교된 *kerygma*와 함께 아무리 많이 강조한다고 하더라도, 세월이 흘러도 변치 않는 신화나 융의 원형과 같이 의심스럽게 보일 것이다.[25]

그러므로 몇몇 독일 신학자들, 특히 파울 알트하우스(Paul Althaus, 1888~1966년)가, 켈러의 역사적/역사상의 구분을 사상의 더 보수적인 학파를 위하여 되찾으려고 노력했다는 것이 놀랍지 않다.[26] 그렇지만 헤라클레이토스가 언급했듯이, 아무도 그의 발을 똑같은 시냇물에 두 번 담글 수는 없다. 불트만의 역사적인 회의론과 맞서며, 또 불트만의 문하생들(예를 들어 귄터 보른캄)의 새로운 탐구를 전용하면서,[27] 알트하우스는 믿음의 그리스도가 세계 종교들의 단지 또 다른 위대한 신화가 아니라는 보장을 위하여 역사적인 연구를 바랐다.[28] 그러므로 한편 불트만의 접근법을 배척하면서, 알트하우스는 보른캄과 같은 포스트 불트만 사람들의 새로운 탐구 쪽에 기본적으로 긍정적 입장을 취하는데, "바로 그 본질상, 그리스도교인의 믿음은 과학적인 역사가 예수에 대하여 알 수 있는 것에 불타는 관심을 가지기"[29] 때문이다. 우리는 19세기에 독일의 "예수의 자유주의적 삶"에 대하여 이것을 말하는 켈러를 상상할 수 없다. 그러므로 비록 알트하우스가, 불트만에 대한 그의 반대에서, 켈러의 충실한 해설자로 남기로 애쓴다고 하더라도, 역사적과 역사상 간의 구분은 새로운 국면을 맞이한다.[30]

역사적/역사상의 구분을 한층 더 문제 있게 만드는 것은 20세기 독일 루터교 (그리고 독일 루터교는 그 구별의 원천이었다.) 내의 몇몇 중요한 학자들이 그 유효성을 배척하거나 단순히 그것을 모른다는 것이다. 가장 특이한 것은, 위대한 연대기 작가이며 "자유주의적 삶의 비평가"인, 알베르트 슈바이처(Albert Schweitzer, 1875~1965년)에 의해 구분이 주어진 논문이다. 다른 한편으로, 슈바이처는 켈러의 지식이나 그의 작업을 전혀 보여주지 않으며 그 자신의 발표에서 켈러의 구분을 활용하지 않는다.[31] 반면에 예수의 역사성에 대한 20세기 초기 논쟁들을 다룰 때, 슈바이처는 지나가는 말로 "위험한 길로 자리를 뜨는", 브레슬라우의 교수 워버민(G. Wobbermin)의 입장을 언급했다.[32] 워버민의 위험한 길은 역사적(*historisch*) 예수와 역사상(*geschichtlich*) 예수 간에 구분을 하려는 그의 "시도"이다. 구분은 거의 켈러가 제시했던 의미로 이해되지만, 슈바이처는 조금도 개의치 않을 것이다. 비꼬는 듯한 분개로 그는 역사상의 예수가, 고대 문화의 멸망으로부터 중세기의 바로 그 사실로 "현대 국가의 많은 진보적인 성취"를 말살하려는 가톨릭교의 시도까지 여러 세대 동안 말하지 않은 악에 대하여 책임이 있었다는 것을 지적한다. 누가 이러한 역사상의 예수를 위하여 역사적 예수를 포기하기를 바랄 것인가?[33]

우리 자신의 시대에 더 가깝게, 역사적인 예수에 대한 20세기의 가장 위대한 전문가들 중 하나인 요아힘 예레미아스(1900~1979년)는, 단순히 역사적/역사상 구분을 운용하기를 거부했다.[34] 이렇게 하여, 우리 자신에게 묻는 것이 남아 있다. 곧 독일 학자들 가운데 사용과 비사용의 이러한 다양성과 함께, 영어를 사용하는 학자들 가운데 그 구분은 그 정도로 중요하고 유용한가?

구분과 관련하여 둘째 문제는 거의 필연적이다시피 그것은 "좋은 사람/

나쁜 놈" 발표로 이끈다. 역사적 예수가 순전히 교회의 사기를 치는 창작품이었던 믿음의 그리스도를 퇴위시키기 위하여 고양되었거나(라이마루스로부터 홀렌바크까지 많은 사람들이 그렇다.), 또는 역사상의 그리스도가 왔다 갔다 하며 모순되는 역사적 예수의 재구성 위에 격찬된다(1차 세계대전 이후 바르트와 불트만 같은 많은 "변증법적" 신학자들을 포함하여, 켈러와 추종자들이 그렇다). 당연히, 그 구분은 가치 판단과 신학적 프로그램을 동반할 필요가 없으며, 그럼에도 대략 한 세기 동안 사례가 이러하였다. 일어나는 것으로 보이는 모두는 새로운 의제들(예, 해방신학)이 옛것들을 대체하는 것이다. 좋은 사람과 나쁜 놈의 게임이 계속된다.

셋째 문제는 역사적/역사상의 양분이, 가장 잘 알려진 과거의 인물들에게 적용될 수 있지만, 예수의 경우의 복합성을 제대로 다루지 못한다. 노먼 페린은[35] 3부의 구분이 예수의 특별한 상황에 더 잘 맞는다는 것을 지적했다. (1) 우리는 나자렛 예수라 불리는 고대 과거의 인물에 대하여 서술하는 역사적 지식("하드 지식")을 수집할 수 있다. 이것은 "역사적 수준"이다. (2) 우리는 그다음 오늘 우리에게 중요할 수 있는 역사적 지식의 저 면모들을 나아가 강조하고 전용할 수 있다. 이것은 "역사상"의 수준이다. 하지만 우리는 똑같은 것을 소크라테스, 성 아우구스티누스, 또는 지그문트 프로이트(Sigmund Freud)의 사례에 할 수 있다. 모든 위대한 사상가와 과거의 배우는 냉랭한 연결이 잘 안 되는 사실들과 벌거벗은 연대기의 수준에서 또는 오늘날 사람들을 위한 관련 있고 도전적인 것으로 보이는 그의 사상과 행동의 의미 있는 수준에서 연구될 수 있다. 그런 의미에서 우리는 소크라테스나 프로이트의 "프로그램"에 전념할 수 있으며, 토머스 모어나 토머스 제퍼슨이란 인물에 의해 넋을 잃고 끌릴 수 있을 것이다. 똑같은 방법으로 우리는 유다인이거나 불교 신자이거나 또는 무신론자라도, 역사상 예수에 개인적으로 매료될 수 있다. (3) 그러므로 둘째 수준은 셋째 수준, 즉 주님과 그리스도로서 믿음의 지식, 예수를 나의 주님과 나의 구세주로 부르도록 나를 촉발하는 믿음의 자세와 신중하게 구분되어야 한다. 이 수준은, 믿는 사람의 눈에, 예수의 유일무이하고 독점적인 영역이다. 첫째와 둘째 수준과 달리, 이것은 고대 역사의 다른 인물들에게 적용될 수 없다.

페린의 3부의 모델은 역사적/역사상의 단순한 양분보다 복합적인 상황에 더 잘 맞는 것으로 보이지만,[36] 이것은 불행하게도 혼잡을 이미 뒤죽박죽 만들어진 용어로 내놓는다. 페린 자신이 인정하는 것처럼,[37] 켈러는 "역사상"이란 용어를 페린이 믿음의 지식이라 부르는 것을 위하여 사용하며, 반면에 페린은 "역사상"을 오늘날 우리의 현실과 관련 있는 어떤 과거 인물의 둘째 수준 지식으로 제한한다.[38] 모습을 한층 더 복잡하게 만드는 것은, 실제로 켈러의 논의가 오직 주님으로서 예수의 믿음의 지식(페린의 셋째 수준)을 위한 "역사상"의 사용으로 빠르게 미끄러지기 위해, 페린의 둘째 수준과 비슷한 "역사상"의 실존적인 의미와 함께 출발한다는 사실이다.[39] 용어에 내재하는 모호성은 따라서 켈러 자신에게서 나온다. 참으로 이것은 그 자신의 시대에 강한 반대를 불러일으켰다.[40] 페린의 개선은, 한편 이론에서 정당화되었지만, 오직 실천에서 혼란을 증가시킨다.

켈러와 페린의 용법에 의해 원인이 된 이 어려움들 이외에, 예수에게 그것의 적용을 매우 쓸 만하게 만들지 못하는 "역사적"과 "역사상" 간의 구분에 마지막 문제가 있다. 그 구분은 어떤 학자들이 뒤따르는 역사 안에 또는 오늘날 사려 깊은 사람들 안에 그것의 영향에 아무 관심도 없이 예수의 삶과 가르침을 상세하게 연구하거나 또는 적어도 연구할 수 있었다고 전제한다. 한편 그것이 프놈펜대학교에서 또는 금성에서 온 방문교수를 위하여 이론적으로 가능할 수 있지만, 서방 세계에 있는 한 학자—그리스도인, 유다인, 또는 무신론자—가 현미경 아래 자료에 철학적 또는 종교적 관심 없이—또는 그것에 반감 없이—역사적 예수의 상세한 연구에 접근할 수 있다고 실제로 상상할 수 있는가? 마르크시스트, 불교 신자 또 무신론자가 이 수수께끼 같은 유다인에 의해—매우 다른 이유들로—모두 강한 흥미를 불러일으키기 때문에 예수는 세계 모든 부분에서 계속 연구된다. 불트만이 결코 지치지 않고 말하는 것처럼, 우리 모두는 우리 자신의 예상, 편견, 그리고 관심과 함께 성경의 주석으로 간다. 이것은 역사적 예수에 대한 우리의 탐구가 처음부터 역사적 예수 안에 상당한 관심도 포함한다는 것을 인정하기에 이른다. 페린의 첫째와 둘째 수준은 인간 학자들의 살과 피 세계 안에 엉망으로 뒤얽혀 있다.

이 책에서, 사용된 과학적 방법 때문에, 당분간 괄호로 묶을 수 있고 또 묶어야 하는 것은 셋째 수준 곧 믿음 지식이다. 괄호로 묶은 것이지 저버렸다고 나는 말하지 않는다. 우리는 과거 인물의 가설적인 재구성에 순전히 과학적인 방법에 의해 참여하기 때문에 그리스도교 믿음으로부터 초록(抄錄)을 작성한다. 곧 추론, 비유, 또 어떤 특별한 기준에 의해 작용하는 인간의 정신에 의해 면밀히 조사된, 고대의 문서에서 경험적 자료이다. 방법과 목적도 극도로 좁고 제한되어 있다. 결과들은 믿음의 대체나 대상을 제공한다고 주장하지 않는다. 일단 우리는 믿음을 피하며, 그것을 부정하는 것은 아니다. 이후에 역사적 탐구와 믿음의 입장의 연관성이 가능하게 될 것이지만, 그것은 이 책의 가장 크고 신중한 목적을 넘어 놓여 있다. 당분간, 실제로 우리는 그를 "역사상 예수"에서 적절히 구분할 수 없다는 것을 인식하면서, 내가 "역사적 예수"라고 불렀던 이론적인 구성 위에, 초점을 맞출 것이다. 사실상 전자는 후자로 너무 많이 흘러든다. 학자가 특별히 그리스도인의 또는 교회론적 헌신을 피하려고 힘쓸 때, 더욱 일반적인 "존재론적 헌신", 곧 오늘날 사람의 삶을 위하여 예수가 의미할 수 있는 것에 대한 관심은 필연적으로 역사적 탐구에 기운을 북돋아 준다.

우리는 출발했던 곳으로 돌아온다. 즉 역사적 예수는 실제 예수가 아니며, 그럼에도 현대의 연구 방법에 의해 그에 대한 단편적인 가설적 재구성일 뿐이다. 이 모두는 다음 논리적 탐구로 우리를 밀어붙인다. 곧 서로 잘 맞추기 위해 단편들을 어디서 끌어낼 것인가? 역사적 예수에 대한 우리 지식의 주된 사료들은 무엇인가?

NOTES TO CHAPTER 1

1 More traditionally, one spoke of the quest "of" the historical Jesus; a major influence here is the title of the English translation of Albert Schweitzer's classic *Geschichte der Leben-Jesu-Forschung, The Quest of the Historical Jesus,* trans. W. Montgomery(New York: Macmillan, 1910; repr. 1968; the original title of Schweitzer's work, first published in German in 1906, was *Von Reimarus zu Wrede*[Tübingen: Mohr]; since 1913 it has borne the title *Geschichte der Leben-Jesu-Forschung*). But the wording "The Quest of the Historical Jesus" can lead to a misunderstanding among the uninitiated (who is questing for whom? subjective or objective genitive?); hence the unambiguous "for." James H. Charlesworth(*Jesus within Judaism*[Anchor Bible Reference Library; New York: Doubleday, 1988]) thinks the words "quest" and "search" are loaded, as though in a dark room we had lost something we might or might not find by fumbling around; he prefers the neutral term "Jesus research." I agree with his point but despair of changing the speech habits of close to a century of scholars. In this work "quest", "search", and "Jesus research" will be used interchangeably.

2 Some of the ancient biographers of Alexander the Great were themselves aware of the difficulty of conflicting sources and of the selectivity of their own presentations. For a sample of the ancient lives, see Diodorus Siculus, Book 17 of his *Historical Library* (LCL, vol. 8; London: Heinemann; Cambridge: Harvard University, 1963); Quintus Curtius Rufus, *The History of Alexander*(Harmondsworth: Penguin, 1984); Plutarch, "Alexander", *The Age of Alexander*(Harmondsworth: Penguin, 1973) 252-334; and Arrian's *The Campaigns of Alexander*(Harmondsworth: Penguin, 1971). On the problem of historiography in the case of Alexander, see N. G. L. Hammond, *Three Historians of Alexander the Great*(Cambridge: Cambridge University, 1983); earlier fragmentary evidence is surveyed in L. Pearson, *The Lost Histories of Alexander the Great*(Philological Monographs 20; New York: American Philological Association, 1960). For a recent biography, see A. B. Bosworth, *Conquest and Empire. The Reign of Alexander the Great* (Cambridge: Cambridge University, 1988); note the bibliography of both ancient sources and modern authors, pp. 295-314.

3 On the application of this principle to the quest for the historical Jesus, see Edward Schillebeeckx, *Jesus. An Experiment in Christology*(New York: Seabury, 1979) 67-71.

4 To this extent, I must disagree with Marcus J. Borg's assertion that "we can in fact know as much about Jesus as we can about any figure in the ancient world", including Caesar(see his *Jesus: A New Vision*[San Francisco: Harper & Row, 1987] 15 and 21 n. 29).

5 Anthony Birley, *Marcus Aurelius. A Biography*(rev. ed.; New Haven/London: Yale University, 1987). Complaints about the scarcity and ambiguity of sources are a common thread in most biographies of Roman emperors; see, e.g., Michael Grant, *Nero*(New York: Dorset, 1970) 14-15, 209-14; Anthony A. Barrett, *Caligula. The Corruption of Power* (New Haven/London: Yale University, 1989) xv-xxiii, 244. Reading through Michael Grant's *The Roman Emperors*(New York: Scribner's, 1985) reminds us how little we know about many of the men who ruled the ancient Mediterranean world in the first Christian centuries.

[6] Moses I. Finley, *Ancient History. Evidence and Models*(New York: Viking, 1985) 10-11.

[7] Ibid., 27, 104.

[8] On this point, with reference to Jesus research, see the methodological discussion of Ben F. Meyer, *The Aims of Jesus*(London: SCM, 1979) 23-110. For more general methodological considerations on the justification of historical judgments, see C. Behan McCullagh, *Justifying Historical Descriptions*(Cambridge: Cambridge University, 1984). In Chapter 3, "Justifying singular descriptions: II Statistical inferences"(pp. 45-73), McCullagh considers various mathematical formulas for quantifying historical probabilities—and the grave difficulty of applying such an approach thoroughly becomes obvious for ancient history in general and the fragmentary data on the historical Jesus in particular. Hence in this work I will content myself with such general judgments as "very probable", "more probable", "less probable", "unlikely", etc. To try to assign exact percentages to my assertions(e.g., very probable = 95-80 percent) and then to add, subtract, multiply, and divide percentages to arrive at the overall percentage of probability for a given judgment is to pretend to a mathematical accuracy that is not to be had when the data base is so meager. I feel a similar unease with regard to the procedures of the Jesus Seminar sponsored by the Westar Institute of Sonoma, California(founded in 1985 by Robert Funk). A group of scholars meets regularly to vote on whether Jesus actually said certain things contained in the Gospels. Four categories are used: Jesus certainly said this, Jesus probably said this, Jesus probably did not say this, Jesus definitely did not say this. The aim of the project is an edition of the "five gospels"(including the Coptic *Gospel of Thomas* from Nag Hammadi) which will print the sayings of Jesus in four colors(red, pink, gray, and black) to represent the four categories, ranging from certainly historical to certainly not. While these procedures both appeal to our democratic sympathies and give an air of scientific accuracy, I do not think they really add anything new to our knowledge. For over a century scholars have been exchanging opinions and papers as they debated the historicity of individual sayings of Jesus, formed various schools of thought, and then left some schools to form others. Gathering a particular group in one place to express their opinion by a vote and then printing the majority opinion in colors does not generate a fundamentally new method or new data. For the rationale of the method, with some preliminary results, see Robert W. Funk, Bernard Brandon Scott, and James R. Butts, *The Parables of Jesus. Red Letter Edition*(Sonoma, CA: Polebridge, 1988) esp. xiii-xv.

[9] In one sense, the situations of Paul of Tarsus or Ignatius of Antioch come closer to those of Caesar or Marcus Aurelius in that Paul and Ignatius have both left us a number of letters written by themselves and containing autobiographical information. Needless to say, such information contains personal biases, but it nevertheless constitutes a uniquely privileged source of historical knowledge. In each case, we are aided further by biographical information (of varying quality) from later writers(Luke for Paul, Eusebius for Ignatius)—hence the paradox that the "real" Paul or "real" Ignatius is more accessible to the modern historian than is Jesus or Simon Peter.

[10] In a written communication to the author(letter dated Oct. 15, 1990).

[11] At times, a distinction between the two phrases, "the Jesus of history" and "the historical Jesus", has been suggested. But in an area where many esoteric distinctions are already in play, I prefer to use the two terms interchangeably.

[12] This definition is not some arbitrary invention of mine; it is the commonly accepted one in present Jesus-of-history research. The same definition or its equivalent can be found in scholars who otherwise differ widely in their views, e.g., Schillebeeckx, *Jesus. An Experiment in Christology,* 67; and James M. Robinson, *A New Quest of the Historical Jesus*(SBT 25; London: SCM, 1959) 26. While Robinson(pp. 28-29) emphasizes—quite rightly—that "objective" historical research cannot grasp the peculiarly existential, human aspect of history(e.g., the stance and outlook from which a person acts, the understanding of existence "behind" what a person does), I am rather focusing on the frequent absence of even objective data when we try to investigate figures of ancient history. This difficulty is not one of principle but of fact: data that might once have been available are not so today. Simon Peter knew a great deal more about the daily habits, sayings, and thoughts of Jesus than has been preserved in written documents. And what has not been preserved has been—in all probability—irretrievably lost.

[13] In the past it was almost *de rigueur* to begin any book on the historical Jesus with a history of modern research. Indeed, whole books have been dedicated to such a review. Besides Schweitzer's *Geschichte der Leben-Jesu-Forschung,* which summed up the entire history from the late 18th century(Reimarus) to the beginning of the 20th(William Wrede), see the handy summary (from a conservative point of view) in Charles C. Anderson, *Critical Quests of Jesus*(Grand Rapids: Eerdmans, 1969); or still more schematically, John S. Kselman, "Modern New Testament Criticism", *JBC* 2. 7-20. A 116-page bibliography, introduced by a 111-page sketch of the chief questers, can be found in Warren S. Kissinger, *The Lives of Jesus*(New York/London: Garland, 1985). A more general bibliography on christology, including sections on the historical Jesus, is available in Leland Jennings White, *Jesus the Christ. A Bibliography*(Wilmington, DE: Glazier, 1988). The most recent full review of literature since 1950 can be found in W. G. Kümmel's *Dreissig Jahre Jesusforschung(1950-1980)*(BBB 60; Bonn: Hanstein, 1985). This great scholar of Jesus research continues his work in recent volumes of *Theologische Rundschau*(see, e.g., "Jesusforschung seit 1981. I. Forschungsgeschichte, Methodenfragen", *TR* 53[1988] 229-249). A useful annotated bibliography is supplied by Craig A. Evans, *Life of Jesus Research*(NTTS 13; Leiden/New York/Copenhagen/Cologne: Brill, 1989). Some trenchant critiques of the unexamined presuppositions of many "questers" can be found in Meyer's The Aims of Jesus and in James P. Mackey's *Jesus the Man and the Myth*(New York/Ramsey: Paulist, 1979), esp. 10-51. Further methodological considerations and caveats can be found in Joachim Gnilka, *Jesus von Nazaret. Botschaft und Geschichte*(HTKNT, Supplementband 3; Freiburg/Basel/Vienna: Herder, 1990) 11-34; and Ben Witherington III, *The Christology of Jesus*(Minneapolis: Fortress, 1990) 1-31.

It is perhaps symptomatic of a newer, different approach that E. P. Sanders does not begin his work *Jesus and Judaism*(Philadelphia: Fortress, 1985) with a lengthy history of all research on the subject. Rather, in a "State of the Question"(pp. 23-58), he reviews and criticizes positions of major 20th-century scholars. Given all this material already in print, I think it unnecessary to drag the reader on another stroll down quest-for-Jesus lane. The present book will be in dialogue with recent literature as each topic is dealt with; there is no need to parrot the many histories of the quest already published. For those who would like to read the key works of major questers, these are available in English thanks to the *Lives of Jesus Series*, ed. Leander E. Keck(Philadelphia: Fortress Press).

14 Hence the appropriateness of the title of John Dominic Crossan's book, *In Fragments: The Aphorisms of Jesus*(San Francisco: Harper & Row, 1983).

15 Of course, one must allow for the fact that Küng's famous work *Christ sein*(*On Being a Christian*) was written for a wide audience. Nevertheless, in describing the Jesus we can know through historical-critical research, Küng interchanges "real"(*wirklich*), "true", "original", and "historical"(both *historisch* and *geschichtlich*) with abandon. This does not make for clear expression of thought, either in German or in English. For a striking example of this interchange of terms, see his *Christ sein*(6th ed.; Munich: Piper, 1975) 148-153(English trans.: On Being a Christian[Garden City, NY: Doubleday, 1976] 156-161). (The reader should be warned that the English translation is not entirely reliable: e.g., the German phrase *Rückfrage nach Jesus*—roughly the equivalent of our "quest for the historical Jesus"—is regularly translated by the strange "counterquestion about Jesus.")

16 One could pursue this point further: some of the resurrection appearances present the risen Jesus as living and acting "on earth", e.g., the Emmaus story(Luke 24:13-35; cf. Acts 1:1-5). In the Emmaus story, is the risen Jesus at the same time "earthly" insofar as he is interacting and conversing with others on earth?

17 Curiously, Schillebeeckx uses "earthly" as a synonym for "real" after censuring its use as a synonym for "historical"; see *Jesus*, 67-68(cf. the Dutch original, *Jesus, het verhaal van een levende*[3d ed.; Bloemendaal: Nelissen, 1975] 54-55). (The reader is warned that the English translation of *Jesus* is often unreliable; hence the recourse to the Dutch original here.)

18 Of course, in doing this German exegetes continue a learned word game played by many German theologians, namely, taking two words, one from a Teutonic root and the other from a Latin root—both of which are used more or less interchangeably in common speech—and creating a fine philosophical distinction between them.

19 A good critical edition of Kähler's pivotal work(first published in 1892), with annotations giving reactions by other scholars as well as Kähler's responses and additions, can be found in Martin Kähler, *Der sogenannte historische Jesus und der geschichtliche, biblische Christus*(Theologische Bücherei 2; 4th ed.; ed. E. Wolf; Munich: Kaiser, 1969). A translation, with a foreword by Paul Tillich and a helpful introduction by the translator, Carl E. Braaten, can be found in *The So-Called Historical Jesus and the Historic Biblical Christ*(Philadelphia: Fortress, 1964). For further reflections on Kähler's relation to more recent quests, see Carl E. Braaten, "Martin Kähler on the Historic Biblical Christ", *The Historical Jesus and the Kerygmatic Christ*, ed. Carl E. Braaten and Roy A. Harrisville(New York/Nashville: Abingdon, 1964) 79-105. On p. 84 of *Der sogenannte historische Jesus*, Kähler affirms the

divinity of Jesus—although elsewhere he makes clear that theologians are not bound to the wording and concepts of conciliar dogmas and later systematic theology. As Otto Michel observes, Kähler thought his position on Jesus as "true God and true man" was "pre-dogmatic"; see Michel's "Der 'historische Jesus' und das theologische Gewissens-problem[*sic*, probably for Gewissheitsproblem]", *EvT* 15(1955) 349-363, esp. 352-353. For varying views on Kähler's key categories of *geschichtlich and übergeschichtlich,* see Heinrich Leipold, *Offenbarung und Geschichte als Problem des Verstehens. Eine Untersuchung zur Theologie Martin Kählers*(Gütersloh: Mohn, 1962); and Johannes Wirsching, *Gott in der Geschichte. Studien zur theologiegeschichtlichen Stellung und systematischen Grundlegung der Theologie Martin Kählers*(Forschungen zur Geschichte und Lehre des Protestantismus 10/26; Munich: Kaiser, 1963). In general, Leipold is more positive on Kähler's use of the terms than is Wirsching. For further criticism of Kähler's approach, see N. A. Dahl, "Der gekreuzigte Messias", *Der historische Jesus und der kergymatische Christus,* ed. Helmut Ristow and Karl Matthiae(2d ed.; Berlin: Evangelische Verlagsanstalt, 1962) 149-169, esp. 150. For a full bibliography of Kähler's works, see Martin Kähler, *Geschichte der protestantischen Dogmatik im 19. Jahrhundert* (Theologische Bücherei 16; Munich: Kaiser, 1962) 290-307. For Kähler's treatment of the historicity of Jesus within the wider framework of the various systematic presentations of the historicity and personhood of Jesus by 19th-century German theologians, see Reinhard Slenczka, *Geschichtlichkeit und Personsein Jesu Christi. Studien zur christologischen Problematik der historischen Jesus-frage*(Forschungen zur systematischen und ökumenischen Theologie 18; Göttingen: Vandenhoeck & Ruprecht, 1967) 259-302. For the historical influences on Kähler's thought, see, besides the monographs of Leipold and Wirsching, Arij de Willigen, *Martin Kähler*(Assen: van Gorcum, n.d.; dissertation defended in 1945); and Christoph Seiler, *Die theologische Entwicklung Martin Kählers bis 1869*(Beiträge zur Förderung christlicher Theologie 51; Gütersloh: Mohn, 1966).

20 It is often claimed that Kähler invented the historical/historic distinction. But, at least by way of negative reaction, he owes something to Wilhelm Herrmann's distinction between the basis of faith (everything about the earthly Jesus that is accessible to natural knowledge) and the content of faith(the exalted Christ); see Braaten, *The So-Called Historical Jesus,* 14. Slenczka(*Geschichtlichkeit,* 281-295) points out that Herrmann's distinction is not to be equated with the distinction between the Jesus of history and the Christ of faith(p. 275). On p. 259, Slenczka notes how surprising it is that the overviews of Jesus-of-history research by Albert Schweitzer and James M. Robinson ignore the importance of the Herrmann-Kähler debate. Beyond the influence of Herrmann, however, one must recognize that talk of *historisch* and *geschichtlich* was very much in the academic air at the time, especially under the impact of the historical-critical method and the seminar system developed by the great German historian Leopold von Ranke(1795-1886). Another significant influence on Kähler's views was probably the Erlangen school of theology (not as well known outside Germany as the Tübingen school), which stressed *Heilsgeschichte* and the nature of Christianity as a historical religion.

21 See his *Theology of the New Testament*(2 vols.; London: SCM, 1952) especially Chapter 1, "The Message of Jesus", pp. 3-32. A famous lecture on the subject became the monograph

Das Verhältnis der urchristlichen Christusbotschaft zum historischen Jesus (3d ed.; Heidelberg: Winter/Universitätsverlag, 1962); a brief synopsis of the monograph appeared as "Das Verhältnis des urchristlichen Christuskerygmas zum historischen Jesus", *Der historische Jesus und der kerygmatische Christus*, 233-235; an English translation of the lecture can be found in "The Primitive Christian Kerygma and the Historical Jesus", *The Historical Jesus and the Kerygmatic Christ*, ed. Carl E. Braaten and Roy A. Harrisville (New York/Nashville: Abingdon, 1964) 15-42. An earlier form(first published in 1926) of Bultmann's thought on Jesus' teaching (with heavy existentialist overtones) is *Jesus and the Word*(London/Glasgow: Fontana [Collins], 1958). In general, note that at times Bultmann will use "kerygmatic" in place of "historic", an echo of his "kerygmatic" theology.

22 "The greatest embarrassment to the attempt to reconstruct a portrait of Jesus is the fact that we cannot know how Jesus understood his end, his death... We cannot tell whether or how Jesus found meaning in it. We may not veil from ourselves the possibility that he suffered a collapse"("The Primitive Christian Kerygma and the Historical Jesus", 23-24).

23 As Braaten points out("Martin Kähler on the Historic Biblical Christ", 101), Kähler would not have agreed with Bultmann that the NT *kerygma* needs only the bare fact of Jesus and his cross. "For Kähler the kerygma contains a larger historical section than Bultmann deems necessary. The meaning of the kerygma is nullified if the redemptive events attested—including incarnation, life and teachings, cross and resurrection—never happened. Faith cannot appropriate the meaning of events if there are no events in the first place... There is no necessity to eliminate everything but the cross of Jesus" (ibid.). As R. Hermann points out in the article on Martin Kähler in the 3d ed. of *RGG*(Vol. 3, cols. 1082-1084), "a tendency to 'demythologize' was far from the mind of Kähler"(col. 1082).

24 Bultmann, *Jesus and the Word*, 14. In fairness to Bultmann, two points should be noted. First, in the text quoted, Bultmann is reacting against the excesses of the heavily psychologizing 19th-century "liberal lives" of Jesus. Second, Robinson(*A New Quest*, 19-22) detects a shift in Bultmann's position in a later article("Allgemeine Wahrheit und christliche Verkündigung", *ZTK* 54[1957] 244-254): Bultmann sees some continuity between Jesus and the Christian *kerygma* on the question of law and grace (pp. 251-254). Be that as it may, the article in no way changes his basic position on the *historisch/geschichtlich* distinction.

25 Bultmann himself rejects the claim that he destroys the continuity between the historical Jesus and the *kerygma*. Nevertheless, one is not encouraged when in a key essay he specifies that he will treat only the continuity between the historical Jesus and the primitive Christian proclamation "and not, between the historical Jesus and the Christ. The Christ of the kerygma is not a historical figure which could enjoy continuity with the historical Jesus"("The Primitive Christian Kerygma and the Historical Jesus", 18). At the same time, even Bultmann's great opponent Paul Althaus admits that Bultmann never went to the extreme of some theologians who, deeply influenced by German idealism, distinguished between the historical person of Jesus and the concept or ideal of a symbolic Christ: the former is not unconditionally tied to the latter and can ultimately be dispensed with. For Althaus' criticism of Martin Werner, Fritz Buri, and like-minded theologians,

see his *The So-Called Kerygma and the Historical Jesus*(Edinburgh/London: Oliver and Boyd, 1959) 13-18.

26 See Paul Althaus, *Der gegenwärtige Stand der Frage nach dem historischen Jesus*(Bayerische Akademie der Wissenschaften, Philosophisch-Historische Klasse, Sitzungsberichte, Heft 6; Munich: Verlag der Bayerischen Akademie der Wissenschaften, 1960) 3-19; idem, *The So-Called Kerygma and the Historical Jesus*, esp. 38-42, where he criticizes what he considers the undue narrowing of the meaning of *geschichtlich* in the Bultmannian camp.

27 There is no reason to go into the precise positions of the various post-Bultmannians like Bornkamm and Conzelmann, since that would not alter my basic point, namely, the wide variation in meaning and use of the historical/historic distinction. For a representative sample of the post-Bultmannians, see Günther Bornkamm, *Jesus of Nazareth*(New York: Harper & Row, 1960); Hans Conzelmann, "The Method of the Life-of-Jesus Research", *The Historical Jesus and the Kerygmatic Christ*, 54-68; idem, *Jesus*(Philadelphia: Fortress, 1973); Ernst Fuchs, *Studies of the Historical Jesus*(SBT 42; Naperville, IL: Allenson, 1964); Herbert Braun, "The Significance of Qumran for the Problem of the Historical Jesus", *The Historical Jesus and the Kerygmatic Christ*, 69-78; idem, *Jesus of Nazareth. The Man and His Time* (Philadelphia: Fortress, 1979). Ernst Käsemann is widely acknowledged to be the "father" of the new quest among post- Bultmannians; his two most important essays on the topic are "The Problem of the Historical Jesus", *Essays on New Testament Themes*(SBT 41; London: SCM, 1964) 15-47; and "Blind Alleys in the 'Jesus of History' Controversy", *New Testament Questions of Today*(London: SCM, 1969) 23-65. See also his *Der Ruf der Freiheit*(4th ed.; Tübingen: Mohr [Siebeck], 1968). The standard survey of the "new quest" of the post-Bultmannians is James M. Robinson's *A New Quest of the Historical Jesus*; note especially the section on "the ambiguous term 'historical Jesus'" on pp. 26-32.

28 Note the telling use of *Gewähr*(guarantee, surety, warrant) on p. 14 of *Der gegenwärtige Stand*.

29 Ibid, 19. Althaus hastens to add, in the spirit of Kähler, that such historical knowledge cannot be the basis of faith.

30 Althaus implicitly admits his shift and the reasons for it in *The So-Called Kerygma*, 25.

31 However, the great scholar of Jesus research, John Reumann, has suggested to me in an oral communication that Schweitzer may well have known of Kähler's distinction but purposely suppressed Kähler's work on the subject, so as not to disturb the pattern and development Schweitzer wanted to see in the history of Jesus research.

32 The translations of the quotations about Wobbermin are my own and rest upon the text of Schweitzer's *Geschichte der Leben-Jesu-Forschung* published in 1966(Vols. 77/78, 79/80; Munich/Hamburg: Siebenstern Taschenbuch) 520-521.

33 In light of Schweitzer's voluminous knowledge of the 19th-century literature on the historical Jesus, it is astounding that he was ignorant of Kähler's contribution. One might speculate that, if it had not been for Bultmann's recycling of Kähler's distinction, the latter's

work might have been lost to large sectors of the theological world.

34 Joachim Jeremias, "Der gegenwärtige Stand der Debatte um das Problem des historischen Jesus", *Der historische Jesus und der kerygmatische Christus*, 12-25(English translation: *The Problem of the Historical Jesus*[FBBS 13; Philadelphia: Fortress, 1964]). At one point, the English translation misses a nuance when Jeremias implicitly equates *Historie* and *Geschichte*, instead of engaging in the Kähler/Bultmann distinction: "For the kerygma—God was in Christ and reconciled the world with himself—refers to a historical(*historisches*) event. God was revealing himself in a happening in history(*Geschichte*)"("Der gegenwärtige Stand", 19). (This way of putting things may also reflect the fact that, in ordinary German, *Historie* would not be used all that often, being largely an academic loanword from Latin.)

It is characteristic that Jeremias did not regularly employ the adjective *geschichtlich* of Jesus when he described his own theological program; he rather spoke of the historical Jesus and the faith-witness of the early Church. John Reumann has pointed out to me that this usage mirrors Jeremias' own theological agenda: revelation is to be found in the historical Jesus, not in the later, post-Easter response of the Christian Church.

For a full presentation of what Jeremias thought could be said about the historical Jesus, see his *New Testament Theology. Part One. The Proclamation of Jesus*(London: SCM, 1971). Interestingly, Küng has shown a similar distaste for a firm distinction between *historisch* and *geschichtlich*; see his *Christ sein*, 148-153.

35 Norman Perrin, *Rediscovering the Teaching of Jesus*(London: SCM, 1967) 234-238.

36 For further comments on Perrin's approach, see Amos N. Wilder, "Norman Perrin and the Relation of Historical Knowledge to Faith", *HTR* 82(1989) 201-211, with the literature cited there.

37 Ibid., 238.

38 It is intriguing that, while Perrin claims that his position is that of Bultmann, he admits that Bultmann was prepared "to describe almost all of the faith-knowledge in terms of historic knowledge"(ibid., 240 n. 1). In effect, does this not grant that Bultmann's distinction was basically the twofold one of Kähler, not the threefold one Perrin is urging?

39 It is remarkable how quickly Kähler leaps from the general sense of "historic", applicable to any person who has been influential in molding posterity, to the exclusivistic sense in which he applies the term to Jesus as Lord, whose influence in molding posterity consists precisely in the creation of the Easter faith in his disciples; see Kähler, *The So-Called Historical Jesus*, 63-64. In a sense, Kähler is operating by way of theological analogy: from the use of "historic" for any influential figure of the past, relevant to us today, he moves to the uniquely influential figure of Jesus, relevant to Christianity as its only Lord. The linchpin of the analogy is that, in Jesus' case, his influence is the creation of a unique, exclusivistic faith. No doubt it is this "slide" which both opens up the possibility of a three-part distinction for Perrin but also creates difficulties for him.

40 It is significant that Willibald Beyschlag, Otto Ritschl, and Ferdinand Kattenbusch all found Kähler's concept of the historic Christ objectionable because it seemed to put Jesus on the same level as, e.g., Francis of Assisi vis-à-vis later Franciscans. Kähler replied

that Jesus' unique historic impact flows from the revelation of him as the Risen One; hence the historic Jesus is not to be compared with Francis of Assisi or Ignatius of Loyola as the founding fathers of the Franciscans or the Jesuits respectively. See the excerpts of the arguments in the footnotes in the German edition of Kähler's essay, *Der sogenannte historische Jesus,* 38-39 n. a.

2장

사료들:

신약의 정전 책들

역사적 예수[1]에 대한 우리 지식의 주요한 사료(史料) 곧 그리스도인들이 신약의 부분으로 받아들이는 네 정전 복음서(마르코, 마태오, 루카와 요한)는 또한 주요한 문제다. 복음서들은 말의 현대적 의미로 주로 역사의 책이 아니다. 그것들은 무엇보다도 먼저 하느님의 아드님, 주님, 메사아로서 예수를 믿음을 선포함과 강화함을 목적으로 한다. 그것들의 설명은 처음부터 끝까지 십자가에 못 박힌 예수가 죽은 이들로부터 되살려졌고 세상을 심판하러 영광 중에 올 것이라는 그것들의 믿음에 의해 형성된다. 더욱이 복음서들은 완전한 담화나 예수의 삶의 요약도 제공하기를 의도하거나 주장하지 않는다. 마르코와 요한은 그의 직무를 시작하는 성인 예수를 제시하지 않는다. 마태오와 루카도 유아기 담화의 두 장을 공생활 앞에 붙이며, 그것들의 역사성은 매우 크게 논의된다. 곧바로, 우리는 기껏해야 그의 생활 삼사 년에서 골라진 사건들을 알면서 삼십여 년에 죽은 사람의 (현대의 의미로) 전기를 쓰는 것의 불가능함을 인정한다.

설상가상으로 우리는 우리를 위해 보존된 사건들의 참된 역사적 사건들의 순서를 없는 것과 다름없이 알지 못한다. 1920년경 문학 형식 비판은 우리의 가장 이른 복음서, 마르코 배후에 공통 형식, 주제와 주요한 말에 의해 함께 묶인 구두의 또는 글로 쓰인 전승들이 놓여 있다고 옳게 지적하였다.[2] 이러한 수집품은 마르코에서 여전히 볼 수 있다. 예를 들어, 논쟁 이야기들이 갈릴래아 직무에 놓였고(2, 1~3, 6), 직무의 끝에 예루살렘에 놓인 논쟁 이야기들의 또 다른 수집품과 마르코에 의해 균형 잡혔다(11, 27~12, 34). 기적 이야기와 예수의 말씀들의 중심 부분은 "빵"이란 중요한 말에 의해 함께 묶였다(6, 6b~8, 21). 그리고 비유들의 수집품이 있다(4, 1~34). 이 수집품들을 사건들의 불가침의 연대순을 보존하는 것으로 우리가 간주할 이유가 없는데, 특히 마태오와 루카가 그렇게 하지 않았기 때문이다. 예를 들어 마태오는 "완충" 재료에 의해 나누어진 이야기들의 세 그룹으로 나누어진 아홉 기적 이야기의 단아한 수집물을 만들기 위해 마르코의 기적 이야기들의 순서를 자유롭게 바꾼다(마태 8~9장). 마태오의 웅장한 산상설교는 부분적으로 평지에서 루카의 더 작은 설교에 나오며(양쪽 설교가 갈릴래아에 놓여 있음) 또 부분적으로 예루살렘으로 예수의 마지막 여정에 대한 루카의 긴 이야기(루카 9, 51~19, 27) 전체에 걸쳐 분산된다.

요컨대, 각각의 공관복음 사가는 그 자신의 신학적 전망에 맞도록 묵주 알들(=인용구들)을 묵주 체인(=그의 복음서의 구성)에 재정리했다. 인용구들의 이전-복음 수집물들도 이미 인위적으로 정리되었기 때문에, 대부분의 경우에 사건들의 어떤 순서가 역사적일지를 (만일 정말 있다면) 결정할 수 있는 아무 방법이 없다. 우리는 예수의 직무가 요르단강에서 요한에 의해 그의 세례 후에 시작되었고 파스카 축제를 위해 예루살렘으로 최후의, 운명적인 여정으로 끝났다고 정말 확신할 수 있다. 사이에 오는 시간의 정확한 기간과 공적 직무의 사건들의 정확한 순서는 알 수 없다. "이전과 이후"의 느낌 없이, 현대적 의미로 어떤 전기도—또 심리학적 또는 예수의 종교적 발전의 어떤 묘사도—불가능하다.

혼란을 가중시키며, 넷째 복음서에서 요한은 주로 그 자신의 길을 가면서, 예수의 직무를—공관복음 사가들처럼—갈릴래아가 아니라 오히려 유다와 예루살렘에 집중시킨다. (아마 마지막 교정자에 의해 덧붙여진) 21장의 맺음말을 제외하고,[3] 오직 요한에서 한 장만 단독으로 갈릴래아 직무에 초점을 맞춘다(6장). 넷째 복음서에서, 성인 예수는, 공관복음서의 공생활

끝의 하나의 여행과 대조적으로, 적어도 네 번 유다와 예루살렘으로 여행을 한다. 교부 시대로부터 계속해서, 그리스도인들은 "복음서들의 조화"를 만들기 위해 공관계의 또 요한계의 연대표를 서로 연계시키려 힘써 왔지만,[4] 모든 이러한 융합은 매우 추측에 근거하는 것으로 남아 있으며 사료들의 특성을 무시한다.[5] 왜냐하면, 만일 각각의 복음서가 역사적으로 정확한 연대순이 아니라 단지 인위적인 신학적 도식을 포함한다면, 네 복음서를 합하는 것은, 어쨌든 네 복음서가 갖지 않은 연대순이 아니라, 단지 신학적 도식의 혼란스러운 무더기를 만들 것이기 때문이다.

연대기적 순서는 복음서들이 내지 않는 유일한 것이 아니다. 복음서들이 예수의 정확한 말들, 또는 그가 말한 것의 오직−기껏해야−요지를 우리를 위하여 보존하는지에 대한 기본적인 질문이다. 아마 복음서들에서 예수의 바로 그 목소리를 뽑아내기 위한 우리의 능력에 대하여 가장 신뢰하였던 20세기 학자는 요아힘 예레미아스였는데, 그는 예수의 여러 가지 진정한 말들의 원래의 아람어를 재구성하기 위해 애를 썼다.[6] 하지만 복음서 전승과 복음사가들이 예수가 말한 것의 정확한 자구에 대하여 그만큼 관여했는지 궁금해할 진정한 이유가 있다. 물론, 똑같은 어록과 비유 안에 몇몇 변형이 이동해 다니는 교사인 예수가 다양한 양식의 그의 재료를 규칙적으로 반복했다고 가정함으로써 잘 설명할 수 있다. 그렇지만 여기서도, 우리는 어록의 어떤 하나의 양식이 그 원래의 양식으로 지정될 수 없다는 논리적 결론에 도달한다.

하지만, 많은 다른 기회에 똑같은 가르침에 대한 예수의 반복이 신약성경에서 자구의 모든 변형을 설명할 수 없다. 예를 들어, 우리에게는 예수가 최후 만찬에서 빵과 포도주 위에 말한 것의 네 기록이 있으며(마르 14, 22~25; 마태 26, 26~29; 루카 22, 19~20; 1코린 11, 23~26), 또 네 버전 모두 서로 다르다. 분명히 예수는 그의 삶이 갑자기 끝나기 전에 오직 한 번만 이 말들을 할 수 있었다. 그러므로 우리는 다양한 양식으로 추정된 반복에 호소할 수 없다. 우리에게는 여기 효과적인 자료가 있다. 곧 "성체성사적 말들"은 초대교회에 분명히 중요했다.−그것들의 네 형식 문구를 보라! 그럼에도 정확한 어구가 아니라, 핵심에 초기 교회가 보장한 의견 일치에 중요성이 있다. 이것이 최후 만찬에서 이 활력이 넘치는 "설정의 말씀"을 위하여 사실이라면, 우리는 예수의 다른 말들이 한마디 한마디 정확성을 위해 더 큰 열정으로 보존되었다고 생각할 어떤 이유가 있는가? 수십 년의 전례적인 적용, 강론의 확장, 그리고 그리스도교 예언자들 편의 창조적 활동은[7] 모두 네 복음서의 예수의 말씀 위에 그들의 자국을 남겼다. 주님의 기도(마태 6, 9~13; 루카 11, 2~4)와 참행복(마태 5, 3~12; 루카 6, 20b~23)과 같은 이런 중요한 자료의 여러 버전은, 역사적 예수의 가르침을 찾는 데에, 우리가 "입수 가능한 가장 이른 양식"의 기본적 내용과 가설적 재구성으로–그것이 실제로 예수에게까지 거슬러 올라가든 그렇지 않든–흔히 만족해야 한다는 인상을 강화할 뿐이다.

이 모든 고찰은 정전 복음서들과 그 사료의 연대를 정하는 질문을 제기한다. 나는 오늘날 신약성경의 기준 견해를 받아들인다.[8] 마르코는, 구전의 또 아마 글로 쓴 전승들의 다양한 수집물을 사용하면서, 서기 70년경 어딘가에서 그의 복음서를 작성했다. 마태오와 루카도 서로 독립적으로 일하면서, 마르코복음서와 학자들이 임의적으로 Q 표시를 붙이는 예수 어록의 수집물과[9] 마태오와 루카에 고유한 특별한 전승들을 병합하고 편집함으로써, 70~100년 시기에 더 큰 복음서들을 작성했다. 이것은 2출전설로 알려진다. 이것은 오늘날 가장 공통적으로 사용되기는 하지만, 보편적으로 받아들여지지 않는다. 예를 들어, 윌리엄 파머(William R. Farmer)와 C. S. 만(C. S. Mann)과 같은 몇몇 비평가들은 그리스바흐 가설을 유지한다. 마태오가 처음으로 썼고, 그다음 루카가 마태오에 의존하면서 썼으며, 최후로 마르코가 마태오와 루카의 요약 또는 융합을 작성했다.[10] 다른 학자들은 마르코의 우선순위를 받아들이지만 가설적인 Q 문서의 존재를 의심하는데, 이는 마태오와 루카에 공통되는 자료에서 재구성되어야 하지만 마르코에 나오지 않는다.[11] 마태오의 편집 비평 안에 나의 이전 책은 저 2출전설이, 문제가 없지 않지만, 가장 생존 가능한 이론이라는 것을 나에게 확신시켰다.[12] 그것은 또한 학자들의 세계적인 공동체에 의해 가장 많이 사용된 것이다. 그러므로 그것은 여기 사용된 가설이 될 것이다. 이 입장의 중요한 결과는 마르코와 Q가 비교와 입증을 위하여 두 가지 서로 다른 사료를 제공한다는 것이다.

요한복음서가 마찬가지로 예수에 대한 지식의 독립적인 사료를 마르코와 Q와 함께 제공하는지는 여전히 뜨겁게 토론이 되고 있다. 금세기 초에 요한이 공관복음서들을 알고 사용했다는 것이 인정된 것으로 널리 간주되었다. P. 가드너스미스(P. Gardner-Smith)는 1938년에 그 견해에 이의를 제기하면서,[13] 요한은 독립적인 전승을 나타낸다고 주장했다. 이 입장은 C. H. 도드(C. H. Dodd)에 의해 상세하게 잘 풀렸고[14] 레이먼드 브라운, 루돌프 슈나켄부르크(Rudolf Schnackenburg), 에른스트 헨헨(Ernst Haenchen)과 같은 이런 주요한 주석자들에 의해 받아들여졌다.[15] 이것은 아마 오늘날 대다수 견해일 것이지만, 결코 만장일치의 것은 아니다.[16] 예를 들어, 위대한 루뱅의 주석가 프란스 네이링크(Frans Neirynck)는 요한이 마르코, 마태오, 그리고 루카에 의존한다고 간주한다.[17] 나의 의견에, 하여간 도드와 브라운 같은 학자들에게는 주장의 더 좋은 부분이 있다. 예수의 직무에 대한 요한계의 제시는 공관복음서에서 파생되기에는 너무나도 엄청나게 다르다. 또 더구나 요한이 공관복음서와 병행하는 곳에, 이상한 혼합과 일치와 불일치의 불규칙한 패턴은 공관복음서와 비슷한, 그럼에도 독립적인 전승의 흐름에 의해 가장 잘 설명된다.[18] 요컨대 네 복음서에 대한 우리의 조사는 우리에게 함께 일하기 위해 세 분리된 주요한 사료를 제공한다. 곧 마르코, Q, 그리고 요한이다.

나는 이 사료를 두 개의 적고 문제가 있는 사료, 즉 M과 L과 대조하기 위해 "주요한"이라 부른다. M과 L에 의해 나는 각각 마태오(M)와 루카(L)의 복음서들에 고유하다는 것을 뜻한다.[19] 우리는 주어진 복음서에서 마르코, Q 그리고 복음사가의 편집적인 활동에서 온다고 판단되는 모두를 빼냄으로써 이 전승들을 분리한다. 정확히 이 M과 L 전승들은 지방 교회들에 의해 형성되었고/또는 전해졌기 때문에, 때로는 마태오의 편집에서 M 전승을 또 루카의 편집에서 L 전승을 구별하기는 극단적으로 어렵다. 놀랄 것 없이, 이 전승들의 어휘, 문체, 또 신학적 내용은 자주 마태오와 루카의 그것들과 일치할 수 있다. 이런 이유로 사료 비평은 진퇴양난에 처해진다. 오직 마태오나 루카에 고유한 어휘, 문체, 또 신학적 전망이 복음사가의 그것에서 벗어날 때에만 우리는 자료를 M 또는 L 전승이고 또 편집적인 창작물이 아니라고 선언하는 데에 꽤 안전하게 느낄 수 있다.[20] 설령 그렇더라도, 우리는 M 또는 L 전승에서 예수의 진정한 어록으로 자동적으로 이동할 수 없다. M 또는 L 자료가, 정의에 의해, 아무 병행이 없기 때문에, 역사성에 대한 결정은 도달하기 어려우며 사례별로 결정되어야 한다. 이 모든 주의—마찬가지로 M과 L 전승들의 단편적인 특성[21]—를 인정한 다음 우리가 그것들을 오히려 주요한 사료로서보다는 작은 사료로 평가해야 한다고 나는 생각한다.

역사적 가치의 문제는 넷째 복음서의 자료를 한층 더 괴롭히며, 또 몇몇 비평가는 단순히 요한을 못 본 척한다. 물론 불트만과 그의 추종자들의 경향과 반대로, 나의 견해에 요한복음서는 역사적 예수의 사료로서 집단으로 또 선험적으로 배척되어서는 안 된다. 틀림없이 상징적 목적을 위하여 담화들의 재작성과 신학적 계획을 위하여 어록의 재구성은 요한에서 그 절정에 이른다. 그렇지만 이러한 경향들이 공관복음서에 전적으로 없지는 않으며, 또 때로는(예, 최후 만찬의 특성과 예수의 죽음의 날짜와 같은 문제들) 요한이 공관복음서보다 오히려 역사적으로 정확할 수 있을 것이다.[22] 각각의 경우는 그 자체의 가치 위에 판단되어야 한다. "공관복음적 예수의 독재"[23]는 포스트불트만주의자의 쓰레기통에 넣어져야 한다.

네 복음서 이외에, 신약성경은 예수에 대하여 거의 산출하지 않는다. 운이 좋아서 가장 가능성이 큰 정보의 사료는, 의심 없이 초기 그리스도교 세대에서 오는 신약성경 자료의 유일한 저자인 바오로이다.[24] 바오로의 신학의 중심은 예수의 죽음과 부활이기 때문에, 지상의 예수의 사건과 어록은 그의 서간들에 그야말로 큰 역할을 하지 않는다. 더 중요한 것은, 그의 서간들은 예수에 관한 처음 지식을 전하는 것을 일반적으로 목표로 하지 않았으며, 이는 오히려 전제되었다.—또 오직 필요할 때만 회상되었다. 그것은 보통 (특히 코린토 교회 안에) 긴급한 문제들이 그가 예수의 말씀과 자신의 삶의 사건들에 의지하는 복음을 일정한 교회에 처음 전할 때 나누었던, 기본적인 교리를 반복하도록 바오로를 강요하는 곳의 적은 사례들에 있다. 예를 들면, 코린토인들 가운데 이혼의 문제—그에게 가장 흔치 않은 조처-는 이혼을 금지하는 예수의 가르침에 호소하도록(1코린 7, 10~11) 바오로를 이끈다. 하지만 여기서도 그것은 주어진 말 그대로보다는 오히려 다른 말로 바꾸어 표현되었다(참조: 예, 마르 10, 11~12; 마태 5, 32; 루카 16, 18). 경제적으로 자급자족하는 그의 독립적 방법에 대한 그의 변호는 선교사들의 지원에 대한 예수의 어록을 그가 넌지시 언급하게 했다(1코린 9, 14; 참조: 마태 10, 10; 루카 10, 7). 코린토의 성체성사에 내보인 그리스도인의 애덕의 결핍은 바오로가 최후 만찬에서 예수의 행동과 말씀을 회상하도록 움직인다(1코린 11, 23~26). 그리스도인들이 마지막 날에 다시 살아날 것이라는 교리에 대한 어려움은 예수의 죽음과 부활의 기본적 사실을 포함하는 매우 오랜 그리스도교 신경의 암송을 생기게 한다(1코린 15, 3).

그럼에도 이런 경우 대부분에 우리는 예수의 말씀을 "인용하는" 바오로라고 말해서는 안 된다. 말씀은 인용보다는 오히려 암시인데, 왜냐하면, 예수의 성체성사적 말씀의 경우 외에, 바오로는 단순히 예수의 가르침의 요지를 제공하는데, 코린토인들과 논쟁할 때 항상 적용을 목적으로 하기를 바라기 때문이다. 그렇지만 바오로가 (1) 지나가면서 예수의 어록을 넌지시 말할 수 있고, (2) 코린토인들이 어록을 알고 규범적인 것으로 받아들이기를 기대할 수 있으며, 그리고 (3) 바오로가 그의 회심 이후 받아들였고 그들의 회심 후에 코린토인들에게 전했던(1코린 11, 23; 15, 3) 예수에 관한 정확한 가르침에 호소할 수 있다는 바로 그 사실은 바오로계 교회들 첫 세대 가운데 회람하는 예수로부터 또 예수에 관한 가르침의 일정한 축적을 분명히 보여 준다. 바오로가 예수로부터 또는 예수에 관한 가르침에 호소하는 코린토 1서 안의 각각의 경우에, 우리가 공관복음서 안에 병행하는 자료를 발견한다는 것은 확실히 중요하다. 바오로가 이혼에 대한 예수의 말씀과 새로운 상황(그리스도인들과 외교인들 간의 혼인)에 바오로 자신의 그 말씀의 적용 간에 주의 깊게 구분하는 것(1코린 7, 10~13)은 마찬가지로 주목할 만하다. 사도적 권한에 대한 그의 주장을 위하여, 바오로는 가르침을 만들고 예수의 입에 그것을 놓기를 자유롭게 느끼지 않는다. 우리는 이렇게 물을 수 있겠다. 첫 세대의 누가 했는가?

한편 코린토 1서의 이 적은 사례들은 공관복음서를 살피기 위한 독립적인 사료를 우리에게 주는 데 도움이 되지만(특히 이혼과 성체성사에 관한 말씀들에), 그것들은 역사적 예수에 대한 탐구에 바오로계 서간들의 유용성을 거의 고갈시킨다. 우리는 서간들 전체를 통하여 흩어진 더 많은 자료의 몇 점을 찾을 수 있다(예, 예수는 다윗의 후손이었다, 로마 1, 3; 그의 사명은 다른 민족들이 아니라, 이스라엘에 맞추어졌다, 로마 15, 8). 그럼에도, 다시, 이것들은 기껏해야 복음서들이 어쨌든 우리에게 말하는 것을 단순히 확인시켜 줄 뿐이다. 기껏해야, 이 바오로의 본문들은 예수에 대한 이러한 사실들이 바오로에 의해 창설되지 않은 멀리 떨어진 교회들(로마!)에서도 초기 그리스도인 세대에 가르쳐졌다는 것을 우리에게 알려 준다.

몇몇 비평가들은 가능한 또 다른 바오로계 정보를, 곧 예수의 가르침 안에서 비슷한 점들을 발견하는 바오로의 훈계(=윤리적 권고)의 더 많은 부분들을 가리킨다. 어쨌든 자료는 많은 설명을 고려하게 한다. 바오로는 그와 그의 개종자들도 예수에게서 왔다고 아는 가르침을 의식적으로 사용하는가?—그의 잘 알려진 사료를 알리는 것을 개의치 않으면서? 또는 바오로는 자신이 그것의 기원을 알지 못하지만 사실상(de facto) 예수에게서 온 자료를 사용하고 있는가? 또는 예수와 바오로는 모두 비슷한 유다인의 윤리적 또 지혜의 전승을 그들의 권고에서 사용하는가? 또는 바오로와 다른 첫 세대 그리스도인들은 그다음 공관복음서 전승을 통과하여 예수에게 돌려진 훈계를 발전시키는가? 이 선택 행위들이 모두 가능하며, 또 모두 어느 정도 사실일 수 있다. 때로는, 양식과 내용에 가까운 유사성은, 마찬가지로 1세기의 더 넓은 종교적 환경과의 차이점은 예수 위에 바오로의 의존을 개연성 있게 만들 수 있을 것이다. 한편으로 마태 5, 38~48; 루카 6, 27~36에 그리고 다른 한편으로 로마 12, 14~20; 1테살 5, 15; 1코린 4, 12(참조: 1베드 3, 9)에 보존된 것처럼, 우리의 원수나 박해자들을 사랑하라는 권고 안의 사례가 그럴 수 있다.[25]

이런 특별한 경우들을 제외하고, 그럼에도 바오로가 얼마나 많이 알았는지 우리에게 명확하지 않다. 어쨌든 역사적 예수에 대한 우리의 지식은 비록 이 교훈적인 구절들이 예수로부터 유래된 것으로 보였을지라도 향상

되지 않을 것이다. 결국 그것들이 고려의 후보들인 바로 그 이유는 그것들이 또한 공관복음서에 있는 비슷한 자료이기 때문이다. 그러므로 기껏해야 그것들은 새로운 정보의 사료가 아니라, 공관복음 전승에 대한 점검으로서만 도움이 될 수 있다.

바오로를 넘어, 신약성경의 나머지는 한층 더 빈약한 수확을 거둔다. 야고보서는, 바오로계와 다른 신약성경과 같이, 몇몇 재작업을 한 예수의 어록을 포함할 것이다. 가장 명확한 후보는 야고 5, 12(참조: 마태 5, 34~37)의 맹세의 금지이다. 베드로1서는 또 다른 가능성 있는 사료인데, 그렇지만 저자가 신약성경에 지금 나온 다른 문서들을 알았는지에 대한 의문이 문제를 복잡하게 만든다.[26] 히브리서는 예수가 레위가 아니라 유다 지파였다는 것(히브 7, 14)—예수가 새 계약의 그 대사제라는 그것의 논제에 분명한 장애물로서—을 언급한다. 히브리서는 또한 겟세마니에서 예수의 고뇌에 찬 기도에 가까운 전승을 알고 있다(히브 5, 7~8; 참조: 마르 14, 32~42 병행; 또한 요한 12, 27~36a). 요한묵시록은 예수의 종말론적 담론에도 나오는 묵시문학적 언어와 비유들을 알고 있다. 예를 들어, 마지막 때에 오는 예수에게 적용된 도둑의 대담한 이미지는 Q(마태 24, 43; 루카 12, 39)와 묵시 3, 3; 16, 15(참조: 1테살 5, 2. 4; 2베드 3, 10의 부드러운 버전, 거기에 "주님의 날"은 도둑처럼 온다.)에도 나온다.[27] 네 구절 모두에서 말씀들은 직접 예수에 의해 이루어진다.—복음서들에, 지상의 예수; 묵시록에, 부활하여 고양된 예수. 여기, 물론 문제는 있다. 곧 역사적 예수의 어록이, 묵시록의 환시자에 의한 환시 안에 보인, 부활한 그리스도의 입에 놓여 있는가? 또는 그리스도교 예언자들이, 부활한 주님에 대한 자신들의 환시에서 이 말씀들을 들은 다음, 그것들을 지상 예수의 입에 놓았는가? 큰 그림에서, 결정은 우리 기획에 거의 차이가 없는데, 일단 다시 자료는 네 복음서에서 입수 가능한 자료의 자산에 아무 실체적인 것을 더하지 않기 때문이다. 신약성경 내에서, 우리는 근본적으로 다시 복음서들 위로 던져진다. 이런 이유로 다음 장들은 우리가 신약성경 밖에서 역사적 예수에 관하여 정보의 어떤 독립된 사료를 찾을 수 있는지 물어야 한다.

NOTES TO CHAPTER 2

[1] From now on, unless explicitly specified, the noun "Jesus" will be understood to mean "the historical Jesus" as defined in Chapter 1. This will save needless repetition of modifying phrases.

[2] We owe this insight in particular to the three "greats" of form criticism: Rudolf Bultmann, Martin Dibelius, and Karl Ludwig Schmidt. The key works of Bultmann and Dibelius will be cited according to the German originals, since the English translations of both works are unreliable: Rudolf Bultmann, *Die Geschichte der synoptischen Tradition* (FRLANT 29; 8th ed.; Göttingen: Vandenhoeck & Ruprecht, 1970; 1st ed. 1921), with *Ergänzungsheft*(4th ed.; ed. Gerd Theissen and Philipp Vielhauer; Göttingen: Vandenhoeck & Ruprecht, 1971); ET: *History of the Synoptic Tradition*(2d ed.; New York/ Evanston: Harper & Row, 1968); Martin Dibelius, *Die Formgeschichte des Evangeliums*(6th ed.; ed. Günther Bornkamm; Tübingen: Mohr [Siebeck], 1971; 1st ed. 1919); ET: *From Tradition to Gospel*(New York: Charles Scribner's Sons, n.d.). It is unfortunate that the work of the third giant has not been translated into English, since more than anyone else he established that the narrative framework of Mark (and, a fortiori, the other evangelists) should not be taken as historical: Karl Ludwig Schmidt, *Der Rahmen der Geschichte Jesu*(Darmstadt: Wissenschaftliche Buchgesellschaft, 1969; 1st ed., 1919).—As is clear from what I say in the text, I do not agree with those Marcan critics who think that Mark created most of his material, with at best fragments of tradition existing before his composition. Needless to say, even such a view allows of degrees of creativity. See, e.g., the various views of the authors in Werner H. Kelber, ed., *The Passion in Mark*(Philadelphia: Fortress, 1976); cf. Werner H. Kelber, *The Oral and the Written Gospel*(Philadelphia: Fortress, 1983); also Burton L. Mack, *A Myth of Innocence. Mark and Christian Origins*(Philadelphia: Fortress, 1988).

[3] The basic arguments for seeing a different hand in Chapter 21 can be found in Raymond E. Brown, *The Gospel According to John (xiii-xxi)*(AB 29A; Garden City, NY: Doubleday, 1970) 1077-1082. I do not think that they are effectively overcome by Paul S. Minear, "The Original Functions of John 21", *JBL* 102(1983) 35-98.

[4] For the grand example in the patristic period, see Augustine of Hippo's *De consensu Evangelistarum libri IV*, available in PL 34, 1041-1230; and F. Weihrich, ed., CSEL 43 (1904). A scholarly treatment of the patristic approach to the problem can be found in Helmut Merkel, *Die Widersprüche zwischen den Evangelien. Ihre polemische und apologetische Behandlung in der Alten Kirche bis zu Augustin*(WUNT 13; Tübingen: Mohr [Siebeck], 1971).

[5] For a learned but highly imaginative attempt to conflate John and the Synoptics in the matter of Jesus' many crossings of the Sea of Galilee, see Heinz Kruse, "Jesu Seefahrten und die Stellung von Joh. 6", *NTS* 30(1984) 508-530. The grand example of this sort of harmonization of all Four Gospels, with John providing the framework, is J. A. T. Robinson's posthumous The Priority of John, ed. J. F. Coakley(Oak Park, IL: Meyer-Stone,

1985). Both works demonstrate how the project at times takes on the appearance of writing a novel.

6 A typical example of his work is "Kennzeichen der ipsissima vox Jesu", *Abba* (Göttingen: Vandenhoeck & Ruprecht, 1966[original article, 1954]) 145-152. The great final summary of his work is his *New Testament Theology. Part One. The Proclamation of Jesus*(London: SCM, 1971).

7 The exact function and the extent of the creative activity of early Christian prophets are much debated among NT scholars. For a range of opinions, see, e.g., D. Hill, "On the Evidence for the Creative Role of Christian Prophets", *NTS* 20(1973-1974) 262-274; idem, *New Testament Prophecy*(Atlanta: John Knox, 1979) 160-185; James D. G. Dunn, "Prophetic 'I' Sayings and the Jesus Tradition", *NTS* 24(1977-1978) 175-198; M. E. Boring, "Christian Prophecy and the Sayings of Jesus: The State of the Question", *NTS* 29(1983) 104-112; idem, *Sayings of the Risen Jesus*(SNTSMS 46; Cambridge: Cambridge University, 1982); D. Aune, *Prophecy in Early Christianity*(Grand Rapids: Eerdmans, 1983) 233-245. Boring thinks that Christian prophets influenced the Synoptic tradition of Jesus' words in a variety of ways, in addition to coining new sayings of the risen Jesus; such influence can frequently be detected with a reasonable degree of probability. Hill and Aune are more negative toward the idea that Christian prophets created oracles of the risen Lord that were then assimilated to sayings of the earthly Jesus.

8 The most thorough challenge to the commonly accepted dating of the Gospels is that of J. A. T. Robinson, *Redating the New Testament*(Philadelphia: Westminster, 1976). Robinson wishes to place all the writings of the NT before A.D. 70. While he does not even attempt a serious argument for the hopeless case of 2 Peter, he does strain to mount such a defense for Matthew, Luke, and John. The result is a dazzling tour de force that fails to convince. The thesis has been largely rejected by NT scholars; for a telling review, see Robert M. Grant in *JBL* 97(1978) 294-296.

9 Recent scholarship indicates that the letter Q was not chosen originally to signify the German word *Quelle*("source"); see Frans Neirynck, "The Symbol Q(=Quelle)", *ETL* 54(1978) 119-125; L. Silberman, "Whence Siglum Q? A Conjecture", *JBL* 98(1979) 287-288; for a different view, see H. K. McArthur, "The Origin of the 'Q' Symbol", *ExpTim* 88(1976-1977) 119-120. For reviews of scholarship on Q, see Frans Neirynck, "Recent Developments in the Study of Q", *Logia. Les paroles de Jésus—The Sayings of Jesus*(BETL 59; Joseph Coppens Memorial; ed. J. Delobel; Leuven: Peeters/ Leuven University, 1982) 29-75; a lengthy bibliography on Q, compiled by Frans Neirynck and Frans Van Segbroeck, can be found in the same volume on pp. 561-586; Dieter Lührmann, "The Gospel of Mark and the Sayings Collection Q", *JBL* 108(1989) 51-71. For various presentations and discussions of Q's content, arrangement, theology, tradition history, and community, see Dieter Lührmann, *Die Redaktion der Logienquelle*(WMANT 33; Neukirchen-Vluyn: Neukirchener Verlag, 1969); Siegfried Schulz, *Q. Die Spruchquelle der Evangelisten*(Zurich: Theologischer Verlag, 1972); Paul Hoffmann, *Studien zur Theologie der Logienquelle*(NTAbh 8; 2d ed.; Münster: Aschendorff, 1975); Richard A. Edwards, *A Theology of Q. Eschatology, Prophecy, and Wisdom*(Philadelphia: Fortress, 1976); Athanasius Polag, *Die Christologie der Logienquelle*

(WMANT 45; Neukirchen- Vluyn: Neukirchener Verlag, 1977); Petros Vassiliadis, "The Nature and Extent of the Q Document", *NovT* 20(1978) 49-73; Rudolf Laufen, *Die Doppelüberlieferungen der Logienquelle und des Markusevangeliums*(BBB 54; Königstein: Hanstein, 1980); John S. Kloppenborg, "Tradition and Redaction in the Synoptic Sayings Source", *CBQ* 46 (1984) 34-62; Ivan Havener, *Q. The Sayings of Jesus*(Good News Studies 19; Wilmington, DE: Glazier, 1987); John S. Kloppenborg, *The Formation of Q. Trajectories in Ancient Wisdom Collections*(Philadelphia: Fortress, 1987); idem, *Q Parallels*(Sonoma, CA: Polebridge, 1988); Migaku Sato, *Q und Prophetie. Studien zur Gattungs- und Traditionsgeschichte der Quelle Q*(WUNT 2/29; Tübingen: Mohr [Siebeck], 1988). See also the report by James M. Robinson, "The International Q Project. Work Session 17 November 1989", *JBL* 109(1990) 499-501.

10 William Farmer, *The Synoptic Problem*(New York: Macmillan, 1964); C. S. Mann, *Mark*(AB 27; Garden City, NY: Doubleday, 1986). Paradoxically, Mann winds up refuting the Griesbach hypothesis by being forced to suppose that, in many pericopes that are supposed to be conflations of Matthew and Luke, Mark also used early oral traditions that came from Peter or other first-generation witnesses. This is simply to reintroduce Marcan priority through the back door. Hans-Herbert Stoldt(*Geschichte und Kritik der Markushypothese*[Göttingen: Vandenhoeck & Ruprecht, 1977]) likewise attempts a critique of the two-source hypothesis (implicitly in favor of the Griesbach hypothesis), but the sweeping generalizations of the book, plus its lack of detailed analysis and argumentation, fail to prove anything. Of the making of Synoptic theories there is no end. Another well-known hypothesis is that of P. Benoit and M.-E. Boismard, *Synopse des quatre évangiles en français*(2 vols.; Paris: Cerf, 1966, 1972); the very complexity of this hypothesis tells against it. John M. Rist, on the other hand, has attempted to show that there is no direct literary dependence of one Synoptic on another; see his *On the Independence of Matthew and Mark*(SNTSMS 32; New York: Cambridge University, 1978). But the massive amount of verbal agreements among the Synoptics makes this thesis untenable, even from a purely statistical point of view. On statistics and Synoptic theory, see Robert Morgenthaler, *Statistische Synopse*(Zurich/Stuttgart: Gotthelf, 1971).

11 For one attempt to dispense with Q in Matthean studies, see M. D. Goulder, *Midrash and Lection in Matthew*(London: SPCK, 1974); for a defense of both the priority of Mark and Q in Lucan studies, see Joseph A. Fitzmyer, "The Priority of Mark and the 'Q' Source in Luke", *To Advance the Gospel*(New York: Crossroad, 1981) 3-40. For a thorough study of the two-source theory from the vantage point of Luke's Gospel, see Joseph A. Fitzmyer, *The Gospel According to Luke (I-IX)*(AB 28; Garden City, NY: Doubleday, 1981) 63-106. A useful collection of essays both for and against the two-source theory can be found in Arthur J. Bellinzoni, Jr., ed., *The Two-Source Hypothesis. A Critical Appraisal*(Macon, GA: Mercer University, 1985).

12 I became especially convinced of the two-source hypothesis during the writing of a commentary on Matthew(*Matthew*[NT Message 3; rev. ed.; Wilmington, DE: Glazier, 1981]). It is significant that, when Robert H. Gundry approached the writing of his large commentary on Matthew(*Matthew*[Grand Rapids: Eerdmans, 1982]), he was disposed against

the two-source hypothesis. It was precisely his detailed work with the Greek texts of Matthew and Mark that convinced him of the two-source hypothesis (though with his own modifications: Q is much expanded and Luke used Matthew as a secondary source). Perhaps the staunchest defender of the two-source theory in the latter part of the 20th century has been Frans Neirynck; his collected essays, which form something of a *Summa apologetica* for the two-source theory, can be found in *Evangelica. Gospel Studies—Etudes d' évangile*, ed. Frans Van Segbroeck(Leuven: Peeters/ Leuven University, 1982). For further bibliography on the Synoptic problem, see Thomas R. W. Longstaff and Page A. Thomas, *The Synoptic Problem. A Bibliography, 1716-1988*(Macon, GA: Mercer University, 1989).

[13] P. Gardner-Smith, *Saint John and the Synoptic Gospels*(Cambridge: Cambridge University, 1938).

[14] C. H. Dodd, *Historical Tradition in the Fourth Gospel*(Cambridge: Cambridge University, 1963).

[15] Raymond E. Brown, *The Gospel According to John (i-xii)*(AB 29; Garden City, NY: Doubleday, 1966) XLIV-XLVII; Rudolf Schnackenburg, *The Gospel According to St John* (3 vols.; London: Burns & Oates, Vol. 1:1968) 1. 26-43; Ernst Haenchen, *John 1. A Commentary on the Gospel of John, Chapters 1-6*(Hermeneia; Philadelphia: Fortress, 1984) 74-78.

[16] One of the few recent critical commentators on John's Gospel to defend John's dependence on Mark is C. K. Barrett, *The Gospel According to St. John*(2d ed.; Philadelphia: Westminster, 1978). It is symptomatic, though, that in the 2d ed. of his commentary Barrett begs the question by saying that John depends on Mark or Mark-like traditions; that distinction is the very point at issue. The followers of the late Norman Perrin tend to defend John's dependence on Mark; see, e.g., the various essays in Kelber, ed., *The Passion in Mark*. However, the authors' position seems to proceed from the a priori desire to see Mark as the sole creator of an extended Passion Narrative; an independent but similar Passion Narrative from John would destroy their neat thesis (as, indeed, in my opinion, it does). Against John's dependence on Mark in the Passion Narrative is Robert T. Fortna, "Jesus and Peter at the High Priests' House: A Test for the Question of the Relation Between Mark's and John's Gospels", *NTS* 24(1977-1978) 371-383; see also his *The Fourth Gospel and Its Predecessor*(Philadelphia: Fortress, 1988). Also in favor of John's independence of Mark is Barnabas Lindars, "John and the Synoptic Gospels: A Test Case", *NTS* 27(1981) 287-294. Still in favor of the basic independence of John, but stressing the complexity of the problem, is D. Moody Smith, "John and the Synoptics: Some Dimensions of the Problem", *NTS* 26(1980) 425-444.

[17] From among his voluminous writings, see in particular "John and the Synoptics", *L'évangile de Jean: Sources, rédaction, théologie*(BETL 44; ed. M. de Jonge; Leuven: Leuven University, 1977) 73-106; "John and the Synoptics: the Empty Tomb Stories", *NTS* 30 (1984) 161-187; and *Jean et les Synoptiques*(Leuven: Leuven University, 1979). Other scholars in favor of John's dependence include W. Klaiber, "Die Aufgabe einer theologischen Interpretation des 4. Evangeliums", *ZTK* 82(1985) 300-324; and K. Kleinknecht, "Johannes 13", *ZTK* 82(1985) 361-388. Neirynck's approach to the empty tomb story is correctly

(in my opinion) criticized by J. Becker, "Das Johannesevangelium im Streit der Methoden (1980-1984)", *TRu* 51(1986) 1-78, esp. pp. 22-23: one has to imagine John at his writing desk with the three Synoptics spread out before him, taking one line from one Gospel, another from the second, etc. A similar critique of the view that John knew all the Synoptics is found in Haenchen, *John 1*, 75.

18 A prime example of this phenomenon is the relation of the narrative of the multiplication of loaves in John to the parallel narratives in the Synoptics; see the comparative chart drawn up by Brown, *John (i-xii)*, 240-243. Especially striking in this comparison is the fact that Mark thrice mentions the site of the miracle as wilderness or desert(*erēmos*, 6:31, 32, 35), while John has no such specification in the parallel verses; yet it is John who makes so much of the manna-in-the-desert theme in the discourse that follows(John 6:31, 49). We would have to suppose that John deleted from Mark the very point that would have fit John's redactional theology perfectly—a strange way to edit!

19 For the M tradition, see W. D. Davies and Dale C. Allison, *The Gospel According to Saint Matthew*(ICC; Edinburgh: Clark, 1988) 121-127. For an attempt to describe Matthew's community from the evidence of his special sayings material, see Stephenson H. Brooks, *Matthew's Community. The Evidence of His Special Sayings Material*(JSNTSup 16; Sheffield: JSOT, 1987). On the special material in Luke, see J. A. Fitzmyer, *The Gospel According to Luke*(AB 28, 28A; Garden City, NY: Doubleday, 1981, 1985) 1. 82-91.

20 For an example of this delicate procedure, see John P. Meier, "Two Disputed Questions in Matt 28:16-20", *JBL* 96(1977) 407-424.

21 The question whether there was a primitive Lucan Gospel(proto-Luke) that existed prior to the incorporation of Marcan material is a special problem. Some aspects of it will be treated in Chapter 11, on chronology.

22 It is not by accident that these two examples are from the narrative part of the Fourth Gospel rather than from the sayings tradition. In the quest for the historical Jesus, the former is much more useful than the latter, which has undergone massive reformulation from the Johannine perspective.

23 To this extent, the battle cry of Charles W. Hedrick is well taken; see his "The Tyranny of the Synoptic Jesus", *The Historical Jesus and the Rejected Gospels*(Semeia 44; Atlanta: Scholars, 1988) 1-8. However, I do not share his view that material from Nag Hammadi notably increases our fund of data on the historical Jesus.

24 For an introduction to the whole problem, a survey of major texts and positions, and a judicious weighing of the evidence, see Frans Neirynck, "Paul and the Sayings of Jesus", *L'Apôtre Paul*(BETL 73; ed. A. Vanhoye; Leuven: Leuven University/Peeters, 1986) 265-321; Neirynck thinks that, outside of 1 Cor 7:10-11 and 9:14, "there is no certain trace of a conscious use of sayings of Jesus. Possible allusions to gospel sayings can be noted on the basis of similarity of form and context but a direct use of a gospel saying in the form it has been preserved in the synoptic gospels is hardly provable"(p. 320). For a similar though less detailed survey of the data, see N. Walter, "Paulus und die urchristliche

Tradition", *NTS* 31(1985) 498-522; cf. Helmut Koester, *Ancient Christian Gospels. Their History and Development*(London: SCM; Philadelphia: Trinity, 1990) 52-62(with some debatable views about the problems at Corinth). More positive than Walter on Paul's knowledge of collections of Synoptic sayings is Dale C. Allison, Jr., "The Pauline Epistles and the Synoptic Gospels: The Pattern of the Parallels", *NTS* 28(1982) 1-32. For detailed studies that concentrate on particular test cases, see David Wenham, "Paul's Use of the Jesus Tradition: Three Samples", and Peter Richardson and Peter Gooch, "Logia of Jesus in 1 Corinthians", both in David Wenham, ed., *Gospel Perspectives. The Jesus Tradition Outside the Gospels. Vol. 5*(Sheffield: JSOT, 1984) 7-37 and 39-62 respectively.

For an older survey that concentrates on the two clear cases mentioned by Neirynck, see David L. Dungan, *The Sayings of Jesus in the Church of Paul*(Philadelphia: Fortress, 1971). Dungan, on the whole, holds a more positive view than Neirynck of the connection between Jesus' teaching and Paul's doctrine and exhortations. Similar positive positions are held, e.g., by W. D. Davies, *Paul and Rabbinic Judaism*(New York/Evanston: Harper & Row, 1948; rev. ed. 1955; Harper Torchbook ed. 1967) 136-146, with a lengthy list of possible texts of Paul that might be dependent on Jesus; David M. Stanley, "Pauline Allusions to the Sayings of Jesus", *CBQ* 23(1961) 26-39; F. F. Bruce, "Paul and the Historical Jesus", *Paul: Apostle of the Heart Set Free*(Grand Rapids: Eerdmans, 1977) 95-112. Quite negative on any direct relation is Bultmann, *Geschichte der synoptischen Tradition*, 330; similarly in his *Theology of the New Testament*(2 vols.; London: SCM, 1952) 1. 35.

[25] For this special case, see John Piper, *"Love Your Enemies." Jesus' Love Command in the Synoptic Gospels and the Early Christian Paraenesis*(SNTSMS 38; Cambridge: Cambridge University, 1979). Contrary to Piper, Jürgen Sauer ("Traditionsgeschichtliche Erwägungen zu den synoptischen und paulinischen Aussagen über Feindesliebe und Wiedervergeltungsverzicht", *ZNW* 76[1985] 1-28) does not think the command to love one's enemies and waive retaliation comes from Jesus; rather, Paul represents the oldest Christian literary stage of the tradition, which entered Christianity from OT wisdom, Hellenistic popular philosophy, and Hellenistic Judaism. The bearers of the Q tradition attributed the teaching to Jesus to give it authority. Whatever one thinks of the thesis, Sauer's article is a mine of bibliographical information.

[26] For James, see Koester, *Ancient Christian Gospels*, 71-75; of the eight cases Koester considers, James 5:12(the prohibition of oaths) seems the best candidate. As Koester points out, we cannot be sure whether James knew any of these sayings as sayings of Jesus, but "it is quite possible" that he did so(p. 75). Peter H. Davids("James and Jesus", David Wenham, ed., *Gospel Perspectives. The Jesus Tradition Outside the Gospels*[Sheffield: JSOT, 1984] 63-84) inclines to the view that the Epistle of James presupposes the Jesus tradition as the rule of life for the community; see also his "The Epistle of James in Modern Discussion", *Aufstieg und Niedergang der römischen Welt* II/25.5, 3621-3645.

Dependence on the Jesus tradition is also supported for 1 Peter by Gerhard Maier, "Jesustradition im 1. Petrusbrief", David Wenham, ed., *Gospel Perspectives. The Jesus Tradition Outside the Gospels*(Sheffield: JSOT, 1984) 85-128. Maier stresses that his conclusions must remain speculative. Indeed, his claim that 1 Peter was probably written by the Apostle

Peter and his assigning of quite early dates to various NT documents make his whole position problematic. Also complicating the question of 1 Peter is the claim made by some scholars that the author of 1 Peter used Romans or Ephesians; this position is considered but rejected by Edouard Cothenet, "La Première de Pierre: bilan de 35 ans de recherches", *Aufstieg und Niedergang der römischen Welt* II/25.5, 3685-3712, esp. 3693-3694.

[27] For the possibility that Paul as well as the author of Revelation knew a pre-Synoptic form of Jesus' eschatological discourse and used it, see David Wenham, *The Rediscovery of Jesus' Eschatological Discourse*(Gospel Perspectives 4; Sheffield: JSOT, 1984) 366-367, 372. Wenham stresses that the examination of the eschatological material indicates that Paul was not unfamiliar with or uninterested in the Jesus tradition. Unfortunately, Wenham's unusual views on the Synoptic problem (all three Synoptists used a primitive Gospel, and Matthew and Luke used Mark as well) and on Pauline authorship (both Ephesians and the Pastorals are attributed to Paul) weaken his conclusions somewhat.

3장

사료들:

요세푸스

우리가 서기 1세기나 2세기의 비정전적 저서들에서 예수에 대한 진술들을 찾을 때, 우리는 처음에 증빙서류들의 부족에 실망한다. 이 시기의 유다인과 외교인은, 만일 그들이 곧 일어날 듯한 새로운 종교적 현상을 적어도 알고 있었다면, 그 추정되는 창립자 예수보다는 그리스도교라 불리는 새로 태어나는 그룹을 더 많이 알았을 것을 기억해야 한다. 적어도 이 저자들 몇몇은 그리스도인들과 직접적 또는 간접적 접촉을 가졌을 것이다. 그들 중 아무도 그리스도인들이 예배하는 그리스도와 접촉을 하지 않았다. 이것은 그야말로 예수가 광대한 로마제국의 한 변방의 주에서 변방의 운동을 이끄는 변방의 유다인이었다는 것을 우리에게 상기시켜 준다. 어떤 학식 있는 유다인이나 외교인이 1세기나 2세기 초엽에 적어도 그를 알았거나 언급했을지는 불가사의이다. 놀랍게도 예수에 대한 가능한 증빙서류가 약간 있지만, 대부분 진정성과 해석의 문제로 뒤숭숭하다.

예수의 생활과 활동에 대한 최초의 또 가장 중요한 가능성 있는 "증인"은 유다인 귀족, 정치가, 군인, 변절자, 또 역사가인 조셉 벤 마티아스(서기 37/38~100년 이후 어떤 때)이다.[1] 그의 후원자들 플라비우스의 황제들(베스파시아누스와 그의 아들 티투스와 도미티아누스)로부터 플라비우스 요세푸스(Flavius Josephus)로 알려진, 그는 두 권의 큰 책을 썼다. 곧 서기 70년의 예루살렘의 멸망을 곧바로 따라오는 해들에 시작하는, *The Jewish War*와 93~94년에 쓴, 훨씬 더 긴 *Jewish Antiquities.*[2] 두 책은, 적어도 몇몇 버전에, 예수를 언급하는 대목이 들어 있다. 문제는 적어도 한 대목은 분명히 후대 그리스도인의 결과물이라는 것이다. 의문은 이렇다. 다른 대목들 역시 위조가 아닌가?[3]

분명히 출처 불명의 본문은 오직 *The Jewish War*의 옛 러시아어(대중적으로 "Slavonic"으로 알려진) 버전에 나오는 긴 써넣은 어구이며, 러시아어와 루마니아어 원고로 살아남아 있다.[4] 이 대목은 여러 복음 사건들의 심하게 알아들을 수 없는 요약이며, 외경 복음서들과 2세기와 3세기 사도행전에 나오는 기이한 전설적 확장의 일종으로 양념한 것이다. 슬라브어 *Jewish War*에 예수 자료의 진정성을 변호하기 위해 로베르트 아이슬러(Robert Eisler)의 활기가 넘치며 독창적인 시도에도 불구하고, 오늘날 거의 모든 비평가는 그의 이론을 무시한다. 더욱 최근 몇 십 년에, G. A. 윌리엄슨(G. A. Williamson)은 이것과 또 분명히 그리스도인 손에서 온(비록 반드시 정통적인 것은 아니지만), 비슷한 써넣은 어구의 진정성을 유지하려 힘쓸 때, 가망 없는 소수파 위에 기초했다.[5]

더욱 판단하기 어려운 것은 *The Jewish Antiquities*의 예수에 관한 두 증명서류이다. 더 짧은 대목—또 덜 논의된 것—은 요세푸스가 총독 페스투스의 죽음과 그의 후계자 알비누스의 임명(서기 62년)을 바로 묘사했던 맥락에 나온다. 알비누스가 아직 팔레스티나로 가는 길에 있을 때, 대사제 아나누스 2세가 총독의 동의 없이 산헤드린을 소집하고 어떤 원수들을 죽였다. 주요한 대목(*Ant.* 20.9.1 §200)은 이렇게 해독한다. "그러므로 이런 종류의 사람이기 때문에[곧 비정한 사두가이], 아나누스는 페스투스가 죽었고 알비누스가 아직 길 위에 있기 때문에 재판관들의 회의(글자대로, "산헤드린")를 소집하고 이름이 야고보인, 메시아라고 불리는 예수의 동생[*ton adelphon Iēsou tou legomenou Christou*]과 다른 몇 사람을 회의로 데려왔다. 그는 그들이 율법을 범했다고 고발을 하였고, 또 돌로 쳐 죽이도록 그들을 넘겨주었다."[6]

이 짧은 구절에 대하여 다수의 흥미를 자아내는 점들이 있다. 무엇보다 먼저, 슬라브인 요세푸스의 예수에 대한 본문과 달리, 이 담화는 어떤 주목할 만한 변경 없이 *The Antiquities*의 주요 그리스어 사본 안에 나온다. 4세기 초엽 교회 역사가 에우세비우스(Eusebius)도 요세푸스의 이 구절을 그의 *Ecclesiastical History*(2.23.22)에서 인용한다.

둘째, 슬라브인 요세푸스 안의 예수의 직무에 대한 광범위한 검토와 달리, 우리에게는 여기 오직 야고보라 불리는 어떤 사람에 대한 잠깐의, 거의 심드렁한 언급만 있으며, 그를 요세푸스는 분명히 부차적 인물로 간주한다. 그는 오직 그의 불법적 처형이 아나누스가 물러나게 되는 원인이 되기 때문에만 언급된다. 그럼에도 "야고보"(실제로 영어 이름 야고보의 그리스어 형식은 *Iakōbos*, 야곱)는 유다인 용법에 매우 흔하며 또 요세푸스의 저서에서, 요세푸스는 그가 말하고 있는 어떤 야곱/야고보를 명시하기 위해 약간의 지정이 필요하다.[7] 요세푸스는 분명히 이 야고보(예, "요셉의 아들 야고보")를 밝히기 위해 그가 사용할 수 있는 족보를 알지 못한다. 그러므로 그는 부득이 그의 더 잘 알려진 형제인 예수에 의해 그를 밝혀야 했고, 결국 예수는 저 특별한 예수 "메시아라 불리는 사람"으로 명시된다.

이것은 셋째 중요한 요점으로 이끈다. 곧 본문이 야고보를 밝히는 방법은 그리스도인의 손길 또는 더욱이 그리스도교 사료에서 나온 것 같지 않다. 신약성경도 초기 그리스도교 저자들도 "예수의 형제(*ho adelphos Iēsou*)"로서 태연히 말하는데, 그럼에도 오히려—우리가 기대하였을 경의로—"주님의 형제(*ho adelphos tou kyriou*)" 또는 "구세주의 형제(*ho adelphos tou sōtēros*)"로 말한다. 바오로는, 그는 야고보를 과히 좋아하지 않았는데, 갈라 1, 19에서 그를 "주님의 형제"로 부르며 또 틀림없이 1코린 9, 5에서 "주님의 형제들"로 그를 부를 때 그를 특별히 생각하고 있다. 유다인 개종자였으며 아마 팔레스티나 출신으로 여겨진 2세기 교회 역사가인 헤게시푸스는, 마찬가지로 "주님의 형제, 야고보"를 말한다(에우세비우스의 *Ecclesiastical History* 2.23.4).[8] 참으로, 헤게시푸스는 또한 어떤 다른 잘 알려진 팔레스티나 그리스도인들을 "주님의 사촌"(4.22.4), "구세주의 형제들"(3.32.5), 또 "육을 따라 그분의[주님의] 형제"(3.20.1)로 말한다. 이 모두의 요점은 야고보를 "예수의 형제"로 요세푸스의 지정이 신약성경과도 또는 초기 교부적 용법과도 일치하지 않으며, 또 그러므로 그리스도인 가필자의 손에서 올 것 같지 않다는 것이다.[9]

넷째, 원본이 초기 그리스도인이 아니며 요세푸스에게서 오는 것의 가능성은 야고보의 순교에 대한 요세푸스의 기록은 헤게시푸스의 그것과 시간과 방식에 서로 다르다는 사실에 의해 커진다. 요세푸스는 유다 전쟁이 실제로 일어나기 전에(그러므로, 서기 62년 초기) 대사제 아나누스의 명령에 의해 야고보를 돌로 쳐 죽이게 한다. 헤게시푸스에 의하면, 율법학자들과 바리사이들이 예루살렘 성전의 전쟁에서 야고보를 넘어뜨렸다. 그들이 돌을 던지기 시작하지만 한 사제에 의해 하지 못하게 되었다. 결국 세탁업자가 야고보를 몽둥이로 때려죽인다(2.23.12~18). 야고보의 순교는 베스파시아누스의 예루살렘 포위 작전(서기 70년)을 곧바로 따라왔다고 헤게시푸스는 말한다. 에우세비우스는 헤게시푸스의 기록이 기본적으로 교회 교부 알렉산드리아의 클레멘스의 그것과 일치한다고 강조한다(2.23.3, 19). 그러므로 이것은 분명히 일반적인 그리스도교 이야기였다. 다시 한번, 요세푸스의 버전이 *The Jewish Antiquities*의 그리스도인 편집의 결과라는 것은 거의 가능성이 없다.

다섯째, 헤게시푸스의 길고, 전설적인, 또 교화적인(그리스도인들을 위하여) 기록과 요세푸스의 짧고, 사무적인 진술 간에 또한 확연한 차이가 있으며, 요세푸스는 야고보의 믿음과 덕행이 아니라, 아나누스의 불법적인 행위에 관심이 있다. 실제로, 요세푸스는 "메시아라 불리는 예수의 형제"임이 범죄로 충분하다고 생각되지 않는 한, 왜 야고보가 아나누스의 분노의 대상이었는지 우리에게 결코 말하지 않는다. 야고보에 대한 칭찬이 뚜렷하게 없다. 그는 여러 피해자 가운데 하나이지, 스포트라이트 안에 홀로 죽어 가는 영광스러운 순교자가 아니다.[10] 또한 "무정한" 또는 "무례한" 사두가이들에 대한 사두가이에 호의적인 요세푸스에 의한 후려치기는 강력하다. 사실, 사두가이들에 대한 요세푸스의 더 부정적인 견해는 *The Jewish War*의 주목할 만한 변화들 중 하나다. 변화들은 *The Antiquities*의 특징이 된다.[11] 요컨대, 위대한 요세푸스 학자인 루이스 펠드만(Louis H.

Feldman)은 이렇게 주석한다. "…많지 않은 사람들은 야고보에 대한 이 대목의 진정성을 의심했다."[12]

우리가 야고보에 대한 이 짧은 구절을 진정한 것이라고 판단한다면, 우리는 *Ant.* 18.3.3 §63~64의 둘째, 더 긴, 또 더 많이 논란이 된 구절에 대한 훨씬 더 어려운 판단에서 이미 도움을 받는다. 이것은 소위 *Testimonium Flavianum*(즉 "플라비우스 요세푸스의 증언")이다. 상상할 수 있는 거의 모든 견해가 이 대목의 진정성 또는 비진정성에 대하여 표명되었다. 기본적인 네 입장이 증류될 수 있다.[13] (1) 예수에 대한 전체 기록은 그리스도인의 써넣은 어구이다. 요세푸스는 그야말로 *The Antiquities*의 이 부분에서 예수에 관하여 언급하지 않았다. (2) 한편 중대한 그리스도인 편집의 표시가 있지만, *The Antiquities*의 이 지점에—아마 경멸적인 것—예수에 대한 어떤 언급은 그리스도인 서기가 그 자신의 긍정적인 기록을 대체하게 했다. 전체로서 원래의 자구는 잃었지만, 요세푸스가 썼던 몇몇 자취는 여전히 발견될 수 있을 것이다. (3) 우리 앞의 본문은 기본적으로 요세푸스가 썼던 것이다. 그리스도인 서기에 의해 두셋의 삽입은 분명히 비그리스도인 핵심에서 쉽게 분리된다. 하지만, 흔히 학자들은 삽입이 생략된 다음 원본에 약간 수정을 하러 나아갈 것이다. (4) *Testimonium*은 온전히 요세푸스에 의한 것이다.

소수의 예외와 함께, 이 마지막 입장은 오늘날 학계의 공동체에 의해 포기되었다.[14] 첫째 견해는 그것의 존경할 만한 옹호자들이 있지만 대다수 견해인 것으로 보이지 않는다.[15] 가장 최근의 견해는 둘째와 셋째 입장의 범위 내의 어떤 곳으로 움직인다.[16] 어떤 진정한 기층을 지속하는 사람들 가운데(더하기 그리스도인의 덧붙임들, 변경들, 또 삭제들) 유다인 학자들 폴 윈터(Paul Winter)와 루이스 펠드만, 거의 정통 그리스도인 학자들이 아닌 브랜던(S. G. F. Brandon)과 모턴 스미스(Morton Smith), 제임스 찰스워스(James H. Charlesworth)와 같은 주류 개신교 학자들, 그리고 카를로 마르티니(Carlo M. Martini), 볼프강 트릴링(Wolfgang Trilling), 또 뒤바를르(A.-M. Dubarle)와 같은 가톨릭 학자들이 있다.[17]

The Antiquities(소위 "불가타" 원문)의 그리스어 원문에 그것이 있는 것처

럼, *Testimonium*은 이렇게 해독한다.

> 이때 거기, 참으로 우리가 그를 남자라고 부른다면, 지혜로운 남자, 예수가 나타났다.[18] 그는 놀라운 행동을 하는 이, 진리를 즐거이 받아들이는 사람들의 교사였기 때문이다.[19] 그리고 그는 많은 유다인 중에 또 많은 그리스 출신 사람들 중에 추종자를 얻었다. 그는 메시아였다. 또한 빌라도가, 우리 가운데 지도자들에 의해 이루어진 고발 때문에, 그를 십자가에 처단하였으며, 이전에 그를 사랑했던 사람들은 그렇게 하기를 그치지 않았다.[20] 정작 하느님의 예언자들이 그에 대하여 이것들과 무수한 다른 놀라운 것들을 말했던 것처럼, 다시 살아나, 그가 셋째 날에 그들에게 나타났기 때문이다. 그리고 바로 오늘날까지, 그를 따라 이름이 지어진, 그리스도인 집단은 자취를 감추지 않았다.[21]

언뜻 보기에, *Testimonium* 안의 세 구절은 우리에게 분명히 그리스도인이란 인상을 준다.

(1) "참으로 우리가 그를 남자라고 부른다면"이란 단서는 단순히 지혜로운 남자로서 예수의 이전 지정을 수식하려고 힘쓴다. 그리스도인 서기는 예수가 지혜로운 사람이라는 것을 부인하지 않을 것이지만, 그 라벨을 하느님이며 또 남자인 것으로 믿어졌던 사람에 대하여 부족한 것으로 느꼈을 것이다.[22] 인정하건대, 뒤바를르가 지적하는 것처럼,[23] 요세푸스는 과거의 위대한 종교적인 사람들을 묘사하기 위하여 다른 곳에 과장법("신적인" 또 "신성" 같은 말을 포함하여)을 사용한다. 그래서 뒤바를르는 원래의 원본에 이 구절을 유지하기를 선호한다. 하지만, 전체로서 *Testimonium*의 맥락은 여기 이처럼 존경하는 조건적인 구절과 일관하는 아주 풍성한 찬양하는 어조를 낸다고 나는 생각하지 않는다.[24]

(2) "그는 메시아였다"는 분명히 그리스도교 신앙고백이다(참조: 루카 23, 35; 요한 7, 26; 사도 9, 22−매번 여기 요세푸스에서 사용된 *houtos*와 함께, 매번 유다인의 불신의 맥락에서). 이것은 유다인인 요세푸스가 결코 확언하지 않았을 어떤 것이다. 더욱이, "그는 메시아였다"라는 진술은 현재의 입장에 맞지 않는 것으로 보이며 또 사상의 흐름을 방해한다. 이것이

적어도 있으려면, 이것이 더 많은 신원 확인이 의미를 가졌을 곳인, "예수"나 "지혜로운 남자" 후에 곧바로 나오기를 우리는 예상하였을 것이다.[25] 이런 이유로, 뒤바를르와 반대로 나는 진술을 구하기 위해 그것을 "그는 메시아인 것으로 생각되었다"와 같은 것으로 확대하는 것은 잘못 숙고한 것이라고 여긴다. 이러한 확대는, 비록 몇몇 교회 교부들(특히 히에로니무스)에서 목격되지만, 순전히 전승에서 후대의 발전이다.[26]

다른 비평가들은 호칭이, 그리스도인들이 "그를 따라 이름이 지어진"(곧 그리스도라 불리는 예수) 것으로 말하는 곳인, *Testimonium*의 마지막 부분에 의해 전제된 것으로 보인다는 근거 위에 이 지점에 *Christos*, "메시아"에 대한 언급을 유지하려고 힘썼다. 그리스도인이란 이름의 설명은, 주장되기를, 대목에 약간 이전의 언급을 요구하는 것으로 보인다. 그러나 앙드레 펠티에(André Pelletier)가 지적한 것처럼, 요세푸스와 그의 시대의 다른 저자들의 문체 연구는 "그리스도"의 있음이 그리스도인들이 "그를 따라 이름이 지어짐"에 대한 마지막 진술을 요구하지 않는다는 것을 보여 준다. 때로는 요세푸스와 다른 그리스-로마의 저자들(예, Cassius Dio)도 그를 따라 어떤 다른 사람이나 장소가 이름이 지어진 사람을 명확하게 언급하려는 박식한 체하기로 이것을 생각한다. 상당히 인정된 연관을 자세히 말하는 것은 독자의 지식과 문화에 대한 모욕이었을 것이다.[27] 더욱이, 어떤 자세한 설명 없이, 그리스도나 그리스도인들이란 이름에 대한 스치고 지나가는 언급은 유다인들 중에 메시아적 인물들 또는 기대를 강조하려는 원의가 없는 요세푸스에게서 우리가 정확히 기대하였을 만한 것이다.[28]

(3) 죽음 후에 발현의 확언("정작 하느님의 예언자들이 그에 대하여 이것들과 무수한 다른 놀라운 것들을 말했던 것처럼, 다시 살아나, 그가 셋째 날에 그들에게 나타났기 때문이다.")은 또한 분명히 그리스도교 믿음 고백이면서, "성경 말씀대로"(참조: 1코린 15, 5) 신경을 포함한다.[29] 뒤바를르는 요세푸스를 위하여 이 진술을 제자들의 설교의 목적으로 만들기 위해 원문을 다시 씀으로써 죽음 후 나타남을 남겨 두려고 힘쓴다.[30] 나의 견해에, 뒤바를르의 재구성은 흔들리는 기반 위에 의지한다. 곧 그는 교회 교부들

안의 *Testimonium*에 대한 여러 간접적인 증인들 가운데 "대다수 표"를 따른다.[31]

요컨대, 그리스도인의 삽입 어구가 무엇인지에 대한 첫째 인상은 완전히 정확한 인상이 될 수 있다.[32] 둘째 눈길은 이 첫째 인상을 확인시켜 준다. 정확히 이 세 그리스도인의 대목은 달리 상당히 중립적인—또는 심지어 일부러 애매모호한—어조로 신중하게 쓰인 간결한 원문이 무엇인지에 대한 흐름을 방해하는 구절이다.

> 이때 지혜로운 남자, 예수가 나타났다. 그는 깜짝 놀랄 행동을 하는 사람, 진리를 기쁘게 맞이하는 사람들의 교사였으니까. 그리고 그는 많은 유다인 중에 또 많은 그리스 출신 사람들 가운데 추종자를 얻었다. 그는 메시아였다. 또한 빌라도가, 우리 가운데 지도자들에 의해 이루어진 고발 때문에, 그를 십자가에 처단하였으며, 이전에 그를 사랑했던 사람들은 그렇게 하기를 그치지 않았다. 정작 하느님의 예언자들이 그에 대하여 이것들과 무수한 다른 놀라운 것들을 말했던 것처럼, 다시 살아나, 그가 셋째 날에 그들에게 나타났기 때문이다. 그리고 바로 오늘날까지, 그를 따라 이름이 지어진, 그리스도인 집단은 자취를 감추지 않았다.

사상의 흐름은 명확하다. 요세푸스는 예수를 일반적 호칭 "지혜로운 남자"(*sophos anēr*, 아마 히브리어 *ḥākām*)로 부른다. 그다음 그는 저 일반적 명칭을 그리스-로마 세계의 그 중요한 두 요소, 곧 기적을 행함과 효과적인 가르침과 함께 풀어낸다.[33] "지혜"의 이 이중의 전시는 유다인들과 이방인들 양쪽 모두 가운데에 커다란 추종자를 그에게 얻어 주며, 아마—비록 명백한 이유가 주어지지 않았지만—지도자들이 그를 빌라도 앞에 고발하도록 움직인 것은 이 막대한 성공이었을 것이다.[34] 십자가 위의 그의 수치스러운 죽음에도 불구하고,[35] 그의 이전의 지지자들은 그에게 충성을 포기하지 않으며, 그래서 (부활에 대한 언급 없이 훨씬 더 좋은 전환을 주목하라.)[36] 그리스도인 집단은 자취를 감추지 않았다.

하지만 이 삭제들이 이전의 원문을 알아내지 않는다고 하더라도, 이것이 요세푸스에게서 온다는 것을 주장하기 위한 충분한 이유가 있는가?

답은 예이다. 우리의 처음의, 직관적인 가설은 원문의 역사, 문맥, 언어, 그리고 사상에서 이끌어진 더 많은 고찰들에 의해 확인될 수 있다.

무엇보다 먼저, 슬라브어 *Jewish War* 안의 예수에 관한 대목과 달리, *Testimonium*은, 6세기에 카시오도루스의 학교에 의해 만들어진, 모든 그리스어 필사본들에 또 라틴어 번역의 모든 다수의 필사본들에 현존한다. 아라비아어와 시리아어로 변종 버전들은 최근에 간접적인 증인들의 목록에 덧붙여졌다.[37] 그럼에도 이러한 사실들은, 우리가 오직 *The Antiquities*의 책 18의 세 그리스어 필사본만 가지고 있으며, 그것들의 가장 이른 것은 11세기부터 시작한다는 진지한 자각에 의해 균형이 이루어져야 한다. 우리는 또한 에우세비우스 이전의 교회 교부들 안에서 *Testimonium*에 대한 이상한 침묵과 타협을 보아야 한다.[38] 나는 요세푸스에 대한 논의의 끝에 이 점으로 다시 돌아올 것이다.

둘째, 일단 우리는 "메시아라 불리는 예수의 형제, 이름으로 야고보"에 대한 저 언급이 책 20의 원문의 진정한 부분이라는 것을 결정할 때, 예수에 대한 조금 이른 언급은 선험적인 것과 같이 된다. 의미심장하게, *Ant.* 20.9.1에서 요세푸스는 야고보가 누구인지 설명하기 위해 그를 "메시아라 불리는 예수"와 관련시키는 것이 충분하다고 생각한다. 요세푸스는 이 예수가 누구인지 설명하기 위해 멈추어야 한다고 느끼지 않는다. 그는 야고보를 지도상에 위치시키도록 도와주는 잘 알려진 고정점인 것으로 전제된다. 요세푸스가 이전에 예수를 소개하고 그에 대하여 무언가 설명하지 않았다면, 이 중에 아무것도 기본적으로 이민족인 요세푸스의 청중에게 어떤 의미가 통하지 않았을 것이다.[39]

물론, 이것은 우리가 *Ant.* 18.3.3에 따로 떼어 놓았던 원문이 원래의 것이라는 것을 증명하지 않지만, 예수에 대한 어떤 언급이 여기 *The Antiquities*의 진정한 원문에 서 있다는 것을 가능성 있게 만든다.

셋째, 대목의 어휘와 문법은 (분명히 그리스도인 자료가 치워진 다음에) 요세푸스의 문체와 언어와 일관성이 있다. 원문의 어휘와 문법이 신약성경의 그것과 비교될 때 똑같은 것이 말해질 수 없다.[40] 사실 *Testimonium*의 많은 중요한 말과 구절은 신약성경에 없거나 거기에 완전히 다른 의미로 사용되었다. 그에 반해서, *Testimonium*의 핵심에 있는 거의 모든 말은 요세푸스의 다른 곳에 나온다.—실제로 어휘의 대부분은 요세푸스의 특징적인 것으로 드러난다.[41] 내가 그리스도인의 삽입 어구로 밝히는 것에 관해 말하자면, 저 세 구절의 모든 말은 신약성경에 적어도 한 번은 나온다.[42] 우리는 그럼에도 너무 많이 주장하는 것을 주의해야 한다. 삽입 어구의 몇몇 말은 신약성경에 오직 한 번 나오며, 또 몇몇은 요세푸스에 더 자주 나온다. 그럼에도 요점은 변함없다. 곧 그리스도인이 아니라 요세푸스에서 오는 것으로 보이는—다른 근거들 위에—*Testimonium*의 저 부분의 어휘와 문체가 요세푸스의 그것과 잘 조화하며,[43] 신약성경의 그것과 꽤 그렇지 않다. 요세푸스의 어휘와 신약성경의 어휘 간의 이 구분은 내가 그리스도인 삽입 어구로 밝히는 세 구절에 적용되지 않는다. 거기에 원문은 *Testimonium*의 나머지가 그런 것보다 신약성경 어휘에 더 가까움을 보여준다.

요세푸스와 신약성경 간에 어휘의 비교는 진정성의 문제에 깔끔한 해결을 제공하지 않지만, 두 가능한 시나리오 중 어느 것이 더 개연성이 있는지 묻도록 우리를 강요한다. 어떤 알려지지 않은 세기의 그리스도인이 요세푸스의 어휘와 문체에 그렇게 몰입하여, 어떤 현대의 사전과 용어 색인의 도움 없이, (1) 그가 자연스럽게 예수에 대하여 말할 수 있을 신약성경 어휘를 벗을 수 있었으며 또 (2) 한편 동시에 명백히 몇몇 그리스도인의 확언들과 함께 저 분위기를 파기하면서—틀림없이 그럴듯함의 분위기를 힘들여 만들기 위해—*Testimonium*의 대부분에 대하여 요세푸스의 그리스어를 완전하게 재생할 수 있었는가? 그렇지 않으면 더욱 이럴 것 같은데 핵심 진술은, (1) 이를 얼핏 보기에 그리스도인 확언으로 누구나 생각할 수 있을 것을 단순히 발췌함으로써 처음에 우리가 격리했으며, 또 (2) 이를 그다음 신약성경의 어휘에서 벗어난 특징적으로 요세푸스의 어휘로 쓰인 것으로 알았는데, 실제로 요세푸스 자신에 의해 쓰였는가? 두 시나리오 중에, 나는 둘째가 훨씬 더 개연성이 있다는 것을 안다.

이 관찰들은 넷째 고찰에 의해 강화되는데, 이는 말한 것의 내용, 특히 그 추정된 신학적 견해들을 더 자세히 설명한다.

(1) 우리가 세 개의 분명히 그리스도인 구절을 괄호에 넣으면, 핵심 진술의 "그리스도론"은 극도로 낮다. 곧 솔로몬이나 엘리사처럼 놀랄 만한 행동을 한 다니엘과 같은 지혜로운 남자, 즐거이 진리를 받아들이는 사람들의 교사,[44] 십자가에 못 박혀 마친 남자, 또 그의 유일한 옹호는 그의 죽음 후 헌신적인 추종자들의 계속되는 사랑이다. 세 그리스도인의 구절 없이, 예수에 대한 이 요약 서술은 공공연히 그에게 적대적이 아닌 유다인의 입에 있지만, 고대나 중세 그리스도인의 입에 있지 않다. 사실 더욱이 내가 그리스도인의 것으로 지정하는 세 구절을 우리가 포함시켜야 했을지라도, 특히, 많은 이들이 상상하는 것처럼, 그리스도인의 삽입 어구가 3세기 말이나 4세기 초에서 왔을 것이라면 그리스도론은 교부 시대나 중세기의 어떤 그리스도인을 위하여 여전히 너무 단순할 것이다.[45] 이때까지, 우리가 아리우스파 사람이었든지 "정통" 가톨릭 신자였든지, 시작하는 네스토리우스 교도나 그리스도 단성론의 경향을 가졌든지, 예수라는 인물과 일에 대한 요약은 가망 없이 불충분했을 것이다.[46] 유다인 요세푸스를 하느님-사람에 대한 이런 불완전한 판단을 하게 하였을 그리스도인 삽입 어구의 요점은 무엇이었을까? 그리스도인 필경사는 이러한 삽입 어구에 의해 무엇을 얻으려 의도했을까?[47]

(2) 추정상의 "그리스도론"을 제쳐 놓고, *Testimonium*의 저자의 핵심은 정전적인 네 복음서 안의 어떤 기본적인 자료와 진술에 무지한 것으로 보인다.

(a) 예수가 많은 유다인들과 또(*de kai*) 이민족 출신의 많은 이들 양쪽 모두(남자들)를 "설득했다" 또는 "가운데 추종자를 얻었다"는 것은 네 복음서 안의 예수의 직무에 대한 전반적인 묘사와 정반대를 말하는 몇몇 개별적인 확언들의 묘사와 위배된다.

요한의 복음서 전체에, 분명히 이민족으로 지정된 아무도 직접적으로 예수와 소통하지 않는다.[48] 이방인들이 예수와 말하기 위해 찾는다는 바로 그 사실은, 이는 보편적인 구원을 가능하게 만드는, 그의 고난의 때가 그에게 가까이 왔다는 표시이다(요한 12, 20~26). 마태오복음서에, 거기 규칙에 소수의 예외들이 허용되는데(백인대장[마태 8, 5~13]; 가나안 여인[15,

21~28]), 우리는 열두 사도에게 하는 예수의 선교 임무 안에서 명백히 계획적인 말씀을 만난다. "다른 민족들에게 가지 말고, 사마리아인 고을에도 들어가지 마라. 오히려, 이스라엘 집안의 길 잃은 양들에게 가라"(마태 10, 5~6). 예수와 접촉하게 되는 소수의 이방인들은 예수의 직무 봉사의 대상들이 아니다. 그들은 오히려 예상 밖에, 변변치 않게, 자신들이 부적절하다는 것을 인식하면서 그에게 온다. 마태오에게 있어서, 그들은 보편적인 선교를 앞으로 가리키며, 이는 오직 예수의 죽음과 부활 후에 시작된다(28, 16~20). 마르코와 루카는 이 점에 대하여 마태오처럼 분명하지 않지만, 기본적으로 똑같은 양식을 따른다. 곧 그의 공생활 동안, 예수는 이방인들에게 어떤 형식적인 선교를 착수하지 않는다. 그에게 오는 몇몇 사람들은 예외적으로 그렇게 한다.

그러므로 예수가 유다인들과 다른 민족 사람들 가운데 많은 추종자를 동등하게(*pollous man... pollous de kai*) 얻었다는 *Testimonium*의 함축은 단순히 복음서들의 명백한 진술을 부정한다. 우리가 요세푸스 안으로 예수의 직무의 요약을 삽입하기에 열중하는 또 결코 복음서들이 예수의 직무에 대하여 말하는 것을 부정하기를 바라지 않는 그리스도인 가필자에 대하여 환상을 가지기를 원하지 않는다면, 이끌어 내야 할 명백한 결론은 *Testimonium*의 핵심이 비그리스도인의 손, 곧 요세푸스의 손에서 온다는 것이다. 당연하게도, 요세푸스는 단순히 원래의 "유다인들이 예수를 위하여" 많은 이방인 개종자들을 얻었을 때인, 그 자신의 시대의 상황을, 예수의 때로 소급하여 대조해 본다. 천진난만한 뒤로 던지기는 그리스 - 로마인 역사가들의 흔한 특성이다.[49]

(b) 예수의 재판과 처단의 묘사는 또한 네 복음서와 비교할 때 특이하다. 네 복음서 모두 왜 먼저 유다인 당국자들이 그다음 빌라도가 (압박을 받아) 예수가 죽음에 처해져야 한다고 결정하는지 명확한 이유를 말한다. 유다인 통치자들에게 있어서, 근거들은 신학적이다. 곧 예수는 메시아와 하느님의 아들이라고 주장한다. 빌라도에게 있어서, 질문은 기본적으로 정치적이다. 곧 예수는 유다인들의 임금이라고 주장하는가? 근거들은 서로 다른 복음서 구절들에 서로 다르게 설명되지만, 근거들이 거기에 있다.

*Testimonium*은 이상하게도 왜 예수가 죽음에 처해지는지 침묵을 지킨다. 요세푸스는 그저 알지 못했을 수 있었다. 그의 일반적인 경향과 일치하여, 그는 한 또는 그 유다인의 메시아에 대한 언급들을 숨겼을 수 있다. 요세푸스는 예수의 막대한 성공이 충분한 근거인 것으로 이해했을 수 있다. 이유가 무엇이든, *Testimonium*은 예수가 왜 죽음에 처해졌는지에 대한 물음을 다루는 그리스도인의 방법을 반영하지 않는다. 실로, 그 물음은 그저 제기되지 않았다.

(c) 더욱이 유다인 당국자들에 의해 이행된 부분의 논의는 복음서들의 그림과 일치하지 않는다. 복음서들이 유다인들을 비난하고 로마인들이 무죄임을 밝혀 주려는 증가하는 경향을 보여 주는 것이 사실이든지 아니든지, 네 복음서의 유다인 당국자들은 많은 책임을 진다.－공관복음서의 산헤드린에 의한 정식 재판(들)의 방법이든지 또는 한나스와 카야파 앞 청문 이전에도 요한의 복음서의 예루살렘 당국자들과 카야파의 현실 정치 모의의 방법에 의해. 물론, 이후의 그리스도교 신자는, 네 복음서를 읽으면서, 네 기록 모두를 융합하려는 경향이 있었을 것이며, 이는 오직 유다인의 참여를 강조할 뿐일 것이다.－그것에 오직 너무 기쁘게 열중하는 많은 교부 시대 저자들의 과격한 반유다인 논쟁. 그러므로 더욱더 이상한 것은 유다인 지도자들이 빌라도 앞에 하는 “맹렬한 비난” 또는 “고발”에 대한 *Testimonium*의 오직 빠르고, 간결한 언급이다. 어쨌든 빌라도가 혼자 예수를 십자가에 처단하도록 말한다. 어떤 종류의 선고든 통과시키는 유다인 당국자들에 대한 단 하나의 말도 발설되지 않는다. 어떤 교부 시대의 또는 중세기의 그리스도인이 네 복음서의 수난기에 대한 역사-비평적 탐구를 착수하여 폴 윈터를 따라서 요한의 담화 배후에 예수가 빌라도에게 넘겨지기 전 어떤 유다인 공직자에 의한 간단한 청문에 대한 역사적 사실이 놓여 있다고 우리가 생각하지 않는다면, 예수의 단죄에 대한 이런 묘사는 네 복음서에서 유래할 수 없다.－또 분명히 극심하게 반유다적이었던 초기 그리스도인의 연장들에서도 아니다.

(3) *Testimonium*의 핵심에서 또 다른 진기한 것은 “오늘날까지 그리스도인들의 집단은… 사라지지 않았다.”는 진술이다. 그리스도인들에 대하여

phylon(부족, 민족, 백성)의 사용은 반드시 비하하거나 경멸하는 것은 아니다. 한편, 요세푸스는 유다인들에 대한 다른 곳에(*J. W.* 7.8.6 §327) *phylon*을 사용하지만, 다른 한편으로, 에우세비우스는 또한 그리스도인들의 *phylon*을 사용한다.[50] 그럼에도 이 구절은 고립되어 있지 않다. 이 집단이 요세푸스의 시대까지 자취를 감추었거나 없어지지 않았다는 것이 진술의 주제이다. 그 함축은 놀랄 만한 것의 하나인 것으로 보인다. 곧 예수의 수치스러운 종말을 감안하면(그 핵심 구절에 새 삶의 언급 없이), 죽음 후 좋아하는 이들의 이 그룹이 여전히 그것에 있고 우리 자신의 시대까지 사라지지도 않았다고 요세푸스가 말하는 것을 주목하는 것은 놀랍다(요세푸스는 그의 속마음에 그것을 없어지게 하려는 네로의 살해 기도를 가지고 있는가?). 나는 문장에서 전체적으로 적대적인 것이 아니라면 (비록 어떤 적대적인 것은 여기 예수가 아니라 그리스도인들을 겨냥하고 있지만) 무시하는 어떤 것을 발견한다. 곧 우리는 십자가에 못 박힌 남자를 좋아하는 이들의 이 "집단"은 사라졌어야 한다는 것을 지금쯤은 생각했을 것이다. 이것은 어느 종류의 그리스도인에 의한 삽입 어구처럼 들리지 않는다.

(4) 마지막 진기한 것은 그 자체로 고려된 *Testimonium*을 둘러싸고 있지 않으며 그러나 거의 모든 학자에 의해 진정한 것으로 받아들여진 원문인, *Ant.* 18.5.2 §116~119의 세례자 요한에 대한 더 긴 담화에 대한 *Testimonium*의 관계를 둘러싸고 있다. 두 대목은 요세푸스 안에 전혀 서로 관련이 없다. 예수에 관하여 전자, 더 짧은 구절은 본시오 빌라도의 유다 총독직의 문맥 안에 놓여 있다. 요한에 관한 후자, 더 긴 구절은 갈릴래아 - 페레아의 영주, 헤로데 안티파스를 다루는 문맥 안에 놓여 있다.[51] 시간, 공간, 또 책 18의 위치에 의해 분리되어, 예수와 세례자는(그 순서로!) 요세푸스의 마음과 담화 안에 서로 간에 할 것이 절대적으로 아무것도 없다. 이러한 설명은 세례자의 신약성경—실로 그것은 신약성경의 직접적인 반대이다.—묘사와 전적으로 모순되는데, 세례자는 주된 인물인 예수의 선구자로서 항상 간단히 다루어진다. 전체적으로 볼 때, *The Antiquities*의 책 18에서 예수와 요한을 다룸은 단순히 어느 시대의 그리스도인의 일로서 상상할 수 없다.[52]

끝으로, 내가 제시하는 입장의 결정적인 이점은 그 상대적인 단순성이다. 우리가 검토했던 너무 많은 다른 제안들은 그리스어 원문을, 때로는 빈약한 근거들 위에, 고쳐 쓰기에 몰두한다. 이것은 예수에 대한 적대적인 공격으로 그의 진술을 돌리기 위해 요세푸스를 고쳐 쓰려고 하였을 사람들을 위하여 더욱더 적용된다.[53] 그에 반해서, 나는 분명한 그리스도교 진술을 단순히 괄호로 묶었다. 주목할 만한 것은 남아 있는 원문은—가장 작은 변경 없이—유연하게 흐르고,[54] 요세푸스의 어휘와 문체와 일관성이 있으며, 그의 입에 완전한 의미를 만든다는 것이다. 방법의 기본적인 법칙은, 모든 조건이 그대로라면, 자료의 가장 많은 양에도 미치는 것이 선호되어야 한다는 가장 단순한 설명이다.[55] 이런 이유로 나는 *Testimonium*의 가장 가능성 있는 설명은—세 개의 분명히 그리스도인의 확언을 잘라 낸 다음, 요세푸스가 쓴 것이라는 것을 제안한다.

관련된 흥미로운 질문은 언제부터 요세푸스가 그의 정보를 끌어냈는가 하는 것이다. 새커리(H. St. J. Thackeray)는 로마에서 요세푸스가 루카를 만났고 그의 책을 읽었다는 가능성을 열어 놓는다.[56] 하지만, 우리가 보았던 것처럼, *Testimonium*의 언어는 뚜렷하게 신약성경의 언어가 아니다. 물론, 요세푸스가 유다인 전쟁 이전에 팔레스티나에서 몇몇 그리스도교 유다인들을 알았을 가능성이 있다. 그가 로마에 주거를 정한 다음 그리스도인들을 만났거나 들었을 것은 한층 더 그럴듯하다. 그렇지만 요세푸스가 직접적인 사료로서 그리스도인들의 구두 보고를 이용했다는 상상에는 문제가 있다. 말하기 이상하지만, *Testimonium*은 그것이 예수에 대한 것보다 그리스도인들에 대하여 매우 모호하다. 나의 재구성이 정확하다면, 한편 *Testimonium*이 꽤 객관적이고, 짧은 예수의 경력 기록을 제공하지만, 예수가 죽은 이들에게서 되살아났다는 그리스도인들의 믿음에 대하여 아무것도 말하지 않는다.—또 결국 그것은 1세기 동안 다양한 그리스도인 그룹이 지녔던 믿음의 중심적인 확언이었다(참조: 1코린 15, 11). 요세푸스가 그리스도인들의 구두 진술들을 직접적으로 이끌어 냈고 또 그럼에도 그들을 그 당시에 넓은 범위의 유다인 믿음들에서 뚜렷하게 차이가 나게 하는 하나의 믿음을 언급하지 않았다는 것은 받아들이기 힘들게 보인다. 나의 느낌은 역설적으로 요세푸스가 예수 뒤에 온 그리스도인들에 대하여 아는 것보다 예수에 대하여 더 많이 알았던 것 같다. 이런 이유로 나는 *Testimonium*을 위한 어떤 직접적인 구두의 그리스도인 사료에 대하여 회의적으로 남아 있다.

펠드만은, 요세푸스가 플라비우스 왕조의 피후견인으로, 그의 일을 위하여 제공된 주거와 연금과 함께, 로마의 제국 법정에 보관되었던 지방행정관의 기록 보관소에 쉽게 접근할 수 있었을 것이라고, 언급한다.[57] 그의 말년에 티베리우스의 강박적으로 의심하는 성질을 감안하면, 지방의 행정관으로부터 가능한 반역죄나 반역에 대한 자세한 보고에 대한 바람은 놀라운 것이 아니었을 것이다. 예수의 재판에 대한 보고가 기록들 가운데 있었는가? 흥미로운 추측이지만 확인하기 불가능하다. 마틴은 요세푸스는 그가 거주하는 부분적으로 로마화된 세계의 교육을 받은, "개화된" 유다인들 가운데 그가 들은 공통 견해를 이야기한다고 생각하기를 좋아한다.[58] 결국, 우리는 그리스도교 유다인들과 직접적인 접촉을 제쳐 두고라도, 요세푸스는 유다인 전쟁의 발발 이전에 팔레스티나의 예수에 관한 어떤 기본적인 사실들을 알았다는 것을–증명할 수 없을 뿐이지만–배제할 수 없다. 요컨대, 요세푸스의 사료의 질문에 대한 모든 견해는 그것들이 똑같이 증명할 수 없는 채로 있기 때문에 똑같이 가능하게 남아 있다.

우리는 비교적 작은 대목에 많은 공간을 할애한 것으로 보인다. 그럼에도 그것은 엄청난 중요성이 있는 대목이다. 여러 경우에 역사적 예수에 관하여 쓰기를 요청했던 신문 기자들과 책 편집자들과 나의 대화에서, 거의 변함없이 생기는 첫째 질문은 이렇다. 당신은 그가 존재했다는 것을 증명할 수 있습니까? 내가 저 전면적인 질문을 더욱 집중적인 것으로 달리 말할 수 있다면, "서기 1세기에 예수의 존재에 대한 성경 외의 증거가 있습니까?"이다. 그때, 요세푸스에게 감사하게도, 나는 그 대답은 예라고 믿는다.[59] 단지 예수의 존재만은 책 20의 야고보의 죽음에 대한 기록 안에 중립적인, 지나가는 언급으로부터 이미 증명되었다.[60] 책 20에 더 확장된 *Testimonium*은 요세푸스가 예수의 삶의 적어도 몇몇 가장 중요한 사실을 숙지하였다는 것을 우리에게 보여 준다.[61] 네 복음서와 별도로, 그럼에도 그것들의 기본적인 제시를 확고히 하는, 93~94년에 책을 쓰는 한 유다인이 우리에게 본시오 빌라도의 통치 동안에("이 시기 동안"이라는 더 큰 맥락)—그러므로 서기 26~36년 사이에—팔레스티나의 종교적인 장면에 예수라 불리는 한 남자가 나타났다고 말한다. 그는 그 자체를 기적을 행함과 가르침 안에 보였던 지혜에 대한 평판을 가졌다. 그는 많은 추종자를 얻었지만, (또는 그러므로?) 유다인 지도자들은 그를 빌라도 앞에 고발하였다. 빌라도는 그를 십자가형에 처했지만, 그의 열렬한 추종자들은 그의 수치스러운 죽음에도 불구하고, 그에 대한 헌신을 버리기를 거부했다. (그리스도로 불리는) 이 예수를 따라서 그리스도인이라 불린 이들은 요세푸스의 시대에 이르기까지 계속 존재한다. *Testimonium*의 중립적인, 또는 모호한, 또는 어쩌면 약간 무시하는 어조는 아마도 왜 초기 그리스도인 저자들(특히 2세기 호교론자들)이 침묵으로 그것을 무시했는지, 왜 오리게네스가 요세푸스는 예수가 그리스도라는 것을 믿지 않았다고 불평을 하였으며, 또 왜 몇몇 어구 삽입자(들)가 3세기 말에 그리스도인 확언을 덧붙였는지 그 이유일 것이다.[62]

우리가 로마제국의 변방 주의 한 변방의 유다인을 수색하고 있다는 것을 상기할 때, 이 변방의 유다인의 추종자들과 전혀 연결되지 않았던, 1세기의 더욱 유명한 유다인이 "메시아라 불리는 예수"의 간략한 스케치를 보존해야 했던 것은 놀라운 일이다. 그럼에도 똑같은 *The Jewish Antiquities*의 책 18에 요세푸스가 또한 또 다른 변방의 유다인, 팔레스티나의 또 다른 특이한 종교적 지도자, "세례자라는 별명으로 불리는 요한"의 더 긴 스케치를 쓰기로 선택했다는 것을 실제적으로 아무도 놀라거나 믿기를 거부하지 않는다(*Ant.* 18.5.2 §116~119). 우리에게 다행스럽게도, 요세푸스는 변방의 유다인들에 대해 지나가는 관심 그 이상을 가졌다.[63]

NOTES TO CHAPTER 3

[1] For initial orientation in the vast literature on Josephus, see Emil Schürer, *The History of the Jewish People in the Age of Jesus Christ(175 B.C.-A.D. 135)*, rev. and ed. Geza Vermes and Fergus Millar(Edinburgh: Clark, 1973) 1. 61-63. The fullest bibliographies and reviews of literature on Josephus available today have been drawn up by Louis H. Feldman; see his "Flavius Josephus Revisited: The Man, His Writings, and His Significance", *Aufstieg und Niedergang der römischen Welt*, ed. W. Haase and H. Temporini(Berlin/New York: de Gruyter, 1984) II/ 21.2, esp. 822-835; idem, *Josephus and Modern Scholarship 1937-1980* (Berlin/New York: de Gruyter, 1984), esp. 679-703 for the *Testimonium Flavianum*; idem, *Josephus. A Supplementary Bibliography*(New York/London: Garland, 1986). See also the older bibliography by Heinz Schreckenberg, *Bibliographie zu Flavius Josephus*(ALGHJ 1; Leiden: Brill, 1968); by following the marginal indication of number 17, one can trace the development of the argument over the authenticity of the *Testimonium Flavianum* from 1655(T. Faber) down to 1965(A. Pelletier). Major studies in Josephus that are also sources of bibliography include Harold Attridge, *The Interpretation of Biblical History in the Antiquitates Judaicae of Flavius Josephus*(HDR 7; Missoula, MT: Scholars, 1976); Shaye J. D. Cohen, *Josephus in Galilee and Rome. His Vita and Development as a Historian*(Columbia Studies in the Classical Tradition 8; Leiden: Brill, 1979); Tessa Rajak, *Josephus. The Historian and His Society*(Philadelphia: Fortress, 1984); Louis H. Feldman and Gohei Hata, eds., *Josephus, Judaism, and Christianity*(Detroit: Wayne State University, 1987); Per Bilde, *Flavius Josephus Between Jerusalem and Rome. His Life, His Works, and Their Importance*(Journal for the Study of the Pseudepigrapha, Supplement Series 2; Sheffield: JSOT, 1988).

[2] The standard Greek-English edition used in the United States today is that of the Loeb Classical Library(Cambridge, MA: Harvard University; London: Heinemann, 1926-1965), encompassing 10 vols.(Nos. 186, 203, 210, 242, 281, 326, 365, 410, 433, and 456); the editors through the years have been H. St. J. Thackeray, Ralph Marcus, and Louis H. Feldman. For the key passages in Books 18 and 20 of *The Antiquities*, I have also consulted the critical edition of Benedict Niese, *Flavii Josephi Opera*(7 vols.; 2d ed.; Berlin: Weidmann, 1955; originally 1885-1895) 4. 150-153 and 308-311. English translations of *The Jewish War* include the Penguin edition by G. A. Williamson(rev. ed.; Harmondsworth: Penguin, 1970); and the beautifully laid-out edition with commentary, illustrations, and photographs presenting the archaeological background: *Josephus. The Jewish War*, ed. G. Cornfeld, B. Mazar, and P. Maier(Grand Rapids: Zondervan, 1982).

[3] On the question of Christian interpolations into Josephus in particular and Jewish writings in general, see Eva Matthews Sanford, "Propaganda and Censorship in the Transmission of Josephus", *TAPA* 66(1935) 127-145; James H. Charlesworth, "Christian and Jewish Self-Definition in Light of the Christian Additions to the Apocryphal Writings", *Jewish and Christian Self-Definition. Volume Two. Aspects of Judaism in the Graeco-Roman Period*, ed. E. P. Sanders et al.(Philadelphia: Fortress, 1981) 27-55. Charlesworth(p. 28) notes that Christian interpolations into Jewish writings range from very minor insertions through

blocks of material to massive rewriting of the whole document. As will become clear, I hold that the Christian interpolations into the *Testimonium Flavianum* are of the first, relatively minor, type; Charlesworth, however, thinks that the *Testimonium* is "full of Christian additions"(p. 27).

4 The point of insertion of the Jesus interpolation is *J. W.* 2.9.2 §169, where Pontius Pilate is introduced into the narrative.

5 For G. A. Williamson's opinion on the Slavonic version, see his *The World of Josephus* (Boston/Toronto: Little, Brown, and Company, 1964) 308-309. His position, though not well defended, has had an influence beyond its merits because it was enshrined in an appendix of the Penguin edition of *Josephus. The Jewish War*(rev. ed.; Harmondsworth: Penguin, 1970). The text of the main "Jesus interpolation"(though Jesus is never mentioned in it by name), along with other pertinent insertions, can conveniently be found in the appendix of Williamson's translation, pp. 397-401. (In fairness, it should be noted that more recent Penguin editions have omitted Williamson's defense of the Slavonic version; see the 1981 version edited by E. M. Smallwood, pp. 470-471.) Another convenient compendium, which supplies the text of all the principal additional passages in the Slavonic *Jewish War*, can be found in Vol. 3(No. 210) of the Loeb Library edition of Josephus' works. But for a full exposition and defense of the Slavonic version one must have recourse to the once famous, now largely forgotten volumes of Robert Eisler, *IĒSOUS BASILEUS OU BASILEUSAS*(2 vols.; Heidelberg: Winter, 1929, 1930); the English translation by Alexander Krappe(*The Messiah Jesus and John the Baptist*[London: Methuen & Co., 1931]) contains only parts of the German original. On Eisler, see Schürer, *The History of the Jewish People*, 1. 60-61; E. Bammel, "The Revolution Theory from Reimarus to Brandon", *Jesus and the Politics of His Day*, ed. E. Bammel and C. F. D. Moule(Cambridge: Cambridge University, 1984) 11-68, esp. 32-37. Bammel thinks that underlying the text in the Slavonic Josephus is a Jewish account redacted by a Christian; the basis of the reference to Jesus is *Sanh.* 43a in the Talmud; similar developments can be seen in the apocryphal Acts of Pilate and the Jewish life of Jesus, the *Toledoth Yeshu*. Bammel reaches this conclusion about the Slavonic Josephus account of Jesus: "Its evaluation is only possible if its *Sitz im Leben* in the Jewish-Christian controversy is recognised and the direct link with Josephus and the first centuries abandoned"(p. 33). Paul Winter, in his excursus on Jesus in Josephus in the revised Schürer(*The History of the Jewish People*, 1. 440), argues that the Slavonic statement on Jesus must have been composed after the *Testimonium Flavianum*(on which, see below) reached its present form. A survey of recent thought on the Slavonic version can be found in Feldman, "Flavius Josephus Revisited", 771-774.

An attempt to salvage something about the original, political Jesus from the Slavonic Josephus was made by J. Spencer Kennard, "Gleanings from the Slavonic Josephus Controversy", *JQR* 39(1948-1949) 161-170. It was rightly rejected by Solomon Zeitlin("The Hoax of the 'Slavonic Josephus'", *JQR* 39[1948-1949] 171-180), who concludes: "All the Jesus passages are interpolations based on Christian literature." Indeed, Kennard himself admits that portions of the Slavonic text are based on the Church Fathers and the pseudo-Acts of Pilate. The appeal to supposed oral Jewish traditions reflected in the writings of Augustine simply lacks evidentiary support; worse still, Kennard, according to Zeitlin, depends on false translations of the Slavonic text. Kennard himself later admitted his error and recanted his position that the arrest of Jesus in the Slavonic Josephus might contain an element of genuine historical tradition; see his "Slavonic Josephus: A Retraction", *JQR* 39(1948-1949) 281-283. Zeitlin continued his critique of the use of Slavonic Josephus in "The Slavonic Josephus and the Dead Sea Scrolls: An Exposé of Recent Fairy Tales", *JQR* 58(1967-1968) 173-203. He shows that both external and internal criticism points to the Slavonic Josephus being a compilation of the 11th century. A 10th- or 11th-century date is also accepted by J. Strugnell, "Josephus, Flavius", *NCE* 7(1967) 1120-1123.

On the other hand, Zeitlin, in my view, dismisses the two Jesus passages in the Greek text of *The Antiquities* without sufficient reasons(pp. 172-174). Zeitlin's disciple, Ellis Rivkin, accepts the reference to Jesus in *Ant.* 20 but rejects it in Ant. 18; see his *What Crucified Jesus?*(Nashville: Abingdon, 1984) 64-67.

6 The translations from Josephus are my own.

7 Abraham Schalit(*Namenwörterbuch zu Flavius Josephus*[Leiden: Brill, 1968] S.V.) counts five different people named *Iakōbos* who are mentioned by Josephus in his various works.

8 This is also the form Eusebius himself uses(see 2.23.1), but we need not suspect that Eusebius has foisted his reverential form into the quotation of Hegesippus. When Eusebius claims to be citing Josephus, he is faithful to Josephus' un-Christian form, "the brother of Jesus"(*Ecclesiastical History* 2.23.20, 22—the latter passage being a direct citation of *Ant.* 20.9.1).

9 Paul Winter, in his excursus on the disputed Josephus passages in the revised Schürer (*The History of the Jewish People*, 1. 428-441), also argues that "if a Christian forger had inserted a reference to Jesus, he would scarcely have been content to mention Jesus in such non-committal fashion"(p. 431).

10 Douglas R. A. Hare(*The Theme of Jewish Persecution of Christians in the Gospel According to St Matthew*[SNTSMS 6; Cambridge: Cambridge University, 1967] 34) notes the vagueness of the accusation in Josephus. He suggests that Ananus was acting out of personal animosity and that the "certain others" killed at the same time were not Christians but other personal enemies of Ananus.

11 On this, see Cohen, *Josephus in Galilee and Rome*, 237-238.

12 In Vol. 10(No. 456) of the Loeb Library edition, p. 108 n. a; cf. his treatment in *Josephus and Modern Scholarship*, 704-707, where the vast majority of scholars affirm authenticity; see the similar judgment of Winter in Schürer's *The History of the Jewish People*, 430. Even Hans Conzelmann, who doubts the authenticity of the *Testimonium Flavianum*, accepts *Ant.* 20.9.1(*Jesus*[Philadelphia: Fortress, 1973] 13-14); similarly, Bilde, *Flavius Josephus Between Jerusalem and Rome*, 223. H. St. J. Thackeray states flatly ("Lecture VI. Josephus and Christianity", *Josephus. The Man and the Historian*[The Hilda Stich Stroock Lectures; New York: Jewish Institute of Religion, 1929] 131) that, in his opinion, the authenticity of the two passages in *The Antiquities* on John the Baptist and on James is "beyond question." One of the few authors to doubt the authenticity of the James passage in recent years

is Rajak, *Josephus*, 131 n. 73. Even she admits that "it has been unfashionable, of late, to doubt the James passage...." Her main reason for rejecting the passage is that Josephus presents a positive picture of Ananus in *J.W.* 4.5.2 §319-325, as opposed to the negative picture in the *Antiquities*. Yet, as we have noted above, a shift to a more negative view of the ruling Sadducees is typical of the *Antiquities* compared to the *Jewish War*. Rajak's supplementary reason for rejection, namely, that the James passage presupposes some previous mention of Jesus and therefore the basic authenticity of the *Testimonium Flavianum*, will be challenged at length below. Feldman rightly questions Rajak's position in his Introduction to *Josephus, Judaism and Christianity*, 56.

13 As Ernst Bammel shrewdly notes("Zum Testimonium Flavianum[Jos Ant 18, 63-64]", *Josephus-Studien. Untersuchungen zu Josephus, dem antiken Judentum und dem Neuen Testament*[Otto Michel Festschrift; ed. Otto Betz, Klaus Haacker, and Martin Hengel; Göttingen: Vandenhoeck & Ruprecht, 1974] 9-22, on p. 10 n. 17), it is not always clear whether a particular scholar judges the *Testimonium* spurious or whether he simply thinks that it is impossible to reconstruct the original form of what Josephus said about Jesus.

14 But see the (mostly uncritical) position of Franz Dornseiff, "Lukas der Schriftsteller. Mit einem Anhang: Josephus und Tacitus", *ZNW* 35(1936) 129-155; idem, "Zum Testimonium Flavianum", *ZNW* 46(1955) 245-250. Dornseiff maintains that the received *Testimonium Flavianum* in the Greek manuscripts of Josephus is entirely authentic, yet Josephus remained a Jew, not a Christian. The second article is written against Felix Scheidweiler("Das Testimonium Flavianum", *ZNW* 45[1954] 230-243), who accepts a basic core as original, while suggesting that the received form may come from the circle of Paul of Samosata. A. Feuillet("Les anciens historiens profanes et la connaissance de Jésus", *Esprit et Vie* 87[1977] 145-153) states that at least the greater part of the *Testimonium* is authentic; however, his comments on the individual "Christian interpolations" seem to favor authenticity of the entire text.

More recently, the authenticity of the full *Testimonium* has been defended by Etienne Nodet, "Jésus et Jean-Baptiste selon Josèphe", *RB* 92(1985) 320-348, 497-524. His thesis labors under two difficulties: (1) *ho christos houtos ēn* must be read as "he was Christ [taken purely as a proper name, not as a set title of the Messiah]." The main problem with this interpretation is the definite article *ho*, which makes the titular sense("the Messiah") the more likely interpretation, especially with the predicate nominative thrown before the copulative verb. (2) All the other phrases that many interpreters judge to be "too Christian" are said to be simply ambiguous, and intentionally so in the mind of Josephus. The neutral tone of Josephus may indeed be purposely ambiguous or guarded; but some of the Christian phrases, especially those referring to the appearance of the living Jesus after his death and the testimony of the divine prophets, are too straightforward to be explained in this way. The thesis is not helped by the further claim(p. 524) that Josephus carefully arranged the material in Book 18 of *The Antiquities* for a polemical purpose: to separate John the Baptist from Jesus and thus to deprive the Baptist of his status as the forerunner of Jesus. In Noder's view, Luke responded to Josephus' polemic in the Third Gospel and the Acts. A great deal is made to hang from very thin threads.

For a precritical defense of total authenticity, see William Whiston, "The Testimonies of Josephus Concerning Jesus Christ, John the Baptist, and James the Just, Vindicated", *Josephus. Complete Works*(Grand Rapids: Kregel, 1960; 1st ed. 1737) 639-647.

[15] Representative of total rejection—in the line of A. von Harnack, F. C. Burkitt, and E. Norden—is Conzelmann(*Jesus*, 13-14), who claims that the passage "is constructed in accord with a pattern of the Christian kerygma (and indeed the Lukan one)"(p. 14). Unfortunately, he does not go on to substantiate his claim. One is left wondering what a short summary of Jesus' life by a Jew at the end of the 1st century would look like instead. Walter Pötscher rejects Conzelmann's claim in "Josephus Flavius, Antiquitates 18, 63f.(Sprachliche Form und thematischer Inhalt)", *Eranos* 73(1975) 26-42, esp. 27-28. Pötscher points out the similarities between the *Testimonium* and "paradoxographic" authors like Apollonius, who wrote similar summaries of the careers of Epimenides and Hermotimus. The whole *Testimonium* is also rejected as an interpolation by Léon Herrmann, *Chrestos. Témoignages païens et juifs sur le christianisme du premier siècle*(Collection Latomus 109; Brussels: Latomus, 1970) 97-98; one is not reassured, however, when one discovers that both the passage on John the Baptist and the mention of James in *The Antiquities* are likewise declared to be interpolations(pp. 99-104). Also in favor of a complete interpolation, though somewhat tentative in his judgment, is J. Neville Birdsall, "The Continuing Enigma of Josephus's Testimony about Jesus", *BJRL* 67(1984-1985) 609-622. Similarly, Bilde(*Flavius Josephus Between Jerusalem and Rome*, 223) claims that, "at best, the text is partly genuine and most likely a thoroughly secondary Christian fabrication...." It is wise to remember that Catholic as well as Protestant scholars were once given to total rejection of the *Testimonium*; Carlo M. Martini("Il silenzio dei testimoni non cristiani su Gesù", *La Civiltà Cattolica* 113/2[1962] 341-349) reminds us that both P. Battifol and M.-J. Lagrange judged the whole inauthentic(p. 347).

Perhaps symbolic of the shift from the total skepticism of the 19th century to the yes-but approach of the 20th century was the change of opinion by the former "prince" of Josephan scholars, Thackeray. He had earlier held that the *Testimonium* was a complete forgery; he later came to believe that a core of authentic material could be reconstructed by removing or reformulating Christian interpolations. For the expression of his later view, see his "Josephus and Christianity", 125-153. One regrets that, under the heady influence of the contemporary work of Eisler, Thackeray adopted some emendations on the basis of the Slavonic Josephus, leaning in the direction of Eisler's Jesus the Political Rebel. Nevertheless, Thackeray does not accept Eisler's views in toto, and Feldman indicates that Thackeray recanted his pro-Eisler views before his death(*Josephus and Modern Scholarship*, 52). For another expression of the shift from complete skepticism to partial acceptance, see F. J. Foakes Jackson, *Josephus and the Jews*(Grand Rapids: Baker, 1977; 1st ed., 1930) 279; see p. 278 for Jackson's curious view on why Josephus might have inserted the *Testimonium* into *The Antiquities*. Granted the notable swing away from total skepticism, it is surprising to read the claim of Michael J. Cook: "The overwhelming consensus among scholars today... is that Josephus' celebrated testimony about Jesus is spurious"("Jesus and the Pharisees—The Problem as It Stands Today", *JES* 15[1978] 441-460, p. 451). But n. 45 on p. 451 indicates that Cook may be including judgments of partial inauthenticity in his sweeping statement.

[16] In his review of the literature, Feldman("Flavius Josephus Revisited", 822) says flatly: "...the great majority of modern scholars have regarded it[the *Testimonium*] as partly interpolated, and this is my conclusion as well." C. Martin("Le 'Testimonium Flavianum.' Vers une solution définitive?" *Revue belge de philologie et d'histoire* 20[1941] 409-465) is likewise of the opinion that scholars increasingly favor the judgment of partial interpolation(p. 415). Some critics hold to the view that some parts of the *Testimonium* come from Josephus and other parts from an interpolator, but consider any attempt to reconstruct the genuine text as sheer speculation; so Zvi Baras, "The *Testimonium Flavianum* and the Martyrdom of James", *Josephus, Judaism, and Christianity*, 338-348, esp. 339; see also his earlier "*Testimonium Flavianum*: The State of Recent Scholarship", *Society and Religion in the Second Temple Period*(The World History of the Jewish People 1/8; ed. Michael Avi-Yonah and Zvi Baras; Jerusalem: Massada, 1977) 303-313, esp. 308. For the view that originally the *Testimonium* contained a hostile reference to Jesus that can no longer be reconstructed, see Clyde Pharr, "The Testimony of Josephus to Christianity", *AJP* 48(1927) 137-147. For the view that the *Testimonium* originally made some unfavorable mention of Jesus at this point in *The Antiquities*, and that we can at least attempt a reconstruction, see Bammel, "Zum Testimonium Flavianum", 9-22.

[17] See Winter in the revised Schürer, *The History of the Jewish People*, 432-441; Feldman, "Josephus Revisited", 822-835; S. G. F. Brandon, *The Trial of Jesus of Nazareth*(Historical Trials Series; New York: Stein and Day, 1968) 151-152; Morton Smith, *Jesus the Magician*(New York: Harper & Row, 1978) 45-46; Charlesworth, *Jesus Within Judaism*, 90-98. In addition to Winter's excursus, a cogent defense of an authentic core going back to Josephus can be found in Louis H. Feldman, "The *Testimonium Flavianum*: The State of the Question", *Christological Perspectives. Essays in Honor of Harvey K. McArthur*, ed. R. F. Berkey and S. A. Edwards(New York: Pilgrim, 1982) 179-199. See also Martini, "Il silenzio", 347; Wolfgang Trilling, *Fragen zur Geschichtlichkeit Jesu* (Düsseldorf: Patmos, 1966) 51-56; A.-M. Dubarle, "Le témoignage de Josèphe sur Jésus d'après la tradition indirecte", *RB* 80(1973) 481-513, and his update, "Le témoignage de Josèphe sur Jésus d'après des publications récentes", *RB* 84(1977) 38-55.

[18] I take the sense of the much-disputed *ginetai* to be "come, appear on the scene, arise", not unlike the sense of *egeneto anthrōpos* in John 1:6(perhaps echoing the Hebrew *wayhî*, used to begin a narrative; cf. 1 Sam 1:1). A number of translations prefer "there lived", which is possible; but the translation "was born" seems out of place here. Karl H. Rengstorf(*A Complete Concordance to Flavius Josephus*[4 vols.; Leiden: Brill, 1973-1983] S.V.) illustrates the vast range of meanings *ginomai* can have in Josephus, including "to be born, to arise, to be, to live, to have lived, to have existed."

[19] The Greek phrase *tōn hēdonę̄ tálēthē dechomenōn* could imply simple-minded enthusiasm, even self-delusion. Yet, while possible, that is not necessarily the sense. We may have here one example of what Josephus is doing throughout the *Testimonium*: carefully writing an ambiguous text that different audiences could take in different ways.

[20] This is probably the meaning of *epausanto*; other possibilities are "did not give him up"(i.e., desert him) or "did not cease"(i.e., to exist). The last option would make the final

sentence of the *Testimonium* redundant; and since, in Josephus as in the rest of ancient Greek, *pauomai* is often completed by a supplementary participle, it is most natural to understand *agapēsantes* (or *agapōntes*) from *hoi to prōton agapēsantes*; see William Goodwin and Charles Gulick, *Greek Grammar*(Boston: Ginn & Co., 1958) 333; also Bammel, "Zum Testimonium Flavianum", 9-22, on p. 14.

21 The Greek text, with brackets supplied for those sections I consider Christian additions(see below), is as follows: *ginetai de kata touton ton chronon Iēsous sophos anēr, [eige andra auton legein chrē;] ēn gar paradoxōn ergōn poiētēs, didaskalos anthrōpōn tōn hēdonę̄ tạlēthē dechomenōn, kai pollous men Ioudaious, pollous de kai tou Hellēnikou epēgageto; [ho christos houtos ēn.] kai auton endeixei tōn prōtōn andrōn par' hēmin staurọ̄ epitetimēkotos Pilatou ouk epausanto hoi to prōton agapēsantes; [ephanē gar autois tritēn echōn hēmeran palin zōn tōn theiōn prophētōn tauta te kai alla myria peri autou thaumasia eirekotōn.] eis eti te nyn tōn Christianōn apo toude ōnomasmenon ouk epelipe to phylon*. Consult Feldman's notes in the Loeb Library edition(pp. 48-50) for the major emendations suggested by editors. The translations in the text are my own.

22 See André Pelletier, "Ce que Josèphe a dit de Jésus(Ant. XVIII 63-64)", *REJ* 124 (1965) 9-21, esp. 14.

23 Dubarle, "Le témoignage de Josèphe sur Jésus d'après la tradition indirecte", 481-513.

24 It is curious that Martin, though preferring to view *eige andra auton legein chrē* as an interpolation, remains hesitant("Le 'Testimonium Flavianum'", 450-452), especially since he interprets Josephus as saying that Jesus seduced both Jews and Gentiles and thus brought upon himself the condemnation due an agitator(pp. 445-446).

25 See Pelletier, "Ce que Josèphe a dit", 14.

26 See Dubarle, "Le témoignage de Josèphe sur Jésus d'après la tradition indirecte", esp. p. 495. Among the many others who favor some reading like *legomenos* with *ho Christos* is G. C. Richards, "The *Testimonium* of Josephus", *JTS* 42(1941) 70-71. Williamson(*The World of Josephus*, 308) tries to save the authenticity of the sentence by claiming that the definite article before *Christos* is just the untranslatable article before a proper name; hence the sense is not "This man was the Messiah", but rather "the man I have called Jesus was the man commonly called Christ." This explanation ignores the three precise NT parallels, where the sense of *houtos estin ho Christos* is obviously "this man is the Messiah." If Josephus had wanted to say what Williamson wants to make him say, there were much clearer ways of doing so.

27 Pelletier, "Ce que Josèphe a dit", 9-21; a variant of this article can be found in "L'originalité de témoignage de Flavius Josèphe sur Jésus", *RSR* 52(1964) 177-203; his position is accepted by Henri Cazelles, *Naissance de l'église. Secte juive rejetée?*(Paris: Cerf, 1968) 106. Pelletier points to *Ant.* 17.5.1 §87, where Josephus explains the name of the port Sebastos by saying that "Herod, having constructed it at great expense, named it Sebastos in honor of Caesar." Josephus leaves out the logically necessary explanation that Caesar's honorific name is in Latin *Augustus*, which was translated into Greek as *Sebastos*. Similarly, it may be argued, Josephus presupposes in Ant. 18.3.3 that the cultured reader

knows that Jesus' "second name" was *Christos*. That cultured Roman readers would indeed have known this equivalence is made likely by the statement of the pagan Tacitus in his *Annales*(15.44) some two decades later, when he simply uses *Christus* as the name of the man Pilate put to death, without ever mentioning the proper name Jesus.

28 On this point, see Martin, "Le 'Testimonium Flavianum'", 452-455.

29 The use of the phrase "according to the Scriptures" precisely at the mention of the resurrection is employed (probably under the influence of 1 Cor 15:5) in the so-called "Shorter Epiphanian Creed"(ca. A.D. 374) and the official creed of the first ecumenical council of Constantinople(A.D. 381).

30 Curiously, a similar view is found in the theories of Eisler and Thackeray, who read *ephanē gar autois*, etc., as indirect discourse in the original text(Thackeray, "Josephus and Christianity", 147).

31 Dubarle, "Le témoignage de Josèphe sur Jésus d'après la tradition indirecte", esp. p. 499. I do not mean to disparage the great contribution Dubarle makes in providing easy access to so many patristic citations of the *Testimonium*. He himself admits the variety of the indirect tradition and the liberty the patristic writers take with the text(p. 502). I do not share his confidence that taking a majority vote among the diverging patristic witnesses gives us a good chance of restoring the original text. Despite his protests at the analogy, one would never think of going about NT text criticism in this way; I do not think the method is more valid when applied to the *Testimonium*.

32 Here I am in basic agreement with Joseph Klausner, *Jesus of Nazareth. His Life, Times, and Teaching*(New York: Macmillan, 1925) 55-60. But, while Klausner hesitates over whether something else originally stood in the place of the three interpolations, I am convinced that the deletion of these three passages restores the *Testimonium* to its original form. Perhaps the scholar who comes closest to my own view is Martin("Le 'Testimonium Flavianum'", 409-465), whose work was not available to me during the writing of the bulk of this chapter. I am encouraged by finding independent support for my own stance. At the same time, I find a number of Martin's positions curious or improbable; I will note my disagreements at the appropriate places.

33 Martin("Le 'Testimonium Flavianum'", 440) misses this point by making *ēn gar paradoxōn ergōn poiētēs* merely a parenthetical explanation of *sophos anēr*, instead of seeing it as coequal with *didaskalos anthrōpōn* as the two-part definition of *sophos anēr*. He is quite correct, however, in emphasizing that in Josephus, as in many other Greek authors, *sophos* could convey the idea of a possessor of supernatural knowledge and power(pp. 442-444).

34 The causal link would be clearer if we could be sure that *epēgageto* meant "seduced, led astray." That is a possible, though not necessary, meaning of the verb. Once again, Josephus may be engaging in a studied ambiguity.

35 As Martin points out("Le 'Testimonium Flavianum'", 446), the genitive absolute *epitetimēkotos Pilatou* has the force of a concessive clause: "Although Pilate condemned him

to the cross, nevertheless those who had loved him previously did not cease to do so."

36 Indeed, one could argue that the *te* in *eis eti te nyn* demands *ouk epausanto hoi to prōton agapēsantes* just before it. It is almost impossible to make sense of the telltale te following upon the reference to the resurrection appearance and the OT prophecies; cf. Martin, "Le 'Testimonium Flavianum'", 441.

37 For a discussion of the manuscript tradition and the confusing references in the Church Fathers, see Feldman, "The *Testimonium Flavianum*", 181-185; also David Flusser, "Der lateinische Josephus und der hebräische Josippon", *Josephus-Studien*, 122-132. On the Latin translation Feldman makes an intriguing observation: "Despite the obvious importance of the Latin version, since it antedates by half a millennium the earliest extant Greek manuscript, it has not been edited.... The main manuscript of the Latin version, the *Ambrosianus papyraceus*, dates from the ninth century, two centuries before the earliest of the Greek manuscripts"(p. 289 n. 12). For the history of the tradition of the Latin translation, see Franz Blatt, *The Latin Josephus. I. Introduction and Text. The Antiquities: Books I-V*(Acta Jutlandica 30/1, Humanities Series 44; Aarhus: Universitetsforlaget, 1958) 9-116.

On the Arabic and Syriac texts, see Shlomo Pines, *An Arabic Version of the Testimonium Flavianum and Its Implications*(Publications of the Israel Academy of Sciences and Humanities, Section of Humanities; Jerusalem: The Israel Academy of Sciences and Humanities, 1971); Dubarle, "Le témoignage de Josèphe sur Jesus d'après la tradition indirecte", 485-486. An English translation of the Arabic text of Agapius, with a brief discussion, is readily available in the Cornfeld edition of *Josephus. The Jewish War*, 510. Feldman(*Josephus and Modern Scholarship*, 701) believes that Agapius used both Josephus and other sources and combined them: "We may... conclude that Agapius' excerpt is hardly decisive, since it contains several elements, notably changes in order, that indicate that it is a paraphrase rather than a translation." Nodet("Jésus et Jean-Baptiste selon Josèphe") thinks that Agapius represents a deformed tradition of the Eusebius text found in the *Ecclesiastical History*(pp. 335-336). Personally, I am doubtful that this 10th-century Arabic manuscript preserves the original form of the *Testimonium*, especially since it contains sentences that, as I have just argued, are probably later expansions or variants of the text. Indeed, Bammel("Zum Testimonium Flavianum", 21) thinks that the text of the *Testimonium* was much more subject to summaries and expansions in the East than in the West. But, at the very least, the text from Agapius does expand our knowledge of the indirect witnesses to the text. Zvi Baras("The *Testimonium Flavianum* and the Martyrdom of James", *Josephus, Judaism, and Christianity*, 338-348) judges(p. 340): "Although it is not considered the genuine text of Josephus, it provides us with an example of another more moderate attempt at the Christianization of the original text, probably unfavorable to Christians, and one which may have been known to Origen and Jerome." As will become clear, I do not share the latter part of this judgment.

38 One possible explanation of this silence would jibe well with my reconstruction of the *Testimonium* and my isolation of the Christian interpolations. If until shortly before the time of Eusebius the *Testimonium* lacked the three Christian interpolations I have

bracketed, the Church Fathers would not have been overly eager to cite it; for it hardly supports mainline Christian belief in Jesus as the Son of God who rose from the dead. This would explain why Origen in the 3d century affirmed that Josephus did not believe Jesus to be the Messiah(*Commentary on Matthew* 10:17; *Contra Celsum* 1.47). Origen's text of the *Testimonium* lacked the interpolations; and, without them, the *Testimonium* simply testified, in Christian eyes, to Josephus' unbelief—not exactly a useful apologetic tool in addressing pagans or a useful polemical tool in christological controversies among Christians. Indeed, if something like the text I reconstruct was *not* in Origen's copy of Josephus, one is left asking the question: What was it in the text that caused Origen to state apodictically that Josephus did not believe Jesus to be the Christ? The James passage in Book 20 is not a sufficient reason.

[39] So, e.g., Richards, "The *Testimonium* of Josephus." Some translators even take *Iēsou tou legomenou Christou*(*Ant.* 20.9.1) to mean "Jesus, the aforementioned Messiah"—not a necessary meaning, though a possible one in this context(see Feldman, "The *Testimonium Flavianum*", 192). If this were the correct translation, it would help argue for some reference to messiahship in the original form of the *Testimonium*; hence, some hold that Jerome's reading, *credebatur esse Christus*("he was believed to be the Messiah"), reflects part of the original text. However, since by the time of Josephus Christians had made *Christos* practically a second proper name of Jesus, Josephus may be presupposing in Book 20 that the Jesus mentioned in Book 18 is generally known as *Christos*. Of course, none of this speculation is necessary. Josephus may be introducing the title for the first (and only) time in *The Antiquities* in Book 20. In this case, the phrase does mean "Jesus, who is called the Messiah", perhaps intimating why James (whose activity is otherwise not described) is a source of aggravation to the high priest.

[40] Here we face a basic methodological problem. Since we do not know who the Christian interpolator(s) were, or whether indeed the interpolations are anything more than random marginal notes that entered the text at different times, it is impossible to compare Josephus' vocabulary and style with any one Christian author. The NT is chosen for the sake of providing some fixed point of contrast; it is one corpus of 1st-century Christian works, most of which were written within the span of five decades, just as Josephus supplies us with a corpus of 1st-century Jewish works, all written within the span of three decades. The choice of the NT is not totally arbitrary, since presumably a Christian theologian or scribe of the first few centuries would be steeped in NT thought and vocabulary and would naturally narrate the story of Jesus out of his NT background.

[41] As Thackeray states, "...practically the whole of the language [of the *Testimonium*] can be illustrated from Josephus"("Josephus and Christianity", 141). For Thackeray, it is the criterion of style that turns the scale in favor of authenticity: "If the text has been mutilated and modified, there is at least a Josephan basis"(ibid.). For an examination of Josephus' vocabulary, the indispensable tool is Rengstorf, *A Complete Concordance to Flavius Josephus,* along with Schalit, *Namenwörterbuch zu Flavius Josephus*.

Before we begin a comparison of vocabulary and stylistic usage between the NT and Josephus' *Testimonium*, a few caveats are in order. Word statistics are used here simply to indicate whether a word occurs fairly frequently in Josephus or in the NT. The statistics should not be used simplistically to contrast the two bodies of material; Josephus represents a much larger corpus of works than does the NT, and he is one well-known author as opposed to numerous NT authors, many of whom are anonymous. The differences in subject matter and literary genre must also be borne in mind.

To take only the most obvious examples of the differences between the usage of the NT and that of the core of the *Testimonium: poiētēs* is never used of Jesus in the NT; *hellēnikos* is used only 1×, of the Greek language, in Rev 9:11; *hēdonē* is used only 5× in the NT, and always in a pejorative sense of sensual or illicit pleasure; *epagō* occurs 3×, but never in the middle voice with the sense of "win over" or "gain a following"; the crasis form *tálēthē* is never used in the NT; nothing even vaguely like the phrase *anthrōpōn tōn hēdonę̄ tálēthē dechomenōn* is ever used in the NT to describe the disciples of Jesus or those who decide to follow Jesus; *endeixis* occurs 4×, always in Paul, and always with the general sense of showing, manifesting, demonstrating, proving, never with the formal judicial sense of accusation, charge, denunciation, indictment; *prōtoi andres* never occurs in the NT(the closest analogue is Luke 19:47, *hoi prōtoi tou laou*, designating not all the Jewish leaders but only the elders as distinct from the high priests and the scribes; even here the phrase occurs outside the Passion Narrative; cf. Acts 13:50; 17:4; 25:2; 28:7); *epitimaō* is always used in the NT of verbal rebukes(most often in the mouth of Jesus), never of any physical punishment, and certainly not of crucifixion; *onomazō* is never used in the NT in the form of the perfect passive participle and never in reference to the naming of Christians(cf. the statement of Luke in Acts 11:26); *epileipō* is used in the NT only once, in the transitive sense of "fail", never in the intransitive sense of "disappear, die out"; *phylon* is never used in the NT; the NT instead uses *phylē* 31×, in the sense of either (1) a tribe or the twelve tribes of Israel or (2) all the nations or peoples of the earth; the first sense is sometimes used symbolically of Christians (the clearest case is Jas 1:1), but *phylē* is never used directly with *Christianōn* or any equivalent(the disciples, the brethren, etc.). No one of these differences means all that much; but the accumulated evidence of all these differences may point to an author who is not taking his material from the NT.

The usage of Josephus presents a totally different picture. With regard to "wise man" (*sophos anēr*), Josephus calls Solomon(*Ant.* 8.2.7 §53) and likewise Daniel(*Ant.* 10.11.2 §237) a "wise man", while no NT writing ever predicates the adjective "wise"(*sophos*) directly of Jesus. *kata touton ton chronon* and similar time references with *kata* + *chronon* are frequent in Josephus(see, e.g., Ant. 13.2.3 §46; 18.2.4 §39), but the NT never uses *kata* + *chronon* in any connection; *paradoxos* occurs 50× in Josephus(1× in NT), including two cases where it modifies *erga*, as here(*Ant.* 9.7.6 §182: *thaumasta gar kai paradoxa... epedeixato erga* [of Elisha the prophet]; *Ant.* 12.2.8 §63: *ergōn kainōn kai paradoxōn*); *paradoxon touto poiōn*(*Ant.* 12.2.11 §87) also occurs. *poiētēs* is used elsewhere in Josephus only in the sense of "poet"; but Josephus (or his secretary, according to Thackeray) has a fondness for resolving a simple verb into two words: a noun expressing the agent and the auxiliary verb(e.g., *kritēs einai* for the simple *krinein*). Moreover, Josephus uses such cognates as *poiēteos*, "that which is to be done", *poiēsis*, "doing, causing"(as well as "poetry, poem"), and *poiētikos*, "that which causes something"(as well as "poetic"). *didaskalos* occurs 16× in Josephus(59× in NT); *anthrōpos*, needless to say, is extremely common in Josephus. *hēdonē* is used 128× by Josephus(5× in NT), who uses it in both positive and negative senses; *hēdonę̄* in the dative is used in the sense of "with pleasure", "gladly", as here. (Thackeray sees in this "receive with pleasure" locution the hand of a particular secretary of Josephus, "the Thucydidean hack" ["Josephus and Christianity", 141, 144]; I prescind from theories of secretaries, since my only concern is to show that the language is Josephan. Moreover, Thackeray's position about helpers in the composition of *The Antiquities* has not been universally accepted. Heinz Schreckenberg[*Rezeptionsgeschichtliche und textkritische Untersuchungen zu Flavius Josephus* (ALGHJ 10; Leiden: Brill, 1977) 173-174] stresses Josephus' command of Greek and the unity of his style in *The Antiquities*. The differences in style that exist in *The Antiquities* are to be attributed to Josephus himself, who over many years wrote *The Antiquities*, using various sources and being influenced by various classical authors he was reading.) *alēthēs* occurs 150× in Josephus(26× in NT); more importantly, Josephus frequently uses the crasis forms *tålēthēs* and *tålēthē*, which never occur in the NT(note the phrase *tålēthē kai ta dikaia labōn* in Ant. 8.2.1. §23). *dechomai* is used 221× in Josephus(56× in NT). Indeed, language very similar to the *Testimonium* is found in *Ant.* 17.12.1 §329: *tōn anthrōpōn to hēdonę̄ dechomenon tous logous*; moreover, *hēdonē* is used remarkably often with *dechomai* in Josephus(never in NT). *hellēnikos* occurs in Josephus 25×(NT 1×). *epagō* is used 106× in Josephus(3× in NT); unlike the NT, Josephus does use it in the middle voice to mean "attract, persuade, motivate, induce"; see especially *J.W.* 7.6.1 §164: *pollous eis apostasian epagagetai* (said of the fortress Machaerus, whose strength might lead many to revolt); and *Ant.* 17.12.1 §327: *Ioudaiōn hoposois eis homilian aphiketo epēgageto eis pistin*(said of a Jew who falsely claims to be Alexander, the son of Herod, and who wins the confidence of the Jews on Crete). *endeixis* is used once in Josephus in the sense of "denunciation, charge, accusation"(*Ant.* 19.9.16 §133); but the NT never uses it in this sense. *hoi prōtoi* andres occurs some 6× just in *The Antiquities*(allowing for different word order); slightly variant forms of the same phrase occur three more times in the same work. Especially interesting is the fact that there is a high concentration of this phrase or very similar phrases in Book 18: 18.1.1 §7; 18.4.4 §98, 99; 18.5.3 §121; 18.9.9 §376. While there is no exact equivalent to the full phrase *tōn prōtōn andrōn par' hēmin, Ant.* 18.9.9 reads: *tōn prōtōn par' hekaterois andrōn*, "the leading men on both sides"; closer still are *Ant.* 20.1.1 §2: *chōris gnōmēs tēs tōn prōtōn par' autois*, "without the consent of their leaders"; *Ant.* 20.9.1 §198: *hoper oudeni synebē tōn par' hēmin archiereōn*, "which happened to none of our high priests"; and *Ag. Ap.* 2.12 §136: *peri de tōn par' hēmin andrōn gegonotōn*, "but concerning our own men of past history." (For further examples, see Eisler, *IĒSOUS BASILEUS*, 73.) *epitimaō* is used 13× in Josephus(29× in NT), including a number of instances where it means "to sentence" or "to fix (a punishment)", a sense never found in the NT; note the perfect active forms in *Ant.* 18.5.6 §183; *Ap.* 2.32 §239. The one difference from the other texts is the unusual accusative of the person and dative of the punishment, but such a construction would be unusual in any Greek author; and amid so many examples of typical Josephan style some minor variations are to be expected. Eisler(ibid., 74), noting the similarity to Tacitus' reference to Jesus' death(*Annales* 15.44), suggests a literal translation of a technical Latin juridical phrase. *agapaō* in Josephus can mean "to like, love, value, welcome; to content oneself; to tolerate, accept." Passages dealing with God, parents, children, justice, etc., make it clear that Josephus does use the word in the sense of affective love; vaguely reminiscent of our passage is *J.W.* 1.1.12 §30: *tois ge tēn alētheian agapōsin, alla mē pros hēdonēn anegrapsa*. Hence it is hardly justified to claim that *agapēsantes* is "specifically and technically Christian"(so A. von Gutschmid, quoted by Bammel, "Zum Testimonium Flavianum", 11 n. 22). Thackeray("Josephus and Christianity", 147) prefers here the sense of "to be content with", but only because he insists on seeing an originally hostile sense in the *Testimonium*. *pauō* occurs 170× in Josephus, in both active and middle, the meanings of the middle including the sense witnessed here, "to stop (doing something), to give up"; the NT has only one example of the active and 14 of the middle, the middle regularly meaning "to stop (doing something)." The words *eis, eti, te,* and *nyn* are all very common in Josephus, but their conjunction here is unusual. The *Testimonium* is the only passage in Josephus where *Christianoi* appears; but then, it occurs only 3× in the NT. *onomazō* occurs in Josephus 62×(10× in NT). Josephus often uses the phrase *onomazō apo tinos* in the sense of "to name something after someone", which occurs in the passive as well as the active voice; see, e.g., *Ant.* 1.15 §241; 1.6.1 §123; note the exact form of the perfect passive participle in *Ag. Ap.* 1.26 §245. The *onomazō apo tinos* construction does not occur in the NT. *hode* is used frequently by Josephus. While *epileipō* occurs only 1× in the NT, in the sense of "time will fail me"(Heb 11:32), it occurs 40× in Josephus, including the sense of "stop, cease, become extinct, die out"; note *Ant.* 2.9.3 §210: *dediōs hyper tou pantos ethnous, mē spanei tēs epitraphēsomenēs neotētos epileipę̄*. While Josephus uses *phylē* more often than *phylon,* he does use the latter 11×, usually in the sense of "tribe, people, nation"; note *J.W.* 2.15.4 §397: *anairēsein de pan hymōn to phylon.*

The upshot of all this is that, apart from *Christianōn,* not one word of what I identify as the original text of the *Testimonium* fails to occur elsewhere in Josephus, usually with the same meaning and/or construction. As indicated in the first part of this note, the same cannot be said of the NT.

42 In what I identify as the three Christian interpolations, the occurrence of the words in the NT is as follows: (1) In the first interpolation, *eige* 5×; *anēr* 216×; *chrē* 1×. (2) In the second interpolation, *christos* 531×(versus the one occurrence in Josephus outside the *Testimonium*); indeed, the whole second interpolation seems lifted directly from the NT. (3) In the third interpolation, *phainō* 31×, mostly in passive deponent forms, and often in the aorist passive; *ephanē* is used of angelic appearances in Matt 1:10; 2:13, 19; of Elijah in Luke 9:8; and of the risen Jesus in Mark 16:9(added later to the original Marcan text). *tę̄ tritę̄ hēmerą* is the common NT way of referring to the resurrection on the third day. What is unusual is the construction *tritēn echōn hēmeran,* which lacks a precise parallel in Josephus as well. Both the NT and Josephus do use *echō* with cardinal numerals to express duration of time and age. Two NT texts that partially parallel the usage here are Luke 24:21, *tritēn tautēn hēmeran agei*; and John 11:17, *beuren auton tessaras ēdē hēmeras echonta en tǭ mnēmeiǭ*. The rest of the vocabulary in the third interpolation offers no problem: *zaō*, 140×, often as a present participle; *palin*, 141×; *theios*, 3×; *prophētēs*, 144×; *myrias*, 8×, *myrioi*(though not the form *myria*), 3×; *thaumasios*, 1×. When we consider the

number of words and constructions in the core of the *Testimonium* that are not found in the NT, the total agreement of the interpolations with the vocabulary of the NT is striking. Of course, there are some stylistic quirks(e.g., the *tritēn echōn hēmeran*), pointing to a Christian interpolator or interpolators who naturally drew upon NT vocabulary as he (they) wrote about Jesus in his (their) own style. It must also be admitted that Josephus likewise uses all the words found in the three interpolations. In a few cases, the usage is more Josephan than that of the NT(e.g, *theios* used 206×, including occurrences with *prophētēs*[though not in the plural]; *thaumasios* 31×). Hence, in the case of the three interpolations, the major argument against their authenticity is from content. Still, the difference from the core text is clear: in the core, not only are the vocabulary and style overwhelmingly Josephan, but at least some of the vocabulary is absent from the NT and some of the content is at variance with what the NT says.

43 For an opposing view of the argument from "Josephan" vocabulary, see Birdsall, "The Continuing Enigma", 619-621. In my view, Birdsall applies the measuring rod of Josephan vocabulary and style a little too mechanically. The undisputed epistles of Paul have their share not only of *hapax legomena* but also of Pauline words and phrases that Paul uses in a given passage with an unusual meaning or construction. Especially since Josephus is dealing in the *Testimonium* with peculiar material, drawn perhaps from a special source, we need not be surprised if his usage differs slightly at a few points.

More specifically, I do not think all of Birdsall's claims concerning divergent style or meaning stand up to close scrutiny. For example, Birdsall claims that *tálēthē* only once elsewhere in Josephus carries the abstract sense of truth; the sense usually is the objective truth of a statement or report about a man's character. Actually, this is a fine distinction that does not always work well in practice. More to the point, there are a number of cases in Josephus where *tálēthē* means truth in some global or general sense: e.g., *J.W.* 1.1.15 §16; *Ant.* 8.2.1 §23; 14.1.1 §3. In another usage as well("receive with gladness"), Birdsall has to admit that there is at least one other example in Josephus of the phrase being used in the same sense as in the *Testimonium*. I fail to see how this warrants a judgment of inauthenticity.

Furthermore, Birdsall presumes that he knows the precise tenor or nuance of all of the phrases in the *Testimonium*. But that is far from certain. It is quite possible that the old fox Josephus purposely wrote a neutral or ambiguous statement about Jesus that could be read in more than one way. Simply as a matter of fact, the Christian interpolator(s) read it one way, while Eisler and his followers read it in a totally different way.

Finally, if Birdsall wishes to attribute the whole of the *Testimonium* to the pre-Nicene patristic period, then he must explain why some notable phrases from the core do not appear in any of the Church Fathers before Eusebius—e.g., (1) *sophos anēr* used to describe Jesus; and (2) *phylon* used to describe Christians. Indeed, while G. W. H. Lampe lists applications of *sophos* to God, OT heroes such as Daniel, Esther, and Judith, the authors of the wisdom books, St. Paul, and others possessed of Christian wisdom, he catalogues no application to Jesus; see his *A Patristic Lexicon*(Oxford: Clarendon Press, 1961).

44 Notice that Josephus does not say outright that Jesus was a teacher of the truth;

rather, he was a teacher of *people who receive the truth with pleasure*. As Pelletier points out from similar passages in Josephus("Ce que Josèphe a dit", 18), the phrase "receive the truth with pleasure" refers to the subjective "good faith" of those listening, not necessarily the objective truth of what the speaker propounds.

45 Some critics suggest that Eusebius, or at least a source only a few decades earlier than Eusebius, is the author of the *Testimonium*; see Zeitlin, "The Hoax of the 'Slavonic Josephus'", 171-180; and Kennard, "Gleanings", 161-163, who thinks that the received text of the *Testimonium* dates from a few decades before Eusebius. Pelletier, citing Martin, mentions Origen as a possible author of the Christian interpolations("Ce que Josèphe a dit", 14-15); Pelletier also suggests the possibility of a Christian polemicist of the 4th century.

46 In light of the *Testimonium*'s diffusion among the "mainstream" Fathers of the Church from the 4th century onward, it seems highly unlikely that it would have been composed by some remnant of an Ebionite or other suspect group.

47 The question, of course, may be put the other way round: If the three statements I have bracketed are later Christian interpolations, what were the intention and the theology of the later interpolator? Actually, I think it more likely that we are dealing with random Christian glosses that secondarily crept into the text; they need not all be from the same hand or the same time. Hence to ask about *the* one purpose or theology of the three interpolations may be a mistake from the start. For the many marginal glosses in the manuscripts of Josephus, see Sanford, "Propaganda and Censorship", 132: "The process of interpolation [into the text of Josephus] was furthered by the intrusions into the text of glosses and *adversaria* by Christian students studying and copying Josephus. No existing manuscript of his work is free from such interpolation."

48 One should not make of the royal official in John 4:46-53 a pagan centurion(*contra* John Marsh, *The Gospel of St John*[Harmondsworth: Penguin, 1968] 235-241); that is to read into John what only the Synoptics say in a notably different version of the miracle story. The Samaritans of Chapter 4 serve as a halfway house between the Jewish and pagan worlds.

49 Shaye J. D. Cohen, of Jewish Theological Seminary in New York, was kind enough to read my views on Josephus and make some comments. He saved me from more than one embarrassing slip. Dr. Cohen felt that the particular argument I make in point (a) is weak because later Christians had no hesitation in projecting back on Jesus the theology and ideology of Paul: of course Jesus had come to bring salvation to the Gentiles—and this is what the *Testimonium* says. How many premodern (and preecumenical) Christians would have said otherwise? Cohen shrewdly pointed out to me that what would have been unusual for an ancient Christian author was the statement that Jesus won over *many* Jews as well as many Gentiles. Cohen's point is well taken, but I think there is a difference between an anachronistic attribution to Jesus of an intention to save both Jew and Gentile and a statement about what Jesus de facto did during his public ministry, i.e., a description of his public activity (and its results) that simply flies in the face of what the four canonical

Gospels say.

[50] Hence, Thackeray's claim("Josephus and Christianity", 148) that *phylon* is distinctly disparaging and cannot have come from a Christian hand is not correct. See instead Solomon Zeitlin, "The Christ Passage in Josephus", *JQR* 18(1927-1928) 231-253, esp. 238-239, 253; Zeitlin points to Eusebius' *Ecclesiastical History,* 3.33: *to tōn Christianōn phylon.*

[51] This point is stressed especially by Nodet, "Jésus et Jean-Baptiste", 320-348, 497-524.

[52] This difficulty must be faced especially by those critics who are enthusiastic about the authenticity and importance of the passage about the Baptist, while dismissing the *Testimonium* as a complete fabrication; so, e.g., Bilde, *Flavius Josephus Between Jerusalem and Rome,* 223, 225.

[53] For example, by changing *sophos anēr* to *sophistēs*(used of leaders of factions Josephus dislikes) or *tálēthē* to *taēthē*(the unusual, the abnormal, the bizarre); so Eisler, *IĒSOUS BASILEUS,* 1. 46-88; S. G. F. Brandon, *Jesus and the Zealots*(Manchester: Manchester University, 1967) 359-368; similarly, Smith, *Jesus the Magician,* 45-46; Pötscher, "Josephus Flavius, Antiquitates 18, 63f.", 26-42. The changes Eisler introduces can be found in Vol. 9(No. 433) of the Loeb Library edition of Josephus' works, p. 48 n. a.

Baras("The *Testimonium Flavianum* and the Martyrdom of James", 340) correctly observes that if the original text of the *Testimonium* had been derogatory or ironic, it would have called forth a strong denunciation from Origen. Hence I am also very skeptical of the theory that originally the *Testimonium* had a derogatory reference to Jesus' virginal conception; for such a position, which in my view fails for lack of any direct evidence, see Pharr, "The Testimony of Josephus to Christianity", 137-147. For an attempt to bolster Pharr's suggestion by appealing to the 4th-century pseudo- Hegesippus (and even this demands reading into the evidence), see Albert A. Bell, Jr., "Josephus the Satirist. A Clue to the Original Form of the Testimonium Flavianum?" *JQR* 67(1966-1967) 16-22.

Bammel("Zum Testimonium Flavianum", 20-22) thinks that the *Testimonium* originally expressed a negative view of Christians (less so of Christ), but that good method demands that the modern scholar keep conjectural emendations to a minimum. However, his own corrections(*apatēthentes* or *autous apatōntes* for *agapēsantes, apēgageto* for *epēgageto,* the omission of *ēn* after *ho christos houtos,* and the insertion of *phaskontes hoti*) are based on tenuous arguments, and even they are much more complicated than the simple procedure of bracketing the three obviously Christian statements.

[54] I have purposely not spent any time on the objection that the *Testimonium* breaks the thread of the narrative in Book 18; if one is interested in such a line of argumentation, one should see Thackeray, "Josephus and Christianity", 140-141(where, in my view, he is much too dependent on Eisler). Perhaps the best insight in Thackeray's whole explanation is the simple observation: "Josephus was a patchwork writer"(p. 141). Cohen is blunter: "We have emphasized another aspect of Josephus' work: his inveterate sloppiness. Texts suitable for tendentious revision as well as passages which contradict his motives are sometimes left untouched. The narrative is frequently confused, obscure, and contradictory" (*Josephus in Galilee and Rome,* 233). In the present case, one wonders whether any greater

link need exist for Josephus than the fact that the account of Jesus (who is crucified by Pilate) is preceded by a story about Pilate in which many Jews are killed(*Ant.* 18.3.2 §60-62) and is followed by a story in which tricksters are punished by crucifixion(*Ant.* 18.3.4 §65-80). Hence I think the lengthy attempt of Bammel("Zum Testimonium Flavianum", 15-18) to explain the connections with what precedes and follows the *Testimonium* is beside the point. For a detailed refutation of Norden's claim that the *Testimonium* supposedly disrupts the narrative flow and thematic unity of the larger context, see Martin, "Le 'Testimonium Flavianum'", 422-431).

[55] As Thackeray observes, in view of the pervasive Josephan vocabulary and style, "alterations should be reduced to a minimum"("Josephus and Christianity", 143). In my view, Thackeray himself undertook too many alterations.

[56] Ibid., 127-128; Thackeray, however, says no more than that there is "nothing improbable" in this. He also notes that Mark's Gospel would probably have been in circulation in Rome when Josephus wrote *The Antiquities*.

[57] Feldman, "The Testimonium Flavianum", 194-195.

[58] Martin, "Le 'Testimonium Flavianum'", 450.

[59] Needless to say, such an answer cannot claim absolute certitude, but only that high degree of probability which is commonly called moral certitude. Yet the passages of Josephus do supply us with that. It is significant that the *Testimonium Flavianum* is quickly and facilely dismissed without detailed examination by G. A. Wells in his popular and somewhat sensationalistic *Did Jesus Exist?*(Buffalo, NY: Prometheus Books, 1975). Obviously, Wells's desire to maintain the thesis that Jesus never existed(pp. 205-207) demands such a treatment of Josephus, who would otherwise destroy Wells's whole argument before it could really get started. Wells's presentation descends to simple affirmation, supported not by argumentation but by citation of generally antiquated authorities, in the case of the James passage, which is declared to be a brief marginal gloss from a Christian, which was later incorporated into the text(p. 11). Wells's book, which builds its arguments on these and similar unsubstantiated claims, may be allowed to stand as a representative of a whole type of popular Jesus book that I do not bother to consider in detail.

[60] Although one might debate the exact source of Josephus' knowledge expressed in the *Testimonium*, the passing reference to James in Book 20 of *The Antiquities* is of a different order when it comes to the question of sources. For the reasons I have indicated, it is unlikely that Josephus derives his account of James's death from Christians. Both in its narrative and in its way of referring to James, Josephus' account is at variance with the accepted Christian version of James's death. The natural source for an event happening in Jerusalem in A.D. 62 would be the Jews who had taken part in that event and whom Josephus would have known personally. Indeed, Josephus himself could well have been present in Jerusalem during these events. From his *Life*(1 §12-13) it appears that he returned to Jerusalem from his desert experience ca. A.D. 56-57 and went to Rome ca. 64. Hence it is very likely that he was in Jerusalem during James's trial and death in 62. At any rate, it is from either firsthand knowledge or from other Jews involved in the events

that Josephus writes about the death of James, "the brother of Jesus- who-is-called-Messiah." The idea that Josephus needed to be informed about events in Jerusalem in the early sixties by Christians is a gratuitous and unnecessary hypothesis.

61 It is important to stress here that the basic fact of Jesus' existence and at least some stray facts about him remain unquestioned whether one accepts my reconstruction or any of the many others offered across the spectrum of scholarship in the 20th century. If one prefers the position of the later Thackeray, Dornseiff, Dubarle, Pelletier, or Feldman, the basic point I make in the text remains the same.

62 Hence I do not find the silence of Christian writers in the first three centuries as powerful an objection to authenticity as does Feldman("Flavius Josephus Revisited", 822). In my opinion, it is unfortunate that Martin, in his otherwise fine article, tries to launch the hypothesis that Origen himself was the author of the interpolations ("Le 'Testimonium Flavianum'", 458-465). Any attempt to name *the* author of the three interpolations seems futile since we must take seriously the possibility that each of the three interpolations was scribbled into the margin by a different Christian at a different time.

63 I must acknowledge a debt of gratitude to Professors Shaye J. D. Cohen, Harold W. Attridge, Jr., and Myles M. Bourke for their generous help in evaluating the material from Josephus.

4장

사료들:

다른 외교인과 유다인의 저서들

1. 타키투스와 서기 2세기의 다른 외교인 저자들[1]

타키투스의 진술은 요세푸스의 것보다 다루기에 더 짧고 단순하다. 로마의 역사가 타키투스(56/57~약 118년)는 그의 생애의 마지막 위대한 책으로 *Annals*를 썼는데, 그 안에 그는 서기 14~68년 로마의 역사를 포함하려고 의도했다. *Annals*의 몇몇 책들은 분실되었고, 또 책 16은 서기 66년에 중단한다. 우리에게 불운하게도, *Annals* 안의 공백들 중 하나는 서기 32년에 다시 시작하는 담화와 함께, 서기 29년을 다루는 동안에 일어난다. 이런 이유로 예수의 재판과 죽음을 위한 가장 그럴듯한 연도(서기 30년)는 *Annals*의 우리의 현재 필사본에 포함되지 않는다. 더 완전한 필사본의 발견이 없다면, 우리는 그의 30~31년의 논문에 예수를 언급했는지 결코 알 수 없을 것이다.

하지만 타키투스가 네로 아래 로마의 대화재와 네로의 뒤따르는 희생양들로 로마의 그리스도인들의 이용을 다룰 때 예수에 대해 회고하는 짧은 언급이 있다(*Annals* 15.44). 여론이 네로가 화재에 책임이 있다고 의심하였기 때문에 그는 그리스도인들에게만 매달렸다고, 타키투스는 말한다.

> 그러므로 소문을 억누르기 위해, 네로는 희생양들을 만들었고 일반 사람들이 "그리스도인들"[한 그룹]이라고 부르는 이들을 가장 정련된 고문을 당하게 만들었으며, 그들의 혐오스러운 범죄에 대하여 미워하였다. 그들의 이름은 그리스도에게서 오며,[2] 그는 티베리우스의 통치 동안 행정장관 빌라도에 의해 처형되었다.[3] 당장은 억눌렸지만, 극도의 미신은 이 악이 기원한 지역인, 오직 유다에서만 아니라, 또한 모든 종류의 끔찍하고 수치스러운 관습들이 세계의 모든 부분에서 모여들고 열렬하게 구축되는, 로마의 도시에서도 다시 발발했다.

이 대목은 주로 로마의 초기 그리스도교 역사를 위하여 중요하지만,[4] 여기서 나는 오직 그것이 우리의 탐구에 공헌하는 것에만–이는 많지 않다.–초점을 맞출 것이다.[5]

이 원문이 타키투스 안의 그리스도인의 삽입 어구라는 것을 보여 주려는 몇몇 설득력 없는 시도에도 불구하고, 이 대목은 분명히 진정한 것이다. 이것은 *Annals*의 모든 사본에서 목격될 뿐 아니라,[6] 원문의 매우 반그리스도교적 어조는 그리스도인의 기원을 거의 불가능하게 만든다. 실로, 타키투스는 미워하는 네로의 죄책을 부당하게 짊어진 사람들에 대한 약간의 동정심을 잘 다룰 수 있다. 그럼에도 그리스도인들은, 자신들로 보아, 그들의 혐오할 만한 범죄 또는 악덕(*flagitia*)에 대하여 분명히 멸시를 받는다. 그것들은 극도의 또는 위험한 미신을 이룬다. 말하자면 그것들은 최근에 날조되고, 로마의 신들을 일축하는 동양의 신흥종교를 빠르게 퍼뜨리며, 비밀스러운, 아마 비도덕적인 의식을 실천하고 또 그러므로 로마 국가의 좋은 질서를 전복하려 한다. 타키투스의 로마의 역사에 대한 비관론적인 견해에, 그리스도인들은 온전함에서 로마의 쇠퇴 또 덕행에서 타락과 퇴폐의 정확히 또 다른 징후이다.

이 로마의 상원 의원, 이전의 집정관의 생각에, 이 신흥종교에 대해 그것이 그리스도라고 불리고,[7] 본시오 빌라도에 의해 처형된,[8] 유다의 어떤 유다인에게서 시작되었고 그 이름을 취했다는 것보다 더 나쁘게 비난받을 수 있는 것은 아무것도 없었다. 그리스도라는 언급과 그의 운명은 그리스도인들에 대한 타키투스의 부정적인 묘사에 중요한 역할을 한다. 예수에

대하여 이러한 짧고 경멸적인 묘사는 거의 그리스도인의 손에서 나올 수 없다.[9]

비록 타키투스의 주요한 관심이 네로에 의해 로마에서 그리스도인들의 잔혹한 처형을 묘사하는 것이지만, 그는 지나가는 말로 예수에 대하여 세 가지 중요한 진술을 한다.[10] (1) 그는 그리스도의 죽음의 시기를 티베리우스 황제의 통치 중에(서기 14~37년) 또 본시오 빌라도의 행정장관직 동안에(서기 26~36년) 있는 것으로 고정시킨다. (2) 그는 그리스도의 죽음이 유다의 로마 행정장관에 의한 처형의 문제였다고 확인시켜 준다. 한편 십자가형에 대하여 아무것도 명확하게 말하지 않지만, 그것은 유다에서 로마의 총독에 의해 처형되는 유다인에 대하여 당연한 함축이었을 것이다. 실로, 그리스도의 처형을 언급하는 구절(*supplicio adfectus*)은 의도적으로 그리스도인들의 고문과 처형에 대한 언급 사이에 놓여 있을 것이다. 둘째 언급은, 이는 그리스도의 처형 후에 곧바로 *Annals* 15.44에 나오는데, 분명히 그들의 십자가형, 곧 *aut crucibus adfixi*("또는 십자가들에 고정되어")에 대하여 말한다.[11] (3) 타키투스의 견해에, 이 그리스도의 처형은 짧은 기간 동안 그리스도인들의 위험한 종교적인 운동을 진압했다. 그러나 그것은 재빨리 먼저 유다에서 다시 발발하면서, 하지만 그다음 멀리 로마에까지 퍼졌다. 여기서 주목해야 할 것은 타키투스가 그의 용어에 의해 의미하는 것은 그리스도인의 운동이 그리스도의 처형 이전에 이미 존재했다는 것이다. 그렇지 않다면, 그것은 그의 죽음에 의해 짧은 기간 동안 "진압될" 수 없었을 것이다. 이것은 물론 그리스-로마 역사가에 의한 천진난만한 회고의 정확한 또 다른 실례일 수 있다. 우리는 이미 한 예를 요세푸스에서 보았다. 그럼에도 그리스도인들이, 그리스도를 따라 이름이 불리는 운동으로서, 오직 그의 죽음 후에 일어났다는 의미가 타키투스에게 없었다는 것은 주목할 만한 가치가 있다. 함축적으로, 네로의 통치 아래 그들의 처형의 원인이 되었던 운동의 똑같은 혐오스러운 악덕들이 티베리우스 통치 아래 그리스도의 처형의 원인이 되었다.

중요한 질문은 타키투스의 정보의 사료이다. 몇몇 학자들은, *Testimonium*과 비슷한 점들을 강조하면서, 타키투스가 요세푸스를 읽었다고 제시한다.[12] 한편 그것은 가능하지만, 우리는 두 원문 안의 많은 비슷한 점들과 마찬가지로 많은 다른 점들도 인식해야 한다.[13] 그 대신에, 타키투스는 2세기의 초반에 그리스도인들에 대해 주지의 사실이었던 것을 단순히 반복할 수 있을 것이다. 타키투스는 112년경에 아시아 주(곧 소아시아의 서쪽 삼분의 일)의 총독이었으며, 플리니우스 2세에 의해 보고된 이들과 비슷한 그리스도인들과 사법적인 접촉을 가졌을 것이다. 덧붙여, 플리니우스는 타키투스의 가까운 친구였으며 그리스도인들에 대해 그가 얻었던 지식을 그에게 전달할 수 있었을 것이다. 타키투스가 로마의 문서 보관소를 이용했을 가능성도 우리는 배제할 수 없다. 하여간, 그가 그렇게 했다면, 빌라도를 총독 대신에 행정장관이라 부름에 그의 잘못은 그가 어떤 공식적인 기록을 직접 인용하지 않는다는 것을 보여 준다. 어쨌든, 한편 타키투스가 기껏해야 우리에게 예수의 존재, 일시적 또 지리적 위치, 죽음, 그리고 계속된 역사적 영향에 대해 또 다른 초기 비그리스도인 증언을 제공하지만, 그는 요세푸스가 이미 말했다는 것을 전혀 알려 주지 않는다.

요세푸스와 타키투스와 함께 우리는 예수의 존재, 직무, 죽음, 그리고 계속되는 영향에 대한 증언을 다 써 버린다. 수에토니우스, 플리니우스 2세, 또 루키아노스는 이것과 관련하여 자주 인용되지만, 실제로 그들은 초기 그리스도인들이 말하거나 행한 것에 대하여 무언가 단순히 말할 뿐이다. 그들은 예수 자신에 대하여 독립적인 증언을 우리에게 공급한다고 말할 수 없다.

수에토니우스는,[14] 클라우디우스 황제의 생활에서(*Claudius* 25.4), 로마에서 유다인들의 추방을 알려 준다. "유다인들은 크레스투스의 선동에 끊임없이 소란을 일으키기 때문에, 그[클라우디우스]는 그들을 로마에서 추방했다."[15] 여기에 언급되는 크레스투스는 실제로 그리스도(*Christus*, 이때에 *Chrestus*와 똑같은 방법으로 발음되어)라고 자주 학자들에 의해 제시된다. 아마 수에토니우스가 사용한 사료는 "Chrestus"가 예수인 것으로 이해했고, 반면에 수에토니우스는 그 이름이 클라우디우스의 통치 동안 로마의 회당에서 혼란을 일으키는 어떤 유다인 종 또는 자유인의 이름인 것으로 오해했다.[16] 이것이 그렇더라도, 원문은 단순히 서기 40~50년에 로마의 회당들에서 그들의 믿음을 전파하는 그리스도교 유다인에 대하여 알려 준다. 아무 새로운 지식이 역사적 예수에 대하여 얻어지지 않는다.

서기 111~113년 동안 비티니아주(소아시아)의 집정관, 플리니우스 2세는[17] 트라야누스 황제를 위하여 그에게 고발되었던 그리스도인들을 다루는 그의 방법에 대하여 묘사한다(*Letter* 10.96). 그리스도인들의 실천들 가운데, 플리니우스는 정해진 날에 동이 트기 전에 "신에게와 같이 그리스도께(*Christo quasi deo*)"라는 구절을 노래하기 위해 정규적으로 만나는 그들의 관례를 언급한다.[18] 그리스도가 그리스도인들에 의해 신으로 대해지는 것은 우리의 드문 비그리스도인 사료들에서 새로운 것이다. 그럼에도, 다시 그것은 역사적 예수에 대해 우리 지식에 아무것도 더하지 않는다.

끝으로, 풍자 작가 사모사타의 루키아노스(대략 115~200년)는 그리스도교로 개종 그리고 그다음 그리스도교에서 배교자의 조롱하는 인생, *The Passing of Peregrinus*를 썼다.[19] 그리스도인들은 Peregrinus에게 아주 홀딱 반하여 그를 신처럼 공경하였다고 말해진다. "…저 다른 것 다음 그다음에, 정말로, 틀림없이, 그가 이 새로운 신흥종교를 세상에 도입했기 때문에 팔레스티나에서 십자가에 못 박힌 남자, 그를 그들은 여전히 예배한다."[20] 루키아노스는 그리스도인들을 "저 십자가에 못 박힌 궤변가 그 자신을 예배하는 것으로 또 그의 법 아래 사는 것"으로 묘사한다.[21] 이렇게 하여, 요세푸스와 타키투스처럼, 루키아노스는 그 "궤변가"가 그리스도인들에 의해 공경을 받으며—루키아노스는 예수나 그리스도라는 이름을 결코 사용하지 않는다.—팔레스티나에서 처형되었다고 알고 있다. 그리고 요세푸스와 같이, 그는 방식 곧 십자가형을 명시한다. 타키투스와 같이, 그는 이 십자가에 못 박힌 남자 자신이 그리스도교라 불리는 새로운 종교를 도입했다고 간주한다. 플리니우스처럼, 그는 그리스도인들이 그들의 십자가에 못 박힌 창설자를 예배한다고 알린다. 한 번 더, 우리는 2세기의 교육을 받은 외교인이 예수에 대하여 무엇을 알았을지를 배우지만, 틀림없이 루키아노스는 역사적인 자료의 독립된 사료가 아닌, 그 당시에 "만연히 느껴지는" 상식을 반영하고 있다.

요컨대, 요세푸스는 초세기의 역사적 예수에 관하여 우리의 유일한 독립적인 비그리스도인 정보의 사료이다. 타키투스가 2세기의 처음에 또 다른 독립적인 사료를 대표할 수 있다는 단지 희박한 가능성이 있다. 만약 그렇게 된다 해도, 그는 실제로 새로운 것을 전혀 더하지 않는다.

2. 요세푸스 외의 유다인 사료

예수의 시대 즈음에 유다교는 많은 서로 다른 종교적인 경향들로 이루어진 다채로운 태피스트리였다. 쿰란에 대한 최근의 연구,[22] 위서(다량의 유다인 묵시문학적 문헌을 포함하여),[23] 유다인 헬레니즘의 저자들(특히 필론과 요세푸스),[24] 그리고 후기 라삐식 문헌은 유다교를 하나의 간결하고, "정통 유다교"라 불리는 정의할 수 있는 실체로 생각하는 것을 피하라고 우리에게 가르쳤다.[25] 하나의 "라삐식" 또는 "정통" 유다교로 유다교의 다양한 흐름들의 통합은 서기 70년 이후까지 일어나지 않았고, 또 그때까지도 지하의 또는 *Merkabah*와 같은 이차적인 운동, 신비주의,[26] 마법의 글,[27] 라삐식 가르침에 대한 후기 카라이테(Karaite) 저항은 전적으로 가라앉지 않았다.[28] 오늘날 어떤 학자들은 "유다교"보다는 오히려 "유다교들"이라고 말하기를 선호하며, 그러므로 우리가 고대 유다교라고 부르는 현상은, 그들의 견해에, 방대하며 다양한 종류로 이루어져 있었다.[29]

이 문헌 모두는 우리가 예수 시대의 종교적, 문화적, 사회적, 또 정치적 배경을 파악하려고 힘쓸 때 마음에 간직해야 한다. 또한 그것은 정확히 예수의 연구에 문헌의 공헌, 곧 예수가 그것에서 오는 배경의 올바른 인식이다. 나의 견해에, 우리가 이미 보았던 요세푸스의 원문 외에, 이 광대한 문헌은 나자렛 예수에 대해 아무 독립적인[30] 언급이나 그에 관한 정보가 들어 있지 않다. 문제의 책들의 대부분을 위해, 이 진술은 상세하게 문서로 기록될 필요가 없는 뻔한 사실이다. 신중한 학자는 아무도 필론 안에 또는 유다인 묵시문학 책들 안에 후에 그리스도인 삽입 어구에 시달리지 않은 증빙 서류가 있다고 주장하지 않는다. 우리가 유다인 문헌의 두 큰 단체, 곧 쿰란과 라삐들에게 돌아갈 때, 그럼에도 질문은 더 복잡해진다.

1947년에 첫 쿰란 두루마리들의 발견은 이 준수도적인 유다인 분파의 예수와/또는 초기 그리스도교와 연관에 대하여 이론들과 추측의 홍수를 촉발시켰다. 실제로 쿰란 발견물은 성경의 히브리어 원문과[31] 제2 성전 유다교 안에 분파적 그룹들,[32] 그리고 고대 팔레스티나의 묵시문학적 또 영지주의화하는 사상의[33] 연구에 관한 그들의 영향을 위하여 한층 더 중요했다. 틀림없이, 공관복음서, 바오로의 서간들, 히브리서, 그리고 요한의 묵시록과 대단히 흥미로운 병행들이 발견되었다.[34]—하지만 몇몇 대중화하는 사람들이 어떤 "병행주의 광증"을 비난하도록 학자들을 이끌었다. 요르단강의 남쪽 끝 가까이 유다인 광야에서 정결 의식을 실천하는 금욕적인 유다인 그룹은 자연히 세례자 요한의 사상을 떠올렸고, 또 몇몇 학자들은 요한이 적어도 얼마 동안 쿰란의 회원이었다고 제안한다.[35]

그렇다고 하더라도 (또 이러한 주장을 증명할 방법이 없다.) 예수가 직접적으로 쿰란 공동체와 연결된 적이 있었다는 암시가 없다. 그는 쿰란에서 또는 쿰란 가까이에서 발견된 문서에 결코 언급되지 않으며, 모세 법의 더 엄격한 해설을 향한 그의 자유분방한 태도는 바리사이들조차 너무 느슨하다고 간주했던, 뛰어나게 준수하는 쿰란 사람들과 정반대가 된다. 이 모두는 몇몇 상상적인 학자들이 예수와 세례자 요한을 어떤 쿰란 원문에서 보려는 것을 막지 못했다.[36] 이것은 그야말로 박식한 환상이 한계를 모른다는 것을 증명한다. 똑같은 것이 신약성경 문서들의 단편들을 더 작은 쿰란의 조각들 가운데서 발견하려는 시도에 대해 언급될 수 있다.[37]

더욱 복잡하고 또, 첫눈에, 조짐이 좋은 것은 라삐계 문헌의 방대한 수집인데, 이는 미슈나(라삐들의 소위 "구두" 전승의 첫째 현존하는 큰 수집), 팔레스티나(또는 예루살렘)와 바빌로니아인 탈무드들(게마라라 불리는 미슈나에 대한 더 이상의 주석과 함께 미슈나를 포함하는), Tosefta(미슈나에서 제외되어 후에 기록된 초기 라삐들의 전승들), 타르굼들(아람어 번역과 히브리어 성경의 의역), 그리고 미드라심(성경에 대한 라삐계의 주석들)을 포함한다. 이 수세기 오랜 전승들의 거대한 수집물들은 유다인 법, 관습, 설교, 전설, 일화, 그리고 격언들의 보물 창고들이다. 그것들의 주된 가치는 고대와 중세기 초 유다교의 계속되는 생활에 대한 증거들이며, 또 그것들에 나자렛의 예수에 대하여 묻는 것은, 거의 모든 경우에, 그 자체의 관심사와 함께 문헌의 대부분에 대한 잘못된 질문이다. 이 문서들을 위한 적절한 맥락은 무엇보다 먼저 역사의 예수가 아니라, 유다교의 역사이다.[38]

그럼에도 불구하고, 문헌의 제멋대로 뻗어 나가는 미로에서 몇 구절들은 예수에 대해 언급하는 것으로 학자들에 의해 인용되었다. 곧바로, 우리는 뚜렷이 다르지만 밀접하게 관련된 두 문제로 달린다. (1) 주어진 라삐의 원문에 예수에 대한 언급이 실제로 있는가? (2) 만일 있다면, 예수에 대한 지식은 모든 그리스도인의 영향과 사료들과 독립적인 원문에 정리되었는가, 그렇지 않으면 그것은 그리스도인의 주장들에 대한 왜곡된 버전이나 극단적인 대답인가? 이 둘째 질문은 날짜를 정하는 데에 문제를 일으킨다. 라삐계 자료의 가장 이른 수집물, 미슈나는 서기 2세기 말 또는 3세기 초엽에서 온다. 모든 다른 수집물들은 여전히 더 늦다.[39] 3세기 초엽 교회 교부들이 직접적인, 역사적으로 신뢰할 만한 신약성경과 독립된 예수에 대한 지식을 가졌었다고 주장하는 것은 대부분의 그리스도교 주석자들에게 결코 일어나지 않을 것이다. 마찬가지로, 우리는 2세기 말 또는 3세기 초 유다인 문서가 이러한 독립적인 전승을 담고 있다는 선험적인 주장을 마땅히 경계해야 한다. 이 세기 초엽에 탈무드 안의 예수에 대한 매우 적은 언급들은, "그것들이 역사적 가치의 객관적인 설명보다는 오히려 미운 당의 창립자에 대한 혹평과 비난의 특성을 취하하기 때문에", 거의 역사적 가치가 없다고 쓴 사람은 편견이 없는 그리스도교 호교론자가 아니라 오히려 위대한 유다교 학자 조셉 클라우스너였다.[40] 더욱이, 클라우스너가 해석하는 것처럼, 탈무드는 전체적으로 보아 제2 성전 시기의 역사적 사건에 대하여 오직 드물게 말하며, 또 대개는 그것들이 어떤 법적인 토론이나 설교의 적용과 연관될 때만 말한다.

우리의 첫째 질문으로 돌아가서, 라삐계 문헌의 학자들은 그들 간에 미슈나, Tosefta, 또는 탈무드의 단 한 구절만이라도 실제로 나자렛의 예수에 대해 언급하는지에 관해 일치하지 않는다. 예를 들어, 급진적인 입장은 요한 마이어에 의해 대표가 되는데, 그는 미슈나뿐만 아니라 또한 탈무드들도 나자렛의 예수에 대한 아무 진정한, 직접적 언급이 없다고 주장한다.[41] 이 견해를 유지시키기 위해, 마이어는 추정상 예수에 대한 언급을 담고 있을 라삐계 문헌의 모든 구절의 자세한 양식 비평과 편집 비평 연구에 종사했다. 그의 결론은 두 탈무드의 원래의 원문도 결코 나자렛 예수를 언급하지 않았다는 것이다. 예수에 대한 이러한 모든 언급들은 중세기에 삽입된 후대의 삽입 어구들이다.

나의 견해에, 마이어의 논증은 미슈나와 다른 라삐계 자료에 대하여 특히 설득력이 있다. 곧 저 시기로부터 인용된 아무 구절도 실제로 예수를 언급하지 않는다. 이렇게 하여 그는 내가 이 항목에서 변호하는 견해를 확인시켜 준다. 하지만, 나는 주어진 라삐계 전승의 모든 양식에 대한 마이어의 신중한 연구를 감탄하지만, 두 탈무드에 나자렛 예수에 대한 모든 언급이 삽입 어구라는 그의 입장은 길고 때로는 지루한 가설적 논증에 의지하며, 여기저기에 그것은 *deus ex machina*로 작용하는 것 같다. 비록 마이어가 좋은 논제를 너무 멀리 밀고 나간다고 하더라도, 적어도 그의 기본적 요점 중 하나는 잘 이해된다. 나자렛 예수는 그야말로 미슈나와 다른 초기 라삐계의 전승에 없다.

사실, 과히 많지 않은 학자들이 마이어와 같은 진보적인 입장을 취하려고 하지 않을 것이지만, 라삐 계통에 상당히 많은 전문가가 역사적 예수를 위한 사료로서 라삐계 저서들을 사용하는 것에 대하여 회의적으로 남아 있다. 예를 들어, 야콥 라우터바흐(Jacob Z. Lauterbach)는 "탈무드 - 미드라시 문헌에 우리에게 보존된 단 하나의 진술이라도 그것이 예수의 시대에 또는 오히려 그리스도교 시대의 처음 반세기에 비롯되었다는 그 의미로 진정한 것으로 간주될 수 없다."고 주장한다.[42] 탈무드는 예수의 시대에 또는 그리스도교의 처음 반세기에 살았던 단 하나의 탈무드의 교사라도 예수를 이름으로 언급하는 것으로 기록하지 않는다. 서기 2세기의 라삐들에 관한 한, 그들은 역사적 예수가 아니라, 그리스도교에 의하여 선포된 그리스도에게 반응을 하고 있었다. 새뮤얼 샌드멜(Samuel Sandmel)은 라우터바흐와 기본적으로 일치한다. 그는 또한, 비록 우리가 조셉 클라우스너나 모리스 골드스타인(Morris Goldstein) 같은 학자들에 의해 옹호된 몇몇 원문들은 실제로 예수에 대하여 말하며 또 아마 독립적인 전승을 나타내지만, 최종적인 결론은, 예수의 실존을 제공하는 것을 제외하고, 소용이 없을 만큼 빈약하다는 것을 지적한다.[43] 지금까지 말한 것에서, 우리는 라삐계의 문헌이 "유다인 예수"에 관하여 말할 수 있을 것에 대하여 부풀린 주장들을 조심해야 하는 것이 분명하다.

라삐계의 원문에서 예수에 대한 어떤 진정한 언급을 보는 비평가들도 다수의 주장자들을 배척한다. 예를 들어, 클라우스너는 유다인 학자들에 의해 로드(Lod) 마을에서 추정상 돌로 쳐 죽여졌던 대중의 위험한 기만자, "벤 스타다"에 대하여 말하는 원문들을 고려에서 제외한다. 오직 후대의 탈무드의 전승들 안에만 벤 스타다는 예수와 관련되었다. 초기 라삐계 전승들은 아무것도 저 두 사람의 신원 확인을 지원하지 않는다.[44]

다른 한편, 클라우스너는 "벤 판데라" 또는 "벤 판테레"로 불리는 사람에 대한 초기 라삐계의 언급들과 예수를 연결한다.[45] 그 이름은 판테라라 불리는 로마인 군인과 불법적인 관계를 가졌던 한 유다인 처녀에 대한 이야기와 연관되어 나온다. 교회 교부 오리게네스(서기 185~254년경)에 의하면, 2세기 외교인 논객 켈수스는, 서기 178년경에 글을 쓰면서, 그가 한 유다인이 예수의 어머니, 마리아에 대하여 이러한 말을 하는 것을 들었다고 기록하였다.[46] 그러므로 그것은 아마 이러한 이야기가 서기 2세기에 유포되었으며 그 시대의 어떤 라삐계의 어록에 반영되었다고, 클라우스너는 말한다.[47] 판테라에 대한 이야기는, 거기 처녀(그리스어: *parthenos*) 마리아가 그녀의 남편 요셉을 제외하고 성령의 힘으로 예수를 잉태하는, 마태오와 루카의 유아기 담화에 대한 왜곡된 또는 조롱하는, 극단적인 언급인 것으로 보인다.[48]

클라우스너가 나자렛 예수에 대해 말하는 것으로 받아들이는 매우 적은 원문들 가운데 바빌로니아 탈무드의 논문 *Sanhedrin* 43a에 발견된 것이 있다.[49] 그것은 파스카 이브에 교수형에 처해진 Yeshu(=Jesus)에 대한 언급을 포함하지만(이는 수난의 넷째 복음서의 연대기와 일치하였을 것이다.), 정확한 정보는 그 안에 Yeshu가 돌로 쳐 죽기 전에 40일 동안 피고 측 증인들을 부르는 전령에 대한 혼란스러운 진술과 섞여 있다. 원문은 Yeshu를 이스라엘을 속이고 타락시킨 마술사로 묘사한다. 이것은 고대 유다인 사료들의 전체적 경향과 일치하는데, 이는 예수의 실존과 처형을 부인하지 않는다. 사실, 예수의 기적들도 부인되며, 그럼에도 오히려 마법의 행동으로 해석되었다.[50] 40일 동안 피고 측 증인들을 찾아내는 전령에 대한 언급은 모두 24시간 이내에 잡힘, 재판, 또 처형에 대한 정전 복음서들의 묘사에 대한 변명하는 요지일 수 있다. 대체로, 여기에 복음서들에서 알지 못하는 것이 아무것도 없으며, 십중팔구 탈무드 구절은 복음서 전승에 단순히 반응을 하고 있는 것이다.[51]

클라우스너가 예수에 대한 진정한 초기 언급으로 판단하는 소수의 대목들도 그것들의 문제가 없지는 않다. 그가 미슈나에서, 그의 견해에, 예수에 대하여 말하는 오직 하나의 대목을 발견할 수 있다는 것은 중요하다. 그 대목은 누가 법적으로 사생아(*mamzer*)로 고려되어야 하는지에 대한 논의 안에 나온다. 미슈나 논문 *Yebamot* 4:13은 몇몇 견해를 기록하는데, 그 가운데에 라삐 시메온 벤 아자이의 이러한 진술이 있다. "나는 예루살렘에서 호적을 발견하였는데 그 안에, '이러한 사람은 너의 이웃의 아내[의 법의 위반]를 통하여[곧 남편이 아닌 남자와 결혼한 여자의 간음을 통하여] 사생아다.'라고 쓰여 있다."[52] 클라우스너는 여기서 예수의 불법적인 출생에 대한 유다인의 전승에 대한 암시를 보지만, 구스타프 달만은 (나의 견해에 옳게) 전체 문맥은 단순히, 구약성경의 여러 구절에 호소하는 다양한 견해들과 함께, "사생아"의 정확한 정의에 대한 토론이라고 반대 이유를 댄다.[53]

어쨌든, 클라우스너는 예수의 불법적인 출생에 대한 유다인의 전승은 역사적 근거가 없고 처녀 잉태의 가르침에 대한 반대에서 생긴다고 강조한다. 이로 인하여, 그 구절은, 그 의미가 무엇이든 간에, 예수에 대하여 독립적인 지식을 나타내지 않는다.[54] 나의 견해에, 클라우스만의 조심스러운 입장도 너무 낙관적이다. 개인적으로, 나는 모리스 골드스타인의 견해로 경향이 있는데, 그는 예수에 대한 아무 확실한 언급을 이 구절에서, 또 실로 전반적으로 미슈나와 tannaitic 미드라심에서 발견하지 못한다.[55]

나는 마찬가지로 엘리에제르 벤 히르카누스가 예수의 가르침에 대하여 창녀의 보수는 대사제가 변소를 사기 위해 사용되어야 한다(바빌로니아의 탈무드 논문 *'Aboda Zara* 16b~17a; 참조: *Tosefta Ḥullin* 2.24)고 듣는 전승에 대하여 회의적이다.[56] 이 구절의 신빙성을 확고히 하기 위해, 클라우스너는 야고보의 순교에 대한 헤게시푸스의 기록에 호소를 포함하는 왜곡된 주장–오늘날 많은 학자들이 신뢰감을 고취하지 않을 어떤 것–에 참여해야 한다.[57] 요아힘 예레미아스는 진정성에 대한 찬반양론을 따져 보고 부정으로 결정한다.–나의 견해에 옳게. 그 말은 예수를 우스꽝스럽게 보이게 만들 셈인 논쟁적인 지어낸 이야기다.[58]

클라우스너의 마지막 실례는 바빌로니아어 탈무드의 논문 *Šabbat* 116a와 b에 나오는 유다인 그리스도인들과 그들의 "복음"을 비웃는 일화다. 그것이 아람어로 기록되었고, 탈무드나 미드라시 어느 곳에도 나오지 않으며, 또 "복음서 두루마리"[59]에서 마태 5, 17의 왜곡된 버전을 인용하는 유다인 그리스도인이 있다는 사실은, 우리가 여기서 어떤 독립적인 전승을 가지는 것을 아주 가능성이 없게 만든다.[60]

요컨대, 클라우스너의 원문들의 어느 것이 그리스도인 저서들의 독립적인 지식을 우리에게 전해 주는지에 대해 여전히 회의적이다.[61] 더 중요한 것은, 비록 우리가 그의 모든 주장을 받아들인다 하더라도, 그것들은 우리가 이미 신약성경에서 가지고 있는 정보에 어떤 새로운 것을 더하지 않을 것이다.[62] 한편 마이어의 완전한, 진취적인 접근법을 받아들이지 않으면서, 나는 우리가 하나의 기본적인 요점에 그와 일치할 수 있다고 생각한다. 곧 가장 이른 라삐계의 사료들 안에, 나자렛 예수에 대해 아무 명확한 또는 가능성 있는 언급도 없다. 그뿐만 아니라, 나는 우리가 마침내 후대의 라삐계 문헌에서 이러한 언급들을 찾을 때, 그것들은 대부분 아마도 구두의 또는 글로 쓴 그리스도인 주장들에 대한 반응이라는 견해를 선호한다. 이로 인해, 요세푸스를 제외하고, 초기 그리스도교 시대의 유다인의 문헌은 역사적 예수의 탐구를 위하여 아무런 독립적인 사료를 제공하지 않는다.[63] 정말, 왜 그래야 하는가? 그 자체의 생존과 의미를 위한 강렬한 몸부림에 바빠서, 초기 라삐계의 유다교에는 그 염두에 다른 문제들–그 자체의 관점에서, 훨씬 더 중요했던 문제들–이 있었다.

NOTES TO CHAPTER 4

[1] On the whole question, see Murray J. Harris, "References to Jesus in Early Classical Authors", *Gospel Perspectives. The Jesus Tradition Outside the Gospels,* 343-368.

[2] Literally, "the author of this name, Christ." The translation is my own. The Latin text reads: *ergo abolendo rumori Nero subdidit reos et quaesitissimis poenis adfecit quos per flagitia invisos vulgus Christianos appellabat. auctor nominis eius Christus Tiberio imperitante per procuratorem Pontium Pilatum supplicio adfectus erat; repressaque in praesens exitiabilis superstitio rursum erumpebat, non modo per Iudaeam, originem eius mali, sed per urbem etiam quo cuncta undique atrocia aut pudenda confluunt celebranturque.* The text is taken from John Jackson, ed., *Tacitus*(LCL; 4 vols.; Cambridge, MA: Harvard University; London: Heinemann, 1937) 4. 282; the traditional citation is Book 15, Chap. 44.

[3] Léon Herrmann(*Chrestos. Témoignages païens et juifs sur le christianisme du premier siècle*[Collection Latomus 109; Brussels: Latomus, 1970] 8) prefers to read the phrase *per procuratorem Pontium Pilatum* as modifying *Tiberio imperitante*. The sense in this case would be "while Tiberius was governing [Judea] through Pontius Pilate his procurator"—the emphasis being on the firm control of Tiberius. While possible, this leaves *adfectus erat* without any agent; hence I prefer to take *per procuratorem* with *adfectus erat*.

The phrase *supplicio adfectus erat* is remarkably vague. It certainly indicates inflicting a grave penalty(legally imposed by some Roman authority); it is usually connected with fierce physical suffering and/or the shedding of blood. Quite often—but not always—it refers to execution. That execution is meant here is suggested not so much from the phrase taken alone as from the larger context: Christ is not mentioned after the inflicting of the punishment, Tacitus immediately speaks of Christ's movement being suppressed for the moment in Judea, and the followers of Christ, the Christians, are put to death by Nero. Would a lesser penalty be inflicted on their founder? (One wonders whether *crucibus adfixi,* the phrase Tacitus uses later in *Annals* 15.44 for Nero's crucifixion of Christians, may be a vague verbal echo of *supplicio adfectus erat,* the description of Christ's own punishment.)

There is a great historical irony in this text of Tacitus; it is the only time in ancient pagan literature that Pontius Pilate is mentioned by name—as a way of specifying who Christ is. Pilate's fate in the Christian creeds is already foreshadowed in a pagan historian.

[4] For this, see Wolfgang Wiefel, "The Jewish Community in Ancient Rome and the Origins of Roman Christianity", *The Romans Debate,* ed. Karl P. Donfried(Minneapolis: Augsburg, 1977) 100-119; Raymond E. Brown, "The Beginnings of Christianity at Rome", in Raymond E. Brown and John P. Meier, *Antioch and Rome*(New York/Ramsey: Paulist, 1983) 92-104, esp. 98-99.

[5] Joseph Klausner(*Jesus of Nazareth. His Life, Times and Teaching*[New York: Macmillan, 1925] 60) is to the point: "These words [of Tacitus] would have had considerable value as the spontaneous evidence of a Gentile if they had been written earlier than seventy-five

years after the event." Nevertheless, as we shall see, they do raise some intriguing points.

6 As with Josephus, so with Tacitus our observation must be tempered by the fact that the earliest manuscript of the *Annals* comes from the 11th century.

7 The mention of the common people makes possible that Tacitus originally wrote "Chrestianos" and "Chrestus", a common confusion among pagans of the first centuries, since *e* and *i* vowels in Greek at this time had come to sound identical("itacism"). However, like his friend Pliny the Younger, Tacitus had probably come to know Christians firsthand when he was proconsul of Asia(i.e., western Asia Minor) in A.D. 112-113. Hence he would probably have known the correct form of the name and its spelling. However, Harald Fuchs("Tacitus über die Christen", *VC* 4[1950] 65-93) suggests that Tacitus is consciously remarking that the common people(*vulgus*) use the pronunciation "Chrēstianos"; he is also playing on the root meaning of the Greek word *chrēstos*("good, kindly, benevolent") by ironically juxtaposing "Chrestianos" with the description "hated because of their vices." This suggestion is accepted by Carlo M. Martini, "Il silenzio dei testimoni non cristiani su Gesù", *La Civiltà Cattolica* 113/2(1962) 341-349, esp. 344 n.10.

8 As we now know from the Caesarea Maritima inscription discovered in 1961, Pontius Pilate bore the title of "prefect", not "procurator", during his governorship of Judea. During the reigns of Augustus and Tiberius, governors of Egypt and Judea were of equestrian (not senatorial) rank and were usually entitled "prefect." This title stressed military functions, while "procurator" carried more of the idea of being a financial administrator and (increasingly) the emperor's personal agent. In practice, however, the difference between prefect and procurator probably did not mean all that much in a backwater province like Judea; and it is not impossible that, when speaking of the official, people spoke loosely and interchangeably of either "the prefect" or "the procurator." It is therefore not surprising that neither Tacitus nor Philo nor Josephus is completely consistent in his usage. Technically, though, the Caesarea Maritima inscription shows that the official title of Pilate was prefect. On all this, see Emil Schürer, *The History of the Jewish People in the Age of Jesus Christ*(175 B.C.-A.D. 135), rev. and ed. Geza Vermes and Fergus Millar(Edinburgh: Clark, 1973), 1. 358-360; also Jerry Vardaman, "A New Inscription Which Mentions Pilate as 'Prefect'", *JBL* 81(1962) 70-71. Unless we gratuitously suppose that Pilate's title was changed during his tenure in office, we must conclude that Tacitus is, strictly speaking, mistaken when he calls Pilate a procurator; once again, the state of affairs at a later period(the governorship was elevated to the status of procurator probably during the reign of the Emperor Claudius) was retrojected naively into an earlier period. The reason why Claudius changed the title of the governor of Judea is not entirely clear. Some authors speak of "upgrading" the office in the face of increasingly difficult relations with the Jewish population. Actually, the change of title in Judea may rather have been part of a wider change Claudius undertook. By transforming "prefects" into "procurators", he may have been seeking to bring the office more directly under the personal control of the emperor as opposed to the Senate. On this interpretation, see Barbara Levick, *Claudius*(New Haven/London: Yale University, 1990) 48-49.

9 For the attempt to dispute the authenticity of this text by L. A. Yelnitsky and for

its refutation, see Feldman, *Josephus and Modern Scholarship,* 319. See also Herrmann, *Chrestos,* 161-162. Trilling, citing Johannes Weiss, claims that our passage is a masterpiece of Tacitus' genuine style and thought(*Fragen zur Geschichtlichkeit Jesu,* 57).

Nodet("Jésus et Jean-Baptiste", 342-345) defends the authenticity of the passage, but tries to show that the sentence narrating the death of Jesus comes from another context, possibly the lost sixth book of Tacitus' *Histories*. This procedure strikes one as not only unnecessary but also strange, since Nodet strenuously resists any surgery or amputation in the case of the *Testimonium*. He then attempts to show that Tacitus drew his statement about Christ from Book 18 of *The Antiquities*; he also points to parallels between the *Testimonium* and Paul's sermon at Pisidian Antioch in Acts 13. All this seems forced. For others who hold a theory of displacement, see Jean-Pierre Lémonon, *Pilate et le gouvernement de la Judée. Textes et monuments*(EBib; Paris: Gabalda, 1981) 173. As Lémonon notes(p. 174 n. 5), all that need concern us is authenticity. That Christ shares in the negative judgment Tacitus passes on Christians in this passage is stressed by Martini, "Il silenzio", 345.

[10] Of course, the name Jesus does not appear; for Tacitus, "Christ" is a proper name. Note the difference from Josephus, who speaks (in the original form of the text) only of Jesus. Even the Christian interpolation seems to use *ho christos* as a title: "He was the Messiah", not "He was Christ."

[11] Note the order of the statements and the choice of similar verbs and grammatical constructions in *Annals* 15.44: *Nero subdidit reos et quaesitissimis poenis ADFECIT.... Christus... supplicio ADFECTUS ERAT.... aut crucibus ADFIXI....*

[12] See Franz Dornseiff, "Lukas der Schriftsteller. Mit einem Anhang: Josephus und Tacitus", *ZNW* 35(1936) 148-155. Appealing to the view of von Harnack, Dornseiff stresses the parallel between the *Testimonium* and *Annals* 15.44. If Dornseiff were shown to be correct in his position, it would in effect prove the core of the *Testimonium* to be authentic. But, as Martini notes("Il silenzio", 344-345), the view that Tacitus is dependent here on Josephus is generally rejected by scholars.

[13] To name only some of the differences: (1) Josephus (in the core of the *Testimonium*) speaks only of "Jesus"; Tacitus, only of "Christ", understood as a proper name. (2) The reign of Tiberius is mentioned in the larger context of *Ant.* 18.2.4 and 3.4, but not in the *Testimonium*; Tacitus mentions Tiberius alongside of Pilate. (3) Josephus first describes the ministry of Jesus (miracles, teaching, great success among both Jews and Greeks); Tacitus mentions only his being the origin of the Christians and his execution. (4) Josephus speaks of the accusation of the Jewish leaders before Pilate; Tacitus speaks only of Pilate's role in the execution. (5) Josephus explicitly mentions death by crucifixion; Tacitus speaks vaguely of the infliction of extreme punishment. All this is not to deny a number of strong similarities: In a brief passage, (1) Jesus /Christ is named, (2) his execution in Judea by Pilate (hence during the reign of Tiberius) is mentioned, (3) the derivation of the name "Christian" from him is noted, and (4) the Christian group that stems from him is said to have continued after his death. Granted the perspectives of two non-Christian historians writing in Rome at the end of the 1st or the beginning of the 2d century, such similarities

are not so startling as to prove the literary dependence of Tacitus on Josephus.

14 The dates of Suetonius' birth and death cannot be fixed with any precision. He was born ca. A.D. 69-70 and certainly was alive in A.D. 121-122. How long he lived after that is not clear; some think he survived into the early part of the reign of the Emperor Antoninus Pius(reigned 138-161). His best-known work is his *Lives of the Twelve Caesars*(published in 120), of which the life of Claudius is the fifth.

15 The Latin text reads: *Iudaeos impulsore Chresto assidue tumultuantis Roma expulit*; see J. C. Rolfe, ed., *Suetonius*(LCL; 2 vols.; Cambridge, MA: Harvard University; London: Heinemann, 1914) 2. 52 n. a.

16 Two arguments favor a reference to Christ rather than to some Roman Jew named Chrestus: (1) Good Latin style would seem to demand a *quodam* after *Chresto* if some new and otherwise unknown figure were being introduced into the narrative. (2) Raymond E. Brown reports that "among the several hundred names of Roman Jews known from the Jewish catacombs and other sources, no instance of 'Chrestus' appears" (*Antioch and Rome,* 100).

17 Pliny the Younger(ca. A.D. 61-ca. 112) was the nephew and adopted son of Pliny the Elder(ca. A.D. 23-79), who died during the eruption of Vesuvius. As we shall see in Chapter 10, Pliny the Elder is of great importance to the history of 1st-century Judaism because of his description of the Essenes.

18 See Betty Radice, ed., *Pliny. Letters and Panegyricus*(LCL; 2 vols.; Cambridge, MA: Harvard University; London: Heinemann, 1969) 2. 288; the traditional citation is Book 10, letter 96.

19 On Lucian and *The Passing of Peregrinus,* see Robert L. Wilken, *The Christians as the Romans Saw Them*(New Haven/London: Yale University, 1984) 96-97.

20 For *The Passing of Peregrinus,* see A. Harmon, ed., Lucian(LCL; 8 vols.; Cambridge, MA: Harvard University; London: Heinemann, 1936) 5. 1-51; quotation taken from Chapter 11(p. 12). The Greek literally speaks not of a crucified man but rather a man who has been impaled(*anaskolopisthenta*). Actually, Lucian has a historical basis for his use of the word, since crucifixion probably developed from impalement; but the word is most likely used here in a mocking tone.

21 Ibid., Chapter 13.

22 In each of the areas mentioned here, it is impossible to give even a survey of the flood of literature in recent years. All I will attempt to do is to mention a few works (mostly in English) that can serve as an introduction to the texts and their meaning. For the Qumran texts in English, see G. Vermes, *The Dead Sea Scrolls in English*(3d ed.; London: Penguin, 1987); idem, *The Dead Sea Scrolls. Qumran in Perspective*(Philadelphia: Fortress, 1977; rev. ed., 1982); John Allegro, *The Dead Sea Scrolls. A Reappraisal*(2d ed.; London: Penguin, 1964); the chapter on Qumran in the revised Schürer, *The History of the Jewish People,* 3/1. 380-469; Joseph A. Fitzmyer, *The Dead Sea Scrolls: Major Publications and Tools for Study. With an Addendum(January 1977)*(SBLSBS 8; Missoula, MT: Scholars, 1977); H.

Bietenhard, "Die Handschriftenfund vom Toten Meer (Ḥirbet Qumran) und die Essenerfrage. Die Funde in der Wüste Juda", *Aufstieg und Niedergang der römischen Welt* 2/19.1, ed. H. Temporini and W. Haase(Berlin/New York: de Gruyter, 1979) 704-778; D. Dimant, "Qumran Sectarian Literature", *Jewish Writings of the Second Temple Period*(CRINT 2/2; ed. M. E. Stone; Assen: Van Gorcum; Philadelphia: Fortress, 1984) 483-550. For the editio princeps of the various published manuscripts, see the series *Discoveries in the Judaean Desert*(Oxford: Clarendon, 1955-). A convenient manual edition of the earlier published texts with Hebrew vowel pointing, German translation, and short notes is Eduard Lohse, ed., *Die Texte aus Qumran*(2d ed.; Munich: Kösel, 1971), which must, however, be used with care.

23 The standard text of the Pseudepigrapha in English used to be R. H. Charles, *The Apocrypha and Pseudepigrapha of the Old Testament in English. Volume II. Pseudepigrapha* (Oxford: Clarendon, 1913). More recently we have the much larger compendium edited by James H. Charlesworth, *The Old Testament Pseudepigrapha*(2 vols.; Garden City, NY: Doubleday, 1983, 1985). For an overview of research, see idem, *The Pseudepigrapha and Modern Research. With a Supplement*(SBLSCS 7S; Ann Arbor, MI: Scholars, 1981). A survey of Pseudepigrapha and other "intertestamental" Jewish literature can be found in Vols. 3/1 and 3/2 of the revised Schürer, *The History of the Jewish People*; George Nickelsburg, *Jewish Literature Between the Bible and the Mishnah*(Philadelphia: Fortress, 1981); also (arranged by topics) George Nickelsburg and Michael E. Stone, *Faith and Piety in Early Judaism. Texts and Documents*(Philadelphia: Fortress, 1983). On Jewish apocalyptic literature, see D. S. Russell, *The Method and Message of Jewish Apocalyptic*(London: SCM, 1964); John J. Collins, ed., *Apocalypse: The Morphology of a Genre*(Semeia 14; no place given: SBL, 1979); John J. Collins, *The Apocalyptic Imagination*(New York: Crossroad, 1987); Paul D. Hanson, *The Dawn of Apocalyptic*(rev. ed.; Philadelphia: Fortress, 1979); M. E. Stone, "Apocalyptic Literature", *Jewish Writings of the Second Temple Period*(CRINT 2/2), 383-441. The first volume of Charlesworth's compendium is given over mostly to Jewish and Jewish-Christian apocalypses.

24 For Jewish Hellenistic literature apart from Philo and Josephus, see John J. Collins, *Between Athens and Jerusalem*(New York: Crossroad, 1983); see also the essays in *Aufstieg und Niedergang der römischen Welt* 2/20.1 and 2, ed. H. Temporini and W. Haase(Berlin/New York: de Gruyter, 1986, 1987). For an introduction to Philo, with further bibliography, see the lengthy essay of Jenny Morris in Vol. 3/2 of the revised Schürer, *The History of the Jewish People*, 809-889; also P. Borgen, "Philo of Alexandria. A Critical and Synthetical Survey of Research since World War II", *Aufstieg und Niedergang der römischen Welt* 2/21.1(1983), 98-154; idem, "Philo of Alexandria", *Jewish Writings of the Second Temple Period*(CRINT 2/2), 233-282. Among older works, see E. R. Goodenough, *An Introduction to Philo Judaeus*(New Haven: Yale University; London: Oxford University, 1940; 2d ed., 1962); S. Sandmel, *Philo of Alexandria. An Introduction*(New York: Oxford University, 1979). On Philo and the NT, see Ronald Williamson, *Philo and the Epistle to the Hebrews*(ALGHJ 4; Leiden: Brill, 1970). For Josephus, see above, p. 70.

25 For an older but sympathetic portrayal of ancient Judaism that leans in the "orthodox,

normative" direction, see George Foot Moore, *Judaism in the First Centuries of the Christian Era*(2 vols.; New York: Schocken, 1971; originally, 1927, 1930). For one attempt to carry forward Moore's sympathetic program in a more sophisticated way, see E. P. Sanders, *Paul and Palestinian Judaism*(Philadelphia: Fortress, 1977).

26 The old classic in this field is Gershom G. Scholem, *Major Trends in Jewish Mysticism*(3d ed.; New York: Schocken, 1961; originally, 1941).

27 On Jewish incantations and magical texts, see the revised Schürer, *The History of the Jewish People*, 3/1. 342-379.

28 Essays on Judaism's struggle to define itself in the early centuries B.C. and A.D. can be found in E. P. Sanders, A. I. Baumgarten, and Alan Mendelson, eds., *Jewish and Christian Self-Definition. Volume Two. Aspects of Judaism in the Greco-Roman Period* (Philadelphia: Fortress, 1981).

29 See, e.g., Jacob Neusner, William S. Green, and Ernest Frerichs, *Judaisms and Their Messiahs at the Turn of the Christian Era*(Cambridge: Cambridge University, 1987).

30 By "independent" I mean information about Jesus of Nazareth that is not drawing on or reacting to Christian documents, known directly or indirectly.

31 See, e.g., the essays in F. M. Cross and S. Talmon, eds., *Qumran and the History of the Biblical Text*(Cambridge, MA: Harvard University, 1975); Eugene Ulrich, "Horizons of Old Testament Textual Research at the Thirtieth Anniversary of Qumran Cave 4", *CBQ* 46(1984) 613-636; K. A. Mathews, "The Leviticus Scroll(11 QpaleoLev) and the Text of the Hebrew Bible", *CBQ* 48(1986) 171-207.

32 See, e.g., Shaye J. D. Cohen, *From the Maccabees to the Mishnah*(Library of Early Christianity 7; Philadelphia: Westminster, 1987) 123-173; Lawrence H. Schiffman, *Sectarian Law in the Dead Sea Scrolls*(Brown Judaic Studies 33; Chico, CA: Scholars, 1983); Philip R. Davies, *Behind the Essenes. History and Ideology in the Dead Sea Scrolls* (Brown Judaic Studies 94; Atlanta: Scholars, 1987).

33 See, e.g., Jean Duhaime, "Dualistic Reworking in the Scrolls from Qumran", *CBQ* 49(1987) 57-73.

34 Among the many studies documenting or suggesting parallels between Qumran and Jesus or Christianity, see Krister Stendahl, ed., *The Scrolls and the New Testament* (Westport, CT: Greenwood, 1957); Matthew Black, *The Scrolls and Christian Origins. Studies in the Jewish Background of the New Testament*(Brown Judaic Studies 48; Chico, CA: Scholars, 1961, reprint 1983); H. Braun, *Qumran und das Neue Testament*(2 vols.; Tübingen: Mohr [Siebeck], 1966); Jerome Murphy-O'Connor, ed., *Paul and Qumran* (London: Chapman, 1968); James H. Charlesworth, ed., *John and Qumran*(London: Chapman, 1972); W. S. LaSor, *The Dead Sea Scrolls and the New Testament*(Grand Rapids: Eerdmans, 1972); R. Alan Culpepper, *The Johannine School*(SBLDS 26; Missoula, MT: Scholars, 1975) 145-170; many of the essays in Joseph A. Fitzmyer, *Essays on the Semitic Background of the New Testament*(SBLSBS 5; Missoula, MT: Scholars, 1974) and *A Wandering Aramean. Collected Aramaic Essays*(Missoula, MT: Scholars, 1979); Paul J. Kobelski, *Melchizedek and Melchireša'*(CBQMS 10; Washington,

DC: CBA, 1981); Jerome Murphy-O'Connor, "The Judean Desert", *Early Judaism and Its Modern Interpreters*, ed. R. A. Kraft and G. Nickelsburg(Atlanta: Scholars, 1986) 119-156. See the short but helpful summary by Joseph A. Fitzmyer, "The Qumran Scrolls and the New Testament after Forty Years", *RevQ* 13(1988) 609-620.

[35] So, e.g., J. A. T. Robinson, "The Baptism of John and the Qumran Community", *HTR* 50(1957) 175-191; he is supported in his view by Joseph A. Fitzmyer, *The Gospel According to Luke*(AB 28, 28A; Garden City, NY: Doubleday, 1981, 1985) 1. 453-454, plus the bibliography on p. 462. See also Jean Danielou, *The Dead Sea Scrolls and Primitive Christianity*(A Mentor Omega Book; New York: New American Library, 1962; originally 1958) 16-24.

[36] See, e.g., Barbara E. Thiering, *Redating the Teacher of Righteousness*(Australian and New Zealand Studies in Theology and Religion 1; Sydney: Theological Explorations, 1979) 213-214. Thiering suggests that John the Baptist is the Teacher of Righteousness and Jesus the Wicked Priest.

[37] José O'Callaghan created a sensation when he claimed that various papyrus fragments from Qumran contained parts of the NT; see his article "Papiros neotestamentarios en la cueva 7 de Qumran?" Bib *53*(1972) 91-100; translation by W. L. Holladay, "New Testament Papyri in Qumran Cave 7?" *Supplement to the Journal of Biblical Literature* 91(1972) 1-14; see also O'Callaghan's book, *Los papiros griegos de la cueva 7 de Qumran*(Madrid: Biblioteca de autores cristianos, 1974). O'Callaghan has had his defenders; see C. P. Thiede, "7Q—Eine Rückkehr zu den neutestamentlichen Papyrusfragmenten in der siebten Höhle von Qumran", *Bib* 65(1984) 538-559; idem, *Die älteste Evangelien-Handschrift? Das Markus-Fragment von Qumran und die Anfänge der schriftlichen Überlieferung des Neuen Testaments* (Wuppertal: Brockhaus, 1986). In general, though, scholars have rejected the claim; see M. Baillet, "Les manuscrits de la grotte 7 de Qumran et le Nouveau Testament", *Bib* 53(1972) 508-516; 54(1973) 340-350; P. Benoit, "Note sur les fragments grecs de la grotte 7 de Qumran", *RB* 79(1972) 321-324; 80(1973) 5-12.

[38] Especially prolific in authoring books on the origins and interpretation of rabbinic literature is Jacob Neusner, who has pioneered an approach to rabbinics that incorporates form and redaction criticism. Among his many publications, the following are especially accessible: *The Pharisees. Rabbinic Perspectives*(Hoboken, NJ: Ktav, 1973); *First-Century Judaism in Crisis*(Nashville/New York: Abingdon, 1975); *Midrash in Context*(Philadelphia: Fortress, 1983); *Messiah in Context*(Philadelphia: Fortress, 1984); *Torah*(Philadelphia: Fortress, 1985); *Judaism in the Beginning of Christianity*(Philadelphia: Fortress, 1984); *The Mishnah Before 70*(Brown Judaic Studies 70; Atlanta: Scholars, 1987); *What Is Midrash?*(Philadelphia: Fortress, 1987); *Why No Gospels in Talmudic Judaism?*(Brown Judaic Studies 135; Atlanta: Scholars, 1988). See also the essays in *Aufstieg und Niedergang der römischen Welt 2/19.2*(1979); and S. Safrai, ed., *The Literature of the Sages. First Part*(Assen/Maastricht: Van Gorcum; Philadelphia: Fortress, 1987).

[39] Hence Klausner(*Jesus of Nazareth*, 20) refuses to consider statements handed down by the "Amoraim", i.e., rabbinic teachers dating from A.D. 200 to 500.

40 Klausner, *Jesus of Nazareth,* 18-19.

41 See Johann Maier, *Jesus von Nazareth in der talmudischen Überlieferung*(Erträge der Forschung 82; Darmstadt: Wissenschaftliche Buchgesellschaft, 1978). His position, which is argued in minute detail throughout the volume, is summarized on pp. 263-275.

42 Jacob Z. Lauterbach, "Jesus in the Talmud", *Rabbinic Essays*(Cincinnati: Hebrew Union College, 1951) 473-570, esp. p. 477.

43 Samuel Sandmel, *We Jews and Jesus*(New York: Oxford University, 1965) 28.

44 Klausner, *Jesus of Nazareth,* 20-23. That the Ben Stada tradition originally had nothing to do with Jesus of Nazareth is a common opinion today; see, e.g., Morris Goldstein, *Jesus in the Jewish Tradition*(New York: Macmillan, 1950) 57-81, where he also rejects allusions to Jesus supposedly masked as other figures(e.g., Balaam, "a certain person"). See also Maier(*Jesus von Nazareth,* 237), who further suggests that the traits of two different persons had already been conflated in the "Ben-Stada" texts, long before Ben Stada was identified with Jesus of Nazareth (according to Maier, after the completion of the Babylonian Talmud).

45 These texts will be taken up again when the question of the possible illegitimacy of Jesus is discussed in Chapter 8 of this book. Here I am considering not the larger question of the illegitimacy tradition but simply whether particular rabbinic texts refer to Jesus and whether they may reflect independent tradition. If Maier is correct, the earliest Palestinian tradition about Ben Pandera contained no charge of illegitimacy; that first arose in Diaspora Judaism, and the two forms of the tradition must be distinguished. Indeed, Maier goes so far as to claim that not only Ben Stada but even Ben Pandera originally had nothing to do with Jesus of Nazareth(*Jesus von Nazareth,* 243-255).

46 Origen, *Contra Celsum* 1.32; see the Greek text, French translation, and notes in Marcel Borret, *Origène. Contre Celse. Tome I*(SC 132; Paris: Cerf, 1967) 162-163.

47 Klausner(*Jesus of Nazareth,* 23) mentions several baraitas from the time of Rabbi Eliezer ben Hyrcanus and Rabbi Yishmael(at the end of the first and the beginning of the second century A.D.). Baraitas are early rabbinic teachings that were not taken up into the Mishna but which were preserved in later documents(the Tosefta, the Talmuds). Naturally, the question of the reliability of the attributions becomes pressing in such cases. If a baraita attributes a certain saying to one of the tannaitic rabbis, are we ipso facto justified in accepting the attribution as historically reliable? Contrary to many authors today, Maier(*Jesus von Nazareth,* 255) strenuously distinguishes between the tradition of Diaspora Jews related by Celsus and the traditions of Palestinian and Babylonian Jews, who in the 2d century A.D. knew nothing of the story. Maier even suggests that the story circulating among Diaspora Jews ultimately arose from a Christian gloss on Jesus' genealogy(pp. 263, 267).

48 Klausner(*Jesus of Nazareth,* 24) hypothesizes that the Greek *huios tēs parthenou*("son of the virgin") became in mockery "Ben ha-Panthera"("son of the leopard"). In due time the Jewish tradition forgot that the reference was originally to Jesus' mother. "Pantere"

or "Pandera" was taken to be the name of Jesus' father. Since this was not a Jewish name, the idea arose that Jesus' biological father must have been a foreigner; in occupied Judea, the most likely candidate was a Roman soldier. In fact, Panthera was a common name in the first two centuries of the Christian era, notably as a surname of Roman soldiers; see L. Patterson, "Origin of the Name Panthera", *JTS* 19(1917-1918) 79-80. The attempt by Morton Smith(*Jesus the Magician*[New York: Harper & Row, 1978] 47) to take the Ben Pandera story literally, to the point of suggesting that the tombstone of a Sidonian archer in Germany, one Tiberius Julius Abdes Pantera, might be the gravesite of Jesus' father, is more curious than convincing(note Smith's own qualification: "possible, though not likely"). Smith, along with a number of other scholars today, discounts Klausner's derivation of the name Panthera from *parthenos*; there is no proof that Jesus was referred to by the title *ho huios tēs parthenou* this early on. It is possible, though, that the accidental similarity of the Infancy Narratives' *parthenos* to "Panthera", a common name among soldiers, caused "Panthera" to be picked as the name of the adulterer, once the theme of an adulterous soldier arose in the tradition. Other attempts at explaining the name "Panthera" can be found in R. Travers Herford, *Christianity in Talmud and Midrash*(New York: Ktav, reprint of 1903 ed.) 39-40. Herford despairs of discovering the original meaning of the name; see also Maier, *Jesus von Nazareth*, 263, 267.

49 For an English translation of the text, see I. Epstein, ed., *The Babylonian Talmud. Seder Nezikin in Four Volumes. III. Sanhedrin*, trans. Jacob Shachter(London: Soncino, 1935) 281-282.

50 Cf. the Jewish portrayal of Jesus as a magician in Justin Martyr's *Dialogue with Trypho*, Chapter 69: *magon einai auton etolmōn legein*(PG 6. 640).

51 Klausner(*Jesus of Nazareth*, 28-30) proceeds to consider another baraita immediately following in *San.* 43a, but at best it is a later garbled tradition, playing on the double meanings of the names of five of Jesus' supposed disciples(possibly Matthew, Luke[!], Andrew, John, and Thaddeus). Again, even if the core of the tradition represented independent knowledge, it would add nothing new. Maier, as might be expected, denies that the reference in *San.* 43a had anything to do originally with Jesus of Nazareth (*Jesus von Nazareth*, 229).

52 Texts of the Mishna are taken from the standard English translation by Herbert Danby, *The Mishnah*(Oxford: Oxford University, 1933); I have checked them against the newer translation by Jacob Neusner, *The Mishnah. A New Translation*(New Haven/ London: Yale University, 1988).

53 Klausner, *Jesus of Nazareth*, 35-36, rejecting the opinion of Gustaf Dalman, *Die Worte Jesu. Band I. Einleitung und wichtige Begriffe*(Leipzig: Hinrichs, 1898) 4 n. 2. R. Travers Herford, in his article "Jesus in Rabbinical Literature"(*The Universal Jewish Encyclopedia*, ed. Isaac Landman[10 vols.; New York: Universal Jewish Encyclopedia, 1942] 6. 87-88) states on p. 88 that the reference to Jesus in Yeb. 4:13 is "doubtful and probably unfounded." Maier(*Jesus von Nazareth*, 50) likewise rejects any reference to Jesus in *m. Yebam.* 4:13, calling it "odd speculation", despite the fact that even Klausner engages in it. Similarly,

T. W. Manson("The Life of Jesus: A Study of the Available Materials", *BJRL* 27[1942-1943] 323-337) affirms that there are no direct reference to Jesus in the Mishna(p. 327). He allows that there are a few possible allusions(*Yebam.* 4:13; *'Abot* 5:19; *Sanh.* 10:1-2), "but nothing that can be regarded as an absolutely certain reference to Jesus"(p. 327 n. 2).

54 Since I do not think that the *m. Yebam.* 4:13 text refers to Jesus, I will not go into the baraita from the Tosefta cited by Klausner(*Jesus of Nazareth,* 36-37), which might possibly refer to Jesus, but only if one first accepted a reference to Jesus in the Mishna text. On the whole question of the supposed illegitimacy of Jesus in Jewish tradition, see Chapter 8 of this book.

55 See Goldstein, *Jesus in the Jewish Tradition,* 22-56, esp. 22. However, Goldstein comes close to Klausner's views in that he allows for five allusions to Jesus in baraitas and the Tosefta. Goldstein's conclusion on the whole of the tannaitic corpus is striking: "The findings in the vast realm of this literature are amazingly scant and restricted. There are remarkably few passages that prove to be genuine"(p. 94). Another basically skeptical view is that of Gösta Lindeskog, *Die Jesusfrage im neuzeitlichen Judentum. Ein Beitrag zur Geschichte der Leben-Jesu-Forschung. Mit einem Nachwort zum Nachdruck*(Darmstadt: Wissenschaftliche Buchgesellschaft, 1973; original, 1938). While admitting that one cannot speak of absolute agreement among Jewish scholars, Lindeskog states: "Jewish researchers are therefore one with Christian researchers in holding that the Talmud is not serviceable as a source for the life of Jesus; it offers nothing positive beyond what we already know from the Gospels. What it does offer is an intentionally polemical caricature"(p. 187).

56 Klausner, *Jesus of Nazareth,* 37-44. For the talmudic text, see I. Epstein, ed., *The Babylonian Talmud. Seder Nezikin. 'Abodah Zarah,* trans. A. Mischon(London: Soncino, 1935) 84-85.

57 See my treatment of the martyrdom of James above, in Chapter 3.

58 See Joachim Jeremias, *Unknown Sayings of Jesus*(2d ed.; London: SPCK, 1964) 28-30. In Jeremias' view, the earliest version of the story (in the Tosefta) spoke simply of a heretical saying which Jacob of Kephar-Sikhnin spoke in the name of Jesus "ben Pantere", without specifying the content of the saying; the later, more developed form of the story (in the Babylonian Talmud) satisfied natural curiosity by inventing a saying. Maier(*Jesus von Nazareth,* 159-174) also rejects any reference to Jesus of Nazareth in the original form of the story.

59 Actually, the mocking form *'awen gillayon*("falsehood of the [blank] parchment" or "falsehood of the blank margin of the scroll") is used as a play on the Greek *euaggelion* ("gospel"). See the English translation, with notes, in I. Epstein, ed., *The Babylonian Talmud. Seder Mo'ed. Shabbath*(2 vols.; trans. H. Freedman; London: Soncino, 1938) 2. 571.

60 Klausner(*Jesus of Nazareth,* 44-46) maintains that Matthew misunderstood the original Aramaic form of the saying—which we know, thanks to tractate *Šabbat*—when he wrote his Greek text. Joachim Jeremias does not try to maintain the historicity of the anecdote, which, depending on K. G. Kuhn, he assigns to the 3d century A.D. However, going against the opinion of Kuhn, Jeremias claims that the core logion of the anecdote("I did not come

to take away from the law of Moses, rather, I came to add to the law of Moses") preserves the original sense of *plērōsai* in Matt 5:17. On all this, see Joachim Jeremias, *New Testament Theology. Part One. The Proclamation of Jesus*(London: SCM, 1971) 83-84; and K. G. Kuhn, "Giljonim und sifre minim", *Judentum, Urchristentum, Kirche*(Joachim Jeremias Festschrift; BZNW 26; ed. Walther Eltester; Berlin: Töpelmann, 1960) 24-61, especially p. 54 n. 110, where Kuhn points out that the rabbinic anecdote presupposes the Greek NT. Indeed, it seems that the wider context of Matt 5:14-17 is being parodied; see Burton L. Visotzky, "Overturning the Lamp", *JJS* 38(1987) 72-80, esp. pp. 78-79. The article on "Jesus" in *EncJud* 10(1971) col. 17 also considers *Šabbat* 116 a and b to be a parody on Matthew's text and therefore not authentic. It should be noted that both the exact reading and the translation of the text of *Šabbat* 116 a and b are disputed. The text is judged to be late by W. D. Davies(*The Setting of the Sermon on the Mount*[Cambridge: Cambridge University, 1963] 419 n. 5); see also John P. Meier, *Law and History in Matthew's Gospel*(AnBib 71; Rome: Biblical Institute, 1976) 73 n. 76.

Since, in my view, *plērōsai* in Matt 5:17 is a result of Matthew's redaction, and since many redaction critics would hold today that Matt 5:17 is largely or totally the creation of Matthew the evangelist, all this speculation about the original Aramaic form that Matthew misunderstood seems very tenuous.

[61] I am hardly alone in this view. The article on "Jesus of Nazareth" in the *Universal Jewish Encyclopedia*, Vol. 6, states that "...in Jewish writings there is no report about Jesus that has historical value"(p. 83) and that "...the Talmudic statements about him [Jesus] are not about the real Jesus, but about an imagined originator of a hateful persecutor"(pp. 86-87). R. Travers Herford continues in this vein in his article on "Jesus in Rabbinical Literature" in the same volume(p. 88): "In itself, the tradition [of the rabbis about Jesus] is only of value as independent evidence that Jesus really lived, and as showing that his influence on the Judaism of his own and succeeding times was practically nil. It does not supplement the tradition recorded in the Synoptic Gospels...." See also his evaluation of the rabbis on Jesus in his book, *Christianity in Talmud and Midrash*, especially pp. 344-360. Similarly, the article on "Jesus" in the *EncJud* 10(1971) col. 14 judges: "Even those statements [by rabbis about Jesus] dating from the second century are to be regarded as reflecting the knowledge and views of Jews of that time about Christians and Jesus, which derived in part from contemporary Christian sources."

Like Klausner, Morton Smith(*Jesus the Magician*, 46-50) is willing to accept a historical core in certain stories found in the Tosefta and the Babylonian Talmud. Personally, I remain doubtful about such claims. Scholars who exercise great care in judging which traditions about Jesus are really historical must show the same care in judging rabbinic stories. Two main sources for our knowledge of Jesus(the Gospel of Mark and the Q document) were written down in fairly definitive form about A.D. 70, some forty years after the events and sayings they recount. Yet we must agonize over what in their store of information is historical. A fortiori, one must be concerned about declaring information historical when it has been written down in final form only centuries after the original events or sayings. That is not to say that all rabbinic material is a priori excluded; it is to say that weighty reasons must be brought forward if such material is to be judged historical. Similar objections might be raised against Smith's eclectic and arbitrary use of Celsus, in tandem with various rabbis, Fathers of the Church, and pagan authors, to create the picture of the historical Jesus as the libertine magician (pp. 45-67).

62 Klausner(*Jesus of Nazareth,* 46) summarizes the reliable statements of the rabbinic tradition as follows: (1) Yeshu of Nazareth practiced sorcery (i.e., he performed miracles) and led Israel astray. (2) He mocked the words of the Wise (i.e., the revered teachers of Israel). (3) He expounded Scripture the same way the Pharisees did. (4) He had five disciples. (5) He said that he had not come to take away anything from the Law or to add anything to it. (6) He was hanged (i.e., crucified) as a false teacher and beguiler on the eve of a Passover that fell on a Sabbath. (7) His disciples healed the sick in his name. As can readily be seen, we have here simply a polemical reverse-mirror image of various statements in the Four Gospels.

63 Needless to say, there is no point in going into the Jewish polemical biography of Jesus, the Hebrew *Toledot Yeshu,* which probably did not reach its full form until the Middle Ages. Klausner thinks that it was not composed earlier than the 10th century A.D. His summary judgment is shared by many scholars: "...it[the *Toledot Yeshu*] cannot possibly possess any historical value nor in any way be used as material for the life of Jesus"(Jesus of Nazareth, 53). For the wide variety of views on dating the *Toledot* (from the 1st century[Voltaire] to the 10th century[Klausner]), see Günter Schlichting, *Ein jüdisches Leben Jesu. Die verschollene Toledot-Jeschu-Fassung Tam ū-mū'ād*(WUNT 24; Tübingen: Mohr [Siebeck], 1982) 2. Schlichting's monograph provides an annotated Hebrew text plus a German translation of one form of the *Toledot.*

Pinchas E. Lapide(*Der Rabbi von Nazaret. Wandlungen der jüdischen Jesusbilder*[Trier: Spee, 1974] 79) holds that, while the earliest manuscript of the Toledot is from the 9th century, its contents go back to a book already known in the 5th century. Sandmel(*We Jews and Jesus,* 12) thinks that the *Toledot* is "possibly as old as the sixth century." For Lindeskog(*Die Jesusfrage,* 16), the *Toledot* lacks any historical worth; it simply shows how Jews in the Middle Ages thought of Jesus.

In the face of such varying opinions among experts, what can be said with fair certainty? That the roots of some of the stories in the *Toledot* go back as far as the Jewish "Infancy Narrative" recorded by Celsus is clear. But the *Toledot* itself must not be confused with such roots; the work as a whole was composed centuries later. This point is well made by Goldstein(*Jesus in the Jewish Tradition,* 160-161), who thinks that the *Toledot,* in more or less its present form, does not reach back before the beginning of the 9th century; an earlier form of the work might go back to the 6th century.

5장

사료들:

외경과 위경적 복음서들

1. 외경(*AGRAPHA*)

주요한 사료와 함께 나는 학자들에게 *agrapha*, 글자대로 예수의 "글로 쓰지 않은 [어록과 행동]"으로 알려진 흩어진 자료의 광범위한 집단이 있다고 이미 언급했다. 물론, 우리는 그것들이 오직 이후의 시대에 글로 쓰였기 때문에 그것들에 대해 알고 있다. 요점은 이 흩어진 어록들이 네 정전 복음서의 어느 한 곳에도 기록되지 않았다는 것이다.

*agrapha*라는 용어보다 훨씬 더 넓은 것은 일반적인 지시문, "정전 외 예수의 어록"이다. 이 매우 넓은 범주는 윌리엄 스토커(William D. Stoker)의 책, *Extracanonical Sayings of Jesus*의 목적인데, 이는 전통적으로 *agrapha* 라 불렸던 것뿐만 아니라 또한 정전적인 어록과 비슷한 것들 또는 변경하는 것들의 상당히 많은 수를 포함한다.–그리스도인의 문헌에 나오는 비슷한 것들.[1] 가능한 한 완전하려는 그의 바람에서, 스토커는 후대의 창작품들에서 예수의 "진정한" 어록을 분별하려는 모든 시도를 버린다. 오히려 그의 광범위한 수집은 처음 서기 5세기 동안 예수 자료 안에서 전승과 성장의 과정을 밝히려고 힘쓴다.

예수 자신으로부터 올 수 있는 자료를 되찾는 문제에 더욱 초점을 맞추며, 또 그러므로 스토커의 수집물보다 더욱 조심해서 고르는 것은 요아힘 예레미아스의 *Unknown Sayings of Jesus*인데,[2] 이는 중세기 이슬람의 저서들에까지 이르는 자료를 포함한다. 가능한 대로 예수의 진정한 어록을 위한 그의 탐구에서, 요아힘 예레미아스는, 신약성경부터 성경 필사본들 안의 첨가물과 변형들, 서기 이른 세기들의 위경 그리스도교 저서들, 서기 550년까지 교회 교부들, 전례와 교회 명령서들, 영지주의의 계시 담론과 찬미가, 탈무드(우리가 이미 다루었던 분야), 그리고 끝으로 북인도의 사원으로부터 17세기 아라비아의 명문까지 상상할 수 있는 모든 사료를 이용한다![3] 틀림없이 가톨릭 저자는 몇 세대 동안 위대한 신비주의자들의 저서 안에 예수의 어록을 포함시켰을 것이다.

수세기 동안 예수 그림의 연구를 위하여 역사적인 관심을 가지면서, 독자는 이 자료의 대부분이 아마 역사적 예수에 대해 탐구할 아무것이 없다는 것을 감지하기 위해[4]—또 이 판단 안에 예레미아스와 의견 일치를 본다.—아라비아어 또는 외경 복음서들에 커다란 전문 지식을 필요로 하지 않는다. "그것의 대부분[*agrapha*의 전집]은 전설적이며, 위조의 분명한 표시를 지닌다…. 역사에 쓸모가 있는 자료의 범위는 대단히 적다."[5] 후보들의 대부분은 편향적인 창안들이나 예수의 말씀들의 편향적인 수정들, 동화와 같은 공상으로 표시된 전설적인 창안들, 실제로 다른 사람들이나 사료들에서 온 예수 어록으로 우발적이거나 고의적인 전환,[6] 실제 예수 어록의 이차적인 적용들, 정전 복음서에서 예수의 어록으로 담화 구절의 변형들, 또는 예수의 진짜의 어록을 연결시키기 위해 인위적으로 구성된 연결들인 것으로 곧바로 배척될 수 있다.[7]

이 모든 키질 후에, 예레미아스는 그가 역사적 예수의 진정한 어록으로[8] 받아들일 수 있을 오직 18후보만 있다고 느낀다. 예레미아스에게 그의 거룩한 남은 부분을 부인하는 것은 나에게 비열한 것으로 보일 수 있지만, 나는 모든 경우에 그의 논증은 막연한 "예수는 이것을 말했을 수 있는가" 또는 단순히 *non liquet*, 곧 어느 쪽으로도 명확하지 않다 이상은 아무것도 없다는 결과를 가져온다고 생각한다. 다음 장에서 우리는 예수에게 귀속된 어록과 행동의 역사성을 평가하기 위한 여러 기준을 살펴보게 될 것이다. 예레미아스의 논의에서 명확히 밝히거나 엄격하게 적용되는 기준이 없다는 것은 분명하다. 언급된 기준이 우리를 그렇게 멀리 데려다주지 않는다.[9]

예를 들어, 어록은 "팔레스티나의" 색채가 또는 맛이 있다고 말하는 것, 그 어록은 아람어로 거꾸로 말해질 수 있다고 말하는 것, 또는 그 어록의 리듬, 유음, 또 병행하는 구조를 지적하는 것은 반드시 역사적 예수에게서 기원을 증명하지 않는다. 추측컨대, 서기 30년과 70년 사이에 그들의 존경하는 라삐와 주님의 문체를 알고 모방할 수 있던—똑같은 아람인 예수가 했던 것을 말하는—얼마든지 많은 능숙한 그리스도인 교사나 설교자들이 팔레스티나에 있었다. 예수는 시, 리듬, 또 1세기 아람어의 병행에 전유물을 가지고 있지 않았다. 더욱이 아람어로 유다계 그리스도인의 가르침과 설교는 서기 70년 이후 확실히 완전한 멈춤에 이르지 않았다. 그리고 어떤 리듬과 병행하는 구성은 예수의 어록에 전형적이라고 말하는 것은 우리를 쉽게 악순환에 말려들게 할 수 있다. 결국, 진정한 예수의 어록은 특별한 시적인 특성들에 의해 표시될 수 있다고 우리에게 말하는 초기 데이터베이스를 우리는 어디서 얻을 수 있는가?

다른 문제들도 있다. 18후보의 많은 것은 선뜻 신약성경의 여러 구절에 대한 설교적 확장과 융합으로 이해된다. 다른 경우에, 예레미아스는 의심스러운 일화(예, "어떤 바리사이파 대사제"와 성전 구내에서 예수의 만남)에 제기된 많은 반대를 극복하기 위해 열심히 분투한다. 우리는 예레미아스가 그의 후보를 구원하기 위해 동서남북에서 자료를 요청할 때 오직 그의 박식을 감탄할 수 있을 뿐이다. 하지만 결국 확신시키는 논증이 아니라 역작의 인상을 얻는다. 가설은 가설 위에 급격히 불어나며, 몇몇 당혹스러운 구절들의 분명한 의미는 얼버무려진다.

결국, 비록 18사례 모두가 진정한 것으로 받아들여진다고 하더라도 무엇이 얻어질 수 있을지 의문을 가지게 된다. 예레미아스의 주요한 주장들 전부 가운데 하나는 모든 후보가 정전 복음서들 안의 예수의 메시지의 어떤 측면을 반영한다는 것이다. 결과적으로, 18가지 모두가 받아들여진다고 하더라도, 우리의 그림에 새로운 것이 더해지지 않는다. 의심스러운 자료 위에 대단한 노력이 절대적으로 아무 중요한 새로운 데이터를 산출하지 못한다.[10] 만약을 위해서, 우리는 네 복음서 안의 자료를 헤쳐 나아가면서 이 정전 밖의 *agrapha*를 계속 지켜볼 것이다. 하지만, 이 초기 의견 조사에서 판단하면서, 많은 것을 이 방면에서 기대해서는 안 된다.

2. 위경적 복음서들

"위경적 복음서들"에 의해 나는 예수의 말과/또는 행위와[11] 연관된 저 초기 그리스도교 문서들을 의미하며, 이들은 자체들을 복음서 또는 후대 세대들로부터 이러한 명칭을 받았지만, 그리스도교 "정전" 곧 감도를 받은 성경으로 고려된 책들의 규범적인 목록으로 받아들여지지 않았다.[12] 위경적 복음서들의 범위는 *agrapha*의 그것과 겹치는데, 위경적 복음서들은 예수의 정전 밖 어록의 주요한 사료들의 하나이기 때문이다. 하지만 초기 교회에서 위경적 복음서들의 범위와 중요성은, 마찬가지로 오늘날 몇몇 학자들에 의해 그것들의 높은 평가는, 별도의 고찰을 요구한다.[13]

그것들이 포함하는 *agrapha*와 같이, 많은 위경적 복음서들은 산발적인 단편들의 온갖 종류의 집합이다. 많은 경우에, 우리는 주로 어떤 2세기 그리스도인들의 돈독하고 억척스러운 상상들에 의해 만들어진, 돌무더기 들판과 마주치는 것을 보기 위해, 에드가 헨네케(Edgar Hennecke)와 빌헬름 슈네멜커(Wilhelm Schneemelcher)의[14] 일반적인 수집물을 그저 통독할 필요가 있다.

이러한 공상의 적절한 예들은 "유아기 복음서들",[15] 특히 *Protevangelium Jacobi*와 *Infancy Gospel of Thomas*이다. 전자는 바로 그 유다인의 제도가 묘사되고 있음의 무지를 드러내는 많은 양의 소설적인 민속과 함께, 마태오와 루카의 유아기 이야기들의[16] 아주 우스운 뒤죽박죽이다. 예를 들면, 세례자 요한의 아버지인 즈카르야는 헤로데 임금의 관리에 의해 살해되었고, 그의 피는 성전의 제단 위에 엉겨 있으며, 다른 사제들은 천상의 소리에 의해 살인에 대해 듣는다. 그다음 루카 2, 25의 나이 많은 시메온은 그의 자리를 차지하도록 제비뽑기에 의해 선택된다. 이 책은 이후의 유아기 복음서들과 처녀 마리아에 대한–하지만 역사적 예수에 대해서는 분명히 아니다.–뒤따르는 전설들의 주요한 사료들의 하나다. 그렇지만 그것들이 그리스도인들의 기억과 상상 안에 융합되었을 때 그것이 마태오와 루카의 유아기 담화에 일어났을 법한 것을 예시한다는 것에서 예언적인 책이다. 이러한 융합과 혼란은 대부분의 그리스도인들이 자발적으로 유아기 담화를 오늘날까지도 이야기할 방법을 계속 표시한다.–교리를 가르침, 전례적인 독서, 또 학자들의 논문은 물론이고.

똑같은 것이 *Infancy Gospel of Thomas*에 대해 말해질 수 있고,[17] 이는 아기 예수를 자기 의지가 있는 꼬마 녀석으로 제시하는데, 그는 짜증을 내면서, 맞부딪치는 아이를 넋을 쏙 빼 놓을 정도로 만든다. 이러한 사악한 슈퍼 보이는 복음서보다는 공포 영화에 속한다. 적어도, 이것은 많은 위경 자료가 많이 배운 그리스도인 모임보다는 "팝"에서 나오며 또 초기 신뢰할 만한 전승이나 고양된 신학이 아니지만, 그 대신에 호기심, 특이하고 기적적인 것에 매혹(마술적인 것은 아니더라도), 그리고 "종교적인" 여흥을 위한 순수한 바람을 반영한다.

이 두 유아기 복음서가 유리한 한 가지는 그것들이 우리에게 비교적 손상되지 않고 내려온다는 것이다. 불운하게도, 똑같은 것이 교회 교부들 안에 오직 단편 또는 인용을 통하여 알려진 다른 많은 초기 복음서들에 대해 말해질 수 없다. 문제는 특히 이른바 "유다계 그리스도인 복음서들"의 경우에 더 어려운데, 예를 들면 *Gospel of the Nazarenes, Gospel of the Ebionites*, 그리고 *Gospel of the Hebrews*이다.[18] 소수의 분산된 단편들을 제외하고, 우리는 전적으로 교회 교부들의 진술과 인용들에 의존하는데, 이들은 흔히 서로 모순이 된다. 혼란을 가중시키며, 교회 교부들에게는 서로 다른 복음서들을 언급하는 획일적인 방법이 없었고, 따라서 우리는 얼마나 많은 유다계 그리스도인 복음서들이 존재했고 또 주어진 단편이 어떤 복음서에 적절히 속하는지 확신하지도 못한다. 더 좋지 않은 것은, 비록 이 복음서들이 2세기에 쓰였다고 하더라도, 우리가 가지고 있는 단편들 대부분은 4세기 교회 교부들(에우세비우스, 히에로니무스, 에피파니우스) 또는 그 후대 교부들에게서 왔다는 것이다.[19]

자료의 가장 많은 양은 *Gospel of the Nazarenes*에서 오는데, 이는 대충 마태오복음서를 가깝게 따르며 또 실제로 마태오의 아람어로 이차적인, "창작적인" 번역일 것이다.[20] 마태오의 원문에 대한 확장은 흔히 윤리화하거나 전설을 이룩하는 데에 몰두한다. 우리는 *Gospel of Ethionites*에서 일곱 단편만 가지고 있으며, 이는 분명히 세 공관복음서 모두의 지식과 함께, 그리스어로 쓰였고, 에비오니트인으로 알려진 유다계 그리스도인 분파의 특별한 신학적 견해를 반영한다.[21] 일곱 단편은 또한 우리가 *Gospel of the Hebrews*에서 보유하는 모두인데, 이는 신약성경이 그에 대하여 말해야 하는 것을 부정하는 지점까지 주님의 형제, 야고보를 강조하는 그리스어 복음서이다. 그리스어를 말하는 유다인을 위해 계획되어, 그 복음서는 이미 공관복음서에 있는 신화적인 동기들을 전개하며 때로는 영지주의의 어투로 말한다.[22]

이 지점에서, 우리는 왜 이러한 가망 없는 자료로 애를 쓰는지 의문을 가질 수 있다. 한 가지 이유는 최근에 몇몇 학자들이 어떤 외경 복음서들 안에서 네 정전 복음서에 명시되어 있는 전승들만큼 이른 또는 이들보다 더 이른 전승들을 자기들이 발견했다고 주장하였다는 것이다. 아마 이러한 입장을 이룩하려는 가장 인상적인 완전하고도 철저한 시도는 존 도미니크 크로산(John Dominic Crossan)의 2세기 위경 *Gospel of Peter*의 표현 방법일 것이다.[23] 크로산은 현재의 *Gospel of Peter* 배후에 그가 *Cross Gospel* 이라고 라벨을 붙인 것이 있었다고 제시한다. 이 *Cross Gospel*은 매우 이르기에 그것은 네 정전 복음서 모두 안의 수난기를 위하여 유일한 사료이다. 크로산에 의하면, *Gospel of Peter*는 세 단계로 발전되었다. (1) *Cross Gospel*은 1세기 중엽 어떤 때에 쓰였다. (2) *Cross Gospel*은 마르코에 의해 그의 수난기의 유일한 사료로서 사용되었다. 다른 정전 복음서들은, 마르코를 사용하는 것 외에, 또한 *Cross Gospel*을 알았다. (3) 후대의 편집자는 그것을 예수의 영예로운 장례, 빈 무덤의 발견, 그리고 사도들에게 부활 발현과 관련하여 정전의 견해들에 적용하기 위해 *Cross Gospel*을 확장했다.

크로산 자신은, 그의 계획 시작에, 모든 조건이 그대로라면, 대부분의 자료를 설명하는 가장 단순한 이론이 선호되어야 한다고 단언한다. 그의 이론이 실패하는 것은 이 기본적인 단계에 있다. 크로산은 의심스럽게 초기 시기 또는 종속의 예상 밖의 계통을 지정하면서 복잡하고 또 때로는 자기 모순적인 망을 장황하게 이야기해야 한다.[24] 서로 다른 접근법을 사용하는 두 다른 저자에 의해 독립적으로 세워진 단순한 입장보다 바로크 양식의 구조가 설득력이 덜하다. 레옹 바가네이(Léon Vaganay)와 제리 매캔트(Jerry W. McCant)는 *Gospel of Peter*가 정전 복음서들에 대해 독립적이라고 입증한다.[25] 바가네이의 개별적인 구절들, 종합적인 구성, 또 전개된 그리스도인 경향들의 공들인 분석은 *Gospel of Peter*가 적어도 마태오, 아마 마르코와 루카, 또 가능하기는 요한의 지식을 드러낸다는 것을 보여 준다.[26] 그것은 아마, 크로산이 그의 *Cross Gospel*을 발췌했던 이 증명하는 자료의 일부를 피하려는 것이었는데, *Cross Gospel*은 추정상 공관복음서의 영향의 징후에서 면제된다.[27]

하지만, 가설적인 *Cross Gospel*도 공관복음서에 종속의 숨길 수 없는 표시를 지닌다. 조엘 그린(Joel B. Green)이 보여 준 것처럼, 이것은 특히 예수의 무덤 앞에 경비병을 세우는 이야기에 대해 사실이다.[28] 단 하나의 예를 들면, 하나의 작지만 증거의 손상된 조각은 무덤 앞에 경비병을 세우는 데로 이끄는 두려움의 정확한 자구 안에 발견될 수 있다. *Gospel of Peter* 30(크로산의 *Cross Gospel*에 포함된)과 마태 27, 64b도 정확히 똑같은 구절을 해독한다. "…그의 제자들이, 와서 그를 훔쳐 가고 또…." 누가 누구에게 의존하는지에 이르게 될 때, 모든 징후는 마태오의 우선권을 가리킨다. "그의 제자들"(예수의 제자들을 말하는)은 마태오에 상투적인 문구이며, 또 물론 "제자"라는 말 자체는 마태오에 극히 흔하다(73회, 다른 어떤 신약성경 원문보다 더 많이). 그에 반해서, "제자"는 크로산의 *Cross Gospel*의 다른 어느 곳에도 결코 나오지 않는다. 우리가 완전한 *Gospel of Peter*를 살펴볼 때에도, 우리가 찾을 수 있는 모든 것은 비마태오의 "여자 제자들"(*mathētria*, 50절)과 "우리 주님의 열두제자"(*bēmeis de boi dōdeka mathētai tou kyriou*, 59절)이다. 마찬가지로 동사 "훔치다(*kleptō*)"는 마태오에 네 번 나오지만, *Gospel of Peter*의 다른 어느 곳에도 나오지 않는다. 또한, 접속사 "하지 않도록(*mēpote*)"은 마태오의 다른 곳에 일곱 번 나온다. 이것은 *Gospel of Peter* 15에 한 번 다시 나오지만, 약간 다른 구성(두려워하는 이라는 동사의 목적절)에 나온다. 분사 "오는(*elthontes*)"의 사용은 행동의 주동사에 수반되는 것으로 마태오의 다른 곳에 스물일곱 번 나오지만,[29] *Gospel of Peter*의 아무 곳에도 나오지 않는다. 요컨대, 그 구절은 마태오의 어휘와 문체의 조직이며, *Gospel of Peter*의 나머지에 거의 전적으로 없는 어휘와 문체다.[30]

이 한 구절이 축소된 크기로 보여 주는 것을, 바가네이와 매캔트의 완벽한 분석들이 *Gospel of Peter* 전체를 통하여 보여 준다. 곧 그것은 여러 번 읽고 설교했던 복음서들을 들었던 그리스도인들의 기억과 생생한 상상을 통하여 재생된, 정전 복음서들에서 전승들의 2세기 모방 작품이다.[31] 그것은 역사적 예수에 관하여 초기 독립적인 전승에 아무 특별한 접근을 제공하지 않는다.[32]

나는 아주 많은 시간을 *Gospel of Peter* 안의 크로산의 독립적인, 초기 전승의 주장에 보냈는데, 그것이 아마 위경적 복음서 안의 이전-공관적인 전승의 큰 부분에 대한 가장 잘 논증된 경우이기 때문이다. 그 주장이 실패한다면, 나는 그렇다고 생각하기 때문에, 다른 위경적 복음서들로부터 많이 기대해서는 안 된다. 이것은 이 모든 복음서들이 똑같다고 말하는 것은 아니다. 그러나 레이먼드 브라운이 지적했던 것처럼, 위경적 복음서들 안의 매우 이른 전승들에 대한 지나친 주장들은 흔히 의심스러운 세 경향을 공유한다.[33]

(1) 몇몇 위경적 복음서들에 대한 주장들은, 대담하고 대단한 학문의 과시를 동반하지만, 긴밀한 분석으로 오히려 빈약한 증거와 의심스러운 추론에 근거를 둔 것이 드러난다. 흔히 최초의 주장들은 대중 매체 안에 센세이션을 일으키지만, 반면에 사려 깊은 평판은 무시된다.

(2) 급진적인 주장들은 보통, 1세대 그리스도교 지도자들 가운데 모든 다른 점과 상충들을 위하여, 그들 모두가 일치했던 공통 복음 메시지가 있었다는 사실을(참조: 1코린 15, 11의 모든 그리스도교 선교사들에 의한

공통 선포에 대한 바오로의 확언) 간과한다. 어떤 형태의 영지주의적 그리스도교를 1세대 그리스도인 체험의 똑같이 유효한 징후로 만들기를 바라는 사람들에 의해 묘사된 그림과 달리, 명확하게 1, 2세대에서 오는 문서들과 전승들에 의해 제시된 그리스도교의 주류 그림은 2세기의 어떤 그리스도인들 가운데 몇몇 더 황량한 신개발품과 다르다.

(3) 그리스도의 영지주의화하는 양식의 찬양은, 예수에 대한 그리스도인 가르침의 바로 그 시작부터, 최종적으로 정전 복음서들을 만들었던 방향으로 예수 전승이 형성된 어떤 "전기적" 요지가 있었다는 사실을 간과한다. 예수에 대하여 전승의 개별적인 조각들이 예수의 생활, 죽음과 부활이 제공한 더 큰 모양새 없이 교회 안에 떠돌아다녔던 시기는 없었다.

이 전반적인 고찰은, *Gospel of Peter*에 대한 크로산의 실패의 사례에 더하여, 세 가지 다른 위경적 복음서들 또는 단편들, 곧 콥트어 *Gospel of Thomas*, *Egerton Papyrus 2*, 또 *Secret Gospel of Mark*에 대한 크로산의 우선권의 주장에 대하여 우리가 매우 의심하게 만든다.[34] 우리가 나그함마디에서 온 자료를 시작할 때, 우리는 아래에서 콥트어 *Gospel of Thomas*를 고찰할 것이다. *Egerton Papyrus 2*(1935년에 출판된 네 가지 작은 단편들의 파피루스)[35]에 대해서는, 자료의 단편적인 특성은 명확한 판단을 하기 어렵게 만드는데, 특히 사료들의 의문이 모든 단편들에 대하여 획일적인 대답을 허락하지 않는 것으로 보이기 때문이다.[36]

(C. H. 도드의 구분 방법에 의하면) 단편 1의 처음 두 "항목"은 넷째 복음서의 다양한 구절들(요한 5, 39. 45; 9, 29; 요한 7, 30. 32. 44; 8, 20. 59; 10, 31. 33. 39)을 몇몇 가능한 루카의 필치와 함께 엮는다. 도드는 그것을 파피루스의 저자가 넷째 복음서에 의존했던 것일 수 있다고 생각한다.[37]

단편 1의 항목 3은 예수의 나병환자 치유의 변형된 버전이며, 이는 도드의 판단에, 양쪽 모두에 아무 직접적인 문학적 연결 없이, 마르 1, 40~44 병행에 나온 이야기의 독립적인 버전으로 가장 잘 설명이 된다.[38] 나 자신의 견해는 우리에게는 전설적인 확장과 함께(피해를 당한 남자는 나병환자들과 여관에서 음식을 먹으면서 나병에 걸렸다.) 공관복음의 이야기의 다시 말하기—십중팔구 루카로부터—가 있다는 것이다.[39] 도드는 옳게 *Egerton 2*의 버전 형성에 살아 있는 구두 전승의 중요성을 강조한다. 그것은 정확하다. 하지만 살아 있는 구두 전승은 정전 복음서들이 쓰였고, 읽혔으며, 또 그들 중 몇몇은 그들이 들었던 것을 계속 재작업하였던, 그리스도인들의 기억 안에 동화된 후에 그리스도인 공동체들 안에서 계속되었다.[40] 나는 이것은 항목 3의 더욱 그럴듯한 설명이라고 생각하지만, 그럼에도 나는 도드의 설명이 또한 가능하다는 것을 인정한다.[41]

도드는 비슷한 설명을 단편 2의 항목 4, 세금을 내는 것에 관한 질문을 다루면서 사용한다(참조: 마르 12, 13~17; 요한과 Q에서 또한 가능한 반복이 있다). 여기, 파피루스와 마르코 버전에도 비슷한 구성의 무언가가 있지만(비록 "핵심이 되는" 결론이 저 *Egerton 2*에 없지만, 상황을 한층 더 혼란스럽게 하면서),[42] 파피루스의 언어는 어느 한 공관복음서를 따르지 않는다. *Egerton 2*가 공관복음 버전의 후대 재작업을 나타낼 것이라는 의심을 내가 하게 만드는 것은 모호하고 일반화하는 질문의 사용이다. 곧 "정부와 관련이 있는 임금들에게 내는 것이 합법적이지 않은가?" 나의 견해에 이것은 견고한 공관적 양식, "카이사르에게 세금을 내다"에 대해 2차적인 것으로 들린다. 우리는 복수 임금들[43]이 그의 장래의 계승자를 그의 왕국과 연관시키는 로마 황제의 일반 관례를 점점 더 반영할 것이 아닐까 생각한다. 하지만 도드는 상호 간에 독립적인 전승에 대한 강한 사례로 만들며, 또 판단은 양쪽 방법 모두에 쉽게 갈 수 있을 것이다. 어쨌든, *Egerton 2*에 특이한 호칭 "교사 예수"(=라삐 예수)의 사용은, 우리가 아는 한, 1세기에 실제적 유다인의 용법을 반영하지는 않는다. 도드는 특별한 교사들의 이름에 호칭 라삐를 붙임은 서기 70년 성전의 넘어짐 후에 요하난 벤 자카이의 제자들과 함께 시작되었다고 생각한다.[44] 이런 이유로 *Egerton 2*의 작성은 "라삐 X"를 언급하는 이 용법이 이미 제정되었고 그리스도인 단체들에 알려졌던 시기에 속하였을 것이다.—분명히 마르코복음서의 작성 이후 시기. 다시 한번, 마르코의 버전이 "직접적으로 파피루스 원문에 의존한다"는 크로산의 주장은 근거가 없는 것으로 보인다.[45]

단편 2의 항목 4는 한심하게 불완전하다. 기껏해야, 우리는 예수가 요르단강의 강변을 따라 걸으면서 그에 의해 자연 기적의 일종을 그것이 이야기한다고 감지할 수 있다. 그 이야기는 공관복음서 어디에도 병행하지 않는다. 도드는 그것이 비공관적 사료에서 온다는 판단으로 급히 이동한다. 그것은 물론 가능하다. 그러나 다른 위경적 복음서들에서 우리가 보았던 창의력을 감안하면, 우리는 *Egerton 2*의 저자에 의해 자유로운 창작의 대안임을 배제할 수 없다. 마태오나 루카에 고유한 모든 구절이 어떤 특별한 사료에서 오지 않는다. 몇몇은 단순히 복음사가들의 창작물들이다. 우리는 거기에 *Egerton 2*가 속했던 더 큰 문서의 문체, 범위, 또는 완전한 내용을 짐작하지 못하기 때문에, 확고한 결정이 불가능하다. 끝으로 단편 3의 항목 6은 너무 단편적이어서 그것에 대해 확실한 것은 말할 수 없다. 좀 가능하기는 그것이 요한 10, 10~31을 반영할 수 있을 것이다.[46]

요컨대, 우리에게는 마르코복음서의 구절들의 융합인 두 원문이 있다. 곧 나병 환자의 치유의 대체 버전, 또 동전 세금 이야기의 대체 버전이다. 비록 편지 둘이 공관복음서에도 나오는 이야기들의 독립적인 버전이라면, 그것들은 역사적 예수에 대하여 어떤 새로운 지식을 우리에게 주지 않는다.—오직 기껏해야, 구두 전승에 이 이야기들의 존재의 독립적인 확인뿐이다. 요한과 마르코의 원문을 문학상으로 *Egerton 2*의 버전에 의존하게 만들려는 크로산의 시도는 순전히 도드에 의해 행해진 그리스어의 자세한 분석에 맞서지 못할 것이다.[47]

크로산은 또한 소위 *Secret Gospel of Mark*의 경우에 단편적인 위경적 복음서에 공관복음서들과 요한의 의존을 강조하여 주장한다. 이 단편은 1958년 모턴 스미스에 의해 발견되었다.[48] *Secret Gospel*의 원문은 알렉산드리아의 클레멘스(150~215년경)의 편지인 것으로 주장하는 문서 안에 담겨 있다. 그 편지의 진정성은 이의가 제기되었지만, 오늘날 많은 전문가들에 의해 받아들여진다. 하지만 현대의 위조의 가능성은 최종적으로 가라앉지 않았으며,[49] 또 원래의 문서의 상세한 조사가 의존하는 학자들에 의해 아직 이행되지 않았기 때문에, 이 문제에 결정적인 판단은 가능하지 않다.

무엇보다 좋지 않은 것은, 알렉산드리아의 클레멘스는, 에피파니우스와 히에로니무스처럼, 고대 문서의 특징과 사료에 대해 항상 가장 신뢰할 만한 증인은 아닌데, 특히 이단자들과의 논쟁이 관련될 때 그렇다. 클레멘스는 마르코가 어떻게 "대중적인" 복음서를 쓰면서, 베드로가 여전히 로마에 살고 있는 동안 베드로의 설교로부터 기본적인 자료를 선택했는지 우리에 알려 준다. 베드로가 순교한 다음, 마르코는 알렉산드리아로 가서, 거기서 그 자신의 노트와 베드로의 그것을 이용하여, 완성으로 가는 길 위에 있는 이들을 위하여 "더욱 영성적 복음서"를 만들기 위해 그의 로마인 복음서를 확장시켰다. 이 "비밀 복음서"는, 알렉산드리아의 교회에 의해 면밀하게 보호되었고, 그 뒤에 이단적인 카르포크라티아인들에 의해 자유로운 방향으로 (삽입 어구에 의해?) 재해석되었다. 교회 교부들 위에 계속 가고 있는, 전설을 세움과 우는 것과 익숙한 이들(예, 알렉산드리아에서 마르코의 직무)과 또 그의 사료들에 대해 완전히 비평적인 접근법이 아닌 클레멘스에 대해 무언가 아는 사람들은, 그의 이야기를 액면 그대로 받아들이기를 여전히 망설일 것이다.[50] 클레멘스의 편지의 진정성(예, 그 편지가 클레멘스의 펜에서 온다는 것)은 결코 *Secret Gospel*의 진정성을 보장하지 않는다(곧 그것이 실제로 마르코의 펜에서 온다는 것).

문제를 한층 복잡하게 만드는 것은 *Secret Gospel*의 원문 전체가, 그것이 클레멘스의 편지 안에 보존되었던 한, 스미스의 발행에 오직 그리스어의 스무 줄만 차지한다.[51] 그것은 마르코에 세 가지 짧은 덧붙임을 포함한다. (1) (마르 10, 34 다음에) 예수는 죽은 이들로부터 젊은이를 다시 살린다(그 이야기는 요한 11장의 라자로를 다시 살리는 것을 연상시킨다). (2) 그 젊은이는, 그의 벗은 몸 위에 오직 아마 옷을 두르고, 밤중에 하느님의 나라의 신비에 대하여 예수에 의해 가르침을 받기 위해 온다. 그리고 (3) (마르 10, 46a 후에) 예수는 예리코에서 세 여자를 받아들이기를 거부한다. 예수의 역사와 복음서 전승을 재작성하기 위해 의심스러운 기원들의 이런 작은 단편들을 사용하는 것은 갈대에 기대는 것이다.

중요하게도, 그리스도교 기원의 여러 수정주의자는 어떤 것이 어떤 것에 의존하는지에 대해 일치하지 않는다. 스미스 자신은 요한과 마르코복음서의 후반부가 그것들의 사료로서, 그들에게 서로 다른 그리스어 번역들로 알려진, 아람어 문서를 가지고 있다고 주장한다. 마르코의 가장 이른 형식은, 이 사료를 이용하면서, *Secret Gospel*에 간직된 부활과 시작 이야기들을 포함하지 않았다(적어도 부활 이야기는 사료에 있었고, 또 아마 양쪽 이야기가 모두 있었다). 후대의 편집자는 이 이야기들을 마르코의 문체로 표현하여 그것들을 마르코의 원문에 덧붙였다. 마태오는 아마도 이 확장된 원문을 이용했을 것이다. 스미스는 확장된 원문이 우리의 정전 마르코를 형성하기 위해 다시 삭감되었는지 또는 정전 마르코가 더 옛 형태인지 미해결 상태로 둔다.[52]

크로산의 관계들의 이론에 일은 더 복잡하게 된다.[53] 처음에, 부활 이야기를 위한 공통 사료가 *Secret Gospel*에 또 라자로의 이야기가 요한 11장에 있었다. 그다음 여러 단계로 마르코의 전승들이 왔다. 이 마르코의 전승들 안에, *Secret Gospel*이 먼저 왔고, 그다음 *Secret Gospel*의 새로운 해설과 또한 카르포크라티아의 마르코 버전을 산출한 *Secret Gospel*의 가능한 삽입 어구가 왔다. 이 이단적인 버전에 대응하기 위해, 어떤 편집자가 그의 새로 변경한 마르코의 복음서 전체를 통하여 분산된, *Secret Gospel*의 단편들 안에 우리가 가지고 있는 세 이야기를 절단했고, 이는 일반적인 또는 정전의 마르코가 된다. 마태오는 이 일반적인 버전으로 일을 했다.

일을 더욱 복잡하게 만들면서, 헬무트 쾨스터(Helmut Koester)는 대신에 마태오와 루카가 초기 "원마르코"를 사용하지 않았는데, 이는 후에 *Secret Mark*로 발전했고, 결국 카르포크라티아인들에 의해 *Carpocratian Mark*를 만들기 위해 사용되었다고 제시한다. *Secret Mark*는 그다음 일반적인 또는 정전의 마르코를 만들기 위해 정화되었다.[54] 쾨스터의 이론 위에 세우면서, 한스마르틴 셍케(Hans-Martin Schenke)는 처음에 카르포크라티아의 마르코가 있었고, 이는 첫째 *Secret Mark*를 또 그다음, 2단계에서, 정전 마르코를 만들기 위해 정화되고 단축되었다고 제시함으로써 *reductio ad absurdum*(귀류법)을 무심결에 제공한다.[55] 이 조야한 이론들의 넓은 다양성은 오직 가설들이 어떻게 다양한 방법으로 자료의 부족–이 경우에 도움이 되기 위해 의심스러운 자료–에 의해 남겨진 공백을 채우기 위해 확대되는지를 입증할 뿐이다. 분명히 역사의 예수에 대한 신중한 묘사는 이러한 자료를 사용할 수 없다.–이는 스미스가 바로 그렇게 하는 것을 막지

못했다.[56]

이 모든 접근법에 공통된 것은 어떤 방법으로든 마르코와 요한 11장이 *Secret Gospel* 또는 그 사료에 의존한다는 입장이다. 그것은 결코 자료로부터 필연적인 결론은 아니다. 위대한 마르코 학자 프란스 네이링크는 신중한 분석에 의해 *Secret Gospel*이 공관복음서를 전제로 한다는 것을 보여주었고,[57] 또 레이먼드 브라운은, 스미스의 주장과 반대로, *Secret Gospel*의 저자가 요한복음서에, 적어도 기억으로부터, 의존한다는 것을 증명한다.[58] 로버트 그랜트(Robert M. Grant)의 견해에, *Secret Mark*는 정전의 마르코에서 유래된 요소들과 함께 요한과 후대의 두 공관복음서로부터 요소들의 병합이다.[59] *Secret Mark*의 주요한 그리스어 구절의 자세한 연구 후에, 헬무트 메르켈(Helmut Merkel)은 비슷한 결론에 이르는데 곧 그것은 네 정전 복음서 모두를 전제한다는 것이다.[60]

우리는 *Gospel of the Egyptians*[61] 또는 *Acts of Pilate*[62]와 같은, 다른 위경적 복음서들에 대한 더 많은 조사와 함께 계속 갈 수 있을 것이다. 틀림없이 어떤 사람은 어떤 곳에서 정전 복음서들에도 선행하는 것들이 있다고 주장할 것이다. 하지만 나는 크로산, 쾨스터, 그리고 제임스 로빈슨(James M. Robinson)[63]과 같은 비평가들이 순전히 잘못된 길에 있다는 것을 보여주기 위해 다양한 2세기 그리스도인들의 과열된 상상들의 충분한 대표들을 우리는 조사했다고 생각한다. 이 위경적 복음서들은 매우 중요하지만, 그것들은 2세기부터 4세기까지 교부 시대 교회의 연구에 속한다. 불행하게도, 출판자들과 대학들은 말할 것 없고, 일반 대중과 언론은 교부 시대 교회의 "따분한" 연구들보다 신약성경에 대한 세상을 놀라게 하는 연구에 한층 많은 관심을 가지고 있다. 최근에 우리는 신약성경 연구와 역사적 예수의 탐구를 가장한 이 청중에게 위경들이 "잘 팔림"을 목격하여 왔다. 이것은 유용한 자료의 남용이다. 여기에 역사적 예수를 위한 우리의 탐구에 사료로서 도움이 될 수 있는 것은 아무것도 없다. 시작부터 불안정한 모험으로부터 오는 것 위에 있는 이런 원문들을 이용하는 것은 모험을 완전히 신뢰할 수 없게 만들 것이다.

3. 나그함마디 자료

1945년,[64] 상부 이집트 나그함마디(Nag Hammadi, 고대 케노보스키아 또는 케노보스키온 부근)의 한 소농민이 고대 콥트 도서관의 유적을 발견했다.[65] 발견물은 모두 서기 4세기에 쓰인, 12고문서(=책들) 더하기 13세기 고문서의 8낱장을 망라한다. 고문서들은 결국 52논문을 담고 있다. 똑같은 사본들을 제외하면, 이 숫자는 45개의 서로 다른 제목들로 줄어든다. 발견물은 참으로 "도서관"이었는데, 고문서들은 플라톤의 *Republic*의 단편으로부터 *Sentences of Sextus*와 같은 책들, 마찬가지로 다양한 종류의 영지주의의 영향과 함께, 외교인 또는 유다인 책들을 거쳐서, 영지주의의 다양한 견해를 반영하는 그리스도교 책들까지 모든 것을 포함한다.

자료의 대부분은 우리의 관심사와는 전혀 관계가 없다. 사실 *Gospel of Truth*와 같은 그리스도교 영지주의의 이러한 주요한 책마저도, 네 정전 복음서의 담화 형식과 완전히 다른, 신학적 글 또는 강론인 것으로 드러난다.[66] 복음서라 불리는 이 글들의 몇몇(예, *Gospel of Philip*)은 정전 복음서들과 병행하여, 몇몇은 그렇지 않지만, 예수의 말과 행동을 포함한다. *Gospel of Philip*의 경우에, 이러한 말과 행동은 그 주요한 목적으로 그리스도교 영지주의의 성사들에 관한 가르침을 가진 것으로 보이는 장황하고 두서없는 문서 전체를 통하여 흩어져 있다. 예수에 관한 자료는 때로는 위에 보여 준 공상적인 위경적 복음서들의 수준에 있다. 예를 들어, 예수는 레위의 염색 공장에 가서, 72개의 서로 다른 색들을 취하여, 그것들을 큰 통에 던진다. 그것들은 모두 희게 된다(*Gos. Phil.* 63, 25~30). 더욱 기괴한 것은, 목수 요셉이 나무를 기르며 그것에서 그는 예수가 후에 교수형에 처해지는 십자가를 만든다(*Gos. Phil.* 73, 8~15). 이것은 역사적 예수가 아니라, *The Last Temptation of Christ*의 자료이다.

우리에게 다행하게도, 우리는 그것이 공관복음 전통의 독립된 예수의 말과 행동을 담고 있는지 알기 위하여 나그함마디 도서관에 있는 모든 그리스도교 문서 전체를 통하여 우리의 길을 고민할 필요가 없다. 영국의 신약성경 학자 크리스토퍼 터켓(Christopher Tuckett)은 그 봉사를 이미 실행하였다. 긴 책의 연구에서 그의 결론은, 콥트어 *Gospel of Thomas*의 특별한 경우를 제외하고, 그리스도교 나그함마디 자료 안에 (Q 문서를 포함하여) 이전 공관계 사료의 사용에 대한 아무 증거가 없다는 것이다.[67] 공관계 전승을 반영하는 나그함마디에서 온 그리스도교 원문들은 그 마지막 양식 안에 공관복음서들의 하나 또는 그 이상을 전제한다. 우리를 도와주는 대신에 공관복음서들의 작성 이전에 공관 전승의 발전을 보면, 이 원문들은 복음서들의 편집 이후에 공관 전통의 발전을 증명한다. 나그함마디에서 공관계 복음서의 이용은 대략 우리가 초기 교부 시대의 다른 곳에서 발견하는 것과 비례하여 있다. 곧 마태오가 가장 자주, 루카는 약간 적게, 그리고 마르코는 드물게 사용된다.[68] 터켓과 독립적으로 일하면서, 오직 마태오복음서와 관련 있는, 볼프디트리히 쾰러(Wolf-Dietrich Köhler)는 개연성 있는 또는 가능한 마태오의 자취를 분명히 상당한 수의 그리스도인 원문들에서 발견했다.[69]

학자들이 1959년에 거의 그 출판의 시기부터 이 책의 특성과 사료들로 강력하게 나누어졌기 때문에 터켓은 지혜롭게 *Gospel of Thomas*를 분리된 연구를 위해 보존하였다.[70] *Gospel of Thomas*는 보통 없거나 미미한 담화 체제로 또는 동반하는 대화와 함께, 예수의 114어록의 수집물이다.[71] 일련의 어록은 아무 지배적인 구성적 구조를 보여 주지 않으며, 자료의 대부분이 주요한 말과 동기들 또는 비슷한 자료의 집단(격언, 비유와 공동체 규율들)에 의해 함께 묶여 있다. 물론 어록과 비유의 다양한 집단은, 지배적인 주제들의 반복에 따라, 몇몇 편집자의 의도의 표시를 제공한다.

전반적인 담화 구조 없이, 순전히 예수의 어록으로 만들어진 문서의 현상은, 자연스럽게 Q 문서의 견해를 떠올리게 하는데, 이는 추정상 바로 이러한 작업이었다. 사료들과 의존성의 문제가 자료의 모습과 또 내용에서 생긴다. 사료 문제를 더욱 복잡하게 만들면서, *Gospel of Thomas*의 많은 수의 어록이 더욱 원래의 그리스어 버전에서 이 세기 초에 발견되었다.– 비록, 물론, 그 당시에 그것들은 우리가 지금 *Gospel of Thomas*라고 부르는 것의 일부라는 것이 알려지지 않았지만. 이 그리스어 단편들은 옥시린쿠스라는 고대 이집트 도시의 현장에 있는 쓰레기 더미에서 발견된 파피루스의 세 조각에 쓰여 있다(이런 이유로 수집물의 이름은, Oxyrhynchus papiri). 옥시린쿠스 파피루스 1은 *Gospel of Thomas*의 어록 26~30, 77, 그리고 31~33으로 우리가 알고 있는 것을 담고 있다. 그 파피루스의 완전한 콥트어 원문으로부터 어록을 배치하는 서로 다른 방법, 더하기 그리스어와 콥트어 간의 어구의 몇몇 차이는, *Gospel of Thomas*가 여러 형식으로 유포되었고 편집의 여러 단계를 거쳐서 통과했다는 것을 우리에게 보여 준다. 우리가 갖고 있는 콥트어 버전은 아마 책의 원래의 그리스어 형식이었던 어떤 것과 동일한 것이 아닐 것이다.—사실, 만일 우리가 그 원래의 그리스어 형식을 말할 수 있다면. 다른 두 옥시린쿠스 파피루스는 *Gospel of Thomas*에 나오는 것과 똑같은 순서로 그 어록을 담고 있다. 곧 옥시린쿠스 파피루스 654는 어록 1~7을, 옥시린쿠스 655는 어록 36~40을 담고 있다.[72]

*Gospel of Thomas*의 평가는 그 책이 그 신학에서 영지주의적으로 간주될 수 있는지에 대하여 학자들 가운데에 의견 충돌에 의해 여전히 더욱 어렵게 만들어진다. 이러한 결정은 물론 그 복음서가 역사적 예수에 대하여 우리에게 말할 것이 있는지의 더 많은 문제 위에 몇몇 영향을 가지게 될 것이다. 한편으로 그 복음서는 공관복음서들의 어록과 똑같은 또는 매우 비슷한 어록을 담고 있다. 그 자체들에 의해 고려될 때, 또는 선험적으로, 그것들의 공관계 문맥으로 고려될 때, 이러한 어록은 우리에게 영지주의적 인상을 결코 주지 않을 것이다. 그렇지만 *Gospel of Thomas*에서 이러한 공관계와 같은 어록은 결정적인 영지주의의 기미와 함께 어록에 나란히 놓여 있으며 때로는 영지주의의 메시지를 전달하도록 고쳐진 것처럼 보인다.[73] 그로 인해, 모든 특성을 갖춘 영지주의의 신화(예를 들어, *Apocryphon of John*에서처럼)를 구현하는, 그가 "고전적 영지주의의 성경"이라 부르는 것 안에 *Gospel of Thomas*를 포함시키지는 않지만, 벤틀리 레이턴(Bentley Layton)은 그것을 "영지주의의 성서들"의 더 큰 전집 안에 "관련된 저서들"의 하나로 포함시킨다.[74] 그가 지적하는 것처럼, 114어록의 "비밀의" 또는 "숨겨진" 의미는, 그 복음서의 편집자의 마음속에, 예수의 말씀들의 모든 것에 대해 해석적인 열쇠를 이해하는 이들에 의해서만 발견될 수 있다. 곧 *Gospel of Thomas*의 많은 어록에 포함된 영지주의의 신화, 하지

만 *Hymn of the Pearl*과 같은, "성 토마스의 학교"의 오직 다른 영지주의의 저서들을 바라봄으로써만 완전하게 이해될 수 있는 신화.

*Gospel of Thomas*에 암시된 영지주의의 신화 안에, 개인적인 영들은 원래 빛의 나라에, 곧 "모든 것"(=신적인 존재들의 영적인 세계)의 첫째 원리인, 아버지의 나라에 살았다. 그들의 바로 그 특성상, 이 영들은 신적인 것과 모두 일치되어 있었고 또 한 본질로 있었다. 어떤 일종의 원시의 대재앙을 통하여, 몇몇 영들은 이 물질적 세상의 가난 안으로 들어와 인간의 몸의 육신적 옷에 감금되었다.[75] 이 추락과 감금은 그들이 영적으로 잠에 떨어지게 하는 결과를 가져왔고, 빛의 나라에서 그들의 참된 기원을 잊어버리게 했다. 그들은 어둠의 영역에서 주정뱅이와 장님들과 같다.[76] "살아 있는" 예수(기본적으로, 세월이 흘러도 변치 않는, 영원한 아드님, 물질에 어떤 참된 육화 없이, 일반적으로 유다 백성에게 긴 지상의 직무, 참된 죽음, 또는 참된 몸의 부활)는 이 영들을 깨우고, 그들의 참된 기원과 운명을 그들에게 상기시키며, 그들이 이 죽음의 물질적 세상에 속한다는 환상에서 그들을 자유롭게 하려고 이 세상에 온다.

그가 찾는 이들과 신적인 본질에서 하나인, 예수는 그들이 누구인지, 곧 또 다른 세계에 속하는 신적인 존재들이라는 진리를 그들에게 단순히 계시함으로써 그들을 구원한다. 순수하고 단순한, 이 지식은 바로 지금 이 영적인 품격들을 구원한다. 자신들이 누구인지 깨닫자마자, 그들은 곧 바로 그들의 물질적 몸의 "옷"에서 자유로워지며, 이를 그들은 발밑에 짓밟을 수 있다.[77] 지금도 그들은 영원한 생명을 의미하는 참된 지식의 보물을 발견할 수 있다. 지금도 그들은 아버지의 "장소" 또는 "안식"으로 들어갈 수 있다. 그들이 거기서 왔던 신적인 원천에 완전히 통합되어, 미래에 기다려야만 하는 구원은 없다. *Gospel of Thomas*는 이렇게 "실현된 종말론"을 그 가장 근본적인 양식으로 나타낸다.

사실, 미래의 완성의 예상보다 태고의 낙원으로 돌아감을 말하는 것이 아마 더 정확할 것이다.[78] 위로부터 또는 미래에 기다려야 할 나라는 없다. 오직 그들이 그들의 내적인 눈을 그것을 보기 위하여 열기만 한다면, 영적인 나라는 이미 그들 안에 또 그들을 둘러싸고 있다.[79] 물질적인 세상과 물리적인 몸은 악한 것으로 배척되며, 또 우리는 물질적인 것들에서 가능한 한 멀리 자제해야 한다. 성은 악한 것으로 보이며, 또 몸 안에 감금된 새로운 영들을 낳는 데에 특히 여성의 역할은 비난을 받는다.[80] 고행에 의해 영들은 이미 몸 위에 원칙적으로 승리하며, 이는 신체적 죽음에서 전적으로 뒤에 남겨질 것이다. 신체적 죽음은 예수의 어록에 대해 "해석을 발견"했던 초심자들을 위해 파멸을 초래하지 않으며, 그들은 그러므로 죽음을 체험하지 않는다.[81] 신체적 죽음은 단순히 악한 물질적 세계로부터 최후의 해방이다.[82]

"살아 있는" 예수의 많은 어록이 이해될 수 있는 것은 신비주의, 금욕주의, 범신론과 다신론의 이러한 이상한 혼합 안에 있다.[83] 곧 "여러분이 세상으로부터 절제하지 않는다면, 여러분은 나라를 발견하지 못할 것입니다"(27). "나는 이 위대한 부요가 이러한 가난 안에 어떻게 머물게 되는지에 대해 감탄을 합니다"(29). "세 신적인 존재가 있는 곳에서 그들은 신적입니다. 둘이나 하나가 있는 곳에, 나 자신은 저 위격과 함께 머무릅니다"(30). "그들이 여러분에게 '여러분은 어디서 왔습니까?' 하고 물으면 '우리가 온 것은 빛으로부터입니다.' 하고 그들에게 말하십시오"(50). "예수께서 말씀하시기를, '모든 것인 자는 나다. 모든 것이 온 것은 나로부터이며, 또 모든 것이 가는 것은 나에게이다. 나무의 한 조각을 쪼개라. 곧 내가 거기에 있다. 돌을 들어 올려라, 거기서 여러분은 나를 발견할 것이다'"(77). "예수께서 말씀하시기를, '나의 입에서 마시는 사람은 누구나 나와 같이 될 것이다. 나 역시 그 사람이 될 것이다'"(108). "시몬 베드로가 그들에게 말하였다. '여성들은 삶의 가치가 없기 때문에, 마리아는 우리를 떠나야 한다.' 예수께서 말씀하셨다. '보라, 나는 그녀를 이끌어 그녀를 남자로 만들어 그녀 역시 너희 남성들을 닮은 살아 있는 영이 될 수 있게 만들려고 한다. 자신을 남자로 만드는 모든 여자는 하늘의 나라에 들어갈 것이기 때문이다'"(114).

우리 앞에 있는 이 요약과 함께, *Gospel of Thomas*의 편집자의 지배적인 의도는 영지주의적인 것이며 또 공관과 같은 어록들은 그것들의 "진정한" 비밀적, 영지주의적 의미에 따라 (재)해석되지 않으면 안 된다는 것이 분명하다.[84] 이런 종류의 영지주의의 세계관은 서기 2세기의 어느 때 이전에 이러한 완전한 방법으로 그리스도교를 "재해석하기" 위해 사용되지 않았기 때문에,[85] 그것이 콥트어 원문에 있는 것처럼, 역사적 예수 또는 1세기 그리스도교의 가장 이른 사료들의 신뢰할 만한 고찰이 되는 것이, 전체로서 *Gospel of Thomas*에 대하여 의심의 여지가 있을 수 없다.[86] 사실, 옥시린쿠스 파피루스의 가장 이른 것, 곧 *Gospel of Thomas*에 대한 첫째 증언(그리스어로)은 보통 서기 200년경으로 날짜가 정해진다는 징후가 있다. 우리가 *Gospel of Thomas*로 아는 작성이 2세기 영지주의의 그리스도교의 한 표현으로서 형태를 갖춘 것은 2세기의 어느 곳이다.[87]

하지만, 이러한 2세기 날짜와 마지막 문서의 영지주의의 특성은, 아마 우리가 공관복음서들 안에서 발견하는 것보다 더 이르고 더욱 원래의 것인, 예수의 정전 어록의 어떤 이른 사료가 *Gospel of Thomas* 안에 보존되었을지에 대한 질문에 대답을 하지 않는다. 이 점에 대한 토론은 활발하고 다양했으며, 곧바로 멈출 것 같지 않다.

*Gospel of Thomas*의 첫 출판의 때로부터 상당한 수의 전문가들이 그 복음서는, 그보다 더 이르지는 않지만, 공관복음서들만큼 이른 독립적인 전승을 나타낸다고 주장하였다. 가장 이르고 또 가장 끈질긴 사람은 힐러스 퀴스펠(Gilles Quispel)이었는데, 그는 공관복음서와 같은 어록의 아무것도 정전 복음서들의 단어 선택과 정확히 일치하지 않는다고 지적했다. 그는 이 어록들 중의 몇몇은 *Gospel of the Hebrews*에서 왔을 것이라고 제시한다.[88] 어쨌든, 그의 접근법 안에 강한 옹호하는 동기가 있었다. 곧 *Gospel of Thomas*는, 그의 생각에, 몇몇 양식 비평가들의 회의주의에 대해 거짓임을 보여 주었는데, 그것은 예수 전승이 후대 공동체의 신학에 의해 만들어진 신화가 아니었다는 독립적인 증거를 제공하였기 때문이다. 자크 메나르(Jacques E. Ménard)는 마찬가지로 *Gospel of Thomas* 안의 많은 어록은 영지주의의 "매력"을 가지고 있지 않으며 정전 원문들에서 독립된 또는 그보다 더 오래된 고대 층을 나타낼 것이라고 감지한다.[89] 역사적 예수에 대한 위대한 탐구자인, 요아힘 예레미아스는 *Gospel of Thomas*의 독립성의 견해를 환영했는데, 왜냐하면 그것이 이렇게 하여 분리된 사료를 제공하여

예수 어록, 특히 비유들의 원래의 형태와 의미를 재구성하려는 시도에 도움을 주었기 때문이다.[90]

대서양 이쪽에서, 최근 십여 년에는 *Gospel of Thomas* 안의 공관복음과 같은 어록의 독립성을 촉진하는 출판물들의 진정한 홍수를 보였다. 그렇지만 이 나라에서도 추진력이 여러 해 동안 하버드대학교에서 가르쳤던 유명한 독일 학자, 헬무트 쾨스터에게서 왔다. 쾨스터는 *Gospel of Thomas*가 아마도 일찍이 서기 1세기 하반기에 쓰였고, 정전 복음서들로부터 어떤 영향도 보이지 않으며, 또 우리의 복음서들에서 목격된 양식보다 더욱 초기의 양식으로 몇몇 예수 어록을 포함한다고 주장한다.[91] 쾨스터의 영향은, 론 캐머런(Ron Cameron),[92] 스테반 데이비스(Stevan L. Davies),[93] 제임스 로빈슨,[94] 또 존 도미니크 크로산[95]을 포함하는, 그의 많은 미국인 동료들과 학생들의 견해에 반영되었다. 이 학자들의 몇몇은 그들의 입장을 매우 확신하여 그들의 입장을 주장하기를 힘쓰지도 않는다. 이를 그저 당연한 것으로 여긴다.[96]

주장을 말할 때, 이 "독립 찬성" 학교는 보통 *Gospel of Thomas* 안의 어록과 비유가 일반적으로 더 짧고 간결하며, 또 유비, 신학적 관심사, 담화 구조, 그리고 네 복음사가의 다른 편집적 "지문"이 없다는 사실을 강조한다.[97] *Gospel of Thomas*의 편집자는 주어진 말씀이나 공관복음서들의 비유를 그렇게 과감하게 줄일 이유가 없었을 것이라고 주장된다.[98] *Gospel of Thomas* 안의 비유들은 흔히 20세기 양식 비평가들에 의해 공관복음서들로부터 재구성된 가설적 원래의 양식들과 현저하게 일치한다. 많은 어록들은 쉽게 아람어로 되돌려지며 학자들이 예수의 진정한 어록과 연관시키는 리듬과 미사여구를 보여 준다.[99] 크로산은 또한, 토마스에게는 그 자신의 지배적인 편집적 순서가 없기 때문에, 살짝 엿보기 위해 공관복음서들 중 적어도 하나 안에서 어록의 순서를 우리는 기대할 수 있을 것이라고 지적한다. 그렇지만, 공관계의 순서는 분명하지 않다고 크로산은 말한다.[100]

이 주장들은 중대하지만, 그것들은 모든 사람을 확신시키지는 못했다.[101] 처음부터, 몇몇 학자들은 *Gospel of Thomas*가 정전 복음서들의 모두가 아니라면 몇몇에, 직접 또는 간접으로, 의존하였다는 견해를 선호했다.

논쟁에서 일찍부터, 터너(H. E. W. Turner)는 퀴스펠의 독립성의 주장에 대하여 그의 망설임을 표현했다. 터너는 *Gospel of Thomas* 안의 어록의 서로 다른 버전은 주석의 영지주의 방법과 교리와 영성의 특별한 영지주의 양식 때문일 수 있다고 지적했다.[102] 로버트 그랜트는 공관복음서들과 병행하는 복음서 안의 대부분의 자료는 마태오와 루카에게서 온다고 생각한다.[103] 그는 왜 토마스가 그 자신의 목적에 맞도록 공관복음서 안의 어록의 순서를 재정리했는지, 또 공관복음서 순서의 자취들은 여전히 *Gospel of Thomas* 안에서 발견될 수 있다는 것을 우리는 이해할 수 있다고 주장한다.[104]

장마리 세브린(Jean-Marie Sevrin)은 왜 토마스가 특징적으로 영지주의 요점을 만들기 위해 어떤 공관복음 비유들(어록 63, 64, 65)을 재편성했는지 상세하게 보여 준다. 곧 이 물질적 세상과 유대는 죽음으로 이끌며, 반면에 자기 인식에 대한 힘든 추구는 생명으로 이끈다.[105] 베르틸 개르트너(Bertil Gärtner)는 너무 많은 의문스러운 가설들을 세움에 대해 퀴스벨을 비평하면서, 초기 교회가 정전 복음서들을 인용한 비교적 자유로운 방법을 지적하며, 자주 기억으로부터 인용하고, 자주 예수의 어록을 병합하거나 원문에 덧붙이며, 자주 복음서 조화 또는 "통관(通觀) 복음서"의 유형을 만듦에로 향한다.[106] 개르트너는 *Gospel of Thomas* 안의 공관복음과 같은 어록은 정규적으로 마태오보다는 루카의 원문을 따르며, 그럼에도 어느 정도 마태오에 가깝다고 주장한다. 쿠르트 루돌프(Kurt Rudolph)는 마르코, 마태오와 루카의 자취를 본다.[107] Q 문서와 *Gospel of Thomas*의 관례적인 비교를 배척하면서, 바우데베인 데한드쉬터(Boudewijn Dehandschutter)는 그 복음서가 이전의 그리스도교 전승에서 예수에게 돌리지 않았던 것을 예수 어록에 돌린다고 지적한다. 달리 말하면, *Gospel of Thomas*는 예수의 말씀들의 전승에서 이르기보다는 비교적 늦은 단계를 나타낸다.[108]

이 많은 주장들의 문제는 물론 그것들이 일반적인 측면에 남아 있거나 또는 주제를 지원하기 위해 소수의 어록을 사용한다는 것이다. 볼프강 슈라게(Wolfgang Schrage)의 작업의 가치는 공관복음의 병행들을 가진 *Gospel of Thomas* 안의 모든 어록을 그가 상세하게 조사했다는 것이다.

비록 항상 확고한 결정을 허용하지 않는 몇몇 경우가 있지만, 그의 판단에, 대부분의 병행들은 *Gospel of Thomas*의 공관복음서들에 의존에 의해 가장 잘 설명된다.[109] 가끔 *Gospel of Thomas* 안의 어떤 어록이 더욱 원래의 것으로 보일 때에도, 그 어록은 공관복음서들의 지식을 "통하여 걸러진" 것으로 여전히 보인다. 그 대신, 보통 그것은 영지주의 사상을 "통하여 걸러지게" 되는 공관계 전승의 문제이다.—그럼에도 공관복음서들에 의존은 때로는 공관복음서의 사본에서 직접적인 복사보다는 오히려 계속 진행 중인 구두 전승 또는 복음서 조화일 것이다.[110] 비록 이후의 (또 다양한) 정전 복음서들의 콥트어 버전에 그의 의존과 공관복음서들의 편집적인 대목에 초점을 맞추지 못함이 그를 비평에 열어 놓게 했음에도, 슈라게의 연구는 유용하게 남아 있다.[111]

공관복음서들이 단 하나의 조화된 원문을 통하여 토마스에게 알려졌다는 가능성은 터켓에 의해 신중하게 고려되는데, 그는 *Gospel of Thomas*에 공관복음서와 같은 어록의 적어도 몇몇은 공관계 복음서들 안의 편집적인 자료에 의존성을 보인다고 여긴다.[112]

위대한 학자들이 이 문제에 대해 그렇게 갈라질 수 있다는 사실은 자료가 어떻게 하나 이상의 해석을 허용하는지 보여 준다. 그것은 모든 주장을 따져 보고 어떤 입장이 더 큰 가능성이 있는지 결정하려고 노력하는지의 문제이다. 절대적인 확실성은 가질 수 없다. 당연한 일이지만, 나는 *Gospel of Thomas*가 공관복음서 전승에 의존한다는 견해로 기울어진다. 많은 주장들이 나와 함께 크게 비중을 둔다.

(1) 무엇보다 먼저, 나의 판단에 영향을 주는 예비적 고려 사항이 있다. 곧 나그함마디 문서에 대한 우리의 개관에 앞서 이 장에서 우리가 보았던 모든 그리스도교 자료에 의해 만들어진 일반적인 인상이다. 외경과 위경적 복음서들 모두의 경우에, 몇몇 학자들은 정전 복음서와 독립된 예수의 진정한 어록을 발견한다고 주장하였다. 많은 실례들은 마구 뻗어 나가는 활발한 그리스도인 상상의 기이한 본보기들로서 곧 일축될 수 있을 것이다. 다른 사례들은 더욱 진지한 고려를 요구하였다. 그러나 저 사례들 (특히 *Gospel of Peter, Egerton Papyrus 2,* 그리고 *Secret Gospel of Mark*) 각각에서,

더 면밀한 조사는 그것이 2세기 자료가 정전 복음서들에 의존하였을 가능성을 보여 주었다.

더 중요하게도, 어떤 유형들이 나타나기 시작했다. 1세기에 쓰였지만 오직 그 후에 계속 정전적인 것으로 점차적으로 인정된, 네 복음서의 강력한 영향 아래, 2세기 그리스도교는 예수의 이 네 "생활"을 본받고, 융합하며, 조화시키려는 격렬한 시도로 폭발했다.—마찬가지로 새로운 생활과 새로운 예수들을 창조하려고. 때로는 원동력은 바로 독실한 상상과 "대중적인" 그리스도교에 대한, 신기함에 가까운(예, *Protevangelium Jacobi*) 호기심이었다. 다른 때에는, 흔히 영지주의의 무늬로 된, 단편들로 들여다본(예, *Gospel of the Egyptians*), 더욱 신학적인 의제였다. 하지만 *Gospel of Thomas*에 대한 우리의 탐구 이전에 아무 사례에서도 우리는 정전 복음서들과 독립된 진정한 예수의 어록을 포함할 것 같은 어떤 문서를 발견하지 못했다. 이와 같이, *Gospel of Thomas*가 이러한 독립적인 어록을 담고 있다면, 그것은 2세기 그리스도교 문헌에서 실제적으로 유일하다. 그 대신, 그것이 정전 복음서들에 의존한다면, 그것은 2세기 더 큰 그림에 완전하게 들어맞는다. 나는 이 요건이 순전히 예비적이거나 선험적인 고찰이라는 것을 강조한다. 그럼에도 이것은 지금까지 우리가 보았던 모두에서 흘러나오며, 또 우리가 2세기 그리스도교의 문헌의 발전 내에서 어떻게 *Gospel of Thomas*를 상상해야 하는지의 날카로운 질문을 제기한다.

(2) 둘째 예비적인 고찰은 우리의 정전 복음서들이 계속 진행 중인 구두 전승에서 나왔을 뿐만 아니라 또한 계속 진행 중인 전승을 발생시킨다는 사실이다. 아주 옳게, 구두 전승은 정전 복음서가 출판된 다음에 자취를 감추지 않았다는 것이 자주 확인된다. 그럼에도 정전 복음서들의 저술은 상황을 변화시켰다. 정전 복음서들은—"정전"으로 그것들이 결정적으로 인정되기 오래전에—정규적으로 예배 때에 설교되었고, 교리 교수 학교에서 연구되었으며, 또 교부 시대 저자들에 의해 엄밀하게 또는 느슨하게 인용되었다. 또 그러므로 그것들은 점점 더 개별적인 그리스도인들과 전체 공동체의 기억 속에 남게 되었다. 어쩔 수 없이 그것들은 자신들 이전에 또 자신들과 함께 존재했던 구두 전승을 "오염시켰고" 수정했다.[113]

이렇게 하여, 사람들이 2세기를 통과하면서, 우리가 합리적으로 공관계와 요한계의 영향에 전적으로 자유로울 수 있기를 바랄 수 있을 만한 예수의 어록을 밝히기가 점점 더 어렵게 된다.[114] 2세기 문서들 안의 예수의 어록과 정전 복음서 안의 그의 어록 간의 차이점들은 기억으로부터 인용(2세기 그리스도인들이 글로 쓴 원문의 정확한 인용에 대하여 우리 20세기 학계의 열성을 전혀 가지지 않음), 부주의한 오류들, 의식적 또는 무의식적 조화시킴,[115] 그리고 때로는 신학적 점수를 올리려는 분명한 바람에 기인하는 것 같다. “타르굼”과 “미드라시”를 만들려는 유다인의 경향은 2세기 그리스도교에서 네 복음서를 받아들임과 사용 안에서 그 상관관계를 발견한다.

이런 이유로, 우리가 *Gospel of Thomas*가 공관복음서와/또는 요한에 의존하는지 물을 때, 저 의존성은 한 가지 이상의 방법으로 이해해야 한다. *Gospel of Thomas*가 형성된 길고 긴 과정을 감안하면, 복음서들의 글로 쓴 양식에 대한 직접적인 의존성과 설교와 교리 교수, 기억으로부터 인용, 복음서를 조화시킴, 그리고 창조적인 재작성을 통하여 그것들에 간접적인 의존성도 신중하게 고려되어야 한다. 이 모든 것에 비추어 볼 때, *Gospel of Thomas*가 정전 복음서들에 의존하였다면, 우리는 어록의 공관계 순서의 훨씬 많은 것을 보게 될 것이라는 크로산의 반대는 그 힘을 많이 잃을 것이다.[116] 더욱이 터켓이 지적하는 것처럼, 옥시린쿠스 파피루스에 감사하게도, *Gospel of Thomas*의 콥트어 편집자가 표어들 간의 연결을 만들기 위해 그리스어 원문의 순서를 재정리했던 곳의 적어도 한 사례를 우리는 안다.[117] 이러한 연결들은, 우리에게는 아닐지라도, 편집자에게 분명했던 “논리”를 만들며, 또 이 “논리”는 공관계 어록의 재정리를 위한 이유일 가능성이 있다.

(3) 셋째로, 이 예비적인 고찰로부터 우리는 이제 *Gospel of Thomas* 안의 자료로 향할 수 있다. 학자들이 정전 복음서들로부터 독립에 대하여 논쟁할 때, 가장 자주 사용했던 주장들의 하나는 *Gospel of Thomas*가 주어진 어록 또는 비유의 더 짧고, 더 간결한 버전을, 네 복음사가에 의해 덧붙여진 우화와 편집적인 신학 없이, 우리에게 제시한다는 것이다. 얼핏 보기에,

이 주장은 똑바르고 매력적이다. 그러나 더 많은 고찰은 그것이 처음에 나타날 수 있는 것처럼 증거를 제시하지 못한다는 것을 보여 준다.

(a) 똑같은 자료를 포함하는 더 긴 원문보다 더 짧은 원문이 더 이르고 독립적이라는 것은 복음서 전통 안에 결코 항상 사실이 아니다. 마태오는 보통 마르코의 기적 이야기를 짧게 만들며 간소화하지만, 모든 간결성에 대하여 마르코에 적잖게 의존한다.[118] 실제로, 전승은 더 짧은 것에서 더 긴 것으로 또는 더 긴 것에서 더 짧은 것으로 직선을 따라 전개할 수 있지만, 앞뒤로 두서없이 진행될 가능성이 꽤 있다.[119]

예를 들어, 예수의 이혼의 금지의 가장 이른 형식은 루카 16, 18/마태 5, 32 배후에 Q 형식과 같은 것처럼 보였을 것이며, 이는 이혼을 완전히 남편의 유리한 점에서 볼 것인데, 그 당시 유다인의 법은 (드문 예외와 함께) 오직 남편이 이혼을 이룰 수 있었기 때문이다.[120] 그리스 - 로마의 법적 배경에서 일하면서, 거기서 여자는 그들의 남편과 이혼할 수 있었는데, 마르코는 금지를 남자에게처럼 여자에게도 적용하기 위해 그가 받은 전승을 확장한다(마르 10, 1~12의 이혼에 대한 그의 논쟁 대화 내에서 11~12절의 그의 두 부분 설명을 보라). 마태오는 저 논쟁 대화를 마르코에게서 가져왔다. 하지만 그의 교회의 유다계 그리스도인 배경을 고려하면서, 마태오는 마르 10, 11~12의 두 부분 설명의 후반부를 빠뜨리는데, 이렇게 하여 오직 남편의 관점으로만 되돌아가는 이혼에 대한 설명을 만든다(마태 19, 9).

일어났던 것을 주목하라. 곧 전승의 역사에, 마태오의 버전은 가장 최초의 양식에서 실제로 두 번 삭제된다. 그렇지만 마르코의 두 부분 버전에 대한 그의 편집적 가지치기 때문에, 마태오는 우연에 의해 최초의 양식에 가까운 양식을 만든다. 마태오는 이것을 그가 양식 비평을 공부했거나 가장 최초의 전승에 직접적 접근을 하였기 때문이 아니라, 단순히 그의 편집적인 관심사가 최초의 버전과 비슷한 버전을 만들게 된 바로 그 방법으로 마르코를 축소하도록 그를 이끌기 때문이다. 이 경우에, 마태오가 마르코와 독립적이며 마르코보다 앞선다고 주장하기 위하여 달리 2출전설을 생각했던 모든 비평가에게 이것은 결코 일어나지 않을 것이다. 그

대신에, 그 비평가는 공관계 전승의 또 다른 경향에 주목할 것이다. 곧 때로는, 후대의 수정 편집은, 우연에 의해, 어록의 최초의 양식과 비슷한 어록의 축소된 양식을 만들 수 있다.

(b) *Gospel of Thomas*의 정전 복음서들의 이용에 비슷한 것이 일어나고 있을 것이다. 공관복음서들과 *Gospel of Thomas*를 비교할 때, 우리는 후자의 작업의 시작에 진술된 지배하는 해석적인 원칙을 항상 기억해야 한다. 곧 "살아 있는 예수님이 말씀하신 잘 알려지지 않은['숨겨진' 또는 '비밀스러운'] 어록이 있다…. 누구든지 이 어록의 의미[또는 해석]를 발견하는 사람은 죽음을 맛보지 않을 것이다"(어록 1). 그 복음서의 편집자는 예수의 어록이 우연히 지나치는 모든 독자에게 쉽게 이해될 수 있기를 의도하지 않는다. 그 대신에, 어록은 비전의 가르침으로, 영지주의의 세계관의 "섬광"을 갖추고, 예수의 말씀의 숨겨진, 영지주의 의미를 발견하기 위해 어둠 속에서 찾는, 초심자들에게만 이해될 수 있는 것으로 제시된다. 이 해석학의 결과는 *Gospel of Thomas*의 편집자가 예수의 어록을 너무 분명하거나 한 뜻밖에 없게 만드는, 또는 하나의 특별한(흔히 윤리적 또는 교회론적) 적용을 강조하기 위해 일반적인 어록을 사용하는 모든 것을 고의로 전승에서 빠뜨릴 것이라는 것이다. 따라서 편집자는 자연스럽게 네 정전 복음사가가 아주 어렵게 하려고 애썼던 것을 무효로 만든다. 곧 우화나 다른 편집적인 덧붙임과 재구성에 의해, 네 복음사가는 흔히 예수의 진술의 의미를 설명하거나 그것들을 교회 안의 구체적 문제들에 적용하기 때문이다.

토마스가 조직적으로 빠뜨리는 것은 이 명확하게 하는 덧붙임들이며, 이렇게 하여 어록이나 비유의 더 짧고, 더 단단한 버전을 만든다. 토마스의 전체 영지주의적 접근법은 할 말만 하는, "응축된", 간결한 양식의 전승을 만든다. 이 양식은 아마 실로, 때로는, 닮은꼴을 하고 있는 최초의 전승을 양식 비평가들이 상상하는 것과 우연에 의해 가깝게 한다. 그럼에도 마르코와 나란히 마태오와 함께, 이 우연의 일치는 우선 사항과 독립성과 혼동해서는 안 된다. 실로, 이러한 과정은 예수 자신에게서 오는 자료를 쉽게 없애지 못하기 때문에, 그것은 결코 예수의 어록의 원래의 양식으로 되돌아감을 보장하지 않는다.

(c) 정전의 어록을 근본적으로 축소하도록 움직이는 것은 단순히 짧고, 신비로우며, 말수가 적은 형식문에 대한 일반적인 선호가 아니다. 토마스도 정전의 자료에서 다수의 전통적이며 신학적인 것을 그가 없애게 하는 복합적인 신학적 입장을 가지고 있다. 토마스의 영지주의 비전은, 구약성경 안의 그 초기 모습(예언들로 가득한), 예수의 지상의 직무, 죽음과 부활 안의 그 중간 지점과 세상에 정착하며 남자와 여자에게 똑같이 복음을 선포하는 교회 안에서 그 계속, 그리고 옛 세상을 끝마치고 새로운 세상을 창조하기 위하여 사람의 아들 예수의 영광스러운 재림 안의 그 정점과 함께, 구원의 다단계 역사를 위한 여지가 없다.—달리 말하면, 네 복음서가 예수의 말씀과 행동에 대하여 이야기하면서 가르친 매우 많은 것. 악한 것으로 토마스의 물질적인 세상의 배척은 또한 구원의 역사의, 이스라엘을 위하여 그 역사 안의 특권적인 자리의, 구약성경 예언들의 중요성의, 그의 구원하는 죽음과 몸으로 부활로 이끄는 예수의 "육화한" 지상의 직무의, 모든 백성에게 교회의 보편적인 전교 사명의(오직 영적인 엘리트에 대한 것 대신에), 그리고 새 하늘과 새 땅의 개시를 알리는 예수의 미래 재림의 배척을 의미한다.

달리 말하면, 토마스의 구원 개념은 비역사적이며, 비시간적이며, 비물질적이며, 또 그러므로 그의 견해에 반대되는 모든 것을 네 복음서에서 자주 없앤다. 예를 들어, 세브린은 토마스가 "자본주의"를 반대하여 그 자신의 영지주의 논쟁을 전개하기 위해 어떻게 어록 63, 64, 그리고 65(갑자기 죽는 부자, 훌륭한 만찬, 또 포도원의 살인적인 지주들의 비유들)의 세 가지 다양한 비유들을 결속하며, 반면에 비유들에서 모든 우화, 구원 역사에 대한 모든 언급, 그리고 모든 종말론적 관점을 엄격하게 검열하는지 증거를 들어 보여 준다.[121] 그 결과는 자기 인식을 통한 자기 구원의 비역사화되고, 비시간적인 메시지와 이 물질적인 세상으로부터 금욕적 이탈이다. 가끔은, 토마스가 전승으로 확장을 도입할 것이지만, 그것들은 항상 그의 신학적 계획에 도움을 준다.[122]

(4) 더 많은 고찰은 우리가 *Gospel of Thomas*에서 발견하는 공관계 병행들

의 광범위한 "확장"에 초점을 맞춘다. 비평가들은 흔히 *Gospel of Thomas*와 Q 자료 간의 병행들을 강조하면서, 때로는 정전 전승 내의 자료의 다른 유형과 병행들을 거의 무시한다. 틀림없이, Q와 병행들은 특별히 많다. 하지만 병행하는 자료의 광범위한 "확장"에 대한 주목은, 이는 특별한 마태오의 자료, 특별한 루카의 자료, 각각의 세 공관복음서로부터 가능한 편집적 특성, "삼중의 전승"과 가능한 요한계 자료로 확장하며, 약간 흥미로운 결론으로 이끈다.[123]

특별히 주목할 만한 것은 정전 복음서들 가운데 오직 마태오 안에서 병행을 발견하는 토마스 안의 자료의 양이다. 곧 예, 마태 6, 1~18의 자선, 기도와 단식에 대한 삼중의 명령(참조: 어록 6과 14); 그물과 어부의 비유들(마태 13, 47~50; 어록 8), 밭에 있는 보물(마태 13, 44; 어록 109), 그리고 단 하나의 진주를 사는 장사꾼(마태 13, 45~46; 어록 76), 적은 수의 신자들에게 약속된 예수의 현존(마태 18, 20; 어록 20), 언덕 위 도시의 비유(마태 5, 14; 어록 32), 그리고 뱀처럼 슬기롭고 비둘기처럼 순결함에 대한 말씀(마태 10, 16; 어록 39, 거기 콥트어 원문은 마태오의 원문에 나오는 그리스어 형용사들, *phronimos*와 *akeraios*를 인수한다).

독특한 마태오의 자료("M" 자료)의 이것들과 다른 예들은 M 대목들의 몇몇이 아마 마태오 자신의 편집적인 창작이기 때문에 특별히 흥미롭다.[124] 예를 들어, 15장에 마태오는 정한 것과 부정한 것에 대한 마르코의 논쟁 안으로(마르 7, 1~23) 분명히 마태오 자신의 바리사이들에 대한 편집적인 관찰인 것을 삽입한다. "하늘의 내 아버지께서 심지 않으신 초목은 모두 뽑힐 것이다"(마태 15, 13).[125] 어록 40은 그러므로 의심스럽게 마태오의 것으로 들리는데, 그때에, 바리사이들과 율법 학자들에 대한 경고(마태 23, 13/루카 11, 52에 병행하여) 후에 또 뱀과 비둘기에 관한 마태오의 경구 후에, 그것은 예수가 이렇게 말하게 한다. "포도 덩굴은 아버지 밖에서 심어졌다. 또 그것이 견실하지 않기 때문에, 그것은 그 뿌리에 의해 뽑혔고 파멸되었다." 또한 특별히 마태오의 것은—또 가능하기는 편집적인—밀과 가라지의 비유(마태 13, 24~30; 어록 57),[126] 예수께 와서 그의 멍에를 메라는 초대(마태 11, 28~30; 어록 90),[127] 그리고 우리의 귀중한 것을 개와 돼지에게 주지 말라는 경고(마태 7, 6; 어록 93)이다. 이 예들에 *Gospel of Thomas*에 나오는 마르코와 Q 전승의 저 어록들이 마태오의 복음서에만 나오는 정확한 양식 또는 자구와 함께 덧붙여질 수 있다. 예를 들어, 어록 33(지붕에서 설교하는 것에 대하여), 34(눈먼 이가 눈먼 이를 인도함), 그리고 99("나의 아버지의 뜻을" 행함에 대하여)는 이중 또는 삼중 전승의 어록들로부터 마태오의 편집 양식을 반영한다. 요컨대, 내가 열거했던 대목 중 오직 하나만 마태오 자신의 창작이었을 것이며 또는 그 자신의 복음서를 작성하기 위해 마태오의 복음서를 토마스가 알고 사용한다는 의심을 넘어서 증명할 수 있는 마태오의 편집을 반영할 것이다. 나는 적어도 마태 15, 13과 13, 24~30이 정확히 그것이라고 생각한다.[128]

동시에, 정전 복음서들 가운데 루카에게 특별한("L" 자료) 상당히 많은 자료가 *Gospel of Thomas* 안에 있다. 예, 예수가 세상에 불을 지름에 대한 어록(루카 12, 49; 어록 10),[129] 갑자기 죽은 부자의 비유(루카 12, 16~21; 아록 63), 유산의 중재자로서 행하기를 예수가 거절함(루카 12, 13~15; 어록 72), 모태와 가슴의 복됨에 관한 두 루카의 어록(루카 11, 27~28과 23, 29; 어록 79),[130] 하느님의 나라가 여러분 가운데 있음에 대한 어록(루카 17, 20, 어록 113과 어록 3의 부분들에 반영된).[131]

루카의 편집적인 특성에 관하여, 터켓은 그것들을 Q와 삼중 전승에서 오는 토마스의 어록으로 돌아감으로써 위치시킨다. 루카의 편집적인 요소들은 특히 어록 5에 분명하며, 그것에 대해 우리는 옥시린쿠스 파피루스 654의 그리스어 원문을 가지고 있다.[132] 파피루스의 그리스어 원문은 마르 4, 22의 기본적인 마르코의 양식보다 오히려 루카 8, 17의 루카의 편집적 양식과 일치한다.[133] 파피루스의 저자는 분명히 루카의 편집적인 양식과 그러므로 루카를 알았다. 터켓은 루카에서 오는 부분적으로 편집적인 요소들을 반영하는 토마스 안의 어록들의 다른 본보기들은 어록 16과 55를 포함한다고 제시한다.[134]

Q 이외에, 특별한 M 자료, 특별한 L 자료, 그리고 마태오와 루카의 편집의 있을 법한 흔적들, 자료의 "확산"은 "삼중 전승"(곧 마태오와 루카가 또한 가지고 있는 마르코의 구절들)의 구절들을 확장한다. 예, 씨 뿌리는

사람의 비유(마르 4, 1~8; 어록 9), 겨자씨의 비유(마르 4, 30~32; 어록 20),[135] 그리고 포도원의 살인적인 소작인들(마르 12, 1~8; 어록 65).[136] 바로 그 본성에 의해, 마르코의 편집은 설정하기 어렵지만(마르코복음서 자체 안에도!), 터켓은 마르코에서 오는 몇몇 편집적인 특성들은 어록 9와 20에 알려질 수 있다고 생각한다.

요한계 자료에 대한 언급이나 암시는 그렇게 분명하지 않다.[137] "이 어록의 의미를 발견하는 사람은 누구나 죽음을 맛보지 않을 것이다."라는 어록 1의 시작하는 약속은 요한 8, 52을 상기하게 한다("누구나 나의 말을 지키면, 그는 영원히 죽음을 맛보지 않게 될 것이다"). 예수가 그의 제자들에게 마시라고 주는 솟아나는 샘물(어록 13)은 요한 4, 14과 7, 37~38을 반영할 것이다. 예수는 어록 77과 요한 8, 12에서도 "나는 빛이다." 하고 선포한다. 그랜트는 여러 비슷한 목록을 나열하지만, 그 예들의 언어가 약간 요한계이면, 흔히 그 반영은 약하다는 것을 인정해야 한다.[138]

레이먼드 브라운은 *Gospel of Thomas* 전체를 통하여 힘겹게 움직이며, 주의 깊게 요한복음서에 대한 모든 가능한 암시를 주목한다.[139] 그는 제시된 많은 암시들은 극도로 미약하다는 것을 인정한다. 그러나 그는 요한에 대한 토마스의 몇몇 의존은 요한의 최후의 만찬 담화와 초막절(요한 7, 37~8, 59)의 끝의 담론을 반영하는 토마스 안의 자료에 의해 제시되었다고 감지한다. 넷째 복음서의 이 부분들은 아마 그 현재 모습을 취하기 위해 마지막 것들 가운데 있었을 것이다. *Gospel of Thomas*의 비유들이 이 담론들의 다양한 부분들에 있기 때문에, *Gospel of Thomas*는 담론으로 갔던 요한계 전승의 가닥들 가운데 바로 하나에 의존한다는 것은 전혀 있을 것 같지 않다. 그러므로 토마스는—비록 간접적으로라도, 어떤 중개하는 문서 또는 구두 전승을 통하여—요한의 어떤 가설적인 사료보다는 오히려 아마 요한복음서 자체에 의존하는 것으로 보인다.[140]

우리는, 그다음에, 흥미로운 그림에 이른다. 곧 정전 복음서들에 나오는 어록들과 비슷한 *Gospel of Thomas*의 어록들은 단순히 Q 자료와 병행하지 않는다. 많은 Q 어록들 이외에, 특별한 M 자료, 특별한 L 자료의 공정한 묘사, 마태오와 루카의 편집적인 특성의 표시들, 삼중 전승으로부터 구절들(비록 반드시 특별한 마르코의 양식이 아니라도), 마르코로부터 몇몇 가능한 편집적 특성들, 그리고 요한복음서의 진술들과 몇 가지 병행들이 있다. 정전 복음서 전승(또 편집!)의 매우 많은 서로 다른 흐름들을 넘어 예수 어록의 이러한 넓은 "전파"는 근본적인 문제와 마주하도록 우리를 강요한다. 곧 *Gospel of Thomas*가 아마 의지했을 예수 어록의 매우 이른 사료는 그 자체 안에 Q, 특별한 M, 특별한 L, 마태오와 루카의 편집, 삼중의 전승, 그리고 가능한 요한계의 전승과 같은 1세기 그리스도교 전승의 이러한 다양한 가지들에 속하는 자료를 포함하고 있을 것인가? 사료, 장소, 그리고 이 믿을 수 없을 정도로 광대하지만 그럼에도 매우 이른 전승의 작성은 무엇이었는가? 그것의 전달자들은 누구였는가? 그 자체 안에 정전 복음서들이 된 이 모든 서로 다른 가닥을 포괄했던 어떤 초기 그리스도교 사료가 있었다고 정말로 생각할 수 있는가? 그렇지 않으면 *Gospel of Thomas*가 마태오와 루카의 복음서로부터 자료를, 마르코와 또 요한의 가능한 사용과 함께 합성했을 것이 더 가능할까? 특히 우리가 보았던 다른 2세기 그리스도교 문서들 안의 모든 이러한 합성하는 경향들을 감안하면, 두 가설 중 나는 둘째가 훨씬 더 개연성이 있다고 생각한다. 실로 *Gospel of Thomas*가 직접적으로 네 정전 복음서에 의존하지 않지만, 이미 그리스어로 작성되었던 것들의 어떤 합성에 의존하는 것이 훨씬 가능할 것이다.[141]

(5) 한편 *Gospel of Thomas*가 자주 공관계 편집의 요소들을 검열하지만, 때때로 순서나 공관계 복음서들의 신학적 경향들의 자취가 살아남는 것을 주목할 때 이 가설은 더욱더 가능성이 있게 된다.

몇몇 곳에 공관계 순서의 생존은 특히 눈에 띄는데 왜냐하면—우리가 보았듯이—토마스가 공관계 어록을 비슷한 동기와 표제어의 집단들 주위에 재정돈하기 때문이다. 예를 들어, 루카 10, 8~9의 순서는 어록 14를 통하여 몰래 엿본다. 곧 "너희가 단식을 한다면 죄를 얻을 것이다…. 그리고 너희가 어느 나라에 가든지, 그들이 너희를 받아들이면, 무엇이든지 그들이 너희 앞에 차려 주는 것을 먹어라(=루카 10, 8). 그들 가운데 병든 사람들을 낫게 하여라(=루카 10, 9). 너희 입으로 들어가는 것은 아무것도 너희를 더럽히지 않을 것이기 때문이다…." 토마스는 이런 다양한 어록을 먹는 것의 주제 아래 모았다(단식, 너희 앞에 차려진 것을 먹음, 너희 입으로 들어가는 것). 치유에 대한 언급은 토마스의 문맥에 완전히 거슬린다. 그것은 아무 역할을 하지 않고, 어느 곳에도 나오지 않으며, 또 어느 곳으로 가지 않는다. 아니 오히려, 그것은 분명히 루카 10, 9에서 오고, 거기에 이것은 루카의 선교 담론 내에 뜻이 있으며, 루카 10, 8을 따라오고 루카 10, 9b의 하느님 나라의 다가옴의 선포를 도입한다. 실로, 그것을 *Gospel of Thomas*로 따라왔던 루카 10, 8을 매우 밀접하게 루카 10, 9이 따라오며, 토마스가 그의 집단을 위하여 선택한 것을 감안하면, 그럼에도 그것은 아무 의미가 거기에 없다.[142]

공관계 순서는 또한 포도원의 살인적인 소작인들의 비유의 끝에 나타나는 것으로 보인다. 그 비유는 원래 마르 12, 8의 아들의 죽음과 함께 끝났을 가능성이 높다. 마태오와 루카가 따라왔던, 마르코는 포도원의 주인에 의해 소작인들의 파멸을 또 그다음 시편 118, 22에 대한 언급을 덧붙인다. "집 짓는 이들이 내버린 그 돌이 모퉁이의 머릿돌이 되었네."[143] 상응하여, *Gospel of Thomas*에, 어록 65의 아들의 죽음 후에, 어록 66이 시편 118, 22의 바꾸어 말하기를 따라온다. "나에게 집 짓는 이들이 버린 돌을 보여다오. 그 돌이 모퉁이의 머릿돌이다."[144] 어록 65와 66의 순서는 마르코의 작문을 전제하는 것으로 보인다.

공관계 복음서들의 "신학적 분위기"의 두 가능한 자취가 어록 55와 57에 있을 것이다. 어록 55는 이런 경고로 끝난다. "…나처럼[또는 "나의 방식으로", 또는 "내가 졌던 것처럼"] 자기의 십자가를 지지 않는 이들은… 나에게 합당하게 되지 않을 것이다"(참조: 루카 14, 26~27; 마태 10, 37~38). *Gospel of Thomas*는 다른 곳에 예수의 십자가형과 제자들이 그것을 본받음에 대한 확실한 언급을 하지 않는다. 십자가 위 예수의 실제 죽음의 사상은 당연히 영지주의 복음서에 없다.[145] 어록 57(밀과 가라지의 비유)은 비유에 대한 마태오의 버전의 분명한 압축이며, 그것에 의하면 똑같은 방식으로 끝난다. "추수의 날에 가라지들은 숨김없이 볼 수 있게 될 것이며, 또 그것들은 뽑히어 불태워질 것이기 때문이다." 심판의 미래의 날(=추수)과 불에 의해 마지막 날에 악한 자들의 벌(=그것들은… 불태워질 것이다.)의 견해는 일반적으로 공관복음서들의 종말론과, 특별히 마태오와 완전하게 맞지만, 그것은 *Gospel of Thomas*의 영지주의 관점과 맞지 않으며, *Gospel of Thomas*는 정상적으로 예수의 마지막 재림과 최후의 심판에 대한 언급을 피한다.

이 모든 것을 생각할 때에, 나는 더 개연성 있는 가설은 *Gospel of Thomas*가 몇몇 정전 복음서들을, 특히 마태오와 루카를 알았고 사용했다는 것이라고 결론을 짓는다. 실로, *Gospel of Thomas*가 네 복음서 모두를 이용했다면, 각각 복음서가 이용된 빈도는 나머지 2세기 그리스도교 문헌 전체를 통하여 우리가 아는 것을 대략 반영하였을 것이다. 곧 공관복음서들 중에, 마태오가 가장 자주, 그다음 루카 그리고 모든 것 중 가장 적게 마르코가 이용되었을 것이다. 이레네우스의 시대 이전에, 요한은 한 옆쪽에 서며, 몇몇 글들 안에 우리는 명확한 인용이나 암시보다는 오히려 기껏해야 약한 반영을 가진다. 복음서 어록들을 합성하고, 재정리하고, 또 되풀이하려는 경향은 마찬가지로 2세기에 일반적이다. 그러므로 2세기 그리스도교 문헌의 일반적인 양상으로부터 다르기보다는 오히려, 토마스는 점점 더 그것과 일치한다.

*Gospel of Thomas*의 공관계와 같은 어록들이 실제로 공관복음서들에 의존하며 또 다른 어록들이 2세기 그리스도교 영지주의에서 나온다고 나는 생각하기 때문에, *Gospel of Thomas*는 역사적 예수를 위한 독립적인 사료로서 우리의 탐구에 사용되지 않을 것이다.[146] 물론, 모든 학자들이 *Gospel of Thomas*에 대한 나의 평가와 일치하지 않을 것이라고 나는 깨닫는다. 그들의 견해에 당연한 고려를 하기 위해, 나는 항상 한눈을 정전 복음서들 안의 자료에 관한 나 자신의 해석에 대해 점검과 통제로서 이 복음서의 어록들 위에 둘 것이다. 비록 *Gospel of Thomas*가 오직 공관계 전승의 영지주의 재작업을 나타낸다고 하더라도, 토마스가 그 전승에 대해 하는 것은 그렇지 않으면 간과될 수 있는 그것의 어떤 측면들을 강조할 수 있다. 똑같은 것이 라삐계의 자료인, 외경과 위경적 복음서들에 대해서도 꼭 들어맞는다.

4. 사료들에 대한 요약

어떤 의미에서, 우리의 조사 결과는 부정적이고 실망스러웠다. 네 정전 복음서는 역사적 예수에 대한 탐구에 상응하는 자료의 중요한 구역들을 포함하는 오직 큰 문서들인 것으로 밝혀진다. 신약성경의 나머지는, 대부분 바오로의 전집에서, 오직 이런저런 것들을 제공한다. 신약성경 외에, 서기 1세기의 예수에 대한 오직 독립적인, 비그리스도교 증언은 요세푸스이지만, 그의 유명한 *Testimonium Flavianum*은 후대 그리스도인이 써넣은 어구를 없애는 몇몇 비평적 가지치기를 요구한다. 설령 그렇더라도, 요세푸스는 예수에 대한 복음서의 묘사의 주요한 특징의 독립적인 입증을 제공한다.—그럼에도 실제로 새롭거나 다른 것은 아무것도 없다. 타키투스가 독립적인 사료를 나타낸다면—이는 의심스럽다.—그가 우리에게 주는 모든 것은 티베리우스의 통치 동안에 유다에서 본시오 빌라도에 의해 예수의 처형에 대한 추가된 확인이다. 외교인 그리스 - 로마 저자들의 나머지(수에토니우스, 플리니우스 2세, 사모사타의 루키아노스)는 예수에 대하여 아무런 이른, 독립된 정보를 제공하지 않는다. 모든 실용적인 목적을 위하여, 그렇다면, 역사적 예수에 대한 우리의 이른, 독립적인 사료들은 네 복음서, 신약성경의 다른 곳에 흩어진 소수의 자료, 그리고 요세푸스로 요약된다.

몇몇 학자들과 반대로, 나는 라삐계 자료, 외경, 위경적 복음서들, 그리고 나그함마디 고서들(특히 *Gospel of Thomas*)이 신뢰할 만한 새로운 정보 또는 신약성경과 독립적인 진정한 어록들을 우리에게 제공한다고 생각하지 않는다. 이 후대의 문서들에서 우리가 보는 것은 오히려 논쟁에 몰두한 유다교의 라삐들에 의해 신약성경 저서들에 대한 편집 또는 재작업, 상상적인 그리스도인들이 고찰하는 대중적 신심과 전설, 또 영지주의 그리스도인들이 전개하는 신비적 추측에 근거한 체계이다. 예수의 말씀과 행동에 대한 그들의 버전은 그 전집이 단순히 모든 고대의 사료가 예수로부터 오는 자료로 밝혀진 모든 것이나 어떤 것을 포함한다고 이해된다면 "예수 자료의 전집" 안에 포함될 수 있다. 그러나 이러한 전집은 거기서 초기 전승의 좋은 물고기가 신중한 역사적 연구를 위한 그릇을 위하여 선별되어야 하는 마태오의 저인망(마태 13, 47~48)이며, 반면에 후대의 합성과 지어냄의 나쁜 물고기는 무비판적 마음의 탁한 바다로 다시 던져진다. 이 책의 1부에서, 우리는 바닷가에 앉아 있었고, 저인망을 선별하고 외경, 위경적 복음서들, 그리고 *Gospel of Thomas*를 바다로 다시 던졌다.[147]

학자들이 이 문서들의 몇몇에서 신뢰할 만한 초기 전승들을 보기를 바랐다는 것은 놀랄 만한 것이 아니다. 실로, 그것은 매우 이해할 만하다. 일단 이 문서들이 직접 또는 간접적으로 예수에 대한 그것들의 신뢰할 만한 정보를 위하여 신약성경에 의존한다는 것을 선언하였기 때문에, 우리는 네 복음서와, 더하여 산재한 토막 뉴스와 함께 홀로 남겨졌다.—어떤 이들은 허망하다고 말할 것이다. 학자들에게 있어서—대중화하는 사람들은 말할 것 없고—더 많은 것을 바라고, 역사적 예수에 이르는 다른 접근로를 바라는 것은 오직 자연스럽다. 이것은 이해할 만하지만 최근에 몇몇 구역들에서 탐구를 위하여 사료로서 출처가 분명하지 않은 복음서들과 나그함마디 고문서들의 높은 평가로 이끌었던 것은 항상 비평적 욕망이 아니라고 나는 생각한다. 그것은 생각에 더 멀리 있는 바람의 경우이며, 하지만 바람은 꿈같은 이야기이다. 좋건 나쁘건, 역사적 예수에 대한 우리의 탐구에서, 우리는 주로 정전 복음서에 제한된다. 진정한 "전집"은 그 제한들 안에 격앙시킨다. 역사가를 위하여 그것은 짜증나게 하는 한계이다. 그러나 우리의 네 복음서를 보충하기 위하여 *Gospel of Peter*나 *Gospel of Thomas*에 요구하는 것은 우리의 사료의 공동 저수지를 어려운 것에서 믿을 수 없는 것으로 넓히는 것이다.

네 복음서는 실제로 어려운 사료들이다. 저인망으로부터 그 최초의 선발은 그것들이 예수의 역사적 말씀과 행동을 나타내기 위해 보장되었다는 것을 의미하지 않는다. 초대교회의 부활 믿음과 함께 속속들이 망가져, 매우 선택적이며, 또 다양한 신학적 계획을 따라서 정돈되어, 그것들이 탐구를 위하여 신뢰할 만한 정보를 내려면, 정전 복음서들은 주의 깊고, 비평적인 감별을 요구한다. 돌려 말하자면, 이것은 우리의 다섯 번째 장의 긍정적인 결과이다. 우리의 초점이 정전 복음서들의 "전집"에 더욱 좁혀질 수록, 우리는 이 제한된 사료들의 특별하고 매우 신학적인 특성을 더 많이 인식하고 또 복음서들 내의 무엇이 역사적일 수 있는지 분별하기 위한 분명한 기준을 강구해 낼 긴급한 필요를 더 많이 깨닫는다. 그러므로 다음 장에서 우리는 역사성의 기준을 상세히 설명하는 일을 계속할 것이며, 그다음 우리는 기준을 네 복음서에 제시된 것처럼 예수의 말씀과 행동에 적용할 수 있다.

NOTES TO CHAPTER 5

1 William D. Stoker, *Extracanonical Sayings of Jesus*(SBLSBS 18; Atlanta: Scholars, 1989). Although he is not interested in questions of authenticity, Stoker shares Koester's view that some noncanonical collections of Jesus material are independent of the canonical Gospels; he also thinks that the sayings preserved in the *Gospel of Thomas* are best viewed as stemming from a collection earlier than the canonical Gospels(p. 1 n. 2).

2 Joachim Jeremias, *Unknown Sayings of Jesus*(2d English ed.[from the 3d German ed.]; London: SPCK, 1964). Another collection, categorized differently, can be found in Edgar Hennecke and Wilhelm Schneemelcher, *Neutestamentliche Apokryphen in deutscher Übersetzung. I Band. Evangelien*(Tübingen: Mohr [Siebeck], 1968) 52-74.

3 For the Oxyrhynchus papyri that parallel material in the Coptic *Gospel of Thomas*, see Section 3.

4 Needless to say, our concern here is with sayings that have a good chance of coming from the historical Jesus; words ascribed to the risen Jesus do not come under the limited scope of this investigation.

5 *Unknown Sayings of Jesus*, 120.

6 Here Jeremias places the only *agraphon* in the Acts of the Apostles, recorded in Paul's farewell speech at Miletus to the elders of Ephesus: "...one must remember the words of the Lord Jesus, that he himself said, 'It is more blessed to give than to receive.'" Jeremias(*Unknown Sayings of Jesus*, 33 n. 1) agrees with the judgment of Ernst Haenchen that Luke is putting into the mouth of Jesus a proverb well known in the Greco-Roman world(*Die Apostelgeschichte*[MeyerK 3; 6th ed.; Göttingen: Vandenhoeck & Ruprecht, 1968] 526-527 n. 5); similarly, Hans Conzelmann, *Acts of the Apostles*(Hermeneia; Philadelphia: Fortress, 1987) 176.

7 *Unknown Sayings of Jesus*, 26-42; Jeremias gives examples of each type of development of the sayings tradition.

8 The first three candidates(the rich young man, Jesus' encounter with a Pharisaic chief priest, Jesus' evaluation of the man who worked on the Sabbath) have a narrative framework and are therefore classified by Jeremias as "stories about Jesus." Yet what is at stake in Jeremias' treatment of each story is the saying or sayings of Jesus at the heart of the story. The other examples are classified as apocalyptic sayings dealing with the imminent eschatological denouement.

9 See the discussion of the criteria of historicity in Chapter 6 of this book.

10 It is ultimately for this reason that I do not spend more time on these individual pieces of *agrapha*; offering no significantly different information about Jesus, they are simply not worth the effort.

11 This definition therefore excludes from consideration those "gospels" from Nag

Hammadi and elsewhere which are really philosophical-theological tracts and in which the words and deeds of the earthly Jesus figure marginally, if at all. Obviously, such material has no bearing on a quest for the historical Jesus. The Coptic *Gospel of Thomas* could properly be treated in this present section. But, for convenience' sake, I delay a consideration of the *Gospel of Thomas* until Section 3, which treats the Nag Hammadi material. Even with these restrictions, "apocryphal gospels" must remain a useful catchall rubric rather than the designation of a single literary genre. For a brief survey of recent research on apocryphal gospels(sympathetic to the approach of Koester), see Stephen Gero, "Apocryphal Gospels: A Survey of Textual and Literary Problems", *Aufstieg und Niedergang der römischen Welt* II/25.5, 3969-3996.

[12] The word "apocryphal" is therefore being defined here in a sober, empirical way, without the prejudice of which Helmut Koester complains in his article, "Apocryphal and Canonical Gospels", *HTR* 73(1980) 105-130. If we decide that a given apocryphal gospel contains bizarre material or does not represent independent historical tradition about Jesus, that judgment will flow from a reading of the text, not from the adjective "apocryphal."

[13] Significant proponents of the importance of at least some apocryphal gospels for the history of Jesus and the earliest Christian tradition include Koester, "Apocryphal and Canonical Gospels", 104-112, 130; and John Dominic Crossan, *Four Other Gospels. Shadows on the Contours of Canon*(Minneapolis: Winston, 1985).

[14] Edgar Hennecke and Wilhelm Schneemelcher, *Neutestamentliche Apokryphen in deutscher Übersetzung. I Band. Evangelien. II Band. Apostolisches, Apokalypsen und Verwandtes*(4th ed.; Tübingen: Mohr [Siebeck], 1968, 1971). The English translation is *New Testament Apocrypha*, trans. and ed. R. M. Wilson(2 vols.; London: Lutterworth, 1963, 1965). The references here are to the German edition.

[15] Like a number of the other so-called "gospels" in the NT apocrypha, the "infancy gospels" do not really belong to the same literary genre as do the four canonical Gospels. Here we enter into the vexed question of the definition of "gospel" as a literary genre; see Charles H. Talbert, *What Is a Gospel?*(Philadelphia: Fortress, 1977); Philip L. Shuler, *A Genre for the Gospels*(Philadelphia: Fortress, 1982); David E. Aune, *The New Testament in Its Literary Environment*(Library of Early Christianity 8; Philadelphia: Westminster, 1987); idem, ed., *Greco-Roman Literature and the New Testament*(SBLSBS 21; Atlanta: Scholars, 1988) 107-126; Detlev Dormeyer and Hubert Frankemölle, "Evangelium als literarische Gattung und als theologischer Begriff", *Aufstieg und Niedergang der römischen Welt* II/25.2, 1543-1704. All these works—though with different emphases—favor the view that the canonical Gospels are a special form of ancient biography.

In my view, while the four canonical Gospels certainly show similarities to both Greco-Roman biographies (along with other types of contemporary literature, e.g., the "romance" or novel) and the biographical material present in the OT and developed in subsequent Jewish literature(e.g., Philo's *Life of Moses, The Lives of the Prophets*), they have enough special traits to qualify as a distinct genre. Following Aune's dictum that genre is constituted by content, form, and function(*The New Testament and Its Literary Environment*, 32-36), I define the genre of the Christian gospel as follows: a gospel is a narrative of the words and deeds of Jesus of Nazareth, necessarily culminating in his death and resurrection, which narrative is meant to communicate to the believing audience the saving effects of the events narrated. The reader will notice that this definition attempts to include considerations of content, form, and function: constitutive of this gospel genre is a focus on Jesus of Nazareth, some treatment of both his words and his deeds during his public ministry in an overarching narrative form, the necessary and organic connection of that ministry with his death and resurrection as the ministry's climax, and the function of the narrative as mediating salvation to the later believing community.

It is here that I disagree strongly with the approach to defining "gospel" that Helmut Koester takes in his book *Ancient Christian Gospels. Their History and Development*(London: SCM; Philadelphia: Trinity, 1990) 44-47. Although Koester's book is a mine of information, his definition of gospel is vague and lacking in methodological rigor. For Koester, a gospel seems to include every major source that is taken into an acknowledged gospel as well as "all those writings which are constituted by the transmission, use, and interpretation of materials and traditions from and about Jesus of Nazareth"(p. 46). This is to cast the net exceedingly wide, as Koester himself immediately admits: "Obviously, such writings belong to different literary genres." But that is precisely the point at issue: gospel as a literary genre. Not every source(e.g., a chain of miracle stories or logia) that enters into the overarching genre of gospel is itself a gospel, nor is every document connected with or bearing the "Jesus tradition" ipso facto brought into the literary genre of gospel. The fact is that, for all their differences, the four canonical Gospels do fit into one literary genre (as I have defined it above), while most of the material Koester is interested in does not. Koester does not like that fact, so he dismisses the category of literary genre in favor of a vague approach more amenable to his purposes. From this basic disagreement over the definition of gospel stem many of my other disagreements with Koester's positions in his *Ancient Christian Gospels*.

If one accepts my definition, then certain documents that are called "gospels" today by critics such as Koester(e.g., the Q document and the *Gospel of Thomas*) do not really qualify because they contain very little or nothing of the deeds of Jesus during his public ministry and do not have a narrative culminating in the death and resurrection. Likewise, gnostic works like the *Gospel of Truth* are more philosophical tracts than gospels, despite their titles. Not every work that has the word "gospel" at the beginning or end of its manuscript qualifies as a gospel when it comes to literary genre. Other works, such as the *Gospel of Peter* or *Egerton Papyrus 2* might have been gospels in their original forms; but, since we have only fragments of these works, we cannot say whether or not they fit the definition given above.

A practical result of all this is that, when Koester("Apocryphal and Canonical Gospels", 105-112) compares the attestation of "canonical" and "apocryphal" gospels in the 2d century, the evidence is skewed by the fact that on the one side stand the four complete canonical Gospels, while on the other side stand such works as the *Gospel of Thomas* and the *Protevangelium Jacobi*, which are not gospels as regards literary genre. For further problems with Koester's presentation of the question of attestation in the 2d century, see David F. Wright, "Apocryphal Gospels: The 'Unknown Gospel'(Pap. Egerton 2) and the Gospel of Peter", David Wenham, ed., *Gospel Perspectives. The Jesus Tradition Outside the Gospels* (Sheffield: JSOT, 1984) 207-232, esp. 208-210.

16 Wolf-Dietrich Köhler(*Die Rezeption des Matthäusevangeliums in der Zeit vor Irenäus* [WUNT 2/24; Tübingen: Mohr (Siebeck) 1987] 429-436) documents the clear use of Matthew's Infancy Narrative; Köhler considers the use of Luke's Infancy Narrative to be even more frequent.

17 Not to be confused with the Coptic *Gospel of Thomas* from Nag Hammadi; the former is a narrative about Jesus' childhood years, the latter a collection of sayings spoken by the risen Jesus. The *Infancy Gospel of Thomas* has a confusing and tangled tradition history, witnessed to by a number of versions in a number of languages. Since there is no real possibility of its containing any historical information of use to our quest, these matters of text criticism and tradition history may be ignored here. Köhler(*Rezeption,* 449-450) notes that the more recent Latin version has clear references to Matthew's Infancy Narrative, but references to Matthew in the longer Greek version are fewer and less clear.

18 While this is the way Hennecke and Schneemelcher divide up and categorize the fragments(*Neutestamentliche Apokryphen,* 1. 76), it should be noted that agreement on precisely three Jewish-Christian gospels is by no means universal; some scholars, for instance, identify *The Gospel of the Hebrews* with *The Gospel of the Ebionites*. Johannes Quasten, on the other hand, apparently identifies the *Gospel of the Hebrews* with the *Gospel of the Nazarenes*; see his *Patrology. Vol. I. The Beginnings of Patristic Literature*(Westminster, MD: Christian Classics, 1950) 111-112.

19 One regrets to report that Jerome and Epiphanius are not always reliable witnesses when reporting on these gospels. See, e.g., J. N. D. Kelly, *Jerome. His Life, Writings, and Controversies*(Westminster, MD: Christian Classics, 1975) 65: "...at Antioch... Jerome had those dealings with the Nazaraeans... which, if they ever took place at all, form one of the most obscure episodes of his career... while we need not doubt that Jerome had some knowledge of the *Gospel of the Nazaraeans,* the trustworthiness of his more precise statements is open to the gravest suspicion... as so often, his tendency to exaggerate his learning in his eagerness to impress has led him to transform into actual achievements what were at best plans or wistful hopes."

20 Indeed, one might call it an Aramaic targum of our Greek Matthew. The Jewish phenomenon of "targumizing", i.e., translating paraphrastically the sacred Hebrew books into Aramaic, often with homiletic expansions and legendary accretions, may be mirrored to a certain degree in the explosion of apocryphal gospels in the 2d century A.D. One might ask whether such an explosion would have been possible without our Four Gospels, which during the 2d century were moving toward "sacred" and "canonical" status. It should be noted that Köhler(*Rezeption,* 298-300) does not accept the view of the *Gospel of the Nazarenes* as a paraphrase of Matthew; nevertheless, he states that Matthew is more important to the author of the *Gospel of the Nazarenes* than the other two Synoptics, if indeed he knew them.

21 Köhler(*Rezeption,* 287) judges that the author of the *Gospel of the Ebionites* clearly

knew both Matthew and Luke in their present form.

22 It should be noted, however, that Köhler(*Rezeption,* 270) does not think that any parallel with Matthew's Gospel is probable.

23 John Dominic Crossan, *The Cross That Spoke. The Origins of the Passion Narrative* (San Francisco: Harper & Row, 1988). Besides Crossan's account of the finding of the main manuscript, see also Koester(*Ancient Christian Gospels,* 216-240) and Wright, "Apocryphal Gospels", 207-232, esp. 221-227. Wright emphasizes the increased uncertainty inherent in all arguments about dependence or independence since the discovery of P. Oxy. 41. 2949(two small papyrus fragments from Oxyrhynchus, dated ca. A.D. 200). In Wright's view, the two fragments are at some points closer to the Synoptics. But the overall impact of the new find is to remind us how fragmentary our evidence is for any position and how shaky any grand hypothesis must be. A detailed study of the two fragments that affirms their identity as part of the *Gospel of Peter* can be found in Dieter Lührmann, "POx 2949: EvPt 3-5 in einer Handschrift des 2./3. Jahrhunderts", *ZNW* 72(1981) 216-226; see the summary of his position on p. 224.

24 Interestingly, even Koester(*Ancient Christian Gospels,* 219-220), who supports Crossan's basic thesis of the independence of the *Gospel of Peter* from the canonical Gospels, has difficulties with aspects of Crossan's theory.

25 Léon Vaganay, *L'évangile de Pierre*(EBib; Paris: Gabalda, 1930); Jerry W. McCant, *The Gospel of Peter: The Docetic Question Re-examined*(Unpublished doctoral dissertation; Atlanta: Emory University, 1978). It is curious that Crossan appeals to McCant's separate article on the *Gospel of Peter* when he denies docetic theology in the gospel, yet he never adverts to McCant's affirmation that the *Gospel of Peter* is dependent on the Synoptics; see Jerry W. McCant, "The Gospel of Peter: Docetism Reconsidered", *NTS* 30(1984) 258-273, esp. 271 n. 15.

26 Vaganay's minute examination of every possible parallel between the *Gospel of Peter* and the canonical Gospels contrasts favorably with the less thorough investigation of Jürgen Denker, *Die theologicgeschichtliche Stellung des Petrusevangeliums*(Europäische Hochschulschriften; Series 23, Theology; vol. 36; Bern: Herbert Lang; Frankfurt: Peter Lang, 1975). Köhler(*Rezeption,* 437-448) is not impressed by arguments from similar vocabulary but is convinced by McCant's argument from structure that the *Gospel of Peter* is dependent on Matthew.

27 Koester(*Ancient Christian Gospels,* 220-240) takes a somewhat different approach. When examples of Matthean redactional reworking of Mark seem likely in the *Gospel of Peter*(e.g., Pilate's washing of his hands during the trial), Koester takes the view that both Matthew and the *Gospel of Peter* represent independent expressions of the same exegetical tradition that expanded the core narrative of Jesus' death by reflecting on various OT texts. When this type of explanation has to be employed repeatedly to save us from the embarrassment that the *Gospel of Peter* echoes redactional passages from the canonical Gospels, credulity is strained to the breaking point. Koester's position is weakened by a convoluted theory of the tradition-history of OT allusions that relies heavily on the *Epistle of Barnabas*. The

latest possible date of *Barnabas* is still disputed among scholars and makes its use for writing the prehistory of the Passion Narratives questionable; see Quasten, *Patrology*. Vol. I, 90-91.

28 Joel B. Green("The Gospel of Peter: Source for a Pre-Canonical Passion Narrative?" *ZNW*[1987] 293-301) gives a convenient list of the parallels in this story and in other similar instances(see especially pp. 298-301). Summing up his treatment of the story of the setting of the guard, Green affirms that, "given the large measure of verbal agreement between the two stories, it is difficult to avoid the conclusion that, in this story, underlying the Gospel of Peter is the Gospel of Matthew"(p. 301). Similar parallels with other Gospels lead Green to the conclusion that the *Gospel of Peter* "is dependent on the canonical Gospels"(p. 294).

29 It should be emphasized that I am counting here only those cases where the singular or plural nominative of the present participle of *erchomai*(simple form of verb) is used in the predicate position as an accompaniment to the principal verb of action in a clause. Thus, I am not counting genitive absolutes, participles with accusatives after verbs of seeing, or *erchomenos* in the attributive position(*ho erchomenos*). This Matthean stylistic trait occurs with many other verbs as well.

30 It is symptomatic of Denker's argument that he passes over this evidence for dependence with hardly a comment; see, e.g., *Die theologiegeschichtliche Stellung,* 74.

31 Vaganay and McCant document this at great length, but again perhaps one small trait is especially telling: Jesus is never called "Jesus" throughout the whole of the *Gospel of Peter*(N.B.: in this, the supposed *Cross Gospel* differs not one wit from the rest of the document). The preferred nomenclature is the very Lucan "the Lord"(*ho kyrios*), with a number of other honorifics also used. The air and vocabulary of 2d-century Christian piety permeate the document just as "the Lord" does. It is not surprising that C. H. Dodd judges summarily: "The Gospel according to Peter, so far as it is preserved, contains a Passion-narrative which depends on all four canonical Gospels, and probably not on any independent tradition"("A New Gospel", *New Testament Studies* [Manchester: Manchester University, 1953; repr. with corrections, 1967] 46). Koester, who argues for the *Gospel of Peter*'s independence("Apocryphal and Canonical Gospels"), nevertheless admits: "Until recently, the almost universal judgment of scholars saw in this gospel [of Peter] secondary compilation on the basis of the canonical gospels"(p. 126). That consensus is reflected in C. Maurer's treatment of the gospel in *Neutestamentliche Apokryphen,* 1. 118-120; and in Quasten's judgment in Patrology, 114; see also Wright, "Apocryphal Gospels", 227.

32 See the trenchant judgment of T. W. Manson, "The Life of Jesus: A Study of the Available Materials", *BJRL* 27(1942-1943) 323-337: "There is all the difference in the world between... the *[Infancy] Gospel of Thomas* and... the *Gospel of Peter*.... But they have one thing in common: They are fiction." In his study on criteria of authenticity, Francesco Lambiasi(*L'autenticità storica dei vangeli*[Studi biblici 4; 2d ed.; Bologna: EDB, 1986]) devotes a whole chapter to the *Gospel of Peter*(pp. 171-184). He cautions against a wholesale rejection of the gospel as fantasy(p. 184), but only because he judges that in its narrative it follows

the Synoptics and in its theology it follows John(p. 172).

33 Raymond E. Brown, "The Gospel of Peter and Canonical Gospel Priority", *NTS* 33(1987) 321-343. While Brown is especially addressing Crossan's treatment of the *Gospel of Peter,* he also refers to claims about the priority of the Coptic *Gospel of Thomas, Egerton Papyrus 2,* and the *Secret Gospel of Mark*. For a similar skeptical approach to the apocryphal gospels(presented in a more popular form), see Johannes B. Bauer, "Jesusüberlieferungen in den Apokryphen", *BK* 47(1987) 158-161.

34 John Dominic Crossan, *Four Other Gospels*. The book also contains a précis of Crossan's treatment of the *Gospel of Peter,* which was then fully developed in *The Cross That Spoke*.

35 The four fragments come from three leaves of a codex and are often dated ca. the middle of the 2d century A.D. However, Koester(*Ancient Christian Gospels,* 206) reports the discovery of another small fragment, *Pap. Köln Nr.* 255, containing five lines, which its editor, Michael Gronewald, identifies as part of *Egerton Papyrus 2* and dates ca. 200.

36 For the Greek text with translations and careful analysis, see Dodd, "A New Gospel", 12-52; also Wright, "Apocryphal Gospels", 207-232, esp. 210-221.

37 C. H. Dodd, *The Interpretation of the Fourth Gospel*(Cambridge: Cambridge University, 1953). Others who hold dependence of this passage on John include F.-M. Braun, *Jean le théologien. I. Jean le théologien et son évangile dans l'église ancienne*(Paris: Gabalda, 1959) 87-94; C. K. Barrett, *The Gospel According to St John*(London: SPCK, 1955) 92; Raymond E. Brown, *The Gospel According to John*(AB 29 and 29A; Garden City, NY: Doubleday, 1966, 1970) 1. 229-230; Barnabas Lindars, *The Gospel of John* (NCB; London: Marshall, Morgan & Scott, 1972) 230; Ernst Haenchen, *John 1* (Hermeneia; Philadelphia: Fortress, 1980) 264; J. A. T. Robinson, *The Priority of John* (Oak Park, IL: Meyer-Stone, 1985) 317-318. It is interesting to note Koester's arguments for early, independent traditions in this section("Apocryphal and Canonical Gospels", 120-121). As often in these cases, there is an appeal to a "carefully constructed unit" that flows well. Logically, that tells us that whoever wrote the unit is a good writer; if he had John's Gospel in front of him or in his memory, he is a good digester and compiler. One wonders where such an argument would get us in treating Matthew vis-à-vis Mark or Ephesians vis-à-vis Colossians. Moreover, sometimes the smooth flow and pellucid logic can be largely in the eye of the critic. Curiously, Koester seeks to bolster his case by pointing out that some elements are more Synoptic than Johannine(p. 121); this may merely indicate that the author knew at least one of the Synoptics (not necessarily all three!) as well as John. In the end, the judgment that a verse fits one context better than another is often very subjective; after a detailed study of *Egerton 2* and John, Braun(*Jean le théologien. I.,* 91) comes to a conclusion directly opposed to that of Koester: the material fits the context of the Fourth Gospel better than that of the papyrus. Braun's view is supported by the careful analysis of Wright("Apocryphal Gospels", 210-221), who points out that the order of verses in *Papyrus Egerton 2* is sometimes incoherent, especially in comparison to the parallels in the canonical Gospels.

38 Note that this is different from the judgment of Crossan(*Four Other Gospels,* 75),

who holds that, if there is any direct dependence at all, it may well be that Mark is literarily dependent on the form in *Egerton 2.* Koester(*Ancient Christian Gospels,* 215 n. 4) judges that Crossan "is possibly right."

39 Even Koester, who is dedicated to finding early independent traditions in apocryphal gospels, admits that the source of the leprosy is "a later feature and reveals that the author had no knowledge of the Palestinian milieu"("Apocryphal and Canonical Gospels", 122 n. 57). Lucien Cerfaux("Parallèles canoniques et extra-canoniques de 'l'Evangile inconnu'", *Recueil Lucien Cerfaux*[BETL 6-7; Gembloux: Duculot, 1954] 279-299) states that "everyone" recognizes that the pericope of the healing of the leper is inspired by the Synoptic Gospels. A detailed treatment of the healing of the leper pericope is given by Frans Neirynck, "Papyrus Egerton 2 and the Healing of the Leper", *ETL* 61(1985) 153-160. Rejecting a complicated theory of M.-E. Boismard that would involve a proto-Luke, Neirynck reaffirms what he claims is the generally accepted opinion: dependence on the canonical Gospels, especially Luke (with possible echoes from the parable of the good Samaritan and the healing of the ten lepers); knowledge of Mark and Matthew is possible, though less certain. (At the end of this article, Neirynck pointedly rejects the approach of Koester and Crossan.) A similar view is held by Joseph A. Fitzmyer, *The Gospel According to Luke*(AB 28 and 28A; Garden City, NY: Doubleday, 1981, 1985) 1. 573. But Ernst Haenchen(*Der Weg Jesu*[2d ed.; Berlin: de Gruyter, 1968] 97) considers the pericope in the papyrus a "simplified Mark-text."

40 For an approach that stresses what the author of *Egerton 2* might have *remembered* from the canonical Gospels, see Wright, "Apocryphal Gospels", 210-221.

41 Joachim Jeremias's approach to *Egerton 2* is similar to mine, but he prefers to affirm that the author of the papyrus knew all four canonical Gospels and used them from memory for all the material except the nature miracle by the Jordan(*Neutestamentliche Apokryphen,* 1. 59). It seems to me that all that is absolutely demanded by a position that holds dependence on the canonical Gospels is knowledge of John and Luke, with knowledge of either Mark or Matthew as a further possibility. Crossan(*Four Other Gospels,* 74) sharply rejects Jeremias's view, nothing that "Helmut Koester has rejoined sarcastically [to Jeremias's position] that Eger P 2 should then 'be treated as a spectacularly early witness for the four gospel canon' of the New Testament..."(see Koester, "Apocryphal and Canonical Gospels", 120). One must be careful about terminology here. Even if all four of what *we* call the canonical Gospels were known to the author of *Egerton 2,* that would not prove that there was a four-gospel *canon* recognized as such in the early 2d century. If we place the composition of *Egerton 2* close to what Crossan considers its latest possible date(ca. A.D. 120; so Crossan, *Four Other Gospels,* 69), there is nothing terribly surprising about its author knowing both the Fourth Gospel and at least one of the Synoptics—especially since a papyrus fragment of the Fourth Gospel(Papyrus 52) dating from the first half of the 2d century has been discovered in Egypt(see Bruce M. Metzger, *Manuscripts of the Greek Bible*[New York/Oxford: Oxford University, 1981] 62). If *Egerton 2* should be placed closer to A.D. 200, the problem of its author knowing a number of the canonical Gospels totally disappears. Whether *Egerton 2* was actually written in Egypt is another

question; the discovery of Papyrus 52 in Egypt certainly does not prove that the Fourth Gospel was written there. All it proves is that the Egyptian climate was more conducive to the preservation of papyri than was the climate of many other parts of the Roman Empire. A sober conclusion from the papyri finds is that John's Gospel received wide acceptance in Egypt earlier than did at least some of the Synoptics, and that Egypt was a hotbed for the composition of apocryphal gospels in the 2d century.

42 A prime example of how the fragmentary nature of some apocryphal gospels can lead to opposite conclusions on the part of scholars, even when they are closely aligned on many points, is the disagreement between Koester and Crossan on this section. Koester("Apocryphal and Canonical Gospels", 122-223) seems to suppose that this apophthegm is complete and is an instance of those apophthegmata in which Jesus rejects a question and refuses to give an appropriate answer(cf. Luke 12:13-14). Jesus refuses to deal with such secular matters, which is not the case in the Synoptic version of the coin-of-tribute story. Taking the opposite view. Crossan(*Four Other Gospels,* 80) complains that such authors as Joachim Jeremias and Ron Cameron (Koester is not mentioned) take for granted that the pericope comes to an end, while in fact it is not clear that originally Jesus' reply did not follow, but is now lost in the lacuna. All this points up a major problem in building such monumental hypotheses on such a slim basis: the paucity of material allows for much theorizing and little verification.

43 The Greek *basileus* was the regular title for the Roman emperor in the eastern part of the empire.

44 Dodd, "A New Gospel", 21. After these observations, Dodd concludes that *Egerton 2* is probably later than Luke-Acts and not earlier than the period when the form "Rabbi X" as a set title became common use among the Jews.

45 See Crossan, *Four Other Gospels,* 77-87, esp. 86. Curiously, he never addresses Dodd's position in favor of a dating of the story after Luke-Acts.

46 The other fragments are so small and the text on them so limited that no conclusion can be drawn from them.

47 As noted already, one drawback of Crossan's whole approach in dealing with the apocryphal material is that he tends to spin unnecessarily complex hypotheses, when simpler ones can explain the data quite adequately. Köhler(*Rezeption,* 451-452) restricts himself to a consideration of Matthean influence on the story of the leper. He notes that the introductory phrase is closer to Matthew than to Mark or Luke, but admits that one cannot place too much weight on that observation. While he leaves open the question of *Egerton 2*'s dependence on the canonical Gospels, he does think that, from the viewpoint of tradition history, the papyrus represents a more recent stage of the gospel tradition than do the canonical Gospels.

48 The scholarly form of publication was *Clement of Alexandria and a Secret Gospel of Mark*(Cambridge, MA: Harvard University, 1973); the popular form is *The Secret Gospel*(New York: Harper & Row, 1973).

[49] See, e.g., Quentin Quesnell, "The Mar Saba Clementine: A Question of Evidence", *CBQ* 37(1975) 48-67. Morton Smith replied vigorously in his "On the Authenticity of the Mar Saba Letter of Clement", *CBQ* 38(1976) 196-199, to which Quesnell responded in "A Reply to Morton Smith", *CBQ* 38(1976) 200-203. That the letter of Clement is actually a pious forgery is maintained by Eric Osborn, "Clement of Alexandria: A Review of Research, 1958-1982", *The Second Century* 3(1983) 219-244, esp. 223-225. While Osborn notes some Greek words that do not appear elsewhere in Clement, his major argument is from the ideas in the letter that are contrary to Clement's usual positions. Writing ten years after the original publication of Clement's letter, Smith summed up the situation thus: "...most scholars would attribute the letter to Clement, though a substantial minority are still in doubt"("Clement of Alexandria and Secret Mark: The Score at the End of the First Decade", *HTR* 75[1982] 449-461).

[50] See the review of Smith's *Clement of Alexandria* by Patrick W. Skehan, *CHR* 60(1974) 451-453; Skehan notes that Smith himself(p. 78) quotes Theodor Zahn on Clement's gullibility: "His amazingly uncritical attitude to apocryphal literature exceeds anything to be found in other Church fathers."

[51] Smith, *Clement of Alexandria*, 450-452, with photographs of the manuscript on opposite sides of the pages.

[52] See the summary of Smith's conclusions in *Clement of Alexandria*, 194.

[53] Crossan, *Four Other Gospels*, 119-120.

[54] Helmut Koester, "History and Development of Mark's Gospel (From Mark to Secret Mark and 'Canonical' Mark)", *Colloquy on New Testament Studies. A Time for Reappraisal and Fresh Approaches*, ed. Bruce Corley(Macon, GA: Mercer University, 1983) 35-57, esp. 54-57. See also his earlier reflections, "Apocryphal and Canonical Gospels", 105-130. More recently, Koester has presented an updated and slightly altered version of his theory in his *Ancient Christian Gospels*, 295-303.

[55] Hans-Martin Schenke, "The Mystery of the Gospel of Mark", *The Second Century* 4(1984) 65-82, esp. 75-76.

[56] See his presentation in *Clement of Alexandria*, 195-278, which acts as a preliminary sketch for his book *Jesus the Magician*.

[57] Frans Neirynck, "La fuite du jeune homme en Mc 14, 51-52", *ETL* 55(1979) 43-66. Neirynck calls attention to the intriguing point that the author of *Secret Mark* seems to have brought together all the occurrences of the noun *neaniskos*("young man") in the Synoptic Gospels: Mark 14:51; 16:5; Luke 7:14; Matt 19:20, 22. Neirynck goes on to show many other contacts with the Synoptics. Curiously, though Crossan(*Four Other Gospels*, 193) lists a number of Neirynck's articles on Mark, he does not note this one.

[58] Raymond E. Brown, "The Relation of 'The Secret Gospel of Mark' to the Fourth Gospel", *CBQ* 36(1974) 466-485. Brown wisely speaks in terms of possibilities; the extremely limited nature of the data in the fragment of the *Secret Gospel* we possess hardly allows for absolute certitude. Nevertheless, Skehan (in his review of Smith, *CHR* 60[1974]

452) states firmly: "...a dependence on the canonical John is, in the reviewer's judgment, unmistakable...."

59 Robert M. Grant, "Morton Smith's Two Books", *ATR* 56(1974) 58-64. On pp. 60-61, Grant shows how the whole of *Secret Mark* could easily be put together by a 2d-century Christian who searched the canonical Gospels in order to correlate what he thought were the same persons in all Four Gospels. Grant then puts this within the larger context of the tendency of 2d-century Christians to create gospel parallels and composite gospels. In my view, this may be the true *Sitz im Leben* for many of our apocryphal gospels.

60 Helmut Merkel, "Auf den Spuren des Urmarkus?" *ZTK* 71(1974) 123-144, esp. 130-136. To his sharp critique Smith responded with an equally sharp rejoinder, "Merkel on the Longer Text of Mark", *ZTK* 72(1975) 133-150.

61 A gospel that circulated in Egypt in the 2d century. We have only a few fragments, culled from citations in the Church Fathers. The tone seems to have been severely ascetic ("encratite") and/or gnostic. Negative views are expressed concerning sexuality, especially the woman's role in childbearing. Quasten summarizes the situation when he says (*Patrology*, 113): "The *Gospel of the Egyptians* belongs to that class of apocrypha which were written for the support of certain heresies. It is most probably of Gnostic origin."

62 In its present form, *The Acts of Pilate*(later joined to the *Descent of Christ into Hades* to form *The Gospel of Nicodemus*) comes from the 4th or 5th century. An earlier form of the *Acts* may go back to the 2d century, but scholars are not agreed on whether Justin Martyr's references to an *Acts of Pilate* have anything to do with the document we know. It is possible, instead, that our *Acts of Pilate* were written at the beginning of the 4th century to counteract a pagan *Acts of Pilate* that slandered Christ(Quasten, *Patrology*, 116).

63 James M. Robinson, "Jesus: From Easter to Valentinus (or to the Apostles' Creed)", *JBL* 101(1982) 5-37.

64 The date of the discovery has been variously given as 1945 or 1946—indeed, at times 1947 has even been mentioned. That the real date was about December 1945 is affirmed in a careful study of the events surrounding and subsequent to the find; see James M. Robinson, "From the Cliff to Cairo", *Colloque international sur les textes de Nag Hammadi(Québec, 22-25 août 1978)*(Bibliothèque Copte de Nag Hammadi, Section Etudes 1; ed. Bernard Barc; Quebec: Les presses de l'université Laval; Louvain: Peeters, 1981) 21-58, esp. 29.

65 Coptic is the latest form of the ancient Egyptian language. In the early Christian era it began to be written in the Greek alphabet, augmented by seven characters taken from the popular form of Egyptian known as demotic. It came into use in the 2d century A.D. and developed as an almost exclusively Christian language with numerous Greek loanwords. The *Gospel of Thomas*, for instance, is studded with various Greek words, from technical religious terms(*mathētēs*, disciple; *aggelos*, angel) to ordinary nouns(*thalassa*, sea; *petra*, rock), conjunctions(*hina*, so that), and particles(the Greek *de*, often best left untranslated).

66 When the term "gospel" is used of such works as the *Gospel of Truth,* the word is being used to designate the content, the "good news" the document claims to contain, and *not* the literary genre.

67 Christopher Tuckett, *Nag Hammadi and the Gospel Tradition*(Studies of the New Testament and Its World; Edinburgh: Clark, 1986) 149. In n. 553 on p. 149, Tuckett adds that this judgment "should not exclude the possibility of the existence of tradition lying on trajectories which are independent of those leading to and from the synoptic gospels...." He suggests that such traditions might be present, e.g., in the *Apocryphon of James* and the *Second Apocalypse of James.* Since both of these works present discourses of the risen Jesus that have a clearly gnostic coloration, I do not think that they have anything to contribute to a quest for the historical Jesus.

Especially to be noted is Tuckett's rejection(pp. 128-135) of Koester's claim that the *Dialogue of the Savior* contains pre-Synoptic forms of the Jesus tradition. Tuckett finds the influence of Matthew's Gospel (with cases of Matthean redaction being used in the *Dialogue*) and probably influence from Luke as well. These results are of special interest in light of their similarity to what we shall see in the case of the *Gospel of Thomas* below. For Koester's article, see Helmut Köster [note the German spelling of the name], "Dialog und Spruchüberlieferung in den gnostischen Texten von Nag Hammadi", *EvT* 39(1979) 532-556.

68 Tuckett, *Nag Hammadi,* 150.

69 Köhler, *Rezeption.* Köhler divides the cases into three categories: (1) Dependence on Matthew seems quite possible, but not positively provable in *Treatise on Resurrection, Tripartite Tractate, Book of Thomas the Contender, Dialogue of the Savior, First Apocalypse of James, Second Apocalypse of James,* and *The Concept of Our Great Power.* (2) Dependence seems quite possible or even probable in *Gospel of Truth, Exegesis on the Soul, Second Treatise of the Great Seth, Teachings of Silvanus, Letter of Peter to Philip, and Testimony of Truth.* (3) Dependence seems very probable in *Apocryphon of James, Gospel of Thomas, Gospel of Philip, Sophia of Jesus Christ, Acts of Peter and the Twelve Apostles, Apocalypse of Peter,* and *Interpretation of Knowledge.* Köhler's general conclusion is striking(*Rezeption,* 425): The overall picture of Matthew's Gospel in the Christian writings at Nag Hammadi is the same as that of the reception of Matthew elsewhere in the 2d century A.D. These writings clearly presuppose Matthew as an important, indeed in some cases the most important, in any case the widely accepted "ecclesial" Gospel. Thus they are witnesses to a development whose most important stage is Justin Martyr—a development whereby Matthew became the "chief gospel."

70 See Christopher Tuckett's article, "Thomas and the Synoptics", *NovT* 30(1988) 132-157. Tuckett wryly notes(p. 132) how either side in the debate has declared that the majority of scholars favor its view. For the original published form of the *Gospel of Thomas* in Coptic with an English translation, see A. Guillaumont et al., eds., *The Gospel According to Thomas. Coptic Text Established and Translated*(Leiden: Brill; New York/ Evanston: Harper & Row, 1959). The critical edition is *Nag Hammadi Codex II, 2-7. Vol. One. Gospel According to Thomas, Gospel According to Philip, Hypostasis of the Archons, and Indexes*(NHS 20; ed.

Bentley Layton; Leiden: Brill, 1989). The introduction to the *Gospel of Thomas*, by Helmut Koester, is found on pp. 38-49. A convenient list of Synoptic parallels to the *Gospel of Thomas* is found on pp. 46-47. The volume also contains the Greek fragments of the Oxyrhynchus papyri 1, 654, and 655, edited by Harold W. Attridge; see pp. 96-128. For a detailed bibliographical survey of the debate over the *Gospel of Thomas*, see Francis T. Fallon and Ron Cameron, "The Gospel of Thomas: A Forschungsbericht and Analysis", *Aufstieg und Niedergang der römischen Welt* II/25.6, 4195-4251; the treatment of the relationship of *Thomas* to the canonical Gospels is found on pp. 4213-4224, with a list of authors favoring dependence or independence. Fallon and Cameron rightly observe(p. 4213): "On this issue[the relation of *Thomas* to the Synoptics] scholars remain sharply divided and have not yet reached a conclusion that would solve the problem to everyone's satisfaction."

For a defense of the position that the material in the *Gospel of Thomas* parallel to material in the canonical Gospels is basically independent of the canonical Gospels, see Koester, *Ancient Christian Gospels*, 84-124. Koester must strain to assign special M and L material to Q in order to preserve his theory that the parallel material in *Thomas* reflects the supposedly earlier stage of the redaction of Q. The strain becomes severe when *Thomas* at times apparently parallels phrasing that probably comes from the redactional activity of Matthew or Luke and when Koester must breathe new life into the old theory of a more primitive version of Mark's Gospel, supposedly reflected in *Thomas*. Koester's explanations become so convoluted that the view that *Thomas* does reflect knowledge of the written canonical Gospels must be judged the more likely hypothesis. Nevertheless, Koester's treatment is useful for its review of the material and of recent bibliography. For an approach that is more cautious than Koester's, but still open to finding some authentic, independent Jesus traditions in *Thomas*, see Bruce Chilton, "The Gospel According to Thomas as a Source of Jesus' Teaching", *Gospel Perspectives. The Jesus Tradition Outside the Gospels*, 155-175. More skeptical, especially with reference to the parable material, is Craig L. Blomberg, "Tradition and Redaction in the Parables of the Gospel of Thomas", ibid., 177-205. On the whole question, see Michael Fieger, *Das Thomasevangelium*(NTAbh 22; Münster: Aschendorff, 1991).

[71] The enumeration of 114 sayings is not in the Coptic manuscript but has become traditional among editors and commentators. At times, though, the division into 114 sayings may be misleading; some material intended to be read as a unit by the final editor may now be unhappily divided. On this point, and on the danger of supposing that the *Gospel of Thomas* is a simple, primitive collection of sayings, see Boudewijn Dehandschutter, "L'évangile de Thomas comme collection de paroles de Jésus", *Logia. —Les Paroles de Jésus. — The Sayings of Jesus*(BETL 59; ed. Joël Delobel; Leuven: Peeters/ Leuven University, 1982) 507-515, esp. 511-513.

[72] For a comparison of the texts of the papyri and the *Gospel of Thomas*, see Joseph A. Fitzmyer, "The Oxyrhynchus Logoi of Jesus and the Coptic Gospel according to Thomas", *Essays on the Semitic Background of the New Testament*(SBLSBS 5; Missoula, MT: Scholars, 1974) 355-433, with abundant bibliography on both the papyri and the gospel; and the

critical edition by Attridge in the Brill volume, *Nag Hammadi Codex II, 2-7. Vol. One*, 96-128. Attridge(pp. 97-99) dates P. Oxy. 1 shortly after A.D. 200, P. Oxy. 654 in the middle of the 3d century, and P. Oxy. 655 between 200 and 250. Hence the three papyri are not parts of the same manuscript. Attridge thinks that it is unclear whether the Oxyrhynchus papyri represent a different recension of the sayings from that of the Coptic *Gospel of Thomas*; it remains possible that they are the same recension.

73 The reworking of typical Synoptic parables(the foolish rich man who suddenly dies, the great supper, the murderous tenants of the vineyard) to convey gnostic theology is made clear by Jean-Marie Sevrin in his essay, "Un groupement de trois paraboles contre les richesses dans l'Evangile selon Thomas. *EvTh* 63, 64, 65", *Les paraboles évangéliques. Perspectives nouvelles*, ed. Jean Delorme(Paris: Cerf, 1989) 425-439.

74 Bentley Layton, *The Gnostic Scriptures*(Garden City, NY: Doubleday, 1987); his introduction to the *Gospel of Thomas* is on pp. 376-379, the text of the gospel on pp. 380-399. A different introduction and translation may be found in James M. Robinson, ed., *The Nag Hammadi Library in English*(3d ed.; San Francisco: Harper & Row, 1988) 124-138.

75 See saying 29.

76 See saying 28.

77 See saying 37.

78 See Crossan, *Four Other Gospels*, 32: "...[in the *Gospel of Thomas* we find] a vision where the first things have returned rather than the last things are present."

79 See sayings 3 and 113.

80 See sayings 79 and 114. Alternately, the duality of male and female sex is to be overcome in favor of the original unity and integration of the kingdom of light(see saying 22). Crossan tries to maintain that the gospel is ascetic rather than gnostic(*Four Other Gospels*, 31), but that is to ignore other elements of the gnostic myth implied in various sayings.

81 See saying 1.

82 See saying 111.

83 The translation is basically that of Layton, but I have also consulted and sometimes used the English translations in the original 1959 edition of the *Gospel of Thomas*, in Robinson's *Nag Hammadi Library in English*, trans. Thomas O. Lambdin, and the translation by Bruce M. Metzger in the appendixes of Kurt Aland, ed., *Synopsis quattuor evangeliorum* (Stuttgart: Württembergische Bibelanstalt, 1964) 517-530. I place the number of the saying in parentheses immediately after the saying.

84 The most significant attempt to deny this is found in Stevan L. Davies, *The Gospel of Thomas and Christian Wisdom*(New York: Seabury, 1983). Davies argues that in no meaningful sense is Thomas gnostic. The ideas of the gospel come from Jewish wisdom and apocalyptic traditions, with the wisdom stream dominant(pp. 3, 79). Davies's book

is a learned tour de force, but he must constantly argue against the obvious sense of the data. As we have seen, the gnostic meaning is supposed to be hidden in the sayings, to be discovered like a treasure by those who have the hermeneutical key of the gnostic myth, which is explicated in other works of Layton's "school of St. Thomas." Davies never comes to grips with the elements of pantheism/polytheism, self-salvation through self-knowledge, radical dualism, and the rejection of matter, body, and sex found in some of the sayings. I find it incredible that Davies would claim that "Thomas has something of the dualism of John, but it has a far more positive view of the world than does John. Thomas has something of the antagonism toward the flesh we find in Paul, but this is less emphatic than in Paul"(p. 146).

Similarly, I cannot accept Gilles Quispel's distinction, according to which the *Gospel of Thomas* is encratite, but not gnostic("The *Gospel of Thomas* Revisited", 254-255); the encratite element is there, but it is part of a larger mythic worldview, which I think is rightly designated gnostic. I would also disagree with the evaluation of Crossan(*Four Other Gospels*, 31), who claims that the gospel "still stands on the borders between Catholic and Gnostic Christianity." I think the material we have reviewed shows that the border into gnosticism has been crossed, at least in the final form of the gospel. Contrast with the views of Davies and Crossan the position of Robert M. Grant (with David N. Freedman), *The Secret Sayings of Jesus*(Garden City, NY: Doubleday, 1960) 113: "It[the *Gospel of Thomas*] goes far beyond John, however, because its contents have been immersed in Gnosticism...." Also in favor of seeing the Gospel of Thomas as gnostic is Jacques E. Ménard, "Thomas, Gospel of", *IDBSup*, 904-905.

85 I do not deny that, to varying degrees, NT books like Colossians, Ephesians, the Epistle to the Hebrews, and especially the Gospel of John reflect a "gnosticizing tendency" present in various streams of 1st-century Christianity. But this is not the same thing as the gnosticism of the final form of the *Gospel of Thomas*, where the spirits of the saved are actually preexistent particles of the divine that unfortunately have become divided from their divine source, have tragically entered the evil world of matter and the human body, and are now called back to a knowledge of their divine origin and essence by a Jesus who is really consubstantial with the very people he saves. All this, plus the fierce asceticism that rejects all sexuality and the implication that humans who are not made up of the divine essence are excluded a priori from salvation, is simply not the Christianity represented by any of the admittedly varied views of the canonical books of the NT. One wonders whether even the adversaries of Paul at Corinth, of the author of the Epistle to the Ephesians, or of the author of the First Epistle of John went as far as the redactor of the *Gospel of Thomas*.

86 Hence, Davies's startling claim that the *Gospel of Thomas* should be dated ca. A.D. 50-70 falls to the ground. It is not surprising that most scholars have not rallied to his position.

87 Ménard states in his article on "Thomas, Gospel of", in *IDBSup*, 902: "The Greek original [of the *Gospel of Thomas*]... has always been dated about A.D. 140, and there are so far no reasons to modify that conclusion." He places the Coptic version at the end

of the 2d century in his *L'Evangile selon Thomas*(NHS 5; ed. Martin Krause; Leiden: Brill, 1975) 3.

88 Gilles Quispel, "The Gospel of Thomas and the New Testament", *Gnostic Studies* (Publication de l'Institut historique et archéologique néerlandais de Stamboul 34, 2; 2 vols.; Leiden: Nederlands Historisch-Archaeologisch Institut te Istanbul, 1975) 2. 3-16(reprinted from *VC* 11[1957] 189-207). Vol. 2 of *Gnostic Studies* contains many of Quispel's earlier articles on the *Gospel of Thomas* and on Jewish Christianity. Many of his subsequent articles on this topic are listed by Tuckett, "Thomas and the Synoptics", p. 137 n. 21. Quispel's suggestion concerning the *Gospel of the Hebrews* has not received general support, since this merely seeks to explain the obscure by the more obscure. It is therefore not surprising that in his later writings Quispel prefers to leave unnamed the Jewish-Christian gospel on which Thomas depends; see his "The *Gospel of Thomas* Revisited", *Colloque international sur les textes de Nag Hammadi*(Québec, 22-25 août 1978)(Bibliothèque Copte de Nag Hammadi, Section Etudes 1; ed. Bernard Barc; Quebec: Les presses de l'université Laval; Louvain: Peeters, 1981) 218-266.

89 Jacques E. Ménard, "Les problèmes de l'Evangile selon Thomas", *Essays on the Nag Hammadi Texts in Honour of Alexander Böhlig*(NHS 3; ed. M. Krause; Brill: Leiden, 1972) 59-73, esp. 59-62.

90 Joachim Jeremias, *The Parables of Jesus*(rev. ed.; London: SCM, 1963).

91 Helmut Koester, *Introduction to the New Testament. Vol. Two. History and Literature of Early Christianity*(Berlin/New York: de Gruyter, 1982) 152; see also his article, "Apocryphal and Canonical Gospels", esp. 112-119; his introduction to the *Gospel of Thomas* in *The Nag Hammadi Library in English*, 124-126; his introduction to the *Gospel of Thomas* in the Brill critical edition, *Nag Hammadi Codex II, 2-7. Vol. One*, 38-49.

92 Ron Cameron, *The Other Gospels. Non-Canonical Gospel Texts*(Philadelphia: Westminster, 1982) 24-25.

93 Davies, *The Gospel of Thomas and Christian Wisdom*, 4-5(appealing to Quispel and Koester); he thinks that the independent nature of the sayings is one of the strongest indications that the *Gospel of Thomas* comes from the 1st century.

94 James M. Robinson, "On Bridging the Gulf from Q to the Gospel of Thomas (or Vice Versa)", *Nag Hammadi, Gnosticism and Early Christianity*, ed. C. Hedrick and R. Hodgson(Peabody, MA: Hendrickson, 1986) 127-175, esp. 162-163: at least the parables in the *Gospel of Thomas* are as old as or older than the composition of Q.

95 Crossan, *Four Other Gospels*, 35: the sayings in the *Gospel of Thomas* are completely independent of the canonical tradition; but Crossan wisely emphasizes that independent does not necessarily mean earlier and earlier does not necessarily mean better. Unlike his treatment of other documents in the *Four Other Gospels*(*Gospel of Peter, Papyrus Egerton 2, Secret Gospel of Mark*), Crossan's view of the *Gospel of Thomas* does not suggest that the four canonical Gospels are in any way dependent on the tradition in the *Gospel of Thomas*. The two traditions are mutually independent.

[96] So Davies, *The Gospel of Thomas and Christian Wisdom*, 5. Needless to say, there is a danger here of a certain *ipse dixitism*.

[97] So, e.g., Quispel, "The Gospel of Thomas and the New Testament", 6, 15; Ménard, "Les problèmes de l'Evangile selon Thomas", 59-60; Cameron, *The Other Gospels*, 24.

[98] Crossan, who is more careful than many in his articulation of this argument, emphasizes that this argument has force only when one can show that the redactor of the *Gospel of Thomas* had no reason to remove the redactional traits of the canonical Gospels(*Four Other Gospels*, 36-37). Crossan thinks that such an argument has been constructed by John H. Sieber in a 1966 dissertation done at the Claremont Graduate School in California(*A Redactional Analysis of the Synoptic Gospels with Regard to the Question of the Sources of the Gospel according to Thomas*[available from Ann Arbor, MI: Microfilms International]).

[99] Ménard, "Les problèmes de l'Evangile selon Thomas", 60. But since many authors hold that the *Gospel of Thomas* comes from a Syrian milieu, an Aramaic background to some of the sayings does not tell us very much.

[100] Crossan, *Four Other Gospels*, 35-36. The authors mentioned here are meant to be only representative of those holding the position of independence; the list could easily be extended to include, e.g., H. Montefiore, W. D. Davies, W. C. Van Unnik, C. H. Hunzinger, and J. Leipoldt.

[101] It should be emphasized that not everyone who shares Koester's view of Thomas' independence vis-à-vis the Synoptics also accepts his further theories about the nature and dating of the gospel and of its tradition. Quispel, e.g., speaks of Koester's "radical and extreme views"("The *Gospel of Thomas* Revisited", 227).

[102] H. E. W. Turner, "The Gospel of Thomas: Its History, Transmission and Sources", in Hugh Montefiore and H. E. W. Turner, *Thomas and the Evangelists*(SBT 35; London: SCM, 1962) 11-39, esp. 39.

[103] Grant, *The Secret Sayings of Jesus*, 113.

[104] Robert M. Grant, *Gnosticism and Early Christianity*(rev. ed.; New York: Harper & Row, 1966) 185-186.

[105] Sevrin, "Un groupement de trois paraboles", 425-439, esp. 438-439.

[106] Bertil Gärtner, *The Theology of the Gospel according to Thomas*(New York: Harper & Brothers, 1961).

[107] Kurt Rudolph, *Gnosis. The Nature and History of Gnosticism*(San Francisco: Harper & Row, 1987) 263.

[108] Dehandschutter, "L'évangile de Thomas", 513-515. As will become clear in what follows, Dehandschutter is a strong opponent of those who see independent tradition in Thomas; he attributes all Synoptic-like sayings to the Synoptic Gospels. For a sample of his approach, see "Les paraboles de l'Evangile selon Thomas. La Parabole du Trésor caché(log. 109)", *ETL* 47(1971) 199-219; idem, "La parabole de la perle(Mt 13, 45-46) et

l'Evangile selon Thomas", *ETL* 55(1979) 243-265.

109 Wolfgang Schrage, *Das Verhältnis des Thomas-Evangeliums zur synoptischen Tradition und zu den koptischen Evangelienübersetzungen*(BZNW 29; Berlin: Töpelmann, 1964); see the summary of his views on pp. 1-11. It is surprising to see how infrequently Schrage is cited, let alone discussed, by proponents of the independence of the *Gospel of Thomas*. His findings show that there is less of a solid consensus than is sometimes claimed.

110 As with those defending independence, the list of authors defending the dependence of the *Gospel of Thomas* on the canonical Gospels is only representative of a much larger group including, among others, E. Haenchen, R. Kasser, R. Schippers, and H. K. McArthur.

111 See Tuckett, "Thomas and the Synoptics", 134-135. Tuckett observes that one must allow for the possibility that, when the Greek *Gospel of Thomas* was translated into Coptic, the language of the *Gospel of Thomas* was assimilated to that of the Coptic NT. Moreover, there is the problem that the Oxyrhynchus papyri show us that the Coptic *Gospel of Thomas* was probably not always an exact translation of its Greek source, either in wording or in the order of the sayings. Finally, in the course of the history of the transmission of the text, the Coptic *Gospel of Thomas* could have been assimilated secondarily to the Coptic versions of the canonical Gospels.

112 Tuckett, "Thomas and the Synoptics", 157. Tuckett is careful about what conclusions the fact of Thomas' dependence on redactional material in the Synoptics allows us to draw. Such examples, he points out, indicate that *in some cases* Thomas is dependent on the Synoptics; there could be Synoptic-like sayings that reached Thomas by another route. Tuckett suggests that, methodologically, it may be impossible to prove dependence or independence in cases where the Synoptic-like sayings in Thomas contain only traditional material, without redactional traits.

While Tuckett's cautions are well taken, I think that one must add to his analysis of redactional traits an investigation of the broad sweep of material parallel to the Synoptics and John that is contained in Thomas(see my treatment below). When these two data(redactional traits in individual sayings and a broad range of sayings representing all the strands of the Gospel tradition) are put together, I think the burden of proof must lie with anyone wishing to assert that, even in just some parallel sayings, Thomas is independent of the canonical Gospels.

113 For a consideration of the differences between an orally proclaimed gospel and the written Gospels, see Werner H. Kelber, *The Oral and the Written Gospel*(Philadelphia: Fortress, 1983). In my opinion, while Kelber makes a valid point, he tends to exaggerate the differences into a gaping abyss.

114 I think this is true even for most of the Apostolic Fathers, in particular Ignatius of Antioch and probably the author (at least the final author) of the *Didache*, who seem to know and use Matthew's Gospel; see my discussion in Raymond E. Brown and John P. Meier, *Antioch and Rome*(New York/Ramsey, NJ: Paulist, 1983) 24-25, 81-82. Accordingly, I am skeptical of Helmut Koester's attempt to show that many of the Apostolic Fathers are dependent on oral tradition and not the written Synoptic Gospels when they use

material parallel to Synoptic sayings. For Koester's position, see Helmut Köster[note the German spelling], *Synoptische Überlieferung bei den apostolischen Vätern* (TU 65; Berlin: Akademie, 1957). For views that stress much more the influence of the Gospel of Matthew on patristic writers before the time of Irenaeus, see Edouard Massaux, *Influence de l'évangile de saint Matthieu sur la littérature chrétienne avant saint Irénée*(Universitas catholica Lovanensis 2/42; Louvain: Publications universitaires, 1950; repr. with supplements, Louvain: University Press, 1986) esp. 94-135 for Ignatius; in a more careful, critical vein, Köhler, *Rezeption*, 73-96 for Ignatius.

I think Koester has an arguable case with regard to *1 Clement*—which is not surprising, since *1 Clement* is the only Apostolic Father clearly from the 1st century, being written not too long after Matthew and possibly even before John and Luke-Acts. It is significant that while Köhler usually decides in favor of probable knowledge of Matthew on the part of the Apostolic Fathers, he states that the question of *1 Clement* must remain open(*Rezeption*, 72). For a number of the other Apostolic Fathers, Köhler thinks that knowledge of Matthew's Gospel is very probable or nearly certain; this is his judgment on the *Didache* (*Rezeption*, 55), Polycarp(*Rezeption*, 109-110), and *2 Clement*(*Rezeption*, 147-149). In the case of the *Letter of Barnabas*, the *Shepherd of Hermas*, and the *Letter to Diognetus*, Köhler gives a rating of "quite possible", but not "probable"(*Rezeption*, 122-123, 125-128, 159). However, I would not want to create the impression that almost all scholars would agree with my view or that of Köhler. For example, Donald A. Hagner("The Sayings of Jesus in the Apostolic Fathers and Justin Martyr", *Gospel Perspectives. The Jesus Tradition Outside the Gospels*, 233-268) not only favors independent oral tradition in *1 Clement* but also argues in favor of independent oral tradition and against dependence on the canonical Gospels for almost all of the patristic writers before Justin. Also in favor of independent oral tradition rather than dependence on Matthew and Luke in the case of the *Didache* is Jonathan Draper, "The Jesus Tradition in the Didache", ibid., 269-287.

In my view, while Koester may have a good case in the one instance of *1 Clement*, once he arrives at Ignatius of Antioch (and beyond), he is arguing against the most natural reading of the data. This is especially true of a famous passage in Ignatius, *Smyrneans* 1:1, which alludes to Matt 3:15, a redactional verse that inserts typically Matthean language into a Marcan context. The best Koester can do in this case is to argue that Ignatius' dependence on Matthew is indirect, by way of some otherwise unknowable kerygmatic or creedal formula. (I argue this point at greater length in a collection of essays by various scholars entitled *Social History of the Matthean Community: Cross-Disciplinary Approaches to an Open Question*[Minneapolis: Fortress, 1991] 176-184.) It is perhaps not by accident that, in his *Ancient Christian Gospels*, Koester treats other Ignatian passages in his main text while relegating *Smyrneans* 1:1 to a brief footnote(p. 8 n. 1).

It is basically because I disagree with Koester's whole approach to the Fathers that I do not consider a separate treatment of patristic material to be required by the goals of my book. While I will keep an eye on the patristic citations of Jesus' words as I move through the Jesus tradition, I do not think that, on the whole—with the exception of *1 Clement* and possibly the *Didache*—they offer any independent access to the historical Jesus. Moreover, even if a good deal of the material investigated by Hagner and Draper does represent independent variants of the gospel tradition, nothing substantially new about the historical Jesus is added to our data base.

[115] It is quite possible that some of the Church Fathers cite the Synoptics from Gospel harmonies or catechetical collections of sayings of the Lord that in turn depend on the Synoptic Gospels.

[116] Crossan, *Four Other Gospels*, 35-36. Grant(*Gnosticism and Early Christianity*, 185) notes that one of the striking features of the *Gospel of Thomas* is its tendency to combine sayings found separately in the Synoptic Gospels and to change the order of the sayings: "Such combinations and alterations were common among Christian writers of the second century, but they were especially characteristic of Gnostics." Grant observes that the gnostic group known as the Naassenes (who used the *Gospel of Thomas*) gives a perfect example of this kind of conflation and reordering of sayings: in a single saying the Naassenes bring together John 6:53-56; Matt 5:20; 18:3; John 3:5; Mark 10:38; John 8:21; 13:33.

[117] Tuckett, "Thomas and the Synoptics", 139. The saying on "splitting the wood", which appears in Oxyrhynchus Papyrus 1 as the end of saying 30, is part of the second half of saying 77 in the Coptic *Gospel of Thomas*. The reason for the regrouping seems to be the link word in *Gospel of Thomas* saying 77a+b; both halves of the spliced verse contain the Coptic verb meaning "attain" or "split." See the comments by Fitzmyer, "The Oxyrhynchus Logoi", 397-401.

[118] See H. J. Held, "Matthew as Interpreter of the Miracle Stories", in G. Bornkamm, G. Barth, and H. J. Held, *Tradition and Interpretation in Matthew*(New Testament Library; Philadelphia: Westminster, 1963) 165-299.

[119] For a salutary warning against a simplistic view of how the Synoptic traditions developed, see E. P. Sanders, *The Tendencies of the Synoptic Tradition*(SNTSMS 9; Cambridge: Cambridge University, 1969).

[120] See H. Baltensweiler, "Die Ehebruchsklauseln bei Matthäus. Zu Matth. 5, 32; 19, 9", TZ 15(1959) 340-356. For possible exceptions, see E. Bammel, "Markus 10, 11f. und das jüdische Eherecht", *ZNW* 61(1970) 95-101.

[121] Sevrin, "Un groupement de trois paraboles", 438-439.

[122] There is nothing unusual about a redactor who usually abbreviates his material suddenly expanding it when it suits his purposes. Matthew, who usually shortens Mark's miracle stories, will at times expand them in order to insert verses that serve his theological program; see, e.g., Matthew's special material about Peter walking on the water, inserted into the Marcan story of Jesus walking on the water(Mark 6:45-52; Matt 14:22-33, esp. vv 28-31).

[123] I construct my argument on the basis of this broad "spread" of material, with a secondary consideration of possible redactional elements, especially from Matthew. Independently, Tuckett("Thomas and the Synoptics", 145-156) constructs his argument from redactional elements, mostly from Luke and Mark. I think that the convergence and complementarity of the two approaches reinforce an important conclusion: at least in some

sayings, the dependence of Thomas on the canonical Gospels is fairly clear.

124 Although Köhler remains very reserved in his judgment, allowing that in some places the *Gospel of Thomas* may have preserved a form of the tradition earlier than the Synoptics' form, he nevertheless decides, on the basis of Synoptic redactional traits, that in its present form the *Gospel of Thomas* (notably in the parables) presupposes the Synoptics in general and Matthew's Gospel in particular(*Rezeption*, 385-386). In Köhler's view, very probable cases of dependence on Matthew include sayings 33, 34, and 99(pp. 386-388).

125 Commenting on Matt 15:13-14, Francis W. Beare(*The Gospel According to Matthew* [Peabody, MA: Hendrickson, 1981] 339) remarks: "Matthew's insertion is partly of his own composition, but the saying about the blind leading the blind[i.e., v 14] is found as a separate 'parable' in Luke...." Presumably, then, it is v 13 that Beare considers to be Matthew's "own composition." Georg Strecker mentions Matt 15:12-14 among the passages that convey Matthew's redactional polemic against the Pharisees; he refers to 15:12-14 as "a redactionally inserted apophthegm"(*Der Weg der Gerechtigkeit*[FRLANT 82; 3d ed.; Göttingen: Vandenhoeck & Ruprecht, 1971] 139). Reinhart Hummel likewise refers to 15:13-14 as the "Matthean insertion into the controversy dialogue on levitical purity"(*Die Auseinandersetzung zwischen Kirche und Judentum im Matthäusevangelium* [BEvT 33; 2d ed.; Munich: Kaiser, 1966] 152). Supporting this view is the fact that the phrase "my heavenly Father" (with the adjectival form *ouranios*) occurs only in Matthew within the NT; *phyteia*(plant) occurs nowhere else in the NT.

Tuckett("Thomas and the Synoptics", 143-144) prefers to argue for redactional elements in Matt 15:11(saying 14 in Thomas), though he notes possible objections to seeing 15:11 as Matthew's own work rather than as the result of a Mark-Q overlap.

126 Schrage(*Verhältnis*, 124-125) shows that Thomas' form of the parable presupposes Matthew's and would not make sense without Matthew's version in the background. Ménard(*L'Evangile selon Thomas*, 158) is of the same opinion. It is striking that the Coptic text of the parable uses the Greek word for "weed"(*zizanion*) four times; the word occurs in the NT only in Matthew's parable of the wheat and the weeds and in its subsequent explanation (eight times in all). Schrage observes that it is difficult to decide what Thomas understood by the parable. Perhaps the (good) seed is the soul and the weed is the body; alternately, the seed could be the gnostic and the weed the nongnostic.

127 Schrage(*Verhältnis*, 173) concludes that dependence on Matthew is the most probable solution. Ménard(*L'Evangile selon Thomas*, 191) thinks Thomas has edited the Matthean text here.

128 I concentrate here on the special material in Matthew because it is especially abundant in the *Gospel of Thomas* and offers some of the best candidates for redactional traits of a canonical evangelist being taken over by Thomas. Tuckett("Thomas and the Synoptics", 156) holds that Thomas "shows links with material that is due to the redactional activity of all three synoptic evangelists." He thinks examples of redactional elements from Mark and Luke are more "significant" because it may well be that Matthew was the most widely used Gospel at the time and that therefore assimilation of the wording of Thomas to

a Coptic version of Matthew "would not be unexpected"(p. 137).

129 Fitzmyer(*The Gospel According to Luke,* 2. 994) comments on Luke 12:49 vis-à-vis saying 10 in the *Gospel of Thomas*: "Logion 10 is almost certainly a derivative of the Lucan v. 49...."

130 This is a prime example of what Grant has highlighted elsewhere in the *Gospel of Thomas,* namely, the tendency of Thomas to tear apart the order of sayings in any Synoptic Gospel to create his own clusters of material, ordered according to leitmotifs and catchwords. Schrage(*Verhältnis,* 165-166) sees this logion as a combination of two pieces of Luke's special tradition and decides that Thomas is here dependent on Luke's Gospel.

131 Schrage(*Verhältnis,* 30-31) thinks that saying 113 is dependent on Luke 17:20-21 and that therefore dependence on Luke in saying 3 is also possible. While commenting on saying 3, Ménard(*L'Evangile selon Thomas,* 81) states that, "in any case, the compiler knew Luke 17:20-21, cf. logion 113."

132 By a slip of the pen, Tuckett cites this as Oxyrhynchus Papyrus 1.

133 The point becomes very clear when the three texts are compared:

ou gar estin ti krypton, ean mē hina phanerōthę̄	(Mark 4:22a)
ou gar estin krypton ho ou phaneron genēsetai	(Luke 8:17)
[ou gar est]in krypton ho ou phane[ron genēsetai]	(POxy 654)

The papyrus is unfortunately fragmentary, but the basic agreements of the papyrus with Luke's redactional form over against Mark are clear: no *ti* as in Mark, *ho ou* instead of Mark's *ean mē hina*. As Tuckett points out("Thomas and the Synoptics", 146), the Greek papyrus is especially important because it proves that the agreement with Luke instead of Mark predates the translation of Thomas into Coptic; thus, assimilation of the saying to the Lucan text by the Coptic translator is excluded. What is even more intriguing about this papyrus fragment is that the words just before the Lucan parallel may correspond to Matthew's redactional form of the Marcan saying, if Fitzmyer's reconstruction is correct(Fitzmyer, "The Oxyrhynchus Logoi", 381):

ouden gar estin kekalymmenon ho ouk apokalyphthēsetai	(Matt 10:26)
[to kekalymmenon] apo sou apokalyph<th>ēsetai soi	(POxy 654)

If we accept Fitzmyer's reconstruction, it appears that the author of the papyrus has meshed a redactional form from Matthew with a redactional form from Luke. Schrage (*Verhältnis,* 35) also holds for Thomas' dependence on the Lucan redaction of Mark.

134 Saying 55 borrows redactional elements from both Luke 14:26("cannot be my disciple") and Matthew 10:37("is not worthy of me"); so Ménard(*L'Evangile selon Thomas,* 157). Schrage(*Verhältnis,* 58-59) holds that saying 16 is dependent on both Matthew and Luke, but primarily Luke; Ménard(p. 103) concurs.

135 This seems to be a Mark-Q overlap, which offers a special opportunity to the redaction critic; see Tuckett, "Thomas and the Synoptics", 148-153. Schrage(*Verhältnis,* 62-

63) holds for dependence on Matthew, Mark, and Luke; similarly, Ménard, *L'Evangile selon Thomas,* 109.

136 It should be noted that material from the triple tradition will at times be closer to the Matthean or Lucan version and therefore does not automatically prove knowledge of Mark's Gospel. Sevrin("Un groupement de trois paraboles", 433-434) holds that the parable of the murderous tenants(saying 65) basically follows the Lucan form, with traces of Matthew and Mark; this eclecticism seems typical of Thomas' treatment of the Synoptic material. At times, though, specifically Marcan elements seem to peep through the version in Thomas; this is Tuckett's view of sayings 9 and 20("Thomas and the Synoptics", 148-156). Schrage(*Verhältnis,* 139) speaks of a mixed form, a mosaic made up of elements from all three Synoptics.

Michel Hubaut(*La parabole des vignerons homicides*[Cahiers de la Revue Biblique 16; Paris: Gabalda, 1976]) suggests that Thomas' version shows definite dependence on Luke and very probably dependence on either Mark or a primitive version of the parable. Against any possibility of a primitive non-Synoptic source is B. Dehandschutter("La parabole des vignerons homicides(Mc., XII, 1-12) et l'Evangile selon Thomas", *L'Evangile selon Marc. Tradition et rédaction*[BETL 34; ed. M. Sabbe; Leuven: Leuven University; Gembloux: Duculot, 1974] 203-219), who emphasizes the influence of the Lucan version. Dehandschutter also rejects the idea that, in the parable of the tenants, Luke used a special source that was also known to Thomas; see his "L'Evangile selon Thomas: témoin d'une tradition prélucanienne?" *L'Evangile de Luc. Problèmes littéraires et théologigues. Mémorial Lucien Cerfaux* (BETL 32; ed. F. Neirynck; Gembloux: Duculot, 1973) 287-297. Also skeptical of a non-Synoptic source in Thomas' version is K. R. Snodgrass, "The Parable of the Wicked Husbandmen: Is the Gospel of Thomas Version the Original?" *NTS* 21(1974-1975) 142-144.

137 See Raymond E. Brown, "The Gospel of Thomas and St John's Gospel", *NTS* 9(1962-1963) 155-177. He states on p. 174: "Obviously, the affinity of John in *GTh* [the *Gospel of Thomas*] is not nearly so clear or so strong as the affinity to the Synoptic Gospels."

138 Grant, *The Secret Sayings of Jesus,* 107.

139 See Brown, "The Gospel of Thomas", esp. 158-174.

140 Ibid., 175-176.

141 In correspondence dated Oct. 15, 1990, David Noel Freedman suggested to me that such an otherwise unknown Greek conflation of the Four Gospels probably preceded the famous Diatessaron of Tatian, which was simply the culmination of a much larger tendency toward conflated texts. Such a process of conflation might help explain the present order of the sayings in the *Gospel of Thomas.*

142 Yet, as Ménard suggests(*L'Evangile selon Thomas,* 101), the end of the saying probably reflects Matt 15:11, which, unlike Mark 7:15, uses the word "mouth" in the saying, as does Thomas' saying 14. Note the similarity and differences among the three versions:

> [There] is nothing outside a man which, going into him, can defile him. But those things coming out of a man are what defile a man. (Mark 7:15)

> Not what goes into the mouth defiles a man, but what comes out of the mouth, that defiles a man. (Matt 15:11)
>
> For what goes into your mouth will not defile you, but what comes out of your mouth, that is what will defile you. (*Thomas*, 14)

Thus, once again, we see Thomas' tendency to mesh different sayings from different places in different Gospels to create his own verbal and theological "collage."

143 R. Bultmann(*Die Geschichte der synoptischen Tradition*[FRLANT 29; 8th ed.; Göttingen: Vandenhoeck & Ruprecht, 1971] 191) thinks that Mark himself has added the "polemical citation" to the parable. See also D. E. Nineham, *The Gospel of St Mark* (Pelican NT Commentaries; Harmondsworth: Penguin, 1963) 313; Haenchen, *Der Weg Jesu*, 399-402.

144 "Cornerstone" might also be translated as "building stone", "foundation stone", or "keystone." Significantly, Thomas does not speak of the Psalm verse as a text of Scripture(*graphē*) as does Mark (and, with slightly different wording, Matthew and Luke); there is no place in Thomas' vision for OT prophecy being fulfilled in the death and resurrection of Jesus. Schrage(*Verhältnis*, 143) observes that Matthew and Luke have already begun the process of detaching the citation from the parable by using a fresh introductory formula for the citation(Matt 21:42; Luke 20:17).—Sevrin("Un groupement de trois paraboles", 433-436) suggests that it is the tenants, not the owner, of the vineyard who are the positive figures in Thomas' version of the story. This would certainly fit in both with Thomas' silence about any punishment of the tenants and with the general tendency of gnostic exegesis to subvert and reverse the usual sense of Scripture.

145 Schrage(*Verhältnis*, 123) suggests that a gnostic would understand the phrase to mean "crucify the world" or "strip oneself of the world."

146 It always remains theoretically possible that some individual stray saying in the *Gospel of Thomas* (or many other 2d-century documents) might actually come from Jesus. For example, many scholars like Jeremias(*Unknown Sayings of Jesus*, 66-73) are fond of saying 82: "He that is near me is near the fire; he that is far from me is far from the kingdom." As I have already indicated, I do not think Jeremias's reasoning persuasive. But one thing should be readily admitted: no method can control the haphazard or random occurrence in history that runs counter to the general impression the data give. But such an isolated, random datum would make no difference in the overall picture we draw of Jesus.

147 This remark is made *only* with reference to the quest for the historical Jesus. All these documents have great value for the history of early Christianity in the patristic period. Unfortunately, 20th-century American culture is not terribly interested in patristics and Church history, and so some scholars feel constrained to justify their research by creating links with the historical Jesus. It is this "selling" of research to the American public and academies on specious grounds that I find objectionable. On the question of the apocryphal gospels, see also Howard Clark Kee, *What Can We Know about Jesus?*(Cambridge: Cambridge University, 1990) 28-39.

6장

기준:

우리는 예수로부터 오는 것을 어떻게 결정하는가?

이전 장들에서 우리는, 역사적 예수에 대한 우리의 탐구에서, 우리가 대부분을 네 복음서에 의존한다는 것을 보았다. 이 복음서들이 초대교회의 부활절 믿음으로 채워졌고 또 사건들이 이야기된 후 40년에서 70년까지 쓰였기 때문에, 우리는 묻고 있다. 곧 우리는 어떻게 예수로부터 오는 것(단계 I, 대략 서기 28~30년)을 초대교회의 구두 전승에서 만들어진 것(단계 II, 대략 서기 30~70년) 또 복음사가들의 편집적인 작업(교정)에 의해 만들어진 것(단계 III, 대략 서기 70~100년)과 구별할 수 있는가?[1] 하루에도 열두 번, 예수에 관한 대중적인 책들은 닥치는 대로 복음서 이야기들 가운데에서 까다롭게 고르며, 모든 주어진 순간에 타당하고 그럴듯한 것으로 그들을 감동시키는 것이 그러므로 역사적인 것이라고 저자들은 결정한다.[2] 더욱 전문적인 책들은 보통 복음서 자료를 판단하는 원칙을 밝히지만("역사성의 기준"), 그 원칙들은 때로는 성경 구절이 상세하게 다루어질 때 잊히는 것을 보인다.[3] 이 장에서, 나는 어느 판단의 원칙(곧 "기준")이 어떤 자료가 역사적 예수로부터 오는지에 대하여 결정에 이르는 데에 도움이 되는지 상세히 말할 것이다.[4]

일반적으로 고대 역사의 특성과 특히 복음서들의 특성을 감안하면, 역사성의 기준은 오직 더 혹은 덜 가능한 판단을 보통 산출할 것이다. 확실성은 드물게 있을 것이다.[5] 실로, 역사적 예수에 대한 탐구에 거의 모든 것이 가능하기 때문에, 기준의 역할은 순전히 가능한 것으로부터 지나가며, 다양한 가능성들을 점검하고, 또 어떤 후보가 더욱 개연성이 있는지 결정하는 것이다. 일반적으로 기준은 더 많은 것을 하기를 바랄 수 없다.[6]

학자들은 누가 가장 긴 기준 목록을 엮을 수 있는지 보려고 서로 경쟁을 하는 것으로 보인다.[7] 가끔 미묘한 변호하는 동기가 작용할 수 있다. 곧 매우 많은 기준은 확실히 우리의 탐구의 결과를 보장한다! 더욱 냉철한 학자들은, 그 대신, 어려운 자료에 대하여 의심 없이 가능한 한 많은 통제를 찾는다. 하지만 흔히 자연스럽게 단 하나의 기준인 것이 다수의 기준을 만들기 위해 "잘게 썰어"진다. 또 기껏해야 이차적인 기준이, 석연치 않다면, 참으로 필요한 것들과 섞여 있다. 범주들은 필요성 없이 크게 증가시킬 필요가 없다는 것에 오컴(William of Occam)과 동의한다. 이런 이유로, 나는 제시된 많은 것으로부터 다섯 가지 "주된" 기준을 추출하기를 선호한다. 우리는 이 다섯 가지를 본 다음에, 다섯 가지 "이차적인"(어떤 이들은 "석연찮은"이라 말할 수 있을 것이다.) 기준을 고려할 것이다. 이 이차적인 기준의 몇 가지는 때로는 우리가 다섯 주된 기준 위에 이미 도달했던 결정들의 사후 확인을 제공할 것이다.

주된 기준

1. 당혹함의 기준

"당혹함"(Schillebeeckx가 그렇게) 또는 "모순"(Meyer가 그렇게)은 초대교회를 위하여 당황하게 하였거나 어려움을 조성했을 예수의 행동과 어록[8]에 초점을 맞춘다. 기준의 요점은 초대교회가 그 창조자를 오직 당황하게 하였거나 반대자들과 논쟁에서 그 입장을 약화시켰던 자료를 만들기 위해 거의 특별히 애를 쓰지 않았으리라는 것이다. 오히려, 예수로부터 오는 당황하게 하는 자료는 자연스럽게 복음서 전승의 후대 단계에서 억눌렸거나 약화되었을 것이며, 또 자주 이러한 점진적인 억눌림이나 약화됨은 네 복음서를 통하여 추적되었을 것이다.[9]

주된 본보기는 그의 아마 더 열등한, "죄의 용서를 위한 회개의 세례를" 선포했던, 세례자 요한에 의해 추정상 우월하고 죄 없는 예수의 세례이다.[10] 신비롭고, 말수가 적으며, 냉혹한 마르코는 그 사건을 아무 신학적 설명 없이 왜 우월하고 죄 없는 이가 죄인들을 위해 계획된 세례에 자신을 굴복시키는지에 대해 이야기한다(마르 1, 4~11). 마태오는 세례자와 예수 간에 세례 이전의 대화를 소개한다. 세례자는 공공연히 그의 윗사람에게 세례를 주기 부당함을 고백하며 오직 예수가 그에게 하느님의 구원하는 계획이 성취될 수 있게 하기(마태 3, 13~17, 그 복음사가의 전형적인 언어에 의해 표시된 구절) 위해 그렇게 하라고 명령할 때에 항복한다. 루카는 예수의 세례에 대해 이야기하기 전에 헤로데에 의해 세례자 요한의 감금을 이야기함으로써 문제에 대한 놀라운 해결을 찾는다. 루카의 버전은 누가 예수에게 세례를 주었는지 결코 말하지 않는다(루카 3, 19~22). 급진적인 넷째 복음사가인 요한은 예수를 메시아로 인정하기를 거부하는 세례자의 현대판 제자들과 그가 갈등 안에 있는 것처럼 짜 맞추어, 세례자에 의해 예수의 세례를 전적으로 억누르는 급진적인 방편을 취한다. 그 사건은 그저 요한의 복음서에 전혀 일어나지 않는다. 우리는 여전히 예수에 대한 아버지의 증언과 예수 위에 성령의 내려옴을 듣지만, 언제 이런 신현현이 일어나는지 결코 듣지 못한다(요한 1, 29~34). 아주 단도직입적으로, 초대교회는 예수의 생애 안의 사건과 "부딪쳤고", 점점 크게 당혹함을 발견하였으며, 다양한 방편으로 잘 해명하려 힘썼고, 그리고 요한복음 사가는 결국 그의 복음서에서 지웠다. 교회가 그 자신의 당혹함의 원인을 조성하려고 그 방법에서 나왔을 가능성은 아주 없다.

비슷한 사례가, 그가 하늘의 구름 위에 그 자신의 재림을 포함하여, 마지막 때의 사건들을 미리 말할 수 있는 하느님의 아드님이라는 복음서들의 주장에도 불구하고, 그가 마지막의 정확한 날과 시간을 알지 못한다는 예수에 의한 단언이다. 마르 13장의 종말론적 담론의 거의 결론에서, 예수는 이렇게 말한다. “그러나 그 날과 그 시간은 아무도 모른다. 하늘의 천사들도 아들도 모르고 아버지만 아신다”(마르 13, 32). 후대의 소수의 그리스어 수사본들이 단순히 “아들도”라는 말을 마르코 안의 어록에서 빠뜨렸다는 것은 놀랍지 않다.[11] 상당히 많은 수의 수사본들이 마태오 안의 병행하는 구절에서 “아들도”를 생략하는데(마태 24, 36), 이는 교부 시대 교회에서 마르코보다 더욱 널리 사용되었다.—이런 이유로 특히 마태오 안의 당황하게 하는 구절을 진압하려는 원의.[12] 어록은 단순히 루카에 의해 시작되지 않는다. 요한 안에, 거기 아무 비슷한 것이 없을 뿐 아니라, 넷째 복음서는 예수가 현재와 미래의 모든 것을 알고 있으며 또 전혀 놀라지 않는다는 것을 강조하는 방법을 떠나지 않는다(예, 요한 5, 6; 6, 6; 8, 14; 9, 3; 11, 11~15; 13, 1~3, 11을 보라). 다시 한번, 오직 되돌아와서 그것을 진압하려고 시도하기 위해, 교회가 그 되살아난 주님의 모름을 강조하였던 어록을 고안하기 위해 애를 썼을 리는 만무하다.

흥미로운 필연적인 결과가 “당혹함”의 이 사례들로부터 생긴다. 하루에도 열두 번 초대교회의 구두 전승은, 카리스마가 있는 예언자들과 함께 언급하는 모든 것 또는 주 예수의 말씀으로서 또 이야기꾼이 유다인과 외교인 모델을 따라서 만드는 기적과 악마 추방의 이야기들로서 모든 것과 함께, “무엇이든지 상관없다”는 게임처럼 묘사된다. 복음사가들은 그들 자신의 편집적 신학에 따라 구두 전승을 만듦으로써 이 걷잡을 수 없이 창조적인 과정을 간단히 완성하였을 것이다. 우리는 첫 그리스도인 세대 전체에 걸쳐 생산력 있는 상상들에 대한 확인으로서 행동할 목격 증인이 없었고, 발전하는 전승에 대한 어떤 관리를 행사할 수 있는 이제 지도자가 된—원래의—제자들이 없었으며, 그리고 싫든 좋든 사람들의 기억 속에 움직일 수 없는 예수의 아무 뚜렷한 행동과 어록이 없었다는 인상을 받을 것이다. 당황하게 하는 자료가 복음서들의 편집처럼 늦게 발견된다는 사실은 창조적인 취지 외에 복음서 전승 안에 또한 보수적인 세력이 있었다는 것을 우리에게 상기시킨다.[13] 실로, 이 세력은 매우 보수적이어서 당황하게 하는 일련의 사건들(예, 요한에 의한 세례, 유다에 의한 배반, 베드로에 의한 부인, 로마인들에 의한 십자가형)이 고뇌에 차고 다양한 신학적 고찰을 불러일으켰으며, 하지만 대부분의 경우에 편리한 기억상실증이 아니었다.[14] 이런 의미에서, 당혹함의 기준은 그것이 입증하도록 도움을 줄 수 있는 개별적인 자료를 훨씬 넘어서 역사가를 위해 중요성을 가진다.

모든 기준들처럼 우리는 어쨌든 당혹함의 기준이 그 한계를 가지며 또 항상 다른 기준들과 협력하여 사용되어야 한다는 것을 조사할 것이다. 당혹함의 기준에 대해 한계 안에 세워진 한 가지는 이러한 당혹함의 명백한 사례들이 복음서 전승 안에 많지 않다는 것이다. 또 예수에 대한 완전한 그림은 그렇게 적은 필법으로 결코 그려질 수 없다. 또 다른 한계는 우리가 오늘날 당혹함을 생각하는 것은 초대교회에는 그 자체의 눈에 반드시 당혹함이 아니었다는 사실에서 나온다. 주된 예는 십자가로부터 예수의 "버려짐의 외침"이다. "저의 하느님, 저의 하느님, 어찌하여 저를 버리셨습니까?"(마르 15, 34; 마태 27, 46; 말들은 시편 22, 1의 인용이다). 첫눈에, 이것은 당혹함의 분명한 사례로 보인다. 가차 없는 신음 소리는 루카 안에 그의 영을 그리스도의 신뢰 깊은 맡김에 의해(루카 23, 46) 또 요한 안에 "다 이루어졌다!"라는 승리의 외침에 의해 대체되었다(요한 19, 30).

그럼에도 문제는 그렇게 단순하지 않다. 사실, 버려짐의 외침은 루카나 요한의 이후의 신학적 의제에 맞지 않는다. 하지만 수난기에 대한 양식 비평 연구들은 수난 전승의 가장 이른 단계는 구약성경 비탄 시편들, 특히 고난을 겪는 의인의 시편들을 사용했다는 것을 보여 준다.[15] 이 시편들의 말로 예수 수난의 이야기를 말함으로써, 담화는 예수를 악인들에 의해 고통을 당하고 죽음에 처해졌지만, 하느님에 의해 옹호되고 높이 올려진 의인의 구약성경 양식을 완성하는 사람으로 제시했다. 이 시편들에 대한 직접적인 인용보다는 오히려, 암시들이 수난기 전체를 통하여 엮여 만들어진다. 좋은 예는 예수의 옷을 나누는 것이다. 시편 22, 19의 말들은 마르 15, 24; 마태 27, 35 그리고 루카 23, 34에 담화의 일부가 된다. 오직 요한만 말들을 성경의 인용으로 표시한다(요한 19, 24).

그러므로 양식 비평 관점에서, 시편 22편의 극적인 처음 말들이 십자가형의 정점과 마르코복음서에 예수의 마지막 말들을 제공한다는 것은 매우 놀랍지 않다. 외침은 현대인들이 생각하는 것처럼 결코 그렇게 가차 없거나 스캔들이 될 만하지 않다. 구약성경 탄원 시편들은 보통 강력한 불평을 하느님께 향한다. 하느님께 그것들의 강한—우리의 귀에, 불경한—청원은 의심이나 실망을 표현하지 않으며, 다만 이상하게 침묵하시는 하느님이 만일 그렇게 선택하시면 구원하기 위해 행동할 수 있다고 완전하게 믿는 사람의 고통을 표현한다. 불평의 바로 그 쓴맛은 역설적으로 그가 이러한 담대함으로 감히 대결하는 이 하느님에게 청원자가 느끼는 가까움을 재확인시켜 준다. 바빌로니아의 유배로부터 아우슈비츠까지, 독실한 유다인들은 시편 22편의 말들과 다른 애가들을 그들의 동료 종교인들에 의해 불경과 절망에 대한 고발됨 없이 사용했다.

수난기의 뿌리가 탄원 시편에, 마찬가지로 저 시편들 안의 하느님에 대한 대담한 청원에 있다는 것을 감안하면—초대 그리스도교 유다인들에 의해 잘 이해되었지만 자주 잘못 이해된 이후로—가장 이른 그리스도인들(그들의 성경을 잘 알았던 유다인들)이 "버려짐의 외침"이 조금이라도 당혹하게 하였을 것이라고 생각하는 것에 대한 아무 이유가 없다. 십자가 위에서 예수가 실제로 시편 22, 1을 말했는지 그렇지 않았는지는, 당혹함의 기준이, 따로 간주될 때, 저 말들의 역사성을 성립시킬 수 없다. "일곱 마지막 말씀"의 모든 것은—"버려짐의 외침"을 포함하여—초대교회와 복음사가들의 신학적 해석을 나타낸다. 하지만 그것은 이후에 우리가 직면해야 할 질문이다. 여기 요건은 당혹함의 기준이—다른 모든 기준과 같이—손쉽게 또는 고립되어 행사되어서는 안 된다는 것이다.

2. 단절의 기준

당혹함의 기준과 밀접하게 연관되어,[16] 단절의 기준(또한 비슷하지 않음, 독창성, 또는 이중 환원 불가능성으로 분류된)은 예수 시대에 유다교나 예수 이후 초대교회로부터 나올 수 없는 예수의 말씀과 행동에 초점을 맞춘다.[17] 자주 주어진 예들은 모든 맹세에 대한 그의 전면적인 금지(마태 5, 34. 37; 그러나 참조: 야고 5, 12), 그의 제자들에게 자의적 단식에 대한 그의 금지(마르 2, 18~22 병행), 그리고 아마 이혼에 대한 그의 전적인 금지(마르 10, 2~12 병행; 루카 16, 18 병행)이다.

이 기준은 곧바로 가장 유망하며 또 가장 까다롭다. 노먼 페린은 이것을 근본적인 기준, 모든 재구성의 기초라고 묘사하는데, 그것이 함께 작업할 자료의 확실한 최소한도를 제공하기 때문이다.[18] 하지만 기준은 그 가치를 깎아내리는 사람들이 없지 않다. 모나 후커(Morna D. Hooker)는 기준은 우리가 가지고 있지 않은 것을 전제한다고 불평한다. 곧 예수의 시대에 유다교와 예수 이후 그리스도교가 어떠했는지, 또 그들이 말할 수 있었거나 말하였을 것에 대한 확실하고 완전한 지식.[19]

그녀의 반대는 1세기 팔레스티나의 종교적인 장면에 깊이 파고드는 모든 역사가에게 요구된 건강한 겸손을 우리에게 상기시킨다. 그렇지만 지난 두 세기의 역사-비평적 작업은 1세기 유다교와 그리스도교에 대한 우리의 이해에 주목할 만한 발전을 이루었다. 더욱이, 우리는 한편으로 예수에 대한 지식과 다른 한편으로 1세기 유다교와 그리스도교 간의 확연한 차이를 간과할 수 없다. 우리는 중요한 고고학적 발견물들은 말할 것 없고 이후의 운동들에서 직접적으로 오는 1세기 문서들—쿰란, 요세푸스, 그리고 유다교를 위한 필론, 그리스도교를 위한 신약성경의 대부분—을 가지고 있다. 우리에게는 직접적으로 예수에게서 오는 이러한 문서들은 없다. 실로, 사람의 아들 제목에 대한 후커 교수 자신의 작업은 우리가 초기 유다교와 그리스도교에 대하여 무언가 알고 있으며 또 중요한 문제들에 이러한 지식을 적용할 수 있다는 것을 전제한다. 틀림없이 우리의 오늘날 판단들은 미래 세대의 학자들에 의해 교정을 필요로 할 것이다. 하지만 우리가 후대의 수정을 배제한 지식의 완전함을 소유할 때까지 기다려야 한다면, 우리는 재림 때까지 모든 신약성경 학문을 미루어야 할 것이다.[20]

더욱 심각한 반대는 단절의 기준이, 예수에 관하여 확실한 최소한의 것을 우리에게 제공하기는커녕, 그에게 영향을 미쳤던 유다교에서, 또 그가 영향을 미쳤던 교회로부터 예수를 분리함으로써 캐리커처를 우리에게 제공함을 마무리한다. 예수는 그의 행동과 어록을 초대교회가 경외했고 우리에게 넘겨준 1세기 유다인이었다.[21] 예수 바로 이전과 바로 이후 종교적인 역사와의 완전한 파열은 선험적으로 있을 것 같지 않다. 실로, 그가 그렇게 "불연속적"이고, 독특하며, 자신 이전과 이후 역사의 흐름에서 단절되었다면, 그는 실제적으로 모든 이에게서 단절되었을 것이다. 비록 자신의 목적이 저 관념과 입장을 변화시키는 것이라고 하더라도, 효과 있는 교사는(이는 예수가 거의 모든 학자의 인정에 의해 그랬던 것으로 보인다.) 그의 청중의 관념과 입장에 자신을 적응하는 것을 뜻한다. 예수가 아무리 독창적이었을지라도, 성공적인 교사와 전달자가 되기 위해 그는 의사소통의 제약, 역사적 상황의 제약에 따라야 했을 것이다.[22] 예수의 그림을 1세기 유다교와 그리스도교에서 완전히 분리되었거나 반대된 것으로 그리는 것은 그야말로 역사 밖에 그를 위치시키는 것이다.

논증을 위해, 16세기에 마르틴 루터가 그의 가르침을 모두 구두로 전달했고 그것들은 오직 후에 계속 그의 제자들에 의해 쓰였다고 상상해 보라. 우리가 루터의 말과 행동의 기록에서 그 이전의 중세 후기 가톨릭 저자들 안에 또는 그 이후 17세기 루터의 신학자들 안에 병행이 될 수 있는 모든 것을 배제했다면, 얼마나 많이 남을 것인가? 또 그것은 루터를 대표하는 그림과 같은 어떤 것을 제공할 수 있을까?

이런 이유로, 한편 단절의 기준은 유용하지만, 우리는 그것이 자동적으로 중요했던 것이나 적어도 예수의 가르침의 상당히 대표적인 것을 우리에게 줄 것이라는 예상에 대해 경계해야 한다. 예수의 "특이성"이 무엇이었을지에 좁게 초점을 맞춤으로써, 그의 메시지의 무엇이 두드러졌는지 그러나 아마 주변적인 것을 강조하는 위험이 항상 있다.[23] 특히 이 기준과 함께, 다른 기준들에서 보충하고 균형을 잡는 통찰력이 필수적이다.

물론, 균형과 교정에 대한 똑같은 필요가 유다교와 초대 그리스도교와 예수의 역사적 계속성 위에 강조를 위하여 유효하다. 특히 유다교의 경우에, 우리는 항상 이런 질문을 제기해야 한다. 곧 유다교의 어떤 종류 또는 부문 또는 경향과 함께 예수는 주어진 어록 또는 행동 안에 "계속 이어지는가"? 더욱이 우리가 예수는 틀림없이 그의 시대의 유다교와 이런 또는 저런 문제에 연속적이지 않았다고 결정하지 말아야 하는 것과 똑같이, 그렇게 우리는 예수가 틀림없이 모든 것에서 유다교와 일치하였다고 선험적으로 결정할 수 없다. 역사는 그것의 루터들과 스피노자들을 가진다. 예를 들어, 우리는 모든 음식은 깨끗하다(마르 7, 19)는 예수의 진술의 역사성에 대한 E. P. 샌더스의 요약 판단을 읽으며 놀란다. 상세한 논증으로 가는 것 없이, 샌더스는 단순히 선언한다. "이 경우에 예수에게 돌려진 어록은… 나에게는 예수 자신이 말했다기에 너무 혁명적인 것으로 보인다."[24] 어떤 의미에서, 샌더스는 단순히 단절의 기준의 우위에 대한 페린의 견해를 취하며 그것을 근본적으로 뒤엎는다. "그것이 불연속적이면, 그것은 틀림없이 예수에게서 온다." 대신에, 우리에게는 이제 "그것이 비연속적이면, 그것은 예수에게서 올 수 없다."가 있다. 분명히, 양쪽 방향 모두에서 교조주의는 각각의 경우에 주장들의 신중한 시험으로 대체되어야 한다.

흔히 단절의 기준을 몹시 괴롭히는 더 많은 문제는 용어적인 것이다. 학자들은 이 기준이 예수에게 "독특한" 것을 따로 떼어 낸다고 주장할 것이다. "독특함"은 역사적인 탐구에서 다루기 힘든 개념이다. 어떤 의미에서, 베토벤은 음악에서 "독특한 천재"로 여겨질 수 있지만, 그것은 그의 음악의 개인적인 면모가 그 이전에 바흐 또는 그 이후에 말러와 같은 작곡가들 안에 발견될 수 없다는 것을 거의 의미하지 않는다. 실로, 베토벤과 같은 개인을 위해 그를 앞서 왔던 모두와 "독특하게" 다르다는 것은 매우 어렵지만, 그가 그를 따라오는 모든 사람과 "독특하게" 다르게 되는 것은 요구하기에도 훨씬 너무 많이 요청하는 것이다. 재능 있는 사람은 그것을 거의 조절할 수 없었을 것이며, 또 그가 더욱 뛰어났을수록, 그는 더욱 모방자들을 가졌을 것 같다.[25] 아마 베토벤의 독특함은 따로 떼어져 보인 어떤 한 모습보다는 오히려, 전체로서 특별한 역사적 맥락으로 보인, 그의 개성, 재능, 생산과 경력의 특별한 배열 안에 위치되어야 할 것이다.

비슷한 것을 예수의 독특함에 대하여 말할 수 있을 것이다. 예수의 개인적인 어록이나 행동을 다룰 때, 어디서나 독특함을 주장하는 대신에, 아마 예수가 말하는 또는 행하는 방식에 무엇이 "두드러지게 특징적인가" 또는 "특이한가"를 말하는 것이 더 좋을 것이다. 이 구분은 우리가 "진실히 나는 너희에게 말한다" 또는 기도 중에 하느님께 말씀드린 "아빠"와 같은 이러한 특징적인 구절을 다룰 때 특히 중요하다. 우리는 초기 1세기 갈릴래아의 대중적인 유다계 아람인의 종교적 관례와 어휘에 대하여 아주 잘 알지 못하기 때문에, 주장을 진척시키는 데에 겸손이 바람직하다. 마찬가지로, 우리가 예수의 공적인 행동을 다룰 때, 특별한 이야기가 정확히 예수가 어떤 특별한 경우에 했던 것을 우리에게 말한다고 주장하는 대신, "예수가 했던 것들의 일종"(예, 악마 추방들, 믿음 치유들)이라고 말하는 것이 더 지혜로울 것이다. 똑같은 구분이 전체로서 간주된 어록 전승에 적용될 수 있다. 우리는 예수의 기본적인 메시지를, 그가 보통 또는 전형적으로 말한(*ipsissima vox*) "그런 것"을 배우는 약간의 희망을 가질 수 있다.[26] 비록 그렇더라도 극히 드물게 우리는 그의 정확한 말씀들(*ipsissima verba*)을 되찾을 수 있다고 주장할 수 있다.

3. 다양한 입증의 기준

다양한 입증(또는 "교차 부분")의 기준은 하나 이상의 독립적인 문헌적 자료(예, 마르코, Q, 바오로, 요한)와/또는 하나 이상의 문학 양식 또는 장르(예, 비유, 논쟁 이야기, 기적 이야기, 예언, 격언)에 입증된 예수의 저 어록 또는 행동 위에 초점을 맞춘다.[27] 이 기준의 힘은 주어진 주제 또는 테마가 양쪽 서로 다른 문헌적 사료와 서로 다른 문학 양식들에 나오면 증가한다.[28] 비평가들이 너무나 선뜻 예수가 하느님의 나라(또는 하늘나라의)의 어떤 뜻으로 말했다는 것을 단언하는 한 가지 이유는 그 구절이 마르코, Q, 특별한 마태오 전승, 특별한 루카의 전승, 또 요한에,[29] "하느님의 나라"는 바오로가 선호하는 말하는 방법이 아니라는 사실에도 불구하고, 바오로 안에 반향들과 함께 나온다는 것이다.[30] 동시에, 그 구절은 다양한 문학 장르(예, 비유, 진복, 기도, 경구, 기적 이야기)에 나온다. 주로 초대 그리스도교 세대로부터 오는, 서로 다른 사료와 장르의 이 넓은 범위를 감안하면, 이러한 자료가 단순히 교회의 창작물이라고 주장하기는 극도로 어렵게 된다.[31]

우리가 일반적인 주제와 구절로부터 정확한 어록과 행동으로 나아갈 때, 우리는 이러한 광범위한 입증의 범위를 보통 기대할 수 없다. 그럼에도 불구하고, 최후 만찬에서 빵과 포도주 위에 예수의 말씀으로서 이러한 중요한 어록들(마르 14, 22~25; 1코린 11, 23~26; 참조: 요한 6, 51~58)과 그의 이혼 금지(마르 10, 11~12; 루카 16, 18[= Q]; 1코린 7, 10~11)는 둘 또는 세 개의 독립적인 사료에 나온다.[32] 그다음, 역시 우리는 예수의 특별한 화제를 다루는 어록들과 또 그 화제에 간단히 언급하는 예수의 행동–예, 예루살렘의 멸망에 관한 어록과 예수의 예언자적인 성전을 "깨끗하게 함"–간에 "교차 언급하기"를 발견할 수 있다. 성전의 파괴에 대한 예는 우리가 어록과 극적인 행동도 하나 이상의 사료와 맥락에(예, 마르 13, 2; 14, 58; 요한 2, 14~22, 특히 19절) 증언되었다는 것을 알아차릴 때 한층 더 강력하다.

하비 맥아더(Harvey K. McArthur)는 다양한 입증의 기준의 힘을 그렇게 간주하여 그것이 "가장 객관적인" 기준이며 첫 자리가 주어져야 한다고 주장하게 되었다.[33] 하지만 맥아더도 저 다양한 입증이 역사성의 결코 오류가 없는 지표가 아니라는 것을 인정했다. 개인적인 경우에 처음부터 그리스도교 공동체나 예언자에 의해 고안된 어록이 교회의 요구를 매우 완전하게 충족시켜서 그것이 급속히 전승의 여러 서로 다른 가닥으로 들어갔다는 것은 선험적으로 불가능하다.[34] 그다음, 역시 어록이 오직 한 사료에만 나온다는 단순한 사실은 그것이 예수가 말하지 않았다는 증거가 아니다.[35] 예를 들어, 아람어 탄원 *Abba*("저 자신의 사랑하는 아버지")는 네 복음서 모두에서 오직 한 번만(마르 14, 36) 나오는데, 그럼에도 많은 비평가들은 다른 근거들 위에 그것을 역사적 예수에게 돌린다. 다시 한번, 우리는 어떤 기준도 기계적으로 또 고립되어 사용될 수 없다는 것을 상기해야 한다. 서로 다른 기준들의 수렴이 역사성의 가장 좋은 표지이다.

4. 일관성의 기준

일관성(또는 한결같음 또는 서로 닮음)의 기준은 역사적 자료의 일정한 양이 이전의 기준에 의해 고립된 후에만 활동시킬 수 있다. 일관성의 기준은 예수의 다른 어록과 행동이 우리의 처음 세 기준을 사용함으로써 이루어진 전제적인 “자료집”과 잘 맞는 역사적인 것이 되는 좋은 기회를 가진다고 간주한다(예, 하느님의 나라의 다가옴에 관한 어록 또는 법적인 준수에 대하여 상대자들과 토론들). 곧바로 보일 것처럼, 이 기준은, 그 자체의 특성에 의해, 그것에 달려 있는 세 가지보다 증거를 덜 제공한다.[36] 우리는 가장 이른 그리스도인들이 예수 자신으로부터 완전히 단절되었거나 다르다고 상상해서는 안 되기 때문에, 왜 그들이 예수 자신의 “진정한” 말씀을 충실하게 반영하는 어록을 만들 수 없었는지 아무 이유가 없다. 막연한 뜻으로 이러한 파생된 어록들은 그것들이 역사적인 예수의 메시지를 전달하는 한 “진정한 것”으로 고려될 수 있었다.[37] 하지만 그것들은 전문적인 의미로 “진정한 것”, 곧 실제로 예수 자신에게서 오는 것으로 고려될 수 없다.[38]

이러한 한계에도 불구하고, 일관성의 기준에는 어떤 적극적인 사용, 곧 이미 이루어진 자료집을 넓힘이 있다. 하지만 우리는 그것을 부정적으로 사용하는 것, 곧 다른 근거들 위에 이미 진정한 것으로 선언된 말씀과 행동과 일치하지 않는다고 여기기 때문에 어떤 어록이나 행동을 진정한 것이 아닌 것으로 선언하는 것을 조심해야 한다. 그의 어록과 행동이 우리와 항상 완전히 일치하지 않는 것으로 보인다면 예수는 위대한 사상가들이나 지도자들 가운데 거의 가장 독특하지 않았을 것이다.[39] 더욱이 우리는 고대 셈족의 사상은, 아리스토텔레스의 논리학의 우리 서방 전통보다 훨씬 더, 긴장 안에 반대하는 것들을 지닌 역설적인 진술들을 즐겼다. (우리 자신의 시대에도, 미국과 유럽의 교수들은 아시아 출신 학생들이, 맹렬하게 지성적이면서도 모순 없음의 서양철학적 원칙에 동의하지 않을 수 있다는 것을 알 때 흔히 정신이 없어진다.) 그다음, 역시 예수는 특별한 경우에 말하는 큰 기술과 함께 폭넓은 청중에게 연설하는 대중적 교사였다. 우리는 그의 가르침의 다양한 표현에서 글로 쓴 논문에 대해 기대한 조직적인 설명의 유형을 거의 찾아서는 안 된다.[40] 이런 이유로 예수의 핵심 메시지의 종말론적 특성을 강조하는 저 학자들과 또 어떤 종말론적 편향이 전무한 지혜 전통을 가르치는 예수를 묘사하는 이들 간의 토론은 놓을 장소가 다를 것이다. 왜 예수의 가르침이 묵시문학적 종말론과 전통적인 고대 히브리인의 지혜 양쪽 모두의 요소들을 포함하지 않았을지 아무 이유가 없다. 예수와 그의 동시대인들도 이러한 메시지가 부합하지 않거나 또는 일관성이 없다는 비난(매우 현대적인 것)에 의해 놀랐을 것이다. 요컨대, 일관성의 기준은 어떤 적극적인 가치를 가지고 있다. 그러나 진짜가 아닌 것으로 자료를 배제하기 위하여, 그 부정적인 사용에는 매우 조심스럽게 접근해야 한다.

5. 거부와 실행의 기준

예수의 거부와 실행의 기준은 처음 네 기준과 뚜렷이 다르다.[41] 그것은 예수의 개인적인 어록이나 행동이 진정한지 직접적으로 표시하지 않는다. 오히려, 그것은 예수가 폭력적인 종말을 유다인과 로마인의 공직자들 앞에서 만났던 역사적 사실에 우리의 주목을 향하게 하며 또 그다음 예수의 어떤 역사적 말씀과 행동이 그의 재판과 십자가형을 "유다인의 임금"으로서 설명할 수 있는지 우리에게 묻는다.[42] 나는 예수를 폭력적인 혁명가나 정치적인 선동가로 돌리는 이들과 동의하지 않지만, 혁명적인 예수를 선호하는 학자들에게는 일리가 있다. 그의 시간을 비유와 일본의 선문답에 허송세월한 꾸밈없는 삼류 시인, 1세기 해체론을 만지작거렸던 문학 애호가, 또는 단순히 사람들에게 들의 백합을 보라고 말한 단조로운 예수—이러한 예수는, 그가 아무도 위협하지 않도록 창조하는 대학교 교수들과 똑같이, 아무도 위협하지 않았을 것이다. 역사적 예수는 사람들을 위협했고, 불안하게 만들고, 또 극도로 화나게 했다.—율법 해석자들로부터 예루살렘 사제적 귀족들을 통하여 마침내 그를 재판하고 십자가형에 처했던 로마의 장관에 이르기까지. 예수의 폭력적인 종말에 대한 강조는 단순히 그리스도교 신학에 의해 자료 위에 부과한 초점이 아니다. 요세푸스, 타키투스, 또 사모사타의 루키아노스와 같은 국외자들에게,[43] 예수에 관하여 가장 두드러진 것들 가운데 하나는 그의 십자가형 또는 로마에 의한 처형이었다. 그의 말과 행동이 사람들, 특별히 힘 있는 사람들을 소외감을 느끼게 만들지 않았을 예수는 역사적 예수가 아니다.

이차적 (또는 의심스러운) 기준

6. 아람어 흔적의 기준

요아힘 예레미아스와 많은 그의 제자들은 아람어 어휘, 문법, 리듬의 흔적과, 진정한 어록의 표시로서 어록의 그리스어 버전 안의 운(韻)을 가리킨다. 부정적으로 사용될 때, 이 기준은 그리스어에서 아람어로 쉽게 환원될 수 없을 어록에 대하여 의문을 던졌을 것이다.[44] 얼핏 보기에, 이 기준은 과학적인 것처럼 보이는데, 그것이 예레미아스, 매튜 블랙(Matthew Black), 게자 베르메스(Geza Vermes), 그리고 조셉 피츠마이어(Joseph A. Fitzmyer)와 같은 이러한 아람어 전문가들에 의해 20세기에 발전된 언어학적 자료의 방대한 자금에 기초하기 때문이다.

그렇지만 이 기준은 만만찮은 문제가 없지 않다. 무엇보다 먼저, 상당히 많은 가장 이른 그리스도인들은 그들의 모국어가 예수가 말했던 똑같은 아람어였던 팔레스티나의 유다인들이었다. 이 아람어를 말하는 그리스도교 유다인들은 1세기 전체를 통하여 팔레스티나에 계속 존재했다. 짐작컨대, 그리스도인들이 지중해 세계 안의 다른 곳에서 예수의 말씀을 발전시켰고 때로는 만들었다면, 아람어를 말하는 팔레스티나 안의 유다인들은 똑같은 것을 했을 것이다.[45] 그다음 몇몇 학자들이 우리 복음서들의 특별한 그리스어 어록 밑에 아람어 기층을 발견하려고 힘쓰고 있다는 것을 가정하라. 그들이 성공한다고 하더라도, 어떻게, 단순히 아람어의 근거 위에—서기 29년에 예수가 아람어로 처음 말한 어록을 서기 33년에 그리스도교 유다인이 아람어로 처음 말한 어록과 구별할 것인가? 어록이 아람어 기저를 가지고 있다는 단순한 사실은 이러한 구별을 만들기 위해 아무 기준을 제공하지 않는다. 문제는 예루살렘 교회가 그 시작부터 아람어와 그리스어를 모두 말하고 있었다는 사실에 의해 여전히 더 많이 복잡해진다(참조: 사도 6장의 그리스인들). 예수 어록의 그리스어로 번역은 그러므로 전승의 오직 후대의 단계에서만 일어났던 것이 아니다.[46]

둘째로, 특별한 그리스어 어록이 쉽게—또는 다른 한편으로, 오직 큰 어려움으로–그리스어로 환원될 수 있다는 단순한 사실은 원래 아람어로 또는 원래 그리스어로 존재했다는 확실한 표시를 우리에게 주지 않는다. 하나의 아람어 어록이 큰 기교와 함께 우아한 그리스어로 번역될 수 있어도, 번역자는 축어적 번역보다는 오히려 동등한 의미를 목표로 한다.[47] 또 다른 아람어 어록은 또 다른 번역자에 의해 매우 직해주의의, 융통성 없는 방식으로 번역될 수 있다. 두 어록이 힘 안 들이고 아람어로 환원될 수 있었던 것은 주의를 게을리하는 비평가가 첫째 어록이 아람어로 존재하지 않았고 반면에 둘째가 그랬다고 매우 잘못 판단하도록 이끌 것이다. 문제를 복잡하게 하는 것은 많은 그리스어를 말하는 그리스도인들이 구약성경의 그리스어 번역, 70인역을 아주 잘 알았다는 것이며, 또 70인역의 성서적 그리스어를 말할 수 있었고, 따라서 그들의 원래의 그리스어에 셈족 어조를 주었다는 것이다. 이것은 루카의 복음서의 경우였을 것이다.[48] 상황을 더더욱 혼란스럽게 하는 것은 학자들이 최근 몇 십 년에 한때 우리가 "셈 말투"(곧 어휘 또는 문법이 보여 주는 히브리어 또는 아람어의 영향)로 생각했던 신약성경 안의 용법이 실제로 덜 교육을 받은 단계 주민의 보통의 코이네 그리스어를 반영할 것임을 점점 더 알게 되었다는 사실이다.[49]

예레미아스는 예수가 그의 가르침을 독특한 리듬을 가졌고, 대조되는 병행, 두운, 음의 유사, 또 말재주를 사용했으며, 그리고 하느님의 이름의 잦은 언급을 피하기 위해 수동태(신적인 수동태)를[50] 사용했던 아람어 어록으로 전하는 경향이 있었다고 지적함으로써 아람어 논증의 특별한 양식을 시작하려고 힘쓴다. 한편 이 모든 것이 진실일 수 있지만, 우리는 다시 방법론적인 문제로 달려간다. 첫째, 예레미아스의 주장은 전적으로 에둘러 말하기를 피할 수 없다. 오직 만일 처음부터 그가 일정한 수의 어록들이 진정한 것이라고 상정할 수 있고 또 그다음 그것들에서 그가 열거하는 특징들을 추측하기 위해 나아갈 수 있다면 그는 예수의 어록의 특징적인 것이 무엇인지 우리에게 말할 수 있다. 정말로, 이러한 목록은 예수의 진정한 어록들을 특징적인 관점에서 따로 떼어 놓고, 수집·분석하고, 또 검토하는 긴 과정에서 생길 수 있다. 그러나 이러한 목록은 어떤 어록들이 진정한 것인지 결정하기 위한 출발점이 될 수 없는데, 왜냐하면 그것은 무엇이 증명될 수 있는지 상정할 것이기 때문이다.[51] 둘째, 만일 그 목록이 예수의 담화의 두드러지게 특징적인 것을 반영한다면, 팔레스티나의 초기 그리스도교 유다인 교사들과 설교자들이 그들의 스승을 모방했다면 모든 것이 특이하지 않을까? 그렇지 않으면 예수는 1세기 팔레스티나에서 리듬 있는 화법과 대조적인 병행에 대한 전유물을 가지고 있는가? 예수는 이 시기 동안 유다인들과 그리스도교 유다인들 가운데 유일한 재능 있고 상상적인 교사였는가? 같은 종류의 질문들이 예수의 아람어의 가상적인 "시적" 우수함에 대하여, 우리에게 1세기 팔레스티나의 아람어 시가 어떠하였을지에 대한 정보가 좋지 못하기 때문에, 더욱 그렇게 던져질 수 있을 것이다.[52]

그다음, 기껏해야 아람어 흔적의 이 기준은 역사성의 논증을 위하여 추가된 지원을 제공할 수 있다.—그러나 오직 문제의 자료가 이미 다른 기준들의 근거 위에 진정한 것이라는 표시가 주어졌을 때에만.

7. 팔레스티나의 환경의 기준

아람어의 기준과 매우 비슷한 것인, 팔레스티나의 환경의 기준은 1세기 팔레스티나의 구체적인 관습, 신념, 사법 절차, 상업적 및 농업적 실천, 또는 사회적 또 정치적인 조건들을 반영하는 예수의 어록들이 진정한 것이 되는 좋은 가능성을 가진다는 것을 단언한다. 부정적으로 말하자면, 팔레스티나 밖에서 또는 오직 예수의 죽음 후에 존재했던 사회적, 정치적, 경제적, 또는 종교적 조건들을 반영하는 어록은 진정한 것이 아닌 것으로 간주되어야 한다. 이 기준은 그 부정적 겉모습 안에 훨씬 더 유용하다. 그 기준을 사회적으로보다는 오히려 신학적으로 적용하는 잘 알려진 예를 들어 보자. 곧 예수의 재림의 지연에 대한 관심을 반영하는 비유들, 이방인들에게 교회의 선교 사명, 또는 교회 지도자들에 대한 규칙과 규율들은, 적어도 그것들의 마지막, 복음 양식으로, 부활 이후 창작물들이다.[53]

이 기준의 적극적인 사용은, 아람어 기준 아래 언급된 똑같은 이유들 때문에, 더욱 문제가 있다. 서기 33년에 그리스도교 유다인들 곁에 거주했던 팔레스티나 사람은 서기 29년에 예수 곁에 거주했던 팔레스티나 사람과 거의 다르지 않다. 빌라도는 유다에 서기 36년까지 행정장관으로 남아 있었고, 헤로데는 서기 39년까지 갈릴래아에 영주로 있었으며, 카야파는 서기 36년 또는 37년까지 대사제로 남아 있었다. 기본적인 상업적, 사회적 또 종교적 조건들은 자연스럽게 훨씬 더 오래 남아 있었다. 이런 이유로, 서기 33년에 그리스도교 유다인에 의해 만들어진 어록들 안에 반영된 팔레스티나 사람은 서기 29년에 예수의 어록 안에 반영된 팔레스티나 사람과 거의 다르지 않을 것이다.[54]

8. 내레이션의 생생함의 기준

복음서들의 담화들 안에, 활기와 구체적 세부 사항은—이야기의 요점에 관련된 것이 아닐 때 특히—때로는 목격자 보고의 표지로 간주될 수 있다. 비록 그는 이 기준을 이용하는 데에 그의 몇몇 추종자들이 무비판적이었던 것과 같지 않았지만, 빈센트 테일러(Vincent Taylor)는 마르코의 복음서에서 생생한, 구체적인 세부 사항을 크게 역사적인 가치의 표지로 받아들이는 경향이 있었다.[55] 이른 구두 전승에 충실한, 마르코에게는 베드로의 설교를 들음의 특별한 유리한 점이 있었다.[56] 테일러 자신은 이 기준에 대한 기본적인 반대를 알고 있다. 곧 모든 기교가 있는 내레이터는, 아무리 비역사적이라고 하더라도, 모든 이야기에 대해 생동감을 부여할 수 있다. 생동감과 구체적 세부 사항이 그 자체로 역사성의 증거였다면, 많은 위대한 소설들은 역사 서적으로 선언되어야 할 것이다.[57]

이 반대에 대한 답변으로, 테일러는 먼저 몇몇 구체적 세부 사항들은 실로 마르코의 편집의 결과일 것이라는 것을 인정한다. 하지만 테일러는 두 가지 요건을 계속해서 만든다. (1) 몇몇 세부 사항들은 담화 안에서 요건에 아무 도움이 되지 않는 것으로 보이며 또 분명히 마르코에 의해 단순히 그것들이 전승 안에 있었기 때문에 포함된다. (2) 더 중요한 것으로, 복음서 안의 몇몇 중요한 에피소드들, 극적인 전용을 위해 무르익은 에피소드들은 놀라울 정도로 진정하고 구체적 세부 사항이 없다. 예를 들면,

열두 사도의 선택(3, 13~19b), 예수가 미쳤다는 예수의 가족이 지닌 의심(3, 21), 사제들에 의한 음모(14, 1~2), 그리고 유다의 배반(14, 10~11). 테일러는 이 간결하지만 그럼에도 중요한 담화들이 있음은 마르코가 거대한 창조적인 재작성에 전념하지 않았다는 것을 보여 준다고 주장한다. 전반적으로, 몇몇 담화들은 말을 많이 하지 않으며 다른 것들은 상세한데 마르코가 충실하게 따랐던 이른 구두 전승 안에 그것들이 있었던 방식이기 때문이다.[58]

테일러의 주장들은 이른 오십 년대에 나타났을 것처럼 그렇게 오늘날 강하게 보이지 않는다. 편집 비평과 현대의 담화 비평은 마르코를 그가 번갈아 나오는 산재한 또 상세한 담화들을 위한 그 자신의 신학적 및 예술적 이유들을 가지고 있을 재능 있는 저자로 알도록 우리를 가르쳤다.[59] 더욱이, 모든 비평가들이 베드로의 설교에 마르코의 직접적인 의존을 인정하지 않았을 것이다. 만일 그 대신에 마르코가 단순히 많은 사료들에서 그에게 왔던 구두 전승들을 넘겨주고 있다면, 우리는 몇몇 구절들의 생생함을, 글로 쓴 작문과 대조적으로 구두의 깔끔하지 못한 특성에 의해 설명될 수 있는 관련 없는 세부 사항과 함께 어떤 이른 그리스도교 설교자들 또는 이야기꾼들의 기교에 돌릴 수 있을까? 아마 내레이션의 생동감은 마르코 배후에 그의 구두 전승으로 헤쳐 나가게 해 준다. 그러나 그것은 예수 자신에게 우리를 돌아가게 할까?

더 이상의 문제는 테일러 또한 마르코에서 발견하는 간단명료한 담화들로부터 생긴다. 특별한 토론 이야기들, 기적 이야기들, 그리고 선언 이야기들의 간결하고, 능률적인 특성은, 그것들의 비역사적인 특성에서가 아니라, 오직 그것들이 특별한 양식이나 장르에 잘 맞는다는 바로 그 사실로부터 발생할 것이다. 이 깔끔한 "맞음"은 몇몇 역사적인 사건을 구두 전승 안의 특별한 장르의 "골자"로 "날씬해지게" 되는 결과를 가져왔을 것이다. 요컨대, 생동감이 그 자체로 역사성을 증명하지 않는 것처럼, 그렇게 역시 창백한 뼈대만 있는 담화는 반드시 비역사적인 것이 아니다.

이렇게 하여, 우리는 지금에 이르기까지 보아 온 다른 이차적인 기준처럼, 이 기준은 결코 역사성을 위한 주요한 논증으로 도움이 될 수 없다.

기꺼해야, 그것은 하나나 그 이상의 일차적인 기준에 의해 이미 만들어진 인상을 지원할 것이다.

9. 발전하는 공관계 전승의 경향들의 기준

이 지점에서 우리는, 나의 견해에, 매우 의문스러운 기준을 고려하기 시작한다. 불트만과 같은 양식 비평가들은 공관계 전승 내에서 발전의 법칙을 분리할 수 있을 것이라고 생각했다. 예를 들면, 공관계 전승이 마르코에서 마태오와 루카로 발전하면서, 거기 추정상 세부 사항을 더욱 구체적으로 만들고, 담화에 고유한 이름들을 덧붙이며, 간접적인 담론을 직접적인 인용으로 돌리고, 또 아람어 말들과 구성을 없애는 경향이 있었다. 불트만은 일단 전승의 전달을 지배하는 이 법칙들이 공관복음서들 안의 분석하는 변화에 의해 발견되었기 때문에, 그것들은 마르코와 Q에 의해 편집된 전승의 발전에 적용될 수 있었을 것이라고 제시했다.[60] 더 나아가, 몇몇 비평가들은 이 법칙들은 예수에게서 오는 원래의 사건이나 어록을 우리가 재구성하도록 도와줄 수 있을 것이라고 제시했다.

하지만, 발전하는 공관계 전승의 법칙을 만들어 내고 그다음 그것들을 초기의 구두 전승에 적용하려는 전체적 시도는 의심스럽다. E. P. 샌더스가 지적한 것처럼, 더 길어지고 더 짧아지는 전승, 직접적이고 또 간접적이 되는 담화, 그리고 빠지는 것과 마찬가지로 덧붙여지는 고유한 이름의 예들을 발견할 수 있다. 그 경향들은 양쪽 방향으로 흐른다.[61] 더욱이, 비록 우리가 공관복음서들 가운데에서 확고한 법칙을 발견할 수 있다고 하더라도, 우리는 여전히 두 다른 저자, 마태오와 루카에 의해 쓰인 마르코의 복음서의 편집을 다루어야 할 것이다. 이러한 법칙이 복음서 전승의 이전 마르코의 구두 단계에 적용될 수 있을지 또는 어느 정도로 적용될 수 있을지는 결코 분명하지 않다.[62] 나의 견해에, "경향들" 위에 근거를 둔 기준으로 만들어질 수 있는 하나의 부정적인 사용은 각각의 복음사가의 편집적 경향을 분별하는 것이며 또 특징적인 어휘와 복음사가의 신학과 다량으로 가득 찬 저 어록들이나 담화들을 고려에서 제외하는 것이다.

10. 역사적 추정의 기준

이 기준은 곧바로 "증거의 부담"이 어디에 있는지에 대한 토론으로 우리를 데려간다. 곧 역사성을 부인하는 비평가의 편에 또는 그것을 단언하는 비평가의 편에? 원래의 사건과 복음서들의 저술 간에 몇 십 년을 강조하는 비평가들은, 마찬가지로 수정과 구두 전승 또는 복음사가들에 의한 창작의 분명한 경우들을 강조하는 비평가들은 진정한 어록 또는 예수의 행동을 분리하려고 주장하는 사람은 누구나 증거의 부담을 견디어야 한다고 결론을 맺는다.[63] 반대편에서, 예수의 직무에 대한 목격자들이 초대교회 안의 지도자들이었고 또 모든 역사적 조사에서 신빙성은 반대가 증명되기 전까지 이른 역사적 보고에 주어진다는 것을 강조하는 비평가들은 증거의 부담은 특별한 어록 또는 진정한 것이 아닌 것으로서("전해진 것에 대한 의구심") 사건을 의심하기를 바라는 사람들 위에 있다고 결론을 맺는다. 이것은 네일 매켈레니(Neil J. McEleney)에 의해 역사적 가정의 기준으로 불린다.[64] 만일 받아들여진다면, 이것은 논증이 섬세하게 균형을 이루었고 최후의 결과가 영구적 의심인 것으로 보이는 경우들에 고든의 매듭을 자를 수 있을 것이다.

하지만, 상식과 논리적 논증의 법칙들은 빌리 마르크센(Willi Marxsen)과 벤 마이어(Ben F. Meyer)와 같은 비평가들 편에 있는 것으로 보이는데, 그들은 분명한 것을 말한다. 곧 증거의 부담은 단순히 어떤 것을 증명하려고 힘쓰는 누구에게나 있다.[65] 사실상, 비평가들은 "분명하지 않은(*non liquet*)"의 표를 위한 짜증나게 하는 그러나 현실적인 셋째 칼럼을 반드시 허용해야 한다. 아무 기준을 그 안에 적용할 수 없는 또는 그 안에 다른 기준이 지원하지만 반대 방향을 가리키는 어떤 어려운 경우들이 항상 있을 것이다. 이러한 수수께끼는 역사적인 상정의 기준의 *desus ex machina*에 의해 해결될 수 없다. 정전 복음서들이 뒤얽힌 경우에, 이러한 기준은 그저 존재하지 않는다.[66]

결론

우리의 연구는 역사성 또는 진정성의 다섯 가지 제안된 기준은 실제로 가치가 있으며 주된 기준으로 매겨질 만하다는 것을 가리킨다. 곧 당혹함, 단절, 사료 또는 양식의 다양한 입증, 일관성, 그리고 예수의 배척과 처형이다. 나는 어떤 단 하나의 기준이 모든 문을 여는 마술적 열쇠로 보이지 않도록 한계와 각각의 기준에 내재하는 문제들을 강조했다. 오직 동시에, 서로 간의 교정을 위한 허용과 함께, 여러 기준의 주의 깊은 사용이 설득력 있는 결과를 낼 수 있다.[67]

몇몇 구역에 그것들의 찬양에도 불구하고, 아람어 흔적, 팔레스티나의 환경, 그리고 담화의 생동감은, 비록 세 가지 모두가 함께 하나로 합쳐져도, 그것들 자체 위에 증명하는 논증을 산출할 수 없다. 그것들은 하나 또는 그 이상의 주된 기준에서 얻은 인상들을 강화하는, 이차적인, 지원하는 기준으로 행할 수 있다. 끝으로, 공관계 전승의 경향들의 기준과 역사적인 상정은, 모든 실제적인 목적을 위하여, 소용이 없다.[68]

많은 지친 탐구자가 이전에 언급한 것처럼, 유효한 기준의 사용은 과학보다는 한층 예술이며, 기계적인 실행보다는 오히려 개별적인 경우에 세심함을 요구한다.[69] 이러한 예술은 보통 절대적인 확실성이 아닌, 가능성의 다양한 정도를 낸다고 너무 자주 말해서는 안 된다. 그럼에도, 우리가 이미 보았던 것처럼, 가능성에 대한 이러한 판단은 고대 역사의 어떤 조사에서도 공통적이며, 또 역사적 예수의 탐구는 특별한 예외를 위하여 적용할 수 없다. 윤리적 확실성은 가능성의 매우 높은 정도에 지나지 않기 때문에, 또 우리는 우리 인생의 대부분을 살며 윤리적 확실성 위에 많은 이론적인 또 실천적인 판단을 하기 때문에, 우리 탐구의 결과가 보통 취약하거나 불확실할 것이라고 느낄 필요가 없다. 그것들은 우리 인생의 다른 많은 부분들보다 더 많이 취약하거나 불확실하지 않다.[70]

NOTES TO CHAPTER 6

1 This is a schematic statement of the problem. The actual situation was naturally much more complex: e.g., some disciples of Jesus may have begun to collect and arrange sayings of Jesus even before his death(Stage I), and the oral tradition continued to develop during the period of the redaction of the Gospels(Stage III).

2 Even the fine book by the historian Michael Grant does not entirely escape this tendency; see his Jesus. *An Historian's Review of the Gospels*(New York: Scribner's, 1977); the appendix outlining his approach to criteria(pp. 197-204) is disappointing. Still weaker in the area of criteria is James Breech's *The Silence of Jesus. The Authentic Voice of the Historical Man*(Philadelphia: Fortress, 1983). While the book does at times use familiar criteria(embarrassment, discontinuity), the argument largely depends on scholarly consensus combined with aesthetic intuition about literature. The results cannot help but be highly subjective.

3 This is even the case with the judicious work of Meyer, *The Aims of Jesus*. The first part of the book(pp. 23-113) spells out method and "indices" of judgment with great care; but, as the book proceeds, more and more of the redactional theology of the evangelists is declared to come from the historical Jesus, leaving one wondering how useful the indices really are.

4 René Latourelle("Critères d'authenticité historique des Evangiles", *Greg* 55[1974] 609-637, esp. 618) rightly warns against confusing criteria with proof. Criteria are rules or norms that are applied to the Gospel material to arrive at a judgment.

5 In the quest for the historical Jesus, sometimes certainty is more easily had about "secondary" circumstances than about the words and deeds of Jesus himself. For example, the converging evidence of the Four Gospels and the Acts of the Apostles, Josephus, Philo, Tacitus, and the Caesarea Maritima inscription (found in 1961) makes it at least morally, if not physically, certain that Pontius Pilate was the Roman governor of Judea in A.D. 28-30. Even here, though, moral certitude is really just a very high degree of probability. The fact of Pilate's governorship is not absolutely or metaphysically certain, for it is not theoretically or metaphysically impossible that Josephus is mistaken or that the references to Pilate in Philo are Christian interpolations or that the Caesarea Maritima inscription is a fraud. But since any of these possibilities (not to mention all of them together) is so extremely unlikely, we are justified in considering our conclusion morally certain, especially since, in daily life, we constantly make firm theoretical judgments and practical decisions on the basis of high probability. Any talk about "proof" of authentic Jesus material must be understood within this context of a range of probabilities.

6 Sometimes scholars seek to distinguish between "criteria" and "indices" or even to substitute the word "index" for "criterion"; see, e.g., Latourelle, "Critères d'authenticité historique des Evangiles"; Meyer, *The Aims of Jesus*, 86; and Rainer Riesner, *Jesus als Lehrer*(WUNT, 2d series, 7; Tübingen: Mohr [Siebeck], 1981) 86-96, esp. 86-87; Francesco

Lambiasi, *L'autenticità storica dei vangeli*(Studi biblici 4; 2d ed.; Bologna: EDB, 1986) 189-190. However, scholars favoring some sort of distinction do not always agree among themselves as to what constitutes the distinction. Sometimes "criterion" indicates what allows a fairly certain judgment, while "index" suggests a lower level of probability(so Latourelle; Lambiasi adds a third category, namely "motive", an argument that indicates verisimilitude). Others use indices for individual observations relevant to the question of authenticity, while criteria refer to more general rules(so Riesner). Meyer prefers to drop the language of "criteria" in favor of "indices." Personally, I see no great value in the various distinctions or changes in terminology. My own view is that our judgments about authenticity deal for the most part with a range of probabilities; I do not claim that the use of the criteria I propose will generate absolute certitude. Hence, I see no need to distinguish "criteria" from "indices"; the former term will be used throughout what follows.

7 The reader who follows up the bibliographical references will soon discover a wearisome repetition in much of the literature. I have therefore restricted the bibliography to a few contributions that say all that need be said on the issue. In addition to the works of Latourelle, Riesner, and Meyer, see Charles E. Carlston, "A Positive Criterion of Authenticity", *BR* 7(1962) 33-44; Harvey K. McArthur, "A Survey of Recent Gospel Research", *Int* 18(1964) 39-55, esp. 47-51; idem, "The Burden of Proof in Historical Jesus Research", *ExpTim* 82(1970-1971) 116-119; William O. Walker, "The Quest for the Historical Jesus: A Discussion of Methodology", *ATR* 51(1969) 38-56; Morna D. Hooker, "Christology and Methodology", *NTS* 17(1970-1971) 480-487; idem, "On Using the Wrong Tool", *Theology* 75(1972) 570-581; Rudolf Pesch, *Jesu Ureigene Taten?*(QD 52; Freiburg/Basel/Vienna: Herder, 1970) esp. pp. 135-158; D. G. A. Calvert, "An Examination of the Criteria for Distinguishing the Authentic Words of Jesus", *NTS* 18(1971-1972) 209-219; Fritzleo Lentzen-Deis, "Kriterien für die historische Beurteilung der Jesusüberlieferung in den Evangelien", *Rückfrage nach Jesus*(QD 63; Freiburg/Basel/ Vienna: Herder, 1974) 78-117; Neil J. McEleney, "Authenticating Criteria and Mark 7:1-23", *CBQ* 34(1972) 431-460; Francesco Lambiasi, *Criteri di autenticità storica dei Vangeli sinottici. Rassegna storica e tentativo di sistematizzazione dei contributi di criteriologia degli ultimi venti anni*(1954-1974)(dissertation; Rome: Gregorian University, 1974); idem, *L'autenticità storica dei vangeli. Studio di criteriologia*(Studi biblici; 2d ed.; Bologna: EDB, 1986); idem, *Gesù di Nazaret. Una verifica storica*(Fame della Parola; Monferrato: Marietti, 1983) 63-68; Schillebeeckx, *Jesus*, 81-100; Joseph A. Fitzmyer, "Methodology in the Study of the Aramaic Substratum of Jesus' Sayings in the New Testament", *Jésus aux origines de la christologie*(BETL 40; ed. J. Dupont; Leuven: Leuven University; Gembloux: Duculot, 1975) 73-102; Ernst Käsemann, "Die neue Jesus-Frage", *Jésus aux origines de la christologie*(BETL 40; ed. J. Dupont; Leuven: Leuven University; Gembloux: Duculot, 1975) 47-57; D. Lührmann, "Die Frage nach Kriterien für ursprüngliche Jesusworte—eine Problemskizze", *Jésus aux origines de la christologie*(BETL 50; ed. J. Dupont; Leuven: Leuven University; Gembloux: Duculot, 1975) 59-72; David L. Mealand, "The Dissimilarity Test", *SJT* 31(1978) 41-50; Helge Kjaer Nielsen, "Kriterien zur Bestimmung authentischer Jesusworte", *Studien zum Neuen Testament und seiner Umwelt* 4(1979) 5-26; Robert H. Stein, "The 'Criteria' for Authenticity", *Gospel Perspectives. Vol. I*, ed. R. France and D. Wenham(Sheffield: JSOT, 1980) 225-263; Reginald Fuller, "The

Criterion of Dissimilarity: The Wrong Tool?" *Christological Perspectives*(H. K. McArthur Festschrift; ed. R. Berkey and S. Edwards; New York: Pilgrim, 1982) 42-48; Giuseppe Ghiberti, "Überlegungen zum neueren Stand der Leben-Jesu-Forschung", *MTZ* 33(1982) 99-115; E. Earle Ellis, "Gospels Criticism: A Perspective on the State of the Art", *Das Evangelium und die Evangelien*(WUNT 28; ed. P. Stuhlmacher; Tübingen: Mohr [Siebeck], 1983) 27-54; Breech, *The Silence of Jesus*, 9, 22-26, 66-85; Dennis Polkow, "Method and Criteria for Historical Jesus Research", *Society of Biblical Literature Seminar Papers* 26(1987) 336-356; M. Eugene Boring, "The Historical-Critical Method's 'Criteria of Authenticity': The Beatitudes in Q and Thomas as a Test Case", *The Historical Jesus and the Rejected Gospels*(Semeia 44; ed. Charles W. Hedrick; Atlanta: Scholars, 1988) 9-44. For a history of the development of thought about the criteria, see Lambiasi, *L'autenticità storica dei vangeli*, 19-110.

8 While the criteria are usually aimed at the sayings of Jesus in particular, it must be remembered that they can also be applied to the actions of Jesus. In some forms of the quest, the actions of Jesus and their relation to his sayings are almost ignored. Morton Smith(*Jesus the Magician*), E. P. Sanders(*Jesus and Judaism*), and Joseph A. Fitzmyer ("Methodology", 73) rightly protest against this one-sided emphasis. As Nielsen("Kriterien", 21) notes, the tradition of words and the tradition of works can act as a reciprocal check. For one reason why the sayings tradition tends to be emphasized, see D. Lührmann, "Die Frage", 64-65.

9 This phenomenon is sometimes listed as the separate criterion of either "modification" or "tendencies of the developing Synoptic tradition." What I think valid in these two suggested criteria I have subsumed under the criterion of embarrassment. For the criterion of modification, see Walker, "The Quest for the Historical Jesus", 48; Boring, "The Historical-Critical Method's 'Criteria of Authenticity'", 21. The criterion is usually attributed to Ernst Käsemann, "The Problem of the Historical Jesus", *Essays on New Testament Themes*(SBT 41; London: SCM, 1964) 15-47, esp. 37.

10 On the baptism of Jesus as a test case for the criterion of embarrassment, see Breech, *The Silence of Jesus*, 22-24.

11 The few manuscripts that omit "nor the Son" in Mark include codex X(10th century).

12 The manuscripts that drop "nor the Son" in the Matthean version of the saying include the codices K, L, W, and the vast majority of later texts; the first scribe who sought to correct this text in codex Sinaiticus also omitted the phrase.

13 As Stein("The 'Criteria' for Authenticity", 227) notes, another indication of the conservative force of the Jesus tradition is that several of the major problems that the early Church encountered never show up in the sayings of Jesus; a glaring case is the absence of any explicit pronouncement of Jesus on the question of circumcision for Gentiles. In a letter to me dated Oct. 13, 1990, David Noel Freedman points out an OT analogy. From the viewpoint of the Deuteronomistic Historian(s), Hezekiah and Josiah were the two best kings of Judah after David. Their military defeats, which raise questions about Yahweh's rewarding of the just, are not denied but rather explained theologically in

somewhat contorted fashion.

14 My proviso "in most cases" takes cognizance of the Fourth Gospel's suppression of the baptism of Jesus.

15 See, e.g., C. H. Dodd, *According to the Scriptures*(London: Collins, Fontana, 1965) 96-103. Eduard Schweizer(*Lordship and Discipleship*[SBT 28; Naperville, IL: Allenson, 1960] 34) holds that "to the early Church the first book of the Passion of Jesus was formed by the Psalms of the suffering of the Righteous One. This is even true of the Gospel according to John...." While Lothar Ruppert criticizes Schweizer for an undifferentiated, homogenized treatment of OT, pseudepigraphic, and rabbinic texts, his own thesis supports the basic point I am making. See Ruppert's *Jesus als der leidende Gerechte?*(SBS 59; Stuttgart: KBW, 1972) 58: "...the motif of the suffering just man is dominant in the older form of the Passion Narrative.... The motif points us... to the tradition of the primitive community." This monograph is in turn an expanded form of the last chapter of another work by Ruppert, *Der leidende Gerechte*(FB 5; Würzburg: Echter/KBW, 1972). Rudolf Pesch has accepted this theory in his treatment of the Passion Narrative in Mark; see his *Das Markusevangelium. II. Teil*(HTKNT II/2; Freiburg/Basel/ Vienna: Herder, 1977) 25.

16 Allied, but not reducible to discontinuity; in this I disagree with Polkow, "Method and Criteria", 341.

17 In his masterful essay("The Historical-Critical Method's 'Criteria of Authenticity'", 17-21), Boring highlights the methodological problem of whether we should speak of material that *can* be derived from Judaism or Christianity or material that *must* be so derived. I think it is preferable to speak in terms of "can."

18 Perrin, *Rediscovering the Teaching of Jesus*, 39-43.

19 Hooker, "Christology and Methodology", 480-487; idem, "On Using the Wrong Tool", 570-581. Ellis("Gospels Criticism", 31) complains that the criterion of discontinuity assumes "that a Gospel traditioner or a Christian prophetic oracle could not have used a unique idea or expression...."

20 For critiques of Hooker's position, see Mealand, "The Dissimilarity Test", 41-50; Nielsen, "Kriterien", 10-11.

21 The emphasis on Jesus' connections with the Judaism of his time is common in scholarship today and is well documented by Daniel J. Harrington, "The Jewishness of Jesus: Facing Some Problems", *CBQ* 49(1987) 1-13.—It is curious that even skeptical scholars use the language of "handing on the Jesus tradition" and engage in tradition criticism. Yet if there really was a complete rupture in history between Jesus and the earliest Christians, there can be no talk of handing on tradition. However one defines the exact relationship between Jesus and the early Church, it is a fact of history, disputed by almost no scholar, that shortly after the death of Jesus some Jews, including people who had been his closest followers during his public ministry, gathered together to revere and celebrate him as Messiah and Lord, to recall and hand on his teachings, and to spread his teachings among other Jews.

[22] This point is argued at length by A. E. Harvey, *Jesus and the Constraints of History* (Philadelphia: Westminster, 1982); see in particular pp. 1-10. The failure to appreciate this point is one of the weaknesses of Breech's *The Silence of Jesus*(see, e.g., p. 10).

[23] So rightly Walker, "The Quest for the Historical Jesus", 48: "Unique features are not necessarily the most characteristic features..."; cf. Boring, "The Historical-Critical Method's 'Criteria of Authenticity'", 21. We might add that even what was strikingly characteristic about Jesus' message may not have been at the very heart of his message.

[24] E. P. Sanders, *Jewish Law from Jesus to the Mishnah. Five Studies*(London: SCM; Philadelphia: Trinity, 1990) 28.

[25] This problem was pointed out to me in a letter by David Noel Freedman, dated Oct. 15, 1990. For Freedman, to be unique, "it would be enough to be markedly different from those who preceded. What happened afterwards would not affect that status."

[26] See Stein, "The 'Criteria' for Authenticity", 228-229.

[27] The qualification "independent" is important. The mere fact that Peter's confession that Jesus is the Messiah is recorded in Mark, Matthew, and Luke does not satisfy the criterion of multiple attestation, since both Matthew and Luke are dependent on Mark for the basic narrative(though Matthew may be relying on a separate tradition for Jesus' praise and commission of Peter in 16:17-19). There is only one *independent* source for the core of the story. If the focus were broadened to "some sort of confession that Peter addresses to Jesus at a critical moment in the public ministry", then John 6:66-71 could be used; but we could no longer speak of Peter's confession of faith in Jesus precisely as the Messiah; both the location and the content of the confession in John's Gospel are different.

[28] Some count multiple attestation in sources and multiple attestation in forms as two different criteria. Like Polkow("Method and Criteria", 341), I think that they are better dealt with together under one criterion.

[29] Once again I must stress that I do not accept the a priori exclusion of John from consideration as a possible source for knowledge of the historical Jesus; see Walker, "The Quest for the Historical Jesus", 54.

[30] Those who accept the Coptic *Gospel of Thomas* as another independent source would naturally add it to this list(so Boring, "The Historical-Critical Method's 'Criteria of Authenticity'", 13, 25-28; more cautiously, McArthur, "The Burden of Proof", 118). For my skepticism on this subject, see my remarks on the *Gospel of Thomas* under my treatment of the Nag Hammadi material as a source of knowledge of the historical Jesus(chap. 5, section 3).

[31] McArthur("The Burden of Proof", 118) claims that the following motifs are witnessed to by all four strands of the Synoptic tradition(i.e., Mark, Q, M, and L): Jesus' proclamation of the kingdom of God, the presence of disciples around Jesus, healing miracles, a link with John the Baptist, use of parables, concern for outcasts, especially tax collectors and sinners, a radical ethic, emphasis on the love commandment, a demand that the disciples

practice forgiveness, clashes with his contemporaries over Sabbath observance, sayings about the Son of Man, and the Hebrew word "Amen" used to introduce Jesus' sayings.

32 I do not bother to list the "peeling away" of additions and modifications made by the oral tradition and the final redactor, since I consider such judgments a necessary part of the use of the criterion of multiple attestation. One would like to say that such judgments are simply "preliminary criteria" that precede the use of the "primary criteria"(so Polkow, "Method and Criteria", 342-345). But actual practice of the historical-critical method shows that all the way through the process one is constantly testing and revising one's judgments about modifications made by the oral tradition and the redactor.

33 McArthur, "A Survey of Recent Gospel Research", 48; idem, "The Burden of Proof", 118. He makes the statement about giving it first place in conscious opposition to Perrin's emphasis on the criterion of discontinuity. In agreement with McArthur's view is Stein, "Criteria", 230.

34 G. Petzke puts it quite bluntly in his article, "Die historische Frage nach den Wundertaten Jesu", *NTS* 22(1975-1976) 180-204, esp. 183: there is no reason to think that something is more reliable historically because it is reported "a number of times" (*mehrfach*). Petzke's use of phrases like "a number of times" and "multiple appearances in early Christian tradition" points to a weakness in his argument. Petzke does not seem to take seriously enough the weight of a plurality of early *independent* literary sources and a plurality of literary genres, all acting as vehicles of a single given tradition. At one point, with a rhetorical wave of the hand, he dismisses the question of attestation in a number of independent traditions by observing that we cannot be certain about which early Christian sources were independent. Yet he himself proceeds to analyze the story of the cure of the "lunatic boy"(Mark 9:14-29 parr.) with the tool of the two-source theory.

35 So rightly Polkow, "Method and Criteria", 351.

36 Obviously, the conclusions drawn by the criterion of coherence are as good as the data base on which they depend. Carlston, a great proponent of the positive use of this criterion, uses it to discern authentic parables of Jesus: they will fit reasonably well into the eschatologically based demand for repentance that was characteristic of Jesus' message("A Positive Criterion", 33-34). That is fine, provided one does not agree with revisionist exegetes who claim that Jesus' basic message was not essentially eschatological (e.g., Marcus J. Borg) or that repentance did not play a large role in Jesus' preaching(e.g., E. P. Sanders). Thus, one sees the vital importance of being as certain as possible about the data base created by the first three criteria before one proceeds to the criterion of coherence.

37 Nielsen, "Kriterien", 14.

38 I should make clear that it is in this technical and restricted sense that I use the word "authentic" when discussing criteria of historicity; cf. Stein, "The 'Criteria' for Authenticity", 228. The word must not be taken to mean that, from the viewpoint of faith, what the oral tradition or final redaction contributed to our Gospels is any less inspired, normative, or true.

[39] Cf. Hooker, "Christology and Methodology", 483; Stein, "The 'Criteria' for Authenticity", 250.

[40] These considerations should make one wary about declaring a priori that Jesus could not possibly have spoken of the kingdom of God as both present and future or that he could not possibly have prophesied both a coming kingdom and a coming Son of Man. It is a matter of fact that the evangelists, and probably the gospel traditions before them, did just that. Nor are Paul's authentic letters totally devoid of paradoxes that strike some as blatant contradictions.

[41] Hence I would not say that it is simply "the resultant historical data shown by Dissimilarity..., Modification..., Embarrassment..., Incongruity..., and Hermeneutical Potential..."(Polkow, "Method and Criteria", 340). On p. 341, Polkow finally lists execution as merely a variation of discontinuity (or dissimilarity); cf. Lührmann, "Die Frage", 68.

[42] On this criterion, see Schillebeeckx, *Jesus,* 97; cf. Walker, "The Quest for the Historical Jesus", 55.

[43] See the treatment of their statements in Chapters 3 and 4.

[44] While Jesus may have known and even used some Greek(e.g., during his trial before Pilate), there is no indication that the sayings tradition in our Gospels was rooted, even in part, in sayings spoken by Jesus in Greek(so rightly Fitzmyer, "Methodology", 87). For a general overview of languages used in Palestine at the time of Jesus, see Joseph A. Fitzmyer, "The Languages of Palestine in the First Century A.D.", *A Wandering Aramean. Collected Aramaic Essays*(SBLMS 25; Missoula, MT: Scholars, 1979) 29-56; cf. below, pp. 255-268.

[45] For a similar observation, see Walker, "The Quest for the Historical Jesus", 43.

[46] Riesner, *Jesus als Lehrer,* 93.

[47] One must be especially sensitive to this possibility in the case of a saying that occurs only in Matthew or Luke. It is not impossible that an Aramaic saying was first translated into rough, Semitic Greek during the oral stage of the special Lucan tradition and then was given a more elegant Greek from when Luke incorporated it into his Gospel; cf. Riesner, *Jesus als Lehrer,* 93.

[48] While not claiming to decide all instances once and for all, Fitzmyer seems to lean in the direction of explaining Luke's "Semitisms", especially his "Hebraisms", by reckoning "with a great deal of influence from the LXX"(Joseph A. Fitzmyer, *The Gospel According to Luke(I-IX)*[AB 28; Garden City, NY: Double-day, 1981] 125).

[49] So Walker, "The Quest for the Historical Jesus", 44; cf. Fitzmyer, "Methodology", 95(citing R. M. Grant, *A Historical Introduction to the New Testament*[New York: Harper & Row, 1963] 41); idem, "The Study of the Aramaic Background of the New Testament", *A Wandering Aramean*(SBLMS 25; Missoula, MT: Scholars, 1979) 1-27, esp. 10-15. The question of the existence and extent of Semitisms(both Hebrew and Aramaic) in the NT is hotly debated today. For a short history of the debate, see Elliott C. Maloney, *Semitic Interference in Marcan Syntax*(SBLDS 51; Chico, CA: Scholars, 1981) 1-25. Maloney's

conclusions, summarized on pp. 244-245, show how complex and varied Semitic influence may be. In particular, he notes "that much grammatical usage in Marcan Greek which various authors have claimed to be the result of Semitic interference is, in fact, quite possible in Hellenistic Greek.... On the other hand, certain constructions which various authors have argued are acceptable in Greek have been shown to be quite abnormal, or even totally unattested in Hellenistic Greek, whereas their appearance in Semitic is normal (sometimes only possible). These are true Semitisms"(pp. 244-245).

50 Joachim Jeremias, *New Testament Theology. Part One. The Proclamation of Jesus* (London: SCM, 1971) 3-29.

51 If these linguistic characteristics were first abstracted from sayings that had been declared authentic on other grounds, and if these characteristics were then applied to a new group of sayings to judge their authenticity, we would have a form of the criterion of coherence. Even then, however, the second methodological problem I indicate in the text would remain.

52 Fitzmyer, "Methodology", 97-98.

53 See, e.g., the treatment of Joachim Jeremias, *The Parables of Jesus*(rev. ed.; London: SCM, 1969) 48-66. Of course, it is possible that behind the final form of such Gospel parables a scholar might discover, by means of form criticism, an earlier form without these ecclesiastical interests.

54 See also the observations of Walker("The Quest for the Historical Jesus", 44), who adds: "Many apparent reflections of Palestinian life, however, may be derived from the Old Testament or other Jewish literature or reflect merely an acquaintance of sorts with the area on the part of a writer or transmitter of the tradition."

55 Vincent Taylor, *The Gospel According to St. Mark*(2d ed.; London: Macmillan; New York: St. Martin's, 1966) 135-149.

56 Ibid., 148. Other conservative commentators take a similar tack; see, e.g., William L. Lane, *The Gospel According to Mark*(NICNT; Grand Rapids: Eerdmans, 1974) 10-12. Mark's dependence on Peter is also defended by Martin Hengel, *Studies in the Gospel of Mark*(Philadelphia: Fortress, 1985) 50-53.

57 What makes the question even more complex is that what we consider a key sign of a historical novel—the creation of dialogue or the use of nonhistorical characters—was permissible in ancient historical writings. Hence the lines between what we would consider history and the historical novel are blurred in ancient literature.

58 This image of Mark as a conservative redactor of large amounts of early tradition has been revivified and pushed to the extreme by Rudolf Pesch, *Das Markusevangelium* (HTKNT II/1-2; Freiburg/Basel/Vienna: Herder, 1976, 1977); see, e.g., 1. 63-67; 2. 1-25.

59 In sharp opposition to the picture of Mark as a conservative redactor are the redaction-critical approaches represented by most of the authors in Werner H. Kelber, ed., *The Passion in Mark*(Philadelphia: Fortress, 1976), and the rhetorical, narrative, and structural approaches represented by, e.g., Joanna Dewey, *Markan Public Debate*(SBLDS 48;

Chico, CA: Scholars, 1980); Robert M. Fowler, *Loaves and Fishes*(SBLDS 54; Chico, CA: Scholars, 1981); Jack Dean Kingsbury, *The Christology of Mark's Gospel*(Philadelphia: Fortress, 1983); Vernon K. Robbins, *Jesus the Teacher*(Philadelphia: Fortress, 1984); and Elizabeth Struthers Malbon, *Narrative Space and Mythic Meaning in Mark*(San Francisco: Harper & Row, 1986).

60 Rudolf Bultmann, "The New Approach to the Synoptic Problem", *Existence and Faith*(Meridian Books; Cleveland/New York: World, 1960) 34-54, esp. 41-42(=*JR* 6[1926] 337-362); similarly in his "The Study of the Synoptic Gospels", Rudolf Bultmann and Karl Kundsin, *Form Criticism*(New York: Harper & Row, 1962) 32-35; and in his *The History of the Synoptic Tradition*, 307-317(=*Die Geschichte der synoptischen Tradition*, 335-346).

61 E. P. Sanders, *The Tendencies of the Synoptic Tradition*(SNTSMS 9; Cambridge: Cambridge University, 1969).

62 On the whole problem of the difference between oral and written tradition, see Werner H. Kelber, *The Oral and the Written Gospel*(Philadelphia: Fortress, 1983). I think, however, that Kelber exaggerates the gap between the oral and written forms of the Gospel.

63 So Perrin, *Rediscovering the Teaching of Jesus*, 39: "...the nature of the synoptic tradition is such that the burden of proof will be upon the claim to authenticity"(this statement is set entirely in italics in Perrin's book). McArthur("The Burden of Proof", 118-119) attempts a compromise stance: Initially the burden is on the person affirming historicity; but if a particular motif is supported by three or four Synoptic sources (multiple attestation), then the burden shifts to the person denying historicity.

64 McEleney, "Authenticating Criteria", 445-448; cf. Ellis, "Gospels Criticism", 32. McEleney's easy and undifferentiated use of the terms "reporter" and "history"(pp. 446-447) while discussing the Gospels does not inspire confidence. As Latourelle correctly observes("Critères d'authenticité", 618), this "criterion" actually expresses an attitude of the exegete vis-à-vis the text rather than a criterion; similarly, Lambiasi, *L'autenticità storica dei vangeli*, 101, 137-138.

65 See Meyer, *The Aims of Jesus*, 83 and 277 n. 8, where he quotes Willi Marxsen, *The Beginnings of Christology: A Study of Its Problems*(Philadelphia: Fortress, 1969) 8. Hooker("Christology", 485) expresses herself in a similar fashion, though she tends to dismiss the whole problem as not very profitable. This commonsense approach seems preferable to the subtle distinction Lambiasi tries to make between skeptical-systematic doubt and methodological-dynamic doubt(*L'autenticità storica dei vangeli*, 229).

66 Latourelle("Critères d'authenticité", 628) claims that the most important of the fundamental criteria, though often ignored, is the criterion of "necessary explanation" (*explication nécessaire*). Actually, instead of being a precise criterion for judging the special material of the Four Gospels, this "criterion" is more like the "argument to the best explanation", which is one of the basic forms of all historical argumentation(McCullagh, *Justifying Historical Descriptions*, 15-44). In a similar vein, Lambiasi(*L'authenticità storica dei vangeli*, 140) considers the criterion of necessary explanation to be basically the principle of the sufficient reason, a transcendent philosophical principle. But even if one accepts

Latourelle's conception of this criterion of necessary explanation, the criterion is not of much use for the project that lies immediately ahead of us in this book: (1) The criterion of necessary explanation seeks to give a coherent and sufficient explanation of a considerable ensemble of facts or data. But most of this book will consist of sifting bit by bit through individual sayings, deeds, and motifs contained in the Gospels. One hopes that a moderate amount of fairly certain data will emerge; but the criterion, if useful at all, will be useful only at the end of this process. (2) The criterion seeks to group all the facts into a harmonious whole. This goal, however, presumes a coherence among the data that may be verified at the end of the process, but methodologically cannot be presumed at the beginning. (3) A review of a representative sample of books on the historical Jesus shows that exegetes of every stripe claim that they have found the true coherent explanation that illuminates all the facts about Jesus: he was an apocalyptic fanatic(Albert Schweitzer), a rabbi and prophet who issued the call to existential decision(Rudolf Bultmann), a gay antinomian magician(Morton Smith), a catalyst of nonviolent social revolution(Richard A. Horsely), or a charismatic man of the Spirit who founded a revitalization movement(Marcus J. Borg)—to name but a few "necessary explanations." Every author just named would claim that he has provided a coherent explanation to cover all the data he considers historical. If one is to argue with the varied explanations of these authors, one must first move back to their judgments about the historicity of individual pieces of the Jesus tradition, about the interpretation of the individual pieces, and only then move on to debate the meaning of the whole. (4) When Latourelle applies the criterion of necessary explanation, he seems to be already operating as a theologian in the area of fundamental theology or apologetics. That is a legitimate undertaking, but it must follow upon, not precede, the tedious work of the historian and exegete. We are all attracted by calls to a "holistic" approach(so Walker, "The Quest for the Historical Jesus", 54-56). But until we have at least a vague idea of what parts might qualify as belonging to the historical whole, a "holistic" approach remains a distant ideal.

67 I have omitted from consideration two further criteria suggested by Boring("The Historical-Critical Method's 'Criteria of Authenticity'", 23-24): (1) plausible *Traditions-geschichte* and (2) hermeneutical potential. (1) The criterion of plausible *Traditionsgeschichte* seeks to draw up a genealogy of the various forms of a saying. While this is a laudable goal, I do not think it a practical one for many of the sayings in the Jesus tradition. Even when attempted, the reconstruction of the tradition history must remain very hypothetical. (2) The criterion of hermeneutical potential looks at the variety of forms generated by the original form and asks what this original must have been in order to generate such variety. Again, the quest is a valid and laudable one; but, granted the paucity of data, I feel that the results must be highly subjective and hardly probative.

68 The one exception here is the negative use of the criterion of an evangelist's redactional tendencies.

69 So, e.g., McArthur, "A Survey", 47; Walker, "The Quest for the Historical Jesus", 53(who extends the observation to historiography in general); and Boring, "The Historical-Critical Method's 'Criteria of Authenticity'", 35-36.

[70] I might add here that, naturally, any scholar must be in dialogue with his or her peers and be respectfully attentive to their consensus on the authenticity of various Gospel material. However, I would not be willing, as Polkow is("Method and Criteria", 355), to elevate scholarly consensus to another criterion. It should be noted in fairness to Polkow that he stresses that scholarly consensus can only be a corroborative criterion and can be used only when all else is said and done. I wonder, though, whether it is properly a criterion at all. A scholar must be prepared at any moment, because of the force of data and arguments, to go against a scholarly consensus on any issue. The heavy reliance on scholarly consensus from the very start weakens the whole approach of Breech(*The Silence of Jesus*, 9).

7장

1부에 대한 결론: 왜 애쓰는가?

역사적 예수 탐구의 타당성

이 책의 1부에서 우리는 복잡한 용어들(실제적, 역사적, 역사상, 또는 지상의 예수), 다루기 힘든 사료들(정전 복음서들, 요세푸스, 타키투스, 탈무드, 위경적 복음서들), 그리고 진정성의 크고 무거운 기준으로 고심을 했다. 오직 도입인 것의 끝에 기진맥진하여, 몹시 화가 난 독자는 이렇게 물을 것이다. 왜 애쓰는가? 우리는 탐구가 얼마나 어려운지 또 그 결과가 얼마나 미약하게 보이는지 알았던 이후로, 그의 윤곽이 매우 희미하게 남아 있는 가설적 예수 위에 왜 그렇게 많은 시간과 노력을 쓰는가?

이상한 이야기지만, 탐구에 이러한 저항은 무신론자들이나 "중퇴한 그리스도교인들"에게서보다 훨씬 더 자주 헌신적인 그리스도인들에게서 온다. 후자 그룹들은 자주 그들을 계속 자극할 "국외자들"의 지성적인 호기심을 가지고 있다.—만일 자신들이 국외자로 남아 있는 것을 정당화하기 위한 것보다 다른 이유가 없다면. 무신론적 또는 세속적 인간주의자는 모든 분야에서, 아무리 이상하더라도, 주장들을 조사하는 데 아주 익숙하며, 그러므로 예수에 대한 자료와 해설을 조사하는 것에 대하여 마음의 꺼림칙함을 가지지 않는다.

오히려 그 탐구가 기껏해야 시간 낭비이며, 최악의 경우에 믿음에 대한 위협이라고 흔히 느끼는 것은 오히려 견고한 신자이다. 이러한 캠프에서 우리는 속마음을 모르는 동료들을 만난다. 곧 루돌프 불트만의 엄격한 추종자들과 골수 근본주의자들이다. 정반대의 이유에서 그들은 똑같은 결론에 이른다. 역사적 예수에 대한 탐구는 부적절하며 또는 오히려 참된 그리스도교 믿음에 해롭다. 불트만의 엄격한 제자를 위하여, 그 탐구는 신학적으로 불법적이며 역사적으로 불가능하다. 신학적으로, 그 탐구는 그리스도인들이 인간적인 학문에 의해 그들의 믿음을, 일에 의해 의로움의 새로운 형태를 증명하도록 유혹한다. 역사적으로, 사료는 단순히 너무 빈약하고, 단편적이며, 또 어떤 완전한 그림을 허용하기 위해 신학적으로 채색된다. 근본주의자들은[1] 정확히 반대의 이유로 그 탐구를 반대한다. 곧 역사적 예수는 네 복음서 모두에 설명된 예수와 소박하게 동일시된다. 모든 긴장과 모순은 네 담화 안에 재미있는 정신적 곡예사들에 의해 조화롭게 된다.

분명히, 나는 반대자들의 그룹에 동의하지 않는다. 나의 문제는 그들에게 적절한 답변은 방법에 잠깐의 변화를 수반한다는 것이다. 불트만과 근본주의자들도 확실한 신학적 관점에서 말한다. 그러므로 그들의 반대에 대답하는 것은 내가 잠깐 동안 순전히 역사-비평적 방법을 사용하는 해석자의 모자를 벗고 신학자의 모자를 쓰는 것을 요구한다. 전술적인 이유들을 위하여 채택된, 이 변화는 오직 1부의 이 결론을 맺는 장을 위하여 계속될 것이다. 그러나 이 변화가 수반하는 것에 대하여 분명해야만 한다. 일단 내가 불트만 사람들이나 근본주의자들에게 대답하기 위해 힘쓸 때, 나는 반드시 순전히 경험적인, 역사-비평적인 구조에서 이동해야 하는데, 이는 신자가 알거나 믿음에 의해 간직하는 것에서, 그 안의 믿음, 자기 인식적으로 자신에 대하여 고찰하면서, 이해를 추구하는 더 큰 맥락으로 생각을 돌린다. 달리 말하자면, 나는 명백하게 신학적 맥락으로 이동한다.

이 변화는 개념과 용어에 큰 차이를 만든다. 예를 들어, 역사-비평적 틀 안에, "실제적"은 시간과 공간의 이 세상 내에 무엇이 존재하는지, 어떤 관찰자에 의해 원칙적으로 무엇이 체험될 수 있는지, 그리고 무엇이 이러한 체험에서 합리적으로 연역될 수 있거나 추론될 수 있는지의 견지에서 정의되었고—또 정의되어야 한다. 하지만, 믿음과 그리스도교 신학은 순전히 경험적인 또는 이성에 의해 증명할 수 있는 것을 넘어서 최종적인 실제들을 단언한다. 곧 예, 삼위일체 하느님과 되살아난 그리스도.[2] 이와 같이, 현대의 역사학적 연구에서 재구성된, 역사적 예수와 되살아난 예수 간의 관계에 대하여 묻는 것은, 그것이 자체를 역사-비평적 계획과 관련시키려고 추구하면서, 순전히 경험적인 또는 이성적인 것의 영역에서 믿음과 신학의 더 큰 틀로 지나가는 것이다.

이전의 장에서 켈러와 불트만과 매우 많이 불일치하면서, 나는 나의 신학적 설명을 내가 그들과 일치하는 곳에서 강조함으로써 시작해야 했다. 곧 역사의 예수는 그리스도교 믿음의 대상이 아니고 대상이 될 수 없다. 잠깐의 숙고는 왜 그것이 그런지 분명하게 만들 것이다. 천년 이상 또 그리스도인의 반이 오늘날 이해된 것처럼 역사적 예수에 대한 어떤 분명한 견해나 접근을 가짐 없이 확고하게 예수 그리스도를 믿었지만, 그럼에도 아무도 그들의 믿음의 타당성과 힘을 부인하지 않을 것이다. 똑같은 것이 개발된 또한 개발 도상의 나라들에서 많은 독실한 그리스도인들에 대하여 말해질 수 있다.[3] 그러나, 비록 모든 그리스도인이 역사적 예수와 연관된 관념과 연구를 알고 있다고 하더라도, 교회는 여전히 역사적 예수를 그 설교와 믿음의 대상으로 만들 수 없을 것이다. 그 이유는 분명하다. 곧 누구의 역사적 예수가 믿음의 대상이 될 수 있는가? 알베르트 슈바이처의 또는 에두아르트 슈바이처(Eduard Schweizer)의? 헤르베르트 브라운의 또는 요아힘 예레미아스의? 귄터 보른캄의 또는 E. P. 샌더스의? 폭력적인 혁명가 예수 또는 동성애자인 마술사 예수인가? 묵시문학적 예언자 예수 또는 종말론에 관심이 없는 지혜 교사 예수인가? 끊임없이 바뀌는, 흔히 학자들에 의해 제공된 역사적 예수의 모순적인 그림들은, 학계에서 아무리 유용할지라도, 보편적인 교회를 위한 믿음의 대상이 될 수 없다.

더욱이, 또 더 중요하게도, 그리스도교 믿음의 적절한 대상은, 아무리 신빙성이 있어도, 견해나 학계의 재구성이 아니고 또 될 수 없다. 신자를 위하여, 그리스도교 믿음의 대상은 살아 있는 사람, 예수 그리스도이며, 그분은 참된 인간존재 안으로 지상에 서기 1세기에 완전히 들어왔으며,

그럼에도 지금 살아 있고, 되살아났고 또 영광스럽게 되었으며, 영원히 아버지의 현존 안에 계신다. 주로, 그리스도교 믿음은 이 사람—참으로, 육화되셨고, 십자가에 못 박히셨고, 또 부활하신—을 확언하고 신봉하며 또 오직 이차적으로 그에 관한 견해와 단언들을 고수한다. 믿음과 신학의 영역에, "실제적 예수", 오직 지금 존재하고 또 살아 있는 예수는 되살아난 예수이며, 그분께 접근은 오직 믿음을 통해서만 주어진다.

그러면 무엇이—반대자들에게 물어보라.—믿음의 백성에게 역사적 예수의 유용성인가? 나의 대답은 이렇다. 아무것도 없고, 우리가 오로지 그리스도교 믿음의 직접적인 대상에 대하여 묻고 있다면, 곧 십자가에 못 박히셨고, 되살아나셨고, 또 현재에 그의 교회 안에서 다스리시는 예수 그리스도이시다. 현재에 다스리시는 이 주님은 그들의 생애에서 단 하루도 역사나 신학을 결코 배우지 않을 모든 이들을 포함하여, 모든 신자들에게 접근 가능하다. 그렇지만 우리가 이해를 찾는 믿음, 곧 현대의 맥락에서 신학에 대하여 묻는다면, 역사적 예수의 탐구는 매우 유일할 수 있다고 나는 주장한다. 교부 시대와 중세기의 신학은 역사적 예수의 문제를 다행스럽게도 몰랐는데, 왜냐하면 그것은 현대 서구적 생각을 표시하는 역사-비평적 이해가 없이 문화적 맥락으로 작용했기 때문이다. 신학은 문화적 가공품이다. 그러므로 일단 문화가 역사-비평적 접근법과 함께 침투하게 되면, 계몽주의로부터 서구의 문화가 계속 나아가는 것처럼, 신학은 신뢰성 안에 작용할 수 있고 또 오직 그것이 그 방법론 안으로 역사적인 접근법을 흡수한다면 신뢰성과 함께 그 문화와 이야기를 한다.

현대의 그리스도론을 위하여, 이것은 그리스도를 믿음은 오늘날 그 자체를 조직적으로 역사적 예수에 대한 탐구의 전용을 신학 안에 허용하는 방법으로 고찰할 수 있어야 한다는 것을 의미한다. 역사적 예수는, 한편 믿음의 대상이나 본질이 아니지만, 현대 신학의 필수적인 부분이 되어야 한다. 신학에 의한 그 탐구의 이러한 전용은 지나가는 유행에 대한 우상숭배가 아니며, 그것은 적어도 네 가지 방법으로 믿음의 이익에 이바지한다.[4]

(1) 그리스도를 믿음을 내용이 없는 암호, 신화적 상징, 또는 시대를 초월한 원형으로 바꾸려는 어떤 시도에도 반대하여, 역사적 예수의 탐구

는 그리스도인들에게 그리스도를 믿음은 단지 모호한 실존적인 태도나 세상에 있는 방식이 아니라는 것을 상기시킨다. 그리스도교 믿음은 인간 역사 안의 특별한 시간과 장소에서 특별한 것을 말하고 행한 특별한 사람에 대한 확언과 집착이다.[5] 그 탐구는 그리스도교의 믿음에 특이한 내용, 곧 과거의 역사 안의 특이한 사람들과 사건들과 연관된 내용이 있다는 사실을 강조한다. 그 탐구는 믿음의 본질적인 내용을 공급할 수 없지만, 그것은 신학이 더 큰 구체적인 깊이와 그 내용에 색채를 제공하도록 도와줄 수 있다.

(2) 예수의 실제적 인간성을 그의 신성(실제로, 숨겨진 단성론)에 대한 "정통성" 강조로 삼켜 버리려는 신비적 또는 그리스도 가현설의 취향의 독실한 그리스도인들에 의한 어떤 시도에도 반대하여, 그 탐구는 되살아난 예수는 1세기 팔레스티나에서 유다인으로서 살았고 죽은 똑같은 사람, 다른 모든 인간존재처럼 참으로 또 완전한 인간으로서 사람—수반하는 모든 견디기 힘든 한계들과 함께—이라고 확언한다.

(3) 편안하고, 존경스럽고, 자본가 계급의 그리스도교를 위하여 예수를 "길들이려" 하는 어떤 시도에도 반대하여, 역사적 예수에 대한 탐구는, 거의 그 시작부터, 예수의 당혹함, 예수의 일반적인 관행을 따르지 않는 사람 면모를 강조하는 경향이 있었다. 예를 들어, 팔레스티나의 종교적 또 사회적 "밑바닥 생활", 그의 종교의 내적 정신을 무시하거나 교살하는 외적인 종교적 준수에 대한 예언자적 비판, 어떤 종교적 권위자들, 특히 예루살렘 사제들에 대한 그의 반대.

(4) 그러나 "역사적 예수의 사용들"이 모두 한 방향으로 흐르는 것처럼 보이지 않도록, 라이마루스와 그 후부터 다른 많은 이들의 주장에도 불구하고, 역사적 예수는 정치적인 혁명의 계획들에도 쉽게 흡수되지 않는다. 이스라엘의 전통적인 예언자들과 비교하여, 역사적 예수는 그의 시대의 많은 시급한 사회적 또 정치적 문제에 현저하게 침묵한다. 그는 오직 왜곡된 해석과 편파적 주장에 의해서만 이 지상의 정치적 혁명가에게 돌려질 수 있다.[6] 좋은 사회학처럼, 역사적 예수는 단지 몇몇 이념들뿐 아니라 해방신학을 포함하여 모든 이념들을 전복시킨다.

실로, 신학에 역사적 예수의 유용함은 예수가 최종적으로 우리의 모든 정돈된 신학적 계획들을 빠져나간다는 것이다. 그는 우리가 그를 위해 만든 상자들 안에 맞기를 거부함으로써 그 모든 것을 문제시한다. 역설적으로, 비록 역사적 예수에 대한 탐구가 흔히 대중적 세속적 생각과 "적합성"과 연결되었다고 하더라도, 그의 중요성은 정확히 그의 이상한, 좋아하기 힘든, 우익과 좌익에게 똑같이 공격적인, 당혹하게 하는 윤곽 안에 있다. 이 정도로, 적어도 알베르트 슈바이처는 정확했다.[7] 예수가 그 자신의 때와 장소에 의미했던 것의 진가를 우리가 알면 알수록, 그는 우리에게 더욱더 "생경한" 것으로 보일 것이다.

제대로 이해했다면, 역사적 예수는 일반적으로 그리스도교 믿음과 특히 어떤 종류의 "적합한" 이념에 대한 그리스도론의 축소에 대해서 방어물이다. 어떤 특정한 사상의 학파에 의해서도 꽉 잡힘에 대한 그의 거부는 신학자들을 계속 새로운 길로 몰고 가는 것이다. 이렇게 하여 역사적 예수는 신학적인 쇄신에 끊임없는 자극으로 남게 된다.[8] 오로지 이러한 이유로, 역사의 예수는 곧바로 우리의 범주들, 사료들, 그리고 기준들을 얻는 처음의 고통을 포함하여, 그 추구의 고통을 받을 만한 가치가 있다.—1부의 겸손한 목표.

NOTES TO CHAPTER 7

1 As is obvious from recent Church history in the United States, fundamentalism is by no means restricted to Protestants. American Catholics have developed their own varieties.

2 On this point, cf. G. G. O'Collins, "Is the Resurrection an 'Historical' Event?" *HeyJ* 8(1967) 381-387. O'Collins argues (rightly, in my view) that, although the "resurrection is a real, bodily event involving the person of Jesus of Nazareth"(p. 381), the resurrection of Jesus "is not an event in space and time and hence should not be called historical" (p. 384), since "we should require an historical occurrence to be something significant that is known to have happened in our space-time continuum"(p. 384).

3 As distinct from ordinary pious Christians, some liberation theologians from the third world have attempted critical reflection on the historical Jesus—not always with the happiest of results; see John P. Meier, "The Bible as a Source for Theology", *The Catholic Theological Society of America. Proceedings of the Forty-third Annual Convention* 43(1988) 1-14.

4 Cf. the remarks of Rudolf Schnackenburg, "Der geschichtliche Jesus in seiner ständigen Bedeutung für Theologie und Kirche", *Rückfrage nach Jesus*(QD 63; ed. Karl Kertelge; Freiburg/Basel/Vienna: Herder, 1974) 194-220.

5 Ernst Käsemann expresses the point this way: "Such research [into the historical Jesus] is theologically meaningful insofar as it struggles to grasp the unmistakable individuality of this earthly Jesus. The King of heaven has no countenance, unless it is that of the Nazarene"("Die neue Jesus-Frage", *Jésus aux origines de la christologie*[BETL 40; ed. J. Dupont; Leuven: Leuven University; Gembloux: Duculot, 1975] 47-57).

6 Unfortunately, this holds true of the otherwise intriguing book of Richard A. Horsley, *Jesus and the Spiral of Violence. Popular Jewish Resistance in Roman Palestine*(San Francisco: Harper & Row, 1987); see, e.g., his forced interpretation of the pericope on paying the coin of tribute to Caesar(Mark 12:13-17) on pp. 306-317. More satisfying is the book he coauthored with John S. Hanson, *Bandits, Prophets, and Messiahs. Popular Movements at the Time of Jesus*(Minneapolis/Chicago/New York: Winston, 1985).

7 Schweitzer, *Geschichte der Leben-Jesu-Forschung*, 2. 620: "Recognized by the peculiar, special character of his ideas and action, he [the historical Jesus] will always embody [literally, 'retain'] for our age something strange and puzzling"(translation mine).

8 For an attempt to write a present-day christology that takes seriously both Christian sources and modern historical consciousness, see John Macquarrie, *Jesus Christ in Modern Thought*(London: SCM; Philadelphia: Trinity, 1990).

2부

인물의 근원들

8장

처음에…

나자렛 예수의 기원들

역사적 예수와 관련이 있는 많은 책들이 공생활의 성인 예수와 함께, 또 당연히 그렇게 그들의 논의를 시작한다. 우리가 보게 될 것처럼, 예수의 출생, 가족, 또 성장에 대하여 무언가 우리가 말할 수 있는 사료들은 기껏해야 불충분하다. 그럼에도 나는 전적인 회의론이 적절하다고 생각하지 않는다. 복음서들의 유아기 담화를 주의 깊게 감별하고 또 예수의 시대에 일반적으로 팔레스티나, 특히 갈릴래아에 대하여 우리가 아는 것을 재검토함으로써, 우리는 예수의 기원들과 배경의 대략적인 그림을 스케치할 수 있다.

1. 이름 안에 무엇들이 있는가?

설교자들은 흔히 "단순한 예수"를 본받도록 촉구한다.—오직 설교자의 상상 속에만 존재하는 창조물. 예수에 관한 모든 것은, 그의 이름을 포함하여, 복잡하다.

예수의 이름의 영어 형식은 히브리어 성경 후기 책들에 나오는, 이전의 또 “더욱 정확한” *Yēšûa‘*의 단축된 형식인, 히브리어 이름 *Yēšû*로부터 나왔다.[1] *Yēšûa‘*라는 이름은 결국 모세의 후계자이며 약속된 땅으로 들어가는 이스라엘 백성의 지도자, 눈의 아들 여호수아, 히브리어로 *Yĕhôšûa‘*,[2] 위대한 성서적 영웅의 이름의 단축된 양식이다. “여호수아”는 바빌로니아 유배 이전에 사용된 이름의 보통의 양식이었다. 유다인들 가운데 바빌론 유배 이후, 하지만 “예수”(*Yēšûa‘* 그리고 그다음 나중에 단축된 *Yēšû*)는, “여호수아”가 완전히 자취를 감추지 않았지만, 그 이름의 흔한 양식이 되었다.[3] “예수”는 서기 2세기 초까지 유다인들 가운데 대중적인 이름으로 남아 있었는데, 그때 아마 예수 그리스도에 대한 그리스도교의 공경이 유다인들이 *Yēšûa‘*와 *Yēšu*를 개인적인 이름으로 사용하기를 멈추도록 이끌었을 것이다. 그 대신 그들은 “여호수아”를 그 이름의 보통 양식, 저명한 라삐들의 많은 수에 의해 지니는 양식으로 회복시켰다.[4] 이렇게 하여 “예수”는 2세기 이후 유다인들 가운데 드문 이름이 되었다.[5]

오늘날 그리스도인들에게 단순히 “예수”라는 그의 이름 때문에 그의 동시대인들의 마음에 나자렛 예수가 빼어나지 못했다는 것을 인식하기는 어렵다. 경외하는 마음에서, 그리스도인들은 일반적으로(스페인과 라틴아메리카 전통들을 제외하고) 그들 자신의 자녀들 이름을 붙여 주기 위해 “예수”를 사용하지 않았다. 이런 이유로 그 이름은 드물고 거룩한 것으로 그들의 마음에 떠오른다.[6] 서기 1세기에는 경우가 이렇지 않았다. 그렇게 예수의 이름이 유통되어 그를 따른 많은 그 이름 보유자와 구별하기 위해 “나자렛의” 또는 “그리스도(메시아)”와 같은 어떤 설명적인 구절이 덧붙여져야 했다.

요세푸스는 그의 책들에서 “여호수아” 또는 “예수”로 불린 어떤 스무 명가량의 남자들을[7] 언급하며(그리스어는 똑같은 형식, *Iēsous*를, “여호수아”와 “예수” 양쪽을 위해 사용한다.),[8] 열 명이나 되는 사람들이 나자렛 예수의 시대에 속한다. 여호수아들은 요세푸스에 의해 열거된 모세의 후계자 여호수아뿐만 아니라 또 유배 이후 대사제 여호수아와 여호수아(예수) 벤 아나니아스, 성전에 대하여 예언을 했고, 예루살렘 사제들에 의해 행정장관에게 넘겨졌으며, 석방되기 전에 그에 의해 매질을 당한 시골뜨기를 포함한다(*J. W.* 6.5.3 §300~303). 나자렛 사람의 이름도 운명도 모두 그렇게 특유하지 않았다.

이런 이유로 예수의 형제 야고보를 밝히기 위해 나자렛의 예수를 언급할 때, 요세푸스는 이 예수를 다른 모두에게서 구별하기 위해 "그리스도(메시아)라 불리는"이란 구절을 "예수"에 덧붙인다. 본질적인 것에 대한 본능과 함께, 요세푸스는 저 이름의 다른 모든 소유자에게서 이 예수를 떼어 놓았던 한 가지를 붙잡는다. 곧 이 예수의 시대부터 요세푸스의 시대에 이르기까지, 어떤 사람들은 그를 메시아로 묘사했다. 예수를 위하여 구별하는 이름으로 "그리스도"를 사용하는 것은 매우 중요하여, 서기 1세기의 50년대 중간 바오로의 시대 즈음에, "그리스도"는 곧잘 예수의 둘째 이름이 되는 도중에 있었다. 그러므로 외교인 역사가들 타키투스와 또 (아마) 수에토니우스가 2세기 초에 그들은 "예수"라는 이름을 사용하지 않고 오히려 "그리스도"라는 호칭을 그것이 그의 고유한 이름인 것처럼 사용한다고 예수에 대하여 쓴다.[9]

고대 히브리 이름들은 보통 문장의 줄여 쓴 양식, 흔히 하느님에 대하여 어떤 것을 선언하는("신의 이름을 받은") 것이었다. 여호수아/*Yĕhôšûa'*라는 이름은 원래 "야훼께서 도우신다" 또는 "야훼께서 도와주시기를"을 의미했다.[10] 성경에 흔히 일어났던 것처럼, 원래의 것 또는 과학적 어원은 잊어버렸고 대중적인 어원이 고안되었다. *Yĕhôšûa'*의 경우에, 그 이름은 "야훼께서 구원하신다" 또는 "야훼께서 구원하시기를"을 의미한다고 설명되었다.[11] 그것은 마태 1, 21의 꿈을 꾸는 요셉에게 천사의 언급 안에 반영된 그 이름에 대한 이 대중적인 설명이다. 곧 "그 이름을 예수라고 하여라. 그분께서 당신 백성을 죄에서 구원하실 것이다." 이름에 대한 대중적 설명에 대한 이러한 말장난은 구약성경에, 특히 유명한 사람들의 출생의 이야기들 안에, 흔히 있다. 하지만 예수/여호수아의 대중적인 설명은 그리스도인들에게 제한되었다. 1세기 유다인 철학자, 필론은 똑같은 전통을 반영한다. 곧 "예수는 '주님의 구원'을 뜻하는 것으로 설명된다…."[12]

나자렛의 예수에 대한 그 이름은 1세기 갈릴래아의 맥락 내에서 다른 것을 뜻할 것이다. 그 자신처럼, 예수의 모든 친척들이 성조들, 이집트에서 탈출과, 또 약속된 땅으로 들어감을 상기시키는 이름들을 지닌다는 것은 아마 우연이 아닐 것이다. 그의 추정되는 아버지는 야곱/이스라엘의 열두 아들 중 하나의 이름, 그리고 열두지파의 둘, 에프라임과 므나쎄를 통하여, 창시자인 요셉이었다. 그의 어머니는 마리아, 히브리어로 모세의 누나의 이름 미리암이었다. 그의 네 형제인 야고보, 요세, 시몬, 또 유다는 이스라엘의 열두 아들/지파를 낳았던 성조(야고보 = 야곱)와 저 열두 아들 중 셋(요세 = 요셉, 시몬 = 시메온, 또 유다)의 이름을 따왔다.

이것이 우리에게 이상하지 않을 것이지만, 구약성경 시대 대부분의 이스라엘인들은 창세기와 탈출기 책에 언급된 위대한 성조들의 이름을 따오지 않았다. 변화는 유배 이후에 시작되었던 것을 보이며 셀레우코스 군주 안티오코스 4세 에피파네스(기원전 175~64/63년에 다스렸다.)에 대한 마카베오의 반란의 시기 무렵에 가속화되었으며, 그는 팔레스티나의 유다인들 위에 헬레니즘의 문화를 부과하고 또 전통적인 유다인의 종교적 민족적 관습을 억압하려 힘썼다. 안티오코스의 정책들은 역효과가 난 것으로 드러났다. 한편 이미 헬레니즘의 방법들에 동조하는 어떤 도시의 그룹들은 안티오코스의 “개혁”을 지원했지만, 팔레스티나—특히 작은 마을들과 시골 지역들—의 많은 유다인들은 셀레우코스 박해에 토속 종교적 감정의 고조로 반응을 했다. 자녀들의 이름을 과거의 위대한 영웅들의 이름을 따오는 관습이 점점 흔하게 된 것은 이 시기 무렵일 것이다.

그 관습은 갈릴래아에서 특히 공감을 불러일으켰을 것인데, 거기 유다교는 몇 세기 동안 강한 외교인의 영향과 공존해야 했다. 활발한 유다인의 실존이 “이방인들의 갈릴래아”에서 다시 자체를 내세울 수 있었던 것은 오직 마카베오의 승리 이후였다. 그러므로 아마 예수의 직계 가족 모두가 “성조의” 또 “모가장” 이름들을 지닌다는 사실은 유다인의 민족적 종교적 정체성, 곧 의미에 대한 성조들의 목가적인 과거에 주의하는 정체성을 이러한 다시 불러일으킴에 가족의 참여를 나타낸다. 민족의 회복의 이 주제의 반영을 수년 후 성인 예수가 그의 제자들의 내부 그룹이 되도록 정확히 열두 남자를 선택할 때 우리가 듣는 것을 제안하는 것은 너무 설득력이 없지 않을 것이다. 숫자 열둘은 아마 열두 성조, 열두지파의 견해를, 또 그런 이유로 여호수아/나자렛의 예수에 의해 모든 이스라엘의 회복을 상기시키는 것을 의미하였을 것이다.[13] 이름 안에 무엇이 있는가? 아마 많을 것이다.—또 단지 상상적인 어원들에 대한 숙고가 아닐 것이다.

2. 출생과 혈통

A. 사료들의 문제

고대 지중해 세계의 역사적 인물들 대부분의 출생, 유아기, 그리고 어릴 때에 대하여 확실성이나 높은 개연성으로 말하기는 거의 불가능하다. 알렉산더대왕이나 옥타비아누스 아우구스투스와 같은 우뚝 솟은 인물들의 예외적인 사례들에, 몇몇 사실들은 보존되었지만, 그럼에도 이것들도 흔히 신비적이며 전설적인 주제들로 뒤섞여 있다.[14] 똑같은 유형이 구약성경에서 발견될 수 있는데, 거기에 다시 많은 수의 영웅들과 악한들의 잉태, 출생, 또 유아기의 자세한 담화가 없다. 그럼에도, 이사악, 야곱, 열두 성조, 삼손, 사무엘, 다윗, 또 가장 뚜렷이 모세와 같은 몇몇 위대한 인물들은 그들의 출생과 어린 시절에 대하여 이야기들로 혜택을 받았다. 이 담화들은 흔히 공통의 주제를 내보인다. 예, 천사 그리고/또는 꿈에 의해 출생의 예고, 하느님의 개입 이전에 아내의 불임, 아이의 미래에 대한 예언들과 전조들, 또 아이의 조숙한 말과 행동. 이 "미드라시의" 요소들을 확대시키기 위한 추진력은 정전의 복음서들을 넘어서, 예를 들면, 요세푸스의 *The Jewish Antiquities*[15]와 필론의 *Life of Moses*,[16] 또한 라삐들의 후대 미드라시들 안에, 다양한 구약성경 담화의 "다시 말하기"로 계속된다.

외교인과 유다인 똑같이, 경이로운 출생과 어린 시절의 이야기들의 이런 현상이 고대의 영웅들을 찬양하기 위해 작성되었으므로, 우리는 마태오와 루카 양쪽 모두의 1~2장에 나오는 유아기 담화에 주의하여 접근해야 한다. 이러한 주의는 선험적으로 인간 역사 안에 하느님의 어떤 예외적 행동도 배척하는 반초월적인 편견을 나타낼 필요는 없다. 우리는 한편 개인적인 주장들을 주의하면서,[17] 특히 이러한 주장들이 거기 천사의 알림과 기적적인 출생들이 상투적인 주제들인 문학의 형태로 나올 때(예, 고대 지중해 세계의 유아기 담화들) 기적들의 이론적인 가능성을 주장할 수 있다. 우리는 이러한 주제들을—그것들의 종교적인 메시지를 문의하면서—반드시 문자 그대로 간주하지 않으면서 진지하게 고려할 수 있다. 이 모든 것은 단순히 모든 문학의 진실한 주장을 문제의 문학의 특별한 장르 또는 유형에 따라 판단해야 한다는 것을 우리에게 상기시킨다.[18]

이런 종류의 일반적인 경계심은 정전 복음서들 안의 유아기 담화의 특별한 특성에 의해 강화된다.[19] 가장 먼저, 이 담화들은 신약성경 전체에서 오직 두 곳에, 마태오와 루카 양쪽의 처음 두 장에 나온다. 이 두 복음서에서도, 유아기 담화들의 사건들은 일단 각각 복음서의 3장에 이르면 거의 언급되지 않는다. 이렇게 하여, 마태오와 루카 자체들 안에서, 유아기 담화들은 상대적 고립 상태에 있다. 그것들은 네 복음서 안의—또 실로 신약성경의 나머지의—다른 곳에 나오는 것들과 다른 전승들로부터 나오는 뚜렷이 다른 작문들이다. 마르코와 요한의 복음서들 안에 반영된 초기 그리스도교 설교의 요약, 사도행전의 설교들, 또 신약 서간들 안의 초기 신경들과 찬미가들은 유아기 담화들 안의 사건들에 대하여 아무것도 알지 못한다.[20] 선재와 육화가 확언되는 때에도(요한 1, 1~18 또는 필리 2, 6~11), 원문은 즉시 성인—또 보통 십자가에 못 박힌—예수로 뛰어넘는다.

둘째, 예수의 공생활과 달리, 거기 어떤 목격자들은 또한 초대교회 안의 유명한 지도자들이었고, 예수의 출생을 둘러싸는 사건들에 대한 거의 모든 증인들은 교회가 마태 1~2장과 루카 1~2장 배후에 놓여 있는 유아기 전승들을 만들어 냈을 때 죽었거나 그렇지 않으면 초기 교회에 도움이 될 수 없었다. 유아기 전승이 처음 두 그리스도인 세대에 발전되었기 때문에 즈카르야, 엘리사벳, 세례자 요한, 요셉, 시메온, 안나, 헤로데, 동방박사들, 그리고 베들레헴 목동들은 아마 모두 죽었거나 그렇지 않으면 "언급을 할 수 없었다". 결과적으로, 몇몇 주석자들은 유아기 담화의 그 사료로서 초기 교회의 시대까지 생존했던 그 한 사람, 예수의 어머니 마리아를 선정하였다(예수의 십자가 곁에 마리아에 대하여 요한 19, 25~27을 보라; 오순

절 이전에 예루살렘에 열두 사도와 예수의 형제들과 함께 마리아에 대하여 사도 1, 14을 보라).[21]

한편 마리아는 이론적으로 유아기 담화의 몇몇 전승들에 대하여 최종적인 사료가 될 수 있을 것이지만, 심각한 문제가 지금 있는 것처럼 그녀가 어느 담화의 직접적인 사료라는 주장을 괴롭힌다. 첫째로, 마리아는 마태오와 루카 양쪽의 모든 유아기 전승을 위하여 사료가 될 수 없다. 우리가 보게 될 것처럼, 마태오와 루카는 어떤 중요한 문제에 관해 서로 갈라지거나 서로 모순이 되기도 한다. 마리아는 루카 1~2장에서 훨씬 더 중요하며(마태 1~2장은 요셉에 대하여 주로 할애됨), 흔히 루카의 버전을 위하여 사료로서 주장된다.[22] 이 더욱 한계가 있는 주장은 마찬가지로 그 어려움들이 없지 않은데, 루카는 "유다적인 것들"에,[23] 특히 아마 마리아가 사료가 되어야 할 사건인, 예루살렘 성전에서 마리아의 "정결례"에 관하여 몇몇 확연한 오류를 만드는 것으로 보이기 때문이다. 결국, 마리아가 그녀 자신의 정결례에 대하여 사료가 될 수 없다면, 유아기 담화 안의 다른 어느 곳에서 그녀가 사료가 될 수 있겠는가?

그렇지만 성전에서 마리아의 정결례의 이야기는 여러 분명한 유다인의 의식 절차를 혼동한다.[24] 예를 들어, 가장 좋은 그리스어 원문은 이야기를 "그들의 정결례"(루카 2, 22)로 시작하며, 거기 오직 자연스러운 문맥의 의미는 "마리아와 요셉의 정결례"인데, 곧바로 따라오는 동사가 "그들[요셉과 마리아]은 아기를 예루살렘으로 데리고 왔다."고 말하기 때문이다.[25] 그렇지만 서기 초세기에 유다인 남편은 그의 아내와 함께 어떤 정결례를 받지 않았다. 어머니를, 또 오직 어머니만, 의식적으로 불결하게 한 것은 육신적 출생이었다. 더욱이, 2, 22의 두 반쪽이 보여 주는 것처럼, 루카는 두 가지 뚜렷이 다른 의식 절차를 융합한다. 곧 어머니의 정결례(이는, 레위 12, 1~8과 후대 라삐들의 진술들에 따라, 천막/성전에 방문을 요구했다.)와 맏이 사내아이의 속량(이는 성전에 5세켈의 지불을 요구했지만, 성전 방문을 요구하지는 않았다). 루카는 모세 법"에 따라"(2, 23+27) 아기를 성전으로 데리고 오는 것을 묘사할 때 이렇게 정확하지 않다. 그가 속량을 또는 예수의 "봉헌"을 집비둘기들 또는 산비둘기들의 제물(실제로 정결례의 한 부분)과 연결할 때 그는 마찬가지로 부정확하며, 반면에 세켈의 지불, 곧 속량 예식에 반드시 필요한 부분에 대해 아무것도 말하지 않는다.

직설적으로 말하면 이렇다. 곧 마리아는 그녀의 정결례의 이 이야기의 사료가 아니었거나 그렇지 않으면 예수와 자신과 관련된 중요한 사건들에 대하여 대단히 기억력이 나빴다. 양쪽 모두, 유아기 담화의 역사적 신빙성을 위한 경우는 증진되지 않는다. 가장 단순한 결론은 1~2장의 다른 곳처럼, 루카 2, 22~38에 작용하는 것은 루카의 신학적 계획이지, 마리아의 추억들이 아니다.[26] 분명히 이런 똑같은 어려움들이 담화의 사료로서 예수 자신에 대해, 절망적으로, 우리가 호소하기를 막는다.—초기 교부 시대의 정통적인 책들도 영지주의의 책들도 예수의 유아기에 대하여 상세한 계시를 제공하는 성인 예수나 부활한 예수를 제시하지 않는다는 사실을 제외하고. 그렇다면, 우리에게는 분명한 결론이 남겨진다. 곧 유아기 담화 배후의 전승들은 공생활과 수난의 전승들과 본질적으로 다르다. 유아기 담화의 경우에, 우리는 초기 교회의 신뢰할 만한 사료들로서 활동할 수 있었던 원래의 사건들의 어떤 목격자들도 밝힐 수 없다. 공생활과 수난의 경우는 이렇지 않다.

유아기 담화의 셋째 중요한 문제는, 반대되는 말들은 아니더라도, 마태오와 루카의 유아기 버전들 간에 긴장이 있다는 것이다. 인정하건대, 몇몇 긴장들은 약간의 기발함과 함께 조화될 수 있을 것이다. 마태오에, 요셉이 홀로 천사로부터 예수의 동정 잉태의 예고를 받는다. 루카에는 물론 마리아가 홀로 이러한 계시를 받는다. 엄격히 말하면, 양쪽 설명 모두 다른 것을 부정하지 않으며 또 둘은 병합되었을 것이다.—실로 그것들이 이후의 그리스도교의 다시 만든 이야기에서 그렇듯이.

조화시키기 더 어려운 것은 두 유아기 담화 안의 요셉과 마리아의 여행에 대한 서로 다른 설명들과 두 이야기의 기반에 두 "지리적" 구성들이다. 마태오의 경우에, 그의 고유한 담화 안에 나오는 첫째 장소 이름은(1, 18~2, 23) 유다의 베들레헴이다(2, 1). 이 시점에 아무 장소의 변화 표시가 주어지지 않기 때문에, 오직 마태오의 이야기만 아는 독자는 자연스럽게 "요셉에게 예고"에 대한 앞선 이야기(1, 18~25)를 역시 베들레헴에 위치된 것으로 간주하였을 것이다. 이것은 동방박사들 이야기 안의 세부 사항들과 완전하게 맞는다. 동방박사들은 마리아와 예수를 그들이 마구간이나 동굴 안으로가 아니라, "집 안으로"(2, 11) 들어갈 때 발견한다. 아마 이것은 요셉과 마리아가 영구적으로 베들레헴에서 사는 집일 것이다. 이것은 그다음 헤로데가, 세 동방박사에게서 별이 나타난 때를 확인한 다음(아기의 나이를 계산하기 위하여), 베들레헴과 주위 지역 "두 살과 그 이하의" 모든 사내아이의 살해를 명령하는 사실과 잘 맞는다. 마태오는 그 점을 "그(헤로데)가 박사들에게서 정확히 알아낸 시간을 기준으로"(2, 16)라는 설명을 덧붙임으로써 강조한다. 달리 말하면, 마태오의 이야기는 동방박사들이 도착했을 때 예수가 금방 태어났다고 가정하지 않는다.[27] 반드시 예수를 살해하기 위해, 헤로데는 두 살 된 남자 아이들도 죽여야 했다. 분명히, 우리는 예루살렘으로 방문 후에 나자렛으로 상당히 빠른 돌아옴이 뒤따라오는, 나자렛에서 베들레헴으로 빠른 여행 동안 루카 안의 출생처럼 마태오 안의 출생을 다루지 않는다.

마태오는 예루살렘을 요셉의 영속적인 가정으로 생각한다.—매우 그러하므로 예수가 어떻게 영구적으로 나자렛에서 살게 되었고 또 그러므로 "나자렛 사람"으로 불리었는지 설명하기 위해 긴장을 해야 한다. 마태오의 구성은 베들레헴에서 나자렛에 이르기 위해 긴 둘러 가는 길을 취한다. 첫째, 이집트로 탈출(마태 2, 16~18), 이를 위해 루카의 구성에 시간이 없고, 편리하게 예수를 예루살렘에서 내보낸다. 이집트에서 돌아오면서, 요셉은 유다(그러므로 베들레헴)로 돌아가기를 두려워하는데 헤로데의 아들, 아르켈라우스가 옛날 폭군의 자리에서 다스리고 있기 때문이다. 기이하게도, 헤로데 대왕의 아들인 통치자에 의해 제기된 위험에 대한 요셉의 해결책은 갈릴래아로 가는 것이다.—거기에 헤로데 대왕의 다른 아들인, 헤로데 안티파스, 세례자 요한의 미래의 살인자가 다스리고 있다! 프라이팬에서 불속으로. 요셉에게는 이상한 보안 대책의 감각이 있다.

더 중요한 것은, 마태오는 요셉의 긴 여행을 마무리하면서 이렇게 말한다. "…그(요셉)는 나자렛이라고 하는 고을로 가서 자리를 잡았다"(2, 23). 이것은 거의 옛 주택으로 돌아옴처럼 들리지 않는다. 나자렛은 그것이 요셉의 "전략적 도피" 이전에 저자나 청중의 정신적 지평 위에 있지 않았다는 것을 넌지시 알리는 방법으로 정식으로 소개되었다.[28] 의미심장하게, 마태오는 정확히 똑같은 그리스어 단어 선택을 나자렛에서 카파르나움으로 그의 집의 성인 예수의 이전을 묘사하기 위해 사용한다. "그리고 나자렛을 떠나, 카파르나움으로 가시어 그분[예수]은 자리를 잡으셨다"(4, 13).[29] 이것은, 새로운 집을 거기에 건립하기 위해 취한, 카파르나움으로 예수의 첫 여행이다. 그러므로 2, 23에 병행하는 구절의 자연적인 느낌은, 베들레헴이 너무 위험하다고 증명된 후에, 거기에 새로운 집을 설립하기 위해 취해진, 요셉의 나자렛으로 첫 여행이라는 것이다. 요컨대, 마태오의 유아기 담화의 전체 지리적 양식은 요셉의 원래의 집, 베들레헴으로부터 피난처로서 찾은, 그의 새로운 집, 곧 나자렛으로 기본적인 이동에 기초한다.

루카는 정확히 반대되는 양식을 제시한다. 마리아에게 탄생 예고의 때에, 마리아(분명하게)와 요셉(함축적으로) 모두는 갈릴래아의 나자렛에 자리 잡고 있다(1, 26~27). 엘리사벳의 미래의 세례자 잉태 소식은 마리아를 움직여 유다의 산골 지대 그녀의 친척을 방문하게 하지만, 방문 후에 마리아는 자연히 "그녀의 집"(1, 56), 곧 나자렛으로 돌아온다. 그러므로 또 다른 이유가 예수가 태어날 때 마리아의 베들레헴에 현존을 위하여 찾아져야 한다. 루카의 해결책은 퀴리니우스가 시리아의 행정장관으로 있었을 때에 카이사르 아우구스투스에 의해 명령된 세계적인 인구조사이다(2, 1).—불행하게도, 이러한 인구조사는 (이는 대략 기원전 5년에 일어났어야 했을 것이다.) 어떤 다른 고대 사료에서 서류로 입증될 수 없다. 고대의 기록에 의하면, 서기 6년에 시리아의 행정장관이 되었던, 퀴리니우스는 서기 6~7년에 유다의 인구 조사를 했지만, 갈릴래아의 인구조사가 아니었다. 루카 2, 1을 고대 역사의 사실들과 조화시키려는 시도들은 어찌할 수 없이 억지로 꾸민 듯하다.[30] 더욱이 마리아는 등록을 하러 요셉을 동반해야 하지 않았을 것이고, 또 그녀의 진행된 임신은 거기에 그렇게 해야만 할 의무가 없었을 때에 그를 동반하는 것을 반대하여 적극적으로 주장할 수 있었을 것이다.

일단 예수가 베들레헴에 태어나자, 루카는 예수가 빠르게 베들레헴 주변뿐 아니라 또한 예루살렘에서도 알려지게 되었다고 특별히 애를 써서 주장한다. 실로, 그는 (마태오에 의하면) 건방진 유다인들의 임금이 어디에 위치해 있는지 찾기 위해 가능한 모든 것을 하려는, 헤로데의 궁전에서 "시내 바로 건너편" 성전에서 예언된 구세주로서(2, 25~38)[31] 공적으로 지목된다. 성전에서 정결례/속량/봉헌 후에, 성가정은 평화로이 "그들 자신의 도시 나자렛으로"(마태오와 비교하라!), 이집트로 피신에 대한 시간도 생각도 필요도 없이, 평화로이 돌아온다. 다시 말하면, 유아기 담화의 마태오의 기본적 지리적 구성은 베들레헴의 원래의 집에서 나자렛의 선택한 집으로(정치적 이유들을 위하여 필요한) 이동하지만, 루카의 구성은 정반대의 방향으로, 곧 나자렛의 원래의 집에서 베들레헴의(정치적인 이유들을 위하여 필요한) 임시 머무름—거의 집이 아닌—으로, 그다음 다시 나자렛의 "그들 자신의 집"으로 이동한다.

마태오와 루카의 유아기 담화 간에 다른 현저한 차이들이 탐구될 수 있을 것이지만, 이것들은 왜 역사가가 예수에 관한 역사적인 정보를 위한 사료로서 유아기 담화를 이용하는 것에 대하여 주의해야 하는지 보여 주기 위해 충분하다. 두 담화는 구약 예언자들에 비추어서 주로 예수 그리스도의 구원하는 의미에 대한 초기 그리스도교의 고찰의 산물인 것으로 보인다.[32] 상당히, 복음서들과 초기 신경 형식 문구 안의 죽음과 부활 전승들의 주요한 그리스도교 주제들은 예수의 잉태와 출생의 이야기들로 뒤로 던져졌다(예, 참조: 루카 1, 31~35과 함께 로마 1, 3~4).[33] 유아기 담화들에 의해 만들어진 주요한 신학적 요건은 이로써 명확하게 된다. 곧 예수 그리스도가 부활에서 완전히 계시되었던 것은(다윗의 아들, 성령의 힘에 의해 하느님의 아들) 그는 실제로 잉태부터 계속 그랬다.[34]

우리가 보았던 모든 것에 비추어 볼 때, 유아기 담화들에는 역사적 예수에 대한 우리의 지식에 공헌할 어떤 것이 있는가? 몇몇 주석자들은 이렇게 대답할 것이다. 실제적으로 아무것도 없다.[35] 하지만 전적으로 부정적인 판단은 지나치게 싹쓸이일 것이다. 2출전설에 의하면, 마태오와 루카는 서로의 복음서들을 알지 못했다. 더욱이, 우리가 보았던 것처럼, 마태오와 루카의 유아기 담화들은 주로 서로 갈라지며 또 서로 모순되기도 한다.

이런 이유로, 마태오와 루카 간의 어떤 일치들은, 다양한 입증의 기준들이 작용하는 한, 역사적으로 중요하게 된다. 두 의존하는 또 선명하게 대조되는 담화들 안의 이러한 일치들은, 적어도, 이른 전승으로 다시 돌아가며 또 복음사가들의 창작물이 아닐 것이다.

사실상, 몇몇 일치하는 점들은 일반적으로 학자들에 의해 역사적인 것으로 받아들여진다. 예를 들어, 그들의 모든 차이에도 불구하고, 마태오와 루카 모두 예수의 출생을 헤로데 대왕의 통치 동안에 위치시킨다(기원전 37~4년; 참조: 마태 2, 1과 루카 1, 5). 더욱이, 마태오는 그것이 헤로데의 통치 끝 무렵에 일어났다고 넌지시 알려 주는데,[36] 예수의 생애의 연대에 관하여 다른 확인할 수 있는 자료와 잘 일관성이 있는 시점이다.[37] 두 유아기 담화는 예수의 추정상 아버지가 요셉으로 또 그의 어머니는 마리아로 불리었다고 일치하는데, 복음서 전승의 서로 다른 지류들에 소수의 산재된 언급들에 의해 지원되는 사실들이다(요셉에 대하여: 루카 3, 23; 4, 22; 요한 1, 45; 6, 42;[38] 마리아에 대하여: 마르 6, 3[병행. 마태 13, 55]; 사도 1, 14[39]).

B. 베들레헴에서 탄생

예수의 출생 장소는 더욱 문제가 있다. 마태오와 루카 모두 그것이 베들레헴이라고 확언하는데, 그러나 마태 2장과 루카 2장은 이 주장을 명백하게 하는 신약성경의 유일한 두 장이다. 그것은 아무 반향을 유아기 담화의 다른 곳에서 또는 마태오와 루카의 나머지에서－또는 실로 신약성경의 나머지에서－찾지 못한다. 마태오와 루카의 다른 곳에도 예수는 단순히 나자렛의 예수, 예수 그 나자렛인, 또는 예수 그 나자렛 사람이다.

사실, "베들레헴"이라는 말이 유아기 담화 밖에 나오는 신약성경 전체에서 유일한 곳은 요한 7, 42이다. 그리고 그 대목은 그 의도에서 모호하다.[40] 요한 7장의 끝마치는 부분은 예수의 자기 계시에 대해 유다인 그룹들과 개인들의 다양한 반응들을 다룬다. 40~44절은 성전에서 그의 가르침을 들었던 "군중" 가운데 의견의 분열에 초점을 둔다. 어떤 이들은 그가 종말론적 예언자라고 생각하지만(40절) 반면에 다른 이들은 그가 메시아라고 말한다. 이것에 대해 몇몇은 41~42절에서 반대한다. "메시아가 갈릴래아에서 나올 리가 없지 않은가? 성경에 메시아는 다윗의 후손 가운데에서, 그리고 다윗이 나왔던 베들레헴에서 나온다고 하지 않았는가?"

요한의 복음서에 모호함과 아이러니의 잦은 사용을 감안하면, 예수의 주장들에 대한 이러한 반대는 두 가지 다른 방법으로 읽을 수 있다. 만일 우리가 복음사가와 그의 독자들이 베들레헴에 예수의 탄생에 대한 유아기 담화 전승을 알았다면, 그때 아이러니는 군중 가운데 예수에 대해 반대하는 이들은 예수 출생의 지식, 곧 메시아로 간주함에서 그를 배제하는 지식을 확신을 가지고 주장한다는 것이며, 반면에 줄곧 그들의 추정상 지식은 실제로 예수의 참고향에 대한 무지이다.

해석의 이러한 노선의 문제는 넷째 복음사가가 1장에서부터, 미래의 신자들에게도 초래하는 모든 스캔들과 함께(예, 1, 46의 나타나엘), 예수가 나자렛에서 나온다고(1, 45~56) 계속 주장한다는 것이다. 예수의 지상의 출신, 곧 말씀이 되는 "혈육"에 대한 암호어로서 나자렛에 대한 요한의 주장은, 그의 수난기에 신학적 힘과 함께 돌아온다(18, 5. 7; 19, 19). 더욱이, 드라마가 진전하는 동안 그의 청중에게 유용한 정보를 방백으로 주는 요한의 경향에도 불구하고, 복음사가는 예수의 고향에 대하여 다른 어떤 전승도 그의 독자들에게 전혀 전하지 않는다. 요한계 공동체들 안의 독자들이 베들레헴에 대한 특별한 유아기 담화 전승을 알았을 것이라는 분명한 표시가 요한계 저서들 안의 어느 곳에도 없다. 실제로, 요한의 독자들이 예수의 출생지로서 베들레헴에 대하여 모두 안다고 주장하는 해석은 악순환에 관련된 것이다. 그것은 증명되어야 하는 것을 추정하는 것이다.

그러므로 7, 42에서 요한의 아이러니는 다른 방법으로 읽어야 한다는 것이 개연성이 있다. 흔히 요한계의 아이러니 안에, 반대자가 예수를 법정에서 배제하기 위해 말하는 것은 지상적인, 혈육적인 수준에서 완전히 참되지만, 그럼에도 예수 그리스도의 천상의 기원과 실제, 사람이 되신 말씀을 파악하는 데 완전히 실패한다. 반대자가 말하는 것은 완전히 참되며 또 전적으로 부적절하다. 이와 같이 7, 42에서, 반대자들은 요한의 생각에, 예수가 베들레헴이 아니고, 나자렛에서 온다고 말함에 있어서 정확하다. 이것은 놀라운 일이 아닌데, 왜냐하면 요한의 복음서는 전체로서 다윗의 아들 그리스도론에 큰 관심을 보여 주지 않기 때문이다.

그럼에도 아이러니의 요건은 예수의 지상의 기원이, 그것이 나자렛이든 베들레헴이든, 최종적인 결과는 아니다. 예수는 최종적으로 위에서, 하늘로부터, 아버지에게서 오며, 반면에 이 눈먼 반대자들은 "아래", 이 세상의 "혈육" 위에 고정되어 있다. 예수는 바로 이 점을 후에 계속 똑같은 성전 담론에서 지적한다. "너희는 아래에서 왔고 나는 위에서 왔다"(8, 23). 이런 이유로 그들은 그를 이해할 수 없다. 당연히, 적어도, 7, 42의 베들레헴에 대한 언급의 모호성은, 그 구절은 유아기 담화 밖에서 예수의 베들레헴 출생의 복음서 전승을 제공하기 위하여 미심쩍은 가치가 있다. 베들레헴에서 예수의 출생은 적극적으로 배제할 수는 없지만(우리는 고대 역사에서 드물게 "부정을 증명할" 수 있다.), 복음서들과 사도행전에서 우세한 견해는 예수가 나자렛에서 또—마태오와 루카의 1~2장 외에는—오직 나자렛에서 왔다는 사실을 받아들여 한다. 마태오와 루카가 지배적인 나자렛 전승을 그들의 유아기 담화의 특별한 베들레헴 전승과 화해시키는 약간 왜곡된 또는 의심스러운 방법들은 베들레헴에서 저 예수의 출생이 역사적인 사실로서는 아니지만 신학적 지식, 곧 분명히 역사적 담화의 양식으로 놓인 신학적 확언(예, 예수는 다윗의 참된 아들, 예언된 왕가의 메시아이다.)으로 간주되어야 한다는 것을 가리킬 것이다.[41] 그럼에도 불구하고 우리는 이 시점에서 확실성은 가지지 말아야 한다는 것을 인정해야 한다.[42]

C. 다윗의 가문

베들레헴에 출생이 단순히 예수의 다윗의 메시아임의 신학적 상징이라면, 예수가, 요셉을 통하여, 합법적으로 다윗의 집안이었다는 유아기 담화의 분명한 단언들에 대해서도 똑같이 참된가? 저 문제에 답하기 위해, 우리는 먼저 유아기 담화가 무엇을 말하는지에 대하여 분명해야 한다.

이후의 그리스도교 신학에 의해 주장된 공통의 견해, 곧 서기 2세기에 안티오키아의 이그나티우스와 순교자 유스티누스에게서 시작되는 견해와 반대로,[43] 신약성경은 마리아가 유다나 다윗 집안의 지파였다는 것을 결코 말하지 않는다. 마리아의 혈통의 유일한 표시는 루카 1장에 주어지는데, 거기 엘리사벳은 "아론의 자손"(5절, 이로 인하여 레위 지파 내 엘리트 사제적 계통의)도 마리아의 "친척"(36절, *syggenis*, 막연한 용어)도 된다고 말한다. 우리가 루카의 말을 그대로 받아들인다면, 마리아는 레위인이며, 아마 아론의 가문이었을 것이다.[44] 하지만, 루카 1장의 이 암시가 어떤 역사적인 정보를 내는지 의심스럽다. 그의 유아기 담화에서, 루카는 출생 예고와 출생 이야기들의 두 순환, 곧 세례자의 것과 예수의 다른 것을 다루고 있다. 두 순환은, 대부분 병행으로, 서로 간에 접촉을 하지 않으면서 흐른다. 직접적인 담화 접촉의 한 지점은 마리아와 엘리사벳의 친족 관계이며(1, 39~56), 이는 두 순환이 교차하는 유일한 때인, "방문"을 유도한다. 마리아의 엘리사벳과 관계의 방법에 의해 달리 독립적인 순환의 접촉시킴은 제대로 루카의 작품일 것이다.[45] 이런 이유로 마리아의 레위인의 혈통을 암시하는 원문들에 무게를 두는 것은 지혜롭지 않다.[46] 마침내, 우리는 마리아의 족보에 대한 무지를 인정해야 한다.[47]

실제로, 신약성경 관점에서, 마리아의 가문에 대한 어떤 고려도 요점을 벗어난다. 그것에서 유아기 담화가 나온 유다인의 환경은 아기의 족보를, 아버지가 실제로 친부모이든지 아니든지, 통상적으로 그의 또는 그녀의 아버지를 통하여 추적했다. 이것은 부모를 바라보는 우리의 방법과 상당히 다르다. 현대 미국인들에게, 입양으로 맺어진 아버지가 아닌, 생부가 실제의 아버지이다. 구약성경이 보는 바로는, 그가 신체적으로 아이를 낳았든 안 낳았든, 법적인 아버지가 실제의 아버지이다. 이런 이유로 요셉의 가문은 예수의 가문을 결정하는 것이다.—일반적으로 유아기 담화에서뿐만 아니라 더욱 중요하게 마리아의 처녀 잉태의 견해를 주입시키는 바로 그 대목들에 강조된 요건.[48]

예수가 다윗의 가문이라는 이 확언은, 그것이 신약성경 전승의 다양한 지류들이 또한 예수의 다윗 가문을 확언한다는 사실에 대한 것이 아니었더라도 *theologoumenon*(역사적인 사건으로 이야기된 신학적 통찰)으로서[49] 베들레헴에 그의 출생을 따라서 쉽게 놓였을 것이다. 특별히 흥미로운 것은 바오로가 로마 1, 3~4에 인용하는 초기 신경의 형식 문구인데, 이는 예수는 "육으로는 다윗의 후손으로 태어나셨다"는 것을 어느 정도 말한다.[50] 여기 놀라운 것은 바오로가, 50년대 후반에 자신이 결코 방문했거나 가르치지 않은 교회에 편지를 쓰면서, 로마의 그리스도인들이 이 신경 형식 문구를 그들의 공유하는 믿음의 표현으로 또 더 많은 논의를 위한 기반으로 인정할 것이라고 가정할 수 있다는 것이다.[51] 바오로가 그의 편지를 이 형식 문구로 시작하는 바로 그 이유는 그것이 그가 로마인들과 공유하는 공동의 기반, 곧 그가 그들과 똑같은 믿음을 가진 "참된 신자"인 것을 그들에게 보여 줄 수 있는 방법이라는 것이다. 로마의 그리스도인들은 긴장에 의해 찢긴 이질적인 구역이었던 것으로 보이며, 적어도 그들 중 몇몇은 복음에 대한 바오로의 버전을 의심스러운 것으로 알았을 것이다.[52] 하지만, 50년대 후반에, 그리스도의 십자가형 후 약 28년에, 그와 그들은 모두 믿음의 주요한 대상으로 예수가 다윗의 가문이라는 것에 대해 그 이상의 어려움 없이 일치할 수 있다. 이것은 한층 더 놀라운데 예수가 다윗의 가문이라는 것은 바오로 자신에게 큰 관심이 없으며 그의 신학적인 관점에 대한 바오로 자신의 진술에 전혀 나타나지 않기 때문이다.[53] 예수의 다윗 가문에 대한 이 믿음은 일찍이 어떤 그리스도교 신경 형식 문구에 깊게 뿌리 박혔다는 것이 2티모 2, 8에 인용된 형식 문구에 의해 확인된다. "예수 그리스도를 기억하십시오. 그분께서는 다윗의 후손으로, 죽은 이들 가운데에서 되살아나셨습니다." 한편 티모테오 2서는 바오로 자신에 의해서가 아니라 오히려 1세기의 끝 무렵에 바오로의 제자에 의해 쓰였지만, 비평가들은 일반적으로 2티모 2, 8이 사목 서간들이 쓰이기 이전에 잘 회람되었던 최초의 그리스도교 신앙고백을 나타낸다고 의견이 일치한다.[54]

바오로계 서간들을 넘어서, 예수가 다윗의 후손이라는 믿음은 또한 초기 그리스도교의 다른 지류들에 분산된다. 그것은 마르코(10, 47; 12, 35~37),[55] 마태오(9, 27; 12, 23; 15, 22; 20, 30; 21, 9. 15; 22, 42~45),[56] 그리고 루카(3, 31; 18, 38~39; 20, 41~44; 사도 2, 25~31; 13, 22~23)[57]에 의해 확인된다. 히브리서는 직접적으로 예수를 "다윗의 아들"로 부르지 않지만, 예루살렘의 임금, 멜키체덱과 같은 임금 - 사제 - 메시아로서 예수에 대하여 큰 강조를 하며(7장), 더하여 예수가 레위의 지파가 아니라 단지 유다의 지파에서 태어났다는(7, 14) 저자의 분명한 진술은 저자가 다윗 가문의 전승을 알았다는 것을 확신시킨다.[58] 이 전승이 또한 초기 그리스도교의 더욱 열렬한 묵시문학적 지류에 소중하게 여겨졌다는 것이 묵시 3, 7; 5, 5; 22, 16로부터 분명하다.

요컨대, 1세기 그리스도교 안에 예수의 다윗 가문에 대한 이르게 널리 입증된 믿음이 있었다. 그것은 그리스도교 첫 세대에, 특히 그의 부활의 맥락에서 확언되었다. 우리가 로마 1, 3~4과 2티모 2, 8의 신앙고백적 형식 문구를, 마찬가지로 사도 2, 24~36과 13, 22~37의 베드로와 바오로의 설교를 바라본다면, 예수가 "다윗의 후손"이라는 단언의 요건은, 예수 안에 특별히 그의 부활 때에, 하느님이 2사무 7, 12~14에 다윗에게 하신 약속을 완성하셨다는 것으로 보인다. "네 몸에서 나와 네 뒤를 이을 후손을 내가 일으켜 세우고… 나는 그의 왕좌를 튼튼하게 하겠다. …그의 나라의 왕좌를 영원히 튼튼하게 할 것이다. 나는 그의 아버지가 되고 그는 나의 아들이 될 것이다."[59] 아마, 그다음, 그리스도교 믿음이 예수와 다윗의 가문 간에 만든 가장 이른 연결이 그의 부활의 맥락 안에 또 다윗에게 한 구약성경 약속의 빛 안에 있었을 것이다.

그러나 이 신학적 사용은 다윗의 아들임이 그러므로 순전히 *theologoumenon*이라는 것을 증명하는가? 아마 그것은 바로 그 반대를 가리킬 것이다. 결국, 우리는 여전히 이렇게 묻도록 남겨진다. "무엇이 초기 그리스도인들이 예수의 부활을 왕가 다윗의 메시아, 곧 2사무 7, 12~14의 약속을 성취한 다윗 자손의 즉위로서 보도록 촉발했는가? 우리가 보게 될 것처럼, 1세기 유다교에서 "메시아"라는 지칭은 모호하며, 잘못 정의되었고, 또 레위 지파로부터(그러므로 쿰란에서) 사제적인 메시아 또는 하느님의 성령으로 도유된 예언자(이사 61, 1에 묘사된 것처럼)를 포함하여, 많은 해석에 열려 있다.[60] 이런 이유로, 예수가 메시아였다고 믿는 것은 그를 다윗의 자손으로 보는 것을 필요하게 만들지 않았다. 실로, 예수의 메시아임에 대한 이러한 해석은 만일 그것이 예수가 다윗의 가문이 아니었다고 알려진다면 초기 교회 유다인들을 쉬운 반박에 노출시켰을 것이다.

더욱이, 1세기에 구약성경이나 유다인의 믿음 안에 개인의 부활을 계속되는 역사 내에—어쨌든 분명히 신기한 개념—다윗의 메시아임과 강하게 결부시키는 것은 아무것도 없다. 그 개인이 십자가에 못 박힌 죄수여야 했던 것은 왕적인 칭호를 더욱 이상하게 만든다. 실제로, 십자가에 못 박힌 예수의 부활을 왕적인 다윗의 메시아의 즉위로 보는 것은 예수의 제자들 중 몇몇이 그의 지상 생활 동안 그가 다윗의 자손이었다고 생각하였고 또 그 위에 그들의 희망들—그들이 그다음 그의 부활로 성취된 것으로 생각했던 희망들—을 그의 가문 때문에 고정시키지 않았다면 전적으로 동기부여가 되지 않았을 것으로 보인다. 만일 어떤 추종자들이 공생활 동안 이미 예수를 다윗의 자손으로 말하였다면, 그다음 2사무 7, 12~14에 만들어진 약속과 일치하여 다윗의 후손의 왕적인 즉위로서 부활에 대한 그들의 해석은 합리적이다. 이러한 각도에서 보면, 부활은 다윗 가문의 견해에 대한 촉매가 아니었다. 다윗의 가문은 부활의 특별한 해석을 위한 촉매였다.

요컨대, 예수의 다윗 자손임은 그의 베들레헴 출생과 동시에 유아기 담화의 *theologoumenon*으로 매우 빠르게 일축되어서는 안 된다. 예수의 다윗의 가문에 대한 입증은 신약성경 전승의 많은 다양한 가닥에 이르고 널리 퍼졌다. 또 공생활 동안 제자들이 가진, 예수의 다윗 가문에 대한 오직 몇몇 견해는 다윗의 후손의 왕적인 즉위로서 십자가에 못 박힌 죄수의 부활에 대한 매우 이른 해석을 설명한다.[61]

이 모든 것은 나자렛의 예수가 글자 그대로, 생물학적으로 다윗의 후손이었다고 증명하는가? 물론 아니다. 유아기 담화는 정반대를 말하는 것으로 간주될 수 있을 것이다. 그것들은 예수의 다윗 가문을 그의 육신적이 아닌, 법적인 아버지, 요셉을 통하여 추적한다. 증거 모두가 우리에게 제시하는 것은, 그의 공생활 동안, 예수는 이미 그의 몇몇 추종자들에 의해 다윗의 가문인 것으로 생각되었다는 것이다. 이 대중적인 견해는 글자 그대로,

생물학적으로 사실이었을 것이거나 아닐 수 있다. 우리는 분명히 이 주장을 오늘날 확인할 수 없다. 또 유다인 사제들과 귀족들 외에는, 이러한 족보적 주장은 아마 그 당시에도 증명할 수 없었을 것이다. 이 논의에 의해 얻은 하나의 긍정적인 요건은, 우리가 성장한 예수의 직무, 주장들, 그리고 호칭을 다룰 때, 부활절 이전에라도, 몇몇 제자들이 아마 그를 "다윗의 후손"으로 여겼을 것을 반드시 기억해야 한다는 것이다.

D. 처녀 잉태

흔히 *theologoumenon*이라 불리는 유아기 담화의 마지막 신학적 주제는 마리아가 예수를 처녀 잉태함이다.[62] 여기 여러 문제가 교차한다. 첫째, 복음서들에 기적들의 일반적 문제가 있다. 저 문제는 후에, 예수의 공생활의 맥락에서, 계속 다루어질 것이다. 당분간, 고대 역사를 다룰 때, 역사가나 주석자는 어떤 기적이 일어났다는 주장이 추정상 기적을 행했던(또는 체험했던) 원래의 인물에게 돌아가는지 또는 그 주장이 구두 전승 위에 또는 가능한 후대 저자의 고안에 의해 부착물인지도 분별하기 위해 노력할 수 있다. 사료, 유형, 그리고 편집 비평은 모두 이러한 문제에 적용될 필요가 있다. 만일, 비평적 연구의 결과로서, 주장이 추정상 기적의 실행자(혹은 수신인)에게 돌아가는 것으로 보이면, 우리는 나아가 그 사람의 진정성, 신중함, 정신적 안정, 종교적인 메시지와 실천, 또 그의 청중의 성향과 같은 질문들을 제기할 수 있다. 역사가는 그다음 어떤 것이 실제로 일어났는지 또 그것이 어떤 의미로 놀랍고, 예외적이며 또는 설명할 수 없는 것이었는지에 대해 어떤 결론에 이르도록 힘쓸 것이다. 역사가나 주석자가 역사적 연구에 의해 하기를 바랄 수 없는 것은 실제로 철학적 문제들(예, 기적들이 실제로 일어났는지) 또는 신학적 문제들(예, 하느님이 참으로 이 특별한 "기적" 안에 행동하셨는지, 따라서 사람들을 믿음으로 부르시는지)이 무엇인지 해결하려는 것이다. 이러한 문제들은, 중요하기는 하지만, 단순히 적절한 역사의 범위를 넘어간다.

둘째, 한편 이런 관찰들이 복음서들 안의 모든 기적 이야기에 적용되지만, 처녀 잉태의 사례는 특별한 문제를 제기하며 또 자체로 한 범주 안에 있다. 예수가 그의 동시대인들, 적들과 마찬가지로 친구들에 의해 기적을 행했던 것으로 생각되었다는 것은 복음 전승의 모든 다양한 추세와 또한 요세푸스에 의해 입증된다. 이렇게 하여 우리는 풍부하게 만족한 다양한 입증의 기준을 가지게 된다. 기적들의 다양한 유형들(예, 악마 추방들, 멀리서 치유들)도 한 사료 이상에 의해 입증된다. 사람들이 생각했던 것이 실제로 일어났는지는 분명히 또 다른 문제이다.

분명히, 판단을 위한 우리의 기반은 유아기 담화의 사례에서 더욱 좁다. 엄밀히 말하면, 신약성경 전체에서 처녀 잉태는 오직 마태 1, 18~25과 루카 1, 26~38에만 단언하며,[63] 유아기 담화의 다른 부분도 그 전승을 분명하게 언급하지 않는다.[64] 다른 한편, 마태오와 루카의 서로 간의 독립성과 또 그들의 유아기 담화의 갈라지거나 더욱이 모순적인 유형들을 인정하면, 양쪽 모두에 의해 입증된 (비록 서로 다른 방법으로) 처녀 잉태의 전승은,[65] 틀림없이 지금 그것을 간직하는 두 복음서보다 더 이르게 돌아간다. 따라서 그것은 1세기 말에 만들어진 “늦은 전설”이 아니다.

처녀 잉태 전승이 얼마나 뒤로 멀리 가는지 또 그것의 정확한 기원이 무엇이었는지 역사가들에 의해 더 이상 확인될 수 없었다.[66] 주석자들은 초기 교회에 알려지게 되었던 “가족 전승”이라고 때로는 모호하게 말할 것이다. 그렇지만 우리는 이미 마리아가 루카의 유아기 담화 안에 그녀에게 가장 관련되는 사건들의 직접적인 사료로서 호소될 수 없다는 것을 보았다. 또 여러 복음서 대목들은[67] 예수의 형제들은 그의 공생활 동안 그를 믿지 않았다고 내비친다.―이는 만일 그들이 그의 기적적인 잉태를 알았다면 거의 그럴 것 같지 않다.

신적인 아버지들과 인간의 어머니들의 자손들의 외교인 신화로부터 직접적인 기원이 무엇인가?[68] 우선, 몇몇 주석서에 나오는 다양한 외교인 신화들에 대한 참조는 처음에 보일 수 있는 것만큼 관련이 없다. 이러한 이야기들에는 남성과 여성 간에 항상 직접 또는 간접적으로 어떤 성적인 결합이 있다. 신적인 남성은 여자를 잉태하게 하는 데에 인간 남성의 자리를 취한다. 그것은 마태 1, 18~25 또는 루카 1, 26~38의 견해가 아니다.

두 원문에서 처녀 잉태는 특별히 하느님의 성령(그리스어에 *rûaḥ*를 나타내는, *pneuma,* 히브리어 성경에 보통 여성인 단어)에 대해 언급된다. 마태오는 특히(1, 20) 예수가 마리아 안에 *ek pneumatos... hagiou,* "성령으로" 잉태된다고 말한다. 성령의 활동을 표현하기 위해 사용된 전치사(*ek*)는 이전의 족보에(1, 1~17) 잉태에서 남성이 아니라 여성의 역할에 대해 나온다(1, 3. 5[두 번], 6). 처녀 잉태의 견해는, 그 기원이 무엇이든지, 신에 의한 임신이라는 외교인 견해들에 뿌리를 두지 않는다. 오히려, 복음사가들에 의해 만들어지는 신학적인 단언—그것의 역사적 근거가 무엇이든지—은 성령은, 그분은 초기 그리스도교 전승에 죽은 이들로부터 예수를 되살린 힘과 관련되었으며(참조: 로마 1, 3~4; 8, 11), 마찬가지로 예수의 처녀 잉태에 대하여 가져온 종말론적 힘이다. 두 사건은 모두 신약성경 저자들에 의해 종말의 때의 표징으로 보인다.[69]

추측으로 아마 디아스포라의 그리스계 유다인들 가운데에 만연한 처녀 잉태에 대한 견해의 뿌리를 발견하기 위해 노력함은 생산적이지도 않다. 우리에게는 마태오에 의해 인용된 이사 7, 14의 유명한 구절("보라, 처녀가 잉태할 것이다.")이 신약성경 저자들이 그것을 사용하기 전에 처녀 잉태를 말하기 위해 고려되었다는 아무 명확한 증거가 없다.[70] 히브리어 원문은 단순히 *'almâ*라 불리는 여자, 곧 결혼할 수 있는 나이의 젊은 여자를 말한다.[71] 이사 7, 14의 70인역도 처녀 잉태에 대해 말할 필요가 없다. 한편 70인역이 *'almâ*를 번역하기 위해 사용하는 *parthenos*는 "처녀"를 의미하지만, 그것은 또한 결혼을 할 수 있는 나이의 젊은 처녀의 더 일반적인 의미를 지니며 또 70인역에 때로는 그렇게 사용된다.[72] 이 더 넓은 의미의 가장 확연한 실례는 그녀가 강간을 당한 후 디아나의 그것의 사용이다(창세 34, 3).[73] 이런 이유로 이사 7, 14의 그리스어 양식은 히브리어 원본이 가졌던 것처럼 정확히 똑같은 의미를 가졌을 것이다. 우리에게는 그리스계 유다인들이 예수의 시대 이전에 70인역 원문을 처녀 잉태의 견지로 이해했다는 아무 확고한 증거가 없다. 절망하여, 학자들은 때로는 창세기의 성조들의 출생 이야기들에 대한 필론의 비유적 해석에 호소한다. 필론은 이야기들을 하느님에 의해 영혼 안에 태어난 덕행들의 상징들로 사용한다.[74] 덕행들의 기원에 대하여 이러한 비유들과 예수의 처녀 잉태의 이야기 간의 어떤 연결도 힘이 없다.

이 조사의 최종 결과는 처녀 잉태 교리의 변호자들과 반대자들 모두에게 불충분한 것으로 남아야만 한다. 독단적으로, 역사-비평적 연구에는 단순히 마태오와 루카에 의해 이야기된 것처럼 처녀 잉태의 역사성에 대하여 마지막 결정에 이르기 위해 이용 가능한 사료들과 도구들이 없다.[75] 교리에 대한 우리의 수용이나 배척은 우리 자신의 철학적 및 신학적 전제들과, 또한 우리가 교회 가르침에 주는 무게에 의해 주로 영향을 받을 것이다.[76] 다시 한번, 우리는 역사적 비평의 고정된 한계들을 기억한다. 우리가 너무 많이 그것에 기대하지 않는다면, 그것은 유용한 도구이다

E. 사생(私生)의 문제들

처녀 잉태 전승의 하나의 가능한 사료는 예의 바른 사람들이나 정중한 책들 안에 흔히 언급되지 않는다. 곧 예수가 극히 적어도 결혼 밖에서 잉태되었거나 출생하기도 했을 가능성이다.[77] 이 견해는, 이는 독실한 이들 안에 충격을 또 불경한 이들 안에 큰 기쁨을 야기하는데, 예수의 사생이 소수의 최근 학자들에 의해 독자 생존 가능한 학위 논문으로 제안되었다는 사실을 위한 것이 아니었다면 침묵 중에 지나갔을 것이다.[78] 어떤 그리스도인들은 이 이론에 대한 어떤 고려도 그리스도교 믿음에 대한 모욕으로 반대할 것이다. 또 다른 그리스도인들은 반응으로 그리스도교 믿음은 우리의 죽을 혈육 안으로, 더욱이 범죄자로서 단죄, 조롱과 고문, 그리고 결국 십자가 위 죽음에까지 하느님의 아들의 완전한 "비움"(참조: 필리 2, 7)의 충격적인 스캔들을 선포한다고 반대할 것이다. 예수가 그의 수난과 죽음에서 겪은 모든 공포에 비추어 볼 때, 사생은 "비움(*kenōsis*)"의 작은 양상으로 간주될 수 있을 것이다. 더 중요한 것은, 그럼에도 역사적 예수에 대한 탐구에 의해 택한 방법은 학자가, 비록 부정을 하지 않는다고 하더라도, 믿음에 의해 주장된 것을 배제하는 것을 요구한다. 어떤 연구자들이 예수의 출생은 불법적이었다고 신중하게 제안한다면, 그 제안은 신중하게

조사되어야 한다.[79]

실제로, 사생의 혐의는 이 책의 우리 조사에서 새로운 것이 아니다. 우리는 이미 4장에서 언급했고, 그때 우리는 라삐계와 다른 유다인의 자료 탐구를 위한 가능한 사료로서 검토했다. 우리가 거기서 보았던 것처럼, "벤 펜데라" 또는 "벤 판테레"[80]로 이름이 불리는 사람에 대하여 유다인의 전승들은 2세기 외교인 저자 켈수스의 주장과 함께 학자들에 의해 자주 연결되는데, 그는 서기 178년경에 *True Discourse*(*Alēthēs logos*)라 불리는 그리스도교에 대한 격렬한 비판을 썼다. 비록 켈수스의 책을 잃어버렸어도 우리는 그것의 광범위한 인용들을 교회적인 저자 오리게네스 안에 가지고 있는데, 그는 서기 248년경에 유명한 강력한 반발, 곧 *Contra Celsum* (*Against Celsus*)을 썼다. *Contra Celsum*의 1.28, 32에, 오리게네스는 켈수스가 어떤 유다인에게서 예수의 불법적인 출생에 대하여 들었다고 알려 준다. 그 이야기에 의하면, 예수는 처녀로부터 그의 출생의 기록을 날조했다. 실제로, 예수의 어머니는 *Panthera*(참조: 유다인 사료의 Ben *Pantere*)라 불리는 군인과 간음을 범했기 때문에 그녀와 약혼을 한 목수 남편에 의해 쫓겨났다. 가난하고 집 없이 버려져서, 그녀는 비밀리에 예수를 낳았다. 예수는 그 후 이집트에서 시간을 보냈고, 거기서 그는 노동자로 품팔이를 하였으며, 마술을 익혔고, 또 그러므로 하느님의 칭호를 주장하기에 이르렀다.[81]

켈수스의 이야기는 그것이 유다인들 가운데 이러한 고발들의 첫 번째 명확하고 분명히 시기를 추정할 수 있는 기록이기 때문에 중요하다.[82] 다른 모든 제시된 사료는 시간상 늦거나, 그 언급에서 불분명하며, 또는 분명히 복음서 유아기 담화에 의존하고 반응한다.[83] 켈수스가 어떤 유다인이 178년 이전 어느 때 그에게 말한 것을 기록하기 때문에,[84] 우리는 이러한 이야기가 2세기 중엽에 어떤 디아스포라의 그리스계 유다인들 가운데 이미 유포되고 있었다는 것을 가정할 수 있다. 아마 이러한 이야기는 이것보다 이르지 않게 연대를 추정하지 않는데, 순교자 유스티누스가 유다인 트리폰과 처녀 잉태에 대하여 길게 논쟁하며, 트리폰 없이 사생의 비난에 대하여 늘 대답하는 것으로 나타나고 있기 때문이다.[85] 하지만, 이야기가 팔레스티나 유다인들이 아니고,[86] 또 2세기 중엽까지는 아니며, 디아스포라 가운데에 먼저 입증된다는 사실은 그 이야기가 특히 마태오의 복음서에 나타난 것처럼, 처녀 잉태의 그리스도교 설명에 대한 격론을 벌이는 유다인의 풍자라는 가능성을 제기한다.

마태오의 버전이 틀림없이 그 풍자의 주요한 과녁이었다는 것은 거의 놀랍지 않다. 마태오—추정상 "유다인의 복음서"—는 루카보다 처녀 잉태의 그 단언 안에 더욱 명확하며, 2세기 중엽 무렵 마태오는 주류 그리스도교 안에서 가장 인기 있는 복음서가 빠르게 되어 가고 있었다. 실제로, 우리가 마태오의 유아기 담화를 켈수스의 이야기와 나란히 놓을 때, 켈수스의 설명은 전체 신약성경에서 마태오에 특유한 특성을 반영하기 때문에, 전자는 어떤 점에서는 후자의 사료라는 것이 매우 그럴듯하게 된다. 루카가 아니라, 마태오는 마리아가 임신한 것이 발견되었을 때 요셉의 깜짝 놀람과 그녀와 파혼하려는 계획을 넌지시 알려 준다(마태 1, 18~20). 마태오만 유독 이집트로 피난을 이야기하는데(2, 13~15), 이는 동방박사들(*magoi*; 참조: *magic* 마술과 함께 예수의 이집트의 머무름에 대한 켈수스의 연결)의 이야기에 잇따라서 나온다. 마태오는 또한 이집트로 피신의 이야기를 예수가 하느님의 아들이라는 그의 첫 단언과 연결한다(2, 15; 참조: 켈수스의 이집트, 마술, 그리고 하느님이라는 주장과 관련성).[87] 더욱이, 신약성경 전체에서, 마태오 홀로 요셉을 목수로 언급한다(마태 13, 55). 이 마지막 요건은 특히 주목할 가치가 있는데, 목수로서 예수보다는 오히려 요셉의 지칭은 마르 6, 3에 대한 마태오의 편집적 고침에서 오는 것으로 보인다.[88] 이런 이유로 켈수스에 의해 알려진 유다인의 이야기는 직간접적으로 마태오의 유아기 담화에 반응하고 있다.[89]

켈수스의 이야기가 실제로 우리에게 말하는 모든 것은 서기 2세기 중엽에 몇몇 디아스포라 유다인들이 마태오가 1, 18~25에 만든 주장들을 알게 되었고 그것들을 풍자에 의해 논박하려고 힘썼다는 것이다.—정확히 우리가 자연스럽게 예상하였을 전개의 일종. 우리는 유스티누스의 *Dialogue with Trypho*에서 엿들은 유다계 그리스도인 토론에서 그렇게 멀리 있지 않다.—사생에 대한 비난을 제외하고. 풍자의 팔레스티나 기원보다 오히려 디아스포라 기원은 우리가 여기 켈수스 안에서 백오십 년 동안 "지하의" 유다인들 가운데 온전하게 보조된 역사적인 정보의 조각을 가질 가능성이 아주 없다. 실로, 우리가 그 이야기를 역사적인 것으로 간주하려면, 우리는 전승 역사의 몇몇 기본적인 질문들을 다그쳐야 한다. 곧 어떻게 (짐작컨대 적의가 있는) 유다인들이 예수의 출생을 둘러싼 환경에 대해 배웠는가, 언제 예수는 나자렛이라 불리는 잘 알려지지 않은 갈릴래아 마을에 추정된 사건들이 일어난 지 오랜 후에 유다인 대중의 주목을 받지 않았을까? 어떻게 팔레스티나 유다교 안에 수십 년에 걸쳐서 이러한 지식이 보존되어, 오직 어떤 시점에 디아스포라 유다교에 옮겨졌는가? 전체 시나리오는 믿음에 무리를 준다.[90] 마태오의 유아기 담화에 논쟁적인 반응은 자료의 훨씬 더 가능한 설명이다.

마태오의 유아기 담화를 제외하고, 신약성경에 사생의 비난이 예수에 대해 제기되었던 어떤 표시들—"사생 전승"을 서기 1세기 날짜로 밀칠 수 있을 표시들이 있는가? 두 가지 신약성경 본문들이 가끔은 후보로 제시된다. 곧 마르 6, 3과 요한 8, 41이다.

마르 6, 1~6a에,[91] 예수는 그의 고향 회당에서 설교하기 위해 나자렛으로 간다. 그의 예전의 이웃 사람들은 그의 가르침의 지혜와 (아마) 그가 행했던 기적에 대한 소식에 의해 감명을 받았다. 그러나 친밀감은 멸시를 낳는다. 또 그들의 경탄은 재빨리 틀어진다. 얕보는 언급들이 지나간다. "저 사람은 목수로서 마리아의 아들이며, 야고보, 요세, 유다, 시몬과 형제간이 아닌가? 그의 누이들도 우리와 함께 여기에 살고 있지 않는가?" 몇몇 학자들은 "마리아의 아들"이라는 특이한 묘사 배후에 예수의 적법함의 부인이 있다고 제안했다. 주요한 원문은 그럼에도 여러 문제들로 홍역을 치른다.

(1) 학자들은 마르 6, 3의 그리스어 원문의 이형 독해들과 씨름을 해야 한다. 한편 대부분 그리스어 필사본들은 위에 가리킨 방법으로 원문을 독해하지만, 마르코의 몇몇 필사본은[92] 그보다는 "이 사람은 목수의 [또 마리아의] 아들이 아닌가?"로[93] 해독한다. 마태 13, 55과 루카 4, 22에 병행하는 원문은 각각 "이 사람은 목수의 아들이 아닌가? 그의 어머니는 마리아라고 불리지 않는가…?" 그리고 "이 사람은 요셉의 아들이 아닌가?"라고

해독한다. 요한 6, 42은 마찬가지로 "이 사람은 요셉의 아들이 아닌가?"라고 해독한다. 이 병행들은 몇몇 학자들을 촉발하여 마르코의 원래의 독해처럼 "이 사람은 목수의 [또 마리아의] 아들이 아닌가?"[94]를 선호하게 한다. 만일 그렇다면, 이 본문을 사생에 관하여 사용하기 위한 전체 기반이 사라진다.

그럼에도, 더욱 가능할 것 같은, "이 사람은 목수의 아들이 아닌가?"는 다른 복음서들, 특히 마태오에 마르코의 원문의 나중에 동화를 나타낸다. 실제로, 그것을 마태오와/또는 루카와 나란히 가져오기 위하여, 특히 마르코의 자구 선택이 그리스도교 서기 또는 청중에게 불쾌할 수 있을 때 마르코는 흔히 이후의 그리스어 필사본의 전승 안에서 "교정"된다. 실로, 아마 마태오와 루카를, 서로 독립적으로, "목수, 마리아의 아들"을 "목수의 아들" 또는 "요셉의 아들"로 바꾸도록 이끌었던 것은 나자렛 사람들의 발언들의 폄하하는 어조였다.[95] 이런 이유로 그리스어 필사본에서 독해들의 다양성에도 불구하고, 우리는 아마 꽤 확실하게 "마리아의 아들"이 마르코가 원래 썼던 것이었다고 느낄 것이다.[96] 물론, 우리는 마르 6, 3이 우리에게 서기 28년에 예수에 대하여 나자렛의 사람들이 말하고 있던 것의 테이프 레코더를 통하여 정확히 말한 그대로 보고를 우리에게 준다고 소박하게 가정하는 것을 경계해야 한다. 마르 6, 3은 적어도, 그것이 예수에 대하여 첫 세대 그리스도교가 반대자들로부터 들었을 일종의 폄하하는 발언들을 우리에게 알려 주기 때문에 가치가 크다.

(2) 마르 6, 3은 예수의 출생에 대한 비방을 넌지시 나타내는가? 틀림없이, 어떤 남자에게 그의 아버지의 아들로서 대신에, 그의 어머니의 아들로 말하는 것은 구약성경에 또 예수 당시 유다교에 특이했다. 어떤 이들은 이 사실을 파고들었고 "마리아의 아들"을 예수가 사생이었다는 비난을 언급하는 것으로 해석했다.[97] 하지만, 어떤 남자를 그의 어머니의 아들이라 부르는 것은 구약성경에 또는 예수의 시대에 아들의 사생이나 어머니의 과부임을 가리키는 정규적인 방법은 아니었다.[98] 이러한 용법은 오직 이후의 사마리아인, 만데아인, 그리고 라삐계 저서들에서 나온다.[99]

(3) 더욱이, "마리아의 아들"과 같은 구절은, 한편 특이하지만, 성서적

용법에서 절대적으로 불가능하지 않다. 구약성경에, 다윗 임금의 부대의 세 지도자 요압, 아비사이, 그리고 아사엘의 어머니인, 츠루야의 기이한 사례가 있다. 이 세 유명 인물은—개인적으로 또는 함께—그들의 아버지의 아들들로서가 결코 아니라, 그들의 어머니 "츠루야의 아들(들)"로 성경에서 항상 신원이 밝혀진다(예: 1사무 26, 6; 2사무 2, 13; 그렇게 예외없이 사무엘기 상하권, 열왕기 상권, 또 역대기 상권에 걸쳐, 전체 24번 나옴). 그 용법은 요세푸스와 리삐계 문헌에 계속된다.[100] 그 용법을 위한 이유는 분명하지 않으며, 또 다양한 설명들이 제공되었다. 예, 츠루야는 그녀 자신의 자격으로(아마 다윗의 누이로서)[101] 유명하였거나, 또는 이 원문들의 용어는 여성의 혈통을 통하여 가문을 추적한 고풍의 관습을 보존한다. 어쨌든, 그 용법이 아들들(그들 셋 모두!)이 사생이었다는 관점에서 나온다는 표시가 없다. 이런 이유로 "츠루야의 아들(들)"의 다양한 나타남은 "마리아의 아들"이라는 구절이, 한편 특이하지만, 들어 보지 못한 것도 아니고 사생의 비난을 가리키지도 않는다는 것을 우리에게 보여 준다.[102] 그 구절은 처녀 잉태를 가리키지 않는 것만큼 사생을 가리키지 않는다.—그에 대해 이 얻어맞는 원문이 가끔 조사된 또 다른 해석![103]

(4) 그러면 마르 6, 3에 대해 우리는 무엇을 생각해야 하는가? 원문을 정확히 이해하기 위해, 우리는 그것을 문맥에서 곧 마르코가 설정하는 갈등의 극적인 장면에서 읽어야 한다.[104] 마을 사람들에 의해 예수의 면전에 던져진 다른 묘사들은 어떤 윤리적으로 대단히 부도덕한 행위나 스캔들이 아니라, 단순히 예수의 배경의 재미없는, 모두 잘 알려진 특성에 대해 말한다. 예수의 암시된 주장에 대해 나자렛 사람들의 반대들의 요점은 이렇다. 곧 "우리는 당신의 삶을 모두 알고 있었다. 당신은 마을 목수였다. 우리는 당신의 어머니, 형제들과 또 자매들을 잘 알고 있으며, 그들은 여전히 여기 우리와 함께 살고 있다.—그렇다. 그들은 바로 여기 오늘 이 회당 안에 우리와 함께 있다. 어떻게 당신은 어떤 특별한 사람이라고 감히 주장하는가! 당신은 나머지 우리보다 더 낫지 않아." 이러한 작은 마을의 분개와 부러움은 목수로서 예수의 사업과 친척들을 언급하는 이유들이다.[105] 이러한 정보가 윤리적 얼룩이나 스캔들을 전달한다는 아무 표시가 없다.

똑같은 것이 아마 "마리아의 아들"에 대해 사실이다. 그것은 십중팔구 회당 모임 안에 마리아의 (상상된) 등장에 의해 야기된 "어머나", 예수의 형제 자매들과 함께 "왜, 그만이 오직 마리아의 아들인가!"가 따라오는 언급일 것이다. 마리아가 짐작컨대 오직 생존하는 부모였기 때문에, 회당에서 예수에 대해 귀에 거슬리는, 즉석 공격은, 죽은 그러므로 부재하는 아버지보다 오히려 바로 거기 서 있는 그녀를 겨누었을 것이다.[106]

때때로 신약성경 내에서 "사생 전승"의 한 표시로 인용되는 둘째 원문은 요한 8, 41이다. 이 구절은 초막절 축제 동안 예루살렘에서 유다인들과 예수의 토론에 대한 종잡을 수 없고 혼란스러운 이야기 안에 나온다(7~8장). 우리의 중요한 원문에 대한 해석은 요한 7~8장이 요한의 가장 정돈된 또 분명하게 전개된 담론 가운데 있지 않다는 사실에 의해 도움이 되지 않는다.[107] 이 두 장 안의 전개의 일반적인 노선은 그가 누구인지(=그의 기원은 무엇인가? 그는 어디서 왔는가? 하느님과 그의 관계는 무엇인가?)에 대한 예수의 점진적인 드러냄과 예루살렘의 유다인들 편에 상응하는, 늘 커지는 적개심이다. 알맞게, 두 주제는 8, 57~58에서 끝이 난다. 곧 예수는 영원하고, 신적인 존재("아브라함이 오기 전에, 나는 있다.")를 주장하며, 또 유다인들은 그를 돌로 치려고 힘씀으로써 응답한다.

8, 31~59의 가장 가까운 문맥에서, 커지는 공격과 반격은 아브라함, 아브라함의 적출의(영적인) 자녀들이라는 주장, 종들 대신에 자유로운 사람들이 되는 결과로 일어나는 지위, 그리고 끝으로 하느님의 자녀가 되는 지위에 집중한다. 이 부분에서 처음부터 줄곧, 공격을 하는 사람은 유다인들보다는 오히려 예수이다. 33절에서, 유다인들은 자랑스럽게 주장한다. "우리는 아브라함의 후손으로서 아무에게도 종노릇 한 적이 없습니다." 하지만 예수는 그들이 영적으로 죄의 종이라고 넌지시 알려 준다(34절). 그는 육신적으로 그들이 "아브라함의 후손"이라는 것을 인정한다(37절). 그러나 육신적 혈통이 문제의 요건은 아니다. 영적으로 그들은 예수의 아버지의 뜻과 반대로 행하고 있다.

그러므로 이 시점에서, 예수는 "아버지" 아브라함에게 육신적 관계와 예수의 아버지께 영적인 관계 간에 분열 또는 반대를 도입한다. 그럼에도 예수는 요건을 여전히 진전시킨다. 곧 예수는 그의 아버지를 본받고, 그들은 그들의 아버지를 본받는다(38절). 예수의 이 마지막 언급은 새로운, 불길한 생각을 끌어들인다. 곧 그들이 그들의 행동으로 본받아야 하는 또 다른 아버지가 있으며, 이 다른 아버지는 아브라함이 아닌 것 같다. 그래서 이 시점에서 유다인들은 완고하게 주장한다. "우리의 아버지는 아브라함입니다"(39절).[108] 예수는 만일 그들이 아브라함의 영적인 자녀라면, 그들은 아브라함이 행한 것을 행하였을 것이라고 선언함으로써 이것을 암암리에 부인한다.[109] 그 대신에, 그들은 예수를 죽이려고 힘쓰고 있다. 불길하게 예수는 이 살인적인 경향은 아브라함이 아니라 오직 그들의 참된 영적인 아비를 본받는 것이라고(40~41a절) 말하는데, 그는 조금 후에 계속 악마로 밝혀질 것이다(44절).

그들에게는 그들의 참된 아버지로서 아브라함이 아니라 단지 어떤 살인자가 있다는 예수의 비난에 맞서서, 유다인들은 힘주어 대답한다. "우리는 간음으로 태어나지 않았소. 우리에게는 오직 한 분 아버지, 하느님이 있소"(41b절). 그들의 아버지로서 아브라함에게서 하느님으로 그들의 바꿈은 약간 갑작스럽지만, 기본적인 의미는 명확하다. 예수는 실제로 그들을 하느님에 대한 불순종 또는 불충실에 대하여 그들을 고발하였다. 그들은 이렇게 대답한다. 우리는, 구약성경에 간음의 견지로 묘사되는 죄들인, 하느님께 영적인 불충실이나 하느님으로부터 배교의 죄책감이 없소.[110]

중요한 주제들의 이 횡설수설하는 전개에서 가장 주목할 만한 것은 31절부터 47절까지 공격을 하는 이는, 그들이 가장 잘할 수 있는 한 자신들을 변호하는 유다인들과 함께, 유다인들이 아니라 기본적으로 예수라는 것이다. 그의 공격 중에, 예수는 유다인들을, 먼저 아브라함의 자녀로서(30절) 그다음 하느님의 자녀로서(41절), 그들의 적법함을 변호하도록 두 번 다그친다. 강조하는 "우리의 아버지"(39절)와 "우리는 간음으로 태어나지 않았소."(41절)는 그들 자신의 영적인 적법성에 대한 화나고 격분한 변호의 부분으로 언급되며, 이를 예수는 강조하는 "너희는 [너희] 아비에게서 너희가 들은 것을 하고 있다."(38절)와 "너희는 너희 아비의 일을 하고 있다."(41a절)와 함께 질문했다.[111] 이러한 격론 속에서 전개의 이 노선을, 즉 예수가 그들의 적법한 출생의 질문을 제기하는 것과 그가 육신적 견지보다는(그는 육신적으로 그들이 아브라함의 아들들이라는 것을 인정한다.) 영적인 견지로 문제를 제기하는 것을 감안하면, 39~41절에서 예수의 육신적인 사생에 대한 숨은 언급을 보는 것은, 나의 의견에, 크게 상상적이다.

결국, 48절에서 설전이 더욱 맹렬하게 될 때에도, 처음으로 유다인들이 자신들을 변호하기를 멈추고 예수를 비방으로 공격할 때에, 그들의 첫 고발은 그가 사마리아인이라는 것이다. 이것은 거의 육신적, 생물학적 의미로 의도되지 않는다. 오히려, 아브라함의 참된 자녀로서 예루살렘인 유다인들의 신분을 질문함으로써, 예수는, 그들의 생각에 자신을 "이단과 종파 분립적인" 사마리아인들, 아브라함의 유일한 자녀로서 유다인들의 지위를 그리고 성전 예배의 하나의 참된 장소로서 예루살렘의 위치를 질문하는(참조: 요한 4, 20) 사마리아인들과 맞춰 놓는다.[112] 그 비방은 글자대로, 생물학적 수준에 대한 것이 아니고, 단지 영적인 것에 있다. 참된, 영적인 혈통과 적법성은 전체 토론의 핵심이었으며, 그것이 아마 39+41절의 의미일 것이다. 실로, 예수가 저 변호적인 구절들 모두에서 표적인지 분명하지 않다.

요컨대, 오직 우리가 이미 다른 기반 위에 예수의 불법적인 출생의 전승이 그리스도인들과 유다인들 모두 가운데에 서기 1세기에 알려졌고 또 그들 간에 토론의 사료였다고 결단을 내렸다면 예수의 사생의 견지에서 요한 8, 39+41을 읽는 것은 어떤 개연성을 누릴 수 있을 것이다. 2세기 중엽 이전에 이러한 논쟁에 대한 명확한 입증이 없기 때문에(그러면 그것은 유아기 담화에 대한 반응인 것으로 보인다.),[113] 요한 8장의—마르 6, 3에서처럼—사생의 주제는 후대의 신학적인 토론을 이러한 논쟁의 아무 표시를 보이지 않는 이전의 원문으로 되던지는 고전적인 사례로 판단되어야 한다.[114]

F. 결론들

나는 예수의 출생과 가문의 이 고찰을 고대 지중해 세계에서 역사적

인물들의 대부분의 출생, 유아기, 또 이른 세월에 대하여 확실성 또는 큰 개연성을 갖고 말할 수 있는 게 거의 없거나 아무것도 없다는 것을 관찰함으로써 시작했다. 적어도 몇 가지 사실들이 타당한 확실성 또는 적어도 큰 개연성과 함께 단언될 수 있다는 것에서 예수는 많은 이러한 인물들을 앞서는 것이 드러난다.

헤로데 대왕의 통치 동안에(또 마태오를 믿어야 한다면, 그의 통치 끝 무렵에, 그러므로 대략 기원전 7~4년 어딘가에),[115] *Yēshûa'*(=예수)라 불리는 유다인이, 아마 유다의 베들레헴에 그러나 십중팔구 갈릴래아의 나자렛에—어쨌든 헤로데 왕국의 경계 내 작은 마을 어느 곳엔가에— 태어났다. 예수의 어머니는 *Miryam*(=마리아),[116] 그의 (추정상) 아버지는 *Yōsēf*(=요셉)라 하였다. 한편 예수가 베들레헴에 태어났다는 유아기 담화의 주장은 단순히 그의 왕적인 다윗의 메시아로서 그의 신분을 상징화하는 *theologoumenon*이며, 성서적인 진실이 어떠했을지 간에—아마 예수의 동시대인들에게도 접근할 수 없을 진실—그의 다윗의 가문에 대하여 신약성경 안의 많은 서로 다른 전승이 그의 생애 동안 다윗 임금의 후손으로서 그의 알려짐에 대하여 잘 주장한다. 그의 출생의 정확한 장소가 어떻든지, 예수는 나자렛에서 성장했고 또 저 마을과 함께 그렇게 밝혀져서 "나자렛 사람", "나자렛인", 또는 "나자렛의"가 거의 그의 두 번째 이름이 되었다.

예수가 성령의 힘에 의해 처녀 잉태되었다는 전승은 또한 양쪽 유아기 담화에 단언된다. 그 주장의 진실은, 이는 예수가 성인으로서 공적인 무대에 나타났을 때에도 거의 증명할 수 없었는데, 선험적으로 오늘날 입증에 열려 있지 않다. 이 전승에 대한 결정은, 신약성경 내에서 유아기 담화에 제한되어, 대체로 기적적인 것과 우리가 이후의 교회 가르침에 주는 무게에 대한 우리의 철학적인 견해 위에 만들어질 것이다. 어쨌든, 처녀 잉태 전승의 정확한 기원은 역사적인 관점에서 모호한 채로 남는다. 예수가 사생이라는 반대 전승은 서기 2세기 중엽 가까이까지 명확하게 입증되지 않는다. 그것은 아마 대중적인 논쟁을 통하여 걸러진 것으로, 십중팔구 조롱, 유아기 담화의 주장에 대한 격론을 벌이는 반응일 것이다.

지금쯤은 이미, 예수의 출생과 유아기에 대하여 공정한 확실성과 함께 말해질 수 있는 바로 모든 것에 대하여 말해졌다. 우리가 직면해야 하는 다음 질문은 우리가 요르단의 둑과 세례자의 외침으로 30여 년을 뛰어넘어야 하는지, 또는 적어도 일반적인 견지에서, 예수의 어린 시절, 사춘기, 그리고 나자렛에서 장년기의 소위 "숨겨진 세월"에 대하여 무언가 알려질 수 있는지이다.

NOTES TO CHAPTER 8

1 I say "more correct" because the shorter form, *Yēšû*, comes from the loss in popular pronunciation of the final Hebrew letter *'ayin*. The rabbinic literature, which deplores the loss of the pronunciation of the *'ayin*, associates it with the dialect of Galilee(see, e.g., *b. Ber.* 32a; *b. 'Erub.* 53a; *b. Meg.* 24b). David Noel Freedman has suggested to me(letter of Nov. 26, 1990) that in the 1st century Jesus of Nazareth would have been called *Yēšû* by his Galilean neighbors, and only in more formal situations, or perhaps in Jerusalem, would the fuller form *Yēšûa'* or even *Yĕhôšûa'* have been used. The peculiarities of Galilean pronunciation probably lie behind the caustic remark to Peter in the story of his denial of Jesus in the Passion Narrative(Matt 26:73: "Truly you also are one of them, for even your speech betrays you"). I say "probably" because only Matthew focuses on the speech of Peter. Both Mark 14:70 and Luke 22:59 say simply: "for you are[Luke: he is] a Galilean." As usual, with his learned scribal tendencies Matthew draws what is probably a correct conclusion from his Marcan source; on all this, see Donald P. Senior, *The Passion Narrative According to Matthew*(BETL 39; Leuven: Leuven University, 1975) 205 n. 2.

It should be noted that the *a* found in the vocalized form of *Yēšûa'* is a creation of the Masoretes to aid pronunciation of the final *'ayin*. Its technical name is the *pataḥ furtivum*; it has no grammatical or etymological significance.

2 Some have suggested that the shortening of the name involved an intermediate contraction of *Yĕhôšûa'* to *Yôšûa'* and then to *Yēšûa'*; so Ludwig Koehler and Walter Baumgartner, *Lexicon in Veteris Testamenti Libros*(Leiden: Brill, 1958) 410; Joseph A. Fitzmyer, *The Gospel According to Luke*(AB 28 and 28A; Garden City, NY: Doubleday, 1981, 1985) 1. 347. However, David Noel Freedman has pointed out to me by letter(Nov. 26, 1990) that the passage from *ô* to *ē* is difficult to explain on any account. He suggests that ultimately the two names *Yĕhôšûa'* and *Yēšûa'* may have had different roots or derivations and became equated because they sounded alike and probably had the same meaning.

Yĕhôšûa' is the fuller(*plene scriptum*) spelling of the Hebrew name, with the Hebrew letter *wāw* written to represent the vowel *šûreq*. In reality, this fuller spelling occurs only at Deut 3:21 and Judg 2:7 in the Masoretic text of the Hebrew Bible. Otherwise the shorter (*defective scriptum*) spelling, without the wāw, is used; it occurs, e.g., in the first two instances of the name of Moses' successor(Exod 17:9-10), in the title of the Book of Joshua, and then throughout the book. To avoid unnecessary complication in an already complicated topic, I will always use the fuller(*plene scriptum*) Hebrew spelling when referring to the name "Joshua" in the Hebrew Bible, since it helps emphasize the relation of *Yĕhôšûa'*(Joshua) to *Yēšûa'* and *Yēšû*(Jesus).

3 Significantly, all occurrences of *Yēšûa'* are found in the postexilic books of Ezra, Nehemiah, and Chronicles: Ezra 2:6, 36, 40; 3:9; 8:33; Neh 3:19; 7:11, 39, 43; 8:7; 9:4-5; 10:10; 12:8, 24; 1 Chr 24:11; 2 Chr 31:15. In all these texts, *Yēšûa'*, not the shorter form *Yēšû*, is used. Joshua the successor of Moses continues to have his name spelled *Yĕhôšûa'*

in 1 Chr 7:27(in a genealogy) and Sir 46:1, but is referred to as *Yēšûa'* in Neh 8:17. The high priest Joshua, who returned to Jerusalem with Zerubbabel after the exile, is always called *Yĕhôšûa'* in the prophets Haggai and Zechariah and always *Yēšûa'* in Ezra and Nehemiah. From these data Werner Foerster deduces that *Yĕhôšûa'* was the predominant form before 500 B.C. and *Yēšûa'* the predominant form after 500 B.C. For further details, see his article *"Iēsous"*, *TDNT* 3(1964) 284-293. Of special interest is his reference(p. 286 n. 23) to the necropolis inscription from Jaffa that bears the form *Yĕhôšûa'*, showing that "Joshua" had not completely died out around the turn of the era.

4 See, e.g., the twenty-one rabbinic Joshuas listed in Str-B, 5-6. 169-173. Significantly, there is no entry for any *Yēšûa'* or *Yēšû*.

5 Interestingly, rabbinic writings almost always use the shorter form of "Jesus", *Yēšû*, for Jesus of Nazareth, and the Talmud employs this form only for Jesus of Nazareth; see Foerster, *"Iēsous"*, 286-287. He notes that "with the 2nd century A.D. *Yēšûa'* or *Iēsous* disappears as a proper name. In rabbinic literature *yšw'* is found only as the name of the 9th priestly class...." Foerster goes on to note a few scattered exceptions, but they only confirm the rule.

6 It is a somewhat shocking experience for Christians of, e.g., Irish or German background when, for the first time, they hear males called "Jesus" in Spain or Latin America. This Spanish/Latino tradition brings us as close as possible to what the name "Jesus" would have "felt like" as an ordinary name in Palestine of the 1st century A.D.

7 Some count nineteen or twenty-one. The exact number remains uncertain since we are not always sure whether, in a given passage of Josephus, the author means a different Jesus or a Jesus also referred to in another work or passage. For other occurrences of the name Jesus around the turn of the era, see Martin Hengel, *Between Jesus and Paul*(London: SCM, 1983) 187 n. 79 and the literature cited there. Both the Hebrew *Yēšûa'*(possibly *Yēšû* as well) and the Greek *Iēsous* are witnessed by Palestinian grave inscriptions from the 1st centuries B.C. and A.D. Indeed, the name Jesus is among the names most frequently found on ossuaries of that period.

Often debated is the precise meaning of two occurrences of the Greek form *Iēsous* on the ossuaries at Talpioth, a suburb of Jerusalem. They seem to date from around the 1st century B.C. or A.D. One graffito, in charcoal, reads *Iēsous iou*("Jesus woe"? or "Jesus, help"?); the other, incised, reads *Iēsous aloth*("Jesus, alas"? or "Jesus, [let him] rise"?). Speculation on the exact meaning has been wide-ranging and sometimes bizarre. E. L. Sukenik suggested soon after the graffiti were discovered in 1945 that they represented a bewailing of the crucifixion of Jesus by some of his disciples. This view has generally been rejected in subsequent literature. Others(e.g., Gustafsson) have suggested that both graffiti are Jewish-Christian laments for the dead and prayers to Jesus Christ(the latter being interpreted as "Jesus, [let the one who rests here] rise"). Others have suggested that *iou* and *aloth* are forms of Yahweh and Sabaoth(so Fishwick). We have similar examples of such deformations of divine names in the great Magical Papyrus of Paris(ca. A.D. 300), in which Jesus is also invoked as the God of the Hebrews. But such wild syncretism dates from the late Roman period, when eclectic magic was rife. At the early date of the Talpioth inscriptions, the most likely interpretation of the two inscriptions is "Jesus son of X"(perhaps "son of Judas [or Jehu?]" and "son of Aloth"). Hence the Talpioth ossuaries would be further proof of the commonness of the name Jesus in 1st-century Palestine. In one family tomb, we have a Jesus son of Judas and a Jesus son of Aloth, perhaps grandfather and grandson or (less likely) father and son. On all this, see E. L. Sukenik, "The Earliest Records of Christianity", *AJA* 51(1947) 351-365; Berndt Gustafsson, "The Oldest Graffiti in the History of the Church", *NTS* 3(1956-1957) 65-69; Duncan Fishwick, "The Talpioth Ossuaries Again", *NTS* 10(1963-1964) 49-61; Erich Dinkler, "Comments on the History of the Symbol of the Cross", *JTC* 1(1965) 124-146; J. P. Kane, "The Ossuary Inscriptions of Jerusalem", *JSS* 23(1978) 268-282; C. K. Barrett, *The New Testament Background: Selected Documents*(rev. ed.; San Francisco: Harper & Row, 1987) 57; Everett Ferguson, *Backgrounds of Early Christianity*(Grand Rapids: Eerdmans, 1987) 470-471.

8 The Greek language simply took over the shorter form *Yēšû*, substituted an s sound (the Greek *sigma*) for the *sh* sound(which did not exist in Greek) and added a final *s*(*sigma*) to make the Hebrew name declinable in Greek: *Iēsous*. It is from this Greek form *Iēsous* that Latin derives its *Iesus* or *Jesus*; hence the English "Jesus." The fact that the Greek form *Iēsous* could stand for both "Joshua" and "Jesus" would in time lead Greek-speaking Christians to draw typological comparisons between Joshua son of Nun and Jesus of Nazareth. Interestingly, though, such typology does not get started in earnest until Justin Martyr in the mid-2d century. The NT is surprisingly free of such typology. A possible exception is Jude 5, if one reads *Iēsous* instead of *kyrios*; see Bruce M. Metzger, *A Textual Commentary on the Greek New Testament*(United Bible Societies, 1971) 725-726.

9 For discussion of the relevant texts from Tacitus and Suetonius, see Chapter 4 above. The use of "Christ" as a proper name for Jesus among pagans may have been accelerated by the confusion between *Christos* and *Chrēstos*, a common name at the time; a similar confusion arose between *Christiani* and *Chrestiani*. See, e.g., Raymond E. Brown(with John P. Meier), *Antioch and Rome*(New York/Ramsey: Paulist, 1983) 100-101; Peter Lampe, *Die stadtrömischen Christen in den ersten beiden Jahrhunderten. Untersuchungen zur Sozialgeschichte* (WUNT 2/18; Tübingen: Mohr [Siebeck] 1987) 6.

10 Besides an abbreviated form of the divine name Yahweh(*yahu*), the name is formed from the Hebrew root *šwʿ*, which may mean "to help", though that is not certain.

11 Besides an abbreviated form of the divine name Yahweh(*yahu*), the name is imagined to be formed from the Hebrew root *yšʿ*, "to save." On all this, see Raymond E. Brown, *The Birth of the Messiah*(Garden City, NY: Doubleday, 1977) 131; Fitzmyer, *The Gospel According to Luke*, 1. 347 and the literature cited there.

12 Philo, *De mutatione nominum (On the Change of Names)* 21 §121: *...Iēsous de sōtēria kyriou*("...but 'Jesus' [means] 'salvation of the Lord'"). Philo at this point is commenting on Num 13:16 and the meaning of the name of Joshua son of Nun. For the text, see F. H. Colson and G. H. Whitaker, *Philo. Volume V*(LCL; London: Heinemann; Cambridge, MA: Harvard University, 1934) 204-205. David Noel Freedman observes(letter, Nov. 26, 1990): "While the etymology doubtless was derived by unscientific means, the connection

with 'salvation' may not be so farfetched, especially in the postexilic form of the name."

[13] Jesus was not the only Jew of his time to structure a group around the patriarchal and tribal number twelve; that number served the same role at Qumran. The council of the community seems to have been made up of twelve (lay)men and three priests (1QS 8:1-4), though the text could also be taken to mean twelve men in all, three of whom had to be priests. Twelve chief priests and twelve chief levites were to minister in the temple of the end time(1QM 2:1-3). Living in the wilderness of Judea, the Qumranites perhaps looked back especially to Moses and the twelve heads of the twelve tribes during the wilderness sojourn.

[14] See, e.g., Plutarch's presentation of the wonders surrounding the conception, birth, and youth of Alexander the Great in the *Parallel Lives. Alexander,* 1-2, 6-7: Olympias, wife of Philip of Macedon and mother of Alexander, dreams that her womb is struck by a thunderbolt; a serpent is seen stretched out at Olympias' side as she sleeps; this cools Philip's ardor for her, perhaps because he thinks that she is the consort of some higher being; Philip is told by the oracle of Delphi to sacrifice to Zeus Ammon(who, later on in Alexander's life, will be thought to be the true father of Alexander); Alexander shows remarkable skills in his youth and is initiated by Aristotle into secret lore. Suetonius recounts similar stories of the birth and youth of Augustus in his *Lives of the Caesars. Augustus,* 94: omens occur around the time of Augustus' birth; again, a serpent glides by his mother; Augustus is considered the son of Apollo; dreams and portents show that Augustus will rule the world; he shows miraculous power even as a youth.

[15] See *Ant.* 2.9.2-3 §205-216: an Egyptian scribe foretells to Pharaoh the birth of an Israelite liberator; and God appears to the father of Moses, Amaram, in his sleep and reveals to him the future career of Moses before his birth.

[16] See the *Life of Moses,* 1.2-4 §5-17.

[17] The whole question of miracles will be taken up later, in the context of Jesus' public ministry. Only a few brief considerations, aimed mostly at the particular nature of the Infancy Narratives, are offered here.

[18] This hardly novel insight has become a traditional rule of exegesis among Catholics as well as Protestants. For Catholics, see the epoch-making acceptance of form criticism in the great biblical encyclical of Pope Pius XII, *Divino Afflante Spiritu,* issued on Sept. 30, 1943; the key passages are available in Henricus Denziger-Adolfus Schönmetzer, *Enchiridion Symbolorum*(Freiburg: Herder, 1963) 756(nos. 3829-3830). For an English translation, see James J. Megivern, ed., *Official Catholic Teachings. Bible Interpretation* (Wilmington, NC: McGrath, 1978) 331-333. Even more explicit is the exhortation to exegetes given by the Second Vatican Council in the dogmatic constitution *Dei Verbum,* no. 12: God speaks to human beings in a human way; the exegete must investigate what the human author intended to communicate; to do this, he or she must be attentive to various literary forms, since truth is expressed in different ways in historical, prophetic, and poetic texts. For the original Latin text, see *Constitutio Dogmatica De Divina Revelatione*(Rome: Vatican Polygot Press, 1965) 9-10.

19 On this whole matter, see Raymond E. Brown, *The Birth of the Messiah,* 26-37. Brown's book is *the* magisterial treatment of our generation; an update of his bibliography and his comments on more recent research can be found in his two articles, "Gospel Infancy Narrative Research from 1976 to 1986: Part I(Matthew)" and "Gospel Infancy Narrative Research from 1976 to 1986: Part II(Luke)", *CBQ* 48(1986) 468-483 and 660-680 respectively.

20 See, e.g., C. H. Dodd, *The Apostolic Preaching and Its Developments*(London: Hodder & Stoughton, 1936).

21 Even if one held that the presence of Mary at both of these events was the result of the evangelists' redactional theology, at the very least we have two independent streams of tradition holding the general view that Mary survived into the early days of the Church. Granted that a young Jewish girl would be espoused around the age of twelve or thirteen, there is nothing unlikely in this. If Jesus was around thirty-five when he was crucified, Mary would be around forty-eight.

22 So, e.g., Rainer Riesner, *Jesus als Lehrer*(WUNT 2d series, 7; Tübingen: Mohr [Siebeck], 1981) 210, ignoring for the most part the objections considered below.

23 The same point could be made about "things Roman" with which Mary was supposedly directly involved, notably the worldwide census ordered by Caesar Augustus when Quirinius was governor of Syria(Luke 2:1). See the detailed study in Brown, *Birth of the Messiah,* 547-556. His conclusion is clear: "When all is evaluated, the weight of the evidence is strongly against the possibility of reconciling the information in Luke 1 and Luke 2.... Luke seems to be inaccurate in associating that birth [of Jesus] with the one and only census of Judea(not of Galilee) conducted in A.D. 6-7 under Quirinius"(p. 554).

24 For overall treatments, see Brown, *Birth of the Messiah,* 435-470; Fitzmyer, *The Gospel According to Luke,* 1. 418-433.

25 See Brown, *Birth of the Messiah,* 436, 447-451; Metzger, *Textual Commentary,* 134.

26 See Fitzmyer(*Gospel According to Luke,* 1. 424), who states that Luke's confusion over "their" purification is an indication that Luke's information "is not derived from Mary's recollections or memoirs—which might be presumed to have got the matter correct."

27 Note that the Greek text of the Magi's question in Matt 2:2 is *pou estin ho techtheis basileus tōn Ioudaiōn.* The proper translation is simply "Where is he [who has been] born king of the Jews." There is no "newborn" in the Greek, though it has often been supplied by translators who unconsciously conflate Matthew's story with Luke's and so must fit the Magi's visit into the relatively short time that Joseph and Mary stay in Bethlehem.

28 It is important to remember that this is the first mention of Nazareth in the Gospel, and the evangelist obviously feels that it has to be "introduced", explained, and almost apologized for.

29 Compare the two accounts in the Greek: *kai elthōn katǫkēsen eis polin legomenēn Nazaret*(Matt 2:23); *kai... elthōn katǫkēsen eis Kapharnaoum*(4:13).

30 See Brown, *Birth of the Messiah,* 547-556.

31 The *peri autou* in 2:38 is obviously the infant Jesus, not *theǭ* from v 38a(see Alfred Plummer, *The Gospel According to S. Luke*[ICC; 5th ed.; Edinburgh: Clark, 1922] 73). Fitzmyer translates v 38b as: "...she spoke about the child to all who were waiting for the deliverance of Jerusalem"(*The Gospel According to Luke,* 1. 419). Fitzmyer comments that the Greek literally means "'she kept speaking,' since the verb is in the [imperfect].... It does not mean on that occasion alone, but rather that she spread abroad the word about the child"(p. 431).

32 Whether this should be called "midrash" is debated among scholars and largely depends on how wide or narrow a definition of midrash one allows; for various views, see Myles M. Bourke, "The Literary Genus of Matthew 1-2", *CBQ* 22(1960) 160-175; A. Wright, *The Literary Genre Midrash*(Staten Island, NY: Alba, 1967); Brown, *Birth of the Messiah,* 557-563.

33 In their origins, the Infancy Narratives do not seem to have had any contact with traditions of preexistence and incarnation; see, e.g., Luke 1:35 as compared to John 1:1-18. The first writer to draw together in his thought Christ's preexistence and his virginal conception was Ignatius of Antioch.

34 See Brown, *Birth of the Messiah,* 29-32, 311-316.

35 See, e.g., how quickly the Infancy Narratives are dismissed by Herbert Braun, *Jesus of Nazareth. The Man and His Time*(Philadelphia: Fortress, 1979) 24-25; similarly, Bornkamm, *Jesus of Nazareth,* 52. The silence of Sanders on the Infancy Narratives in his *Jesus and Judaism* no doubt indicates the same general attitude.

36 At the return from Egypt after Herod's death(Matt 2:19-20), Jesus is still referred to with the same diminutive form(*paidion,* "little child") that was applied to him before the flight(2:8, 11, 13, 14).

37 Questions of chronology will be taken up in Chapter 11. For a brief survey of the chronology of Jesus' life, see Joseph A. Fitzmyer in the composite article, "A History of Israel", *NJBC,* 1247-1250. For more detailed studies of the dates of Jesus' birth and death—all learned, but some not very critical—see Jerry Vardaman and Edwin M. Yamauchi, eds., *Chronos, Kairos, Christos*(Jack Finegan Festschrift; Winona Lake, IN: Eisenbrauns, 1989).

38 Interestingly, Joseph is never mentioned in Mark directly or even indirectly(unless one reads "son of the carpenter" in Mark 6:3 along with p^{45} and a few other manuscripts; but this is almost certainly an assimilation to Matt 13:55, as Metzger points out in *Textual Commentary,* 88-89). If one were to claim that the references to this Joseph in the rest of Luke-Acts are simply echoes of Luke's Infancy Narrative, we would still have, at the very least, the joint witness of two very different streams of tradition: (1) the primitive tradition lying behind the Infancy Narratives of both Matthew and Luke, and (2) the tradition behind John's Gospel.

39 One is struck by how infrequently the mother of Jesus is explicitly *named* outside the Infancy Narratives. John's Gospel, while using her as a symbol, never mentions the

name of “the mother of Jesus”(John 2:1, 3, 5, 12; 6:42; 19:25-27). If we were to decide that Luke knew Mary’s name only from his Infancy Narrative and from Mark, once again we would still have at the very least the joint witness of two notably different streams of tradition: (1) the primitive tradition behind the Infancy Narratives in Matthew and Luke, and (2) Mark, confirmed by Matthew and Luke.

40 Brown(*The Gospel According to John,* 1. 330) prefers the view that the evangelist did know the tradition of Jesus’ birth at Bethlehem, but he concludes his treatment by stressing that certainty is not to be had in this matter. He is still more tentative in his approach in *Birth of the Messiah,* 516 n. 6; similarly, Rudolf Schnackenburg, *Das Johannesevangelium. II. Teil*(HTKNT 4/2; Freiburg/Basel/Vienna: Herder, 1971) 220. In favor of the evangelist’s ignorance or intentional neglect of the Bethlehem tradition, see Rudolf Bultmann, *Das Evangelium des Johannes*(MeyerK 2; 19th ed.; Göttingen: Vandenhoeck & Ruprecht, 1968) 231 n. 2. Christoph Burger(*Jesus als Davidssohn*[FRLANT 98; Göttingen: Vandenhoeck & Ruprecht, 1970] 153-158) suggests the possibility that John the evangelist had heard that in other Christian circles a narrative had arisen claiming that Jesus was a descendant of David and had been born in Bethlehem. According to Burger’s hypothesis, John pointedly rejected such an idea by placing it in the mouths of the Jewish adversaries of Jesus. In reply to Burger, one must wonder whether, if John’s point had been so polemical, he would have left the matter so murky and ambiguous.

41 *Theologoumenon* is a tricky concept. In itself, the word need not necessarily mean that the affirmation of faith presented as a historical narrative lacks all historical basis; a *theologoumenon* could be a historical event loaded with a heavy amount of theological symbolism and interpretation. As a matter of fact, though, the term is usually employed to signify a theological narrative that does not represent a historical event.

42 See Brown, *Birth of the Messiah,* 513-516.

43 In Ignatius, Mary’s Davidic descent is more implied than explicitly affirmed; see *Ephesians* 18:2: “For our God Jesus the Messiah was conceived by Mary according to the plan of God: on the one hand of the seed of David[cf. Rom 1:3], on the other hand of the holy spirit[cf. Matt 1:18, 20]....” See also *Smyrneans* 1:1 and *Trallians* 9:1. Notice in Ignatius the typical blending of elements from the Johannine tradition(Jesus is God), Matthew(conceived by [the virgin] Mary by the power of the Holy Spirit), and the pre-Pauline tradition (of the seed of David). The concept of Mary’s descent from David becomes more explicit in Justin; see, e.g., *Dialogue with Trypho* 45: “...the Son of God... submitted to becoming incarnate and being born of this virgin who was of the line of David.” See also the *Protevangelium Jacobi* 10:1. As Brown notes(*Birth of the Messiah,* 287-288), even the patristic writers fluctuated somewhat in their description of Mary’s lineage; similarly, Raymond E. Brown, Karl P. Donfried et al., *Mary in the New Testament* (Philadelphia: Fortress; New York: Paulist, 1978) 260-261.

44 Riesner, who suffers from an uncritical view of the Lucan Infancy Narrative, suggests that, while Jesus was of Davidic origin, Mary may have been of priestly origin(*Jesus als Lehrer,* 214).

[45] See, e.g., Fitzmyer, *The Gospel According to Luke,* 1. 357.

[46] A fortiori, one should not rest any interpretation of the beginning of Jesus' ministry on the idea that the Baptist and Jesus were some sort of cousins—a logical conclusion of the Lucan narrative that Luke himself never draws. When the adult Baptist and Jesus appear on the scene in Luke 3, there is a strange silence—granted Luke's Infancy Narrative—about the Baptist and Jesus being relatives. Needless to say, no other passage in the NT—to say nothing of Josephus!—intimates such an idea.

[47] Any attempt to use one of the two genealogies of Jesus(Matt 1:1-17; Luke 3:23-38) to establish Mary's lineage is doomed to failure because (1) both genealogies explicitly trace Jesus' genealogy through Joseph and (2) both genealogies are theological constructs and should not be taken as biological records. On all this, see Brown, *Birth of the Messiah,* 57-94. With minor exceptions, the two genealogies contradict each other from the time of David to the time of Joseph, legal father of Jesus. In theory, one of the two genealogies might possibly contain some historical information, but it is impossible for us today to know which that might be; and one must confess that such data would not make the slightest difference to the sum total of relevant knowledge about the historical Jesus.

[48] This is especially true of Matt 1:18-25, where the whole point of the passage is that Joseph's key function in the theological drama is to accept the virginally conceived child as his own son and thus insert him into the Davidic genealogy that Matthew has detailed in 1:1-17. Notice the emphasis of the angel's address in v 20: "Joseph, *son of David....*" The same point is made more indirectly in Luke 1:27; 2:4; 3:23-31.

[49] This is basically the position of Burger, *Jesus als Davidssohn.* See, e.g., his conclusion on p. 178: "...Jesus became a descendant of David not by his birth but by Easter and the confession of faith of the church." Besides the particular arguments I offer in what follows, Brown(*The Virginal Conception and Bodily Resurrection of Jesus*[New York: Paulist, 1973] 55 n. 87) offers a general argument against Burger's position: "James, the brother of Jesus, was known widely in the Christian world and lived into the 60s.... Can we posit James' acquiescence in such a fictional affirmation about the family ancestry?" Moreover, Paul, who knew James precisely in his quality as "the brother of the Lord[Gal 1:19]", quotes a creedal formula that proclaims that Jesus was "of the seed of David"(Rom 1:3). Hence belief that Jesus was of Davidic descent cannot be pushed away from early Palestinian Christianity during the first Christian generation, as Burger would like to do.

[50] *tou genomenou ek spermatos Dauid kata sarka.* On the theology of the confessional formula and the reasons for thinking that it is pre-Pauline, see, besides the standard commentaries on Romans, M.-E. Boismard, "Constitué Fils de Dieu(Rom. 1, 4)", *RB* 60(1953) 5-17; R. Bultmann, *Theology of the New Testament*(London: SCM, 1965) 49-50; O. Cullmann, *Christology of the New Testament*(Philadelphia: Westminster, 1959) 235, 291-292; N. Dahl, "Die Messianität Jesu bei Paulus", *Studia Paulina*(Haarlem: Bohn, 1953) 83-95, esp. 90-91; D. Duling, "The Promises to David and Their Entrance into Christianity—Nailing Down a Likely Hypothesis", *NTS* 20(1973-1974) 55-77; R. Fuller, *The Foundations of New Testament Christology*(New York: Scribner's, 1965) 165-167, 187; F. Hahn, *The Titles of Jesus in*

Christology(London: Lutterworth, 1969) 246-251; W. Kramer, *Christ, Lord, Son of God*(SBT 1/50; London: SCM, 1966) 108-111; E. Linnemann, "Tradition und Interpretation in Röm 1, 3f.", *EvT* 31(1971) 264-275(with a response by E. Schweizer on pp. 275-276); R. Longenecker, *The Christology of Early Jewish Christianity*(SBT 2/17; London: SCM, 1970) 80, 96-98, 111; E. Schweizer, "Röm 1, 3f und der Gegensatz von Fleisch und Geist vor und bei Paulus", *Neotestamentica*(Zurich/Stuttgart: Zwingli, 1963) 180-189; D. M. Stanley, *Christ's Resurrection in Pauline Soteriology*(Rome: Biblical Institute, 1961) 160-166; P. Stuhlmacher, "Theologische Probleme des Römerbriefpräskripts", *EvT* 27(1967) 374-389; K. Wegenast, *Das Verständnis der Tradition bei Paulus und in den Deuteropaulinen*(WMANT 8; Neukirchen: Neukirchener Verlag, 1962) 70-76; H. Zimmermann, *Neutestamentliche Methodenlehre*(3d ed.; Stuttgart: KBW, 1970) 192-202.

51 Notice the deft way in which Paul moves from the definition of the gospel common to all Christians(Rom 1:3-4) to his specific understanding of the gospel in terms of justification by faith(1:16-17).

52 See Brown (with Meier), *Antioch and Rome*, 89-127; Lampe, *Die stadtrömischen Christen*.

53 Rom 1:3 is the only passage in the undisputed Pauline epistles that mentions Jesus' descent from David, and there Paul seems to be quoting a traditional creedal formula. Paul is willing to mention Davidic descent at this point because he is trying to win over the Roman Christians, whose theological viewpoint was still strongly Jewish in coloration. When Paul states, at the end of a list of Israel's privileges in salvation history, that Jesus was "the Messiah according to the flesh"(Rom 9:5), he may have in the back of his mind Davidic descent. If so, it is all the more significant that in this sentence that recalls Israel's adoption, glory, covenants, law, cult, promises, and patriarchs, David is never mentioned by name(Rom 9:4-5). It is Abraham, not David, who in Paul's theology symbolizes the opening to the Gentiles; perhaps King David may have struck Paul as too particularistic (not to say political) a figure to serve his theological program.

54 See, e.g., Norbert Brox, *Die Pastoralbriefe*(RNT 7/2; Regensburg: Pustet, 1969) 242; Martin Dibelius and Hans Conzelmann, *The Pastoral Epistles*(Hermeneia; Philadelphia: Fortress, 1972) 108; A. T. Hanson, *The Pastoral Epistles*(NCB; Grand Rapids: Eerdmans, 1982) 130-131; J. N. D. Kelly, *The Pastoral Epistles*(Black's New Testament Commentaries; London: Black, 1963) 177; Walter Lock, *The Pastoral Epistles*(ICC; Edinburgh: Clark, 1924) 95; C. Spicq, *Les épitres pastorales*(EBib; 4th ed.; Paris: Gabalda, 1969) 746.

55 Mark certainly takes the cry of Bartimaeus in 10:47("Son of David, Jesus, have mercy on me") in a positive sense, and so he probably does not mean 12:35-37(the question about whether the Messiah is the Son of David) to be a rejection of Jesus' Davidic sonship, but rather simply an indication that it is of less importance than Jesus' status as Lord and Son of God. The meaning of this story in the pre-Marcan tradition is more open to question, but it is by no means axiomatic—as some commentators seem to think—that the pre-Marcan form intended a rejection of Davidic sonship. For the position favoring rejection, see Burger, *Jesus als Davidssohn*, 52-59, 64-70, 166. As Brown observes(*The Virginal Conception*, 55 n. 87), Mark 12:35-37 "need not be interpreted as a rhetorical question

implying a negation of Davidic sonship. Rather it may be a rabbinic *haggada*-type question requiring that two seemingly contradictory scriptural positions be reconciled—the Messiah is both David's Son and David's Lord, but in different ways." In my view, both 10:47 and 12:35-37 probably represent pre-Marcan traditions and so witness to another stream of Son-of-David christology in first-generation Christianity.

[56] A great deal of the Son-of-David inflation in Matthew's Gospel may be due to Matthean redaction. But since I think Matthew is basically in continuity with rather than opposed to his Church's special tradition, some Son-of-David theology probably existed in the pre-Matthean tradition called "M." On Matthew's use of the M tradition, see Meier (with Brown), *Antioch and Rome,* 53-57. The existence of a "Davidic" motif in M material before Matthew's redaction is especially likely in the Matthean genealogy and Infancy Narrative, granted the use of "David traditions" in Luke's very different genealogy and Infancy Narrative. On the royal Davidic motifs in Matthew, see Brian M. Nolan, *The Royal Son of God*(OBO 23; Fribourg: Editions universitaires; Göttingen: Vandenhoeck & Ruprecht, 1979).

[57] Luke never directly calls Jesus "Son of David" in Acts, but he says the equivalent through Peter in Acts 2:30: "Being therefore a prophet, and knowing that by oath God had sworn to him that the fruit of his loins would sit upon his throne, he[David] prophetically spoke about the resurrection of the Messiah...." See the similar statement by the Lucan Paul in Acts 13:22-23, 35-37; cf. E. Schweizer, "The Concept of the Davidic 'Son of God' in Acts and Its Old Testament Background", *Studies in Luke-Acts*(Paul Schubert Festschrift; ed. L. E. Keck and J. L. Martyn; London: SPCK, 1968) 186-193; see also Eric Franklin, *Christ the Lord*(Philadelphia: Fortress, 1975).

[58] This is all the more likely when one considers the application to Jesus the Son of the royal enthronement Psalms 2 and 110, as well as of Nathan's promise to David (2 Sam 7:14), in Heb 1:5, 13.

[59] Note the key words of the LXX in v 12: *anastēsō* and *sperma*; see Duling, "The Promises to David", 55-77.

[60] Most commentators take the description in Isa 61:1-3 to apply to a prophet, either the author (often called Trito-Isaiah) or some other prophetic figure; so Claus Westermann, *Isaiah 40-66*(OTL; Philadelphia: Westminster, 1969) 365-366; R. N. Whybray, *Isaiah 40-66*(NCB; Grand Rapids: Eerdmans; London: Marshall, Morgan & Scott, 1975) 239-240; John L. McKenzie, *Second Isaiah*(AB 20; Garden City, NY: Doubleday, 1968) 181-182; Carroll Stuhlmueller, "Deutero-Isaiah and Trito-Isaiah", *NJBC*, 346. In a letter to me(Nov. 26, 1990), David Noel Freedman suggests instead that the passage comes from Deutero-Isaiah and proclaims the edict that the prophet imagines and hopes King Cyrus will issue when he takes over the Babylonian Empire. In any case, as Westermann points out, the verb "anoint" is used here in a metaphorical sense to designate divine commissioning and sending. It opens the way for "messiah" and "messianic" to be used in a broader sense; it need not mean someone who has been literally, physically anointed with oil, such as the reigning king of Israel.

[61] Some might object that the fact that Jesus was condemned and executed by the Romans on the charge of claiming to be "king of the Jews"(Mark 15:2, 26 parr.) was the great historical catalyst leading to the designation of the crucified and risen Jesus as the Messiah by almost all strands of NT proclamation, including the earliest available to us by means of form criticism. This, then, was what gave rise as well to the identification of Jesus as the Son of David; there is no need to appeal to a tradition of Jesus' being a Son of David that supposedly circulated during the public ministry.

In reply, one cannot deny that the crucifixion of Jesus as "king of the Jews" did have a decisive impact on early Christian preaching and on the use of the title Messiah/Christ as almost a second name for Jesus. This is argued well by N. A. Dahl in his famous essay, "Der gekreuzigte Messias", in Ristow and Matthiae, *Der historische Jesus und der kerygmatische Christus,* 149-169; ET: N. A. Dahl, "The Crucified Messiah", *The Crucified Messiah and Other Essays*(Minneapolis: Augsburg, 1974). However, precisely because "Messiah" was a designation open to many different interpretations in 1st-century Judaism(a point acknowledged by Dahl), one cannot move automatically from designations like "Messiah", "king of Israel", and "king of the Jews" to the title "Son of David." Jews and Christian Jews had had recent experience of various "kings of the Jews", and none of them had been a Son of David. The Hasmonean rulers from Aristobulus(104-103 B.C.) onward claimed the title of king, and Herod the Great received that designation from Rome in 40 B.C. Herod's grandson, Herod Agrippa I, was also king of a reunited Israel from A.D. 41 to 44.

The Hasmoneans were of levitical, not Davidic lineage; and Herod's father Antipater stemmed from the Idumeans(=Edomites), who had been forcibly converted to Judaism during the Hasmonean period(but see the claim made by Nicolaus of Damascus that Antipater's family belonged to the leading Jews who came to Judea from Babylon[*Ant.* 14.1.3. §9]; cf. the revised Schürer, *The History of the Jewish People,* 1. 234 n. 3). Herod's Jewishness was somewhat compromised by the fact that his mother was Cypros, a woman from a famous Arabian family(*J.W.* 1.8.9 §181). This was not fatal to Herod's claim to be a Jew, since tracing one's Jewishness through one's mother was not a firmly established principle in pre-A.D. 70 Judaism(see Shaye J. D. Cohen, "Was Timothy Jewish(Acts 16:1-3)? Patristic Exegesis, Rabbinic Law, and Matrilineal Descent", *JBL* 105[1986] 251-268). Significantly, Josephus traces Herod's Jewishness through his grandfather and father; see *Ant.* 14.1.3 §8-10; 14.7.3 §121(although the text is confused here); 14.15.2 §403(where Antigonus tells the Romans that Herod was "an Idumean, that is, a half-Jew", and so unfit to be king of the Jews). Herod tried to secure both the rights of his children as his heirs and the favor of those who supported the Hasmonean dynasty by marrying the Hasmonean princess Mariamme I. Herod might therefore have claimed that both by birth (on his father's side) and by marriage he was properly positioned to be "king of the Jews", but he could hardly be considered a "Son of David." In short, the concrete experience of Jews in the 1st centuries B.C. and A.D. precluded any automatic identification of the title "king of the Jews" with the title "Son of David."

[62] The literature on the subject, from biblical, theological, and historical points of view, is vast. For general orientation on the question and the literature, see Brown, *The Virginal*

Conception, 21-68; Joseph A. Fitzmyer, "The Virginal Conception of Jesus in the New Testament", *TS* 34(1973) 541-575; Brown, *Birth of the Messiah,* 517-533; Brown, Donfried, et al., *Mary in the New Testament,* 289-292.

63 At times, attempts have been made by some exegetes to see references to the virginal conception elsewhere in the NT: e.g., Gal 4:4-5("God sent his son, born of a woman"); Mark 6:3("son of Mary"); John 1:13(a weakly attested variant that would read the plural verb *egennēthēsan*["they(the believers) were begotten"] in the singular instead ["he(the Word) was begotten"]. On all this, see Brown, Donfried, et al., *Mary in the New Testament,* 62-63, 181-182; Brown, *Birth of the Messiah,* 518-521.

64 Interestingly, the tradition of Jesus' birth at Bethlehem and the tradition of the virginal conception do not intersect in the two Infancy Narratives. The former is found only in Chapter 2 of each Gospel, the latter only in Chapter 1.

65 It should be noted that, paradoxically, the Infancy Narrative of Matthew, which focuses less on Mary than on Joseph, is more explicit about the virginal conception(Matt 1:18-25) than is the Infancy Narrative of Luke, which focuses more on Mary(cf. Luke 1:27, 34-35). On the allusive nature of the Lucan reference to virginal conception in the annunciation to Mary, see Brown, *Birth of the Messiah,* 298-303; Fitzmyer, "Virginal Conception", 566-567; and Fitzmyer's altered position in his commentary, *The Gospel According to Luke,* 1. 338.

66 For surveys of suggested origins and "catalysts" of the idea of the virginal conception of Jesus, see Brown, *The Virginal Conception,* 61-66; idem, *Birth of the Messiah,* 521-531; Brown, Donfried, et al., *Mary in the New Testament,* 291-292.

67 E.g., Mark 3:21, 31-34; John 7:5.

68 Some authors look beyond the immediate field of Greco-Roman myths and invoke birth stories of great religious figures like Krishna, Buddha, and Zoroaster. Two difficulties make such parallels of little use: (1) It is extremely difficult to date with any accuracy the first appearance of such stories. (2) Even if such stories existed in the early 1st century A.D., it is highly unlikely that they were known by—much less acceptable as sources to—the early Christians who were the bearers of the tradition of the virginal conception, prior to its being written down by the evangelists. On all this, see Brown, *Virginal Conception,* 62(along with n. 104); idem, *Birth of the Messiah,* 523 n. 13.

69 Martin Hengel may therefore be right in seeking the seedbed for the idea of virginal conception in Jewish apocalyptic. Problematic, however, is his use of *Slavonic Enoch* (also known as *2 Enoch*) to bolster his opinion. Dating this book is notoriously difficult; suggestions range from pre-Christian times to the late Middle Ages(see F. I. Andersen's treatment in *The Old Testament Pseudepigrapha. Volume 1*[Garden City, NY: Doubleday, 1983] 94-97). On all this, see Martin Hengel, *The Son of God*(Philadelphia: Fortress, 1976) 82; Brown, *Birth of the Messiah,* 524 n. 21.

70 One might try to explain the rise of the idea of Jesus' virginal conception in early Christianity by suggesting that Palestinian Jewish Christians first cited Isa 7:14 in Hebrew or Aramaic with a purely christological intent: Jesus was Immanuel, the promised Davidic

Messiah. Later, when the text was taken up by Greek-speaking Jewish Christians, the presence of *parthenos* in the Septuagint version was noticed and gave rise to the idea of the virginal conception. Two major difficulties stand in the way of this theory: (1) In the NT, Isa 7:14 is never quoted or clearly alluded to outside of the Infancy Narratives; there is thus no evidence for a purely "christological" use in the early Church divorced from its present use in Matt 1:23. (2) It is not even certain that Isa 7:14 is behind Luke's presentation of the virginal conception. Unlike Matthew, Luke never cites the text, and Fitzmyer argues that the virginity of Mary in the annunciation scene is not derived from Isa 7:14(*The Gospel According to Luke,* 1. 336). Moreover, many authors argue that, even in Matthew, the evangelist has secondarily added the formula citation of Isa 7:14 to a pre-Matthean story that did not contain it(see Brown, *Birth of the Messiah,* 96-104, 144-145). Hence the use of the citation would not be the origin of the story, but one means of interpreting it.

71 The word is capable of being used of a woman up until the time she bears her first child. All the text need mean in Isaiah is that a young woman of marriageable age will soon conceive and bear a son. The woman may indeed be a virgin at the moment the prophecy is uttered. But that is not the point of the text, nor is there the slightest idea that she will remain a virgin when she conceives and bears the child.

72 See G. Delling, *"parthenos"*, *TDNT* 5(1968) 827. The sense in ancient Greek was often "girl" or "young woman"; such a woman was indeed usually a virgin, but there was no special emphasis on that.

73 The Greek *parthenos* here represents the Hebrew *na'ărâ,* "young girl."

74 See, e.g., his *De Cherubim(On the Cherubim)* 12-15; cf. Brown, *Birth of the Messiah,* 524.

75 Brown has often reiterated this point; see, e.g., *The Virginal Conception,* 66-67; *Birth of the Messiah,* 527; "Gospel Infancy Narrative Research(Luke)", 678. The same conclusion was reached by the Catholic-Protestant task force that authored *Mary in the New Testament*: "The task force agreed that the question of the historicity of the virginal conception could not be settled by historical-critical exegesis..."(pp. 291-292). A similar view is held by Johann Michl, "Die Jungfrauengeburt im Neuen Testament", *Jungfrauengeburt gestern und heute* (Mariologische Studien 4; ed. H. Brosch and J. Hasenfuss; Essen: Driewer, 1969) 145-184, esp. 183.

76 Lest it seem that the reserved position taken here is dictated not by the limitations of historical-critical research but rather by the Catholic faith, attention should be drawn to the work of those Catholic theologians who, after reviewing the evidence, think that the virginal conception is simply a *theologoumenon*: e.g., Otto Knoch, "Die Botschaft des Matthäusevangeliums über Empfängnis und Geburt Jesu vor dem Hintergrund der Christusverkündigung des Neuen Testaments", *Zum Thema Jungfrauengeburt*(Stuttgart: KBW, 1970) 37-59, esp. 57-58. Knoch takes a paradoxically "Catholic" stand: precisely because he affirms the high christology of John and the Chalcedonian "true God, true man", he feels he can view the story of the virginal conception simply as a *theologoumenon.* For

Knoch, the virginal conception is the "historical clothing" of the faith-conviction of the church of Matthew and Luke that Jesus is as the Messiah not only true man but also Son of God in the genuine sense. Knoch affirms that today, in Catholic theology, it is generally acknowledged that profession of faith in Jesus Christ, true man and true God, does not necessarily demand the virginal conception and birth of Jesus. A similar view is held by Gisela Lattke, who affirms that Luke's presentation of the virginal conception is a product of theological reflection, not of a historical event; see her "Lukas 1 und die Jungfrauengeburt", *Zum Thema Jungfrauengeburt*, 61-89, esp. 88.

Other Catholic exegetes who label the virginal conception a *theologoumenon* or who do not consider it a necessary part of Christian faith include Gerhard Lohfink, "Gehört die Jungfrauengeburt zur biblischen Heilsbotschaft?" *TQ* 159(1979) 304-306; John McKenzie, "The Mother of Jesus in the New Testament", *Concilium* 168(1983) 3-11; and Rudolf Pesch, "Gegen eine doppelte Wahrheit. Karl Rahner und die Bibelwissenschaft", *Vor dem Geheimnis Gottes den Menschen verstehen. Karl Rahner zum 80. Geburtstag*(ed. Karl Lehmann; Freiburg: Katholische Akademie; Munich: Schnell & Steiner, 1984) 10-36, esp. 26-34. While McKenzie is reserved in his formulations("The Mother", 5), Lohfink speaks in absolute terms: the virginal conception certainly does not belong to the content of early Christian faith and confession and so to the biblical "message of salvation"("Gehört", 304). Pesch seems to be in full agreement with Lohfink.

As Pesch's remarks indicate, Karl Rahner was not willing to consider the virginal conception purely a *theologoumenon*. For some earlier comments of Rahner concerning Pesch's position on Mary's virginity, see Karl Rahner, "Jungfräulichkeit Marias", *Schriften zur Theologie. Band XIII. Gott und Offenbarung*(Zurich/Einsiedeln/Cologne: Benziger, 1978) 361-377. A still earlier treatment of Mary's virginity by Rahner can be found in his essay, "Dogmatische Bemerkungen zur Jungfrauengeburt", *Zum Thema Jungfrauengeburt*, 121-158. In this essay, Rahner seems willing to consider as *theologoumena* the later ideas of Mary's virginity in the act of giving birth to Jesus(*virginitas in partu*) and her perpetual virginity after giving birth to Jesus(*virginitas post partum*). Rahner seems unwilling to go that far in the case of the virginal conception(*virginitas ante partum*).

I mention the views of these Catholic exegetes such as Pesch not to adopt them, but simply to indicate that my own position is not predetermined by confessional concerns. Rahner's more moderate, mainline Catholic view on the subject is shared by (now Bishop) Walter Kasper in his "Letter on 'the Virgin Birth'", published in *Communio* 15(1988) 262-266. Kasper admits that formerly, as a theologian, he had for a while considered the virginal conception an open question. He still holds that historical criticism by itself does cast the traditional interpretation into doubt; "but this criticism, when truly critical, is just as unable to prove anything to the contrary. All that had resulted, then, was a draw"(p. 263). He accepts the doctrine on the combined authority of Scripture, tradition, the magisterium, and theological reflection. Nevertheless, echoing the view of Rahner, he thinks it wise pastoral care not to disturb a sincere believer who cannot accept the doctrine(p. 266). See also Gerhard L. Müller, *Was heisst: Geboren von der Jungfrau Maria? Eine theologische Deutung*(QD 119; Freiburg/Basel/Vienna: Herder, 1989).

77 These two different possibilities are not always carefully distinguished in the literature

on the subject. Strictly speaking, if Mary and Joseph had sexual relations after their betrothal but before the completion of the marriage process(i.e., before Joseph had taken Mary home to his house and they had begun permanent cohabitation), and then completed the marriage process before Jesus' birth, he would not count as illegitimate. That Jesus was conceived in the interim between the formal betrothal(*'ērûsîn*) of Joseph and Mary and the official taking of the wife into the husband's home(*nîśû'în*) is affirmed clearly in Matt 1:18-25 and somewhat less clearly in Luke 1:27, 34-35; 2:5. Accordingly, some might want to hypothesize that Joseph and Mary had sexual relations during this interim period, a practice allowed later on in Judea but frowned upon in Galilee(though it was not, strictly speaking, either fornication or adultery, since the couple counted as husband and wife once the betrothal took place).

Such a theory would suffer from depending not only on a subordinate point within the virginal conception tradition but also on rabbinic material of a later date that may or may not have been generally recognized as valid at the end of the 1st century B.C. The clear distinction between Judea and Galilee in this matter is enunciated only in the Babylonian Talmud's version of the question(*b. Ketub.* 9b, 12a), not in the earlier Mishna text(*m. Ketub.* 1:5). For an English translation of the talmudic text, see *The Babylonian Talmud. Seder Nashim. Kethuboth*(trans. Samuel Daiches and Israel Slotki; London: Soncino, 1936) 46-47, 63-64. Significantly, the editor indicates that the custom may have differed in various parts of Judea itself(p. 63). Then, too, Matthew is the Gospel that speaks more clearly of this interim period; yet Matthew sets the events of the conception in Bethlehem of Judea, not Nazareth of Galilee. Hence later rabbinic distinctions about differences of customs in Judea and Galilee are of questionable relevance. On all this, see Brown, *Birth of the Messiah,* 123-124.

In any case, the theory of illegitimacy is usually proposed after the manner of Celsus or the *Toledoth Yeshu*: Jesus was born of the illicit union of Mary and someone other than Joseph. This is the sense of "illegitimacy" that will be pursued in the text.

78 See, e.g., Jane Schaberg, *The Illegitimacy of Jesus. A Feminist Theological Interpretation of the Infancy Narratives*(San Francisco: Harper & Row, 1987). Morton Smith(*Jesus the Magician*[San Francisco: Harper & Row, 1978] 47) considers illegitimacy "possible, though not likely"(p. 47). For other scholars, see Brown's appendix on "The Charge of Illegitimacy", *Birth of the Messiah,* 534-542.

In what follows, I will be treating the more usual form of the question: Behind and perhaps concealed by the Infancy Narratives can we find a tradition about Jesus' illegitimacy? This approach is notably different from the thesis proposed by Schaberg. She holds that Matthew and Luke, in their Infancy Narratives, knowingly incorporate the tradition of Jesus' illegitimate conception, a conception perhaps due to rape. The tradition, says Schaberg, is most likely historical. Schaberg claims that "...the doctrine of the virginal conception is a distortion and a mask... behind it lies the illegitimacy tradition" (p. 197). Though Schaberg favors the theory of rape, she does not exclude the possibility of willing fornication on Mary's part(p. 152). The different emphasis of Schaberg consists in her contention that Matthew and Luke intended to pass down the illegitimacy tradition they inherited(p. 1). In other words, both Matthew and Luke understood that the narratives had to do with an illegitimate conception, though their caution and androcentric perspectives make this aspect of the Infancy Narratives difficult to perceive.

In my view, Schaberg's thesis is self-conflicted from the start; the threat of self-contradiction looms larger as the thesis of the book is evolved. She tries to bolster her strange position with a tour de force of exegetical expertise. Unfortunately, to support her views she regularly has to choose a less likely interpretation of a given text. To be sure, all interpreters at times decide that they should choose a less likely interpretation. But Schaberg's long catena of dubious interpretations makes the whole project dubious in the extreme. Repeated affirmations of a theory take the place of detailed arguments, rhetorical questions abound, and counterindicating data are ignored or passed over quickly in footnotes. Increasingly, one gets the impression of exegesis that is going against the "natural grain" of the text for the sake of hermeneutical positions determined before the exegesis ever began. Thus, it is not surprising that, by the end of her exegesis of Luke, Schaberg seems annoyed with the evangelist for being so recalcitrant to her mode of interpretation(p. 144). In short, a great deal of learning is wasted on a quixotic project.

[79] Some individual claims, however, may be treated briefly, as having no great probative value for the basic thesis of a primordial illegitimacy tradition. For example, Schaberg (*Illegitimacy*, 164-165) adduces logion 105 from the Coptic *Gospel of Thomas*: "He who knows the father and the mother will be called the son of a prostitute [the Greek word pornē is used for 'prostitute' in this Coptic saying]." I do not find Schaberg's argument about this text probative. (1) In her argument, Schaberg depends on the position of Koester that the *Gospel of Thomas* contains some sayings that are more primitive than their parallels in the NT. As I have argued above in Chapter 5, this is a very dubious position. (2) Schaberg argues that logion 105 may draw on the pre-Gospel tradition of illegitimacy reflected in John 8:41 and Mark 6:3; I will argue below that neither text reflects such a tradition. (3) As so often happens with the cryptic sayings of the *Gospel of Thomas,* the logion without larger context means anything or nothing. As Brown(*Birth of the Messiah,* 534) rightly observes, this saying "is too obscure to be really helpful." (4) At any rate, the designation of Jesus as the son of a prostitute would represent not the earliest form of the illegitimacy tradition as reported by Celsus, but rather the slightly later form attested by Tertullian in *De spectaculis* 30.6(*quaestuariae filius,* i.e., "son of a prostitute").

[80] The great variety in spelling is due to the fact that the Semitic consonants of the name *pnṭyr'* were both vocalized differently and then transliterated in different ways when put into Greek and other languages. Besides Panthera, one runs into Pantira, Pandera, Pantiri, and Panteri.

[81] For a critical edition of the texts involved, see *Origène, Contre Celse. Tome I(Livres I et II)*(SC 132; ed. M. Borret; Paris: Cerf, 1967) 150-153, 162-165. On p. 163 n. 4, Borret still accepts the possibility of Klausner's explanation, namely, that the idea of Jesus' being the son of Panthera developed from the Greek *ho huios tēs parthenou*("the son of the virgin") —though such a theory is questioned by many scholars today. Borret thinks that the talmudic tradition about Jesus Ben Pandera may go back to the end of the 1st century A.D.

82 The next datable reference to the illegitimacy tradition is in Tertullian's *De spectaculis* 30.6, written ca. A.D. 197. For a critical edition, see *Tertullien, Les Spectacles*(SC 332; ed. M. Turcan; Paris: Cerf, 1986). The entire passage in which the passing reference to Jesus as *fabri aut quaestuariae filius*("the son of a carpenter or a prostitute") occurs is significant: Tertullian is tossing together all sorts of slanders spoken against as well as outrages perpetrated on Jesus. His rhetorical flourish is a mélange of material from the canonical Gospels, especially Matthew and John, spiced with some mocking legendary expansions. "Mocking midrash" on the Gospels might well be the correct category to apply to the illegitimacy tradition in Celsus as well.

83 Hence I do not bother reviewing here material like the apocryphal *Acts of Pilate*, a document that has a very complicated history. The work as a whole seems to have been composed at the beginning of the 5th century, but various parts date from earlier centuries—how early it is difficult to say. Some of the parts were perhaps written to counteract spurious pagan *Acts of Pilate* in the early 4th century. Justin Martyr mentions an *Acts of Pilate* in the mid-2d century, which enlisted Pilate and the Emperor Tiberius as witnesses to Christ's innocence and divinity. Nothing more can be known with certainty about this primitive form of the *Acts*, but this is enough to make one doubt that it contained any historically reliable information. The earliest form of an *Acts of Pilate* that can be reconstructed with fair certainty dates from the latter part of the 2d century; it mentions in passing Jesus' virginal conception but says nothing of a charge of illegitimacy. For this reconstructed text, see Johannes Quasten, *Patrology. Volume I*(Westminster, MD: Christian Classics, 1983; originally 1950) 117. The charge of illegitimacy is mentioned (and denied) in a later, fuller form of the *Acts*, which is obviously dependent on at least some of the canonical Gospels. Even Schaberg concludes that the *Acts* is not a witness independent of the NT to the tradition of Jesus' illegitimacy(*Illegitimacy*, 159). The claim of F. Scheidweiler that the *Acts* gives a form of the story earlier than that of Celsus' account is not substantiated by any hard evidence; see his introduction to the *Acts* in Edgar Hennecke and Wilhelm Schneemelcher, *Neutestamentliche Apokryphen. I. Band. Evangelien* (Tübingen: Mohr [Siebeck], 1968) 330-333, esp. 330. Scheidweiler seems to presuppose in his line of argument that the charge of illegitimacy began in a relatively mild form(e.g., premarital sex in the *Acts of Pilate*) and then progressed to harsher forms(e.g., adultery with Panthera in the story reported by Celsus). However, the vagaries of the whole illegitimacy tradition make one wary of any argument that presupposes a neat rectilinear development. This does not happen in christology; it should not be presumed in the antichristology of the illegitimacy tradition.

84 Actually, it is not agreed by all scholars that Celsus is telling the truth here; the possibility remains that he fabricated the story as a reaction to the Infancy Narratives and then placed the story in the mouth of a Jew. Celsus was not overly fond of Judaism either. However, the fact that about two decades later Tertullian(*De spectaculis* 30.6) ascribes the charge of illegitimacy to Jews rather than to pagans argues for a Jewish source of the idea in Celsus.

85 The exact date of the composition of Justin's *Dialogue with Trypho* is debated; but

it was probably written a few years after A.D. 150.

86 Maier(*Jesus von Nazareth,* 252, 255, 265, 268-270) insists that methodologically one must distinguish between the story in Celsus and early rabbinic traditions about "Ben Pantere", which show no knowledge of the charge of illegitimacy. The illegitimacy tradition may have been added when "Ben Pantere" was identified at a later date with "Ben Stada."

87 Other elements of the story are present as well in Luke but are more clearly stated by Matthew, e.g., the fact that the conception took place during the time of betrothal.

88 That the change is due to Matthew's redaction of Mark is generally acknowledged by critics who accept the two-source theory; see, e.g., Walter Grundmann, *Das Evangelium nach Matthäus*(THKNT 1; 3d ed.; Berlin: Evangelische Verlagsanstalt, 1972) 358-359; Rudolf Schnackenburg, *Matthäusevangelium 1,1-16,20*(Die Neue Echter Bible 1/1; Würzburg: Echter, 1985) 131-132. Note that Joseph is never mentioned directly or indirectly in Mark's Gospel.

89 The Jewish polemicists need not have actually read the text of Matthew's Gospel; knowledge of his Infancy Narrative through disputes with Christians is a sufficient explanation. Schaberg has to admit that Celsus' story drew upon Matthew and also shows polemical embellishments of the NT narratives. Her attempt to argue that, in addition, the account of Celsus drew from "independent, parallel tradition" is not supported by the evidence(*Illegitimacy,* 166).

90 This does not keep Schaberg from sketching a scenario: see *Illegitimacy,* 153-156.

91 For an inventory of the various interpretations of the key phrase in Mark 6:3, see Harvey K. McArthur, "'Son of Mary'", *NovT* 15(1973) 38-58.

92 The reading *ho tou tektonos huios*("the son of the woodworker") is supported by p^{45}, family 13, minuscules 33, 472, 543, 565, 579, 700, the Old Latin manuscripts a, b, c, e, i, r^2, δ, aureus, many manuscripts of the Vulgate, three manuscripts of the bohairic Coptic, the Aethiopic, and implicitly by Origen in *Contra Celsum* 6.36("Nowhere in the gospels received by the churches is Jesus himself called a carpenter[*tektōn*]"). For a critical edition of the Greek text of Origen's statement, see *Origène, Contre Celse. Tome III*(*Livres V et VI*) (SC 147; ed. M. Borret; Paris: Cerf, 1969) 266-269.

93 Most of the "dissenting" manuscripts add "and of Mary", though p^{45} reads only "son of the carpenter."

94 For example, Vincent Taylor takes the simple *ho tou tektonos huios*(without *kai tēs Marias*) as what Mark originally wrote; see his *The Gospel According to St. Mark,* 300. McArthur("'Son of Mary'", 52) thinks that the alternate reading "the son of the carpenter and of Mary" is the original one; but he readily admits the difficulty of reaching a firm decision.

95 Riesner(*Jesus als Lehrer,* 218) rejects the two-source hypothesis, holding that the Matthean formulation is more original. Mark, dealing with a non-Jewish, Greek-speaking audience, supposedly wanted to avoid the misconception that Jesus was a physical son of Joseph. This whole approach imports the virginal conception tradition known to Matthew and Luke into Mark, who gives no clear indication of being aware of it.

96 *ho tektōn, ho huios* receives an "A" rating(="virtually certain") in the *UBSGNT3*. See the commentary in Metzger, *Textual Commentary*, 88-89.

97 Notably Ethelbert Stauffer, "Jeschu Ben Mirjam", *Neotestamentica et Semitica*(Matthew Black Festschrift; ed. E. Earle Ellis and Max Wilcox; Edinburgh: Clark, 1969) 119-128. Stauffer interprets "son of Mary" as a claim that Jesus was the illegitimate child of Mary; he then proceeds to interpret Matthew 1 as a polemical reply to such a charge. Two basic weaknesses mar the article: (1) Stauffer engages much more in assertions than in arguments and proof. The essential basis of his whole argument is never proved but rather taken for granted: namely, that a phrase like "son of Mary" was understood in the OT and at the time of Jesus as a regular way of referring to an illegitimate child. As we shall see, this was not the case. (2) The evidence he does adduce is a mélange of rabbinic, Samaritan, and Mandean texts from widely different times and places. Those that explicitly refer to the illegitimacy tradition are all later—and most much later—than the Gospel of Mark and the Infancy Narratives of Matthew and Luke.

98 Josef Blinzler falls into the trap of making this claim, especially with regard to the only son of a widow, in his *Die Brüder und Schwestern Jesu*(SBS 21; 2d ed.; Stuttgart: KBW, 1967) 72. A better evaluation of the evidence on widows is given by McArthur, "'Son of Mary'", 38-58, esp. 44.

99 See the evidence collected by McArthur, "'Son of Mary'", 45, as well as the various reasons he adduces for not using such a solution in Mark 6:3 in particular(pp. 52-53); see also Brown, *Birth of the Messiah*, 540.

100 See McArthur, "'Son of Mary'", 41; McArthur treats the case under remnants of matriarchal family patterns, but he readily admits that such an explanation is by no means certain. See also Detlev Dormeyer, "Die Familie Jesu und der Sohn der Maria im Markus-evangelium(3, 20 f. 31-35; 6, 3)", *Vom Urchristentum zu Jesus*(Joachim Gnilka Festschrift; ed. Hubert Frankemölle and Karl Kertelge; Freiburg/Basel/Vienna: Herder, 1989) 109-135, esp. 127-129.

101 David Noel Freedman (in a letter dated Nov. 26, 1990) suggests that the reason for the mention of Zeruiah is twofold: (1) she was a sister of David, and (2) the father of her three sons was dead. He goes on to suggest another possibility: the husband of Zeruiah had had more than one wife, and Zeruiah's children are identified by naming the mother, à la Joseph and Benjamin, the sons of Rachel. While Freedman does not think it likely that Joseph had had another, earlier wife, he does think that the possibility is at least worth pondering.

102 It is symptomatic of her approach that, in her treatment of Mark 6:3, Schaberg (*Illegitimacy*, 160-164) does not discuss this remarkable case of the sons of Zeruiah. She uncritically accepts much of Stauffer, without a careful consideration of all the arguments of McArthur.

103 Such an idea, totally unprepared for in Mark's presentation, runs up against the fact that the phrase is in the mouths of unbelieving adversaries of Jesus. In keeping with Mark's theme of the "messianic secret", even Jesus' disciples cannot understand his true

identity as Son of God before his death and resurrection. Suggesting that Jesus' enemies know of his virginal conception shows a complete failure to accept the theological vision and limits of Mark's Gospel. Moreover, the evangelists who do clearly affirm the virginal conception have no difficulty in calling Jesus "the son of the carpenter" or "the son of Joseph." To argue that Mark, who never clearly mentions the virginal conception, intimates the idea by using instead "the carpenter, the son of Mary" is curious logic. Furthermore, Mark is the evangelist who is most severe in his treatment of Jesus' relatives(cf. Mark 3:21, 31-35; 6:4). Understandably, Matthew and Luke, in keeping with the idea of virginal conception, omit or soften these Marcan passages. How does Mark's severity jibe with the idea that his mother, if no other relative, would have had to know about his virginal conception? On all this, see Brown, Donfried, et al., *Mary in the New Testament*, 62-63.

104 So rightly Brown, Donfried, et al., *Mary in the New Testament*, 64. Their starting point is the supposition, most probably correct, that Joseph is dead.

105 The townspeople are hardly mentioning Jesus' brothers and sisters in order to intimate that they too are illegitimate!

106 I stress that this contextual explanation does not claim that "son of Mary" is a set title of Jesus or is due to a set way of referring to sons of widows. Rather, the usage is a popular one occasioned by the rhetorical situation of the moment. An intriguing parallel to this "occasional" usage is found in Luke's story of the raising of the son of the widow of Nain. The dead man is called precisely "the only son of his mother"(*monogenēs huios tę̄ mētri autou*, Luke 7:12). The solution I adopt is basically the one favored by McArthur under the rubric of "informal description"("'Son of Mary'", 54). Besides Luke 7:12, he points to such "informal descriptions" in Acts 23:16 and Gal 4:21-31. McArthur's conclusion bears repeating: "I conclude, therefore, that the ancient scholars were correct in assuming that the phrase had no special connotation beyond the fact explicitly stated, and that modern scholars have been led astray by regarding 'Son of Mary' as a problematic phrase"(p. 58).

107 See the comments of Brown, *John*, 1. 315, 342. On p. 342 Brown observes: "An analysis of the structure of ch. 8(12 ff.) is perhaps more difficult than that of any other chapter or long discourse in the first part of the Gospel."

108 Schnackenburg(*Das Johannesevangelium. II. Teil*, 283) is correct when he observes that, at this point in the debate, the Jews press their claim that Abraham is their spiritual father, the prototype of faith and good works.

109 In John's immediate context and argument, the works of Abraham may be, in particular, faith in God and hospitable reception of his divine emissary.

110 See, e.g., the classic statement of Yahweh to the prophet Hosea in LXX Hosea 1:2: *labe seautǭ gynaika porneias kai tekna porneias, dioti ekporneuousa ekporneusei hē gē apo opisthen tou kyriou*; "Take to yourself a woman of fornication [or prostitution], and children of fornication [or prostitution], for the land shall commit fornication upon fornication in refusing to follow the Lord." Cf. LXX Hosea 2:6.

111 This pivotal point is missed in the exegesis of the passage by Schaberg, *Illegitimacy*,

157-158.

112 See J. H. Bernard, *A Critical and Exegetical Commentary on the Gospel According to St. John*(ICC; 2 vols.; Edinburgh: Clark, 1928) 2. 316. Bultmann, instead, sees in the charge the idea that Jesus is a heretic(*Das Evangelium des Johannes*, 225 n. 6), while Brown prefers to connect it with the subsequent charge of having a demon: Jesus is demented(*John*, 1. 358). Whatever the precise nuance of the accusation, all these commentators agree that "Samaritan" is not to be understood literally and biologically.

113 It is useful to recall at this point that John in general shows no knowledge of the virginal conception tradition. It would be quite remarkable if he nevertheless reflected knowledge of the polemical countertradition of Jesus' illegitimacy.

114 Schnackenburg(*Das Johannesevangelium. II. Teil*, 285) is firmly against any reference to illegitimacy in John 8:41; Brown is less certain in *John*, 1. 357; *Birth*, 541-542. Likewise against a reference to Jesus' supposed illegitimacy in this passage is M.-J. Lagrange, *Evangile selon saint Jean*(EBib; 5th ed.; Paris: Gabalda, 1936) 246. Both C. H. Dodd and Barnabas Lindars apparently accept the "illegitimacy interpretation" as a possible, but not the most probable, interpretation; see C. H. Dodd, *The Interpretation of the Fourth Gospel*(Cambridge: Cambridge University, 1965) 260 n. 1; Barnabas Lindars, *The Gospel of John*(NCB; Grand Rapids: Eerdmans, 1972) 328.

115 The question of the reliability of this chronological indicator will be treated in Chapter 11.

116 In the LXX, the Hebrew *Miryām* is transliterated as *Mariam*. Josephus, however, regularly uses the declinable form *Mariamē* or *Mariammē*, although he uses *Maria* in *J.W.* 6.3.4 §201. Obviously, Josephus (and some NT authors) sought ways to create a declinable form for the indeclinable *Mariam*. As might be imagined, the Greek NT manuscripts that have come down to us show great variations in the spelling of the name. If we may trust the present-day critical editions of the NT, individual evangelists were capable of calling Mary the mother of Jesus both *Mariam* and *Maria* in the same chapter of their Gospels: so Luke 1 regularly uses *Mariam*, but 1:41 reads *tēs Marias*. The same alteration is found with Mary Magdalene, even within the same pericope; thus John 20:11 has *Maria*, but 20:16 has *Mariam*. There is no basis in seeing in these variations different names, different persons, or different sources. The equivalence of the two forms is underlined by the remarkable coincidence that each form occurs in the NT exactly 27 times(*Maria* in Matthew, Mark, Luke, John, Acts, and Romans; *Mariam* in those same books with the exception of Mark and Romans). For the debate about the etymology of the name, see Manfred Görg, "Mirjam—ein weiterer Versuch", *BZ* 23(1979) 285-289. Two major candidates are a West Semitic form meaning "gift of God" and an Egyptian form meaning "beloved of Amun." While stressing our present uncertainty, Görg leans toward the latter solution.

제9장

그 중간 시기에…

I부: 언어, 교육, 사회경제적 지위

1. 인격 형성기에 대해 무언가 말할 수 있는가?

왜 예수의 전기—전기의 현대적 의미에서—가 쓰일 수 없는지 그 이유가 지금쯤 분명하다. 우리는 삼십대 중반에 죽은 남자를 다루며 그의 처음 32년쯤은 거의 완전히 알려져 있지 않고 또 알 수 없다. 예수의 어린 시절 관계들, 그의 사춘기의 고투와 성인으로 감, 그리고 그의 20대 동안 활동에 대한 아무 자료 없이—그의 특별히 지능적 또 종교적 발달은 말할 것 없고—확실한 아무것도 공생활을 통해 우리에게 알려진 예수를 만든 영향에 대해 말할 수 없다는 것을 깨닫기 위해 우리는 엄격한 관찰을 필요로 하는 프로이트주의자가 되어야 하지는 않는다. 왜 정전 외 유아기 복음서들과 현대의 소설들 모두 나자렛에서 예수 생애의 이른바 "숨은 세월"에 끌렸는지 그 이유는 그것들이 그들을 저지하는 아무 사실들 없이 그들의 (돈독하거나 불경한) 상상들에 행동의 자유를 줄 수 있기 때문이다. 그 모두는 큰 픽션과 그럴듯한 역사에 기여한다.

우리의 무지를 감안하면, 우리는 왜 하나가 아닌 두 장이 예수의 생애의 "그사이 세월"에 대해 이 책에 존재라도 해야 하는지 물을 수 있다. 어째서 예수의 출생에 대한 적은 자료로부터 공생활의 시작으로 그냥 도약하지 않는가? 큰 범위로, 그것은 참으로 우리가 해야 할 것이다. 하지만 그의 공생활과 예수의 "숨겨진 세월"의 시간 동안 유다, 갈릴래아, 또 유다교에 대해 잘 알려진 사실들 간의 어떤 상호작용은 그의 어린 시절, 청년 시절, 또 이른 성년기를 둘러싼 환경의 일부에 대해 우리가 어느 정도 알고 하는 추측을 하도록 해 준다.

우리가 이런 알고 하는 추측을 시도하면서, 우리는 당연한 것으로 간주될 수 있는 어떤 기본적인 사실들—실제로 전면적인 일반화들인 "사실들"—과 또 저 기본적인 사실들을 구체화할 수 있을 더욱 상세한 정보—그럼에도, 보통 모자란 정보—간에 신중하게 구분을 해야 한다. 예를 들어, 소년으로 예수와 신체적, 성적, 지능적 또 종교적 발달을 체험한 청소년은 자연의 법칙과 역사적 유추에서 전제되어야 한다. 이러한 전제를 반대할 어떤 것도 신약성경에 없을 뿐이다. 정확히 이러한 정상적인 성숙을 넌지시 나타내는 여러 구절이 있다. 곧 "소년은 자라고 힘을 얻었다…."(루카 2, 40), "예수님은 지혜와 나이[또는 키]가 자랐고 하느님과 사람들의 총애도 더하여 갔다."(루카 2, 52), "그렇기 때문에 그분[예수]께서는 모든 점에서 형제들[=그의 동료 인간들]과 같아지셔야 했습니다"(히브 2, 17; 참조: 4, 15). 비록 그 후의 신학이 이 마지막 지나치게 개략적인 설명의 범위를 때로는 제한하려고 힘썼지만, 그리스도교 신학 자체는 더 분별 있는 순간에, 죄를 제외하고, 그 또는 그녀의 신체적 심리적 발달 동안 인간존재가 겪는 모든 기본적인 체험을 예수가 겪었다고 단언한다. 이런 이유로 여기 역사적 유추와 그리스도교 신학의 관점 간에 어떤 갈등이 없다.

동시에, 역사적 유추의 모호한 일반화는 우리를 아주 멀리 데리고 가지 않는다. 우리의 후기 프로이트 사회의 핵심에 소중한 예를 들자면, 예수가 당대의 어떤 다른 유다인 소년과 같이 성적인 성숙을 체험했다는 것이 분명하다. 그 체험이 그에게 개인으로서 직접 무엇을 의미했는지, 또는 그 체험이 그를 붙잡았을 어떤 특별한 양상은, 우리에게 완전히 숨겨져 있다. 마찬가지로, 유아기에서 성인기로 지나가면서 예수가 상당한 지능적 또 심리적 발전을 겪었다는 것은 당연한 것으로 고려되어야 한다. 그가,

모든 인간존재와 같이, 더 큰 사회적 단위들과 관계 안에, 또 아마 그에 반대해서 자기 내부의 어떤 정의를 향하여 투쟁했다는 것은 똑같이 명확하다. 그러나 무엇이 정확히 그의 경우에 이러한 발달을 수반했는지, 어떤 단계들이 자기 이해를 향한 그의 여정을 수반했는지, 우리는 말할 수 없다. 2천 년의 틈을 넘어서, 예수를 심리 치료사의 긴 의자에 앉히려 힘쓰는 것은 가망이 없다.[1] 여기는 학자가 침묵을 하고 소설가는 체육대회를 하는 곳이다. 실제적으로 규제할 아무 자료 없이, 아무 특별한 시나리오가 증명될 수 없는 것처럼 그것이 더 이상 틀렸음이 입증될 수 없다. 우리가 할 수 있는 모든 것은 옛날 철학적 격언을 되풀이하는 것이다. 곧 근거 없이 주장된 것은 근거 없이 부인될 수 있다.

우리가 말할 수 있는 것의 한계들에 대한 냉철한 의식과 함께, 우리는 이 장에서 예수가 나자렛에서 성장하면서 그의 삶과 사상에 자연스럽게 영향을 주었을 다양한 "외부적" 환경들, 곧 그가 익힌 언어(들), 그가 받은 교육, 그가 다룬 직업, 그리고 따라서 그가 얻은 사회경제적 지위를 살펴볼 것이다. 다음 장에서, 우리는 그의 가족 관계와 혼인 상태처럼, 더욱 "내부적"이었을, 그의 삶 위의 영향들을 알아보고자 힘쓸 것이다.

2. 예수는 어떤 언어를 말했는가?

예수의 형성에 대해 우리가 묻기를 바랄 수 있는 처음 질문들 중 하나는, 만약 있다면, 어떤 교육을 그가 받았으며, 만약 있다면, 어떤 언어를 그가 읽을 수 있었는가이다. 하지만 이 질문들은 앞서는 질문을 전제한다. 즉 어떤 언어 또는 언어들을 예수가 말했는가, 특별히 그가 언제 배웠는가?

어떤 의미에서, 우리는 이 문제에 매우 단순하게, 하지만 매우 모호하게 대답할 수 있다. 성인 예수가 갈릴래아와 유다 양쪽을 횡단하는 여행하는 교사가 되었기 때문에, 또 교사로서 그가 분명히, 주로 평범한 팔레스티나 유다인들로 이루어진, 그의 청중에 의해 이해되기를 바랐기 때문에, 예수는 그것이 무엇이든 평범한 유다인들이 팔레스티나의 그들의 일상생활에서 보통 사용하던 언어를 말했을 것이다. 그다음, 진정한 문제는 분명하다. 그것이 어떤 언어였는가? 대답은 단순하다. 우리는 절대적으로 확실할 수 없다. 우리의 난문제를 위한 이유도 마찬가지로 단순하다. 곧 우리는 1세기 팔레스티나로부터 테이프로 녹음한 것을 아무것도 가지고 있지 않다. 이러한 테이프가 없기 때문에, 우리는 문헌적 또 명문적(곧 비문적) 증거로 되던져진다. 불행하게도, 어느 것도 1세기 팔레스티나의 평범한 유다인들이 가장 공통으로 말하던 언어에 대하여 모호하지 않은 증거로 직접 번역하지 않는다는 의미로 둘 다 잠자코 있다. 자료의 모호성은 예수가 일상적으로 그리스어(R. O. P. Taylor, 또 더욱 조심스럽게, A. W. Argyle 처럼[2]), 아람어(Joseph A. Fitzmyer처럼[3]), 또는 히브리어로(Harris Birkeland 처럼[4]) 말했는지에 대해 왜 학자들이 그렇게 나누어질 수 있는지 설명한다.

다수의 요인들이 자료의 모호성에 한 원인이 된다. 첫째, 지식, 문학작품과 비문의 두 주요한 사료에는, 모두 내장된 한계들이 있다. 예수의 글을 읽고 쓸 줄 아는 능력을 다루는, 다음 부분에서 우리가 보게 될 것처럼, 윌리엄 해리스(William V. Harris)는 어떤 언어로도 긴 작품을 읽을 능력, 또 더욱 쓸 능력도 그리스-로마 세계에서 비교적 드문 기량, 주로 율사들과 지능적인 엘리트에게 제한된 기량이었다는 것을 보여 주었다.[5] 팔레스티나로부터 구체적인 예를 들자면, 곧 쿰란에서 또 쿰란을 위하여 만들어진 문헌(예, *The Manual of Discipline, The Thanksgiving Hymns, The Pesher on Habakkuk*)은 대부분 "성경 이후의" 히브리어로 쓰였다.[6] 그것은 우리에게 쿰란에 거주하는 박식하고 비법을 터득한 유다인의 특별한 유형의 언어적인 능력들에 대하여 무언가 말하며, 또한 적어도 쿰란에서 히브리어가 "살아 있는" 언어였다는 것을 보여 준다.[7] 그것이 유다인들이 일반적으로 팔레스티나 전반에 걸쳐 그들의 일상적인 언어로 히브리어를 말했다는 것을 가리키는지는 상당히 또 다른 문제다. 우리에게는 저 결론을 이끌려면 더 많은 증거가 필요할 것이다.

마찬가지로 비문들은 팔레스티나의 구어적인 언어에 대하여 정보의 사료들로서 내재적인 한계를 가지고 있다.[8] 대중적 특성의 고대 비문들은 보통 엘리트 그룹을 위하여 엘리트 그룹에 의하여 제공되었다(통치자들,

부자, 교양 있는 소수). 비명들은 더 많은 사람에게 비명들이, 건축물들 또는 그들이 장식한 구조물들과 함께 정치적인 지배, 군사적인 또는 경제적인 업적, 또는 문화적 우위를 말했다는 의미로 다루어졌다. 평범한 사람들의 대부분이 기능적으로 문맹이었던, 그리스 - 로마 세계에서 우리는 아마 비문들이 일반적인 사람들에 의해 한마디 한마디 읽히기를 의도하지 않았다는 것을 주의해야 한다.

이것에 관하여 1961년 카이사리아 마리티마에서 발견된 유명한 "본시오 빌라도 비명"을 회상하는 것이 도움이 될 것이다. 그 비명은 카이사리아(유다의 로마인 주 수도였던 도시)에 특별한 건물이 행정장관 본시오 빌라도(서기 26~36년)에 의해 황제 티베리우스에게 바쳐졌다는 것을 선언한다. 비명은 라틴어로 되어 있다. 우리는 그 당시에 카이사리아에 살았던 대부분의 이민족들과 대다수의 유다인들이 라틴어 원문이 말하는 것을 이해할 수 있었을지 당연히 의심할 것이다.—그들의 공통 언어로 라틴어를 말할 그들의 능력은 말할 것도 없다. 아마 빌라도는 대중에게 정확한 말 그대로의 메시지를 전하는 데에 조금도 관심이 없었을 것이다. 그는 "그와 같은 부류", 로마 황제를 섬기는 비교적 소수의 엘리트에게, 라틴어를 말할 수 있을 뿐 아니라 읽을 수 있는 엘리트에게 또 그런 이들을 위하여 말하였을 것이다. 대중에게 빌라도는 그의 명문과 건물에 의해 단순히 권력의 언어를 말했다. 언제든지 팔레스티나에서 가장 공통으로 말한 언어에 대한 주장이 대중적 비문에 호소하면, 우리는 카이사리아 마리티마 비문을 기억해야 하며 이렇게 물어보도록 제안하고 싶다. 곧 이 비문은 무엇을 실제로 증명하는가? 장례 비문들은 또 다른 문제이며, 또 거기서 우리는 적어도 죽은 이 또는 문상객들의 공통 언어가 사용되기를 예상할 것이다. 그럼에도 거기서도 우리는 특별한 요인들의 가능성을 예상해야 한다. 곧 "좋았던 옛 시절 종교"에 대한 향수 또는 고급문화의 인상을 만들려는 욕구.[9] 우리가 현대 유럽인들이 말한 다양한 언어를 대륙 여기저기 흩어져 있는 많은 현대의 라틴어 비명에 의해 추론할 수 없을 것과 똑같이, 우리는 20세기 초엽의 미국 가톨릭 신자들이 말한 공통의 언어를 그들의 묘지석 위의 *Requiescat in pace*에서 추론할 수 없다.

증거의 두 번째 문제는 그것이 자주 다루어지는 방법이다. 때때로 학자들은 서로 다른 세기들로부터 팔레스티나의 비명들을 함께 섞을 것이다.[10] 이것은 불법적 과정인데, 특히 우리는 서기 1세기에 팔레스티나에서 사용된 언어에 대하여 매우 특별한 문제를 묻고 있기 때문이다. 몇몇 학자들에 의하면 팔레스티나는 기원전 3세기와 2세기에 시리아의 셀레우코스 군주들의 헬레니즘화 계획 동안 아람어 언어의 떨어짐을 겪었다.[11] 더욱이 아람어는 서기 1세기와 2세기에 두 유다인 전쟁의 결과로서 그리스어를 선호하여 결정적으로 약해진 것으로 보인다. 결과적으로, 그것은 거기서 주어진 비명이 나오는 특별한 세기에 대하여 적절한 고려 없이 비명적 증거를 엮는 문제가 있는 과정이다. 기원전 2세기 또는 서기 2세기 후반의 비명들은 서기 1세기 초에 일상적인 유다인의 언어가 무엇이었는지 반드시 우리에게 말하지 않는다.

마음속에 이러한 경고들을 새기며, 우리는 이제 기원전 1세기 팔레스티나에서 사용된 네 언어, 곧 라틴어, 그리스어, 히브리어, 그리고 아람어에 대하여 보여 주기 위해 어떤 증거가 나타나는지 요약할 수 있다.[12]

(1) 거의 모두가 팔레스티나의 장면에 가장 최근의 언어인 라틴어가[13] 또한 가장 적게 사용된 언어였다는 것에 동의한다. 그것은 거의 독점적으로 유다인 공직자들에 의해, 그들을 위하여, 또 그들 가운데 사용되었다. 본시오 빌라도 비명의 경우에 우리가 보았던 것처럼, 로마인들은 공적인 건물들 위에, 송수로들 위에 놓은 비명들 안에 기꺼이 라틴어를 사용했다. 그들은 팔레스티나의 유다인의 대부분이 위풍당당한 라틴어 구절을 읽을 수도 없었고 알아듣지도 못한다는 것에 더없이 행복하게 무관심했다. 팔레스티나에 라틴어 원문의 바로 그 존재가 지배를 선포했다. 그것－원문의 특별한 말들이 아닌－은 유다인들이 알아들은 메시지였다. 우리는 또한 팔레스티나에서 죽은 로마인 부대원들의 묘지석 위의 몇몇 장례 명문들을 발견한다. 이러한 명문들은 장례 문서의 또 다른 어려움을 우리에게 상기시킨다. 곧 그것들은 후에 명문을 보게 될 사람들의 대부분의 언어에 대하여 반드시 어떤 것도 표시함 없이 죽은 사람의 개인의 언어에 대하여 무언가 말할 것이다.[14] 대체로, 고고학과 문학적 글들 안의 기술들로부터

우리에게 알려진 가장 중요한 라틴어 명문들이 카이사리아 마리티마와 예루살렘에 위치하였다는 것은 거의 우연이랄 수 없다. 라틴어는 갈릴래아의 마을이 아니라 권력의 자리에 알맞았다. 예수가 결코 라틴어를 말했거나, 하물며 읽었다고 생각할 이유가 없다.[15]

(2) 그리스어는 완전히 또 다른 문제였다. 그것은 국제어로서 로마 자체로부터 그리스를 통하여 동쪽으로 지중해 부근과 소아시아, 곧 시리아와 팔레스티나의 주요한 도시들, 그리고 아래로 이집트까지 로마제국에 이바지했다. 알렉산더대왕 때부터(기원전 356~323년) 계속, 또 특히 셀레우코스 황제들 아래, 주목할 만하게 안티오코스 4세 에피파네스(기원전 175~165/164년에 통치함), 마찬가지로 헤로데 대왕의 통치 동안(기원전 37~4년), 그리스 문화와 언어는 팔레스티나로 진출을 늘렸다. 그런 면에서, 예수 시대의 팔레스티나의 유다교는 그리스계 유다교였다.[16] 오늘날 역사가들 가운데 토론되는 문제는 단순히 어떤 주어진 시간이나 장소 안에 그리스화의 정확한 정도이다. 기원전 지난 3세기 대부분 동안 그것은 분명히 엄청나게 컸다. 시리아의 셀레우코스 임금들은 팔레스티나에 새로운 그리스 도시들을 창건했고, 또 몇몇 이전의 유다인 정착지들은 정치적으로 또 문화적으로도(*poleis*) 그리스적이었던 도시들로 변화되었다. 이 중심지들에서 그리스 언어와 문화가 시골로 발산되었다.

마카베오가 아래 민족주의자 봉기에도 불구하고, 그들의 뒤를 이은 하스모니아가 통치자들은 상당히 그리스식 군주들이었다.[17] 기원전 1세기 말경에, 헤로데 대왕은, 카이사리아 마리티마의 해변 위 찬란한 항구, 사마리아의 세바스테 시 또 예루살렘의 거대한 건물과 같은, 그의 거대한 건물 기획과 함께—모두 그리스-로마 양식으로—헬레니즘화의 이러한 정책을 계속했다.[18] 성전 안뜰로 비유다인들이 들어가는 것을 금지하는 명문과 테오도토스 베테누스 사제에 의해 세워진 회당 명문을 포함하여, 그리스어 명문들은 예루살렘에서 찾아지게 되었다. 많은 그리스어 명문들이 무덤과 납골당 위에서 또한 발견되었다. 마르틴 헹겔은 제2 성전 시기부터 예루살렘에서 묘비명들의 훌륭한 3분의 일이 그리스어로 쓰였다고 주장하며, 또 광역의 예루살렘에 거주하는 80,000에서 100,000명의 사람들 가운데, 8,000명과 16,000명 사이의 사람들이 그리스어를 말했을 것이라고 추산해 나아간다.[19] 하지만 그리스 문화와 언어는 유다인들을 오직 예루살렘에서만 접촉하지 않았다.[20] 상당히 많은 수의 유다인들이 남부의 가자에서 북부의 도르 또는 프톨레마이스-아코까지, 해안 평야의 헬레니즘화된 도시들에서 살았다.[21] 유다의 로마인 수도, 카이사리아에는 거의 이민족들만큼 많은 유다인들이 있었다.[22] 무라바아트(Murabba'at)의 동굴은 그리스의 파피루스들을 일상생활에서 또 그리스어 편지들의 복사들도–아이러니하게도!–정확히 민족주의자들이 외국의 통치와 문화적 지배에서 자신들을 자유롭게 하기 위해 싸우며 죽고 있었을 때인, 바르 코크바 봉기의 시기부터 생산하였다.[23]

하지만, 그리스 언어의 문화적 침입은 저항을 받지 않은 채로 가지 않았다. 마카베오가의 봉기는 안티오코스 6세의 군사들에 대해 군사적 반격뿐 아니라 또한, 어떤 의미로–적어도 유다인 주민의 특정 부분 가운데–언어적 반격을 시사하였다. 이 반격은 "조상들의 언어"(이는 다니엘서에 히브리어와 아람어의 혼합으로 밝혀진다.)에 대한 강조에 의해 표시되었다.[24] 히브리어와 아람어에 관심의 재활성화가 팔레스티나에 퍼진 것은 아마 마카베오 사람들과 그들의 후계자들의 시대부터일 것이다. 재활성화는 쿰란에 의해 만들어지고 보존된 문학적 책들에 반영되었다.[25] 한편 하스모니아가와 헤로디아가의 지배 계급과 예루살렘의 도시 지식 계급은 그리스 언어와 문화를 계속해서 사용하고 거기에 몰두하였을 것인데, 분명한 반발이 그들의 민족적이며 종교적인 신원에 헌신적인 독실한 유다인들 가운데 시작되었다. 쿰란에서 발견된 그리스어 단편들이 길고 긴 히브리어와 아람어 문서들보다 숫자가 훨씬 더 적다는 것은 상황에 대해 상징적이다. 우리가 발견하는 히브리어와 아람어의 유형은 아주 주목할 만하다. 쿰란 문서의 히브리어에, *Copper Scroll*을 예외로 하고, 실제로 그리스어 차용어들이 나타나지 않는다.[26] 똑같은 것이 쿰란으로부터 아람어 문서들에 대해 사실이다. 이것은 몇 세기 이후의 팔레스티나 히브리어와 아람어와 뚜렷이 대조된다. 거기서 우리는 그리스어와 라틴어 차용어의 많은 예를 볼 수 있다.

이런 이유로 우리는 그리스어의 걷잡을 수 없이 밀려듦이 서기 1세기 초에 팔레스티나의 유다인들을 여전히 사로잡았는지 또는 어느 정도로 그랬는지 의아하게 생각할 것이다.[27] 그 대답은 지역에 따라 또 사회적 계급에 따라 달랐을 것이다. 나의 견해로는, 요세푸스 안의 여러 대목이 그리스어가 1세기 팔레스티나의 유다인들에 의해 모든 곳에 잘 알려졌거나 가장 공통으로 말하는 언어였다고 상정하지 않도록 우리에게 경고한다. 예루살렘의 사제 출신 귀족인, 요세푸스는 자신의 훌륭한 교육을 자랑하는데, 이는 그의 출중한 기억력과 지능적인 능력에 의해 늘 도움이 되었다.—그는 신중하게 주의를 기울인다(*Life* 2 §8). 그가 열네 살쯤 되었을 때(서기 51~52년), 그는 대사제들과 예루살렘 지도자들 가운데 이미 유명했다.—그는 얼굴을 붉히지 않고 우리에게 말한다. 그의 십대 연령의 대부분을 다양한 유다인 사상의 "학교들"을 탐구하면서 보낸 다음, 그는 바리사이가 되었다(또는 그는 그 후의 시기에 그렇게 주장한다). 서기 61년경에 그는 네로의 정부이며 후에 황후인, 포페아에게 체포되어 로마로 보내진 어떤 유다인 사제들을 위해 탄원하려고 로마를 방문하였다. 분명히, 요세푸스의 자랑을 감안한 후에도, 그는 국제적 체험에 교양 있는, 여러 언어를 읽고 쓸 수 있는 사람들의 작은 엘리트에 속했다. 하지만 요세푸스의 책들 안의 몇몇 진술들은, 예수의 시대 조금 후인, 그의 시대에 팔레스티나에 그리스어의 이른바 널리 퍼진 지식에 대하여 우리가 의심하게 만든다.

그의 *Jewish Antiquities*의 끝에, 요세푸스는 상상할 수 있는 가장 수치스러운 모양으로 자신을 칭찬하기 시작한다(*Ant.* 20.12.1 §262~266). 그는 율법의 지식에서 그의 모든 동료 유다인을 능가할 뿐이 아니다.[28] 그는 또한 그리스어 문법을 공부한 다음에, 그리스의 산문과 시를 배우기 위해 열심히 일했다. 그는 그다음 곧바로 그의 그리스어 발음이, 로마(많은 그리스어가 말해지는 도시)에서 그렇게 많은 세월 후에도, 여전히 아쉬운 점이 있다는 명확히 잘 알려진 사실에 대하여—그리스어 원문의 약간의 어색함 이상으로—자신을 변호해야 한다.[29]

하지만, 능수능란하지 못했던 것은 단순히 요세푸스의 그리스어 발음이 아니었던 것으로 보인다. 글로 표현된 언어에 대한 그의 관리는 정확히 완전하지도 않았다. *Jewish Antiquities*의 시작에, 요세푸스는, *Jewish War*를 끝낸 다음에, 어떻게 하여 창조부터 봉기의 전야까지 유다인 백성의 전체 역사에 대하여 더 큰 책을 쓰려고 생각했는지에 대하여 이야기한다(*Jewish Antiquities*). 그는 그다음 이렇게 거대한 책을 그리스어로 쓰는 어려움을 강조함으로써 이 새롭고 방대한 기획을 연기하는 것에 대하여 사과한다. 그리스어는—*Jewish War*의 작성과 또 로마에서 보낸 몇 십 년 후에도!—여전히 외국적이고 이상한 언어적 용법을 그를 위해 말로 표현한다고 그는 고백한다.[30] 그러므로 우리는 요세푸스가 원래 *Jewish War*를 그의 모국어(아마 아람어)로 작성했고 그다음 그 책을 그리스어로 번역하기 위해 "협력자들(*synergois*)"을 고용했다는 것을 알고 놀라지 않는다(*Ag.Ap.* 1.9 §50).[31] 그리스어에 그를 돕기 위해 협력자들의 필요는 한층 더 놀라운데, 왜냐하면 요세푸스는 자신이 이제 로마에서 풍부한 여가 시간을 가졌고, 그 앞에 놓인 그의 모든 원자료와 함께, 그의 후견인 베스파시아누스에 의해 인정받았다는 것을 강조하기 때문이다.

서기 1세기에 지능적으로 재능이 있고 또 잘 교육을 받은 예루살렘의 유다인 귀족이라도 반드시 글로 된 또한 말로 하는 그리스어의 모든 세부사항에 대한 확고한 이해를 반드시 가지지 못했다고 추론하는 것은 타당하게 보인다.[32] 반면에 요세푸스는 아직 팔레스티나에 있었던 동안 적어도 그리스어를 어떻게 알아듣고 말하는지 알았다. 하지만 유다인 전쟁의 한 사례는 예루살렘에서 유다인들의 대다수가 그리스어를, 말하는 것은 내버려 두고, 얼마나 알아들을 수 있었는지 우리를 의아하게 한다. 티투스가 예루살렘의 포위 공격을 하는 동안, 우리는 그가 개인적으로 유다인 방어자들에게 도시를 내줌으로써 자신들을 구하라고 권했고 또 요세푸스를 보내어 "그들의 선조들의 언어로"(아마 아람어, 가능하기는 히브리어) 그들과 말하게도 했다고 듣는다.[33]

요세푸스가 여기서 암시하는 구분은 흥미롭다. 물론 티투스는 선택권이 없었다. 아람어도 히브리어도 알지 못하면서, 그는 예루살렘인들에게 오직 그리스어로만 말할 수 있었다. 요세푸스는, 그의 예루살렘의 동료 유다인들에게 그리스어로 또 아람어로도 말할 수 있으므로, 아람어를 사용했다. 셈족 언어를 사용하는 것은 정작 *captatio benevolentiae,* 혈연관계에 호소였을 가능성이 있었다. 그러나 그것은 또한 만일 몇몇 유다인들이 그리스어를 알아들을 수 없었다면 불가결한 것이었을 것이고 또 이런 이유로 티투스의 호소였을 것이다.[34] 특히 시골에서 온 반란군들이 예루살렘으로 흘러들어 간 다음, 요세푸스는 누구나 반드시 그의 말을 알아듣게 하기 위해 아람어로 말해야 했을 것이다. 그러나 그리스어 대신 아람어의 사용이 단순히 연대감을 강조하려는 외교적인 몸짓이었다고 하더라도,[35] 바로 그 사실은 언어가 대단히 중요한, 생사의 협상에 이르렀을 때 예루살렘에 모인 이 팔레스티나의 유다인들이 어떤 언어와 더 편안하게 느꼈는지에 대하여 무언가 우리에게 말한다. 그들은 그리스어가 아니라 아람어와 더 편안했다. 자연적인 추론은 그것은 그들이 가장 잘 알았고 일상적으로 사용했던 언어였다는 것이다.[36]

중요하게도, 이 대목은 따로 떨어져 있지 않다. 원칙적으로, 로마의 지도자들이 팔레스티나의 유다인들을 다루려고 힘쓸 때 해설자가 필요했다는 인상을 지원하는 여러 다른 진술들이 요세푸스의 책들 안에 있다.[37] 분명히 그리스어는 이러한 기회들에 공통 언어로서 사용될 수 없었다. 수에토니우스는 티투스가 그리스어를 탁월하게 구사했다고 특별히 애를 써서 우리를 확신시키기 때문에, 그 부족은 틀림없이 팔레스티나의 유다인들 편에 있었다.

인정하건대, 이 모든 것은 기껏해야 매우 간접적인 빛을 우리의 중요한 문제, 곧 예수가 알고 가장 잘 사용했던 언어에 비춘다. 그러나 비록 재능 있는 예루살렘인 지적인 요세푸스도 로마에 사는 동안 거기서 수년의 글쓰기 후에 그리스어에 전적으로 편안하지 않았다면, 또 서기 70년에 예루살렘의 동료 유다인들에게 그리스어보다는 오히려 아람어로 말하는 것이 필요했고 적어도 권장할 만한 것을 알았다면, 자신의 담론을 그리스어로 자주 전달하는 성공적인 교사와 설교자가 되기 위해 갈릴래아의 촌사람이 그리스어를 충분히 알 가능성은 적어 보인다. 특히 숀 프레인(Sean Freyne)과 같은 학자들이 갈릴래아의 촌사람들의 유다교의 기본적인 보수적 특성에 대해 정확하다면,[38] 나자렛과 갈릴래아 시골의 다른 마을들의 시민들은 그들이 가능했을 때마다 그리스어의 사용을 의식적으로 피했을 것이다.

하지만, 이 어떤 것도 예수가 절대적으로 그리스어를 알지도 사용하지도 않았다는 것을 증명하지 못한다. 아마 사업과 거래의 요구들과 마찬가지로 더 큰 세상과 소통할 일반적인 필요가, 보수적인 갈릴래아의 촌사람을 위해서도, 때로는 약간의 그리스어 사용을 필요하게 만들었을 것이다.[39] 그러나 정확히 얼마나 많은 그리스어가 보통의 촌사람에 의해 사용되었을 것인지는 추산하기 어려운 채로 남아 있다. 그의 목공소에서 예수는 흥정을 하고 영수증을 쓰기에 충분한 그리스어를 알아볼 기회가 있었을 것이다. 그의 가족에 의해 거룩한 그렇지만 그리스화된 예루살렘의 도시로 정규적인 여행은 젊은 예수를 그리스 문화와 거리 모퉁이에서 그리스어로 말하는 것의 꾸준한 투여량에 노출시켰을 것이다.[40] 자연스럽게, 이러한 되는 대로의 노출은 협상을 하거나 영수증을 쓰는 것과 같은 어떤 일상의 사업 거래("거래자의 읽고 쓰는 능력")를 해 나가는 데 충분한 그리스어를 하게 되도록 그에게 도움을 줄 수 있을 것이다. 예수는 그의 재판에서 직접 빌라도와 소통을 하기에 충분한 그리스어를 말할 수도 있었을 것이다.[41] 그러나, 정식 그리스어 교육을 받지 않고, 예수가 "서기의 읽고 쓰는 능력"에 충분히 이르렀다는 것은 매우 가능성이 없다.—또는 그의 굉장히 매력적인 언어 예술성과 함께 그리스어로 길게 가르치기에 충분한 그리스어의 구사력과 유창성도. 이런 이유로, 피츠마이어와 마찬가지로, 예수의 어록의 어떤 본문이 바로 그 시작부터, 그것이 우리의 그리스어 복음서들의 일부가 될 때 번역이 필요 없는 그리스어로 존재했다는 것을 여전히 의심하고 있다.[42]

(3) 이스라엘의 고대의 거룩한 언어, 히브리어는 바빌론의 유배와 유다인들의 팔레스티나로 돌아옴 이후 대중적인 사용에 크게 감소를 겪었다. 점차적으로 신아시리아인 시대로부터 페르시아인 시대 앞으로 계속해서, 고대 중동의 국제어인 아람어가 이스라엘에 재정착한 일반적인 유다인들 가운데 잠식해 들어갔다.[43] 유배 이후에 쓰인 히브리어 성경책들(예, 코헬렛)은 때로는 사용된 히브리어 유형에 아람어로부터 뚜렷한 영향을 보여준다.[44] 실로, 에즈라서와 다니엘서는 아람어로 쓰인 전체 장들을 간직하

는데, 다니엘서는 그 열두 장 중 대략 여섯이 아람어로 되어 있다.[45] 대중적인 견해와 반대로, 하여간, 히브리어는 글로 된 언어로서(또 아마 말을 하는 언어로서) 결코 이스라엘에서 사멸하지 않았다. 안티오코스 에피파네스를 거슬러 마카베오의 봉기 이전에도, 예루살렘에서 벤 시라의 지혜서의 작성(대략 기원전 180년)은 후기 전통적인 히브리어가 살아 있었고 이스라엘의 영적인 수도에서 건강했다는 것을 보여 준다.

이러한 인상은 쿰란에서 발견에 의해 강화되는데, 이는 이전에 많이 몰랐던 많은 수의 히브리어 책들을 드러냈다. 이 책들의 몇몇은 쿰란 공동체 자체를 위하여 또 자체 안에서 작성되었다.—이런 이유로 기원전 2세기부터 서기 1세기의 대부분을 통하여. 실제로, 히브리어는 쿰란의 가장 대표적인 언어이며, 아람어는 둘째 그리고 그리스어는 먼 셋째 언어다. 히브리어 책들의 대부분은, 언어에서 이후의 발전 요소들을 드러내는 일종의 성경 이후의, "신고전주의적" 히브리어로 쓰인다. 하지만 *Copper Scroll*은 미슈나의 앞선 히브리어를 가리키며 또 이런 이유로 "proto-Mishnaic" 히브리어로 쓰여 있다고 말한다.[46] 쿰란 두루마리들은 공동체 규칙들(*The Manual of Disciples*), 묵시문학적 예언(*The War Scroll*), 감사 찬송가(*The Thanksgiving Hymns*), 그리고 쿰란의 역사에 비추어 성경의 종말론적 해석들(*The Pesher on Habakkuk*)과 같은 다양한 장르들을 둘러싼다. 이러한 작문들의 양과 다양성은 히브리어의 활기 넘치는 또 살아 있는 전통을 강력하게 주장한다.

동시에, 우리는 입증을 하는 데에 반드시 주의해야 한다. 이 책들은 매우 특별하고 소수만 이해하는, 그리고 주변부의 그룹에서 생기는 신학적이며 문학적 작문들이다. 그것들은 히브리어가 그 당시에 팔레스티나에서 널리 말해졌다는 것을 반드시 증명하지 않으며, 또 그것들은 실제로 말해지는 히브리어의 유형을 반영하지 않았을 것이다.[47] 그럼에도 불구하고, 이 분파적인 작품들은 쿰란의 다른 자료들(예, *Copper Scroll*)과 더불어, 피츠마이어와 같은 학자들의 견해에, 성서적 히브리어와 미슈나를 만들었던 라삐들의 그것 간의 살아 있는 연결을 증명할 것 같다. 쿰란에서 목격된 히브리어 책들의 분량과 다양성을 감안하면(이것들 모두가 쿰란에서 쓰이지 않았다.), 이 책들은 아마, 적어도 간접적으로, 종교적 그리고/또는 민족주의자 이상들에 강렬하게 헌신한 유다인들의 몇몇 이질적인 집단에 의해 말해지는 히브리어 유형을 반영할 것이다. 그러므로 성전 전례와 학자들의 토론들에서뿐 아니라, 또한 열성적이며 돈독한 유다인들의 그룹들 안에서, 쿰란[48]과 이스라엘의 다른 곳에서도, 히브리어는 글쓰기와 아마도 말하는 데에도 계속 사용되었다.

물론, 이 원미슈나의 또는 "신고전적" 히브리어가 로마인 시대 동안 유다에서 백성의 보통의 언어였다는 J. T. 밀릭(J. T. Milik)[49]과 같은 학자들의 주장은 단순히 검증이 부족하다. 히브리어로 된 작문들에 매우 헌신적이었던, 쿰란 공동체 안에서 이미 목격된 아람어의 타르굼들(히브리어 성경들의 번역들)의 증가는, 히브리어를 보통 사람들의 그 언어로 보는 것에 주요한 반대가 된다. 흥미롭게도, 욥의 타르굼들이 쿰란에서 발견되었다 (4QtgJob, 11QtgJob). 비록 우리가 가지고 있는 11QtgJob의 단편들이 전체 책의 15퍼센트만을 차지한다고 하더라도, 그 후의 몇몇, "고전적인" 타르굼들이 하는 것처럼, 타르굼이 자유분방한 다른 말로 바꾸어 표현하는 데 그리고 히브리어 원문의 긴, 미드라시의 확장에 전념하지 않았다는 것을 보여 주기에 충분하게 보존되었다. 오히려, 이러한 쿰란 타르굼은, 대부분, 히브리어 원문의 아람어로 꽤 자구적 번역을 시도한다.[50] 이것은 이러한 타르굼이 그 주요한 목적으로 연장된 주석과 설교적 적용으로가 아니라 오직 단순히 어떤 유다인들에게, 성경에 헌신적인 돈독한 유다인들에게도 이미 이해할 수 없는 거룩한 히브리어 원문의 번역이었다는 것을 나타낸다.[51]

예수와 관련되는 한, 우리는 다음 부분에서 사료와 편집 비평이 예수가 나자렛의 회당에서 이사야서에서 봉독하는(루카 4, 16~20) 루카의 장면에, 마치 이것이 히브리어에 대한 그의 지식의 명백한 증거인 것처럼, 호소하는 것을 우리가 경계하게 만들어야 한다는 것을 보게 될 것이다.[52] 그럼에도 불구하고, 회당에서 설교를 하고 또 공생활 동안 성경의 요점에 대하여 율법 학자들과 바리사이들과 토론을 하는 예수의 습관은 그가 성경 히브리어에 대해 약간의 지식을 가졌다는 것을 그럴듯하게 한다. 하지만, 그가 히브리어를 그 구어체의, 원미슈나의 형식으로 자주 말했다는 아무 증거가 없다.

(4) 구스타프 달만의 때부터 계속해서,53 매튜 블랙과 조셉 피츠마이어와 같은 아람어 전문가들의 작업은 대부분의 연구자들을 아람어는 서기 1세기에 이스라엘에서 보통의 유다인이 사용하는 평범한, 일상의 언어였다고 설득시켰다. 그리스-로마 시대 동안 팔레스티나에 막대한 그리스계 영향의 제안자인 마르틴 헹겔도 이 점을 인정한다.54 내가 이미 언급한 것처럼, 시리아의 셀레우코스 영주들의 그리스화하는 정책은 아마 기원전 3세기와 2세기 동안 팔레스티나에서 아람어가 쇠퇴하는 원인이 되었을 것이다. 하지만 안티오코스 4세의 강제적인 그리스화 정책은 도를 넘었고 반발을 불러일으켰다. "히브리어" 다니엘서가, 그 현재의 12장 중 아람어로 거의 6장이 편집된 것(대략 기원전 165년)은 안티오코스와 갈등의 혹독한 시련 중이다. 대략 기원전 1세기 중엽부터, 유다인의 아람어 명문들이 나타나기 시작하고 헤로데 대왕 아래 더욱 많아진다. 실로, 오늘날의 고고학은 거대한 수의 납골당과 무덤의 아람어 명문들을 우리에게 제공했다.

쿰란에서의 발견들은 기원전과 기원후 1세기부터 팔레스티나 유다인의 아람어에 대한 우리의 지식을 크게 증가시켰다. 발견물들은 *Genesis Apocryphon*(1QapGen)과 *Prayer of Nabonidus*(4QprNab), 마찬가지로 제2정전의/위경의 토빗기, 욥의 타르굼, 그리고 레위기의 타르굼(4QtgLev)의 여러 아람어 복사들과 같은 이전에 몰랐던 아람어 책들을 포함한다. 내가 이미 히브리어의 논의에서 강조한 것처럼, 히브리어로 쓰인 거룩한 책들의 아람어 타르굼들의 존재는 특히 이 시기 동안 평범한 유다인들의 보통의 언어로서 아람어를 확고하게 하는 것을 위한 증명이다. 결국, 레위기와 욥기는 쿰란에서 소수만 아는 공동체에 제한된 책들이 거의 아니었다. 이런 이유로 그것들에 대한 타르굼은 곧잘 쿰란 밖에서 기원했을 것이며 그다음 분파주의자들의 도서관에 포함되었을 것이다.55 마찬가지로, 아람어 *Genesis Apocryphon*은 쿰란에서 발견되었지만, 에세네파 신학의 아무 특별한 표시가 없으며 또 아마 공동체 밖에서 쓰였을 것이다.56 하가다의 미드라시의 유형은, 그것은 히브리어 성경으로부터(창세 1~15장) 민속을 혼합하여 이야기들을 아람어로 다시 말한다. 그것은 그러므로 "주류"의 돈독한 팔레스티나의 유다인들 가운데 아람어의 사용에 대한 또 다른 증거가 될 수 있을 것이다.

이 문학적인 책들과 나란히, 아람어는 또한 팔레스티나에서 일상생활로부터 글의 조각에 의해 나타난다. 예를 들어, 서기 56년으로부터 IOU, 이는 무라바아트 동굴들의 하나에서,[57] 또한 마사다로부터 도기의 파편 안의 한 편지에서 발견되었다. 중요하게도, 서기 1세기경부터 오는(예, 쿰란) 팔레스티나의 아람어는 그 어휘 안에 놀랍게도 적은 그리스어의 영향을 내보인다.[58] 이에 반해서, 서기 200년 이후 팔레스티나의 아람어 안에 그리스어의 영향은 뚜렷하게 된다.[59] 예를 들면, 빌려 온 많은 그리스어 단어들은 편지 안에, "고전적인" 타르굼들 안에, 마찬가지로 3세기에서 6세기까지 팔레스티나의 회당들로부터 온 명문들 안에 나타난다. 그 대조는 서기 1세기의 팔레스티나의 보통의 유다인들의 일상적인 말 안에 그리스어의 지배를 과장하는 것을 우리가 경계하게 해야 한다.

이 아람어를 말하는 환경이 신약성경의 네 복음서 안에 반영된다는 것은 오랫동안 인정되어 왔다. 구스타프 달만으로부터 C. F. 버니(C. F. Burney)와[60] C. C. 토레이(C. C. Torrey)를[61] 통하여 요아힘 예레미아스, 매튜 블랙과[62] 조셉 피츠마이어까지, 아람어 학자들은 그리스어로 보존된 예수의 어록이 아람어로 되돌려질 때 흔히 어떻게 새로운 시적인 힘과 의미의 더 큰 명확성을 얻는지 보여 주었다.[63] 예수의 몇몇 어록들은 아람어로 관용어적이지만 히브리어와 그리스어에도 생경한 표현들을 포함한다(아람어주의들). 원래의 아람어를 번역하는 데에 잘못의 결과인 예수의 어록의 그리스어 버전들도 있을 것이다.[64] 아람어주의의 한 유명한 예는 주님의 기도의 마태오의 버전에 발견된다(6, 12). "우리에게 우리의 빚들 [*opheilēmata*]을 용서하여 주십시오." "빚"은 히브리어나 그리스어에서 죄나 죄책감에 대한 일반적인 이미지가 아니지만, "빚"에 대한 아람어 명사, *ḥôbā'*는 흔히 비유적으로 이런 의미로 사용된다.[65] 개별적인 어록에 대한 결정들은 이론의 여지가 있지만, 다량의 어록 전승은 아람어의 근저에 의존한다는 대략적인 의견 일치가 나왔다.

몇몇 경우에, 예수가 사용한 아람어 단어들 중 일부가 우리의 그리스어 복음서들 안에 보존되어 있을 때 그 기층이 명확히 드러난다. 주요한 예는 마르 5, 41의 예수가 야이로의 딸에게 말하는 유명한 *talitha koum*("소녀야, 일어나라.")이다.[66] 마르코는, 그리스어로 쓰면서, 예수의 아람어 사용을 장엄한 기도나 형식적인 문학적 작문이 아니라 오히려 일상생활 중 다른 팔레스티나 유다인들과 그의 상호작용에서 이와 같이 목격한다. 비록 야이로의 딸을 다시 살리는 사건이 역사적인 것이 아니라고 판단되어야 한다고 하더라도, 아마 대부분 팔레스티나에서 유래하는, 초기 이전-마르코 전승이 예수를 아람어로 말하는 것으로 나타낸다는 사실은 남아 있다. 나의 견해에, 어쨌든, 마르 5, 41과 예수의 *'abbā'* 기도(14, 36)는 역사적인 예수로 돌아가는 아람어 단어들에 대한 가장 좋은 후보들이다. 7, 34의 눈먼 이에게 말하는 명령 *ephphatha*("열려라!")는 아마 또한 아람어일 것인데, 하지만 그것이 그보다는 히브리어라는 라비노비츠(Isaac Rabinowitz)의 주장은 몇몇 어려움을 (대처할 수 없지는 않지만) 만들었다.[67] 십자가 위에서 버림받음의 외침의 마르코의 버전(15, 34), "저의 하느님, 저의 하느님, 어찌하여 저를 버리셨습니까?(*elōi, elōi, lema sabachthani*)"는 틀림없이 아람어다. 문제는 그것이 실제로 역사적 예수에게 돌아가는지 또는—내가 주장하는 것처럼—시편의 고난을 겪는 의로운 사람의 죽음으로 예수의 죽음에 대한 초기 신학적 해석을 반영하는지이다.[68] 어쨌든, 우리는 마르 15, 34에 초기 팔레스티나 교회의 신학화하는 것을 여전히 가지게 될 것인데, 이는 예수의 입에 아람어를 둔다. 예수가 어떤 언어를 말했는지—더욱이 그것이 열정적인, 개인적인 기도에 올 때—처음 팔레스티나 그리스도인들보다 누가 더 잘 알았을 것인가?[69]

요아힘 예레미아스는 예수의 어록에 아람어의 모든 출현에 대해 수많은 연구를 했다. 고유명사와 감탄사를 제외하고, 그는 복음서나 라비 사료들에 의해 예수에게 돌려진 26개의 아람어 말들을 꼽는다.[70] 그가 호소하는 모든 예가 증명하는 것은 아니지만, 몇몇은 예수가 그의 제자들을 아람어로 가르쳤다는 것을 확실하게 하는 데에 특히 유용하다. 예를 들어, 예수가 일상적으로 그리스어로 말했다면, 더욱이 소아시아에서 바오로의 그리스어를 말하는 이민족 회심자들 가운데에(갈라 4, 6)—바오로를 결코 만나지 못했던 로마의 이민족의 그리스도인들은 말할 것도 없고(로마 8, 15)—하느님께 드리는 아람어 말, *'abbā'*의 집요한 생존을 설명하기 힘겹다. 가장 합리적인 설명은 하느님께 드리는 아람어 말, *'abbā'*가 아람어를 말하는 예수의 뚜렷한 용법을 나타낸다는 것이다. 그 용법은 그의 처음 제자들의 마음속에 깊은 인상을 남겼고 단단히 박히게 되어 그것이 초기 이민족 신자들에게도 고정된 기도 형식문으로 넘겨졌다.[71] 흥미롭게도 많은 예수의 어록에 아람어 기반의 이러한 분명한 존재는 히브리어의 단어들과 구성들(Hebraisms)의 상대적인 부재와 극명한 대조가 된다.[72]

요약하면, 예수가 말했던 언어(들)의 문제는 복합적인 것이며, "4개 국어를 쓰는" 나라로서 1세기 팔레스티나의 복잡한 환경을 반영한다. 예수가 로마의 침략자들에 의해 거의 독점적으로 사용된, 라틴어를 알고 사용했다고 믿을 이유가 없다. 그는 약간의 그리스어를 사업 목적 또는 아마 그의 재판 때 빌라도를 포함하여, 이민족들과 일반적인 소통을 위해 사용했을 것이다. 그러나 나자렛에서 목공으로서 그의 직업도 그의 갈릴래아 여행 일정도, 강력하게 유다인들의 마을과 촌락에 제한되어, 그리스어의 능숙도와 일상의 사용을 요구하지 않았을 것이다. 이렇게 하여 예수가 정규적으로 그리스어로 그에게 떼 지어 오는 군중을 가르쳤다고 생각할 이유는 없다. 히브리어에 관해서는, 예수는 그것을 나자렛 회당에서 또는 가까운 학교에서 배웠을 것이며, 또 아마 때때로 바리사이들과 율법 학자들과 토론할 때에 사용했을 것이다. 하지만, 자신을 그들의 일상의 언어가 아람어였던, 보통 유다인 소농민들의 집단에로 거의 반드시 향했던, 예수는 거의 반드시 그의 같은 신자들에게 아람어로 말했고 가르쳤으며, 그 몇몇 흔적들이 그리스어 복음서들의 원문 안에 박혀 남아 있다. 더 정확히 말하면, 예레미아스는 예수의 아람어를 서부 아람어의 갈릴래아 버전으로 밝히며, 이는 유다에서 말하는 아람어와 몇몇 단어들과 용법들이 뚜렷이 다르다. 베드로의 부인에 대한 마태오의 버전은 곁에 있는 이들이 베드로에게, "당신도 그들[갈릴래아인 예수를 따르는 이들]과 한패임이 틀림없소. 당신의 말씨를 들으니 분명하오."(마태 26, 73) 하고 말할 때 이러한 차이들

을 암시할 것이다.[73]

일반적인 묘사는 따라서 충분히 분명하다. 특별한 문제들이 남아 있으며 또 아마 우리의 현재 지식의 상태로는 풀 수 없다. 요한의 복음서가 말하는 것처럼, 예수가 정규적으로 큰 축제들을 위하여 예루살렘에 갔다면, 거기서 가르치기 위하여 어떤 언어를 그가 사용했는가? 우리가 보았던 것처럼, 서기 1세기경에 예루살렘은 심하게 그리스화되었었다. 하스모니아가 왕족들뿐 아니라, 사제계 귀족들, 또 지능적인 엘리트들은 그리스어를 알았을 것이지만, 예루살렘에서 배우고 정착하러 왔던 상당한 숫자의 디아스포라 유다인들이 그러했을 것이다. 예를 들어, 우리는 스테파노와 다른 "그리스인들"(사도 6, 1~15), 그 가장 이른 시기부터 그리스도 교회 안에 살아가는 그리스어를 말하는 디아스포라 유다인들을 생각한다.—아마 적어도 그들 중 몇몇은 예수께 또 그의 예루살렘 방문들 동안 그의 가르침에 매료되었기 때문일 것이다.

어떤 언어로 그들은 그의 말을 들었는가? 아마 이 디아스포라 유다인들의 조금은 이중 언어를 하였지만, 다른 이들(예, 디아스포라에서 최근의 이주자들)은 그리스어밖에 말하지 못했을 것이다.[74] 예수는 때때로 그리스어로 이 특별한 청중에게 말했을까? 그는 효과적으로 그렇게 할 만큼 충분히 그리스어를 알았는가? 우리는 그가 그렇게 했다는 것을 의심하는 이유들을 보았다. 그 대신, 어떤 이—예를 들어, 안드레아나 필립보와 같이 그리스어 이름과 가능한 그리스 배경의 한 제자[75]—는 해석자처럼 행동하였는가? 그 경우에, 우리는 그의 생애 동안에 그리스어로 번역되는 예수의 몇몇 아람어 말들의 현상을 가졌을 것이다. 흥미로운 추측—그러나 그 이상 아무것도 아닌.[76] 학계는 오히려 가장 가능한 견해와 함께 나아가야 하는데, 곧 예수는 일반적으로 또 아마 독점적으로 아람어로 가르쳤을 것인데, 그의 그리스어가 현실적이며, 사업 형태, 또 아마 도움이 되기에 초보적이었기 때문이다. 네 언어를 말하는 나라에서, 예수는 사실 세 언어를 말하는 유다인이었을 것이다. 하지만 그는 아마 세 언어를 말하는 교사가 아니었을 것이다.

3. 예수는 글을 몰랐는가?

예수가 귀족적 지식인으로 로마나 아테네, 또는 예루살렘에라도 살았다면, 그의 교육과 그가 성취한 글을 읽고 쓸 줄 아는 능력에 대해 추측하기 쉬웠을 것이다. 하지만, 그는 하부 갈릴래아의 언덕들의 대수롭지 않은, 구약성경, 요세푸스, 필론 또는 라삐들이나 구약성경 위전에 전혀 언급되지 않은 아주 잘 알려지지 않은 마을, 나자렛에서 자랐다.[77] 이런 이유로 만일 있다면, 어떤 정규 교육이 이러한 환경에서 예수에게 가능했을지 결정하기 어렵다. 더 직접 질문을 하자면, 예수는 읽고 쓸 수 있었을까? 그가 효과적인 교사였다는 것은 분명하다. 그러나 말을 하는 문화에서, 우리는 이론적으로, 읽기나 쓰기에 종사함 없이, 특히 보통의 소농민들의 효과 있는 교사가 될 수 있을 것이다. 그러므로 질문은 남아 있다. 곧 예수는 글을 읽고 쓸 줄 알았는가 또는 문맹인가?

A. 주요한 세 신약성경 구절

어떤 이들은 세 신약성경 대목, 곧 요한 8, 6; 요한 7, 15; 그리고 루카 4, 16~30이 예수가 읽을 수 있고/또는 쓸 수 있었다고 증명하기 때문에 그 질문은 말도 안 된다고 말할 것이다. 실제로, 그 주장이 사실로 증명된다고 하더라도, 우리는 놀랄 만한 사실을 여전히 주목해야 한다. 곧 기껏해야 오직 세 신약성경 구절이 그 질문과 관련이 있다는 것이다. 우리가 세 대목 모두 해석과 역사성의 문제로 괴롭힌다는 것을 깨달을 때, 우리의 놀람은 울분으로 변한다.

실로, 세 구절의 증거로 내세우는, 요한 8, 6은 모든 실제적인 목적을 위하여 아무 소용이 없다. 그것은 간음으로 붙잡힌 여자의 별난 구절, 곧 "원래 넷째 복음서의 아무 부분에도 없었던" 대목에 나온다(요한 7, 55~8, 11).[78] 사실은, 이 구절이 가장 좋고 가장 이른 요한의 복음서에 없고, 그것은 루카복음서의 소수의 필사본에 나오며, 처음 천 년 동안 그리스의 주석자들에게서 거의 아무 주석을 받지 않고,[79] 얼마나 자비롭게 죄인들이 다루어져야 하는지에 대하여 논란에 갇힌 2세기 교회의 창작물이 된 것으로 몇몇 전문가들에 의해 판단되었다.[80] 그럼에도 불구하고 그 이야기가 예수에 대하여 신뢰할 수 있는 전승을 보존할 수 있다는 가능성이 남아 있다.[81]

그러나 그것이 사실이라고 하더라도, 우리는 바리사이들이 간음하다 잡힌 여자에게 어떻게 해야 하는지 그에게 물을 때 "예수께서는 몸을 굽히시어 손가락으로 땅에 무엇인가 쓰셨다."(8, 6)는 설명에 의해 별로 깨달음을 얻지 못한다. 합성 동사 *katagraphō*(글자대로, 써 놓다)는 6절에 예수의 행동에 대해, 단순 동사 *graphō*(쓰다)는 8절에 사용되었다. 끝없는 추측이 예수가 추정상 무엇을 썼는지에 바쳐졌다. 곧 고발자들의 죄들, 그가 7절에서 전하게 될 사법 결정, 또는 예레 17, 13 또는 탈출 23, 1b과 같은 관련된 성경 구절들. 레이먼드 브라운이 논평하는 것처럼, "훨씬 더 단순한 가능성"은 예수가 고발자들의 과도한 열정에 관심이 없음과 혐오감을 보여 주기 위해 땅에 줄만을 긋는 것이다.[82] 복음사가가 쓰는 행동을 강조하며 그 내용을 생략하는 바로 그 사실은 이러한 마지막 해석을 분명히 보여 준다. 어쨌든, 몇몇 단어를 땅에 긁는 것조차 예수의 읽고 쓸 줄 아는 능력의 수준에 대하여 많은 것을 이야기하지 않을 것이다.

예수의 읽고 쓸 줄 아는 능력에 대한 증거로서 제안된 둘째 구절은 적어도 요한의 복음서의 원래의 부분이다. 그것은 예수에 대하여 놀라워하면서 묻는 초막절 축제를 위하여 예루살렘에 모여 있던 "그 유다인들을" 보여 준다. "저 사람은 배우지도 않았는데 어떻게 성경을 잘 알까?"(요한 7, 15). 실제로 "성경을 알다"로 여기 번역된 구절은 단순히 "읽을 줄 알다(*grammata oiden*)"를 의미할 수 있을 것이다. 하지만 그 유다인들의 질문의 일반적인 맥락−유다인 지도자들과 예수가 토론을 하는 것(예, 5장과 10장)−은 그의 기본적인 읽고 쓸 수 있는 능력이 아니라 오히려 신학적인 논증에 그의 성경의 사용과 관련이 있다.[83] 이와 같이 7, 15의 비하하는 언급은 예수가 ㄱㄴㄷ을 배우지 못함에 대한 것이 아니지만 어떤 유명한 학자의 인도하에−틀림없이 예루살렘에서!−성경에 대한 정식 교육의 결핍에 대한 것이다. 흥미롭게도, 그 지적은, 비록 요한 7장의 문맥에 적대적이지만, 네 복음서 전체를 통하여 제시된 일반적인 상태를 반영한다. 곧 예수는 어떤 위대한 라삐 아래 정식으로 공부하지 않았지만, 성경의 사용에 능숙하였다.—이는 초심자의 독서 지식 이상을 주장하는 것으로 보일 것이다. 제안된 세 신약성경 구절 중에, 이것이 적어도 예수가 읽고 히브리어 성경에 대하여 견해를 밝힐 수 있었다는 것을 지원하기 위하여 어떤 간접적인 기반을 제공한다.

이러한 능력의 극적인 묘사가 우리의 셋째 구절, 곧 나자렛 예수의 취임 강론에 대한 루카의 설명에 의해 제공된다(루카 4, 16~30). 그의 고향에서 회당에 들어서자마자, 예수는 이사야 예언자의 두루마리를 건네받고,[84] 이사 61, 1~2을 찾아 읽으며,[85] 그 두루마리를 말아, 회당 시중을 드는 이에게 돌려주고 자리에 앉는다. 모든 사람들이 기대하면서 그들의 눈을 그에게 고정했을 때, 그는 그들에게 이사야서 구절이 그들이 그것을 들을 때에도 성취되고 있다고 말한다.[86] 우리가 오직 루카 4, 16~30을 역사적 사건의 충실한 보고로 간주할 수 있다면, 우리는 히브리어 성경을 읽고 자세히 설명할 수 있는 예수의 능력에 대한 의문의 여지가 없는 증거를 가질 수 있을 것이다.

하지만, 이 구절에서 담화의 사료들과 역사성이 논란이 된다. 몇몇 주석자들은 루카의 장면을 그의 특별한 "L" 사료의 전승, 따라서 다른 복음 전승들이 나자렛으로 돌아옴과 설교에 대하여 우리에게 말하는 것의 독립된 증거로 고려한다.[87] 하지만 루카 4, 16~30이 마르 6, 1~6a에서 이야기한 예수의 나자렛에서 설교와 배척에 대해 단순히 루카의 상상적이며 다채로운 재작업을 나타낼 가능성이 또한 있다. 절충안이 또한 가능하다. 그 구절은 마르코에 대한 루카의 면식을 보여 주지만, 몇몇 중요한 요소들은 루카의 특별한 사료에서 온다.[88] 틀림없이 루카의 구절에는 루카의 주제들이 실려 있다. 매우 상징적인 장면이 이민족들에게 기쁜 소식의 선포를 결과로 가져오는 예수의 직무의 과정, 죽음과 부활에 대한 계획적인 시사회로 작용을 한다.[89] 루카의 재편집적인 손길은 우리를 경계하게 한다.

이 서로 다른 가능성들을 감안하면, 결정이 쉽지 않다. 또 그러므로 놀랍지 않게, 학자들은 갈라진다. 한편, 루카 4, 16. 22. 24의 요지는 마르 6, 1. 3~4에서 올 수 없을 것이며, 그럼에도 단어 선택은 흔히 다르다. 불트만

이 루카의 구절이 전체로서 마르코의 이야기의 더 많은 발전을 나타낸다고 생각하지만, 그는 루카 4, 25~27(엘리야와 엘리사의 설교)이 아마 특별한 전승에서 오는 것을 용납한다. 불트만의 견해에, 루카는 강론을 (완전히 부드럽지는 않게) 마르코의 이야기와 연결한다.[90] 하인츠 쉬르만(Heinz Schürmann)을 포함하여, 다른 주석자들은 전체 루카의 이야기는 비마르코 사료로부터 복음사가에게 왔다고 제안한다.[91] 물론, 비록 전체 루카의 구절이 비마르코인 것으로 보일 수 있다고 하더라도, 그것은 여전히 그것이 예수의 직무에서 특별한 사건을 충실하게 나타낸다고 증명할 수 없다. 피츠마이어는 루카의 이야기가 루카의 전승의 몇몇 조각과 함께 마르코 사료의 재작성이라는 견해를 선호한다.[92] 우리에게 가장 중요한 것은, 비마르코 사료를 주장하는, 쉬르만도 이사야서에서 읽는 예수에 대한 묘사는(17~21절) 전승의 초기 전승에 후대의 덧붙임이라는 것을 인정하는 것이다. 따라서 예수의 읽고 쓸 줄 아는 능력에 대한 질문과 관련이 되는 구절의 바로 그 부분은 아마 이차적이며 그 질문에 대답하도록 우리를 도울 수 없다는 것이다.[93]

추정상 증명하는 세 구절에 대한 우리 조사의 결과는 고무적이지 않았다. 요한 8, 6은 여러 이유로 인하여 고려에서 빠진다. 요한 7, 15은 히브리어 성경들을 읽는 지식을 간접적으로 넌지시 말한다. 이 간접적인 증거는 우리가 가지는 가장 확실한 것이다. 루카 4, 16의 유용성은 예수의 읽음에 대한 언급이 원래의 이야기의 부분이 아닐 수 있기 때문에 의심스러운 채로 있다. 분명히, 우리는 예수의 읽고 쓸 수 있는 능력의 이 질문에 더욱 명확성을 얻기를 바란다면 우리의 고찰들의 범위를 반드시 확대해야 한다.

B. 유다인의 교육과 예수 시대에 읽고 쓸 수 있는 능력

그 문제의 더 넓은 고찰을 시작하기 위해 자연스러운 곳은 예수 시대에 유다인의 교육의 상태와 읽고 쓸 수 있는 능력이 될 것이다. 학자들은 흔히 이러한 방법으로 질문을 푸는 것에 대하여 낙관적이었지만, 최근의 연구에 의해 제기된 두 문제는 이 낙관주의를 의심스럽게 보이게 한다.

첫째 문제는, 간단히 말해서, 이것이다. 곧 유다인의 교육의 널리 퍼진 제도에 대한 만년의 라삐계 묘사들은 어느 정도로 서기 1세기의 팔레스티나에—또 특별히 나자렛과 같은 곳에—적용될 수 있는가? 몇몇 저자들은 서로 다른 세기들의 라삐계 문서들을 함께 섞고 그다음 결과들을 1세기로 던짐으로써 그들이 만드는 교육의 그림에 대해 매우 확신한다. 여러 가지 주의를 기울여 그들은 시대의 전환기에 즈음하여 유다인의 교육의 "균일화된" 그림을 만들기 위해 서기 2세기의 자료를 5세기에 인용한다.[94]

S. 사프레이(S. Safrai)는 이 접근법의 주요한 본보기이다. 사프레이에 의하면, 서기 1세기처럼 이르게 또 더 이르게도, 대다수의 유다인 어린이들은 학교에서 교육을 받았다. 그 교육은 독점적으로 히브리어 성경의 읽기를 수반했다. 이러한 학교들은 마을이 유지할 의무가 있는 제도들 가운데 포함되었다. 성경을 읽음에 헌신한, 이러한 유형의 "초급" 학교는 *bet ha-sēfer*, "책의 학교"라 불렸다.[95] 실로, 1세기에 이러한 학교들은 팔레스티나의 모든 마을에, 두 위대한 인물, 시메온 벤 셰타(기원전 103~76년에 활동)와 대사제 여호수아 벤 가말라(서기 63~65년에 활동)의 노력 덕분에, 가장 작은 정착지에도 존재했다.[96] 시메온은, 팔레스티나의 탈무드에 의하면,[97] 어린이들이 학교에 가도록 명령했고, 반면에 바빌로니아의 탈무드는[98] 여호수아가 교사들은 모든 구역과 마을에서 임명되도록 또 여섯 또는 일곱 살에 어린이들이 반드시 학교에 가도록 명령했다고 말한다.[99] 글쓰기는 전문적인 기술이었고 읽기와 함께 반드시 배우지 않았다. 하지만, 사프레이는 "글쓰기는 상당히 널리 퍼졌으며", 그러나 읽을 수 있는 능력보다 적게 그러했고, "이를 모두가 통과했다."[100]고 말한다. 이른 논문 *m. Abot* 5:21은 학교 출석 나이를 성경을 공부하기 위해 다섯 살 또 미슈나의 공부를 위하여 열 살로 고정하고, 그럼에도 다른 사료들은 여섯 또는 일곱 살을 그의 공부를 시작하기 위해 알맞은 나이로 말한다.[101]

열둘이나 열셋에 남자아이는 학교 공부들을 마쳤다. 그가 특별히 똑똑했다면, 그는 더 "고급" 유형의 교육, *bet ha-midrash*에 다닐 수 있으며, 거기서 그는 율법 교사들의 발 앞에서 토라를 공부하였을 것이다. 그러나 이것은 비교적 적은 수의 특권이었다. 열두 살이나 열세 살 이후 정식의, 계속적인 교육적 제도는 이때 이스라엘에 알려지지 않았다.[102] 학교는 회당과 연관되었다. 교육은 회당 자체에서 또는, 공간이 허락된다면, 서로 붙은 방이나 건물에서 이루어졌다. 하지만, 몇몇 경우에 수업은 교사의 집 정원에서 또한 이루어졌다. 더 작은 마을에서, *ḥazzān*(성구 관리인의 유형)이 또한 교사로 행동을 취했다.[103] 탈무드는 교사들의 경제적 지원을 위하여 규칙을 정했고, 그러므로 가난한 가정의 어린이들도 교육을 박탈당하지 않았다.[104]

사프레이와 다른 이들에 의해 설명된, 이 동질화된 그림의 문제는 이 묘사를 위한 가장 이른 사료, 미슈나가 예수의 소년기 이후 200년경에 쓰였다는 것이다. 미슈나 안의 어떤 몇몇 전승들은 틀림없이 꽤 오래되었지만, 어떤 것이 몇 백 년 뒤로 가며 어느 것이 더 최근의 연도일지 결정하는 것은 쉬운 일이 아니다. 존경받는 라삐의 이름을 어록에 덧붙이는 것은 거의 그것의 진정성을 보장하지 않는다. 더욱이, 라삐들의 어록들은 일반적인 유다인 마을에 실제로 일어나고 있는 것에 대한 진지한 사회학적 묘사보다는 오히려 가끔 라삐들이 촉구했던 이상을 나타낸다. 이 모든 것이 비교적 이른 미슈나의 사실이라면, 예수의 교육이 어떠했을지는 한층 더 문제가 된다.

조지 풋 무어(George Foot Moore)처럼 매우 공감적인 저자마저 이러한 재구성에 대하여 의심을 가졌다. 그는 첫 유다인 반란의 전야에 명해진, 여호수아 벤 가말라의 개혁들이 반란이 끝난 후에 처음부터 또 아마 일단 하드리아누스(서기 132~135년)에 반대하는 반란 후에 다시 한번 제정되었어야 하는 것을 주시한다. 둘째 반란 후에 모든 공동체를 위하여 초급 또 고급 학교들을 일반적인 것으로 말할 수 있다고 무어는 말한다. 그럼에도 불구하고, 유다인 학교가 오직 하드리아누스에 대한 반란 후에 더욱 보편적이고 또 일반적이 된 것을 인정하면서, 무어는 그 이전의 형식과 비교하여, 실제로 아무 새로운 것이 도입되지 않았다고 생각한다.[105] 윌리엄 바클레이(William Barclay)는, 몇몇 경고에도 불구하고, 한층 더 이후의 라삐계 전통들을 신뢰한다.[106] 그러므로 그는 명사 "학교"가 신약성경에

에페소에서 바오로에 의해 사용된 외교인 "티란노스 학교(*scholē Tyrannou*)" (사도 19, 9) 이외에 결코 나오지 않는다는 "역설"에 놀란다.[107]

에밀 쉬러(Emil Schürer)는 시메온 벤 셰타에 대한 전승에 대해 매우 신중한데, 이 그림자 같은 인물은 후대 라삐계 문헌의 많은 이야기의 주제가 되었기 때문이다. 이와 같이 쉬러는 시메온의 교육적 계획을 "후대의 전설"처럼 배척한다.[108] 하지만, 그는 여호수아 벤 가말라의 교육적 개혁들에 대한 전통을 받아들인다. 그럼에도 불구하고, 그 자체로, 서기 1세기의 60년대에 제도화된, 이러한 개혁은 예수의 소년기에 대해 말할 것이 아무것도 없을 것이다. 물론 쉬러는 여호수아의 법률 제정은 소년들을 위한 학교들이 이미 얼마 동안 존재했다고 전제한다. 그러므로 그것들은, "비록 아마 아직 일반적이며 자리를 확실히 잡은 제도로서는 아닐지라도",[109] 이미 예수의 시대에 운영되고 있었다고 제시하는 것이 합리적일 것이다. 이 조건은 다시 한번 나자렛의 예수에게 이용 가능한 어떤 학교교육에 대하여 우리를 미심쩍게 한다.

셰이 코헨은 이 라삐계의 설명들에 그의 접근법에서 훨씬 더 회의적이다. 그는 시메온 벤 셰타와 여호수아 벤 가말라에 대한 전승들은 역설적인 가치가 있을 것 같지 않다고 생각한다.[110] 기원 전후 1세기에 유다인 공동체가 팔레스티나에서나 또는 디아스포라에서도 "공립학교들"(미국인의 의미로)을 지원했다는 분명한 표시가 없다. 필론과 요세푸스의 유다인 어린이들의 율법 지식에 대한 언급은 회당에서 토라의 공적인 낭독을 반영한다. 필론도 요세푸스도 유다인들이 어린이들을 위한 정식의, 학교들의 제도화된 체제를 설립했다고 주장하지 않는다. 존재했던 초등교육은 가정 안에서 이행되었고, 또 가장 흔히 그것은 단순히 아버지에 의해 주어진 기술 안에 교육을 수반했다. 이것은 물론 가장 기본적인 "기능공의 읽고 쓸 수 있는 능력", 영수증을 쓰고 협정을 사인하기 충분한 능력을 포함했을 것이다. 그러나 어떤 종류의 "고등교육"도 부자와 부유층의 특권이었다. 예를 들어, 벤 시라의 학교("내 배움의 집", 집회 51, 23)[111]의 학생들은 아마 예루살렘의 귀족적인 또 잘사는 가정 출신이었을 것이다. 한편 역사적 예수에 대한 탐구에 이것이 아무 응원을 하지 않기 때문에, 코헨의 신중한 결론들은 가장 정직하게 우리가 가진 불충분한 자료를 반영하는 것으로 보인다. 우리는 예수가 목공업에 아버지의 가르침들 이상의 어떤 교육을 받았는지 의문을 품게 된다. 역사적 예수는 문맹의 예수였는가?[112]

이 문제는 둘째, 또 동종의 문제를 상기시킨다. 곧 우리는 이 시기 동안 로마제국 안의 글을 읽고 쓸 수 있는 능력의 높은 정도를 당연한 것으로 간주할 수 없다. 윌리엄 해리스가 지적한 것처럼, 너무 많은 학자들이 그리스-로마 사회들에서 글을 쓰고 읽을 수 있는 능력의 비교적 높은 평가를 매우 빈약한 증거 위에 전제했다. 예를 들어, 바클레이는 신약성경에 글을 읽고 쓸 수 있는 능력은 다음 1800년들이 그럴 것보다 더 많이 널리 퍼졌다고 주장한다.[113] 바클레이에 의하면, 글을 읽고 쓸 수 있는 능력이 시대의 전환기에 유다인들 가운데 특히 흔하였다. 초등학교에서 모든 유다인 소년들은 읽기를 배웠다.[114] 모든 입수 가능한 증거의 상세한 연구 후에, 해리스 자신은 한층 더 유보된 결론들에 이른다. 곧 전통적인 아티카에서도 글을 읽고 쓸 수 있는 능력은 아마 5에서 10퍼센트 사이에 걸쳤을 것이다.[115] 더욱이, 글을 읽고 쓸 수 있는 능력은 동부 지중해 분지에서 로마가 일단 현장에 왔을 때 악화되었다. 사회적인 기대들도, 정부 계획들도, 그리고 시장의 요구들도 일반적인 백성 안에 높은 정도의 글을 읽고 쓸 수 있는 능력을 위해 필요한 조건들을 조성했다. 나자렛은 이러한 일반적으로 암울한 그림에 행복한 예외였다는 것이 당연한 것으로 여겨지는 것이 아니라 증명되어야 할 어떤 것이다.

물론, 라삐계 문헌에 호소하는 것을 떠나서도, 우리는, 특히 돈독한 유다인들 가운데, 읽고 쓸 수 있는 능력을 선호하였을 반대 영향이 존재했을 것이라고 생각할 이유가 있다. 서기 1세기 즈음에 유다인 백성은 거룩한 문헌의 유일한 본체를 조성하였는데, 그것의 핵심에 "모세의 다섯 책", 이른바 모세오경, 탁월한 그 토라가 있었다. 이 문헌은 아주 중심적이어서 그것은 자체에 대하여 문헌을 만들어 냈는데, 예를 들어, 쿰란에서 발견된 *Genesis Apocryphon* 또 *Book of Jubilees*, (나중에) 필론의 *Life of Moses*는 말할 것 없고 또 요세푸스의 *Jewish Antiquities*의 이른 부분이다. 우리는 예수의 생애 동안에 성경의 폐쇄적인 정전을 시대착오적으로 생각해서는 안 되지만, 모세오경은, 여호수아기, 판관기, 사무엘기, 그리고 열왕기에 그 무용담의 계속과 함께, 그들의 특별한 신학적 경향이 어떠했었는지 막론하고, 모든 종교적으로 의식이 높은 유다인들의 민족의식을 만들었다. 덧붙여, 예언서들도 새로운 상황에서 토라에 대한 계속적인 해석을 지도했고 억눌린 민족에게 미래의 영광에 대한 희망을 드러냈다. 다양한 유다인들의 그룹 가운데 모든 차이에 대하여 담화들, 율법들 또 그들의 거룩한 책들의 예언들은 그들에게 공동의 기억과 공동의 기풍을 제공했다.[116] 이스라엘 백성의 바로 그 정체성과 계속되는 실존은 단순히 1세기에 지중해 세계의 다른 백성들에게 해당하지 않는 방법으로 글로 쓴 또 정규적으로 읽은 책들의 전집에 묶여 있다. 이러한 의미로 우리는, 비록 그것을 "폐쇄적인" 정전보다는 오히려 "열린" 정전으로 알아들어야 하지만, 서기 1세기 초반의 유다인들 가운데 거룩한 성경들의 정전에 대해 말할 수 있다.

독실한 유다인들에 의해 이 성경들에 돌려진 이러한 중심이 되는 중요성과 함께, 신심이 깊은 이들이 거룩한 책들을 읽고 자세히 설명할 능력을 높이 존중하였을 것은 조금도 이상하지 않다. 기원전 2세기에 이러한 높은 종교적인 용어로 벤 시라에 의해 쓰인, 전문적인 율법 학자에 대한 칭찬(집회 39, 1~11)은, 서기 1세기의 독실한 사람들에게 그 타당성을 전혀 잃지 않았다.[117] 성경을 읽고 설명할 수 있는 것은 종교적으로 생각하는 유다인들을 위하여 존경받는 목표였다. 따라서 읽고 쓸 수 있는 능력은 유다인 공동체를 위하여 특별한 중요성을 가졌다.

리스너(Rainer Riesner)는 고고학적 또 문학적 표시들이 모두 기원 전후 1세기에 팔레스티나의 유다인들 가운데 읽고 쓸 수 있는 능력의 상당히 넓은 보급을 가리킨다고 지적한다.[118] 명문들이 일반적인 그릇들과 도구들, 예를 들어, 항아리와 화살들 위에서 흔히 발견되었다. 안티오코스 에피파네스에 의해 촉발된 박해를 이야기하면서, 1마카 1, 56~57은 몇몇 독실한 유다인들이 토라의 사적인 복사들을 지녔다고 전제한다. 인정하건대 그의 사과하는 책, *Against Apion*에서, 요세푸스는 율법은 어린이들이 읽도록 가르쳐지고 그들의 선조들의 법들과 행동을 배우도록 명령한다고 말한다.[119] 무라바아트의 동굴, 곧 둘째 유다인 반란 동안(서기 132~135년) 바르

코크바 반란자들의 마지막 피난처에서, 적어도 그것들의 하나는 초보자의 손에서 온, ㄱㄴㄷ 연습들이 발견되었다. 비슷한 연습들이 헤로디움(베들레헴의 바로 동서편)이라 불리는 성채 안에 발견되었는데, 그곳으로 바르 코크바가 잠시 동안 철수했다. 물론 이것은 널리 퍼진 "필사적인 읽고 쓰는 능력"이 있었다고 증명하지는 않는다. 많은 경우에 아마 존재했던 읽고 쓰는 능력은 아마 아주 적게 남아 있고, 상업적 및 사회적 필요성에 제한되었다. 그러나 분명히 읽고 쓰는 능력에 대한 존경과 추구를 조성한 유다인 생활 안에 특별한 요인들이 있었고, 또 고고학은 이러한 추구에 대한 적어도 몇몇 유물들을 제공한다.

자연스럽게, 몇몇 그룹들은 읽고 쓰는 능력에 대한 유다인의 바람을 실천하기 위하여 다른 이들보다 더 나은 지위를 차지했다. 예루살렘 귀족의 지식인들(예, 요세푸스)과 전문적인 율법 학자들 외에, 바리사이들, 그들은 아마 대부분 도시 "중산층"으로부터 왔고,[120] 열성적이고 또 경제적으로도 그들의 동료들과 자식들 가운데 성경을 읽을 수 있는 능력을 확산하기 위해 준비되어 있었을 것이다.[121] 언덕에 있는 마을의 소농민들은 시간과 자원의 똑같은 사치스러움을 누리지 못했다.

이런 이유로, 어떤 현대의 저자들로부터 부풀린 주장들에도 불구하고,[122] 우리는 팔레스티나의 모든 유다인 남성이 읽기를 배웠다고 상상하지 말아야 한다.—또 여자들은 드물게 그 기회가 주어졌다.[123] 읽고 쓰는 능력은, 한편 크게 열망할 만하지만, 평범한 유다인의 일상적인 삶을 위하여 절대적인 필요는 아니었다. 실로, 히브리어 성경의 아람어의 타르굼들의 바로 그 존재(번역들)는 회당에 참석한 상당히 많은 평범한 유다인들이, 히브리어를 읽거나 쓸 능력은 말할 것 없이, 히브리어가 말해질 때에도 그것을 이해할 수 없었다는 것을 분명히 보여 준다. 읽기나 쓰기를 배우지 못한 유다인 소농민들은 여전히 집 안에서 가정의 전통들, 회당에서 성경의 봉독(아람어 번역들을 동반하여)과, 그리고 봉독을 앞서거나 따라오는 강론을 통하여 그들의 종교를 이해하고 실천할 수 있었다. 공동체의 살아있는 전통들은, 그것들이 그 당시 대부분의 팔레스티나 유다인들을 위하여 그랬던 것처럼, 예수의 종교적인 생활과 사상의 모체였을 것이다. 그러므로 그것들 자체만 고려하면, 토라에 대한 경외심과 읽고 쓸 수 있는 능력에 대한 존중과 같은 이러한 영향들은 예수가 성경을 읽고 공부할 수 있었던 유다인들 가운데 셈해졌다는 것을 증거하지 않는다. 그것들은 그저 그가 그랬을 수 있었다는 것을 보여 준다.

다행스럽게도, 그럼에도 우리에게는 오직 이러한 일반적인 고려 사항들만 남아 있지 않다. 우리가 공생활 동안 예수의 활동들, 다양한 복음서 전승들의 거의 모든 것에 의해 증언된 활동들에 대해 잠깐 앞을 바라보면, 우리는 이러한 성인을 만들었던 소년기에 대하여 어떤 합리적인 추정들을 할 수 있다. 우리가 예수의 성인 생활이 치열하게 유다인의 종교에 초점이 맞추어진 것, 그가 거의 모든 복음서 전승에 의해 율법의 학생들과 성경과 할라카에 대한 박식한 토론에 참여하는 것으로 제시된 것,[124] 그에게 존경받는–그러나 그 당시에 모호한–라삐나 선생님의 호칭이 부여된 것,[125] 한 복음서 전승 이상이 그가 회당들에서 설교하거나 가르치는(추측상 성경 봉독 후와 또 봉독에서),[126] 또 정식의 토론들 외에, 그의 가르침이 이스라엘의 거룩한 책들의 관점과 언어로 강하게 가득 찬 것을 고려하면,[127] 그의 가정에서 예수의 종교적 형성이 열성적이고 심오했으며, 성경의 히브리어를 읽는 것에 대한 교육을 포함했다고 가정하는 것이 합리적이다.[128]

맏아들이었기 때문에,[129] 예수는 아버지의 사업을[130] 아들에게 가르치는 것의 실제적인 문제뿐 아니라 또한 오직 종교적인 전통과 유다교의 책들을 아들에게 가르치는 것에,[131] 요셉의 관심의 특별한 대상이었을 것이다. 틀림없이, 강한 구두의 문화 안에,[132] 많은 것이 구전 교리 교육과 암기에 의해 전달될 수 있었을 것이다. 하지만 독실한 바리사이들, 전문적인 율법학자들, 그리고 예루살렘 당국자들과 회당과 성전에서도 성경과 할라카의 해석을 토론하는 데에 예수의 전해진 기술은 거룩한 책들에 대한 어떤 읽는 지식, 직접 요셉 또는 그 목적을 위하여 구해진 어떤 더욱 박식한 유다인에 의해 전해진 읽는 지식을 주장할 수 있을 것이다. 요셉을 제외하고, 가장 가능성 있는 교육의 도서관은 나자렛의 회당이었을 것인데, 이는 종교적인 "초등학교"의 일종으로 또한 도움이 되었을 것이다.[133] 실제로 예수가 그의 첫 성서적 형성을 나자렛 회당에서 받았다면, 우리는 그의 또래들과 어른들을 가르치기 위해 저 똑같은 회당으로 성인 예수의 돌아옴을 둘러싸는 감정이 북받치는 분위기를 잘 이해할 수 있다(마르 6, 1~6a 병행들). "그가 누구라고 생각하나요?"라는 반응은 매우 이해할 만하게 된다.[134]

하부 갈릴래아의 이 언덕 마을 소년이 어떤 정식 교육을 받을 수 있었는지는 얼핏 보기에 가능할 것 같지 않을 것이지만, 가난하나 독실한 부모가 약간 기초적인 배움을 그들의 큰아들을 위해 확보하여 그가 그들의 종교적인 전통들을 잘 알 수 있게 되는 것은 역사에서 이것이 유일한 때가 아닐 것이다. 리스너가 관찰한 것처럼, 팔레스티나의 하류사회 계층의 유다인 청소년이 "초급" 교육을 받았는지는 특히 두 가지 조건들, 곧 아버지의 돈독함과 지역 회당의 실재에 달려 있다. 우리가 말할 수 있는 한, 양쪽 조건들이 예수의 경우에 증명되었던 것으로 보인다.[135] 환경적인 증거는 고고학적으로 완전히 유다인 정착지였던 나자렛을 가리킨다.[136] 그렇다면 나자렛은 2,000명에 가까운 사람들의 마을이었고, 실제적으로 그들은 모두 유다인들이었으며, 유다인 소년들을 위한 어떤 교육 계획과 함께 회당의 존재가 가능한 가설이다. 특히 예수의 가족이 갈릴래아 유다인 소농민들 가운데 종교적이며 민족적인 감정의 재기를 공유했다면, 지역 회당에서 어떤 정식 교육의 이러한 가설은 기반을 잘 두고 있다.[137]

물론, 우리는 예수의 가족이나 나자렛 회당이 바리사이적 세부 사항에 헌신적이고, 구두 전승의 방법에 의해 발전했다고 상상해서는 안 된다. 갈릴래아의 소농민의 유다교는, 모세의 토라, 할례, 그리고 예루살렘 성전과 같은 기본적인 것들에 열성적으로 충실했지만, 특히 후자가 전자에 의해 고상한 마을 사람들로 간주되었다면, 그들이 바리사이들의 색다름으로 생각했던 것에 끌리지 않았을 강한 보수적인 구석을 가졌다.[138] 따라서 우리는, 교회의 이른 시기에, "예수의 동생" 야고보가 적어도 그리스도교 유다인들에 의해, 할례와 음식법의 준수를 보존하는 데에 열중했던 보수적인 경향의 그리스도교 유다인들과 어울렸다면(갈라 2, 11~14; 참조: 사도 15, 13~29)[139] 놀랄 필요가 없다. 야고보는 갑자기 도시의 바리사이가 되지 않았다. 그는 아주 많이 오히려 갈릴래아의 소농민으로 남아 있었다.

요약해서 말하면, 복음서들의 각각의 책들은 예수의 읽고 쓰는 능력에 대하여 매우 적게 증명한다. 그 대신, 우리가 예수는 실제로 글을 읽고 쓸 줄 알았다고 생각하도록 우리를 기울어지게 하는 것은 가능성의 수렴되는 노선에서 오는 간접적인 논거이다. 우리가 보았던 것처럼, 1세기 팔레스티나의 유다교에 대한 일반적인 고려들, 더하기 예수의 가르치는 활동에 대한 복음서 전승의 많은 서로 다른 흐름들의 한결같은 증거, 더하기 요한 7, 15에서 오는 간접적인 증거는 예수가 히브리어 성경을 읽고 그 의미에 대하여 토론에 임할 수도 있었다는 것을 가능성 있게 만든다. 그러므로 그는 히브리어와 또—선험적으로—그가 보통으로 말했던 아람어에 상당한 정도의 읽고 쓰는 능력을 누렸다.[140] 따라서, 비록 루카 4, 16~30이 전적으로 마르 6, 1~6a의 편집적 재작업이었다고 하더라도, 그것이 그의 공생활 동안에 예수가 했던 "종류의 것"을 정확하게 묘사한다는 의미로 그것은 여전히 "참된" 것이다. 그럼에도, 어떻게 여기서, 예수 연구에서 매우 자주, 우리가 직접적인, 명백한, 반론의 여지가 없는 책들에 의해서가 아니라, 오히려 간접적인 논거들, 참조, 그리고 가능성의 수렴되는 노선에 의해 우리의 결론들에 이르는지를 깨닫는 것은 번쩍 정신이 들게 한다.

이 모든 것으로부터 자연스러운 결론은, 그의 어린 시절 또는 이른 성년기 동안의 어느 때, 예수는 히브리어 성경을 읽고 자세히 설명하는 방법을 배웠다. 이것은 아마도 나자렛의 회당에서 일어났을—또는 적어도 시작했을—가능성이 있다. 하지만 예루살렘과 같은 어떤 도시의 중심지에 고등 공부에 대한 아무 표시가 없고, 또 실로 이것은 요한 7, 15에서 명확하게 부인된 것으로 보인다. 그러므로 우리는 예수의 정식 교육의 낮은 수준을 보다 많이 보상한 고도의 천부적인 재능을—아마 천재까지도—감안해야 한다.[141]

어쨌든, 적어도 한 측면에서 예수는 서기 1세기 그리스-로마 세계의 대부분의 남녀 중에 비전형적이었다. 곧 그는 글을 읽고 쓸 줄 알았고, 또 그의 이런 능력은 아마 순전히 그의 이름을 서명하거나 기본적인 사업 거래를 하는 능력("사업자의 읽고 쓰는 능력")을 넘어서 정교한 신학적 또 문학적 책들을 읽고 그것들에 대하여 논평을 할 수 있는 능력("율사의 읽고 쓰는 능력")으로 확장되었을 것이다. 예수는 소농민 배경에서 나오지만, 평범한 소농민은 아니다.

4. 예수는 가난한 목수였는가?

예수가 팔레스티나의 소농민이었다는 것은 보편화되었으며, 그럼에도 그것은 오해의 소지가 있는 것이다. "소농민"이라는 말은 많은 범위의 의미를 가능하게 하며, 또 인류학자들은 그 정의의 어려운 점을 토론한다.[142] 에릭 울프(Eric R. Wolf)는 본질적으로 소농민들은 "시골의 경작자들이며, …곡식과 시골 지역의 가축을 기른다."고 주장한다.[143] 소농민은, 단순히 시장에서 이익을 얻기 위해 특별한 종류의 사업에 몰두하는 농업적인 사업가인, 현대 미국의 농민과 똑같은 유형의 사람은 아니다. 소농민은 현대의 경제적인 의미로 기업이 아니라, 오히려 가정을 운영한다.

동시에, 소농민은 또한 시골 지역에 살며 곡식과 가축을 기르는 이른바 원시사회의 사람들과 다르다. "원시적인" 사회들에서 생산자들은 그들 자신의 노동을 포함하여, 생산의 방편을 조정한다. 그들은 직접적으로 그들 자신의 노동과 그 생산물을 동등한 상품과 다른 사람들의 서비스와 교환한다. 어쨌든, 문명이 발전하면서, 생산의 방편은 최초의 생산자들의 손에서 생산적인 과정에 자신들이 종사하지 않는 그룹들의 손으로 넘어간다. 오히려, 이 새 그룹, 곧 국가나 도시의 통치자들은, 권력에 의해 뒷받침되어, 특별한 경영의 기능을 맡는다. 상품과 서비스의 흐름은 국가나 도시에 중앙집권화되어, 자신들을 부양도 하고 또 나머지를 사회 안의 비농민 그룹에 분배하기 위해, 그 지배적인 구성원들이 소농민들에 의해 생산된 잉여물을 흡수한다. 달리 말하면, 이것은 우리가 소농민이라고 부르는 정확한 사회적 그룹을 불러일으키는 국가나 도시의 발생이다.

결과적으로, 소농민들은 국가와 도시를 마주하여 긴장의 별난 상태, 종속과 서로 간의 이익, 또 하지만, 노골적인 미움이 아니라면, 의심과 불신의 상태 안에 살아간다. 관리하는, 중앙집권화하는 힘은 경제적인 안정성과 또 하지만 부담 양쪽 모두이다. 보통 때에는 "공생"이 기본적으로 긍정적이며,[144] 또 부담은 마지못해 견디어진다. 그러나 그 제도가 붕괴되거나 중심 권력의 요구가 너무 압도적이면, 소농민들은 강도질, 반항 운동, 또는 공공연한 반란에 호소할 것이다.

소농민 사회의 이 간략한 스케치는 갈릴래아에 꽤 잘 맞는다. 자주 하지 않았던 질문은 그것이 예수에게 실제로 맞는가이다. 그 문제는, 아주 간결하게, "소농민"이 땅을 경작하고 가축을 기르는 어떤 사람을 의미한다는 것이다. 또 복음서들에서, 예수는 아무 곳에도 농부로 묘사되지 않는다. 틀림없이, 예수와 그의 나머지 가족은 어떤 토지 한쪽의 시간제 농업에 임했을 것이다.[145] 그 가족의 크기(요셉, 마리아, 예수, 예수의 네 형제, 그리고 미결의 자매들)는 농사에서 그 음식의 적어도 얼마라도 공급할 그의 가족 단위의 필요와 능력 양쪽을 주장하였을 것이다.—갈릴래아 하부 지역의 비옥한 경사지와 들판에 가까운 마을 사람들의 경우에서 어쨌든 우리가 예상하였을 것처럼.[146] 이것은 예수의 비유들과 비유적인 언어들 안에 왜 많은 양의 이미지가 작업장에서보다 오히려 농업에서 취해졌는지—비록 오직 일부분이지만—설명하는 데 도움이 될 것이다.[147]

그러면 어떤 의미로 예수는 소농민이었는가? 적어도 예수는 농업 사회에 살았고, 경제적으로 그것과 연결되었고, 또 어떤 의미로 농업 사회에 의해 지원되었다. 그는 농업에, 시간제로, 참여하기도 했을 것이다. 그 정도로, 그는 아무리 이례적일지라도, 소농민으로 여겨졌을 것이다. 아무튼, 그는 분명히 소농민 사회의 일원이었다. 소유지의 일꾼으로 살지 않았고, 약간 격리된 농장의 자유 보유권자도 아니었다. 그는 1,600에서 2,000명의 사람들 마을에서 살았고, 또 그의 대부분의 수입은 아마 그들 가운데 열심히 사업을 하는 것에서 왔을 것이다. 나는 "아마"라고 말하는데 왜냐하면, 비록 종교적으로 문맹인 사람들도 오늘날 예수를 "목수"로 쉽게 알 것이기 때문이며, 그 보편적으로 받아들여진 "사실"은 신약성경의 한 빈약한 반 구절에 의존한다. 곧 마르 6, 3a, 거기에 깜짝 놀란 나자렛의 유다인들은, 이제 그들 자신의 회당에서 그들을 가르치려고 생각하는, 이전 고향 마을 소년 예수에 대하여 수사적인 질문을 제기한다. "이자는 그 목공[*tektōn*]이 아닌가?"[148] 신약성경 전체의 다른 어느 곳에도 예수가 나자렛에서 다루던 정확한 사업을 밝히지 않는다. 아마 이 질문으로 조롱을 받는 하느님의 아들에 대한 존경에서 마태오는, 이 이야기에 대해 분명히 마르코에 의존하지만, 그의 질문을 "이자는 그 목공의 아들이 아닌가?"로 바꾸며, 이렇게 하여 이름이 밝혀지지 않은 요셉에 대한 지정으로 옮긴다.[149] 루카는, 분명히 또한 험담이 모욕적인 것을 알면서, 비록 루카의 해결이 단지 예수의 사업에 대한 언급을 완전히 빠뜨리는 것이었지만, 마찬가지로 마르코의 구절을 바꾸었다. "이자는 요셉의 아들이 아닌가?"(루카 4, 22).

요컨대, 신약성경 전체에서, "목공[*tektōn*]"은 오직 마르 6, 3과 마태 13, 55에만, 전자 구절에 예수에 대하여 또 후자 구절에 요셉에 대하여, 사용된다. 이렇게 하여 예수가 목수였다는 보편적으로 알려진 "사실"은 반 구절의 가닥에 달려 있다. 하지만 마르 6, 3이 부정확하다고 생각할 이유가 없는데, 특히 그 이전에 마르코나 그리스도교 설교자들이 그의 사회에서 어떤 특별한 출중함도 누리지 않았고, 예수 자신의 가르침에 전혀 언급되지 않았으며, 또 절대적으로 신약성경의 교리 안의 다른 곳에도 아무 반향이 없는 직업을 예수에게 돌리려고 힘들게 노력할 아무 이유가 없기 때문이다.[150] 아무 반대 전승 없이 그것에 이의를 제기하는 것은, 보편적으로 알려진 "사실"이 그 가닥에 의해 계속 달려 있게 하는 것이다.

나는 *tektōn*을 대중적인 "목수"보다는 오히려 "목공"으로 번역하기를 선호하는데 후자 용어가 현대 미국의 일터에서, 그것의 계속 증가하는 전문화로, 약간 제한된 의미를 얻었기 때문이다. 오늘날 목수의 일반적인 정의는 "나무로 된 구조물 또는 구조적 부분을 건축하거나 수리하는 노동자"이다.[151] 우리는 목수들을 집을 짓거나 그것의 주요한 나무로 된 부분을 공들여 만드는 관점에서 생각하는 경향이 있다. 오늘날, 우리 대부분은 쟁기나 소에 사용하는 멍에에 대해 말할 것 없고, 가구 한 점을 위해 목수에게 가지 않는다. 하지만 *tektōn*이라는 고대 그리스어 단어는 그것을 포함했고 또 한층 더 그랬다. *tektōn*이란 단어는 "예를 들어, 나무, 돌, 또는 뿔과 상아도, 그 단단함을 작업 전체를 통하여 유지하는 단단한 재료"와 그의 거래를 하는 모든 노동자에게 적용될 수 있었다.[152] 더 특별히, 그 용어는 흔히 목공에게 적용되었다. 그것은 마르코와 마태오 안의 의미와 같을 것인데 왜냐하면 (1) 그것은 전통적인 그리스어에서 일반적인 의미이고, (2) 복음서들의 고대 버전들(시리아어, 콥트어 등)은 *tektōn*을 "목공"을 의미하는 말로 번역하며, 그리고 (3) 그 말은 그리스의 교부들에 의해 이런 의미로 이해되었기 때문이다.[153]

예수의 일의 어떤 것은 말의 좁은 의미로 목수 일, 곧 집의 일부를 건설하는 목수 일이었을 것이다.[154] 그러나 나자렛에서 일반적인 집은 돌벽이나 찰흙 벽돌로 되었을 것이다. 나무는 대부분 지붕에 보로 이용되었을 것이며, 보 간의 공간은 찰흙과 진흙, 그리고 조밀한 흙으로 채워졌다. 나자렛 사람들은 전체 집을 짓기 위해, 또는 집 안의 마루도 나무의 사용이 여유가 있지 않았을 것이다. 하지만, 문들, 문틀, 또 잠금장치 또는 빗장들은 가끔 나무로, 때로는 (적은 수 또 작은) 창문의 격자들이 나무로 만들어졌다. 이러한 의미로 목공일을 넘어서, 예수는 침대, 탁자, 의자, 등경(참조: 2열왕 4, 10)과 같은, 또한 상자, 캐비닛, 보관함과 같은 다양한 종류의 가구들을 만들었을 것이다. 유스티누스 순교자는 예수가 "쟁기와 멍에"를 만들었다고 주장한다.[155] 한편 이것은 아마 구두 전승보다는 오히려 유스티누스에 의한 추론일 것이며, 그것은 팔레스티나의 사람–유스티누스가 그랬다.–이 *tektōn*에 어떤 일을 돌릴 수 있을지 우리에게 말하지 않는다.

그것은 넓은 범위의 기술과 도구를 동반하는 직업이었다. 실로, 고고학, 또한 글로 된 사료들이, 우리에게 말하는 것처럼 고대 목공일에 수많은 도구들이 사용되었다고 말하는데, 도구들은–기술들과 마찬가지로–바로 식민지 미국에서 쓰던 것들과 매우 다르지 않았다.[156] 이와 같이, 예수가 어떤 의미로 보통 팔레스티나의 노동자였지만, 그는, 고대사회에서, 온당한 수준의 기술을 동반하는 사업을 했다. 그것은 또한 적지 않은 땀과 근력을 들여야 했다. 흔히 경건한 그림들과 할리우드 영화들에서 우리에게 표현되는 비현실적인 허약한 사람은 그의 어린 시절부터 30대 초반까지 나자렛의 *tektōn*으로서의 힘든 일을 거의 견뎌 내지 못했을 것이다.[157]

그러므로 어떤 의미에서, 예수는 분명히 그들의 생존을 위해 힘들여

일해야 했던 가난한 이들에게 속했다. 또 그럼에도 우리의 상상, 언변, 그리고 즉각적인 사회적 연관성에 대한 바람은 예수가 추정상 겪었을 뼈에 사무치는 가난을 묘사하는 데에 몹시 흥분할 수 있다. 곧 "예수, 가난한 이들 중 가장 가난한 이!" "가난한 예수" 또는 고대 지중해 세계에 가난한 사람은 누구나에 대하여 말하는 우리 현대의 미국인들의 문제는 가난이 항상 상대적인 개념이라는 것이다. 램지 맥멀런(Ramsay MacMullen)이 지적하는 것처럼, 타키투스 시대의 로마제국 안에 상원 계층은 전체 인구의 2천분의 1퍼센트와 같은 것이었을 것이며, 한편 다음 가장 높은 계층, "기사들(*equites*)"은, 1퍼센트 이하였다.[158] 하찮은, 갈릴래아처럼 종속된 군주국에는, 참으로 "부자"는 헤로데 안티파스, 그의 강력한 궁전 관료들(참조: 마르 6, 21), 대사유지의 소유자들(때로는 부재하는 지주들), 매우 성공한 상인들, 그리고 세금과 통행료 수금의 소수 감독관(참조: 루카 19, 2의 자캐오, 비록 관련된 도시는 유다의 예리코이지만)을 포함하였을 매우 적은 그룹이었다.

많은 사람들은 모호한 중간 그룹에 종사했고(우리 미국의 "중간 계층"이 아닌), 사업가들, 도시, 마을과 촌락의 수공업자들, 마찬가지로 상당한 크기의 토지의 자유방임 농민들을 포함하였다.[159] 이 중간 계층 그룹을 말하면서, 이 그룹에 속하는 것이 오늘날 중간 계층 미국인들로 알려진 경제적인 안전을 의미했던 그룹에 속하는 것으로 착각해서는 안 된다. 소농민들은 날씨의 예측 불허의 변화, 시장 가격, 인플레이션, 지배하는 통치자들, 전쟁들과 중한 세금(시민적 또 종교적)에 속박되었기 때문에, 특히 불안정한 현실을, 때로는 최저 생활수준을 살았다.[160] 사다리의 더 아래쪽으로 품팔이꾼들, 고용된 종들, 순회 수공업자들, 그리고 노상강도에게 강요된 재산을 빼앗긴 농부들이 있었다.—숀 프레인은 "시골의 프롤레타리아"라고 부른다.[161] 사다리의 바닥에 넓은 사유지에서 농업 일에 종사하는 노예들에게 과해지는 가장 나쁜 운명, 종들이 서 있었다.[162]—하지만 이것은 갈릴래아의 농업에 있어서 가장 흔한 유형은 아니었다.[163]

이 대략적인 규모로 볼 때, 나자렛의 목공 예수는 아마—우리가 행복한 유비를 사용할 수 있다면—미국 하위 중간 계층의 블루칼라 노동자에 해당하는 모호한 중간의 낮은 끝 어딘가에, 매겨졌을 것이다.[164] 그는 실로 어떤 의미로 가난했고, 또 편안한, 도시의 중간 계층 미국인은 고대 나자렛의 생활 조건을 간담을 서늘하게 하는 것으로 알았을 것이다. 그러나 예수는 나자렛의 거의 모든 다른 사람보다, 또는 그 문제라면 대부분의 갈릴래아에서, 아마 더 가난하거나 덜 존경스럽지 않았을 것이다.[165] 그의 것은 날품팔이꾼이나 시골 종의 뼈에 사무치는, 모멸적인 가난은 아니었다.

실로, 생활의 모든 불공평함에도, 갈릴래아에서 헤로데 안티파스(기원전 4~서기 39년)의 통치는 비교적 번영하고 평화스러운, 그것을 앞서거나 뒤따르는 극심한 사회적 갈등에서 자유로웠다. 한편 민주주의에 익숙한 현대의 미국인들은 안티파스를 견딜 수 없을 것을 알 것이지만, 그는 고대 근동의 대부분의 폭군들보다 아마 더 좋았을 것이다. 그의 아버지 헤로데 대왕보다 더 온화했던, 그는 그의 백성과 그럭저럭 평화로이 살아간 유능한 통치자였다. 그가 아그리파스 2세를 제외하고, 다른 어느 헤로데가의 임금이나 왕자보다 더 오래 다스렸던 것은 우연이 아니었다.[166]

몇몇 작가들이 그리는 반란으로 펄펄 끓는 갈릴래아 묘사는 헤로데 대왕의 죽음 후에 분출하는 혁명적인 감정을 비교적 안티파스의 비교적 조용한 통치로 무비판적 투사—또는 서기 52년에서 70년까지 소요의 무비판적인 뒤로 던지기—에서 오는 결과이다. 안티파스, "그 여우"(루카 13, 32)를 지지하는 부담에도 불구하고, 일반적인 백성은 평화와 소박한 생활 수준이 반란의 위태로운 약속을 능가한다고 판단했다.[167] 그다음의 사건들은 그들이 옳은 것으로 증명하였다. 다른 것들 가운데, 예수가 갈릴래아와 또 그것을 넘어서 여러 해의 순회하는 전교 여행을 할 수 있게 한 것은 이러한 비교적 사회의 평화로운 상태였다.

공평하게 말하면, 몇몇 학자들은 예수의 경제적인 지위에 대한 대안적 묘사를 제시한다는 것을 주목해야 한다. 그들에 의하면, 요셉과 예수는 모두 아주 많은 곳을 여행하고, 때로는 세포리스와 예루살렘과 같은 도시에서도 일했던 뛰어난 건축가였고, 또 비교적 부유했다.[168] 사례가 이러했다면, 그가 공생활을 시작하면서 예수에 의한 그의 부요의 포기는 한층 더 급진적이었을 것이다. 하지만 이러한 시나리오들은 흔히 다양한 구절들에 대한 무비판적 맞물림, 의심스러운 해석, 그리고 작은 상상 이상에 기초를 둔다.[169] 복음서들의 아무것도 이러한 가설에 대해 긍정적으로 말하지 않는다.

때로는, 이 제안을 지지하기 위해, 아마도 우리의 그리스어 복음서들의 *tektōn* 뒤에 아람어 단어, 곧 *naggārā'*에 대한 호소가 만들어진다.[170] 그러나 *naggārā'*는, *tektōn*과 같이, 넓은 범위의 의미가 있다. 곧 목수, 공중제비를 하는 사람, 기능 보유자, 또 비유적 의미로 스승 또는 예술가.[171] 우리가 비록 이것이 우리의 그리스어 구절에서 *tektōn* 뒤의 정확한 아람어 단어라고 확신한다고 하더라도, 그것은 아무것도 증명하지 않을 것이다. 하지만 리스너는 거기 *naggārā'*가 "학자"를 의미하는 것으로 보이며, 반면에 *bar naggārā'*("목수의 아들")는 "학생, 제자"를 의미하는, 후대의 탈무드의 대목에 한층 더 호소함으로써, 이 가설적 아람어 사료의 의미를 밀어붙인다.[172] 이것으로부터 리스너는 목수와 성경의 특별한 지식 간의 연결은 예수의 시대까지 기억을 더듬어 보게 할 수 있을 것이라고 주장한다. 우리는 이러한 추론은 매우 빈약하고 늦은 증거에 심하게 의지한다고 논평할 수 있을 뿐이다. 탈무드의 격언들은 이삼백 년 오래되었고 또 여전히 우리를 예수의 생애로 데리고 가지 못하는 자료를 보존할 수 있을 것이다. 아마 가장 쟁점이 되는 것은 여기에 리스너가 가장 이른 라삐계 모음집, 미슈나에서 이러한 용법의 아무 실례도 제공할 수 없다는 것이다.

그 자신의 시대와 그렇게 멀리 떨어지지 않은 예수의 사업에 대한 하나의 제안은 그가 얼마 동안 나자렛의 오직 3.7마일 북북서 또 단지 한 시간의 걸음이었던 갈릴래아의 주요한 도시, 세포리스에서 일자리를 구했을 가능성이 있다는 것이다. 세포리스는 기원전 4년에 로마에 대한 반란 동안 멸망되었다. 영주로서 로마에 의한 그의 인준 후에, 헤로데 안티파스는 세포리스를 그의 수도로 선택하여 거대한 그리스 양식으로 그것을 재건하기 시작했다. 한편 최초의, 집중적인 노력들을 잽싸게 해치웠지만, 어떤 건축은 안티파스가 그의 수도를 서기 26년경 티베리아스의 새 도시로 옮길 때까지 계속되었다. 만일 예수가 그 거대한 재건축의 시기 동안 세포리스에서 고용되었다면, 그는 강하게 그리스적인 도시의 도시 문화와 접촉했을 것이다.[173] 그 체험은 시골 지역으로부터 보수적인 유다인 소농민들에게 집착했던 자연적인 고루함을 느슨하게 하게 하는 데 도움이 되었을 것이다.[174]

흥미롭기는 하지만, 이 제안은 복음서 어떤 구절에도 아무 실제적인 기반 없이 순전한 가능성으로 남는다.[175] 더 중요한 것은, 복음서들은 결코 예수가 갈릴래아의 강하게 그리스적인 도시 중심지에서 설교를 하거나 또는 그것에 대하여 말하는 것조차 제시하지 않는다. 우리가 아는 한, 갈릴래아 내에서 그의 직무는(마찬가지로 구두의 언급) 전통적인 유다인의 마을과 고을에 제한되었다. 곧 나자렛, 카파르나움, 카나, 나인, 그리고 코라진. 본래의 갈릴래아 내에, 세포리스와 티베리아스의 그리스계 도시들은 예수의 여행에 대한 그것들의 부재에 의해 주목할 만하다.[176] 갈릴래아에서 예수의 활동의 이 일반적인 묘사는, 복음서들 전체를 통하여 한결같고, 이르고 영향력 있는 세포리스와 같은 그리스계 중심지들과 접촉을 지지하지 않는다. 이러한 이론은 물론 적극적으로 틀렸음이 입증되지 않는다. 그러나 그것을 지원하는 아무 견고한 증거가 없으며, 복음서들은 간접적으로 그것을 반대하는 몇몇 표시들을 제공한다. 결국, 예수의 "중간" 시기에 대하여 우리가 가진 드문 증거는 한 방향을 가리킨다. 곧 예수는 그 시기를, 목공의 사업을 하면서, 거의 온전히 갈릴래아에 나자렛의 시민으로서 보냈다. 그를 오랫동안 나자렛에서 데려갔을 교육이나 직장의 분야에서 특별한 체험들은 신약성경 원문에 의해 지원되지 않는, 순전한 가설들로 머물러야 한다.

이 장 전체를 통하여 다양한 성경 구절들 안의 빈약하고 간접적인 참조들을 판독하는 데 우리를 도와주기 위해 우리는 1세기 팔레스티나의 문화, 정치, 사회, 그리고 경제에 대하여 일반화에 의존할 수 있었다. 나자렛에서 예수의 청년기와 성년기를 둘러싸는 대략적, 일반적인 묘사는 구절과 문맥의 상호작용에서 나오지 않는다. 그럼에도, 한층 더 어려운 것은 다음 장에서 우리와 관련이 될 일반적인 것에서 특별한 것까지 가문이다. 거기서 우리는 예수의 개인적인 체험을 만들었던 특별한 가족 관계에 대하여 무언가 말하려고 힘쓸 것이다. 그 지점에서, 전반적인 문화와 사회에 대한 일반적인 관찰들은 거의 도움이 안 된다. 우리는 주로 몇 개의 애매한 구절로 거슬러 올라가게 된다. 그러나 그때 가족 관계는 흔히 애매하다.

NOTES TO CHAPTER 9

1 Of course, this has not prevented psychiatrists and popularizers alike from penning sketches of Jesus' psychological development or treatises on Jesus as a Jungian archetype. Such authors should not all be lumped together, since some consciously prescind from the question of the historical Jesus, others simply ignore the question, and still others do claim to be speaking of the historical Jesus as extricated from the Gospel records. Examples of the first type of author include Françoise Dolto and Gérard Sévérin, who pointedly refuse to take a position with regard to the historicity of Gospel texts(*The Jesus of Psychoanalysis. A Freudian Interpretation of the Gospels*[Garden City, NY: Doubleday, 1979] prefatory note). Obviously, they are not concerned with the historical Jesus (or with his individual psyche) as I have defined him.

Also unconcerned with historical questions as treated here are those who approach the story of Jesus as an archetype open to Jungian analysis. For instance, G. H. Slusser (*From Jung to Jesus. Myth and Consciousness in the New Testament*[Atlanta: John Knox, 1986]) uses the "hero archetype" developed by Joseph Campbell to analyze the "mythic hero story" of Jesus. Similarly, Edward F. Edinger(*The Christian Archetype. A Jungian Commentary on the Life of Christ*[Toronto: Inner City Books, 1987]) seeks to study the mythic life of Christ (including the assumption and coronation of the Virgin Mary), understood psychologically to represent the vicissitudes of the self.

Different from these attempts, which consciously prescind from the question of the historical Jesus, is Elizabeth Boyden Howes, *Jesus' Answer to God*(San Francisco: Guild for Psychological Studies, 1984). Operating in the Jungian tradition, Howes tries to separate the myth Jesus lived from the myth of Jesus the Christ that stimulated the faith of the early Church. However, despite the author's claims to sift the Gospel material critically according to various criteria of historicity, the treatment is often naive, with patently redactional creations of the evangelists being accepted as the words and deeds of the historical Jesus. Judgments about historicity are often introduced by phrases like "my feeling is..." and "I feel that..." with little or no concrete argumentation to ground these feelings. Another and more serious attempt to work within the constraints of historical-critical research is Hanna Wolff, *Jesus der Mann. Die Gestalt Jesu in tiefenpsychologischer Sicht*(4th ed.; Stuttgart: Radius, 1979); and her companion work, *Jesus als Psychotherapeut. Jesu Menschenbehandlung als Modell moderner Psychotherapie*(4th ed.; Stuttgart: Radius, 1981). Although the first book promises to take into account modern Jesus research, the focus is usually on such topics as "the image of Jesus in the constellation of the mother-archetype" and "the androgynous image of Jesus." What historical-critical considerations do appear are mainly borrowed from a small group of German post-Bultmannian scholars(e.g., Bornkamm, Käsemann). Wolff herself does not engage in any extensive evaluation of Gospel material according to criteria of historicity.

Finally, there are the blatantly popular presentations, which can range from an orthodox Christian perspective to a New Age vision. For example, Andrew G. Hodges(*Jesus. An*

Interview Across Time. A Psychiatrist Looks at His Humanity[Birmingham, AL: Village House, 1986]) pretends to interview Jesus face to face and presumes to fashion Jesus' answers. In all this, the Gospels are taken at face value, with no critical sifting. The author, while seeking to give due consideration to Jesus' human development, accepts the Chalcedonian formulation of Jesus as "true God and true man." Truly creative and completely uncritical is Frank Jakubowsky's *The Psychological Patterns of Jesus Christ*(Oakland, CA: Frank Jakubowsky, 1982); the treatment of Jesus is tied to that of astrological signs. One is not surprised to be told that this book is the sequel to the author's earlier *Jesus Was a Leo*. Some perceptive observations on the whole psychological approach to Jesus are made by Ulrich Ruh, "Die Schwierigkeiten mit dem 'wirklichen' Jesus", *Herder Korrespondenz* 44(1990) 287-291: the supposedly "real" Jesus turns out to be the projection onto Jesus of the wishes, needs, and interests of each author. Needless to say, such books are usually quite successful in the marketplace, if not in the academy.

2 A "strong" position, that the majority of Israelites "had Greek for their familiar tongue", is represented by R. O. P. Taylor, "Did Jesus Speak Aramaic?" *ExpTim* 56(1944-1945) 95-97; Taylor thinks that Jesus might have spoken Aramaic in secluded places, but that he regularly taught the crowds in Greek. A more moderate position is espoused by A. W. Argyle, who holds that Jesus taught at times in Aramaic and at times in Greek; see his "Did Jesus Speak Greek?" *ExpTim* 67(1955-1956) 92-93, which began a mini-debate in the *ExpTim*: J. K. Russell(same title), ibid., 246; H. Mudie Draper(same title), ibid., 317; A. W. Argyle (same title), ibid., 383; R. M. Wilson(same title), *ExpTim* 68(1956-1957) 121-122. Unfortunately, a good deal of the argument is guided either by acritical presuppositions or by a desire to have direct access to the original sayings of Jesus (in Greek).

3 Almost all the articles in Joseph A. Fitzmyer's volume of collected essays on biblical Aramaic, *A Wandering Aramean. Collected Aramaic Essays*(SBLMS 25; Missoula, MT: Scholars, 1979), bear directly or indirectly on the question. Those that bear most directly are "The Study of the Aramaic Background of the New Testament", pp. 1-27; "The Languages of Palestine in the First Century A.D.", pp. 29-56; "The Phases of the Aramaic Language", pp. 57-84; and "The Contribution of Qumran Aramaic to the Study of the New Testament", pp. 85-113. Much of what is presented in this section is dependent on Fitzmyer's work, even when this is not explicitly stated in individual notes.

4 H. Birkeland, *The Language of Jesus*(Oslo: Dybwad, 1954). See also Isaac Rabinowitz, "'Be Opened' = *Ephphatha*(Mark 7, 34): Did Jesus Speak Hebrew?" *ZNW* 53(1962) 229-238; idem, "Ephphatha(Mark VII. 34): Certainly Hebrew, not Aramaic", *JSS* 16(1971) 151-156; J. Cantineau, "Quelle langue parlait le peuple en Palestine au Ier siècle de notre ère?" *Sem* 5 (1955) 99-101; J. A. Emerton, "The Problem of Vernacular Hebrew in the First Century A.D. and the Language of Jesus", *JTS* n.s. 24(1973) 1-23; P. Lapide, "Insights from Qumran into the Languages of Jesus", *RevQ* 8(1972-1975) 483-501; Chaim Rabin, "Hebrew and Aramaic in the First Century", *The Jewish People in the First Century*(CRINT 1/2; ed. S. Safrai and M. Stern; Philadelphia: Fortress, 1976) 1007-1039.

As with the champions of Greek, there is a spectrum of positions. For example, the "strong" position is held by Birkeland, who claims that a dialectical form of what would become Mishnaic Hebrew was the language of the common people; therefore Jesus normally spoke Hebrew when teaching them, though he at times probably used Aramaic and Greek as well. It is curious that this monograph of Birkeland is regularly referred to—and even praised—by scholars maintaining the "Hebrew hypothesis." In fact, Birkeland's work is almost an embarrassment to read today. It is not just that his views, especially on Aramaic, have become outdated. More astounding are the self-contradictions, contorted arguments, and uncritical use of sources(especially the NT); his position is rightly rejected by J. N. Sevenster, *Do You Know Greek? How Much Greek Could the First Jewish Christians Have Known?*(NovTSup 19; Leiden: Brill, 1968) 34-36. It is not surprising that writers who appeal to Birkeland in more recent times quietly alter or forsake many of his arguments—indeed, sometimes his whole position on lower-class Jews speaking a dialect of Mishnaic Hebrew while the upper classes spoke Aramaic.

For example, Rabin restricts Birkeland's thesis by claiming that Mishnaic Hebrew was the dominant spoken language of the Judean, but not the Galilean, population. Like Birkeland, however, he must struggle to explain the presence and function of Aramaic targums. His answer is that Aramaic-speaking Jews from outside Judea settled in Judea, making it necessary for priests and Pharisaic teachers to be completely bilingual and to supply targums for those who were not. Hence, in Judea Hebrew was dominant and Aramaic in second place. In Galilee, the reverse was true. When Jesus took part in discussions in the synagogue, temple, or a group of scribes, he would use Mishnaic Hebrew. A somewhat similar view is held by Cantineau. J. T. Milik(*Ten Years of Discovery in the Wilderness of Judaea*[SBT 26; Naperville, IL: Allenson, 1959] 130) also holds that Mishnaic Hebrew "was the normal language of the Judaean population in the Roman period."

Like Rabin, Lapide applies to the problem the sociolinguistic distinction of high language(the language of culture, literature, religion) and low language(the language of the home and everyday affairs) within the same speech community, a situation called diglossia. Mishnaic Hebrew was the high language Jesus used in formal religious situations; he used Aramaic in everyday life(here Birkeland's thesis is turned upside down). Lapide must struggle (unsuccessfully, in my view) against Jesus' use of Ps 22:2 in Aramaic on the cross. Rabinowitz, besides arguing that *ephphatha* cannot be an Aramaic verb form and so must be Hebrew, draws the wide-ranging conclusion that both Hebrew and Aramaic texts narrating the story of Jesus were translated into Greek and were drawn upon for the Greek Gospel of Mark. This awkward solution is typical of sustainers of the "Hebrew hypothesis": their position forces them to adopt very unlikely source and tradition histories for the Gospels.

Perhaps the most nuanced view is taken by Emerton, who tries to do justice to the complicated linguistic situation: Aramaic was the common language of the ordinary people of Galilee, and so there Jesus regularly spoke Aramaic. In Judea, both Aramaic and Hebrew were spoken by the people, and there Jesus spoke both at various times.

5 See William V. Harris, *Ancient Literacy*(Cambridge, MA/London: Harvard University, 1989).

6 By "postbiblical" Hebrew is meant a type of Hebrew that seeks to imitate the style

of the classical Hebrew found in the books of the OT, yet which betrays traces of influence from Aramaic and also points forward to the different type of Hebrew found in the Mishna.

[7] As a number of authors point out, a "living" language is not necessarily the opposite of an "artificial" language. It could be that recently arrived members of the Qumran community underwent intensive training in the special type of Hebrew spoken at Qumran and then began to use it as the regular, "living" language of the community, even though it was "artificial" in the eyes of Palestinian society as a whole.

[8] This is admitted in theory by Sevenster(*Do You Know Greek?*, 180-181), but in practice he tends to brush the methodological difficulty aside in his eagerness to use inscriptions to establish the wide diffusion of Greek in Palestine in the 1st century A.D.

[9] Gerard Mussies("Greek in Palestine and the Diaspora", *The Jewish People in the First Century*[CRINT 1/2; ed. S. Safrai and M. Stern; Philadelphia: Fortress, 1976] 1040-1064) remarks(p. 1041): "...in the case of many inscriptions, if not all, we do not know whether the Greek is that of the deceased person's relatives or that of the stone-mason, who may or may not have been Jewish."

[10] This problem is recognized in the laudable work of Sevenster, *Do You Know Greek?*; see, e.g., pp. 126-149. Sevenster also shrewdly observes that the ossuaries of the poor may well have been made of wood and therefore have largely disappeared, while the stone ossuaries of the well to do are more likely to have survived(p. 138). Hence the data are weighted in favor of the upper classes, who might well be expected to know Greek, or at least affect it on their ossuaries. Moreover, almost all of the funerary inscriptions Sevenster considers are from the 2d century A.D. or later(pp. 139-140). Yet, despite all Sevenster's agonizing over the difficulty of dating material and then of drawing conclusions from material of the 2d to 4th centuries for the 1st century A.D., at times he does just that. Still, Sevenster is more careful than many other writers on the subject. It is symptomatic of the scholarly scene that Mussies("Greek in Palestine and the Diaspora", 1042) lists in one sentence Jewish inscriptions in Greek from Joppa(2d-3d cent. A.D.), Beth-Shearim(1st-4th cent. A.D.), and Jerusalem(2d cent B.C.-2d cent. A.D.).

[11] See the statement of the problem in William F. Albright, *The Archaeology of Palestine* (5th ed.; Pelican A 199; Baltimore: Penguin, 1960) 201-202.

[12] One can safely prescind from other languages which had at best a meager existence in Palestine at the time: e.g., early Arabic dialects in marginal areas of Palestine and possible remnants of Phoenician; see Rabin, "Hebrew and Aramaic", 1010-1011.

[13] Fitzmyer states that, as far as he knows, the earliest Latin texts from Palestine are all dated to the 1st century A.D.; see his "The Languages of Palestine", 47 n. 7. This makes perfect sense, since Judea, Samaria, and Idumea did not become a province under a Roman prefect until the ethnarch Archelaus, a son of Herod the Great, was deposed in A.D. 6.

[14] Mussies("Greek in Palestine and the Diaspora", 1057) suggests that "many if not most" of the Jewish ossuaries found in Palestine with Greek inscriptions contained the bones of deceased Diaspora Jews who had returned to Palestine, of their descendants, or of Jews

who had assimilated in one of the Hellenistic towns.

[15] John 19:20 states that the *titulus crucis*("Jesus the Nazorean, the King of the Jews") was written in Hebrew(probably Aramaic is meant), Latin(*rhōmaisti*), and Greek. As Fitzmyer points out, this detail could be historical, since Josephus mentions occasions when decrees or inscriptions were displayed in Palestine in both Latin and Greek(Fitzmyer, "The Languages of Palestine", 31). For examples from Josephus, see, e.g., *J.W.* 5.5.2 §193-194; Ant. 14.10.2 §191. Brown(*The Gospel According to John,* 2. 902) observes that "Jewish tombstones in Rome were sometimes inscribed in these three languages." However, one must reckon with the possibility that this detail, recorded only in John, simply symbolizes the public proclamation of the universal kingship and salvific impact that Jesus achieved by "being lifted up on" or "ascending" the throne of the cross. Notice how this theme is developed in John 11:47-53; 12:13-15, 19, 20-24, 31-32. Schnackenburg(*Das Johannes-evangelium,* 3. 315) tends toward the purely symbolic interpretation: "...it is less likely that a Roman made such a fuss over a crucified person."

[16] The classic expression of this insight in recent research is Martin Hengel's *Judaism and Hellenism. Studies in Their Encounter in Palestine during the Early Hellenistic Period* (Philadelphia: Fortress, 1974). For an update that focuses more directly on Judea and the 1st century, see Martin Hengel, *The "Hellenization" of Judaea in the First Century after Christ*(London: SCM; Philadelphia: Trinity Press International, 1989); on the linguistic question in particular, see pp. 7-18. Hengel's view, however, has not gone without challenge; for one expression of a more cautious approach, see Tessa Rajak, *Josephus. The Historian and His Society*(Philadelphia: Fortress, 1984) 53.

[17] Hengel(*The "Hellenization" of Judaea,* 8) gives as an example the first bilingual Jewish coins, in Hebrew and Greek, issued by the Hasmonean high priest and king Alexander Jannaeus(103-76 B.C.); see also pp. 31-32.

[18] Hengel(*The "Hellenization" of Judaea,* 33) remarks: "Herod's Jerusalem was a Hellenistic city through and through, which had been decked in a splendour as a result of the king's ambition.... It contained a theatre and a hippodrome, as did the winter residence of Jericho." Symptomatically, in contrast to Alexander Jannaeus, Herod the Great used purely Greek inscriptions on Jewish coins and weights.

[19] Needless to say, such rough estimates must be received with caution, especially since (1) Hengel includes Jericho in "greater Jerusalem", and (2) the epitaphs are not restricted to the narrow period within the 1st century A.D. that we are interested in.

[20] Hengel(*The "Hellenization" of Judaea,* 21, 28-29) suggests that much of what we consider the literature of Greek-speaking Diaspora Judaism, including a good deal of the apocryphal/deuterocanonical books of the Bible, originated in Palestine.

[21] Yet Mussies("Greek in Palestine and the Diaspora", 1059) cautions against supposing that everyone in these Hellenistic towns spoke Greek as their first language; even some of the non-Jews may have spoken Aramaic as their native language.

[22] See Hengel, *The "Hellenization" of Judaea,* 14.

[23] On the various letters and papyri fragments found in caves and dating from around the time of Bar Kochba, see Sevenster, *Do You Know Greek?*, 153-174.

[24] There is a certain irony here: the Hebrew-Aramaic Book of Daniel turns out to be the only book of the Hebrew canon that contains undeniably Greek words. Thus the book is a linguistic microcosm reflecting the Palestine of its day.

[25] Hebrew works produced by Qumran include the *Manual of Discipline*(alias *Rule of the Community*), the *War Scroll*, and the *Hymns of Thanksgiving*(alias *Hodayot Psalms*). Hebrew works not produced at Qumran but used and preserved by the community include the deuterocanonical/apocryphal Book of Ben Sira(alias Sirach or Ecclesiasticus).

[26] See Mussies, "Greek in Palestine and the Diaspora", 1050. The same is true of the Hebrew text of the earlier Book of Ben Sira.

[27] Obviously, the destruction of Jerusalem and the defeat of the Jewish rebellion in A.D. 70 created a situation in which Greek would become notably more dominant in Palestinian life. Sevenster(*Do You Know Greek?*, 178-179) tries to argue against the idea of A.D. 70 as a linguistic watershed, but the adversaries he cites seem to have the better of the argument. Hence I think it is perilous to read the linguistic situation of Palestine in the 2d century A.D. (especially after the Bar Kochba revolt!) back into the early 1st century A.D.

[28] One is struck by the similar boast of Paul in Gal 1:14: "And I was making progress in Judaism superior to [that of] many contemporaries among my own people, since I was even more zealous [than they were] for the traditions of my forefathers." Similar autobiographical statements can be found in 2 Cor 11:22; Phil 3:5-6; Rom 11:1. Unlike Josephus, Paul proclaims his rejection of rhetorical skills in 1 Corinthians 1-3, only to proceed to write in 1 Corinthians 13(the praise of love) and 1 Corinthians 15(the resurrection) some of the most stirring Greek since Plato. More of Paul than of Josephus will be found in world-literature textbooks because, while Josephus was the better "technician" of Greek literature, he was basically an imitator of Greek historians like Thucydides and Polybius, while Paul, for all the Greco-Roman parallels, was "an original." If we were to draw a sliding scale of technical literary skill among Jews in the 1st century A.D., with zero on the left side and one hundred on the right, Jesus would probably stand close to the left end, Paul somewhere in the middle, Luke and the author of the Epistle to the Hebrews past the center moving to the right, and Josephus and Philo close to the far right end.

[29] The Greek of this passage suffers from textual difficulties and differing interpretations of phrases; but the basic sense is clear enough. For various ways of translating some of the troublesome phrases, see the footnotes of Louis H. Feldman in Vol. 10 of the Loeb Library edition of Josephus(no. 456), pp. 139-140. Some scholars(e.g., Sevenster, *Do You Know Greek?*, 70) make much of the fact that in this passage Josephus blithely dismisses mastery of foreign languages as the sort of skill common not only to ordinary free men but also to household slaves who wish to acquire it. Instead, says Josephus, "our people"(i.e., Palestinian Jews) esteem those who have an exact knowledge of the laws. All this tells

us not what was the common language of ordinary people in Palestine but rather how nervous Josephus was about his poor pronunciation of Greek and how desperate he was to deprecate an ability he did not possess. Sevenster misses the boastful-yet-apologetic thrust of the passage.

30 (*Ant.* Proem 2 §7): *oknos moi kai mellēsis egineto tēlikautēn metenegkein hypothesin eis allodapēn kai xenēn dialektou synētheian.*

31 Even Sevenster(*Do You Know Greek?*, 75), for all his emphasis on the use of Greek in 1st-century Palestine, says of Josephus: "...this use of assistants makes it difficult to deduce accurately from the Greek of those works how much knowledge a painstaking Jew of the first century could assimilate of the Greek language and literature." It is questionable whether assistants should also be posited for the writing of the *Antiquities*. Against Thackeray's theory of a "Thucydidean Hack" and a "Sophoclean Assistant" visible in parts of the *Antiquities*, see Rajak, *Josephus*, 233-236.

32 To be fair to Josephus, we should note that he is speaking primarily of elegant literary Greek that imitates the classical histories. Yet his comment about his failure to pronounce Greek correctly does take us into the realm of spoken Greek. Rajak(*Josephus*, 62) summarizes her investigation of Josephus' knowledge of Greek as follows: "...there is no reason to believe that Josephus was inclined, in his Jerusalem days, to gravitate towards those restricted circles in which Greek literature might be admired. We should, I think, consider it probable that he had not read any of the Classical Greek authors before he went to Rome. There would have been plenty of time to do this during the second part of his life." In the view of H. St. J. Thackeray(*Josephus. Volume II. The Jewish War, Books I-III*[LCL; Cambridge, MA: Harvard University; London: Heinemann, 1927] xiii-xix), Josephus' *Jewish War* has great merits as a literary work, the style being "an excellent specimen of the Atticistic Greek fashionable in the first century"(xiii). As we have seen, this was not accomplished without the help of assistants(xv). Josephus' *Life* is not as polished in its Greek style, but that may be partly due to the fiery, polemical nature of the work.

33 *J.W.* 5.9.2 §361: *Iōsēpon kathiei tę̄ patrię̄ glōssę̄ dialegesthai.* On the question of whether *tę̄ patrię̄ glōssę̄* means Aramaic or Hebrew in such contexts, see Fitzmyer, "The Languages of Palestine", 34 and 51 n. 36. Birkeland, naturally, rejects the idea that "the language of the forefathers" could ever mean Aramaic in Josephus(*The Language of Jesus*, 13). It is true, to be sure, that at times Josephus carefully distinguishes between Hebrew and Aramaic(which he calls "Syrian", *syristi*, Syriōn); see Ant. 10.1.2 §8; 12.2.1. §15. But this is a prime example of context controlling usage. In the two passages from the *Jewish Antiquities* just cited, the whole point of the narrative is the difference between Hebrew and Aramaic. Despite his knowledge of this difference, Josephus in other contexts will blithely identify Aramaic as well as Hebrew words as Hebrew. Thus, in *Ant.* 1.1.1 §33 he identifies the Aramaic form *sabbata* as Hebrew(*tēn Hebraiōn dialekton*), as he does the Hebrew *Adamos* in 1.1.2 §34; in *Ant.* 3.10.6 §252 he identifies the Aramaic word *asartha* as the Hebrew name for the feast of weeks(*hēn Hebraioi asartha kalousi*), when in fact the Hebrew form (which no doubt Josephus knew full well) was *'ăṣeret*. Hence, the distinction Josephus knows in theory he ignores in practice, especially when the context

does not demand a neat distinction between Hebrew and Aramaic. And that is just the case in passages like *J.W.* 5.9.2 §361: the linguistic distinction being made is between the Greek Titus speaks and the Aramaic Josephus speaks. That a 1st-century author who had some knowledge of the topography and customs of Palestine and Jerusalem could consistently identify Aramaic words as Hebrew is proven in the case of John the evangelist. He pointedly uses *hebraisti*("in Hebrew") with the Aramaic words *Bēthzatha*(5:2; on the complicated textual problem, see Metzger, *Textual Commentary*, 208), *Gabbatha*(19:13), *Golgotha*(19:17), and *Rabbouni*(20:16). On all this, especially *rabbouni* as an Aramaic form, see Gustaf Dalman, *Die Worte Jesu*(Leipzig: Hinrichs, 1898) 5-10; idem, *Grammatik des jüdisch-palästinischen Aramäisch*(Darmstadt: Wissenschaftliche Buchgesellschaft, 1960; original, 1905) 176 n. 1; idem, *Jesus-Jeshua*(New York: Ktav, 1971; original, 1929) 13. For the difficulties of deciding whether in Jerusalem Josephus habitually spoke Hebrew, or Aramaic, or both languages to an equal extent, see Rajak, *Josephus*, 230-232; she thinks that he was totally at home in both.

34 Sevenster(*Do You Know Greek?*, 63-65) tries to blunt this line of argumentation by observing that we do not know how well Titus himself could speak Greek; hence Josephus' mission does not necessarily mean that little Greek was actually understood by the Jerusalemites. But the fact is that we do know that Titus could speak Greek well, if we may trust one of the best sources available, namely, Suetonius. In his *Lives of the Twelve Caesars*, Suetonius states that the talented, intelligent, and well-educated Titus could deliver orations and compose poems in both Latin and Greek quickly and easily, indeed even extemporaneously(*Latine Graeceque vel in orando vel in fingendis poematibus promptus et facilis ad extemporalitatem usque*); see Suetonius, *Divus Titus* 3 §2. (In developing his argument, it is odd that Sevenster appeals to Suetonius' statements concerning other emperors' knowledge of Greek—e.g., Caesar Augustus could not speak Greek fluently—but totally ignores what Suetonius says about Titus.) Moreover, Titus had to operate in the East from A.D. 67 to 71. With the exception of his immediate Roman entourage and other Roman officials he would meet on his journeys, he would have had to communicate with most people in Greek, the lingua franca of the eastern part of the Empire.

35 This is implied by the final phrase of the sentence, "thinking that perhaps they might give in to a person of the same race"(*tach' an endounai pros homophylon dokōn autous*). However, the participle *dokōn* refers back to Titus, not Josephus, and seems to explain the reason why Titus sends Josephus to speak to the defenders rather than the reason why Josephus speaks in Aramaic.

36 The attempt of Taylor("Did Jesus Speak Aramaic?" 96) to avoid this conclusion is unconvincing.

37 Other passages that indicate a regular need for an interpreter in such dealings include *Ag. Ap.* 1.9 §49(Vespasian and Titus needed to have Josephus in constant attendance, since he alone was able to understand what the deserters reported); *J.W.* 6.2.1 §96(Josephus reports to the rebels in Jerusalem the message of Caesar[=Titus], putting it into "Hebrew"[=Aramaic]); 6.6.2 §327(Titus addresses the rebel leaders in Jerusalem, having first placed an interpreter at his side).

[38] See Sean Freyne, *Galilee from Alexander the Great to Hadrian 323 B.C.E. to 135 C.E.*(University of Notre Dame Center for the Study of Judaism and Christianity in Antiquity 5; Wilmington, DE: Glazier; Notre Dame: University of Notre Dame, 1980). This position is examined at length in the subsequent sections of the present chapter.

[39] Hengel(*The "Hellenization" of Judaea*, 14-15) makes strong claims for the Hellenization of Galilee as well as Judea: "Galilee, completely encircled by the territories of the Hellenized cities of Ptolemais, Tyre and Sidon in the west and north-west, by Panias- Caesarea Philippi, Hippos and Gadara in the north-east, east and south-east, and finally by Scythopolis and Gaba, a military settlement founded by Herod, in the south, will similarly have been largely bilingual." I would suggest that perhaps more of a distinction should be made between the small villages in the countryside and the cities and towns around the Sea of Galilee. In any case, Draper("Did Jesus Speak Greek?" 317) makes a good point: a bilingual situation often cuts both ways. If some or many Galilean Jewish peasants knew Greek as well as Aramaic, presumably at least some Galilean Gentiles and urbanized, Hellenized Galilean Jews knew some Aramaic.

[40] Despite the tendency to identify the Galilean capital of Sepphoris as the main locus of Jesus' contact with Greek culture, we have no firm proof that Jesus ever set foot inside Sepphoris. In contrast, we are certain that he visited Jerusalem and—if John's Gospel is correct on this point—visited it often. The whole of Martin Hengel's *The "Hellenization" of Judaea* bears testimony to the heavy presence of Hellenistic culture in the spiritual capital of Judaism.

[41] It is possible, though, that, even if Pilate knew Greek, he would have preferred to conduct trials in Latin with the help of an interpreter. Granted the compressed and schematic nature of the narratives we have in the Gospels, the evangelists need not have felt obliged to mention the presence of an interpreter, especially if they could assume general knowledge that in such circumstances an interpreter was usually employed.

As for other occasions when Jesus might have spoken Greek, authors sometimes point to the healing of the centurion's servant(Matt 8:5-13 ‖ Luke 7:1-10) and the exorcism of the daughter of the Syrophoenician woman(Mark 7:24-30; Matt 14:21-28 makes the woman a Canaanite instead); so Hengel, *The "Hellenization" of Judaea*, 17; cf. Sevenster, *Do You Know Greek?*, 190. That is possible, but by no means certain. The Lucan form of the story of the centurion's servant tells us that the centurion used the Jewish elders of the town as intercessors who bore his petition to Jesus. Even if the simpler Matthean form of the story is more original—something that is not to be taken for granted, since Matthew usually shortens miracle stories he receives from the tradition—we have no way of knowing how long this particular centurion had been resident in Israel and whether he might have picked up some Aramaic. As for the Syrophoenician woman, she is first of all called a *Hellēnis*. This word could mean "Greek-speaking", but such a meaning seems to play no role in a story where the whole point is the tension between Jesus' mission to Israel(the children) and the needs of the Gentiles(the dogs, v 27). Hence Walter Bauer is probably correct when he assigns the meaning of "Gentile woman" to this text; see his *Griechisch-deutsches Wörterbuch zu den Schriften des Neuen Testaments und der frühchristlichen Literatur*

(6th ed.; ed. Kurt and Barbara Aland; Berlin/New York: de Gruyter, 1988) col. 508. She represents a theological problem and paradigm for Mark not because she is Greek-speaking but because she is Gentile. Taylor(*The Gospel According to St. Mark,* 349) sums up the view of many commentators when he remarks: "Mark... describes the woman by her religion and her nationality." Furthermore, the Marcan scene is set vaguely in "the region of Tyre", not the city of Tyre. If the woman is thought of as coming from the countryside and is of mixed Syrian and Phoenician ancestry, she would probably have spoken some form of a Semitic language, either Aramaic or Phoenician. This last point is conceded by Hengel, who admits that even in the late Roman period citizens in Gaza with a Greek upbringing could speak the Aramaic vernacular(p. 74 n. 88).

42 Fitzmyer, "The Study of the Aramaic Background", 10.

43 The need to translate Hebrew into Aramaic may be reflected as early as Neh 8:8 and Ezra 4:7. Rabin("Hebrew and Aramaic", 1013) notes that this view, espoused by many scholars, is already reflected in the Babylonian Talmud. But these passages in Nehemiah and Ezra allow of other interpretations.

44 To take only one example: R. B. Y. Scott(*Proverbs. Ecclesiastes*[AB 18; Garden City, NY: Doubleday, 1965] 192) remarks on the Hebrew of Qoheleth: "It has features which resemble the Hebrew of the Mishnah(A.D. 200)... apparently this was a dialect developed in certain circles under Aramaic influence shortly before the beginning of the Christian era." For a similar view, see Robert Gordis, *Koheleth—The Man and His World*(3d ed.; New York: Schocken, 1968) 59-62. However, David Noel Freedman questions this view(letter dated Nov. 26, 1990); he thinks that "Mishnaic Hebrew, and its exemplars in earlier times, as in Ecclesiastes and some Qumran documents, is indigenous, and not influenced particularly by Aramaic, although there are similarities."

45 The reference here is, of course, to the Masoretic text of Daniel; the deutero-canonical/apocryphal form of the book contains additional chapters preserved in Greek. It is probable, though not certain, that the entire Masoretic version of the book was originally written in Aramaic; see Louis F. Hartman and Alexander A. Di Lella, "Daniel", *NJBC,* 408.

46 For these designations, see Fitzmyer, "The Languages of Palestine", 44-45. For a detailed study of tense and verb usage in the *Manual of Discipline* and the *Damascus Document,* see John C. Kesterson, *Tense Usage and Verbal Syntax in Selected Qumran Documents*(Ph.D. dissertation; Washington, DC: The Catholic University of America, 1984). Kesterson sees the Qumran Hebrew of these documents as standing between biblical Hebrew and the significantly different Hebrew of the Mishna.

47 Some scholars consider inscriptions on tombs and ossuaries better indicators of colloquial language. Unfortunately, apart from Qumran, such inscriptions from the 1st century A.D.—written in what is clearly Hebrew—are extremely scarce; see Fitzmyer, "The Languages of Palestine", 44.

48 Certainly the Essene movement extended beyond the confines of Qumran, and groups of Essenes located in various parts of Palestine would probably be dedicated to preserving

a living Hebrew tradition.

[49] Milik, *Ten Years of Discovery*, 130; similarly, Rabin, "Hebrew and Aramaic", 1015; Cantineau, "Quelle langue", 100.

[50] On this, see Fitzmyer, "The First-Century Targum of Job from Qumran Cave XI", *A Wandering Aramean*, 161-182, esp. pp. 174 and 178 n. 29. As Fitzmyer observes, we must allow for the possibility that the targumist was working from a Hebrew text slightly different from the canonized Masoretic text.

[51] Rabin("Hebrew and Aramaic", 1029-1036) realizes that the existence of Aramaic targums in and before the early 1st century A.D. poses a major problem to his view that in Judea the major spoken language among Jews was a type of Mishnaic Hebrew. He struggles to answer the objection with various, perhaps even contradictory, proposals (Aramaic-speaking Jews from elsewhere had migrated to Judea; the targum was more of a guide for those who already understood the Hebrew words), but he never really finds a solution to the problem posed by the relatively literal *Targum of Job* from Qumran.

[52] Lapide("Insights from Qumran", 497) lacks a sense of the problems that redaction criticism raises with regard to this pericope.

[53] See, e.g., his *Die Worte Jesu, Grammatik des jüdisch-palästinischen Aramäisch, and Jesus-Jeshua*.

[54] See, e.g., his *The "Hellenization" of Judaea*, 8: "While Aramaic was the vernacular of ordinary people, and Hebrew the sacred language of religious worship and of scribal discussion, Greek had largely become established as the linguistic medium for trade, commerce and administration." In a similar vein, after reviewing the evidence for the use of Greek in Palestine during the 1st century A.D., Mussies("Greek in Palestine and the Diaspora", 1058) cautions: "On the other hand, we must take care not to exaggerate: Greek remained a second language to the people at large." Sevenster, another great champion of the wide diffusion of Greek in 1st-century Palestine, likewise remarks: "...Aramaic was certainly spoken and written in Palestine at that time and... it was and remained the naturally current language of communication in many circles. In actual fact this is seldom denied"(*Do You Know Greek?*, 176).

[55] See the discussion in Fitzmyer, "The First-Century Targum of Job", 166.

[56] For a discussion of opinions on Essene or non-Essene origin, see Joseph A. Fitzmyer, *The Genesis Apocryphon of Qumran Cave I. A Commentary*(BibOr 18A; 2d ed.; Rome: Biblical Institute, 1971) 11-14. Fitzmyer states: "...there is nothing in the *Genesis Apocryphon* which forces us to affirm the Essene authorship of the text. Nor does anything exclude it."

[57] The four caves of Wadi Murabba'at are about 12 miles south of Qumran and about 2 miles inland from the Dead Sea.

[58] The relatively few exceptions include the names of Greek musical instruments in Dan 3:5, 10, 15; the references to drachmas in Ezra 2:69 and Neh 7:69-71; and a few Greek words in the *Copper Scroll*.

[59] See Fitzmyer, "The Languages of Palestine", 40-42.

[60] C. F. Burney, *The Aramaic Origin of the Fourth Gospel*(Oxford: Clarendon, 1922).

[61] See, e.g., C. C. Torrey, *Our Translated Gospels: Some of the Evidence*(New York: Harper, 1936); idem, "Studies on the Aramaic of the First Century A.D.(New Testament Writings)", *ZAW* 65(1953) 228-247; idem, "The Aramaic Period of the Nascent Christian Church", *ZNW* 44(1952-1953) 205-223.

[62] Matthew Black, *An Aramaic Approach to the Gospels and Acts*(3d ed.; Oxford: Clarendon, 1967).

[63] Needless to say, this brief list of great Aramaic scholars of the 20th century does not imply that they all held the same views or employed the exact same methods. Various positions of, e.g., Burney and Torrey would not be defended by scholars today.

[64] For various examples, see Joachim Jeremias, *New Testament Theology. Part One. The Proclamation of Jesus*(London: SCM, 1971) 6-7.

[65] See Jeremias, *New Testament Theology*, 6 n. 15.

[66] The precise Aramaic here that the Greek tries to represent would probably be *ṭalyĕtā' qûm*. An intriguing philological point is that one would have expected the feminine form of the second person singular imperative of the verb, viz., *qûmî*(a form that is indeed supplied by way of correction in some later Greek manuscripts and versions of Mark). Has Mark or his Greek tradition made a mistake in transliteration, or do the words of Jesus represent a "pop" form of spoken Aramaic in 1st-century Palestine that ignored the separate feminine form of the imperative? On this, see Jeremias, *New Testament Theology*, 4 n. 9.

[67] Rabinowitz, "'Be Opened'", 229-238. Rabinowitz admits that there are a few rare forms that might, by analogy, make possible the classification of *ephphatha* as an Aramaic instead of a Hebrew imperative. Moreover, the present state of our knowledge should make us wary of stating absolutely what forms were or were not possible in Galilean or Judean Aramaic of the early 1st century A.D. On the argument, see Jeremias, *Theology*, 7 n. 4.

[68] On this point, see my treatment under the criterion of embarrassment in Chapter 6.

[69] The presence of this Aramaic sentence in Mark is the rock on which Lapide's distinction between Jesus' high language(Hebrew), which he spoke on formal and religious occasions, and his low language(Aramaic), which he spoke in everyday life, founders ("Insights from Qumran", 496-497). Like other embarrassed critics, Lapide points to the confused state of the text in both Mark and Matthew. Yet there is no serious doubt that the Aramaic text in today's critical editions of the NT represents the original reading of Mark 15:34; see Metzger, *Textual Commentary*, 119-120; cf. 70. Moreover, for anyone who holds the two-source theory, Matt 27:46 simply represents a redactional alteration of the initial invocation of *elōi* to *ēli* to make the misunderstanding of the word as addressed to Elijah(*ēlias*) more intelligible to the reader. The change is thus on the redactional level

of the Greek text of Matthew. The objection to Lapide's basic distinction thus remains, especially since he seems to accept the cry of dereliction as actually coming from Jesus.

Arguments for Aramaic as the common language of ordinary Palestinian Jews, including Jerusalemites, can also be found in the Acts of the Apostles. For example, before the choice of Matthias to fill the place of Judas, Peter delivers a speech in which he recalls the death of Judas. We are told that the death of Judas on the field he had bought "became known *to all the inhabitants of Jerusalem,* so that that field is called *in their language* 'Hakeldama,' that is, 'Field of Blood'"(1:19). A few points should be noted: (1) Hakeldama is certainly and Aramaic name: *băqēl dĕmā'.* (2) Luke implicitly represents the name as being given to the field by "all the inhabitants of Jerusalem", to whom the story became known. (3) This Aramaic name, given by all the inhabitants of Jerusalem, is said by Luke to be "in their own language", i.e., Aramaic. (The explanation "in their own language" obviously comes from Luke or his Greek tradition; it makes no sense in the mouth of Peter.) Therefore, at the very least, Luke, writing toward the end of the 1st century A.D., represents the language of the inhabitants of Jerusalem to be Aramaic. Moreover, while Peter's speech as it stands is a Lucan composition, the story of the death of Judas, the connection with the field, and the name "Field of Blood" all go back to earlier oral tradition, as the very different handling of the same motifs in Matt 27:3-10 shows; see Gerhard Schneider, *Die Apostelgeschichte*(HTKNT 5; 2 vols.; Freiburg/Basel/Vienna: Herder, 1980, 1982) 1. 214. Even so skeptical a critic as Ernst Haenchen sees Palestinian tradition in the theme of the divine punishment of Judas; see his *Die Apostelgeschichte*(MeyerK 3; 15th ed.; Göttingen: Vandenhoeck & Ruprecht, 1968) 128. The attempt of R. O. P. Taylor("Did Jesus Speak Aramaic?" 96) to reject the argument from Acts 1:19 is weak.

70 Jeremias, *New Testament Theology,* 5-6. As I indicated when treating the possible rabbinic sources for our knowledge of Jesus in Chapter 4, I do not think (contrary to the opinion of Jeremias) that the tradition in *b. Šabb.* 116b represents an original form of Matt 5:17; it is rather a later garbling of the Gospel text.

71 For the classic treatment, see Joachim Jeremias, "Abba", *Abba. Studien zur neutestamentlichen Theologie und Zeitgeschichte*(Göttingen: Vandenhoeck & Ruprecht, 1966) 15-67. As Jeremias himself notes, *'abbā'* had by NT times replaced the possessive form 'ābî in both Aramaic and Hebrew(pp. 26, 60-61). Indeed, I think one must allow for the fact that, with the great similarity between Hebrew and Aramaic, there was a considerable overlap and blending of the two languages, especially in the area of religion. It is not surprising that 'abbā' entered into Hebrew as a regular word and continues to be used in modern Hebrew. Yet, looking at the other Aramaic words on the lips of Jesus in the NT tradition, Jeremias continues to count *'abbā'* as an Aramaic word(pp. 65-66; see also his *New Testament Theology,* 5, 62, 64).

72 So Jeremias, *New Testament Theology,* 7-8.

73 Jeremias(*New Testament Theology,* 4) is on shakier ground when he uses as his main source of this Galilean Aramaic of Jesus "the popular Aramaic passages of the Palestinian Talmud and Midrashim which have their home in Galilee." A fair amount of time separates the Jesus tradition and this later rabbinic material. Jesus' Aramaic would belong to

Fitzmyer's category of "Middle Aramaic", as do the Aramaic documents from Qumran. See Fitzmyer, "The Study of the Aramaic Background", 8.

74 Some authors think that the Hellenists knew nothing but Greek. This is the opinion of Joseph A. Fitzmyer, "Jewish Christianity in Acts in Light of the Qumran Scrolls", *Studies in Luke-Acts*(Paul Schubert Festschrift; London: SPCK, 1968) 233-257; in this he follows the view of C. F. D. Moule. A different view, similar to my own, is espoused by Sevenster(*Do You Know Greek?*, 31): "They[the Hellenists] were people who spoke Greek in their daily life at home, even though they would not always have lost their knowledge of Hebrew or Aramaic and would perhaps still have understood both. But they no longer spoke those languages regularly and sometimes they would have forgotten them entirely."

The basic problem here is that the word *Hellēnistai* does not occur before Luke and may be his own invention. In that case, appealing to Paul's use of *Hebraios* is beside the point. One must divine Luke's meaning from Luke's presentation. For instance, if the group of seven Hellenist leaders were to interact with the Twelve to keep peace between the "Hebrews" and the "Hellenists" in the Jerusalem church(Acts 6:1-6), presumably some of them could handle Aramaic. Indeed, at least in the way he paints his (obviously redactional) scene, Luke seems to presuppose that the Twelve are addressing the whole assembly of Christians (including the Hellenists), who then choose the seven Hellenist leaders, on whom the Twelve impose hands. Note the phrases *proskalesamenoi de hoi dōdeka to plēthos tōn mathētōn*(v 2)... *episkepsasthe de, adelphoi, andras ex hymōn*(v 3)... *kai ēresen ho logos enōpion pantos tou plēthous*(v 5). Cf. the disagreement between Raymond E. Brown and John P. Meier on the definition of *Hellēnistai* in their *Antioch and Rome*(New York/Ramsey, NJ: Paulist, 1983) 34 n. 79.

75 Andrew and Philip are the only two members of the Twelve to bear Greek names. Thus, in John 12:20-22, it is probably not by accident that, in Jerusalem, some *Hellēnes* (most probably Greek-speaking Gentiles) approach Philip with a request to see Jesus; Philip then asks Andrew to help him convey the request. Of course, the scene as it stands is a piece of Johannine theology: the very fact that Gentiles are being drawn toward Jesus is the sign for him that the hour has struck for him to be lifted high on the cross so as to draw all human beings to himself(12:23, 32). But does the concatenation of Jerusalem—*Hellēnes*—Philip and Andrew lie further back in the tradition? On the question of "Hellenized" disciples of Jesus, see Hengel, *The "Hellenization" of Judaea*, 16-18. Hengel notes in addition that two other disciples of Jesus had names that were Greek in origin, but Aramaized in their present form: Thaddaeus is probably a short form of Theodotus (or something similar), and Bartholomew comes from (*bar*) *Ptolemaios*. Hengel also affirms that Simon Peter "must have been bilingual" on the basis of his successful missionary work outside Judea, from Antioch via Corinth to Rome. Actually, it would not have been impossible for Peter to have employed interpreters; one is reminded of Papias' description of Mark as the "interpreter of Peter"(*hermēneutēs Petrou*) in Eusebius' *Ecclesiastical History*, 3.39.15. Perhaps a better reason for thinking that Peter knew at least some Greek was his active participation in the "fishing industry" on the Sea of Galilee.

76 Hengel(*The "Hellenization" of Judaea*, 1-6, 18) is certainly correct on one point: from

the very earliest days of the Church in Jerusalem, there were Greek-speaking Christian Jews who *from the beginning* were formulating their faith in Jesus in Greek just as the Aramaic-speaking Christian Jews were doing in Aramaic. The idea that "Hellenistic-Jewish" Christianity was a later stage of development on the linguistic and theological level is an academic myth that still appears in many textbooks on NT christology; it should be put to rest once and for all.

77 Despite Nazareth's obscurity(which had led some critics to suggest that it was a relatively recent foundation), archaeology indicates that the village has been occupied since the 7th century B.C., though it may have experienced a "refounding" in the 2d century B.C. For the problem of the various spellings of the name(*Nazaret[h], Nazara, Naṣrat[h]*), see Raymond E. Brown, *The Birth of the Messiah*(Garden City, NY; Doubleday, 1977) 207-208; also Freyne, *Galilee from Alexander the Great to Hadrian*, 382-383 n. 21. In the Four Gospels, two different adjectival forms of the town's name are applied to Jesus: "Nazarene" (*Nazarēnos*) occurs in Mark(4×) and Luke(2×); "Nazorean"(*Nazōraios*) occurs in Luke/Acts(8×), John(3×), Matthew(2×). Some scholars have raised the possibility that at least the *Nazōraios* form originally referred to a pre-Christian sect to which Jesus belonged. However, along with W. F. Albright and other noted Semitists, Brown holds that the derivation of *Nazōraios* from the name Nazareth is defensible on purely philological grounds(*Birth of the Messiah*, 209-210).

The modern town of Nazareth most probably preserves the location of ancient Nazareth. As Robert North has observed("Biblical Archaeology", *NJBC*, 1216), in a Holy Land where various sites fight over the honor of being the biblical Capernaum or Cana, a good argument for Nazareth's claim is that it has virtually no rival. Nazareth is located roughly 15 miles from the Sea of Galilee and some 20 miles from the Mediterranean. It is situated to the north of the Plain of Esdraelon. At an elevation of about 1,300 feet above sea level, it is within the hills of Lower Galilee, more precisely on the side of a hill that faces to the south and southeast, in a sort of basin opening to the south. Nazareth was not a totally isolated village; it was close to the city of Sepphoris to the north, a district capital that in turn was just south of the key road from Tiberias on the Sea of Galilee to Ptolemais on the Mediterranean coast. The north-south road between Jerusalem and Sepphoris also ran close to Nazareth. The ancient village probably occupied about 40,000 square meters and at the time of Jesus the population would have numbered somewhere between 1,600 and 2,000. Most of the houses in the village were probably made up of small groups of rooms located around a central courtyard, though some houses seem to have had two stories. For all this, see Eric M. Meyers and James F. Strange, *Archaeology, the Rabbis, and Early Christianity*(Nashville: Abingdon, 1981) 56-57.

78 Metzger, *Textual Commentary*, 221(reporting the unanimous opinion of the editorial committee of the *UBSGNT*).

79 For the complicated text history of the pericope, see Brown, *The Gospel According to John*, 1. 335-336(while Brown allows for the possibility that the stray narrative may have been composed in Johannine circles, he points out that stylistically the story is more Lucan than Johannine); cf. Metzger, *A Textual Commentary*, 219-222. At least one patristic

reference is now known from the recently discovered OT commentaries of Didymus of Alexandria. For a discussion of the text and the history of the pericope, see Bart D. Ehrman, "Jesus and the Adulteress", *NTS* 32(1988) 24-44; Ehrman's theory of the existence of three different versions of the pericope by the 4th century remains highly speculative.

80 The composition of the pericope is dated ca. A.D. 100-150 by Hans F. von Campenhausen, "Zur Perikope von der Ehebrecherin(Joh 7:53-8:11)", *ZNW* 68(1977) 164-175. Hence for von Campenhausen the pericope does not relate a historical event in the life of Jesus.

81 Ehrman("Jesus and the Adulteress", 35-36) thinks that one of the two hypothetical sources of the pericope(i.e., the form of the story close to that of Synoptic dispute stories) has a good claim to authenticity.

82 Brown, *The Gospel According to John*, 1. 333-334. Ehrman("Jesus and the Adulteress", 36) suggests that, in the second hypothetical story Ehrman isolates, Jesus sees the trap his enemies have laid for him and so stoops over to draw in the dust while he considers his options.

83 So Schnackenburg, *Das Johannesevangelium. II Teil*, 184-185.

84 We are probably meant to understand that Jesus himself chooses the passage. It is anachronistic to think of a universally observed lectionary for synagogue services in the early 1st century A.D. Riesner(*Jesus als Lehrer*, 145) states that up until the 2d century the choice of the prophetic reading (the *haftara*) was quite free.

85 Actually, as we shall see, the text is conflated.

86 The Lucan account presupposes the placement of the homily after the reading from the prophets. Even in the later rabbinic period, this was not the only order observed. S. Safrai("Education and the Study of the Torah", *The Jewish People in the First Century* [CRINT 1/2; ed. S. Safrai and M. Stern; Philadelphia: Fortress, 1976] 967) notes that "some sages gave their public sermons immediately after the prayer or the reading from the Torah or even as an introduction to the lesson, while others gave it only later in the day." Presumably things were just as flexible, if not more so, earlier on.

87 A somewhat different view is expressed by Asher Finkel, "Jesus' Sermon at Nazareth", *Abraham unser Vater. Juden und Christen im Gespräch über die Bibel*(Otto Michel Festschrift; ed. O. Betz, M. Hengel, and P. Schmidt; Leiden/Cologne: Brill, 1963) 106-115. He suggests, without much probing by way of source and redaction criticism, that the Lucan pericope (and John 4:44) represents the earlier narrative of rejection and astonishment at Jesus' hometown at the beginning of his ministry, while Mark and Matthew record a narrative of rejection at a later date.

88 So Walter Grundmann, *Das Evangelium nach Lukas*(THKNT 3; 7th ed.; Berlin: Evangelische Verlagsanstalt, 1974) 119. At the same time, Grundmann stresses the programmatic function of the pericope for the whole of Luke-Acts.

89 The theme of the initial offer of the gospel to the Jews, rejection by them, and turning to the Gentiles is sounded here for the first time; it will return often in Acts.

On the similarities yet differences between the programmatic discourses of Acts and the "sermon" in Luke 4, see J. Dupont, "Les discours de Pierre dans les Actes et le chapitre XXIV de l'évangile de Luc", *L'évangile de Luc. Problèmes littéraires et théologiques*(Lucien Cerfaux Memorial; BETL 32; ed. F. Neirynck; Gembloux: Duculot, 1973) 329-374, esp. pp. 349-350. As I. Howard Marshall(*The Gospel of Luke*[New International Greek Testament Commentary; Grand Rapids: Eerdmans, 1978] 177-178) says, "The narrative is placed here... for its programmatic significance, and it contains many of the main themes of Lk.-Acts in nuce." His subsequent conservative decision in favor of the historicity of Luke's narrative(p. 180) does not jibe well with this insight. But Marshall does observe correctly(p. 179) that it is unlikely that the Marcan and Lucan versions stem from two different visits of Jesus to Nazareth. The basic outline of the two stories is too similar. Moreover, it is not irrelevant to note that the vast majority of pericopes in Luke 3-4 result from Luke's creative redaction of Mark and Q; this seems to hold true as well at least for the redactional summary and transition in 4:14-16a. On this last point, see J. Delobel, "La rédaction de Lc., IV, 14-16a et le 'Bericht vom Anfang'", *L'évangile de Luc*, 203-223. Hence it is not surprising that W. C. van Unnik reaches the lapidary conclusion about 4:16-30: "Il est clair que le récit est une composition de Luc..."("Eléments artistiques dans l'évangile de Luc", *L'évangile de Luc*, 129-140, on p. 138).

90 See Bultmann, *Geschichte*, 31.

91 See Schürmann, *Das Lukasevangelium. Erster Teil*, 227-228 and 241-244; he suggests that Luke may have taken the pericope from Q.

92 Fitzmyer, *Luke*, 1. 527; pp. 526-527 give a good overview of the various theories of sources. Similarly, Josef Ernst(*Das Evangelium nach Lukas*[RNT; Regensburg: Pustet, 1977] 169) concludes that the Lucan pericope is a not entirely unified reworking of the Marcan narrative.

93 Anyone who would wish to defend Luke's depiction of the Isaiah reading as historically reliable even in its details would have to explain (1) how Jesus managed to read from an Isaiah scroll a passage made up of Isa 61:1a, b, d; 58:6d; 61:2a, with the omission of 61:1c, 2b; (2) why it is that Jesus read a text of Isaiah that is basically that of the Greek Septuagint, even when at times the Septuagint diverges from the Masoretic text. With regard to the first point, Ernst(*Lukas*, 170) remarks that the citation is a conflated text "that was not to be found in this form in any scroll of the prophets."—The ending of Luke's story likewise suffers from a historical difficulty. Luke says that the angry Nazarenes dragged Jesus "to the edge of the cliff [literally, the brow of the mountain] on which the city was built, to throw him down the precipice"(Luke 4:29). Actually, Nazareth lies in a sloping basin on the side of a hill; there are a number of higher elevations around it.

94 Examples of this "homogenized" approach can be found in S. Safrai, "Education", 945-970; George Foot Moore, *Judaism in the First Centuries of the Christian Era*(2 vols.; New York: Schocken, 1971; originally 1927) 1. 308-322; H. I. Marrou, *A History of Education in Antiquity*(New York: Sheed and Ward, 1956) 317; William Barclay, *Train Up a Child.*

Educational Ideals in the Ancient World(Philadelphia: Westminster, 1959) 11-42; Schürer, *History of the Jewish People*, 2. 415-420. Many of the authors using the "homogenized" approach issue a general warning not to ignore the idealized and later nature of the rabbinic texts; yet some of them proceed promptly to forget their own warning.

95 Or *bet ha-sōfēr*, the house of the scribe.

96 Safrai, "Education", 948.

97 *y. Ketub.* 8.32c.

98 *b. B. Bat.* 21a.

99 The historicity of these two traditions is also defended by Barclay, *Train Up a Child*, 32-33.

100 Safrai, "Education", 952; emphasis mine. Barclay(*Train Up a Child*, 42) is even more confident: many, though not all, Jewish boys learned to write in elementary school.

101 See the various later rabbinic texts cited by Safrai, "Education", 952.

102 Safrai, "Education", 953.

103 See *m. Šabbat* 1:3

104 Safrai, "Education", 957.

105 Moore, *Judaism*, 1. 316-321, along with n. 92 on p. 104 of the notes.

106 Hence he readily accepts as historical the stories about Simeon ben Shetah and Joshua ben Gamala(*Train Up a Child*, 32-33).

107 Ibid., 31.

108 Schürer, *History of the Jewish People*, 2. 418.

109 Ibid., 419.

110 Shaye J. D. Cohen, *From the Maccabees to the Mishnah*(Library of Early Christianity 7; Philadelphia: Westminster, 1987) 120-123, esp. 120.

111 The Hebrew fragment of manuscript B of Ben Sira reads at this point *bet midrašî* ("my house of instruction" or literally, "the house of my instruction"; the LXX has *oikǭ paideias*, without any possessive pronoun. In the light of all the evidence from the versions, Alexander Di Lella (in collaboration with Patrick W. Skehan) prefers the translation without the "my"; see his *The Wisdom of Ben Sira*(AB 39; New York: Doubleday, 1987) 575.

112 David Noel Freedman (in a letter dated Nov. 26, 1990) points out to me that a similar question has been posed about Mohammed. The majority opinion seems to be that Mohammed was illiterate, though obviously a man of eloquence and rare judgment.

113 Barclay, *Train Up a Child*, 14. Views similar to Barclay's can be found in many surveys of culture at the time of Christ; see, e.g., Everett Ferguson, *Backgrounds of Early Christianity*(Grand Rapids: Eerdmans, 1987) 85-86.

114 Barclay, *Train Up a Child*, 42; while Barclay issues a general warning about the

ideal nature of regulations in rabbinic literature, his statements quickly take on the air of affirmations of historical fact. Ferguson(*Backgrounds,* 86) is more guarded, but holds that "most Jewish boys would have studied until age thirteen so that there was probably a higher degree of learning among a larger number of Jews than among any other people of the ancient world."

115 Harris, *Ancient Literacy,* 114.

116 Today scholars stress—and rightly so—the great diversity in pre-A.D. 70 Judaism. Like any valid insight, this can be pushed to an extreme. The common sacred texts, along with basic observances(circumcision, Sabbath, food laws) and devotion to the Jerusalem temple (in its actual or ideal state), did help form a "mainstream" Judaism that nevertheless contained within itself strikingly different views. On the whole question, see the various essays in Jacob Neusner, William S. Green, and Ernest S. Frerichs, eds., *Judaisms and Their Messiahs at the Turn of the Christian Era*(Cambridge: Cambridge University, 1987).

117 After speaking of various artisans, Ben Sira exclaims: "How different the man who devotes himself to the study of the law of the Most High! He explores the wisdom of the men of old and occupies himself with the prophecies... his care is to seek the LORD, his Maker.... Many will praise his understanding; his fame can never be effaced..."(Sir 39:1, 6, 9, *NAB*). This high esteem in which study of the Scriptures (and hence literacy) was held continued into the Mishnaic period, as the quotations from the Mishna cited by Schürer(*History of the Jewish People,* 2. 415-416) indicate. Examples include *m. Abot* 1:15, "Shammai said: Make thy [study of the] Law a fixed habit..."; 2:7, "...the more study of the Law the more life; the more schooling the more wisdom..."(Danby translation).

118 Riesner, *Jesus als Lehrer,* 112-115.

119 *Ag. Ap.* 2.25 §204; notice the explicit mention of *grammata paideuein ekeleusen... epistasthai*. The text therefore speaks of something more than knowledge of the Torah, which could be gained through oral instruction in the family and the synagogue.

120 Riesner(*Jesus als Lehrer,* 208-209) holds that, to the extent that the Pharisees were present in Galilee in the early 1st century A.D., they would have lived more in Hellenized towns and cities west and north of the Sea of Galilee. Naturally, phrases like "bourgeoisie" and "middle class" must be taken with more than a grain of salt in a 1st-century Palestinian context; the terms can be used at best only in an analogous sense. On the complicated question of the social status of the Pharisees, see Anthony J. Saldarini, *Pharisees, Scribes and Sadducees in Palestinian Society. A Sociological Approach*(Wilmington, DE: Glazier, 1988).

121 Riesner(*Jesus als Lehrer,* 173) thinks that the initiative for popular education came from two partially overlapping groups: "proto-rabbis" and Pharisees. He stresses that, at the time of Jesus, many scribes may not have belonged to the Pharisaic movement, and Pharisees themselves were by no means uniform in their outlook and practice(pp. 174-175).

122 Harris(*Ancient Literacy,* 281-282) rightly complains of the sweeping, often unfounded claims of authors like C. H. Roberts, who states that "the world into which Christianity was born was, if not literary, literate to a remarkable degree; in the Near East in the

first century of our era writing was an essential accompaniment of life at almost all levels to an extent without parallel in living memory. In the New Testament reading is not an unusual accomplishment..." "Books in the Graeco-Roman World and in the New Testament", *The Cambridge History of the Bible. Volume 1. From the Beginnings to Jerome*(ed. P. R. Ackroyd and C. F. Evans; Cambridge: Cambridge University, 1970) 48. Unfortunately, Roberts proceeds to try to prove his claim by quoting Jesus' rhetorical question "Have you not read...?"(Matt 12:3). He fails to note that Jesus is speaking not to the ordinary Jew in the street but to the Pharisees.

123 For the few exceptions known to us from rabbinic literature, see Safrai, "Education", 955.

124 See, e.g., Mark 2:23-28; 3:16 parr.; 3:22-30, with the Q parallel of Matt 12:22-37 || Luke 11:14-23; Mark 7:1-23 par.; 10:2-12; 12:13-17, 18-27, 28-34 parr.; both the Q and M material in Matthew 23; Luke 13:10-17; 14:1-6; and John 3:1-14; 5:16-47; 8:13-20; 9:40-10:39. The point here is not that all the texts cited preserve sayings of the historical Jesus; the examples from John in particular betray heavy redactional concerns. The point is rather that all the different streams of Gospel tradition(Mark, Q, M, L, and John) insist on the same basic point: that Jesus engaged Pharisees, scribes, and/or Jerusalem authorities in debates or dialogues on disputed questions arising from Scripture, halaka, or Jewish theological views in general. In short, this is a case of the criterion of multiple attestation, which is also supported by other criteria(discontinuity in the case of the teaching on divorce, the final fate of Jesus, etc.).

125 For "rabbi" addressed to Jesus, see Mark 9:5; 11:21; 14:45; Matt 26:25; John 1:38, 49; 3:2; 4:31; 6:25; 9:2; 11:8. Besides rabbi, its Greek equivalent *didaskalos*("teacher") is found as an address to or description of Jesus in, e.g., Mark 4:38; 9:17, 38; 10:17, 20, 35; 12:14, 19, 32; 13:1; Matt 8:19; 23:8; Luke 7:40; 11:45; 12:13; 19:39; John 13:13. The variant epistatēs, unique to Luke in the Gospels, is found in 5:5; 8:24, 45; 9:33, 49; 17:13. Again, the point here is not to affirm the historicity of all the passages, but simply to indicate the wide spread of attestation this title possesses(Mark, M, L, and John). The large amount of teaching material in the Gospels makes the use of the title natural(criterion of coherence). Granted the widespread presence of the title in the Gospel traditions, it is noteworthy that no christology built on the title rabbi/teacher develops in the early Church; christologies are built on other titles(criterion of discontinuity).

Notice that the title of rabbi or teacher occurs at various times on the lips of the Twelve, other disciples, well-disposed outsiders, and not so well disposed outsiders. The fact that, in John's Gospel(3:26), it is also addressed to John the Baptist by his disciples reminds us that, in the early 1st century, the title had a very wide and vague range and was not tied to formal study or "ordination" to the rabbinate. On all this, see Riesner, *Jesus als Lehrer*, 239.

126 See, e.g., Mark 1:21, 39; 6:2; Matt 4:23; 9:35; 12:9; Luke 4:15, 16, 20, 28, 33, 44; 6:6; 13:10; John 6:59; 18:20. To these might be added the passages where he is presented teaching or disputing publicly in the Jerusalem temple(e.g., Mark 12; John 7-8).

127 See Riesner, *Jesus als Lehrer,* 225.

128 Riesner(*Jesus als Lehrer,* 227) is probably correct in claiming that Jesus regularly read his Bible in Hebrew and translated it into Aramaic, but once again Riesner is somewhat uncritical in his use of texts. It is especially unfortunate that he spends so much time defending the historicity of Luke 2:46-47(the twelve-year-old Jesus in the temple); for a more critical treatment, see Brown, *Birth of the Messiah,* 472-495.

129 See the *prōtotokon* of Luke 2:7 and the equivalent statement in Matt 1:25.

130 See Safrai, "Education", 958, though the texts he cites are from the Talmuds. Riesner appeals to the general practice of the ancient Near East, as well as to some OT texts (Gen 4:20-22; Neh 3:8), which are not as probative as Riesner might wish. But cf. the parable-like statement in John 5:19: "The son cannot do anything by himself, but only what he sees the father doing; for whatever he [the father] does, that the son does likewise." It is possible that in its original form, as a simple metaphor, the saying intended the definite articles generically: "a son, a father." This suggestion is offered by Jeremias, *New Testament Theology,* 58. Jeremias, in turn, is relying here on C. H. Dodd; cf. Dodd's *Historical Tradition in the Fourth Gospel*(Cambridge: Cambridge University, 1963) 386 n. 2. See also the similar metaphor behind the logion on revelation in Matt 11:27 ‖ Luke 10:22.

131 Riesner(*Jesus als Lehrer,* 103) thinks that the Jewish father would have taken over the task of teaching his son from the mother after the child's third birthday. As sometimes happens in Riesner's book, such precise claims rest on later rabbinic literature. The OT texts he cites(Lev 19:3; 2 Macc 7:27) do not support his claim. Besides the Greek Chrysippus and the Latin Quintilian, all the other authorities for the statement come from rabbinic material later than the early 1st century A.D. Riesner, however, does have a good deal of support from the OT for the claim that the Jewish father had responsibility for teaching the Jewish faith to his son(pp. 105-108); see, e.g., Deut 6:1-7, 20; 32:7; Ps 78:3-4; Tobit 4:3-21; Sir 3:1; 8:9; 30:1-13. Beyond individual texts, one need only think of all the "my son" lectures in the wisdom literature, in which the wisdom teacher dons the mantle of the father teaching his son. As Riesner points out, addressing one's teacher as "father" was common throughout the ancient Mediterranean world(pp. 108-110, though note the difficulty of documenting the use of "father" as second-person address—as opposed to a third-person title—for the early rabbis).

132 On the question of oral and literary cultures, see Werner H. Kelber, *The Oral and The Written Gospel*(Philadelphia: Fortress, 1983); and as an important corrective, Paul J. Achtemeier, "Omne verbum sonat: The New Testament and the Oral Environment of Late Western Antiquity", *JBL* 109(1990) 3-27. Achtemeier has a better sense of the ongoing influence of oral culture even after an oral composition has been consigned to writing. Both authors rely to varying degrees on the many works of Walter J. Ong; see, e.g., *Orality and Literacy*(New York/London: Methuen, 1982).

133 This is not to return to the anachronistic (and perhaps idealized) picture of a uniform system of public education throughout Palestine. Nor are we to think of "the Nazareth synagogue" as necessarily a special building set apart for purely religious and educational

purposes. A devout householder owning one of the larger buildings in Nazareth might have made his house available as the local synagogue. Things were obviously different in Jerusalem and probably even in Capernaum, where excavations have uncovered the ruins of a basalt synagogue (*not* the later limestone structure built over it) whose origins may go back to the early 2d century, or even the 1st century A.D. For the dispute on dating, see Jerome Murphy-O'Connor, *The Holy Land*(2d ed.; Oxford/New York: Oxford University, 1986) 192; Charles H. Miller, "Capernaum", *Harper's Bible Dictionary*, ed. Paul J. Achtemeier(San Francisco: Harper & Row, 1985) 154-155.

134 Riesner(*Jesus als Lehrer*, 240-241) invokes Mark 6:2 rather than 1:22 to conclude that Jesus had no formal schooling as a scribe, i.e., no advanced education beyond the basics that were taught in the local synagogue. He also relies on Luke 4:16 and John 7:15.

135 Riesner, *Jesus als Lehrer*, 199, 222-223, 232. The synagogue of Jesus' day would have been a very modest affair; indeed, it could have been situated in the house of one of the more "well-to-do" citizens of Nazareth(wealth being always a relative matter), rather than in a self-standing building dedicated to religious and educational purposes. One and the same person might have served as servant of the synagogue, scribe, and elementary school teacher(pp. 184-185).

Needless to say, the present "synagogue of Nazareth" that is shown to pilgrims is not the one from the time of Jesus; there is no way of knowing where the 1st-century A.D. synagogue might have been located, though a number of sites are suggested by Jack Finegan, *The Archeology of the New Testament. The Life of Jesus and the Beginning of the Early Church*(Princeton: Princeton University, 1969) 33. See also Murphy-O'Connor, *The Holy Land*, 310, 313-314. B. Bagatti holds that the bases of pillars that have been found northeast of the Church of St. Joseph in Nazareth are remains of the synagogue that the anonymous pilgrim from Piacenza mentions in A.D. 570. Bagatti hypothesizes that the synagogue of the 1st century A.D. would also have stood at this location. On all this see Riesner(*Jesus als Lehrer*, 222-223), who is rightly skeptical.

136 Meyers and Strange, *Archaeology, the Rabbis, and Early Christianity*, 57.

137 A Hebrew inscription found at Caesarea in 1962 and dating from about the 4th century A.D. lists Nazareth as one of the villages in which the priestly divisions were resident after the Jewish revolt. Some have speculated that this honor accorded Nazareth might point to a reputation for solid Jewish piety. It may be no accident that archaeology at Nazareth has so far produced no remains with pagan symbolism; see Pheme Perkins, "Nazareth", *Harper's Bible Dictionary*, ed. Paul J. Achtemeier(San Francisco: Harper & Row, 1985) 689; Finegan, *Archeology*, 29. Riesner(*Jesus als Lehrer*, 215-217) tries to bolster the view of Jesus' family as especially pious by appealing to the picture of Joseph and Mary in the Infancy Narratives; as I have indicated in Chapter 8, this is a precarious argument. In general, Riesner is too uncritical in his use of the Infancy Narrative material. The conservative Jewish piety of James "the brother of the Lord", so influential in the early Church, is a better argument.

138 For the whole question of the conservative, non-Pharisaic Judaism of Galilean peasants, see Freyne, *Galilee from Alexander the Great to Hadrian,* 259-343; idem, *Galilee, Jesus and the Gospels*(Philadelphia: Fortress, 1988) 176-218. In agreement with him is Riesner, *Jesus als Lehrer,* 208-209.

139 Notice that, while James is presented as concerned about basic "border markers" that preserve Jewish identity in a Gentile milieu(circumcision, food laws), he is not associated with the punctilious observances of the Pharisees. In a sense, James probably transferred the effective border markers of his Jewish life in Galilee of the Gentiles into the problems of a Jewish church beginning to admit Gentile members. He thought the border markers were still necessary and effective. If James the Galilean Jew had no use for the urban Pharisees, perhaps James the Christian Jew had an added reason for not liking the urban ex-Pharisee, Paul. We might even add to this speculative "mix" the difference between an illiterate peasant and a literate tradesman.

140 Since Hebrew and Aramaic are closely related Semitic languages, and since by the time of Jesus Hebrew was commonly (though not always) written in the so-called "square" script of Aramaic, a reading knowledge of classical biblical Hebrew would almost necessarily entail a reading knowledge of the Aramaic the reader ordinarily spoke.

141 For the first time in this work I raise a question that will return: the historical phenomenon of the "Jewish genius." The fact is that human history—especially the history of the Western world—has been marked and substantially altered by great Jews, both religious and secular, whose massive impact seems out of proportion to their early origins. One could multiply examples from Moses through King David, Johannan ben Zakkai, and Maimonides, to Spinoza, Marx, Freud, and Einstein. Amid all the categories used to understand Jesus of Nazareth, perhaps we might consider the category supplied by historical analogy, the category of the Jewish genius.

142 See George M. Foster, "What Is a Peasant?" in *Peasant Society: A Reader*, ed. Jack M. Potter, Mary N. Diaz, and George M. Foster(Boston: Little, Brown, and Co., 1967) 2-14. Foster points out that the average person often thinks of peasants in terms of medieval European agricultural serfs and marginal farmers. Yet anthropologists today understand the term more widely; some would include, e.g., Malay fishermen. See also Paul J. Magnarella, *The Peasant Venture*(Cambridge, MA: Schenkman, 1979) 4-5.

143 Eric R. Wolf, *Peasants*(Foundations of Modern Anthropology Series; Englewood Cliffs, NJ: Prentice-Hall, 1966) 2. What follows is heavily indebted to his presentation.

144 On the image of symbiosis, see Bruce J. Malina, *The New Testament World. Insights from Cultural Anthropology*(Atlanta: John Knox, 1981) 72: "To borrow an expression from biology, this sort of relationship among communities in the Mediterranean world (and peasant societies in general) can be called symbiotic, that is, the living together in more or less close union of two or more dissimilar organisms in a mutually beneficial relationship."

145 This possibility would be strengthened if we could take as historical the account that Hegesippus(2d century) relates through Eusebius(*Ecclesiastical History* 3.20.1-3). Suspi-

cious of anyone claiming to be descended from King David, the Emperor Domitian interrogated the grandsons of Judas, a brother of Jesus. They assured him that all they owned was a small amount of land, which they tilled with their own hands. While the story as it stands is probably a piece of Christian legend, it may preserve an authentic memory of some descendants of Jesus' family continuing to live as Palestinian peasants. At the very least, it is interesting that later Palestinian Christians (of whom Hegesippus was probably one) portrayed these descendants of Jesus' family not as woodworkers or artisans in the image of Jesus but rather as farmers. Even apart from this anecdote, the supposition that a family in a Galilean village would own and till a plot of land is a natural one, since even city dwellers in the ancient world often owned plots of various sizes(see Shimon Applebaum, "Economic Life in Palestine", *The Jewish People in the First Century*[CRINT 1/2; ed. S. Safrai and M. Stern; Phildelphia: Fortress, 1976] 631-700, esp. p. 659 n. 4).

146 Freyne(*Galilee from Alexander the Great to Hadrian*, 11) comments on the fertility of the land around Nazareth: the rock formations are semipervious chalk, "therefore providing adequate soil coverage and plenty of springs which make agriculture possible even on the top of the range."

147 I say "only in part", since a major factor in determining the imagery that a good teacher uses is the audience he or she is addressing. Hence the heavy use of agricultural imagery may reflect the peasant audience Jesus is addressing rather than the specific occupation he formerly pursued. Strange to say, George Wesley Buchanan("Jesus and the Upper Class", *NovT* 7[1964-1965] 195-209) emphasizes the point of determination of imagery by the audience being addressed(p. 204), yet proceeds to use it in an odd way in his desire to create his portrait of Jesus the wealthy businessman.

148 As I noted when dealing with the accusation of Jesus' illegitimacy in Chapter 8, the Greek text of Mark 6:3 is plagued with variant readings. As I argued there—in agreement with most modern critical texts of the Greek NT—the most probable reading is *ouch houtos estin ho tektōn, ho huios tēs Marias.*

149 Perhaps there is also an echo of Matthew's virgin-birth tradition in the alteration. Joseph is mentioned obliquely in a question separate from the question in which Mary and Jesus' brothers are mentioned together by name.

150 Some might even want to invoke the principle of embarrassment here, insofar as Matthew shifts *tektōn* to Joseph, while Luke, the evangelist with the greatest literary (and social?) ambitions, suppresses the designation entirely. From a methodological point of view, we have an interesting example of something in the gospel tradition being generally accepted by scholars as historical without multiple attestation in the sources. The lack of any theological reason for inventing the tradition of Jesus as woodworker, along with the possible embarrassment of the later Gospel tradition, seems sufficient reason for acceptance.

151 Webster's Ninth Collegiate Dictionary(Springfield, MA: Merriam-Webster, 1983) s.v.

152 Richard A. Batey, "'Is Not This the Carpenter?'" *NTS* 30(1984) 249-258, esp. 257

n. 2. Batey goes on to note that soft materials such as clay or wax would therefore be excluded—as would, strictly speaking, metals softened by heat, though *tektōn* was sometimes applied to a smith.

153 Paul Hanly Furfey, "Christ as Tektôn", *CBQ* 17(1955) 204-215, esp. 204.

154 What follows is dependent on Furfey, "Christ as *Tektôn*", 205-210.

155 *Dialogue with Trypho* 88(written around A.D. 155-160). Justin remarks that Jesus was thought to be a *tektōn*, for he made those products of a *tektōn*, namely, plows and yokes(*kai tektonos nomizomenou tauta gar ta tektonika erga eirgazeto en anthrōpois ōn, arotra kai zyga*).

156 Furfey("Christ as *Tektôn*", 209) lists the hammer, mallet, chisel, saw, hatchet, ax, adz, gimlet, drill, knife, plane, rasp, lathe, the square, straightedge and ruler, chalk line, plumb line, level, and compasses. Furfey notes that most of these instruments appeared very early in the ancient Near East and were widespread throughout the ancient Mediterranean world. One poignant detail: nails were expensive and so less freely used than today.

157 As Furfey points out("Christ as *Tektôn*", 213), it is unlikely that a village like Nazareth could have supported more than one woodworking establishment.

158 *Roman Social Relations 50 B.C. to A.D. 284*(New Haven/London: Yale University, 1974) 88-89.

159 Freyne observes(*Galilee from Alexander the Great to Hadrian*, 166) that the picture we can derive from Josephus is one of Galileans usually living in villages and being mostly "free landowners, however small their plots." As Freyne warns, one must distinguish between this relatively healthy socioeconomic situation and the much worse one that arose subsequent to the two Jewish Revolts.

160 James C. Scott(*The Moral Economy of the Peasant. Rebellion and Subsistence in Southeast Asia*[New Haven/London: Yale University, 1976] 1) quotes a famous remark of R. H. Tawney: "There are districts in which the position of the rural population is that of a man standing permanently up to the neck in water, so that even a ripple is sufficient to drown him." Tawney was speaking of China in 1931, but the remark fits at least some of the Galilean peasants remarkably well.

161 Freyne, *Galilee from Alexander the Great to Hadrian*, 196-197. Cf. the description of the 1st-century Jewish peasant by Applebaum, "Economic Life in Palestine", 691: "...the overpopulation reduced the Jewish peasant unit of cultivation and endangered the cultivator's margin of livelihood. This was further curtailed by climatic instability and taxation, leading to chronic indebtedness, and the growth of a landless tenantry and labouring class, whose ranks were also enlarged by political developments—Rome's reduction of Jewish territory and Herod's policy of confiscation—and whose existence is indirectly evidenced by the vast increase of 'bandits,' more particularly in the years between 40 and 66 C.E."

162 This statement is basically true, since slavery in its essence means that a human

being is considered in law to be a piece of property, a thing totally subject to another human being who owns the slave. In practice, however, slavery was a very complex reality, and different types of slaves might be placed on different rungs of the socioeconomic ladder. The trusted slaves of rulers and rich merchants might rise to the heights of power and wealth themselves and might eventually buy their freedom. They enjoyed greater economic security and a more comfortable life than day laborers. Yet as long as they remained slaves, their servile status meant that all power and possessions could be swept away from them at any time. Slaves born in a household and used as domestic servants were often treated more humanely than slaves bought for work on the land. Among Jews, Hebrew slaves were guaranteed a limited time of slavery, depending upon their particular circumstances; see Exod 21:2-4; Deut 15:12; Lev 25:39-43, 47-55; Exod 21:7-11; Exod 21:26-27. On the question of slavery in NT times, see S. Scott Bartchy, *First-Century Slavery and the Interpretation of 1 Corinthians 7:21*(SBLDS 11; Atlanta: Scholars, 1973).

[163] As Freyne notes(*Galilee from Alexander the Great to Hadrian,* 166), agricultural slavery(i.e., the large latifundia manned by slaves working under the supervision of a slave manager) was not widely practiced in the Roman Empire outside of Italy and Sicily. Yet, despite apologetic presentations, slavery did exist among Jews in Palestine in the 1st century A.D. Applebaum("Economic Life in Palestine", 677) notes: "Piracy and the slave trade were inseparable, and in the Hellenistic period instances are found of slaves named after Joppa port. Clearly, for the Gentile towns, a considerable import of slaves may be assumed, and Gentile slaves were certainly not absent from Jewish society." He goes on to state in n. 5 on the same page: "The extent of the survival of Jewish slavery in Judaea in this period is highly controversial. To judge from Jos. *War* IV, 508, 510, their number may have been considerable on the eve of the Destruction."

[164] It cannot be stressed too much that this is only a crude approximation, the class structures and economic conditions of the Roman Empire and contemporary America being vastly different. Hence Hengel's description of Jesus as "a building craftsman [who] belonged to the middle class"(*The "Hellenization" of Judaea,* 17) could be misleading.

[165] It is important to remember that alongside wealth or poverty stood another important determinant of one's place in society: honor or shame, the ancient Mediterranean world being basically a "shame culture." On this concept, see Malina, *The New Testament World,* especially Chapter 2, "Honor and Shame: Pivotal Values of the First-Century Mediterranean World", 25-50. When Jesus forsook his clearly defined social role as the woodworker of Nazareth to assume the ambiguous role of itinerant teacher and wonderworker, he left an assured position of honor—however modest—to enter a position that meant high honor in the eyes of believers and great shame in the eyes of opponents.

[166] For this balanced, revisionist view of Antipas, see Harold W. Hoehner, *Herod Antipas*(SNTSMS 17; Cambridge: Cambridge University, 1972) 264-265. By way of comparison: Antipas reigned from 4 B.C. to A.D. 39; Herod the Great from 37 B.C. (in Jerusalem) to 4 B.C.; Archelaus from 4 B.C. to A.D. 6; Philip from 4 B.C. to A.D. 34; Agrippa I from A.D. 37 to 44; Agrippa II from A.D. 48 to 52 in Chalcis and from 52 to ca. 93 in Iturea.

167 See Freyne, *Galilee from Alexander the Great to Hadrian,* 192. Commenting on the innate conservatism of peasants with regard to farming techniques, Scott(*The Moral Economy of the Peasant,* 35) states: "...the narrowness of the peasant's economic margin leads him to choose techniques that are safe even if they give away something in average yield." In a grudging sort of way, Galilean peasants may have viewed Antipas as safe too.

168 Variations on these basic themes can be found in W. F. Albright and C. S. Mann, *Matthew*(AB 26; Garden City, NY: Doubleday, 1971) 21-22, 172-173; C. S. Mann, *Mark* (AB 27; Garden City, NY: Doubleday, 1986) 289; Batey, "'Is Not This the Carpenter?'" 249-258; Riesner, *Jesus als Lehrer,* 219. Perhaps the most extreme and uncritical treatment of this type is by Buchanan, "Jesus and the Upper Class", 195-209. Buchanan concludes that Jesus' teachings were largely directed to the upper economic class, with whom Jesus associated; Jesus himself may have been reared in an upper-class society. He was a business administrator who supervised craftsmen. This conclusion is reached by a remarkably uncritical use of gospel texts that usually ignores the formulations contributed by the post-Easter tradition and the redaction of the evangelists. Worse still, texts are often made to say what they do not say: e.g., the miracles done for the centurion's servant, Jairus' daughter, and the Syro-Phoenician's daughter show that Jesus directed his teachings[!] to the upper classes(p. 205).

169 Notice, e.g., how Albright and Mann(*Matthew,* 21-22), without further ado, mesh various texts from the Infancy Narratives along with Matt 13:55; Mark 6:3; Luke 4:22; and John 6:42. Their claim that Matt 13:53-58 parr. and John 6:42 show that the people of Nazareth did not know Jesus by sight when he first came back after the beginning of his ministry and that therefore he had spent little time in Nazareth during the "hidden years" is not borne out by the exegesis of the various verses in the context of their respective pericopes. In particular, the mocking rhetorical questions introduced by *ouch*(e.g., Matt 13:55; Mark 6:3) should not be taken in a literalistic fashion. Presumably the townspeople did know that the sisters of Jesus lived among them; yet they also ask that question, introduced in Matthew by *ouchi* and in Mark by *ouk*. Moreover, in Luke 4:16-17 it seems unlikely that Jesus would have been invited to read the lesson from the prophets on the Sabbath if the Nazarenes considered him an unknown stranger. The statement of Jesus in 4:23 presumes that they already knew something about him and his ministry. As for John 6:42, it simply does not belong in this discussion at all, since the rhetorical *ouch* question is posed by the Jews in the synagogue of Capernaum, not Nazareth.

170 So Riesner, *Jesus als Lehrer,* 219; he points to the forms of this word found in the Peshitta and the Curetonian Syriac.

171 See Marcus Jastrow, *A Dictionary of the Targumim, the Talmud Babli and Yerushalmi, and the Midrashic Literature*(2 vols.; New York: Pardes, 1950) 2. 876. The postbiblical Hebrew *naggār* also has a broad range of meanings. Neither the Hebrew nor the Aramaic word occurs in the canonical Hebrew-Aramaic Scriptures.

172 Riesner, *Jesus als Lehrer,* 219; he is dependent on Geza Vermes, *Jesus the Jew* (Philadelphia: Fortress, 1973) 21-22. For the passages, see *y. Yebam.* 9b; *y. Qidd.* 66a; *b.*

Abod. Zar. 50b. A. Cohen(*'Abodah Zarah in The Babylonian Talmud*[ed. I. Epstein; London: Soncino, 1935] 252) translates the two phrases as "a scholar" and "a scholar's son", and then comments that the two phrases mean "an ordained Rabbi" and "a rabbinical student."

[173] This is a major thesis in Batey's "'Is This Not the Carpenter?'" 249-258. Curiously, Hengel(*The "Hellenization" of Judaea,* 17) seems to embrace this position in his text, only to back off from it in his accompanying note(p. 74 n. 90): "As Jesus came from a pious Jewish craftsman's family, with country origins, there are reasons which tell *against* too close a connection with the largely Hellenistic city in the vicinity after its reconstruction.... It is at any rate striking that the Gospel tradition does not mention Sepphoris at all."

[174] Some writers, however, are dubious about Sepphoris' effectiveness in Hellenizing the Galilean countryside. For instance, Bernard J. Lee(*The Galilean Jewishness of Jesus. Retrieving the Jewish Origins of Christianity*[New York/Mahwah: Paulist, 1988] 63) claims that "it is certainly the case that Sepphoris does not inculturate Galilee."

[175] Batey pursues and develops his point in Richard A. Batey, "Jesus and the Theatre", *NTS* 30(1984) 563-574. From the presence of *hypokritēs* in all the Synoptic sources, Batey draws wide-ranging conclusions: e.g., Jesus understood and spoke Greek(apparently understanding the classical poetic Greek used in the theater), attended Greek plays in the theater at Sepphoris, used the word *hypokritēs* in his teaching on the basis of his "firsthand knowledge... of the dramatic actor"(p. 563), and delivered at least some of his teaching in Greek. A great deal is being built here on very little. (1) The majority of occurrences of *hypokritēs* in the Synoptics may well be due to Matthew's redaction or the special vocabulary of the M tradition he inherited. Out of the 17 occurrences of *hypokritēs,* 1 is in Mark and 3 are in Luke; the rest are all in Matthew. (2) There is indeed one clear occurrence in Mark and one in the Q tradition. The usage could therefore go back to Jesus. Yet the fact that some cases of *hypokritēs* in the Synoptics are clearly redactional and that the allied words *hypokrinomai* and *hypokrisis* can occur in the narrative comments of Luke reminds us of the possibility that the vocabulary could come from the early bearers of the tradition rather than from Jesus himself. (3) More to the point, Batey jumps too quickly from Jesus' metaphorical use of *hypokritēs* to his supposed firsthand experience of seeing an actor on a stage, specifically the theater at Sepphoris. One must take into account the intervening tradition of a metaphorical use of the word in popular Greek philosophy, in both positive and negative senses. More importantly, there is the tradition of its use as a religious metaphor, in the negative sense, in Hellenistic Judaism of the Diaspora. See, e.g., 2 Macc 5:25; 6:21; Sir 1:28-30; LXX Job 36:13. The passages from 2 Maccabees have the more precise sense of intentional dissembling in a religious context, while in Job 36:13 the sense is rather the general one of ungodliness or impiety, not especially hypocrisy in the sense of intentional dissembling. Various nuances of the term are also found in Josephus and Philo, who both use the *hypokrinomai/hypokrisis/hypokritēs* word-field at times to express the idea of hypocrisy. It is not hard to see how the basic deceit or deception of sin, which involves some sort of contradiction, easily "slides over" into the more specific idea of deceitful sin that intentionally disguises itself as virtue. The more general sense is found in such sayings of Jesus as Luke 12:54-56;

13:15-16; the more specific idea of playacting or hypocrisy is especially typical of Matthew. The upshot of all this is that the use of *hypokritēs* to express the specific religious metaphor of playacting could be due to early Jewish Christians translating Jesus' sayings into Greek in an urban Hellenistic Jewish-Christian context. That Jesus did use the metaphor of playacting in some form is not impossible, but even in that case the tradition of the term as a moral or religious metaphor in both pagan and Jewish culture weakens any deduction about Jesus' firsthand experience of the Greek theater. Batey's broad conclusions need much more argumentation than he provides. For an analysis of the philological data, see Ulrich Wilckens, *"hypokrinomai,* etc.", *TDNT* 8(1972) 559-571. Similar ungrounded exuberance about the influence of Sepphoris on Jesus can be found in Hengel, *The "Hellenization" of Judaea,* 44: "Why should not the craftsman Jesus, who grew up in the neighbourhood of Sepphoris, have made contact with Cynic itinerant preachers, especially as he himself spoke some Greek?"

176 Tiberias is mentioned in passing in John 6:23, which is the only reference to the city itself in the NT. The "Sea of Tiberias", an alternate designation of the "Sea of Galilee", is found in John 6:1; 21:1. Lee(*The Galilean Jewishness of Jesus,* 66) comments: "The mystery, if there is one, is why Sepphoris is not a recipient of the teaching and preaching of Jesus.... It does not seem unreasonable that Jesus' reasons for avoiding Sepphoris would have been inherited from his own rural culture in Nazareth...." One should remember that, for all the talk of Hellenistic urban culture in 1st-century Palestine, "the Jews of Palestine were less urbanized than the population of other equally developed Roman provinces" (Applebaum, "Economic Life in Palestine", 631).

10장

그 중간 시기에…

II부: 가족, 혼인 여부, 평신도로서 신분

이전 장에서 우리는 나자렛에서 그의 형성 시기 동안 예수를 만들도록 도움이 되었던 저 "외적인" 영향들의 몇몇을 조사했다. 곧 언어, 교육, 직업, 그리고 사회경제적 조건들. 현재 장에서 우리는 그의 형성에 이바지했던 예수의 삶의 직접적인 개인적 맥락, "내적인" 영향들에 대하여 의문 사항을 질문할 것이다. 곧 가족 유대, 결혼 여부, 그리고 평신도로서 신분. 다음 장은 예수의 삶의 시간 테두리의 조사와 함께 제2부를 끝낼 것이며, 이렇게 하여 예수의 "숨겨진 세월"로부터 그의 공생활의 시작까지 다리를 제공할 것이다.

1. 예수의 직계 가족

"가족"은 오늘날 미국의 현재의 중간 계층 사회에서 그것이 뜻하는 것보다 고대 팔레스티나에서 매우 다른 어떤 것을 의미했다. 실로, 오직 유다인의 팔레스티나에서뿐 아니라 또한 지중해 세계 전체를 통하여 대가족은 개인들을 위하여 주요한 사회적 "안전망"이었다. 그에 상응하여, "개인"은 고대 세계에서 자신을 다르게 이해했다. 개인은 고립되어, 완전히 자율적인 인격이 아니었고-어떤 미국인들이 어리석게도 오늘날 그들이 그런 것처럼 생각하듯이-그러나 오히려 더 큰, 제멋대로 뻗어 나가는 사회적 단위의 한 부분이었다. 대가족은, 또 그다음 마을이나 고을은 전체로서, 신원과 사회적 기능을 개인이 가정으로부터 받았던 공동의 안전과 방어의 대가로 개인에게 부과했다.[1] 예수가 그의 대가족과 마을에 이러한 유대들을, 그들 가운데에서 특별한 사건들이 없었던 매우 많은 세월 후에, 끊은 것은 또 새로운 신원과 사회적 역할을 자신을 위하여 규정하려는 그의 부수적인 시도는, 틀림없이 여전히 복음서 담화들에 보이는 깊은 상흔을 남겼다(마르 3, 21. 31~35 병행들; 6, 1~6 병행들; 요한 7, 3~9을 보라).

A. 예수의 부모

1,600여 명의 인구로 된, 나자렛과 같은 마을에서, 예수의 대가족은 아마 거기 많은 사람이 서로 간에 혈연이나 결혼으로 멀게 관련되었을 주민의 상당한 비율을 차지했을 것이다. 후대의 위경 전승들과 교부 시대 저자들은 예수의 가족 집단 안으로 다양한 복음서 인물들을 데려오려고 힘쓰지만,[2] 정전 복음서들은 더욱 냉철하며 그들의 신원 확인이 드물다. 우리가 유아기 담화를 다룰 때 보았듯이, 마리아와 요셉의 신원 확인은 어머니와 추정상의 아버지로서 안전하며, 그렇지만 다수의 입증은 우리가 선험적으로 상상할 수 있는 것만큼 넓지 않다.[3] 이전의 장에서 지적한 것처럼, 목수로서 요셉의 지칭은 예수에 대한 마르코의 묘사의 재작업에서 기인하며(마태 13, 55; 참조: 마르 6, 3), 그러나 어쨌든 맏아들은 그의 아버지의 사업을 따랐을 것 같다.[4]

예수의 어머니, 형제들, 그리고 자매들과 달리, 요셉은 일단 직무가 시작되자 담화 무대에 나오지 않는다. 여러 복음서 대목들은 예수가 오직 그의 어머니 혼자와(요한 2, 3~5), 그의 형제들과만(요한 7, 3~10), 그리고 그의 어머니와 형제들과 함께(마르 3, 31~35 병행들), 그의 자매들에 대해 지나가는 언급을 따라(마르 3, 35; 6, 3) 상호작용을 한다. 이러한 몇몇 관계들에 비추어 볼 때, 요셉에 대한 전적인 침묵은 특별한 의미가 있다. 이론적으로, 서로 다른 여러 이유가 요셉의 부재에 대하여 제안되었을 것이다. 예를 들어, 요셉은 가족을 버리고 떠났었다. 또는 그는 예수의 직무에 대하여 완전히 중립적 입장을 유지했고 또 이런 이유로 복음사가들에게 아무 상징적인 소용이 없었다.[5] 그러나 교부 시대에 이미 알려진,[6] 전통적인 해결책이 가장 가능성 있게 남아 있다. 곧 요셉은 예수가 공생활을 시작했을 즈음에 죽었다.[7] 예수가 태어났을 때 요셉의 나이가 얼마나 되었는지 우리가 알지 못하기 때문에, 또 평균수명이 오늘날 미국보다 고대 세계에서 훨씬 더 낮기 때문에, 예수가 대략 30에서 35살에 이르기 전 요셉의 죽음에 대하여 본질적으로 불가능할 것은 없다.[8] 대조적으로, 마리아는 공생활을 겪었고(마르 3, 31; 요한 2, 1~12) 또 계속 적어도 교회의 초기 시기까지 살았다(요한 19, 25; 사도 1, 14). 예수가 태어났을 때 그녀가 대략 14살이었을 것이 인정된다면, 또 적어도 다른 여섯 자녀를 낳을 만큼 충분히 건강했다는 것이 인정된다면,[9] 마리아가 예수보다 더 오래 살았음에 대하여 불가능할 것은 없다. 그녀는 예수의 십자가형의 때에 48에서 50살가량 되었을 것이다.

B. 형제자매: 해석의 역사

가장 큰 문제를 역사가들과 신학자들에게 만드는 것은 요셉도 마리아도 아니라 오히려 예수의 "형제들"과 "자매들"이다. 오늘의 일반적인 미국인들은, 문제에 대하여 그들이 무언가 알고 있다면, 가톨릭 신자들이 예수의 "형제들"과 "자매들"이 실제로 사촌들이었다고 주장하며, 반면에 개신교 신자들은 그들이 똑같은 두 부모를 가진 친형제자매들이었다고 주장한다는 모호한 개념을 가지고 있다. 실제로 신학적 전선은 몇 세기를 통하여 더욱 복잡하였다. 교회의 처음 4백 년에, 이 문제에 대하여 서로 다른 견해들이 다양한 그리스도인들에 의해 주장되었는데, 그들은 그 당시의 교회에 의해 그들의 서로 다른 입장에 대하여 정식으로 파문되지 않았다.

예를 들면, 2세기에, 아마 팔레스티나 출신의 유다교에서 회심자인 헤게시푸스는,[10] 예수의 형제자매들은 헤게시푸스가 또한 언급하는 사촌과 삼촌과 뚜렷이 다른 친형제자매인 것으로 생각한 것으로 보인다. 엄밀하게 말하면, 헤게시푸스는 추정상 예수의 처녀 잉태를 받아들였기 때문에, 형제자매들은 이복 형제자매들이었을 것이다(곧 오직 하나의 생모, 마리아). 그렇지만 *Protevangelium Jacobi*는 (또한 2세기부터) 마리아가 영구적으로 처녀로 남아 있었으며, 예수의 형제자매들은 이전의 결혼에 의해 요셉의 자녀들인 것을 암시하는 것으로 보인다. 이 경우에, 형제자매들은 예수의 의형제자매들이었을 것이다(곧 공동 생물학적 부모 없이, 그러나 둘째 결혼의 방법에 의해 법적인 연결로).[11]

로마 가톨릭교회의 공통의 가르침으로 흔히 고려되는 것, 즉 형제자매들은 실제로 사촌들이었으며, 또 마리아뿐 아니라 요셉도 영속적인 처녀 총각이었다는 것은, 4세기 말엽에(383년경) 히에로니무스에 의해 그의 논문 *Against Helvidius*에서 처음 옹호되었다. 이것은 서방에서 중세기 동안 그리스도교의 우세한 입장이 되었지만, 반면에 형제자매들이 이전의 혼인에 의해 요셉의 자녀들이었다는 견해는 동방에서 우세하게 남았다. 그것은 때로는 서방에서도, *Protevangelium Jacobi* 안의 이야기들의 인기 덕분에, 수면으로 올라왔다.

많은 현대 가톨릭 또 개신교 신자들이 알지 못하는 놀랄 만한 사실은 개신교 개혁의 위대한 인물들, 예를 들면, 마르틴 루터와 장 칼뱅은 마리아의 영구한 동정성을 고수했고 또 그러므로 예수의 형제자매들이 친형제자매들이라고 생각하지 않았다. 형제자매들이 마리아와 요셉의 생물학적 자녀들이었다는 견해가 "주류의" 개신교도들 가운데 용인된 것은 오직 문예부흥으로 인한 것이었다. 소수의 "고교회파" 개신교 신자들을 제외하고, 이것은 오늘날 개신교 교회들에서 공통의 견해이다.[12]

형제자매들이 실제로 사촌이나 어떤 다른 먼 친척들이었다는 것은 여전히 로마 가톨릭교회의 공통된 가르침이지만, 그럼에도 몇몇 가톨릭 신학자들과 주석자들이, 최근의 몇 십 년에, 형제자매들이 친형제자매들이었다는 견해를 옹호했다. 가톨릭 주석자들 가운데 독일의 학자 루돌프 페슈가 뚜렷한데, 그는 마르코에 대한 그의 방대한 두 권 주석서에서 "친형제자매"를 옹호했다.[13] 비록 그의 주장들이 독일 가톨릭 신자들 가운데 불 폭풍 같은 논란을 일으켰지만, 그는 공적으로 그의 견해에 대하여 로마로부터 결코 징계를 받거나 선고를 받지 않았다.[14]

이 모든 해석 역사의 너무 간결한 묘사는 적어도 지성적이며, 잘 교육을 받고, 또 신중한 그리스도인들이 이 문제에 대하여 서로 달랐고 또 다를 수 있다는 것을 우리에게 경고하는데 왜냐하면 (1) 자료가 드물고 또 (2) 다양한 교회들의 교리적인 입장들은 당연히 학자들에게 영향을 미쳤지만, 그러나 그들은 객관적이려고 힘쓰기 때문이다. 우리가 가장 가능성 있는 결론에 이르기 위해 자료를 면밀히 조사하려고 힘쓸 때, 우리는 이 책의 가혹한 한계들을 기억해야 한다. 곧 방법론적인 이유를 위하여, 그것은 믿음이나 후대의 교회 가르침에서 알려진 것을 배제하며 또 단순히 그리고 오로지 신약성경의 원초적인 자료와 순전히 가능한 역사적 사료들로 보이는 소수의 정전이 아닌 대목들에서 논리적으로 추론될 수 있는 질문을 해야 한다.[15] 이러한 제한된 범위를 감안하면, 우리는 반드시 또한 매우 제한적이고 잠정적인 결과를 예상해야 한다. 만일 "역사적인 예수"를 위한 추구가 어렵다면, "예수의 역사적인 친척들"에 대한 추구는 거의 불가능하다. 우리가 할 수 있는 최선의 것은 정직하게 또 그것들 자체의 문맥 안에 이 문제를 떠맡는 다양한 신약성경과 초기 교부 시대 구절들을 조사하는 것이다. 편의상, 마태오의 복음서의 특별한 구절들에 의해 문제가 제기되는 놀라운 방법으로 출발할 것이며, 그다음 나머지 신약성경의 "형제(들)"란 말의 사용에 대한 탐구와 함께 우리의 조사를 넓혀 나갈 것이다.

C. 마태오복음서의 관련 구절들: 1, 25; 13, 55; 12, 46~50

현대에 성경의 독자들은 신약성경의 그들의 복사물들을 열기가 무섭게 문제와 직면한다. 마태 1장은 요셉을 통하여 예수의 족보(1, 1~17), 마리아에 의해 예수의 처녀 잉태, 그리고 그의 법적인 아들로서 예수를 인정함에서 요셉의 역할("이름을 지어 줌")을 다루고, 이렇게 하여 예수를 요셉의 다윗의 족보 안에 삽입하며 "다윗의 자손"과 다윗의 메시아직을 위한 후보로 만든다(1, 18~25). 실제로 "요셉의 꿈" 또는 "요셉에게 알림"(1, 18~25)에 대한 구절의 주요한 관심사인 처녀 잉태의 신비에도 불구하고 그것이 요셉의 역할이다. 마태오는 분명히 마리아가 다윗의 혈통에서 온 것으로 고려하지 않기 때문에(이는 아들의 족보를 그의 법적인 아버지를 통하여 추적하는 유다인들에게 어쨌든 부적절했을 것이다.), 요셉이 예수를 그 자신의 자녀로 받아들여 그로써 예수가 다윗의 족보를 가지게 될 것은 필수적이다.

이 주요한 신학적 관심사 때문에, 처녀 잉태의 전승은 거의 방해가 된다. 그것은 마태오복음서에서 마태오의 주요한 관심사인, 요셉을 통하여 예수의 다윗의 후손임에 대하여 신중하게 균형이 맞추어져야 한다. 우리는 1, 18~25의 메시지를 역설과 함께 거의 요약할 것이다. 곧 비록 예수가 처녀 잉태되었다고 하더라도, 물론 그는 그의 법적인 아버지, 요셉을 통하여 다윗의 자손이다.

그 구절의, 또 실로 전체 장의 이중의 관심사는 그 장의 마지막 절(25절)의 두 반절에 깔끔하게 요약된다. "그리고 그[요셉]는 그녀[마리아]와 그녀가 아들을 낳을 때까지 성관계를 갖지 않았다(25a절).[16] 그리고 아들의 이름을 예수라고 하였다(25b절)." 한편 우리의 현대 신학적 관심사는 첫 반절에 초점을 두겠지만, 마태오에게 있어서 강조는 둘째 반절에 떨어진다. 곧 요셉은 법적인 아버지로서 그의 역할을 다하여, 예수를 다윗의 혈통에 삽입했고, 또 이렇게 하여 다윗의 자손에 의해 모든 예언의 성취를 위한 길을 열었는데 그는 또한 처녀 잉태에 의해 하느님의 아들이다. 이 문맥에서, 처음 반절(25a절)은 단순히 그 구절에 의해 심어진 다른 진실, 처녀 잉태를 강조하기 위한 것이다. 25a절은 요셉이 그녀의 임신과 예수를 낳음의 전체 기간 동안[17] 마리아와 성적인 관계를 갖지 않았다는 것을 분명히 확언한다. 아이의 잉태에 요셉의 어떤 참여도 신중하게 제외된다. 후대의 신학적 어휘를 사용하자면, 마태오는 *virginitas ante partum*, 예수의 탄생 이전에 마리아의 동정을 여기서 가르치고 있다.[18]

따라서 예수의 출생 이후에 마리아의 계속되는 동정, *virginitas post partum*의 어떤 문제도 실제로 마태오의 주요 관심 밖에 있다. 그것은 오직 예수의 잉태와 임신의 기간 동안 요셉의 절제를 강조하기 위해 그가 사용하는 때를 나타내는 구절 때문에 일어난다. "그는 그녀가 아들을 낳을 때까지[*heōs hou*] 그녀를 알지 못했다(25a절)." 이 진술을 영어 번역으로 읽는 20세기 사람에게, 자연적인 추론은 부부가 예수의 출생 후에 부부 관계를 가졌다는 것일 수 있다. 하지만 그리스어(또 어떤 근저를 이루는 히브리어나 아람어도) 구절의 의미는 아주 명백하지는 않다. 때로는, 히브리어(*'ad*)와 그리스어(*hēos hou*)에도, 우리가 "때까지"로 번역하는 접속사는 어떤 변화가 "때까지" 안에 언급된 사건이 생긴 다음에 일어난다는 것을 암시하지 않는다.

주된 예는 시편 110편의 유명한 시작이다. "주님께서 내 주군께 하신 말씀. '내 오른쪽에 앉아라, 내가 너의 원수들을 네 발판으로 삼을 때까지[히브리어 *'ad*; 그리스어 *heōs an*]'"(1절). 시편의 의미는 하느님이("주님께서") 임금에게서("나의 주군") 임금의 원수들이 진압된 후에 그의 오른쪽에 호의를 받는 지위를 빼낼 것이 거의 아니다. 하느님의 오른쪽에서 호의를 받는 지위는 분명히 존속한다는 것을 뜻한다. "때까지"에 의해 아무 변화가 암시되지 않는다. 비슷한 사례가 1티모 4, 13의 저자가 티모테오에게 권고할 때 사목 서간에서 일어난다. "내가 갈 때까지[*heōs*] 성경 봉독과 권고와 가르침에 열중하십시오." 분명히 저자는 티모테오가 바오로가 도착한 후에 이러한 활동들에 느슨해져야 한다는 것을 의미하지 않는다. 여기서 다시 강조는 "때까지" 구절에 내포된 사건이 일어나기 전에 일어날 것 위에 있다.

전체 질문은 주절이 부정을 포함할 때 더욱 어렵게 되는데, 하지만 거기에 "까지"라는 말이 그때에도 변화를 표시하지 않는 마태오 안에 실례들이 있다. 예를 들어, 마태 12, 20에 마태오의 이사 42, 1~4의 인용은 "그가 심판을 승리로 가져갈 때까지[*heōs an*], 그는 부러진 갈대를 꺾지 않고 꺼져가는 심지를 끄지 않으리라."라는 문장을 포함한다. 마태오는 종의 온유한 직무에 대한 이사야의 예언을 온유한 예언자 예수에게 적용시킨다. 마태오는 확실히 온유한 메시아 예수가 약하고 꺾인 이들에 대하여 하느님의 구원하는 공평이 승리하게 한 후에 거칠고 잔인하게 될 것이라고 생각하지 않는다. 이런 이유로, 마태 1, 25을 별개로 보면서, 우리는 요셉과 마리아가 예수의 출생 후에 성적인 관계를 가졌다는 것을 의미하는 것으로 그것을 간주하도록 강요되지 않는다. 동시에, 이 구절들의 아무것도 요셉과 마리아가 예수의 출생 후에 관계를 가지지 않았다는 것을 의미하는 것으로 1, 25a을 간주해야 한다는 것을 증명하지 않는다.[19] 마태오에게 있어서, 문맥이 분명히 변화가 표시되었다는 것을 보여 줄 때, "때까지"를 또한 사용할 수 있다. 예를 들어, 이집트로 피신의 이야기에서, 천사는 2, 13에서 요셉에게 이렇게 말한다. "내가 너에게 [이스라엘의 땅으로 돌아가라고] 일러 줄 때까지 거기에[이집트에] 있어라."

그러므로 1, 25a의 의미를 해결하기 위해, 우리는 더 큰 맥락을 바라보아야 한다. 우리가 편집 비평이나 현대의 담화 비평에 더욱 지향되어 있을 때마다, 우리는 고고하게 고립되어 마태 1, 25a을 간주할 수 없다는 것을 깨닫는다. 그것은 놀라운 양의 연관성과 "상호 참조"와 함께 큰 문학적 및 신학적 작업의 매우 적은 부분이다.[20] 마태오는 흔히 예시하고 또 개요를 말하기 위해 앞뒤를 가리킨다. 여기 사례가 그렇다. 1, 25a에서 우리에게 요셉이 그녀가 아들을 낳을 때까지 마리아와 관계를 가지지 않았다고 말하는 저자는 13, 35에서 예수의 어머니는 마리아로 그의 형제들은 야고보, 요셉, 시몬, 그리고 유다라고 불린다고 우리에게 말하는 똑같은 저자다. 신약성경에서 "형제(*adelphos*)"의 의미(들)의 특별한 문제를 당분간 제쳐놓고, 우리는 얼핏 보기에 마태 1, 25a의 "때까지"라는 진술의 똑같은 구절에 (13, 55) 예수의 어머니와 형제들 모두의 이름을 부름과 결합은 마태오가 1, 25a을 요셉과 마리아가 예수의 출생 후에 자녀를 가졌다는 것을 뜻하는 것으로 이해했다는 자연적인 인상을 만든다는 것을 인정해야 한다.

마태오의 편집적 의도의 이 최초의 인상은 마태 13, 55이 나자렛의 믿지 않는 마을 사람들에 의해 퍼부어진 질문의 마르코 버전을 재구성하는 방법을 우리가 검토할 때 강화된다. 마르 6, 3에서, 나자렛의 시민들은 이렇게 묻는다. "저 사람은 목공으로서 마리아의 아들이며, 야고보와 요세,[21] 유다, 시몬과 형제간이 아닌가? 그의 누이들도 우리와 함께 여기에 살고 있지 않는가?" 마르코의 질문들의 구조를 주목하라. 예수의 아버지에 대한 언급이 없다. (예수에게 적용된) "목공"이라는 지칭, 어머니의 이름, 그리고 네 형제의 이름은 모두 한 질문 안에 놓인다. 그리고 (이름이 불리지 않은) 누이들은 분리된 질문 안에 언급된다.

마태오 안에, 상황은 다르게 선별된다. 첫째, 아마 예수에 대한 존경심에서, 마태오는 겨우 목공임에 대한 비방을 예수의 아버지에게 옮긴다. 그럼에도 불구하고, 마태오는 유아기 담화에서 요셉은 단지 예수의 추정상의 아버지라는 것을 분명하게 말했기 때문에, (이름이 불리지 않은) 아버지에 대한 언급은 분리된 질문 안에 봉쇄된다. "저 사람은 목공의 아들이 아닌가?"(13, 55). 그다음, 분리된 질문을 시작하면서, 마태오는 합하며—추정상의 아버지를 제외하고—어머니와 형제들의 이름을 부른다. "그의 어머니는 마리아라고 하지 않나? 그리고 그의 형제들은 야고보, 요셉, 시몬, 유다가 아닌가?" 예수의 단지 법적인 아버지와 분리되어 다루어진, 한 어머니와 네 형제는 모두, 한 동사 "라고 불리는"의 주어이다. 그다음, 마르코에서처럼, 이름이 불리지 않은 누이들은 남성 중심의 청중에 의해 나중에 생각이 나서 언급된다. "그리고 그의 누이들도 모두 우리와 함께 살고 있지 않는가?" 이와 같이, 단순히 마태오의 편집 수준에, 마태오가 예수의 법적이지만 생물학적이 아닌 아버지를 예수의 실제의, 생물학적 어머니와 분리시키려고 공을 들일 때, 형제들은 오직 예수의 의형제나 사촌들로 생각된다고 주장하기 어렵다. 그 자신이 만드는, 이 큰 차이점에 직면하여, 마태오는 예수의 형제들을 그의 법적인 아버지가 아니라, 그의 생물학적 어머니와 함께 놓기를 원한다.

예수의 어머니와 형제들은 마태오가 오직 소수의 편집적 변화, 즉 한편 그가 군중에게 둘러싸여 있을 때 예수와 함께 말하기를 애쓰는 어머니와 형제들의 이야기와 함께 마르코에게서 이어받는 구절에 또한 언급된다(마태 12, 46~50 = 마르 3, 31~35). "어머니와 형제들"이 한 단위로 소개되고 이야기 전체를 통해 한 단위로 다루어지며, 예수와 그의 청중을 반대해 놓이는 방법은 어머니와 형제들이 당연히 혈연으로서 서로에게 속한다는 인상을 강화시킨다. 마태오의 작은 편집적인 특성도 이러한 인상을 지원한다. 한편 마르코가 3, 31에 "그의 어머니와 그의 형제들"을 말하지만,

마태오는 "그의 어머니와 형제들"(12, 46: *bē mētēr kai hoi adelphoi autou,* 전체 구절의 끝에 오며 또 두 명사—우리는 생각할 것이다.—를 동일하게 수식하는 소유격 대명사)로 씀으로써 두 명사를 한층 더 가깝게 함께 끌어 당긴다.

더욱이, 마르코와 마태오 양쪽 모두의 이야기 버전에서, 예수의 마지막 "핵심이 되는 구절"은 어머니, 형제들, 그리고 누이들 모두가 예수와 가깝고, 자연적인 관계를 가질 때에만 충분한 설득력을 지닌다. "하늘에 계신 내 아버지의 뜻을 실행하는 사람은 누구나 내 형제요 누이요 어머니다"(마태 12, 50). 우리가 비교의 자연적인 요점을 "누구나 하늘에 계신 내 아버지의 뜻을 실행하는 사람은 나의 남자 사촌이요 여자 사촌이며 나의 어머니다."를 의미하는 것으로 해석해야 한다면 비유의 전체 요지는 약화된다.[22] 적어도 복음서들의 편집자들의 눈에, 오직 언급된 자연적 관계들이 모두 똑같이 가깝고 혈연이라면, 경구의 완전한 힘은 유지된다.[23]

이와 같이, 교회 일치 운동 연구 *Mary in the New Testament*를 썼던 가톨릭과 개신교 학자들은 마태 1, 25a의 문제에 대한 그들의 마지막 평가에서 당연한 것으로 보인다. 곧 "(마태오의 이해를 따라서) 요셉이 예수의 출생 후에 마리아를 알게 되었고 또 그들이 자녀를 낳았을 가능성이 생기는 것은, 이 절이 오직 마태오의 마리아와 예수의 형제들(12, 46), 누이들(13, 55~56)에 대한 언급과 결합될 때이다."[24] 물론 우리는 예수의 삶의 역사적인 사건들의 수준이 아니라, 오직 마태오의 편집적 의도의 수준 위에 있다. 마태오는, 루카와 같이, 단지 그들이 마르코 안에서 알았던 "형제들"의 자연적인 또는 "피상적인" 의미를 따랐고 발전시켰을 것이다. 이런 이유로 오직 마르코뿐 아니라 마르코(바오로)보다 더 이른 진술들에서 목격한 것처럼, 우리는 초기 그리스도교 전승 안의 "형제(들)"의 의미로 뒤로 물러나야 한다.[25] 우리는 이것들에 요세푸스의 사용을 덧붙일 수 있는데, 이는 신약성경의 글들과는 관계가 없다.

D. 예수의 형제들에 대한 문서들

마태오의 유아기 담화 안의 또 공생활 동안 마리아와 요셉에 대한 우리의 논의는 이미 예수의 "형제들"[26]을 말하는 문서들을 우리에게 소개했다. 우리가 보았던 것처럼, 그 대목들의 직접적인, 자연적인, "피상적인" 의미는 "피를 나눈 형제들"의 견해를 선호한다. 이런 이유로, 소위 "에피파니우스의 해결"은[27] 그것에 의해 이 형제들은 이전의 혼인에 의한 요셉의 아들들로 보이며, 처음부터 임의적이며 불필요하다는 인상을 준다. 마태오의 유아기 담화는, 루카의 그것처럼, 이러한 견해에 아무 지원을 제공하지 않는다. 두 담화에서 얻는 자연적인 인상은, 그 혼인이 분명히 마리아에게처럼, 요셉에게 첫 번째라는 것이다. 더욱 중요한 것은, 우리가 아래에서 볼 것처럼, 거기 *adelphos*("형제")가 "배다른 형제"–에피파니우스의 해결에 의해 요구된 의미–의 의미를 분명히 지니는 사례가 신약성경에는 없다. 이 해결책은 아마 유다인의 상황에 대하여 터무니없이 부정확한 극도로 상상적인 민담, *Protevangelium Jacobi* 안의 요셉의 설명에서 그 뿌리를 추적할 수 있다. 우리는 아마 4세기 후반까지 공통의 가르침이 되지 않았던, 마리아의 영속적인 동정에 대하여 최근에 생겨난 견해를 지원하기 위해 사실 이후에 생각해 낸 해결책을 다루고 있을 법하다.

1. 히에로니무스의 입장

히에로니무스의 해결 대신에 우리는 무엇을 말할 수 있는가? 그는 예수의 형제들이 실제로 사촌들이며 요셉과 마리아 모두 종신의 처녀 총각이었다고 제시한 첫 교회 교부인 것으로 보인다. 다시 한번, 우리는 해결책이 마리아의 영속적인 동정을 변호하기 위해 생각해 낸 것으로 보인다는 것을 주시해야 한다. 요셉이 종신토록 동정이었다는 견해는 4세기의 색다른 것이었고 성경에 아무 근거가 없다. 실로, 살면서 나중에, 히에로니무스 자신은 항상 그의 입장을 똑같은 방법으로 설명하지 않았다. 그러나 히에로니무스의 주장의 핵심의 무엇, 곧 "형제", *adelphos*에 대한 그리스어는 실제로 예수의 형제들을 말하는 복음서 구절들 안의 "사촌"을 뜻하는가?

많은 어원학적 논거들이 히에로니무스의 이론을 지원하기 위해 제기될 수 있다. 그러나 엄밀한 검사는 그것들이 처음에 나타나는 것처럼 증명되지 않는다는 것을 보여 준다.[28]

히에로니무스의 가장 중요한 주장은, 더 넓은 맥락에서 볼 수 있는 것처럼(예, 70인역 창세 29, 12; 24, 48), 형제(*'āḥ*)를 위한 히브리어 단어가 분명히 피를 나눈 형제가 아니라 사촌이나 조카를 의미하는 많은 구절이 구약성경 안에 있다는 것이다. 사실, 성경의 히브리어나 아람어에는 "사촌"에 대한 단일한 단어가 없다. 히브리어 *'āḥ*와 아람어 동의어 *'āḥā'*는 흔히 관계를 표시하기 위해 사용되었다. 이 구절들에서, 그리스어 구약성경은, 글자대로 번역하면, 자연적으로 *'āḥ*를 *adelphos*("형제")로 번역할 것이다. 한편 이 모든 것은 완전하게 정확할 것이지만, 거기에 실제로 *'āḥ*가 이론의 여지 없이 사촌을 의미하는 구약성경 구절들의 수는 매우 적다.—아마 오직 하나![29] *adelphos*가 자주 그리스어 구약성경에 사촌을 의미하기 위해 사용된다는 것은 그저 사실이 아니며, 또 동등성은 인정된 것으로 간주될 수 없다.

더욱이, *'āḥ* 또는 *adelphos*가 사촌을 의미할 수 있는지 우리가 아는 바로 그 이유는 직접적인 문맥이 정규적으로 정확한 관계를 일종의 완곡어법에 의해 만들기 때문이다. 예를 들어, 1역대 23, 22에서, 엘아자르의 딸들이 키스의 아들들과 결혼을 할 때, "그들의 형제들", 키스의 아들들은 실제로 그들의 사촌들인데, 왜냐하면 21절은 키스가 엘아자르의 형제였다는 것을 분명하게 말하기 때문이다. 히브리어로 *'āḥ*의 모호성을 감안하면, 담화 안의 혼동을 피하기 위해 이러한 더 많은 해명이 필요할 것이다. 이러한 해명이 예수의 형제들에 관하여 신약성경 구절에 주어지지 않는다. 오히려, 그것으로 그들이 예수의 어머니와 얽어매지는 규칙적임은 정확히 반대되는 인상을 제공한다.

2. 신약성경은 번역 그리스어가 아니다

실제로, "사촌"을 위해 *adelphos*의 사용에 관하여 그리스어 구약성경과 신약성경 문서 간의 전체 유추는 의심스러운데 책들의 이 두 수집이 기원에 있어 다르기 때문이다.[30] 그리스어 구약성경의 경우에, 우리는 "번역 그리스어", 때로는 딱딱하게 또는 기계적으로 전통적인 거룩한 히브리어 원본을 축어적으로 번역하는 그리스어를 다룬다. 이런 이유로 히브리어 단어가 "형제"가 아니라 어떤 다른 유형의 친척을 의미할 때 때로는 *adelphos*가 *'āḥ*를 번역하기 위해 사용되었을 것이다. 그러나 신약성경 저자들의 경우에, 어떤 것이든지 글로 쓴 아람어 사료들이—만약에 있다면—그들 앞에 놓여 있으면, 저자들은 분명히 그들이 딱딱하게 축어적으로 번역되어야 할 고정된 거룩한 책을 다루고 있다고 느끼지 않았다. 마태오와 루카 모두가 만드는 개선들은 마르코의 비교적 빈약한 그리스어를 그렇게 명확하게 만든다.

더욱 빛나는 경우는 바오로의 그것인데, 갈라티아서(서기 54년경)의 대포 발사와 코린토 1서(대략 똑같은 시기)의 사목적 "질의와 응답" 글을 쓰는 데에, 그는 매우 그 자신의 성격, 자신의 스타일, 또 자신의 권위로 말하고 있다. 갈라 1, 19에서, 그는 "주님의 형제, 야고보"를 말하며, 또 1코린 9, 5에서 전반적으로 "주님의 형제들"에 대하여 말한다.—그는 이전에 히브리어나 아람어로 작성된 어떤 문서를 거의 딱딱하게 번역하고 있지 않기 때문이다! 복음사가들과 달리, 그는 예수의 생애 안에 지나간 사건들의 존경스러운 이야기들을 계속 전달하지 않고 개조한다. 갈라 1, 19과 1코린 9, 5에서 그는 그와 개인적으로 알고 있고 그가 편지를 쓰고 있는 때에도 교회 안에 살아 있고 활동하고 있는 사람들에게 언급한다. 그 자신의 발의로, 전승이나 형식 문구의 압력 없이 글을 쓰면서, 바오로는 이런 사람들에게 사촌들이 아니라 형제들이라고 말한다. 이제, 신약성경 그리스어에 사촌들에 대하여 완전히 좋은 말, *anepsios*가 있었고, 또 아마 이것은 콜로 4, 10에 나오기 때문에, 바오로계 교회들에 알려졌을 것이다. 만일 바오로가 "형제"가 아니라 "사촌"을 뜻했다면, 십중팔구 그는 갈라티아서와 코린토 1서에서 *adelphos*가 아니라 *anepsios*를 썼을 것이다.

바오로를 떠나서라도, 후대에, 그리스도교 발전의 둘째 단계에, 그리스어 *ho adelphos tou kyriou*("주님의 형제")로 딱딱하게 번역되었을, 어떤 제시된 오랜, 그리스도교 아람어(예, *'aḥā' dî mārĕyā'*) 안의 거룩한 전승에 우리가 호소할 수 있는지 매우 의심스럽다. 우리가 이미 본 것처럼, 초기의 아람어를 말하는 그리스도교에 그 후에 계속해서 그리스어를 말하는 그리스도교가 따라왔다고 주장하는 초기 그리스도교 발전의 전체 이론은 교회의 바로 그 시작부터 그리스어를 말하는 예루살렘의 그리스계 유다인(사도 6장의 그리스계 사람들)의 존재를 무시한다. 짐작컨대, 틀림없이 야고보와 다른 "주님의 형제들"을 개인적으로 알았던, 예루살렘의 이 그리스계 유다인들은 그들을 바로 그 처음부터 *hoi adelphoi tou kyriou*("주님의 형제들")라고 불렀고, *hoi anepsiosi tou kyriou*("주님의 사촌들")라고 부르지 않았다. 그들의 용법은 어떤 상정상 존경스러운 아람어 방법의 말하기가 고정되고 전통적이 된 후에 생기지 않았다.

"주님의 형제"가 예수에 대한 지칭으로서 1세기 그리스어를 말하는 유다인들과 그리스도교인들 가운데 예수의 이 친척들에 대하여 다른 어떤 말하는 방법이 불가능하게 될 만큼 그렇게 고정되고 바꿀 수 없는 어구가 되지 않았다는 또 다른 표시가 있다. *The Jewish Antiquities*(20.9.1 §200)에서 예루살렘의 야고보에 대하여 언급할 때, 요세푸스는 단순히 또 직접적으로, "주님의 형제"가 아니고, "예수의 형제"라고 말한다. 이 대목은, 어떤 주석자들에 의해 흔히 만들어진 주장들과 반대로, "주님의 형제들"은, "예수의 사촌들"과 같이, 어떤 더욱 정확한 지칭처럼 불가능하게 하였던 변경할 수 없는 호칭이 아니었다는 것을 보여 준다.

한편 이러한 논쟁에 의해 모든 것이 납득될 수 없겠지만, 요세푸스의 이 대목은 더 큰 중요성을 가진다. 우리가 3장에서 보았던 것처럼, 요세푸스는 예수와 야고보에 관한 그의 주장을 위하여 어떤 신약성경 책들에 의존하지 않았다. 독립적으로 말하면서, 그리스어로 "형제"와 "사촌"[31] 간의 구분을 완전히 잘 알고 또 이 점에 대하여[32] 그리스어의 정확성을 선호하여 성경 안의 히브리어 용법을 정정하기도 하는 요세푸스는 분명히 야고보를 예수의 사촌이 아니고, 형제라고 부른다. 따라서 신약성경 용법의 수입품은, 논의하에 그것이 정확한 관계일 때, 언제 또 어떻게 "형제"를 피하고 "사촌"이라 쓰는지를 완전하게 잘 아는 그리스말을 하는 유다인으로부터 독립적인 확인을 받는다.

3. 신약성경에서 "형제"의 의미들

신약성경 내에서도, 만일 우리가 "주님의 형제들"의 논란이 된 경우를 배제한다면, 정확히 "사촌"을 뜻하는 그리스어 *adelphos*("형제")의 분명한 의미가 없다. 신약성경의 *adelphos*의 다양한 의미들은 두 기본적인, 곧 글자 그대로의 또 비유적인, 의미로 요약된다.

(1) 첫째의 또 가장 중요한, *adelphos*는 글자 그대로 피를 나눈 형제, 친형제나 이복형제(곧 한 공동의 생물학적 부모)를 뜻하기 위해 사용된다. (a) "친형제"의 분명한 경우들은 매우 명백하여 요점을 장황하게 논할 필요가 없다. 마르코가, 1, 19~20에서, 야고보, 그의 형제(*adelphon*) 요한, 또 그들의 아버지 제베대오를 소개할 때, 야고보와 요한이 실제로 사촌이고 또 제베대오가 실제로 그들의 의부나 삼촌이라고 주장하도록 어느 주석자나 신학자의 마음을 스쳐 가지 않는다는 것을 주목하는 것으로 충분하다. 왜 주석자는, 순전히 언어학적 또 역사적 근거 위에 작용하면서, 거기서 예수가 마리아의 아들이며 야고보, 요세, 유다, 또 시몬의 형제(*adelphos*)라고 우리가 듣는, 마르 6, 3에서 다르게 판단을 해야 하는지 알아듣기 쉽지 않다. (b) 흥미롭게도, 필리포스가 헤로데 안티파스의 형제라고 불리는, 6, 17에서 본 것처럼, 마르코도 "이복형제"를 의미하기 위해 *adelphos*의 사용을 안다. 실제로, 주석자들은 "필리포스"가 이 구절에서 예루살렘의 클레오파트라에 의해 헤로데 대왕의 아들인 필리포스를, 또는 마리암네 2세에 의해 헤로데 대왕의 아들인 헤로데 "필리포스"를 말하는지 논쟁을 벌인다.[33] 그러나 논쟁은 우리의 요건에 아무 차이를 만들지 않는다. 곧 이 구절에서 "형제"는 이복형제를 의미해야 하는데, 헤로데 안티파스는 헤로데 대왕의 여전히 또 다른 아내인, 사마리아인 말타스에 의해 아들이었기 때문이다. 이런 이유로 피로 맺은 유대는 오직 공동의 생물학적 아버지를 통하여 생기며, 또 그러므로 필리포스는 (그가 누구였든지) 이복형제가 되는 의미로 안티파스의 *adelphos*였다.

(c) "친형제" 또 "이복형제"와 함께 우리는 신약성경에 나오는 *adelphos*의 글자 그대로의 의미를 다 써 버린다.—이는 "형제"의 "글자 그대로"의 의미가 고대 세계의 대가족 안에 상당히 넓을 수 있다는 것을 우리가 깨달을

때 한층 더 놀랍다. 예를 들어, 신약성경의 범위를 넘어 코이네 그리스어는 피와 법률의 다양한 관계를 표시하기 위해 *adelphos*의 더 넓은 사용을 안다. 예, 어떤 때 근친상간의 관계에서, 그의 남편에게 적용된 "형제"의 양식화된 사용, 또는 그의 아들에게 편지를 쓰는 아버지에 의한 "형제"의 사용.[34] 덧붙여서, 코이네 그리스어는 아래에 우리가 조사할 다양한 비유적 사용들을 안다.

그럼에도, 우리는 무엇이 우리를 위하여 중심이 되는 질문인지 묻기를 피할 수 없다. 이 문제에서 신약성경의 끊임없는 용법은 무엇인가? 대답은 분명하다. 곧 신약성경에서, *adelphos*는, 순전히 비유적으로 또는 은유적으로만 사용되지 않고 그러나 오히려 신체적 또는 법적인 관계성의 일종을 표시하기 위해 사용될 때, 오직 친형제나 이복형제를 의미하며, 다른 아무것도 뜻하지 않는다. 우리의 논쟁 중인 사례 밖에서, 그것은 결코 이복형제(에피파니우스의 해결), 사촌(히에로니무스의 해결), 또는 조카를 뜻하지 않는다. *adelphos*(글자대로의 의미로든 또는 유비적 의미로든)가 신약성경에 합계 343번 사용되는 것을 고려할 때, 이 "글자대로"의 용법은 놀랍다. 이 점에 대하여 신약성경의 놀랍게도 끊임없는 용법을, 마찬가지로 우리가 이미 조사했던 복음서 대목들의 자연적인 편집적 용법을 모른 체하고, 그 대신 다양한 유다인의 또 외교인의 책들 안의 코이네 그리스어의 용법에 호소하는 것은 자기에게 유리한 주장만 하는 것으로 볼 수밖에 없다.[35]

(2) 신약성경에 *adelphos*의 다른 모든 사용은 비유적인 또는 유비적인 의미의 일반적인 지시문 아래 정렬한다. 이것은 "형제"가 직접적인 혈연이나 혼인으로 만들어진 유대와 동일시할 수 없는 어떤 넓은 관계들을 말하는 저 모든 사례를 포함시킨다. 이러한 유비적인 의미 아래 예수의 추종자들(예, 마르 3, 35), 초기 교회 안의 동료 그리스도인들(예, 1코린 1, 1; 5, 11), 동료 유다인들(사도 2, 29[더욱 종교적 의미로]; 로마 9, 3[더욱 민족적 또는 국사적 의미로]), 모든 이웃 사람(공통의 종교적 또는 인종 간의 유대에 특별한 강조 없이; 예, 마태 7, 3~5), 그리고 가능하게는 모든 인간존재(히브 2, 11. 17)를 말하는 저 모든 문서가 온다. 분명히, 예수의 형제들에 대한 복음서 언급들은 이 범주에 정렬되지 않는다.

요컨대, 히에로니무스의 "사촌" 접근법은, 에피파니우스의 "이복형제"와 같이, 신약성경 용법에서 단순히 충분한 어원학적 기반이 부족하다.[36] 요제프 블린츨러(Josef Blinzler)와 존 맥휴(John McHugh)[37]와 같은 현대의 주석자들이 히에로니무스의 입장과 비슷한 것을 변호하려고 힘썼지만, 최신의 버전들에서, 요셉과 마리아의 가정들 내에 단순히 입증될 수 없는 관계들의 대단히 난해한 이론들을 채택하게 만들었다는 것은 큰 의미가 있다. 에피파니우스의 해결책처럼, 사촌 이론도 그렇다. 곧 거저 주장된 것은 거저 부인될 것이다.

4. 교회의 초기 교부들 안의 "친형제들"

사촌 접근법을 유지하기를 바라는 이들은 비교적 늦은, 포스트 니케아 해결인 더욱더 어려움을 직면해야만 한다.[38] 대조적으로, 에피파니우스의 해결과 "예수의 형제들"이 친형제들이었다는 견해도 2세기와 3세기의 지지자들을 발견할 수 있다. 예수의 형제들이 친형제들이었다는 의견의 고대성과 확산은 흔히 사촌 접근법의 지지자들에 의해 간과된다.

예를 들어, "친형제" 접근법에 대한 가장 이른 증인들 중 하나는 헤게시푸스이며, 그의 로마제국의 큰 도시들 안에서 주교들의 가르침에 대한 증언은 전통적인 가톨릭 교회론의 변호자들에 의해 높이 평가된다. 하지만 이러한 변호자들은 예수의 형제들에 대한 헤게시푸스의 증언에 이를 때 보통 침묵을 지킨다. 당연히, 우리는 이 증언을 오직 단편으로만 가지고 있고, 대부분 에우세비우스 안에 보존되어 있으며,[39] 또 증언은 문제점과 자체 모순의 가능성이 없지 않다. 그러나 적어도 헤게시푸스가 예수의 친척들을 위하여 다양한 정확한 용어들 가운데 어떻게 구별하는지 알았다는 것은 분명하다. 내가 강조하려는 요건은 이것이다. 나는 헤게시푸스가 역사적으로 사실이라고 말하는 것 모두를 반드시 받아들이지 않는다.[40] 나의 관심은 오히려 2세기 교회의 교부가 예수의 친척들에 대하여 사실이라고 생각했던 것과 또 그의 견해를 표현하기 위해 그가 어떤 용어들을 사용했는지에 있다.

에우세비우스의 *Ecclesiastical History*, 2.23 §4에서, 헤게시푸스는 "예수의

형제[*ho adelphos tou kyriou*], 야고보에 대하여 말하는데, 그는 모두에 의해 '의인'이라 불렸다." 한편 이 "의인 야고보"(곧 바오로와 헤게시푸스 모두에 의해 "주님의 형제"라고 불리는 야고보)의 순교를 이야기하면서, 헤게시푸스는 또한 예수의 "삼촌"과 "사촌(*anepsion!*)"을 언급한다(4.22 §4).[41] 따라서 헤게시푸스는 예수의 형제, 삼촌, 그리고 사촌 간에 신중하게 구별을 할 수 있다. 그러므로 그가 야고보를 예수의 형제로 부를 때, 그의 말을 믿지 않을 타당한 이유가 없다. 마치 이 점을 확인하기 위해 그가 애를 썼던 것처럼, 헤게시푸스는 또한 또 다른 대목에서(3.19와 3.20 §1) "육을 따라서" 구세주(또는 주님)의 형제 유다에 대하여 말한다. 헤게시푸스는 "사촌"과 "삼촌"이란 말들을 예수의 특별한 친척들에게 어떻게 완전하게 잘 적용하는지 알기 때문에, "육을 따라서 주님의 형제"와 같은 정확한 구절이 실제로 "사촌"을 의미하는지 또는 그저 육신적인 형제간에 반대되는 것으로 영적인 형제간을 말하는지 주장하기는 극도로 어렵게 된다.[42]

헤게시푸스는 "친형제" 접근법에 기댈 유일한 니케아 이전 교부가 아니었다. 이 문제를 다룰 라틴어를 말하는 유일한 니케아 이전 교부, 테르툴리아누스(서기 160~220년)는 예수의 형제들을 진정한 형제들로 간주하였다. 흥미롭게도, 그는 어머니와 형제들이 무례한 빛으로 함께 얽어매지는 마르 3, 31~35(루카 8, 19~21과 병행하는)의 구절에서 특별히 주장한다. 예수의 형제들을 친형제들로서 이렇게 해석하는 것은 놀랄 만한데 테르툴리아누스는 엄격주의자, 금욕적 견해에 기울었고 동정성에 대하여 높은 평가를 하였기 때문이다. 하지만, 그리스도의 인성의 그리스도 가현설 견해와 함께, 마르키온과 마르키오니스트들에 대한 그의 강렬한 반대는, 예수의 어머니와 형제들은 참으로(*vere*) 그의 어머니와 형제들이었다고 강력히 주장하게 하였다. 테르툴리아누스에게 있어서, 이것은 그리스도의 완전한 인성을 증명하는 반박할 수 없는 방법이었다.[43]

"친형제" 접근법으로 기울어짐을 드러낼 수 있는 교회의 니케아 이전 교부의 마지막 문서들은 이레네우스(서기 130~200년경)의 *Adversus Haereses*에서 온다. 하지만, 이 문서들의 암시는 헤게시푸스와 테르툴리아누스의 것들보다 덜 분명하다. *Adversus Haereses*의 3권에서, 이레네우스는 창조의 이야기와 낙원에서 아담과 하와의 타락과 마리아에 의해 예수의 처녀 잉태와 출생 간의 복잡한 유비에 관여한다. 이 유비 동안에 두 번 그는 마리아가 예수의 출생 후에 다른 자녀들을 가졌다고 암시하는 것으로 해석될 수 있는 진술을 한다(*Adv.Her.* 3.21.10; 3.22.4).

3.21.10에서 그는 이렇게 쓴다. "그리고 저 처음 형성된 남자, 아담이 경작하지 않은 그때까지[*adhuc*] 처녀 땅(하느님께서 아직 비를 보내지 않으셨고 또 남자는 아직 땅을 일구지 않았기 때문에)으로부터 그의 기질을 받았고 또 하느님의 손, 곧 하느님의 말씀에 의해 형성되었던 것과 똑같이… 그렇게 역시 말씀은, 자신 안에 아담을 하나로 만들고, 그때까지(*adhuc*) 처녀였던, 마리아에게서 존재하면서, 정확히 아담의 것을 하나로 만들었던 일종의 발생을 받았다." 마찬가지로, 3.22.4에서, 이레네우스는 하와와 마리아 간에 유비를 묘사한다. 하와는, 비록 그녀에게 이미 남편이 있었지만, 그녀가 아직[*adhuc*] 처녀였을 때 불순종했고, 마리아는 그녀가 이미 남편을 선택했고 물론 아직[*adhuc*] 처녀였지만 순종했다.

모든 유비는 다리를 절기 때문에, 이레네우스의 유비가 얼마나 멀리 압력을 받아야 하는지 말하기 어렵다. 그러나 우리는 적어도 이레네우스가 마리아가 예수의 출생 후에 처녀로 남아 있지 않았다고 전제했을 가능성을 열어 두어야 한다. 말할 필요도 없이 블린츨러는 이 견해를 허용하려고 하지 않는다.[44] 어쨌든, 4세기에 헬비디우스가 친형제로서 예수의 형제들에 대한 해석을 지원했을 때, 그는 난데없이 어떤 것을 지어내지 않았다는 것을 알 수 있다. 적어도 헤게시푸스와 테르툴리아누스, 그리고 아마 이레네우스에 의해서도 증언된―요세푸스의 독립적인 증언은 말할 것도 없고―니케아 이전 시기에 이러한 해석의 전통이 있었던 것으로 보인다.

E. 결론

말할 것 없이, 이 모든 주장은, 종합해 보아도, 매우 적은 증거가 그에 대한 문제에 절대적인 확실성을 만들지 못한다. 물론, 만일―믿음과 후대의 교회 가르침을 배제하면―역사가와 주석자가 신약성경과 우리가 조사했고 단순히 역사적인 사료로서 보았던, 교부 시대 문서들에 대해 판단하도록 요청을 받으면, 가장 가능성 있는 의견은 예수의 형제들과 자매들이 친형제자매들이었다는 것이다.

이 판단은 무엇보다도 먼저 몇몇 입증의 기준으로부터 나온다. 곧 바오로, 마르코, 요한, 요세푸스, 그리고 아마 사도 1, 14의 루카가 "예수의 형제(들)"(또는 주님의)에 대하여 독립적으로 말한다. 그들 대부분의 진술은 형제들을(또 흔히 자매들을) "그의 어머니와 (그의) 형제들"과 같은 구절에서 직접 예수의 어머니 마리아와 얽어맨다.

사료들 다수의 입증의 이 최초의 사실에 그다음, 요세푸스와 신약성경의 보통의 용법에 의해 판단되는 것처럼, 이 모든 대목에 "형제(들)의 자연적인 의미가 반드시 덧붙여져야 한다. 요세푸스의 그리스어 용법은, 가장 주목할 만하게 더 정확한 "사촌"과 함께 "형제"를 바꾸기 위해 성경적 이야기를 재작성하면서, "형제"와 "사촌" 사이에 구별을 한다. 이렇게 하여 1세기 독립적인 유다인 저자 요세푸스가 예루살렘의 야고보를 그 이상의 말이 없이 "예수의 형제"로 부르는 것은 특별히 중요하다.

신약성경에 "형제"가 "사촌" 또는 "이복형제"를 의미하는 단 하나의 명백한 사례가 없지만, 반면에 그것의 의미 "의형제"(친형제 또는 이복형제)에 대한 풍부한 사례들이 있다. 이것은 바오로, 마르코, 또 요한의 *adelphos*의 자연적인 의미이다. 마태오와 루카는 분명히 이 의미를 따랐고 발전시켰다. 바오로의 용법은 특히 중요한데, 요세푸스나 복음사가들과 달리, 그는 구두나 글로 쓴 사료들 안의 이야기들을 통하여 그에게 전해진 과거의 사건들에 대하여 그저 쓰는 것이 아니다. 그는 주님의 형제(들)에 대하여 그가 알았고 만났던 사람들로서, 그가 편지를 쓰고 있는 때에도 살아 있는 사람들로서 말한다. 그의 "형제"의 사용은, 그것의 정해진 형식 문구를 그가 바꾸기를 꺼려 하는, 존경하는, 몇 십 년 된 복음서 전승에 의해 결정되지 않는다. 그리고 바오로, 또는 가까운 제자는, 바오로계 전승이 "사촌"(콜로 4, 10의 *anepsios*)에 대한 말을 완전하게 알았다는 것을 보여준다. 이런 이유로 순전히 어원학적 및 역사적 관점에서, 가장 가능성 있는 견해는 예수의 형제들과 자매들이 그의 형제자매들이었다는 것이다.[45] 신약성경 문서들의 이러한 해석은 4세기 말엽까지 적어도 몇몇 교회 저자들에 의해 살아 있었다.

2. 예수는 결혼을 했는가?

예수의 가능한 서출의 문제와 함께, 예수가 한때 결혼을 했는지 묻는 단순한 행동은 어떤 독자들에게 경솔하고, 다른 이들에게 천하며, 또 다른 이들에게 모독적인 인상을 줄 것이다. 실제로, 예수의 혼인 여부를 그의 서자 문제와 똑같은 수준이나 똑같은 범주에 놓는 것은 정당성이 없다. 많은 문화들, 개화되었다고 주장하는 문화들 안에도, 아무리 아무 잘못이 없고 좋은 사람이라고 하더라도, 서출은 어떤 사회적 오명을 지닌다. 그 상흔은 독실한 이들에게 그것이 위대한 종교적 지도자에게 또 선험적으로 많은 사람에 의해 그들의 주님과 구세주로 인정된 사람에게 돌려질 때 한층 더 충격적으로 보인다.

분명히, 결혼한 것 자체로 이러한 오명은 지니지 않는다. 한편 많은 교부시대와 중세기 신학자들이 독신을 혼인보다 삶의 더 높은 상태로 간주했지만, 그들은—적어도 그들의 더 좋은 순간들에—혼인을 수치스러운 것으로 보지 않았다. 모세로부터 시몬 베드로 또 토머스 모어까지, 그 상태가 그들의 거룩함이나 지도력에 방해로 느껴지지 않으면서, 위대한 성인들은 혼인을 했다. 예수의 경우는 정통 그리스도교가 그를 사람이 되신 영원한 하느님의 말씀, 죽을 혈육 안의 하느님의 아들로 고백한다는 것으로, 물론, 유일무이하다. 그리스도의 신성에 대한 이러한 헌신을 감안하면(마찬가지로 독신이 삶의 상태로서 결혼보다 우월하다는 가톨릭 신자들 가운데 전통적인 견해), 예수가 혼인하지 않은 채 남아 있었다는 주류 그리스도인들의 거의 보편적인 신념은 정통 그리스도인의 믿음의 유리한 점에서 이해할 만하다.

하지만, 이 책에 의해 착수된 역사적 예수의 탐구는, 1부에서 강조한 것처럼, 색다른 더욱 제한된 법칙에 의해 작용한다. 역사의 예수는 정의상 받은 역사적인 사료들과 기준들을 사용하는 어떤 또는 모든 학자에 의해 조사에 열려 있는 예수이므로, 믿음의 통찰력들은, 결코 거부되지 않지만, 현대의 탐구자들의 주장 안에 사용될 수 없다. 이로 인해, 우리는 반드시 이렇게 물어야 한다. 단순히 우리 손에 맡겨진 역사적 사료들에서, 우리는 예수가 결혼을 했는지 또는 하지 않았는지 말할 수 있는가?

믿지 않는 사람 가운데도, 이 질문이 흔히 제기되지 않는 것을 주목하는 것은 아주 흥미로운데, 아마 예수가 독신으로 남아 있었다는 전통적인 견해가 알지 못하는 사이에 미치는 영향을 계속 가지기 때문일 것이다. 하지만, 최근에 예수의 결혼 여부에 대한 질문이 윌리엄 핍스(William E. Phipps)에 의해 그의 책, *Was Jesus Married? The Distortion of Sexuality in the Christian Traditions*에 분명히 제기되었다.[46] 부제는 예수의 결혼 여부에 대한 완전히 합법적인 연구가 성생활에 대한 전통적인 그리스도교의 견해들, 특히 가톨릭교회의 견해들에 대해 맹렬한 격론으로 말려들게 되었다는 것을 독자에게 주의를 환기시킨다. 공정하게 말하면, 핍스는 전통적인 그리스도교 신학 안에 성생활의 부정적인 견해들을 말하기 위해 몇몇 유효한 요건들을 가지고 있다. 하지만, 저 역사에 대한 그의 개관도 신학자들과 교회 지도자들의 최악의 경향들의 방향으로 기울어진다. 혼인의 거룩함에 대한 그리스도교의 선언들—실로, 성사로서 가톨릭교 안에서 그것의 등급—은 응분의 자격이 주어지지 않았던, 더 좋고 빛나는 순간들을 만들었다. 똑같은 것을 20세기에 성생활의 주제에 대해 로마 가톨릭 윤리신학에 의해 만들어진 놀랄 만한 발전에 대해 말할 수 있을 것이다.[47]

그러므로 우리는 예수의 결혼 여부에 대한 역사적인 문제를 핍스의 책의 추진 엔진인 현대의 관심사들에서 풀어 주어야 한다. 일단 그것이 된 다음에, 우리는 핍스가 제기하는 정직한 문제의 진가를 알아보고 또 예수가 실제로, 그의 삶 안의 어떤 때, 결혼했다는 입장을 선호하는 그의 주장들을 평가할 수 있다.

핍스의 많은 개인적인 주장의 기저를 이루는 기본적인 주장은 꽤 단순하다. 곧 예수의 시대에 성과, 혼인에 관한 적극적인 유다인의 기풍 때문에, 예수의 아내에 관한 신약성경의 침묵은 예수에게 실제로, 적어도 그의 생애의 어떤 시점에, 아내가 있었다는 의미로 해석되어야 한다. 이것을 조금 풀자면, 핍스는 유다인들이 성생활과 혼인을 은혜로운 창조주에 의해 인간에게 주어진 축복들로 보았던 것을 강조하기 위해 구약성경, 신구약 중간 시기, 그리고 라삐계 문헌 전체에 걸쳐서 조사한다. 생활 태도로서 독신은 보통의 종교적인 유다인, 또 특히 교사나 라삐를 위해, 예수의 시대에 생각할 수 없었을 것이다. 영구적인 독신 생활로서 예수의 묘사는 후대의 그리스도교 신학의 산물이며, 이는 전통적으로 성과 결혼의 왜곡된 견해를 겪었다. 요컨대, 침묵은 주어진 맥락에 따라 해석되어야 한다. 이것은 신약성경에서 예수의 결혼 여부에 대하여 침묵은 그를 위해 결혼이 규범이었던 유다교의 맥락에 따라 해석되어야 한다는 것을 의미한다. 그 주제에 대한 신약성경의 침묵은 예수에 대한 가장 이른 전승들이 예수가 결혼했다는 것을 그저 당연한 것으로 간주했다는 사실에서 생긴다.

핍스가 흔히 무시되었거나 지나가면서 다루어진 문제에 초점을 맞춘 것은 그의 덕분이다. 그는 또한 무엇이 예수의 결혼 여부에 대하여 우리의 최후의 결정이라 하더라도, 신약성경은 그 질문에 그저 침묵한다는 사실을 우리가 직면하게 만든다. 이런 이유로 어떤 입장도 주로 눈에 띄지 않는 스핑크스의 수수께끼를 풀기 위해 애쓰는 간접적인 주장들에 근거가 두어져야 할 것이다. 이러한 복잡한 상황은, 그들은 고대 역사에서 부정적인 것을 증명하려고 애쓰는 악명 높게 어려운 입장에 처해지기 때문에, 예수가 결혼을 하지 않았다고 주장하는 사람들을 위하여 더욱 심각해진다. 이런 어려움에도 불구하고, 나는 물론 예수가 독신이었다는 것을 주장하기 위하여 견고한 이유들이 있다고 생각한다.

(1) 무엇보다 먼저, 문맥에 대한 논쟁이 있다. 틀림없이, 신약성경의 침묵은 오직 주어진 문맥 안에서 해석될 때에만 의미가 있을 수 있다. 그러나 어느 문맥이 처음에 생각되어야 하며 또 중요성이 주어져야 하는가? 핍스는 예수의 아내와 아이들에 대하여 신약성경의 침묵을 해석하기 위한 주된 문맥으로서 신기하게 균일화된 유다교에 호소한다. 그럼에도 방법론적으로, 신약성경의 침묵의 직접적인 문맥은 신약성경의 진술들, 곧 신약성경은 예수와 그의 가족적인 관계들에 대하여 무엇을 말하는가여야 한다.

결국, 우리가 8장(유아기 담화를 다루면서)과 이전에 이 장(예수의 형제들과 자매들을 다루면서)에서 보았던 것처럼, 신약성경은 예수의 다른 가족 유대들에 대하여 침묵과 멀다. 실로, 마르코, 마태오, 루카, 요한, 바오로와 사도행전의 여러 증언으로부터, 우리는 마리아라 불리는 예수의 어머니에 대하여, 요셉이라 불리는 그의 추정상 아버지에 대하여, 야고보, 요세, 유다 또 시몬으로 불리는 네 형제, 또 그의 이름이 불리지 않는 자매들에 대하여 배웠다. 더욱이, 2세기 유다계 그리스도인 저자 헤게시푸스는 예수의 삼촌, 클로파스와 사촌인 시메온에 대하여 우리에게 이야기한다. 우리는 또한 그의 공생활 동안 그를 따랐던 여러 여자에 대하여 많은 것을 신약성경에서 듣는다. 곧 마리아 막달레나, 쿠자스의 아내 요안나, 헤로데의 집사 수산나(루카 8, 2~3), 작은 야고보와 요세의 어머니 마리아와 살로메(마르 15, 40), 그리고 제베대오의 아들들의 어머니(마태 20, 20; 27, 56).

예수의 가족과 그에게 가까웠던 여자들에 대해서도 신약성경과 초기 교회의 이 놀라운 수다를 감안하면, 예수의 추정상 아내에 대하여 신약성경의 침묵은 (아이들은 말할 것도 없이) 중요성을 띤다.－그러나 핍스가 원하는 중요성은 거의 아니다. 신약성경과 헤게시푸스가 알리는, 남자와 여자 모두의 혈연과 믿음의 많은 관계에 직면하여, 이름이 불렸든지 그렇지 않든지, 예수의 아내와 아이들에 대한 전적인 침묵은, 쉽고 분명한 설명이 있다. 곧 아무도 존재하지 않았다. 나의 견해에, 복음서들이 가끔은 예수의 제자 중 몇몇이 그들의 아내와/또는 아이들을 떠났다고(적어도 일시적으로) 말하거나 넌지시 말하며, 반면에 그 자신의 사례에 정확한 희생을 결코 말하지 않는 것은 우연한 것이 아니다.[48] 그는 더 이른 또 더욱 근본적인 희생을 하였다.

핍스는 초기 라삐계 문헌에서, 우리가 힐렐과 샴마이의 아내들에 대하여 아무것도 듣지 못하지만, 그럼에도 이 두 위대한 교사가 결혼을 했다는 것을 아무도 의심하지 않는다고 이의를 제기한다. 그럼에도 우리가 방금 본 것에서, 예수의 경우는, 단순히 문학적 증거의 관점에서, 힐렐과 샴마이의 그것과 똑같지 않다. 우리는 힐렐과 샴마이의 활발한 직무에서 1년 또는 그 이상 묘사하려는 취지의 긴 담화 책들을 가지고 있지 않다. 힐렐과 샴마이에 대한 이른 언급들은 모든 유형의 친척들과 여자 친구들의 이름을 부르지 않으며 한편 그들의 아내들에 대하여 이상하게 침묵을 지킨다. 복음서 담화들의 바로 그 서로 다른 맥락과 내용은 예수의 아내와 아이들을 말함에 대하여 침묵을 한다. 그리고 그것이 우리에게 말하는 것은 아내와 아이들이 없었다는 것으로 보인다.[49]

물론, 엄밀하게 말하면, 이 판단은 그의 공생활 동안 예수의 생활에서 기인하며 또 그것에 대해 말한다. 하지만, 그의 고향 뿌리와 관련하여 일어나는 충돌들은 그를 그의 추정상 아버지, 그의 어머니, 그의 형제들, 또 그의 자매들과 접촉하도록 하며(직간접적으로, 인격적으로 또는 단순히 명목에 의해), 나자렛의 고향 사람들은 말할 것 없다. 이러한 맥락에서, 아내나 아이들에 대한 어떤 언급도 없는 것은 아마 아내나 아이들이 나자렛에서 그의 지난 생활에 없었다는 것을 가리킬 것이다.

(2) 그러나 핍스가 호소하는 유다교의 더 큰 맥락에 대해서는 어떤가? 먼저, 6장에서 우리가 연속성의 기준을 고려할 때 보았던 것을 우리는 기억해야 한다. 예수를 그의 시대의 유다교와 완전히 "불연속적인" 사람으로 묘사하는 것은 잘못이었던 것과 똑같이, 복음서들의 진정한 자료에 비추어 볼 때, 그를 항상 그의 유다인 환경과 일치하여 묘사하는 것은 그러므로 의심스럽다. 그는 그렇게 일치하기 위하여 십자가에 못 박혀 마무리하지 않았다.

더 중요한 것은, 우리는 항상 물어야 한다. 곧 어떤 종파, 가지, 흐름, 또는 1세기 유다교의 경향에 예수는 "일관적" 또는 "불연속적"이었는가?— 또 어떤 면에서? 서기 1세기 초엽의 유다교는 그 사상과 표현의 다양성에서 놀랄 만큼 풍부하고 복잡했다. 우리는 핍스가 구약성경, 필론, 요세푸스, 에세네파, 그리고 라삐들의 자료를 합침으로써 상당히 단색의 유다교를 구성하면서 이 넓은 다양성을 충분히 알고 있었는지 의아하게 생각한다.[50] 이것은 대단히 중요한 점인데, 후대 라삐계 유다교 안에 의기양양하게 생겨난 1세기 유다교 안에서 그것이 성과 결혼에 올 때 그 흐름이 유다교의 모든 날개를 대표하지는 않았을 수 있기 때문이다. 우리는 예를 들어 바리사이적 유다교가 예수 시대의 유다교 내의 다양한 비전의, 예언적,

묵시문학적, 또는 신비적 흐름이 가졌던 것처럼 독신과 결혼에 대해 똑같은 견해를 가졌다고 선험적으로 확신할 수 없다.

핍스가 에세네 운동을 단색의 유다교에 대한 그의 구성 내에 가져오기 위하여, 특히 그것이 결혼에 이를 때, 열심히 분투해야 했던 것은 우연이 아니다. 만일 우리가 단순히 1세기 유다교와 외교인 자료에 복음서들에 적용하는 다수의 입증의 똑같은 기준을 적용한다면, 우리는 몇몇 에세네파 사람들이, 적어도 그 운동의 역사 안의 어떤 기간 동안, 독신을 실천했다고 생각하기 위한 좋은 근거를 가진다. 아주 실제로, 1세기 팔레스티나 출신의 한 유다인(요세푸스), 1세기 디아스포라 출신의 한 유다인(필론), 그리고 고등교육을 받은 1세기 한 외교인(형 플리니우스)은 모두, 한 가지 또는 다른 방법으로, 모두는 아니라도, 대부분 에세네파가 독신자들이었다고 주장했다.[51]

요세푸스는 에세네파의 독신 생활에 대해 흥미롭게도 복잡한 설명을 *The Jewish War*(*J.W.* 2.8.2 § 120~121)에서 한다. 그는 에세네파의 주요 그룹이 팔레스티나의 많은 도시들에 걸쳐서 흩어져, 금욕주의자들의 공동체를 형성하였다고 우리에게 말한다. 한편 그들이 전반적으로 인간을 위하여 결혼을 단죄하지 않았는데, 그것이 종족의 번식을 위하여 필요했기 때문이며, 그들은 그들 자신의 삶들 안에서 그것에 대해 경멸(*hyperopsia*)을 느꼈다. 그들은 하여간 분명히 그들의 숫자들을 보충하는 방법으로서 젊은 아이들을 입양했다. 요세푸스는 에세네파의 결혼 자제를 모든 욕정의 덕스러운 조절과 한 남편에게 충실할 수 있는 여자의 능력에 대한 의심에서 생기는 것으로 설명한다.

물론, 에세네파에 대한 그의 논의의 끝에, 요세푸스는 에세네파의 또 다른 "규율(*tagma*)"이 있으며, 그들은 결혼의 경우 이외에 다른 에세네파처럼 똑같은 관습을 준수한다는 것을 인정한다. 그들은 생물학적 생활의 주요 역할, 곧 출산에 의한 그것의 연장에 대한 반대로서 결혼의 자제를 본다. 이런 이유로, 이 에세네파는 결혼을 하고, 하지만 그들의 아내들은 3년의 보호관찰 기간을 겪어야 하며, 또 양쪽 성별은 결혼 내에서 자제를 실천해야 한다.

요세푸스는 또한 *The Jewish Antiquities*(*Ant.* 18.1.5 §18~22)에서 에세네파의 더 짧은 묘사를 제공한다. 지나가면서 그는 에세네파가 아내들도 종들도 그들의 공동체 안에 데리고 가지 않았다고 언급한다. 아내를 두지 않는 이유는 그들이 불화를 만들 수 있을 것이기 때문이다(§21). 결혼을 허용하는 에세네파의 그룹에 대하여 아무 언급이 없다.

필론은 두 주요한 대목에서 에세네파에 대해 말한다. 그의 *Hypothetica*(에우세비우스의 *Praeparatio Evangelica* 8.11.1~18, 특히 14에 보존된)의 단편에서,[52] 그는 에세네파가 결혼을 완전히 금했다고 말하는데, 이로써 *Antiquities* 안의 요세푸스의 더 짧은 통보와 일치한다. 하지만, 필론은 에세네파가 중년과 노령의 남자들, "더 이상" 신체적 욕정의 흔들림 아래 있지 않은 사람들이라는 것을 강조한다. 이 늙은 남자들은 자기 절제를 실천하는 것을 착수했기 때문에 결혼을 피하는 것으로 말해진다. 에세네파 가운데 아무도 아내가 이기적이고, 질투하며 또 요구가 많기 때문에 아내를 갖지 않는다. 이 모든 것은 형제애의 공동생활을 위협하였을 것이다. 이 단편에서, 우리는 대부분의 에세네파가 홀아비, 갈라선 이들, 또는 이혼한 개인들이었을 인상을 받는다. 그러나 이전에 결혼을 했던 그들 중 모두가 더 늙은이들이었는가?

Every Good Man Is Free(*Quod Omnis Probus Liber* 12~13 §75~91)로부터 둘째 관련된 대목에서, 필론은 형제애 안의 다양한 나이들, "서열에서 노인 아래에 위치한 젊은 남자들"에 대하여 말한다(§81). 결혼의 배척은 명확하게 언급되지 않았지만, 가까운 공동의 생활과 완전한 순결을 그것은 전제하는 것으로 보인다.

하지만, 에세네파는 필론이 알고 있었던 유일한 독신자들은 아니다. 그는 전체 작업(*On the Contemplative Life*[*De Vita Contemplativa*])을, 이집트에 정착하고 있는, 또 다른 금욕적 그룹, Therapeutae에 바친다.[53] Therapeutae는 팔레스티나의 에세네파 사람들과 여러 비슷한 점을 지니며, 그들이 에세네파 사람들의 한 지류인지 또는 단순히 비슷한 유다인의 운동인지 확실하지 않다. Therapeutae는 절제와 자제를 실천한다. 필론은 그들 중 몇몇은 그들의 아이들과 아내들을 포함해, 그들의 가족과 친구들을 버리고 떠났다고 넌지시 알린다(2 §18). 그렇지만 그는 또한 몇몇 Therapeutae는 이른 나이에 이러한 관상적인 철학의 부류를 뒤쫓았다고 말하며(8 §67), 또 다른 곳에서 그룹 안의 몇몇 젊은이들에 대해 말한다(10 §77). 필론에 의하면, 비록 그들 가운데 칸막이를 하였지만, 남자들과 안식일 예배를 공유하는 Therapeutae의 여자 부류가 또한 있다(3 §32~33). 대부분의 여자들은 나이가 든 처녀들이 되어야 한다고 특별히 언급되는데(8 §68), 그들은 자원하여 그들의 정결을 유지했다.

형 플리니우스(서기 23~79년경)는 그의 *Natural History*(5.73.1~3)에서 에세네파에 대하여 언급한다. 그는 그들을 "따로 떨어져 사는 사람들… 어떤 여자도 없이, 모든 성적인 사랑을 포기하면서… 그 안에 아무도 있지 않은 영원한 종족"으로 묘사한다.[54] 요세푸스나 필론과 달리, 플리니우스는 에세네파를 사해의 동쪽 해안 가까이 명백하게 위치시킨다. 십중팔구 그는 특히 쿰란 공동체를 말할 것이다.

이렇게 하여, 그 모든 차이점에도 불구하고, 서기 1세기에 글을 쓰는, 팔레스티나 유다인, 디아스포라 유다인 그리고 외교인 로마인은 모두 적어도 몇몇 에세네파에 의해 일종의 독신 생활이 실천되었다고 의견이 일치한다. 독신 생활의 실천은 다른 때보다 운동의 일정한 시기에 더 많이 표명되었을 것이다. 요세푸스는 한편 공동체 안에 살아가는 에세네파의 대부분 그룹이 결혼하지 않은 남자들이었지만, 몇몇 에세네파는, 적어도 일정한 시기에, 결혼을 받아들였다는 것을 가리킬 것이다. 그다음, 역시, 결혼하지 않은 남자들은 홀아비들, 이혼한 남자들, 그들의 가족을 포기했던 남자들, 그리고 그들의 영적인 금욕적 여정을 삶에서 상당히 일찍 시작했고(요세푸스와 같이) 또 그것에 꾸준했던(요세푸스와 달리) 젊은 남자들의 혼합된 그룹이었을 것이다.

유다 광야의 사해 북서 모서리에 있던 "수도원", 쿰란은 더 큰 에세네파 운동의 구체적인 표현이었다. 그것은 그 수도원에서 발견된 다양한 공동체 문서들 때문에 특별한 문제들을 제기한다. 몇몇은 단편이며, 또 모두 우리가 가지고 있는 책들 안에 통합되었을 여러 다른 종류들로 이뤄진 사료들에 대한 안목으로 해독되어야 한다.[55] 그것의 일부였던 에세네파 운동과 같이—실로, 아마 "모원"—쿰란은 그 실존의 서로 다른 단계에 결혼과 독신에 관하여 서로 다른 관례들을 알았을 것이다. 똑같은 시기 동안에도 가능하기는, 어떤 쿰란인들은 독신을 실천했지만 반면에 다른 이들은 그렇지 않았다.[56] 대체로, 요세푸스, 필론, 그리고 플리니우스의 기본적으로 조화로운 증언은 일종의 독신 생활이 적어도 쿰란 공동체의 몇몇 구성원 가운데 실천되었다는 쿰란에 대한 그들의 견해와 크게 다른 많은 학자들을 확신시켰다.[57]

쿰란에 (또는 에세네파 가운데 전반적으로) 독신의 실천에 대한 정확한 이유는 여전히 논쟁이 되고 있다. 곧 하느님과 만남을 위한 준비로 성적인 자제를 요구했던 시나이 계약 신학(참조: 탈출 19, 15), 천사들의 단체 가운데 하느님을 예배하는 살아 있는 성전이었던, 전체 공동체에 사제적인 예배적 순결을 위한 규율들의 연장, 또는 마지막 때에 악의 권세를 거슬러 천사들의 단체 가운데 그룹이 거룩한 전쟁을 벌였다는 또는 벌이게 된다는 믿음.[58] 비록 요세푸스와 필론에 의해 언급된 여성을 혐오하는 이유들은 그리스-로마의 청중의 사고방식에 대한 유다인의 관점들의 순전한 적용으로 몇몇 저자들에 의해 무시되었지만, 여성 혐오적인 대목들은 구약성경, 신구약 중간의 문헌과 라삐들 안에 발견될 수 있다. 여성 혐오가 쿰란에도 역할을 했던 것이 불가능하지 않다. 일반적으로, 이스라엘의 사회적 또 종교적 제도들 안에 위기의 시기 동안, 얼마간의 이러한 요인들이 어떤 변방의 유다인 그룹들 가운데 독신의 실천에 도움이 되는 분위기를 만들도록 모여들었다고 말하는 것이 안전하다.

대체로, 그다음, 적어도 몇몇 에세네파는 기원 전후 1세기에 독신을 실천했다. 서기 1세기의 두 유명한 유다인 저자인, 요세푸스와 필론은 몇몇 변방의 유다인 그룹들 가운데(에세네파와 Therapeutae) 실제로 독신 생활에 대해 말했다는 것을 우리는 분명히 반대의 두려움 없이 말할 수 있다. 더 중요한 것은, 독신의 견해에 의해 충격을 받거나 혐오감을 느끼기는커녕, 두 유다인 모두 에세네파에 대해 그들의 높이 찬양하는 묘사 안에 그것을 포함시킨다.—실제로 플리니우스가 하는 것처럼. 이렇게 하여, 예수의 추정상 아내와 아이에 대하여 신약성경의 침묵은 핍스가 제시하는 것과 정반대 방향을 가리킬 뿐이 아니다. 1세기 유다교의 완전한 범위는, 핍스가 그것을 가졌을 것처럼, 종교적인 독신에 완전히 반대되는 분위기를 제공하지 않는다. 말할 필요도 없이, 독신은 가장 특이한 생활 방식이었고, 하나나 두 변방의 그룹을 포함하는, 오직 적은 수에 의해 실천되었다. 그러나 우리는 우리가 추구하는 변방의 유다인이, 매우 많은 방법으로 매우 특이한 유다인이 그의 변방성을 독신에 의해서도 드러내야 한다면 전적으로 못 믿겠다는 듯해서는 안 된다.

(3) 그러나 에세네파, 쿰란, 그리고 Therapeutae는 예수의 시대 무렵에 존경하는 빛으로 고려되었던 유다인의 종교적인 독신주의자들의 유일한 본보기들은 아니었다. 구약성경에는 적어도 하나의 결혼을 하지 않은 종교적인 인물이 없지 않았으며, 구약성경의 후대의 해석은 몇몇 다른 사람들을 더했다. 구약성경의 한 사례는 비극적 예언자 예레미야이다. 어떤 긍정적인 종교적 헌신이 되기는커녕, 독신은 예레미야에게 있어서 비극적 개인적 표시, 유다의 죄스러운 백성을 기다렸던 삶의 파괴의 실현된 예언적인 상징이었다(예레 16, 1~4).[59] 그때, 우리에게는 적어도 그를 위해 독신이 작은 일, 선택적인 생활 방식이 아니었던 한 구약성경 예언자의 한 본보기가 있다. 그것은, 야훼의 명령에 의해, 하느님의 백성의 배신에 대한 벌로서 임박한 파멸을 선포하는 예레미야의 심판의 예언자적 메시지의 매우 문자 그대로의 또 고통스러운 "실현"이었다.[60]

우리는 예수의 시대 무렵에 또 다른 심판의 열정적 예언자가 또한 독신주의자, 곧 세례자 요한이었던 것으로 보이는 것을 완전히 놀라서는 안 된다. 인정하건대, 우리의 사료들은 분명하게 세례자 요한의 독신을 말하지 않는다. 늘 그렇듯이, 우리는 간접적 행동과 추론에서 주장을 하도록 남겨진다. 그러나 그가 (쿰란에서?) 그의 직무를 시작했을 때까지 광야에서 길러지는 소년 요한에 대한 루카의 묘사를 제외하고도,[61] 메뚜기와 들 꿀을 먹는 이 금욕적 예언자가, 이스라엘 위에 임박한 심판의 근본적인 메시지를 선포하면서 분명히 고정적 거주지 없이, 요르단 계곡과 유다 광야를 위아래로 돌아다녔던 그 순전한 사실은 요한이 독신이었다는 것을 가능한 것으로 만든다(마르 1, 4~8).

이러한 인물이 유다인들은 아브라함의 혈연과 가문을 믿어서는 안 된다는 것을 강조한다는 것은 맞지 않는다(마태 3, 7~10 ‖ 루카 3, 7~9의 Q 어록을 보라). 이 Q 전승은 분명히 루카가 함축적으로 제시하는 묘사와 잘 맞는다. 곧 젊은 요한은 사제로서 그의 아버지 즈카르야의 대를 잇고 또 결혼과 자손에 의해 사제적 계통을 계속하는 그의 의무에 실제로 등을 돌렸다(루카 1, 80; 3, 2). 마르코가 이런 말로 안티파스에 의한 요한의 처형 이야기를 끝마치는 것은 우연이 아니다. "…그[요한]의 제자들이 가서 그의 주검을 거두어 무덤에 모셨다"(6, 29). 그 사실을 직접적으로 반영하려 의도함 없이 마르코는 실제로 루카가 암시하는 것을 지지할 것이다. 곧 남편이나 부모의 장례들을 준비하거나 참여하는, 유다교의 가족 구성원들에게 지워지는 가장 거룩한 의무들 중 하나를 처리할 요한 주변에 아내, 아이들, 또는 다른 가족이 없었다. 그의 근본적인 떠돌아다니는 예언자적 직무에서, 요한은 의식적으로 엘리야, 곧 구약성경의 떠돌아다니는 심판의 예언자를 본받고 있었을 것인데, 그는 후대의 유다교에서(이르게는 말라키와 벤 시라처럼) 종말론적 인물로 해석되었을 뿐 아니라 또한 많은 교부 시대 저자들(예, 암브로시우스와 히에로니무스)에 의해 독신주의자로 해석되었다.

유다교는 원초적인 예언자, 선지자, 또 입법자 모세(오직 주님께서 그에게 말씀하시기 시작했던 이후부터지만)를 독신주의자로 묘사하는 것에 어떤 잘못도 보지 않았다. 우리는 이 해석이 이미 서기 1세기의 필론 안에서 발전되기 시작하는 것을 본다.[62] 더욱 놀라운 것은 이 견해가 또한 여러 라삐계 대목들에 반영된다는 것이다. 전승의 요지는 선험적인 주장이다. 만일 이스라엘 사람들이 시나이에서 하느님의 짧은, 그들에게 잠시, 최종적으로 하시는 말씀에 준비하기 위해 여자들을 일시적으로 자제해야 했다면, 하느님이 자주 모세에게 말씀하셨으니, 그는 얼마나 더 영구적으로 순결해야 하는가(예, *b. Šabb.* 87a를 보라).[63] 똑같은 전승이, 그러나 아내가 없는 관점에서, *Sipre on Numbers* 12.1(99)에서 이야기된다.[64] 일반적으로 라삐들은 종교적인 독신에 호감이 가지 않기 때문에—적대적인 것은 말할 것 없고—후대 라삐계 책들에서도 이러한 모세 전승의 잔존은 그 전승이 라삐들의 시대 즈음에 장수했고 널리 퍼졌다는 것을 입증한다. 우리는 다시 한번 예레미야, 세례자 요한, 또 재생된 모세 인물 안에 보이는 유형론을 주목해야 한다. 곧 그분의 사랑하는 하지만 죄스러운 이스라엘 백성에게 전달되어야 하는 하느님의 계시를 직접 받는 예언자는 그의 예언적인 소명에 의해 그의 전체 생활이 근본적으로 변화된 것을 안다. 이 변화는, 하느님의 말씀에 의해 또 말씀을 위하여 따로 세워짐은 드물고, 경탄할 만하며, 또—많은 유다인에게 있어서—독신의 두려운 소명 안에 아주 생생하게 구현된다.

한편 독신주의자로서 모세와 같은 옛날 인물에 대한 견해를 받아들이지만(이스라엘에게 적어도 그의 직무 동안에), 라삐들은 일반적인 규칙으로 라삐계 동료들과 제자들 가운데 독신을 허용하지 않았다. 라삐 엘리에제르 벤 히르카누스(서기 1세기 말)는 남자의 자식 낳기 거부를 살인과 동일시했다고 말해진다. 똑같은 라삐계 대목을 따라, 하나의 드문 예외는 라삐 시메온 벤 아자이(엘리에제르 벤 히르카누스의 동시대의 젊은 사람)였는데, 비록 그는 자신이 결혼하지 않은 채 남아 있었지만, 역설적으로 결혼과 출산을 추천했다. 그가 설교한 것을 실천하지 않음에 대해 고발되었을 때, 그는 이렇게 대답했다. "나의 영혼은 토라와 사랑 안에 있소. 세상은 다른 사람들에 의해 계속 갈 수 있는 것이오"(*b. Yebam.* 63b).[65]

이러한 "일탈적인" 전승이 바빌로니아의 탈무드 안에 명시될 수 있었다는 것은 독신이, 비록 라삐들에 의해 눈살이 찌푸려졌어도, 세례자와 예수를 곧바로 따라오는 세기들 동안에 유다교 안에서 전적으로 근절되지 않았다는 것을 시사할 것이다. 더 중요한 것으로, 비록 벤 하자이가 거의 세례자나 예수가 아니지만, 독신에 대한 그의 이유는 더 공공연한 예언자적 인물들의 그것과 뿌리에서 비슷하다. 그의 전체 삶에서 하느님의 말씀에 온통 마음을 다 빼앗는 헌신은 결혼과 아이를 양육하는 보통의 길을 배제한다. 초기 유다교의 이러한 "변방의" 전통 때문에, 유다인 학자 헤자 베르메스가 예수를 독신주의자로 보며 또 그의 예언자적 부름과 성령을 받음에 의한 특이한 상태를 설명하는 데에 아무 어려움이 없는 것은 거의 놀랍지 않다.[66]

(4) 우리가 유다교 안에서 예수의 독신의 더 넓고 또 좁은 맥락들을 재검토하는 한, 우리는 단순히 지나가면서, "소명적 독신"이 서기 1세기의 외교인 그리스-로마 세계에 전적으로 미지의 것이 아니었다는 것을 주목하는 것이 좋을 것이다. 철학적 또 종교적 인물들은 다양한 이유로 결혼을 하지 않은 채 남아 있었을 것이다. 스토아학파 에픽테투스[67]와 신비주의 피타고라스학파요 떠돌아다니는 교사 티아나의 아폴로니우스[68]가, 에픽테투스가 극찬하는 이상적인 견유학파 철학자는 말할 것 없고, 곧바로 생각에 떠오른다.[69] 우리가 이 모든 경향들을 서로 관련시킬 때, 우리는 서기 1세기에는 몇몇 눈에 띄는 독신주의자 개인들과 그룹들이 살았다는 것을 주목한다. 곧 어떤 에세네파들과 쿰란 사람들, Therapeutae, 세례자 요한, 예수, 바오로,[70] 에픽테투스, 아폴로니우스 그리고 다양한 배회하는 견유학파 사람들. 서기 1세기에 독신 생활은 언제나 드물었고 때로는 공격적인 선택이었다. 그러나 그것은 독자 생존 가능한 선택이었다.[71]

우리는 왜 나자렛 예수가 독신 생활을 선택했는지 확신할 수 없다. 우리가 보았던 몇몇 동기들(사제적 제례적 순결의 이상을 평신도 영성 안에 설정, 거룩한 전쟁 이념, 여성 혐오)은 그의 기본적인 메시지와 행동과 아귀가 맞지 않는다. 예수는 준법성이 뛰어난 에세네파의 극단주의는 말할 것 없고, 바리사이들의 연장된 순결 법에 대한 열성을 공유하지 않았다. 그의 평화의 메시지는 거의 전쟁 이미지가 가득한 신학적인 사고방식이나 정책과 일치하지 않는다. 결국, 그는 그의 시대에 여성 제자들과 다른 여자들과 쉬운 연관 때문에 두드러진다. 만일 예수의 독신이 우리를 위하여 의문점이 있다면, 아마 예수는 그것이 그의 동시대인들을 위하여 바로 의문점이 되기를 의도했을 것이다. 그의 비유적인 연설을 반영하면서, 그리고 팔레스티나의 사회적으로 또 영적으로 소외된 이들과 쉬운 동료애와 같이, 그의 독신은 행동으로 비유, 곧 사람들을 불안하게 하고 그들을 생각으로—예수에 대하여 또 자신들에 대해서도—유발하려고 하는 수수께끼 같은 메시지의 구현이었다.

그의 독신에 의해 예수가 의도했던 것의 더욱 정확한 설명을 발견하기는 우리가 이 추구의 3부에서 보게 될 것의 조금을 예시하도록 우리에게 강요한다. 여러 학자는 시나이 계약의 쇄신에 대한 견해들, 참된 이스라엘의 재건과 강렬한 종말론적 기대는 에세네파의 일반적인 신학적 전망뿐 아니라 또한 특히 그들의 독신의 실천에 연료를 제공하는 데 도움을 주었다고 제시했다. 한편 예수는 에세네파의 모든 신학적 견해들을 공유하지 않았지만, 우리는 그의 가르침과 행동에서 이스라엘 백성을 중심으로 한 종말론적 관심을 발견한다. 예수가 의도했던 다른 것이 무엇이든지 간에, 그는 죄에 의해 분열된 이스라엘을 함께 모으며, 하느님의 나라의 최종적인 다가옴을 위하여 회개에 의해 준비하는 데에 뜻을 두었다. 그 역사의 최종적, 결정적 순간에 이스라엘에 대한 이 사명에 자신을 온전히 바치도록 유일한 예언자적 부르심을 갖는 예수의 감지는, 적어도 부분적으로, 그의 독신을 설명할 것이다.

더욱이, 예수는 하느님의 나라를 선포하고 실현하는 데에 그의 전적인, 온통 마음을 다 빼앗긴 헌신에 대해 마태 19, 12의 곤혹스러운 말 안에 언급할 가능성이 있다. "사실 [그들의] 어머니의 태에서부터 고자로 태어난 이들도 있고, 사람들 손에 고자가 된 이들도 있으며, 하늘나라 때문에[를 염두에 두고] 스스로 고자가 된 이들[글자대로, '자신을 고자로 만드는']도 있다."[72] 인정하거니와, 이 말은 몇몇 그 구성원들 가운데 자의적인 종교적 독신의 상태를 정당화하기 위해 만들어졌을 가능성이 있다.[73] 실제로, 그것이 이러한 맥락에서 기원했든지 안 했든지, 그것은 틀림없이 마태오의 교회에서 자의적인 독신을 위하여 정당성으로 역할을 했으며 또 그의 복음서 안에서 그렇게 이해된다.

하지만, 지극히 적어도, 마태 19, 12의 현재 입장은, 이혼에 대한 토론과 연결되어서, 마태오의 편집적 창작이다. 마태 19, 3~9에, 마태오는 그가 마르 10, 1~12에서 알게 된 이혼에 대한 토론을 취하여 다시 만든다. 마르코의 이야기 끝에, 이는 이혼과 재혼을 간음과 동일시하는 예수의 말로 끝맺는데(11~12절), 마르코는 곧바로 예수가 어린이들을 축복하는 이야기로 나아간다(마르 10, 13~16). 마태오의 복음서의 후반부에 흔히 일어나는 것처럼, 마태오는 기본적으로 마르코의 순서를 따른다. 그러나 이혼에 대한 토론과 어린이들의 축복 사이에, 마태오는 그 도입하는 구절들과 함께 고자 말을 삽입한다(마태 19, 10~12). 이혼에 대한 예수의 가르침과 고자 말의 이 연결은 이혼에 대한 신약성경의 가르침의 많은 다양한 형식들의 다른 어느 곳에도 나오지 않는다. 그러므로 그 연결은 분명히 마태오 자신이 만든 것이다. 고자들에 대한 말은 원래 이혼에 대한 말과 아무 관계가 없었다.

더욱이, 12절의 고자 어록에는, 사상 내용은 말할 것 없고, 결혼과 이혼에 대한 선행하는 토론과 또 직접적으로 선행하는 10~11절에서 그것을 구별하는 그 자체의 독특한 형식과 어휘가 있다. 스티븐슨 브룩스(Stephenson H. Brooks)가 마태오복음서의 M 전승에 대한 그의 신중한 분석에서 지적하는 것처럼, 10~11절은, 이는 고자 말을 이혼에 대한 마르코의 토론과 연결하는데, 십중팔구 마태오의 편집적인 창작이며, 이혼 질문과 자원하는 독신의 바로 서로 다른 문제 간에 다리로서 작용한다.[74] 브룩스는 "마태오는 다른 아무 곳에도 고자들에 대한 지식, 또는 그들에 대한 관심, 그들의 주제, 또는 하느님 나라에 대한 헌신을 표현하는 방법으로서 독신의 가능성을 보여 주지 않는다."고 정확히 언급한다.[75] 명사 "고자"와 동사 "거세하다"(글자대로 "고자로 만들다")는 마태오복음서 안에서 오직 여기에만 나온다. 실제로, "고자"는 에티오피아인 고자(사도 8, 27~39, 거기 명사는 그 자의적 의미가 있겠지만 오히려 왕실 관리를 의미할 것이다.)의 이야기를 제외하면 신약성경 다른 어느 곳에도 나오지 않는다. 동사 "거세하다(*eunouchizō*)"는 신약성경의 다른 어느 곳에 절대적으로 나오지 않는다.[76] 그러므로 모든 표시들은 12절이 마태오의 편집이 아님을 가리키며[77] 그러나 오히려 마태오가 그의 공동체의 특별한 구두 전승에서 물려받았던 어록이고 또 그가 할 수 있는 한, 결혼의 정반대 주제를 다루는 문맥에 붙였다.[78]

실제로, 하느님 나라를 위하여 자신을 "거세하는" 어떤 사람으로서 종교적인 독신주의자의 이미지가 매우 놀랍고, 참으로 충격적이며 폭력적—또 1세기 유다교나 그리스도교에 비할 데 없이—이기 때문에 우리는, 당혹함과 불연속성의 기준에 의해, 독신 생활에 대한 이 적극적으로 생생한 비유는 비인습적이며 충격적인 예수에게 돌아간다고 주장할 수 있을 것이다.[79]

유다인 편에서 볼 때, 에세네파 그리고/또는 Therapeutae의 독신 생활을 극찬하는, 요세푸스도 필론도, 일반적으로 종교적인 독신에 반대하여 말하는, 후대의 라삐들도 이 비유를 사용하지 않으며, 또 당연하게 그렇다. 후대의 라삐들이 독신을 배척하기 위해 이유들을 제공할 때, 그 정당한 이유는 흔히 피를 흘리는 것이나 하느님의 이미지를 감소시키는 것에 해당하는 출산하는 데 실패를 나타낸다(예, *b. Yebam.* 63b가 그렇게).

그리스도인 편에서 볼 때, 무엇보다도 먼저 자원하는 종교적 독신이나 동정에 대한 명확한 다룸이 신약성경에 비교적 얼마나 드문지 주목할 만하다. 전체 신약성경에서 유일한 긴 설명은 1코린 7, 7~8. 25~40에 나오며, 또 모든 주석자가 어떤 구절에 실제로 숫처녀들(남성이나 여성)과/또는 과부들과 홀아비들을 다루는지에 대해 의견이 일치하지 않는다.[80] 동정성(또 오직 남성들을 위해)을 말할 오직 다른 신약성경 대목은 묵시 14, 4이다("그들[남자들]은 동정을 지킨 사람들이기 때문에[*parthenoi*] 여자와 더불어 몸을 더럽힌 일이 없습니다"). 그러나 이 구절이 글자대로 교회 안의 동정녀들의 특별한 그룹을 말하는지 또는 오히려 상징적으로 순교자들이나 그리스도의 동정 신부로서 전체 교회를 말하는지 논쟁에 열려 있다.[81] 어쨌든, 바오로도 묵시록도 독신 상태를 설명하고, 변호하고, 또는 결혼하지 않은 자들은, 비유로 말하면, 자신들을 고자로 만든 사람들이라는 이상한 칭찬과 함께 극찬하려고 힘쓰지 않는다.[82]

한 걸음 더 나아가자면, 이 폭력적인 이미지는, 그가 팔레스티나의 종교적인 낮은 수준 생활과 많이 어울리며 또 이상하게 그들의 배우자들로부터 "휴가를 받은" 남녀들의 이상하게 섞인 수행단과 함께 시골을 돌아다니기 때문에, 그 어록은 독신주의자 예수–또는 가능하기는 몇몇 예수의 제자들–를 겨냥한 비방과 험담을 반영한다는 사실로부터 기인할 수 있었을 가능성이 있다. 어쨌든, 마태 19, 12은 분명히 예수가 독신주의자였다는 가능성과 완전하게 연관성이 있는데, 가능성은 우리가 다른 근거들 위에 확고히 했던 것이다. 그다음, 나의 견해에, 그것이 후대에 마태오의 교회에 독신자들을 위하여 얼마나 유용한지 증명되었다고 하더라도, 독신주의자 예수의 생활은 아마 고자 어록의 원래의 *Sitz im Leben*을 위한 맥락을 제공했을 것이다.[83] 그것은 그의 기록된 어록들 안에 예수의 독신 생활 방식의 유일한 반향이다. 그다음, 전체로서 당혹함, 불연속성, 그리고 연속성의 기준들은 고자 말이, 어떤 또는 다른 양식으로, 결국 예수 자신으로부터 유래한다는 입장을 위하여 인상적으로 주장한다.[84]

요컨대, 우리는 예수가 결혼을 했는지 안 했는지 절대적으로 확신할 수 없다. 그러나 성경과 유다교 모두에서 다양한 가깝고 먼 맥락들은 예수가 종교적인 근거 위에 독신주의자로 머물렀다는 입장을 더 가능성 있는 가설로 만든다. 우리가 후에 보게 될 것을 예상한다면, 예수는 아마 그의 독신 생활을, 분열되고, 죄스러운 하느님의 백성을 왕으로서 하느님의 최후의 오심에 대비하여 정화된 전체로 다시 모으기 위해 추구하면서 이스라엘에 온통 마음을 다 빼앗는 예언자적 사명의 결과로서 해석하였을 것이다. 그러므로 예수는—아마 그의 목소리의 아이러니한 어조로—"자신을 하느님의 나라를 위하여 고자로 만드는" 사람들 가운데 자신을 셈할 가능성이 있다. 아내와 아이들에 대한 전적인 침묵은 그의 다양한 친척들이 중요한 부분이 되는 맥락에서 그가 결코 결혼을 하지 않았다는 것을 잘 나타낼 것이다. 그러나 공생활 시작 이전 그의 삶에서 독신의 장소와 의미는 우리 사료들이 우리가 알도록 허용하는 것을 넘어서 가는 질문들이다. 어떤 더 이상의 추측은 역사적 가설에서 신기한 글로 경계를 건너간다.[85]

3. 평신도로서 예수의 신분

예수의 가족 배경의 한 모습은 그의 유다인 동시대인들에게 매우 분명하여, 우리가 아는 한, 그의 생애 동안 그도 또는 그들도 그것에 대해 언급하지 않았다. 하지만 이 모습은 매우 간과되었거나 후대의 그리스도인들이 잘못 알았기에 그것은 강조될 필요가 있다. 그것은 예수가 유다인 평신도로 태어났고, 그의 직무를 유다인 평신도로서 행했으며, 또 유다인 평신도로 죽었다는 단순한 사실이다. 그가 레위 지파나 사제의 가문이었다는 신뢰할 만한 전승은 없다.[86] 실제로, 우리가 8장에서 보았던 것처럼,

그의 생애 동안에도, 예수는 다윗의 가문인 것으로 믿어졌다. 한편 그것은 그에 대한 몇몇 유다인의 평가를 높였을 것이지만, 동시에 이스라엘의 역사 안에 한번 예루살렘에서든 쿰란에서든, 평신도가 아니라 사제들이 권력의 지렛대를 조정했던 "평신도"의 범주에 속했다는 것을 의미했다. 하부 갈릴래아의 시골의 잘 알려지지 않은 마을 출신의 그저 평신도임에 의해, 예수는 그가 예루살렘에 발을 들여놓았을 때 이미 종교적 세력의 소유자들에게 변두리인이었다.

한편 공관복음서들이 예수를 율법 학자들, 바리사이들, 지역의 "회당 지배자들"과 잦은 갈등 안에 보여 주지만, 적어도 그는 이 그룹들과 정기적으로 이야기를 한다. 비록 그들이 흔히 격렬할지라도, 소통의 길은 열려 있다. 더욱이, 몇몇 경우에는 통치자들, 율법 학자들, 또는 바리사이들이 중립적 또는 긍정적 관점으로 나타난다(예, 마르 5, 22~43의 야이로; 마르 12, 28~34의 율법 학자; 루카 7, 36의 바리사이들; 그리고 아마 루카 13, 31의 바리사이들). 마태오도, 그는 "율법 학자들과 바리사이들"을 예수에 반대하는 유다교의 "통일 전선"을 지칭하는 판에 박은 문구를 만드는데, 하늘나라의 신비를 배우는 예수의 어느 추종자를 묘사하는 "율법 학자"의 이미지를 기꺼이 사용하려고 한다(마태 13, 52).

그에 반해서, 공관계 예수는 사두가이들과 오직 한 번, 곧 마지막 날에 죽은 이들의 부활을 믿음에 대한 토론에서 논쟁을 벌인다(마르 12, 18~27 병행들). 만남은 양편에서 적대감에 의해 표시된다. 사두가이들은 일곱 형제 중에 누가 부활 때 이 세상에서 일곱 모두가 결혼했던 여자를 아내로 맞이할 것인지에 대한 터무니없는 질문을 제기함으로써 예수를 우스꽝스럽게 보이게 만들려고 힘쓴다. 예수는 그들의 질문에 자세히 대답하기 전에, 개인적으로 사두가이들을 공격하기 위해 특별히 애를 쓴다. "너희가 성경도 모르고 하느님의 능력도 모르니까 그렇게 잘못 생각하는 것이 아니냐?" 이것은 아마 예루살렘에 중심을 둔, 하느님의 계시와 하느님의 능력에 대한 사제적 수호자들을 겨냥한 눈에 띄게 뾰족한 가시 돋친 말이다.

우리는 방금 인용한 자료의 모든 상세한 것들의 역사성에 대하여 논쟁을 할 필요가 없다. 바리사이들, 율법 학자들, 그리고 회당들의 지도자들과 함께 예수는 잦은 토론을 벌이며, 또 때로는 관계가 친하기도 할 수 있다. 공관복음 사가들은 그 자체로 사제파와 오직 하나의 교류만을 묘사하며, 또 그것은 대단히 적대적이다.[87]

요한의 복음서는 공관복음서들이 하는 것보다 더 자주 예수를 예루살렘에 두는데, 예수가 공관복음서에서보다 넷째 복음서에서 더 자주 사제들을 만나는 것은 놀랍지 않다. 요한의 편집적인 활동에서, 유다교의 "통합전선"은 때때로 단순히 대사제들 더하기 바리사이들이 된다(예, 7, 45; 11, 47). 하지만 바리사이 니코데모는, 화기애애하지는 않지만, 견해들의 존경하는 교환을 찾는다(요한 3, 1~15). 니코데모는 후에 예루살렘 당국자들 앞에서 예수를 변호하며(7, 50~52) 또 마침내 예수에게 영예로운 장례를 제공하는 데에 아리마태아의 요셉을 도와준다(19, 39~40). 이러한 좋은 의도나 태도들이 (아무리 무지하거나 양면적이라고 하더라도) 특별히 사제로 지칭되는 누구에게서도 나오지 않는다. 요한의 견해에, 그룹으로서 대사제들은 전적으로, 다른 진영에서 돌이킬 수 없게, 또 비교할 수 없이 "평화적인" 니코데모 타입의 논의가 불가능하다.

다시, 우리는 이 시점에서 특별한 세부 사항이나 전체 구절에 대해서도 역사성에 관심을 가지지 않는다. 두드러진 것은 이 한 점에 대하여 공관복음 사가들과 요한 간에 아기자기한 관련성을 제공하는 전반적인 양식이다. 한편 예수는 때로는 교양 있는 토론이나 친절한 대화를 바리사이들, 율법 학자들, 또는 "통치자들"과 벌일 수 있지만, 사제들은 결코 이러한 긍정적인 관점으로 나타나지 않는다. 그들의 적대감은 변함없이 계속된다. 또 공관복음서들과 요한은 사제들을, 특히 대사제 카야파를, 예수를 죽음에 처하게 하려는 음모를 부추기는 것으로 제시한다(마르 14, 1~2; 마태 26, 57~66; 요한 11, 49~50).

우리가 유다교 안의 중심적인 능력으로서 사제들이 복음서가 쓰였을 즈음에 사라졌고[88] 또 바리사이들이나 그들의 영적인 계승자들이 1세기의 마지막 사분기에 그리스도교의 주요한 반대자들이 되었다는 것을 고려할 때(또 마태오와 요한에 특별히 그렇게 보인다.), 몇몇 "좋은" 바리사이들과 그러나 "좋지" 않은 사제들을 허용하려는 이 경향은 예수 자신의 직무의 양상에 뿌리박고 있을 것이다. 바리사이들로 알려진 돈독한 평신도와 율법 학자들[89]로 알려진 평신도 학자들/율사들/신학자들은 적어도 받아들일 만한 토론을 하는 동반자들과 때로는 공감을 하는 청취자들이었다. 그러나 카리스마적 종교적 권위를 인정된 채널들 밖에서 주장했던, 갈릴래아의 소농민 평신도 예수와 그들의 세력이 유다교의 거룩한 중심부, 곧 성전을 관리하는 데에 달려 있던, 예루살렘의 대사제의 가족들 간에는 오직 변함없이 계속되는 적대감이 있었다.

틀림없이 예수의 배경에 대한 많은 모습은 카야파와 예루살렘 사제단과의 충돌 과정에 그를 놓기 위해 수렴되었다. 곧 그는 예루살렘 귀족들과 갈등 속에 쓸모없는 갈릴래아 사람이었다. 그는 도시의 부자들과 갈등 속에 (그의 반대자들과 비교하여) 가난한 소농민이었다. 그는 그들의 종교와 그들의 원활한 작용의 중심적인 제도를 보존하는 데에 매우 많은 관심이 있는 사제들과 갈등 속에 카리스마적 기적을 행하는 사람이었다. 현상유지에 기득권을 가진 사두가이파 정치가들과 갈등 속에 하느님 나라의 오심을 약속하는 종말론적 예언자였다. 그러나 많은 이러한 갈등 밑에 또 다른 갈등이 놓여 있다. 곧 그는 견고한 사제들의 그룹에 대해 위협을 하는 힘으로 보였던 종교적으로 헌신적인 평신도였다. 저것과, 마찬가지로 그의 배경의 다른 측면들도, 예루살렘에서 최후의 충돌에 이바지했다. 요컨대, 예수가 평신도였다는 것은 중립적인 자료가 아니었다. 그것은 그의 드라마의 전개와 대단원에 역할을 하였다.

나는 의도적으로 평신도로서 예수의 지위를 강조했는데 그리스도인들이 사제나 “위대한 대사제” 그리스도의 이미지에 너무 익숙해졌기 때문이다. 우리는 사제 예수에 대한 이 신학적 안목을 신약성경 히브리서를 쓴, 달리 알려지지 않은, 고등교육을 받은 1세기 그리스도인의 덕으로 본다. 여기에, 또 신약성경에서 오직 여기에만, 예수는 사제와 대사제로 불린다.[90]

그러나 교육을 받은 우리 저자도 예수가 레위의 혈통 위에 사제라는 데 그의 주장을 기초하려고 하지 않는다. 그 대신, 예수는 특별히 레위가 아니라 유다의 지파인 것으로 언급된다. 우리 저자는 곧바로 유다인의 사제직은 유다의 혈통과 아무 관련이 없다는 것을 인정한다(히브 7,

11~14). 이런 이유로 히브리서의 저자는 어떻게 예수가 레위적 사제직보다 우월한 사제적 직무, 곧 멜키체덱과 같은 사제직을 얻었는지 설명하기 위해 약간 왜곡된 주석에 몰두해야 한다(7, 15~28).

하지만 우리 저자는 멜키체덱의 순서에 따라 그리스도의 사제직에 대한 그의 설명을 마치자마자 그리스도교 신학자들에 의해 흔히 잊혔던, 그러나 우리가 복음서들에서 보았던 것과 완전한 조화 속에, 관찰을 한다. (예수의 죽음 후 하늘나라로 그의 현양 덕분에) 하느님의 오른편에 앉은 사제로서 예수에 대해 말하자마자, 저자는 이렇게 설명한다. "만일 그분[예수]이 지상에 있었다면 그분은 사제가 아니었을 것입니다." 이것은 우리 저자에게 분명한데, 그의 신학에서 예수는 오직 십자가 위에 희생적인 죽음을 당함으로써 또 그다음 하늘의 성소에 들어감으로써 사제가 되기 때문이다. 달리 말하면, 히브리 서간에서, 예수의 대속하는 희생은 또한 그의 서품 희생이다.

이와 같이, 히브리서의 대사제 그리스도에 대한 모든 신학을 고려해 볼 때, 서간은 유다인 평신도로서 예수에 대한 복음서 설명과 전혀 모순되지 않는다. 오히려, 히브리서는 그 묘사를 확인시켜 준다. 곧 유다인의 관점에서, 예수는 사제로 셈해질 수 없었다(7, 14). 실제로 히브리서는 계속 말하기를, 그리스도인의 관점으로부터도, 예수는 그의 지상의 직무 동안 사제가 아니었다고 한다(8, 4). 그는 저 지위를 그리스도인의 눈에 오로지 그의 죽음과 현양에 의해 얻었다. 이 점은 몇몇 그리스도교 분파에서 히브리 서간이 예수가 지상의 생활 동안에 사제였다는 것을 의미하는 것으로 잘못 해석되었기 때문에 강조되어야 한다. 그것은 예수의 육화가 참된 인간존재로서, 우리 인간의 고통과 우리 죽음도 나누면서, 그를 인간과 전적인 연대성을 갖추게 하여—또, 구체적으로 참된 인간 몸과 함께—그의 죽음과 현양을 가능하게 했다는 저자의 가르침을 오해하는 것이다(히브 2, 5~18; 4, 14~5, 10; 9, 23~10, 18). 그의 지상에서 인간 생활은 이렇게 하여, 그의 사제가 됨의 필요한 전제 조건이었지만, 구성적인 요인은 아니었다. 그러므로 히브리 서간의 경우에도, 한편 예수가 지상에 있는 동안, 그는 유다인 평신도였고, 사제가 아니었다.

이렇게 하여 우리가 복음서들을 통하여 읽는 것처럼, 우리는 유다교의 다양한 당국자들과 맞서는 평신도, 예수에게 그 자신의 권한을 위한 정식의 또는 공식적인 근거가 없었다는 것을 기억해야 한다. 더욱더 저 권한이 놀랍게 보였고, 또 특히 예루살렘의 사제들을 위하여 더욱더 논쟁의 원천이 되었다(예, 마르 1, 21~28; 11, 27~33; 요한 2, 18). 그러나 예루살렘에서 어떤 충돌들을 제외하면, 사제들은 예수의 흔히 있는 대화 파트너가 아니었다. 그들이 예수와 이야기하였을 때, 어조는 양쪽 편에 모두 가혹했다.

우리가 착한 사마리아인의 비유(루카 10, 30~37)를 들어야 하는 것은, 어려움에 처한(31~32절) 그들의 동료 유다인—아마 평신도—을 지나치는 예루살렘 사제와 레위에 대한 그 모욕하는 언급과 함께, 아마 서로 간의 적대감의 이러한 분위기에서일 것이다. 만일 우리가 갈릴래아의 평신도 예수가 이 이야기를 다른 갈릴래아 평신도 사람들에게 이야기하는 것을 마음속에 그려 본다면, 그 비유는 반사제적 어조를 띨 것이다.[91]

이 언급 중 아무것도 예루살렘 성전 안에 예배에 대하여 무관심했던 난폭한 반역자들로서 갈릴래아의 옛 고정관념으로 뒤로 물러나는 것으로 간주해서는 안 된다. 숀 프레인이 보여 준 것처럼, 갈릴래아의 유다인들은 예루살렘 성전으로 순례의 의무에 충실했다.[92] 그들이 민족주의적 또 종교적 열기에 열중했을 것은 어떤 다른 곳보다 거기였다. 그러나 예배와 제례의 중심지를 향한 존경은 예루살렘의 부유하고 세속적인 사제의 가족들을 향하여 무비판적인 입장을 전혀 지시하지 않았다. 순수한 예배를 이행하는 거룩한 사제직의 이상에 헌신한, 독실한 평신도는 그들의 눈앞에 살과 피의 사제들에 대해 바로 저런 이유로 인해 한층 더 비판적일 수 있다. 그리스도교는, 탈무드가 또한 할 수 있는 것처럼, 부패한 성직자를 비판하는 독실한 평신도의 비슷한 현상을 분명히 제공할 수 있다. 우리는 평신도가 거기서 적어도 공무를 수행했던 고위 사제들의 잘못을 개탄했을지라도 예배하기 위하여 예루살렘에 정규적으로 올라갔던 경건한 유다인 평신도에 속하는 것으로 예수를 생각해야 한다. 그의 직무가 지극히 평범한 평신도로부터 예수를 특출하게 만들었다는 사실은 그의 비판을 한층 더 위험하게 만들었다.—사제들을 위하여 또 자신을 위하여.

4. 예수의 기원과 "숨은 세월"에 대한 요약

마지막 세 장의 우리 사료들에서 우리가 증류할 수 있었던 것을 요약할 시간이다.

헤로데 대왕의 통치 동안, 또 아마 끝 즈음(기원전 7~4년경)에, 예수는 하부 갈릴래아의 나자렛 언덕 마을에서 태어났다. 그의 어머니는 마리아였고, 그의 추정상 아버지는 요셉이었다. 우리는 예수의 네 형제(야고보, 요세, 유다, 그리고 시몬)와 이름이 밝혀지지 않은 적어도 두 자매에 대하여 듣는다. 가족 안의 모든 이름이 성조들, 이집트 탈출, 그리고 약속된 땅의 정복의 영광스러운 시대를 상기시킨다는 것은 특별한 의미가 있을 것이다. 예수의 가족은 그 완전한 영광 안에 이스라엘의 회복을 기대했던 유다인의 민족적 및 종교적 신원을 다시 불러일으킴을 서로 나누었을 것이다. 만일 요셉이 다윗 임금의 후손이라고 주장했다면, 그것은 한층 더 그럴 가능성이 있다. 어쨌든, 예수의 삶의 강렬한 종교적인 초점에 의해 판단을 하면 일단 그것이 우리에게 볼 수 있게 되자, 우리는 그의 가족이 갈릴래아의 소농민 유형의 깊이 독실한 유다인들이었다고 합리적으로 상상할 수 있을 것이다. 곧 모세의 율법의 실천에 단호히 헌신했지만(특히 할례, 안식일, 그리고 예루살렘 성전에 순례의 그 "경계 상징들"), 그러나 바리사이적 준수의 아주 자세함은 아니다.

맏아들로서 예수는 사업을 위해 그를 훈련함과 그의 종교적인 교육을 맡음에도 요셉의 특별한 관심의 대상이었을 것이다. 요셉이 뚜렷이 그의 공생활 동안 없었다는 사실은 그가 이미 죽었다는 전통적인 견해에 의해 가장 잘 설명된다. 예수의 어머니, 형제들 그리고 누이들은 직무의 기간 내에 살아남았으며, 그래도 그들과 예수 간에 약간의 긴장이 없지는 않았다. 우리는 특별히 다양한 복음사가에 의해 가족이 예수가 미쳤다고 생각했고(마르 3, 21), 또는 그의 형제들이 그를 믿지 않았거나(요한 7, 5), 예수가 그를 보자는 그의 가족의 요구를 거절했다는 말을 듣는다(마르 3, 31~35 병행들).[93] 그러므로 더욱 놀라운 것은, 초기 교회의 역사에 대해 미리 훑어보면서, 예수의 형제 야고보가 부활의 증인들을 나열하는 초기 교리의 형식문(1코린 15, 7)과 예루살렘 교회의 지도부 안에서(갈라 1, 19; 2, 9. 12; 사도 15, 13~21; 21, 18)－다른 가족 구성원들이 그의 발자취를 따르면서－중요한 것을 발견하는 것이다. 예수의 가정의 구성원들에 대한 이 모든 정보에도 불구하고, 아내나 아이들에 대한 전적인 침묵은 예수가 매우 특별한－그러나 알려지지 않은 게 아닌－독신의 길을 선택했다는 것을 가리키는 것으로 가장 잘 간주된다.

나자렛에서 자라나면서, 예수는 그의 일상적 언어로 아람어를 말했을 것이며, 반면에 또한 지역 회당 예배에서 히브리어를 그리고 아마 그의 아버지에 의해 제공된 공식적인 가르침에서 더 많은 히브리어를 배웠을 것이다. 그가 요셉에게서 목공의 사업을 배우기 시작했을 때 그는 사업 목적을 위하여 어떤 그리스어 구절들을 습득하는 것이 유용하고 필요하기도 하다는 것을 알았을 것이다. 큰 축제들을 위하여 그의 가족에 의해 예루살렘에 잦은 방문들은 저 여러 언어를 사용하는 도시 안에서 그를 더 많은 그리스어에 노출시켰을 것이다. 비록 그가 다른 민족들과 거래할 때 그리스어를, 또 전문적인 율법 학자들과 성경의 의미를 토론할 때 히브리어를 사용했을 것이지만, 그의 대부분의 가르침은 평범한 팔레스티나의 유다인들에게 그것이 향했기 때문에, 아람어로 전달되었을 것이다.

예수의 가르침은 구두로 전달되었고, 또 구두 가르침은 이론적으로 예수 자신의 성경과 유다인 전통들 교육의 유일한 도랑이었을 것이다. 그가 자랐고 후에 가르쳤던 구두의 대중적 문화 안에서, 글을 읽고 쓸 수 있는 능력은 보통 사람들을 위해 절대적인 필요성은 없었다. 하지만 독실한 유다인 가정의 모체, 예수 자신의 유다인 종교와 집착, 그리고 예수가 전문적인 율법 학자들과 경건한 바리사이들과 그의 직무 동안에 가졌던 성경에 대한 토론은 모두 거룩한 책을 읽을 그의 능력을 가능성이 있는 가설로 만든다.

나자렛의 목공 예수는 우리 현대 미국인의 기준으로 가난하였지만, 그럼에도 그 자신의 사회에 비교하여 갈릴래아의 대부분의 사람들보다 더 가난하지는 않았다. 실제로, 재산을 빼앗긴 농부, 도시 비렁뱅이, 시골의 날품팔이꾼, 또는 시골 노예의 뼈에 사무치는 궁색을 알지 못하지만, 그는 사회경제적 사다리의 바닥에 있지는 않았다. 한편 우리는 안티파스의 갈릴래아의 경제적 및 정치적 실제들이 견디기 힘든 것을 발견하지만, 그것들은 헤로데 대왕의 혼돈 상태인 마지막 시기, 늦은 60년대의 유다인 전쟁의 혼돈 상태인 처음 시기, 또는 로마인 장관의 실존이 유다에서 불러일으킨 외국인들에 의한 압박의 느낌보다 전체적으로 더 나았다. 이상하게 보일지 모르지만, 예수는 대부분의 팔레스티나 역사에서 있었던 사막 회오리바람으로부터 보호된 흔치 않게 평화로운 오아시스에서 자랐고 그의 많은 직무를 행하였다. 넓고 멀리 여행을 하는 뛰어난 건축가 예수 또는 세포리스의 극장에서 그리스 드라마를 흡수하는 예수에 대한 흥미로운 가설들에도 불구하고, 모든 표시는 나자렛에서 목공 일에 보낸 특별한 일이 없는 청년기와 장년기를 가리킨다. 예수의 "숨은 세월"에 대하여 복음서들의 침묵이 아무리 짜증 날지라도, 침묵에는 단순한 설명이 있을 것이다. 곧 아무것도 많이 일어나지 않았다. 다윗의 그루터기에서 난 싹은 천천히 그리고 말없이 자라기 시작하고 있었다.

나자렛에서 예수는 견딜 수 없이 평범했고, 그의 평범함은, 어떤 특별한 종교적 자격 인증서나 "세력 기반" 없이, 평신도의 평범한 지위를 포함했다. 갈릴래아의 평신도로서, 그는 예루살렘의 대사제 가족들에게 처음에 무시할 수 있을 정도로 나타났을 것이다.—그가 위험한 것으로 나타날 때까지. 예수의 직무 동안에 그의 잦은 예루살렘 방문들은 예루살렘 대사제들과 갈릴래아의 평신도 간에 빠르게 커지는, 상호 간의 적개심에 기름을 부었을 것이다.

우리가 이 요약을 다시 바라볼 때, 역사적인 의미로 모든 독자에게 한 가지 결핍이 두드러져야 한다. 우리 개관은 발생 순서 표시들이 거의 아무것도 예수가 밟았던 길을 비추지 않는다는 의미로 역사적인 중간 지대에서 헤맨다. 역사는 연대기 그 이상이지만, 틀림없이, 그러나 그 기반들의 하나로서 도움이 되는 연대표 없이 어떤 역사도 있을 수 없다. 예수의 기원들과 배경들에 대한 우리 조사를 마무리하고 공생활에 대한 우리 연구에 길을 열기 위해, 우리는 제2부를 예수의 삶 안의 주요한 몇몇 날짜들을 고정하기 위한 시도와 함께 끝맺을 것이다.

NOTES TO CHAPTER 10

1 On this social dynamic, called technically "dyadic personality", see Bruce J. Malina, *The New Testament World*(Atlanta: John Knox, 1981) 51-60.

2 For example, Jerome (at times) identified "Mary of Clopas"(John 19:25) as daughter of Clopas and sister of Mary the mother of Jesus(see Brown et al., *Mary in the New Testament,* 67 n. 125). Thomas the Apostle is identified as the twin brother of Jesus in more than one gnosticizing work(e.g., in the Greek version of *The Acts of Thomas* and in the Nag Hammadi work, *The Book of Thomas the Contender*). Further "identifications" in Christian literature are discussed by Josef Blinzler, *Die Brüder und Schwestern Jesu*(SBS 21; 2d ed.; Stuttgart: KBW, 1967) 31-35.

3 See Chapter 8, under section 2A.

4 See Chapter 9, under section 4.

5 Any such explanation would still have to face the curious formulation of Jesus' saying in Mark 3:35: "Whoever does the will of God, he is my brother and sister and mother." The presence of the word "sister" is unmotivated by the immediate context; the preceding story has spoken only of Jesus' mother and brothers. The addition of sister in the concluding statement of Jesus(the "punch line" of this apophthegm) probably intends to underline the general truth of what Jesus says by including all of Jesus' immediate earthly relatives. Granted such a thrust to the saying, the absence of any mention of Jesus' father is most naturally explained by Joseph's having already died.

6 It is already hinted at in the *Protevangelium Jacobi,* where Joseph is presented as very old at the time of his espousal to the virgin Mary. It is clearly affirmed in the 4th-century *History of Joseph the Carpenter* and by Epiphanius, who claims in his *Panarion* 3.78.10 (completed ca. A.D. 377) that Joseph died soon after the visit of the twelve-year-old Jesus to Jerusalem narrated in Luke 2. For a collection and analysis of patristic texts dealing with Joseph, see F.-G. Bertrand and G. Ponton, "Textes patristiques sur saint Joseph", *Cahiers de Joséphologie* 3(1955) 141-174; 4(1956) 325-357; 5(1957) 125-167, 289-320; 6(1958) 139-179, 265-321; 7(1959) 151-172, 275-333; 8(1960) 171-186, 347-374; 9(1961) 333-357; 10(1962) 149-182. Speculation on the time of the death of Joseph among traditional Catholic authors is summarized in the (largely uncritical) book of Adelmo Marrani, *S. Giuseppe nella scrittura e nella vita della chiesa* (Francavilla a Mare: Edizioni Paoline, 1967) 172-175.

7 Complete skepticism on the question of the time of Joseph's death is expressed by Lorenz Oberlinner, *Historische Überlieferung und christologische Aussage*(FB 19; Stuttgart: KBW, 1975) 73-78. Oberlinner does well to stress the great distance that lies between redactional statements (or silences) in our Gospels and the historical events in the life of Jesus. However, (1) in Oberlinner's presentation the distance threatens at times to become an unbridgeable gulf; (2) he does not take seriously the converging evidence of the notable silences found in the Four Gospels and Acts, all of which have references to the mother

and brothers (and sometimes the sisters).

8 In John's Gospel, "the Jews" ask rhetorically: "Is this fellow not Jesus the son of Joseph, whose father and mother we know?"(John 6:42). At first glance, this might seem to imply that, in the evangelist's mind, both parents were still living during the public ministry. But the evangelist himself seems to think otherwise. Near the beginning of the public ministry, he presents Jesus descending from Cana to Capernaum with an "entourage" made up of "his mother, his brothers, and his disciples." The absence of any mention of Joseph in such an all-inclusive group is striking. Confirming the impression that John considers Joseph dead is Jesus' commendation of his mother to the beloved disciple at the cross: "From that hour the [beloved] disciple took her [the mother of Jesus] into his care [or home]"(John 19:27). That makes no sense if Joseph, according to the evangelist, is still living. Hence the question of "the Jews" in 6:42 must be understood as a very general objection, intended to counter Jesus' implicit claim to preexistence and incarnation in the bread-of-life discourse by appealing to his well-known human origins.

9 Counting the four named brothers and at least two female siblings among the unnamed but plural "sisters" in Mark 6:3. As we shall see, though, the exact nature of these "brothers" and "sisters" has been disputed down through the centuries; hence my formulation "if it be granted that...."

10 The patristic witness of Hegesippus, Tertullian, and Irenaeus in favor of the idea of true siblings will be given more detailed consideration below.

11 I stress the distinction between "half brother" and "stepbrother" because the otherwise fine treatment of this question in Mary in the New Testament confuses the two terms; see, e.g., pp. 65 and 67 n. 125; similarly, Brown, *The Birth of the Messiah,* 132; Fitzmyer, *The Gospel According to Luke,* 1. 724.

12 However, those Protestants who hold to a literal interpretation of the virginal conception of Jesus by Mary(e.g., many low-church evangelicals) would seem committed to the logical conclusion that the brothers and sisters of Jesus were only half brothers and half sisters(i.e., with only one common biological parent).

13 Pesch, *Das Markusevangelium,* 1. 322-325.

14 See the remark in *Mary in the New Testament,* 72 n. 139.

15 It cannot be stressed too often that, for reasons of method, this book *prescinds* from faith and Church teaching as sources of knowledge, but by no means *denies* them.

16 Literally, "he did not know her." As many commentators note, this is a typically Semitic expression for sexual intercourse. Hebrew regularly uses the verb *yāda'*("know") for this idea. See the obvious parallel in Gen 4:1: "And the man[Adam] knew[*yāda'*] Eve his wife and she conceived and bore Cain." However, ancient Greek also used "know" as a euphemism for sexual intercourse; see Heraclides, *Peri Politeias Athēnaiōn* 64: *tas te koras pro tou gamiskesthai autas eginōsken*("he used to know[=have sex with] the young girls before they were married"). A critical edition of the text may be found in Valentine Rose, *Aristotelis qui ferebantur librorum fragmenta*(Leipzig: Teubner, 1886) 383. W. Bauer's

Greek dictionary adds references to Menander and Plutarch(*s.v. ginōskō*).

17 The use of the imperfect verb(literally, "he was not knowing her") may be meant to emphasize that Joseph had absolutely no sexual relations with Mary during the entire period of conception and gestation.

18 This text, like the rest of the NT, never takes up the later theological concept of *virginitas in partu*, the miraculous preservation of Mary's physical virginity in the very act of giving birth to Jesus. Like many other mariological developments, *virginitas in partu* is first hinted at in the *Protevangelium Jacobi*, 19:3-20:4. On this text and its possible docetic implications, see Brown et al., *Mary in the New Testament*, 275-278. Although the idea is never explicitly treated in the NT, the fact that Luke 2:23 cites Exod 13:2, 12, 15 in reference to Jesus' birth("every male that *opens the womb* shall be called holy to the Lord") seems to indicate that Luke was not concerned with such a position.

19 In the life of Plato(Book 3 of his *Lives of the Philosophers*), Diogenes Laertius(3.1.2) makes a similar statement about the father of Plato in his sexual relations with Plato's mother (and Plato was not an only child): *hothen katharan gamou phylaxai heōs tēs apokyēseōs*("hence he observed chastity with her in the marriage [literally: kept her clean of marriage] until the birth [of Plato]", 3.1.2). For a critical text, see *Diogenis Laertii. Vitae Philosophorum. Tomus Prior*, ed. H. S. Long(Oxford: Clarendon, 1964) 121.

20 This point is well made throughout the commentary by Robert H. Gundry, *Matthew. A Commentary on His Literary and Theological Art*(Grand Rapids: Eerdmans, 1982).

21 Traditionally, much has been made of the appearance of a "Mary the mother of James the Younger [or Smaller] and Joses" at a distance from the cross of Jesus in Mark 15:40. Two questions in particular arise: (1) Is this Mary the mother of Jesus, referred to now in an oblique way? (2) If this Mary is not the mother of Jesus, are the James and Joses mentioned in 15:40 the same James and Joses whom Mark lists among the "brothers" in 6:3? If the answer to the latter question be "yes", then the "brothers" of 6:3 would not be true siblings of Jesus, since they would have a different mother, also called Mary.

The great problem with all of this is that the identification of the women and men mentioned in Mark 15:40, 47; 16:1 (and parallels) is fraught with difficulty. It is no wonder that the committee in charge of writing *Mary in the New Testament*, after treating the problem on pp. 68-72, could reach no consensus on a solution: "We were not even agreed on which solution might be called the more likely"(p. 72). To try to make Mark 15:40 a key to the solution of the brothers of Jesus in the NT is to attempt to explain the obscure by the still more obscure.

As for the two questions about "Mary the mother of James... and Joses" in Mark 15:40, my opinion is as follows. (1) This Mary is not to be identified with Mary the mother of Jesus. Elsewhere Mark clearly speaks of Mary as "his [Jesus'] mother"(3:31) and of Jesus as "the son of Mary"(6:3). To refer to her as Mary the mother of James and Joses would be unparalleled both in Mark and in the rest of the NT. How could Mark's readers be expected to make the identification? Even if we suppose that Mark wished to make some theological point by this unusual designation(e.g., Mary no longer counts as the mother of Jesus, who has just been declared Son of God[15:39]), he would have had to mention all four sons to make the connection with 6:3 clear. Probably the identification of the Mary in 15:40 with the mother of Jesus would not have been seriously considered by critics if it were not for the parallel scene in John 19:25, where the mother of Jesus does appear by the cross. But her presence at the cross in John's Gospel, as well as that of the beloved disciple, may be due to John's own theology. Be that as it may, John's depiction of the women at the cross should not be read into the very different presentation of Mark.

(2) Most likely, James the Younger (or Smaller) and Joses in Mark 15:40 should not be identified with the James and Joses listed as brothers of Jesus in 6:3. Granted the insights of modern redaction criticism and narrative criticism, both of which stress the importance of the final work of the creative author, seen as a coherent whole, Mark's specification of the James in 15:40 as *ho mikros*(literally, "James the Small") actually tells against such an identification. Nothing in the preceding narrative has prepared us for or explains to us the use of this "title" for the James of 15:40. If it were meant to differentiate James "the brother of Jesus" from James the son of Zebedee and one of the Twelve, it should have been used by Mark in 6:3, where James "the brother of Jesus" first appears, just a few chapters after the other James has been listed as one of the Twelve(3:17) and just before the Twelve (including James) are sent out on mission(6:7-13). If *ho mikros* is meant to distinguish James "the brother of the Lord" from James the son of Zebedee, it comes nonsensically late in the narrative. Rather, the absence of any such designation after the name of James the brother of Jesus in 6:3 naturally tends to create a distinction between him and the James pointedly called *ho mikros* in 15:40; on all this, see Oberlinner, *Historische Überlieferung*, 112-117. As Oberlinner admits(p. 113), the occurrence of the Greek form *Iōsēs* for "Joseph" only in Mark 6:3 and 15:40 within the NT is striking. But granted that the Hebrew *Yôsēf* is transliterated in koine Greek in a number of different ways(e.g., *Iōsēph, Iōsēphos, Iōsēpos*), including cases of *Iōsēs* outside the NT, the same form in the two Marcan passages is not very probative. Moreover, James(=Jacob) and Joses(=Joseph) were common Jewish names in the 1st centuries B.C. and A.D. We may have in 15:40 a situation similar to the identification of Simon of Cyrene as "the father of Alexander and Rufus"(15:21). The identification made perfect sense to Mark and his first readers, who apparently knew the people involved; the reference is totally lost on us, as perhaps it was already lost on Matthew and Luke. Matthew omits "the Small" after "James" in 27:56, and Luke omits the entire list of female names in 23:49, just as both omit "the father of Alexander and Rufus" when they mention Simon of Cyrene(Matt 27:32; Luke 23:26).

In short, in my opinion, Mark 15:40 is a red herring across the trail leading to the brothers of Jesus.

For the sake of completeness, it should be noted that some authors use the presence of the name Joses(Joseph) in the list of Jesus' brothers to fashion an argument against the view that the brothers are true siblings. For instance, W. F. Albright and C. S. Mann(*Matthew*[AB 26; Garden City, NY: Doubleday, 1971] 9) claim that, while it was "not unknown for sons to be named after their fathers, it was at the same time uncommon." Hence one could argue from the presence of a Joseph among Jesus' brothers that the brothers are not true physical sons of Joseph. However, granted the fragmentary state of our evidence for the practices of the common people in Palestine in the 1st century A.D., talk about what was more or less common is not subject to rigorous controls.

What NT authors themselves might expect by way of the custom of naming a son after his father is seen in Luke 1:59-63, where the friends and relatives of Zechariah and Elizabeth naturally expect that the newborn child will be named after his father. Both Elizabeth and Zechariah must intervene to convince them that the child should be called John instead. Brown(*Birth of the Messiah*, 369) comments: "The custom of naming a child after his father is attested in the second-century A.D. Wadi Murabba'at legal documents (Eleazar son of Eleazar, Judah son of Judah). But naming the child after the grandfather (papponymy) seems to have been more common in priestly circles." Needless to say, Jesus of Nazareth and his brothers did not belong to priestly circles. Perhaps even more interesting an example for "questers" exists in one of the documents pertaining to a woman named Babata, found in the "Cave of Letters" at Naḥal Ḥever(about 3 miles south of En-gedi and 7 miles north of Masada). The documents indicate that Babata had married a Jew named Yeshua ben Joseph and that their son was also named Yeshua; on this, see J. N. Sevenster, *Do You Know Greek? How Much Greek Could the First Jewish Christians Have Known?*(NovT Sup 19; Leiden: Brill, 1968) 160.

22 See the similar remarks about Mark's redactional stance in Oberlinner, *Historische Überlieferung*, 238-240. On p. 239, Oberlinner states: "...we can affirm with fair certitude that Mark, in his narrative in 3:31-35... hardly had in mind anyone else than the physical brothers of Jesus."

As Oberlinner(p. 248) notes, there is no reason to go into a special consideration of the parallel in the Coptic *Gospel of Thomas*, saying 99. It is clearly dependent on the Synoptics, especially Luke. Notice the reduction to brothers and mother—omitting all reference to sisters—in the "punch line" of Jesus. As can be readily seen in any synopsis, this is a redactional omission that Luke, but not Matthew, makes in Mark's text. As in a number of other logia, the *Gospel of Thomas* follows the Lucan version.

23 What is said here about the natural rhetorical thrust of Mark 3:35 || Matt 12:50 could also be applied to John 7:1-10, in which Jesus' brothers urge him to go to Jerusalem and Judea, so that his disciples there may also see his works. The evangelist then turns to his audience and sadly informs them that this exhortation by the brothers was not the positive sign of trust in Jesus that it seemed to be: "For not even his brothers believed in him"(v 5, *oude gar hoi adelphoi autou episteuon eis auton*). The bitter sadness of this aside loses a great deal of its rhetorical force if it means instead "for not even his cousins believed in him."

24 Brown et al., *Mary in the New Testament*, 86-87. Strange to say, although Oberlinner emphasizes the evangelists' redactional theology as opposed to historical fact throughout his *Historische Überlieferung*(see, e.g., pp. 78-85), on pp. 352-354 he fails to consider how Matthew's redactional theology in his Infancy Narrative might have affected his treatment

of the mother and brothers of Jesus in 13:55.

What has been said with regard to Matt 1:25 could be applied, *mutatis mutandis,* to Luke's statement in his Infancy Narrative that Jesus was Mary's "firstborn"(*prōtotokon,* 2:7). In itself, the word need not indicate that Mary had further children; "firstborn" was a legal designation that the OT(Exod 13:2; Num 3:12-13; 18:15-16) applied to the first child a mother bore even when no siblings were born later. Indeed, a tombstone of a Jewish woman from 5 B.C. describes how she died while giving birth "to a firstborn child"; see Brown, *Birth of the Messiah,* 398. However, since the author who writes Luke 2:7 also speaks of Jesus' mother and brothers in Luke 8:19-21 and Acts 1:14, the title "firstborn" takes on a more precise meaning in light of the larger context.

25 With reference to the pre-Marcan tradition present in Mark 6:1-6, Oberlinner judges, after a detailed analysis, that "the fact of the existence of physical brothers of Jesus was clearly and firmly anchored in the early Christian tradition and was also passed down in the tradition without any second thoughts"(p. 355). But once again, Oberlinner warns about overhasty conclusions concerning the original historical events. However, when one combines Oberlinner's findings about Mark and the pre-Marcan tradition with the independent affirmations in Paul, John, and Josephus, a strong argument from converging lines of probability emerges concerning the historical facts of the case.

26 For the sake of brevity of expression, I shall speak from here on simply of the "brothers" of Jesus. This is not done to slight his sisters. It just acknowledges certain realities in the texts: (1) The brothers are spoken of more often than the sisters. (2) The brothers are named, while the sisters are not. (3) The fact that the first brother is named James enables us to link the brother passages of the Gospels with Paul's references to James in Gal 1:19(cf. the brothers of the Lord in 1 Cor 9:5). (4) It is the brothers, not the sisters, who are usually mentioned in relevant patristic texts. Nevertheless, the conclusion we shall reach applies equally to Jesus' brothers and sisters and hence I will resume the fuller expression at the end of this section. For later legends about the number and names of Jesus' sisters, see Blinzler, *Die Brüder,* 35-38.

27 So-called because one of its great sponsors in the 4th century was the Bishop of Salamis on Cyprus, Epiphanius(315-402/3 A.D.); see his exposition in his *Panarion,* 1.29.3-4; 2.66.19; 3.78.7, 9, 13. For a critical edition of the Greek text of the *Panarion,* see *Epiphanius*(3 vols.; Vol. 1, GCS 25; ed. Karl Holl; Leipzig: Hinrich, 1915; Vol. 2, GCS 31; ed. Karl Holl and Jürgen Dummer; Berlin: Akademie, 1980; Vol. 3, GCS 37; ed. Karl Holl; Leipzig: Hinrich, 1933). For an English translation of parts 1-46, see Frank Williams, trans., *The Panarion of Epiphanius of Salamis. Book I(Sects 1-46)*(NHS 35; ed. James M. Robinson; Leiden: Brill, 1987). For an English translation of all the passages describing the 80 sects, see Philip R. Amidon, trans., *The* Panarion *of St. Epiphanius, Bishop of Salamis. Selected Passages*(New York/Oxford: University, 1990); relevant passages on the brothers and sisters of Jesus can be found on pp. 90-91, 229, 348-351.

28 I speak in general terms of the "cousin approach" of Jerome, for the fact is that Jerome did not always hold to exactly the same interpretation of the relevant texts as he tried to defend the perpetual virginity of Mary in his various writings. For the variations

in his interpretation of "Mary the mother of James and Joses" and "James the brother of the Lord", see Blinzler, *Die Brüder,* 142-144. A lengthy exposition of Jerome's theory, its further development by other Church writers, and the telling criticism of it by J. B. Lightfoot are given by John McHugh, *The Mother of Jesus in the New Testament*(Garden City, NY: Doubleday, 1975) 223-233.

29 In fact, Oberlinner(*Historische Überlieferung,* 29) suggests that there is only one clear case, 1 Chr 23:22, where the daughters of Eleazar marry the sons of Kish, "their brothers", who, according to 23:21, are actually their cousins. Other examples of *'āḥ* for a close relation seem to refer to nephews or to a large group of more remote, undefined relations.

30 On this, see Oberlinner, *Historische Überlieferung,* 22-41.

31 In all his works, Josephus uses the Greek word for "cousin"(*anepsios*) 12 times.

32 Notice in particular Josephus' expansion and rewording of Jacob's speech to Rachel to make the terminology more precise in the Greek as opposed to the Hebrew. In the Hebrew of Gen 29:12, Jacob tells Rachel that he is a "brother"(*'āḥ,* which simply means here a relative, and as the context shows, nephew) of her father Laban because he is the son of Rebekah, the sister of Laban. Hence the word *'āḥ* in this Hebrew text obviously means "nephew." In his reworking of this speech, Josephus has Jacob explain his relationship to Rachel at greater length and with greater precision: "For Rebekah my mother is the sister of Laban your father. They had the same father and mother, and so we, you and I, are cousins[*anepsioi*]"(*Ant.* 1.19.4 §290). The avoidance of a literal translation of *'āḥ* as adelphos and the introduction of *anepsioi* to clarify the relationship is striking. Therefore, when Josephus calls James "the brother of Jesus", there is no reason to think that he means anything but "brother."

33 Exegetes are divided on which Philip is meant. See, e.g., Robert A. Guelich(*Mark 1-8:26*[Word Biblical Commentary 34A; Dallas: Word, 1989] 331), who favors "Herod Philip"; so too Ernst Haenchen, *Der Weg Jesu*(2d ed.; Berlin: de Gruyter, 1968) 238 n. 1. Surprisingly, the conservative Taylor(*The Gospel According to St. Mark,* 312) inclines to the view that Mark has simply made a mistake here; similarly, Daniel J. Harrington, "Mark", *NJBC,* ed. Raymond E. Brown, Joseph A. Fitzmyer, and Roland E. Murphy (Englewood Cliffs, NJ: Prentice Hall, 1990) 609(§41). Taylor seems to have the better of the argument since (1) there is no firm proof that Herod the son of Mariamme II was also known as Philip, and (2) the attempt to have this Herod bear the name of Philip looks like a desperate ploy to harmonize Mark and Josephus(cf. *Ant.* 18.5.4 §136-137). Whichever choice is made, the main point remains: *adelphos* in Mark 6:17 means "half brother."

34 Brown et al., *Mary in the New Testament,* 66 n. 122. One should note that, even in these cases, the relationship is usually a very close one, and the actual precise relationship is made clear by the larger context. Oberlinner(*Historische Überlieferung,* 41-48) observes that "sister" enjoyed similar use as a Hellenistic title, either given to one's wife(sometimes related by blood to the husband) or used in court etiquette. Yet Oberlinner states that he has found no exact, clear-cut parallel to the supposed use of *adelphoi* to mean "cousins" in the unique case of the brothers of Jesus.—In general, as Oberlinner stresses, it is simplistic

to appeal purely to "semitic" usage when analyzing the many various meanings "brother" can have in koine Greek. Such variety of usage is witnessed in many languages, and is by no means restricted to Hebrew or Aramaic.

35 As Oberlinner and many other exegetes have pointed out, no amount of parallels from outside the NT can tell us a priori what the NT texts mean; only a detailed exegesis of the NT texts *in their own context* can tell us that.

36 It is significant that Joseph A. Fitzmyer, who discusses with care the many possible meanings of *adelphos* in the *Gospel According to Luke*, 1. 723-724, nevertheless states apodictically on p. 724: "Jerome thought that *adelphos* could mean 'cousin,' but this is almost certainly to be ruled out as the NT meaning...."

37 Blinzler, *Die Brüder*, passim, summarized on pp. 145-146; and McHugh, *The Mother of Jesus*, 200-254. Both authors hold that the "brothers" of Jesus were some sort of cousins, though their theories differ in details.

Blinzler(p. 145) thinks that Simon and Jude were sons of Clopas, a brother of Joseph. Clopas was thus of Davidic descent, but his wife is unknown. The mother of James and Joses was a Mary. Either she or her husband was somehow related to Jesus' family; perhaps her husband was of priestly or levitical descent and was a brother of Mary.

McHugh, rejecting the precise theory of Jerome(which Jerome himself did not attach too much importance to later in life), depends partly on Blinzler but develops his own convoluted and highly hypothetical theory(pp. 234-254). A Mary who was a sister of Joseph married an unknown man and gave birth to James and Joses. Clopas, a brother of Joseph, married a Mary who gave birth to Simon. Hence all the "brothers" were legally first cousins of Jesus. McHugh is too honest to claim that "brother" in Mark 6:3 really means "cousin" or close relative à la Jerome. To explain the use of the term "brother", McHugh suggests that Joseph undertook the charge of his brother-in-law's children after their father's death. So "brother" really means "foster brother"; James and Joses were thus brought up with Jesus in the same family. How Simon and Jude wind up under the same familial umbrella remains unclear in McHugh's reconstruction—a tour de force that dazzles because of its intricacy even as it fails to convince because of its arbitrariness.

McHugh's gratuitous hypothesis is interesting in that it indicates that even McHugh is uncomfortable with "brother" simply meaning "cousin", without any further reason for the strange equation. His touching story of the brother-in-law's death and Joseph's reception of his nephews into his house would help supply the missing link, but it is nothing more than pure imagination. One cannot avoid the impression that every escape hatch imaginable is being pried open because a highly unlikely position has been adopted a priori on other grounds. The same basic criticism can be made of the various permutations of the cousin theory espoused by many authors, both ancient and modern.

38 "Pre-Nicene" and "post-Nicene" refer to that watershed in Church history, the first ecumenical council, held at Nicea in Asia Minor in 325 A.D. to deal with the Arian heresy.

39 Hegesippus' own work was entitled the *Hypomnēmata*("Memoirs").

40 The naive acceptance of Hegesippus' testimony as historically true weakens greatly

the treatment of Blinzler, *Die Brüder*, 94-108. That Blinzler accepts Hegesippus' legendary picture of James the Just as a super-ascetic Nazirite who also had access to that part of the Jerusalem sanctuary forbidden to the laity makes one doubtful about Blinzler's overall critical ability. Blinzler then goes on to use this datum to confirm his theory that James was of priestly or levitical lineage. For a more critical study of this James legend in Hegesippus, one that suggests that James is being presented here as the true high priest, see Ernst Zuckschwerdt, "Das Naziräat des Herrenbruders Jakobus nach Hegesipp(Euseb, h. e. II 23, 5-6)", *ZNW* 68(1977) 276-287.

41 Interestingly, Hegesippus' testimony is cited by Pesch, Blinzler, and McHugh as supporting each author's position—an indication that the fragments of Hegesippus that we have are not without their ambiguity. The translation of 4.22 § is especially fraught with difficulty; see Blinzler(*Die Brüder*, 105-108) for various suggestions; also McHugh, *The Mother of Jesus*, 245 n. 21; cf. 212-216. (McHugh's treatment is remarkable in that it ignores the pivotal point that Hegesippus shows that he knows how to use "brother", "uncle", and "cousin" exactly when speaking of Jesus' relatives.) Since I am merely interested in Hegesippus' care in distinguishing different types of Jesus' relatives, a precise translation of the entire passage in 4.22 §4 is not vital to my argument, as it is to Blinzler's. On pp. 94-105, Blinzler is uncritical in his mixing of texts from the NT and Church Fathers to extract his own interpretation of the Hegesippus passages. On the danger of conflating statements in the NT and Hegesippus without respecting the different nature of the works involved, see Oberlinner, *Historische Überlieferung*, 141-143.

The text of 4.22 §4 does seem to say that the Simon under discussion was the son of Clopas, the uncle of Jesus (or of James?—the text is ambiguous at this point). Given the ambiguity and fragmentary state of this passage from Hegesippus, as well as the wide use of Simon/Symeon for Jews in the 1st centuries B.C. and A.D., we cannot be sure that Hegesippus means the Simon identified as the brother of Jesus in Mark and Matthew, or, for that matter, that Hegesippus was always consistent in his statements and identifications. For the opposite view, see Blinzler, *Die Brüder*, 98-99.

42 So, in desperation, Blinzler, *Die Brüder*, 101, 108-110. His treatment of "according to the flesh" is a prime example of his interpretation of words in isolation, apart from the context that gives them their obvious meaning.

43 The major texts giving Tertullian's views are *Adversus Marcionem* 4.19(see Tertullian, *Adversus Marcionem*[ed. and trans. Ernest Evans; Oxford: Clarendon, 1972] 360-363); *De carne Christi* 7(see *Tertullien. Le chair du Christ. Tome I*[SC 216; ed. Jean-Pierre Mahé; Paris: Cerf, 1975] 240; *De monogamia* 8.1-2 and *De virginibus velandis* 6.6(see *Tertulliani Opera. Pars Quarta*[CSEL 76; ed. V. Bulhart and P. Borleffs; Vienna: Hoelder-Pichler-Tempsky, 1967] 58, 88).

It is sad to see so fine a scholar as Blinzler(*Die Brüder*, 139-141) strain to water down or make ambiguous what Tertullian clearly says, especially when all these texts are taken together. Faced with this embarrassing patristic evidence, Blinzler (1) discusses individual phrases in individual texts atomistically instead of viewing all the relevant texts together to grasp Tertullian's overall position; (2) stresses that Tertullian was developing his view while engaged in polemic against heretics, as though this were not true of most of the creative theology of the Church Fathers.

At times, Blinzler ignores key phrases that run against his policy of "damage control." For example, in *Adversus Marcionem* 4.19, while discussing the scene in Mark 3:31-35, Tertullian notes how Jesus transfers the "names" of "blood relatives"[i.e., "mother" and "brothers"] to others, namely to those inside the house, whom Jesus judges to be closer to himself because of their faith(*transtulit sanguinis nomina in alios, quos magis proximos prae fide iudicaret...*). Tertullian then sums up his whole argument with another use of sanguis for "blood relation": "It is not surprising that he[Jesus] preferred faith [in those sitting around him in the house] to blood-relationship [in his mother and brothers] (*nihil magnum si fidem sanguini praeposuit*)." Blinzler also ignores the obvious sense of Tertullian's rhetorical question about Jesus' brothers: "Tell me, does everyone who is born have brothers who are born in addition to him as well?"

Blinzler likewise ignores the logical thrust of Tertullian's comparison in *De monogamia* 8.1-2. There are two kinds of Christian sanctity, says Tertullian: John the Baptist represents total continence, while his father Zechariah represents modest monogamy (a monogamy that obviously includes intercourse, witness his son John). Insofar as Mary bore Christ when she was a virgin and then married once, she embodies both kinds of sanctity. The implication here is that, as virgin mother of Christ, Mary embodied total chastity, and as spouse of Joseph she later embodied modest monogamy. The parallel with Zechariah naturally suggests normal intercourse and childbearing. Unfortunately, McHugh's attempt at damage control(*The Mother of Jesus*, 448-450) is even weaker than Blinzler's. All McHugh can do is run quickly past the strongest evidence, that of the *Adversus Marcionem*, and keep insisting that Tertullian never calls the brothers of Jesus "the sons of Mary." McHugh fails to realize that the viewpoint of the NT and of Tertullian, unlike his own, is strongly christological, not mariological. Hence all the relationships are defined from the vantage point of Jesus, not Mary. After insisting that Jesus' mother and brothers were *truly* his mother and brothers, and after insisting on their "blood" relationship, Tertullian would have probably replied in his most biting fashion to anyone asking him whether Jesus' brothers were sons of Mary.

44 Blinzler, *Die Brüder*, 141.

45 I purposely speak of "the most probable opinion." That is all, in my view, that a philological and historical investigation into the question can hope to reach. Hence I am not opposed to the view of Joseph A. Fitzmyer, who, after reviewing the problems of *adelphos* in the NT, concludes that the idea that the brothers of Jesus were kinsmen or relatives in the broad sense "is certainly not ruled out"(*A Christological Catechism. New Testament Answers*(New York/Ramsey, NJ: Paulist, 1981) 73. But to say that an opinion cannot be ruled out is not to say that it is the most probable solution on purely linguistic and historical grounds.

46 New York: Harper & Row, 1970. See also his reiteration and expansion of his views in *The Sexuality of Jesus*(New York: Harper & Row, 1973).

47 In this ecumenical age, the fierce animus Phipps displays against the Roman Catholic

Church strikes a strange, not to say embarrassing, note. It reminds one of an older and sadder period of theological discourse.

48 See Mark 10:29 parr. for children; the Lucan parallel(18:29) adds "wife." The literal following of Jesus around Galilee and beyond meant that Simon Peter had to leave, at least temporarily, his mother-in-law(Mark 1:30) and presumably his wife(1 Cor 9:5). Nothing similar is intimated about the man he followed.

49 Apart from the question of his handling of the NT's silence, Phipps's presentation must be faulted for his citation of various sayings of Jesus without sufficient critical probing of their claim to historicity. Any saying that aids his argument is called upon without further ado.

50 Even within the rabbinic material, sayings are not always referred to according to their natural sense within their context. Moreover, some arguments are clearly anachronistic: e.g., using later rules incumbent on rabbis as applying to "Rabbi" Jesus. The structured institution of an ordained rabbinate probably did not exist in Jesus' time, and Jesus in any case did not belong to such a formal institution.

51 The case of the Essenes and Qumran is, of course, in many ways special, since it was limited to a relatively small group of extremists and survived for only a little over two hundred years. Yet since the movement was active and Qumran was standing precisely during the ministry of Jesus, it deserves special consideration.

52 For the Greek text, see Karl Mras, ed., *Eusebius Werke. Achter Band. Die Praeparatio Evangelica. Erster Teil*(GCS 43/1; Berlin: Akademie, 1954) 455-457.

53 While some scholars in the 19th century thought the Therapeutae were the invention of Philo, most 20th-century commentators accept their existence as a fact. For an affirmation of the historicity of the Therapeutae and the basic reliability of Philo's description of them, see Jean Riaud, "Les Thérapeutes d'Alexandrie dans la tradition et dans la recherche critique jusqu'aux découvertes de Qumran", *Aufstieg und Niedergang der römischen Welt* II/20.2, 1189-1295. On p. 1288 Riaud supports the view that the Essenes and the Therapeutae were two autonomous entities that must be held completely separate.

54 The Latin text can be found in *Pliny. Natural History*(LCL; 10 vols.; ed. H. Rackham, W. H. S. Jones, and D. E. Eichholz; London: Heinemann; Cambridge, MA: Harvard University, 1938-1962) 2. 276: *Ah occidente litora* [of the Dead Sea] *Esseni fugiunt usque qua nocent, gens sola et in toto orbe praeter ceteras mira, sine ulla femina, omni venere abdicata... ita per seculorum milia (incredibile dictu) gens aeterna est in qua nemo nascitur....*

55 On this point, see the remarks by Jerome Murphy-O'Connor, "The Judean Desert", *Early Judaism and Its Modern Interpreters*, ed. Robert A. Kraft and George W. E. Nickelsburg(Atlanta: Scholars, 1986) 119-156, including the extensive bibliography.

56 A number of the documents that were found at Qumran and that apparently refer to the life either of the monastery or of the wider Essene movement speak of or presuppose marriage and offspring. The *Damascus Document*(CD) thinks in terms of a community of married men. The *Rule of the Congregation*(1QSa) speaks of men who reach the age of

twenty as having sexual relations. What is therefore surprising, by way of contrast, is that what seems to be the most basic rule of life at Qumran, the *Manual of Discipline*(1QS), never mentions marriage or wives. Many—though not all—interpret the *Manual*'s silence to mean that it assumes an all-male community.

[57] Those who support some kind of celibacy at least for some period of Qumran's history include (obviously, with variations) William R. Farmer("Essenes", *IDB*, 2. 147); Helmer Ringgren(*The Faith of Qumran*[Philadelphia: Fortress, 1963] 139-140); Matthew Black(*The Scrolls and Christian Origins*[Brown Judaic Studies 48; Chico, CA: Scholars, 1961, reprint 1983] 30-32, 165—but suggesting that celibacy may have been more the exception than the rule); John Allegro(*The Dead Sea Scrolls. A Reappraisal*[2d ed.; London: Penguin, 1964] 116-118); Geza Vermes(*The Dead Sea Scrolls. Qumran in Perspective*[Philadelphia: Fortress, 1977] 106, 181-182); Emil Schürer(*The History of the Jewish People*[rev. ed.], 2. 578); Hans Hübner("Zölibat in Qumran?" *NTS* 17[1970-1971] 153-167); Anton Steiner ("Warum lebten die Essener asketisch?" *BZ* 15[1971] 1-28); A. Marx("Les racines du célibat essénien", *RevQ* 7[1969-1971] 323-342); Anthony J. Saldarini ("Essenes", *Harper's Bible Dictionary*, 279-280); Philip R. Davies(*Behind the Essenes. History and Ideology in the Dead Sea Scrolls*[Brown Judaic Studies 94; Atlanta: Scholars, 1987] 83-85); Everett Ferguson (*Backgrounds of Early Christianity*, 414); James H. Charlesworth(*Jesus within Judaism*, 72), and Raymond E. Brown(*NJBC*, 1075[#108]).

[58] For discussions of the various reasons proposed, see Marx("Les racines"), Hübner ("Zölibat in Qumran?"), and Steiner("Warum lebten die Essener asketisch?").

[59] The vast majority of commentators on Jeremiah take 16:1-4 to refer to celibacy; the only significant dispute among them is whether this text gives us historically reliable information about Jeremiah or is rather the interpretation of a later generation. John Bright considers 16:1-4 to be historical(*Jeremiah*[AB 21; 2d ed.; Garden City, NY: Doubleday, 1981] 112); similarly, Ernest W. Nicholson, *The Book of the Prophet Jeremiah. Chapters 1-25* (Cambridge: Cambridge University, 1973) 142; William L. Holladay, *Jeremiah 1*(Hermeneia; Philadelphia: Fortress, 1986) 467-472. In favor of the text as an interpretation of or midrash on Jeremiah's life and message by a later writer is William McKane, *Jeremiah*(ICC; 2 vols; Edinburgh: Clark, 1986[Vol. 1]) 1. 367; cf. Kathleen M. O'Connor, *The Confessions of Jeremiah: Their Interpretation and Role in Chapters 1-25*(SBLDS 94; Atlanta: Scholars, 1988) 138. In fairness, it should be noted that Robert P. Carroll(*Jeremiah*[OTL; Philadelphia: Westminster, 1986] 338-342) interprets the text as presenting a hyperbolic description of the destruction of the community and land of Israel. However, Carroll achieves this unusual interpretation by focusing on hypothetical traditions behind the present text. He admits that most commentators do favor the view that Jeremiah was celibate. One may add that this is certainly the natural sense of the MT as it stands. Phipps claims that Jeremiah intended to marry after the war with Babylon was over(*Was Jesus Married?*, 29); needless to say, this is an untestable assumption. For the opposite view, that 16:1-4 speaks a command never to marry, see Holladay, *Jeremiah 1*, 467-468.

[60] It is not impossible that two other OT prophets were celibate, namely, Elijah and Elisha. The mysterious figure of Elijah appears throughout the biblical narrative without

any family connections; his only "family" or "support group" seems to be the "sons of the prophets" or prophetic guild. In the case of Elisha, it is significant that when Elijah calls him to the prophetic office(1 Kings 19:19-21) Elisha asks leave to bid farewell to his father and mother; nothing is said of wife or children. Moreover, when Elisha slaughters his oxen and uses the plowing equipment for fuel to boil their flesh as a feast for his people, he seems to be signifying a total break with his former life and livelihood, a literal burning of all bridges to the past(see John Gray, *I & II Kings*[OTL; Philadelphia: Westminster, 1963] 368). Thus, while celibacy was certainly rare even among Israel's prophets, it was perhaps more frequent among them than in other walks of life. Some might want to draw a connection between the supposed celibacy of Elijah and that of John the Baptist; but, as we shall see in Chapter 12, I remain uncertain about any intention on the part of the historical Baptist to imitate Elijah.

61 One is reminded both of Josephus' personal experience in the wilderness with the ascetic Bannus(*Life* 2 §11) and of his report that the Essenes adopt and raise abandoned boys in their communities.

62 See *Moses[De Vita Mosis]* 2.14 §68-69[LCL 6. 482-483]: "...purifying himself from all things that pertained to mortal nature: food and drink and [sexual] relations with women. But for a long time he disdained such relations with women, indeed almost from the time that he first began to prophesy...."

63 The English translation can be found in *The Babylonian Talmud. Seder Mo'ed. Shabbath II*, ed. I. Epstein; trans. H. Freedman(London: Soncino, 1938) 411-412.

64 See the discussion in Geza Vermes, *Jesus the Jew*(Philadelphia: Fortress, 1973) 100-101.

65 See the English translation in *The Babylonian Talmud. Seder Nashim I. Yebamoth I*, ed. I. Epstein; trans. I. Slotki(London: Soncino, 1936) 426-427. George Foot Moore remarks cautiously that cases like that of ben Azzai "were evidently infrequent"(*Judaism in the First Centuries of the Christian Era*[2 vols.; New York: Schocken, 1971, originally 1927, 1930) 2. 120. Phipps(*Was Jesus Married?*, 32) argues that other sources indicate that ben Azzai had married. Whatever be the case of the historical ben Azzai, at the very least there was a rabbinic tradition about his being celibate.

66 Vermes, *Jesus the Jew*, 99-102. Vermes carefully notes that he speaks only of Jesus' state during his public ministry. Historical research, he feels, cannot speak of Jesus' situation before his baptism by John simply because of "a total lack of evidence"(p. 101).

67 Epictetus did marry in old age in order to have someone to aid him in bringing up a little child whose parents were about to expose it; see W. A. Oldfather, *Epictetus* (LCL; 2 vols; Cambridge, MA: Harvard; London: Heinemann, 1925, 1928) 1. x); cf. Iason Xenakis, *Epictetus. Philosopher—Therapist*(The Hague: Nijhoff, 1969) 4; also the article on "Epictète" in the *Dictionnaire des philosophes*(2 vols; ed. Denis Huisman; Paris: Presses Universitaires de France, 1984) 1. 860.

68 So at least according to Philostratus, *The Life of Apollonius of Tyana* 1. 13; see the LCL edition by F. C. Conybeare(2 vols.; London: Heinemann; Cambridge, MA: Harvard,

1969) 1. 34-35.

69 *Discourses* 3.22 §67-82; see Oldfather, *Epictetus*, 2. 152-159. On Stoicism and celibacy, see David Balch, "1 Cor 7:32-35 and Stoic Debates about Marriage, Anxiety, and Distraction", *JBL* 102(1983) 429-439.

70 The exact marital status of Paul would demand a treatise in itself. Suffice it to say that Paul presents himself in 1 Corinthians as a celibate for religious reasons(7:1-7; 9:5). It has been suggested at times that Paul was actually a widower. Like any good rabbinic student, it is claimed, he married by the time of early adulthood. His Christian status as a celibate indicates that his wife had died (or, much less likely, been divorced). We again seem on the verge of writing a novel. If Paul had been a widower or a divorced man, I wonder whether he would have written to the married people with problems in 1 Cor 7:7: "But I wish that all people were as I myself am." If Paul were a widower or divorced, his wish might have an unintended comic effect on his audience. For a brief consideration of the various ways in which this passage has been interpreted, see William F. Orr and James Arthur Walther, *1 Corinthians*(AB 32; Garden City, NY: Doubleday, 1976) 209. I think it more probable that Paul, like Jesus, the Baptist, and some Essenes, belonged to a very small group of lifelong Jewish celibates. What in Paul's religious background had led him to such a strange commitment while still a Jew is an intriguing but unanswerable question. We are reminded once again that Judaism in the early 1st century A.D. was a much more multifaceted phenomenon than we once supposed.

71 Historians, sociologists, and psychologists might investigate whether and why the 1st century A.D. in particular was marked by this *relatively* remarkable number of celibates influential in religious and philosophical movements.

72 For a survey of opinions and further bibliography, see Alexander Sand, *Reich Gottes und Ebeverzicht im Evangelium nach Matthäus*(SBS 109; Stuttgart: KBW, 1983). See also Giuseppe G. Gamba, "La 'eunuchia' per il regno dei cieli. Annotazioni in margine a Matteo 19,10-12", *Salesianum* 42(1980) 243-287; W. A. Heth, "Unmarried 'for the Sake of the Kingdom'(Matthew 19:12) in the Early Church", *Grace Theological Journal* 8(1987) 55-88. For the highly unlikely view that Jesus, in this saying, shows direct influence from the Neo-Pythagoreanism of the 1st century A.D., see Johannes Schattenmann, "Jesus und Pythagoras", *Kairos* 21(1979) 215-220. To establish his view, Schattenmann has to call upon a text from Iamblichus, who wrote in the late 3d century A.D. Even then, Schattenmann has to engage in some contorted reasoning to advance his theory.

73 Sand, for instance, thinks the saying functioned in the Matthean community to justify and protect those Christians who practiced voluntary celibacy and who therefore experienced suspicion or mockery from some other members of the community(*Reich Gottes*, 74-77). As we shall see, though, Sand also thinks it probable that the core of the saying goes back to the celibate Jesus. Matt 19:12 is therefore instructive for the methodology of form criticism: the fact that we can suggest a likely *Sitz im Leben* for a saying in an early Christian community does not mean—even if our suggestion is perfectly correct—that the saying was necessarily invented by the community. A saying that has its original *Sitz*

im Leben in the ministry of the historical Jesus may find a new *Sitz im Leben* in the needs of the early Church.

74 Stephenson H. Brooks, *Matthew's Community. The Evidence of His Special Sayings Material*(JSNTSup 16; Sheffield: JSOT, 1987) 107-109; similarly, Sand, *Reich Gottes*, 51-55. Once one reaches this conclusion, the whole argument as to whether 19:12, in its Matthean redactional context, refers to voluntary celibates or to disciples who have been divorced(the context supplied by Matt 19:1-9) and who therefore cannot remarry is beside the point, since the context of the dispute on divorce and remarriage is secondary. If one asks about the meaning of Matt 19:12 in the pre-Matthean tradition or in the mouth of Jesus, the sense of the isolated logion can only be voluntary celibacy; nothing in the saying itself conjures up the idea of divorce. For the interpretation that Matthew understands 19:12 to refer to an innocent husband who must put away his wife because of her *porneia* and who therefore cannot marry again, see Quentin Quesnell, "'Made Themselves Eunuchs for the Kingdom of Heaven'(Mt 19, 12)", *CBQ* 30(1968) 335-358; similarly, Pierre-René Côté, "Les Eunuques pour le Royaume(Mt 19, 12)", *Eglise et Théologie* 17(1986) 321-334. For the view that, even in its redactional context, v 12 refers to voluntary celibates, see John P. Meier, *Matthew*(New Testament Message 3; Wilmington, DE: Glazier, 1980) 216-217.

75 Brooks, *Matthew's Commentary*, 107~108.

76 In Gal 5:12 Paul uses the more general verb *apokoptō*("to cut off") in the middle voice when he refers with biting sarcasm to the circumcising group in Galatia: "Would that those who are disturbing you would [not just circumcise but also] castrate themselves!"

77 One might also note the construction of *dia* with the accusative *basileian*, which occurs nowhere else in Matthew; see Sand, *Reich Gottes*, 56-57.

78 However, I remain dubious about Brooks's attempt to discern three distinct stages and types of material in the M tradition; see his summary on pp. 188-191 of *Matthew's Community*. An argument for pre-Matthean tradition in 19:12 that takes a different tack can be found in Francisco Marín, "Un recurso obligado a la tradición presinóptica", *EstBih* 36(1977) 205-216.

79 For Sand(*Reich Gottes*, 66-68) the offensive nature of v 12abc lies not in the use of the word "eunuch" but in Jesus' positive view of voluntary celibacy in a milieu that generally rejected it. Sand interprets the first two clauses("born so... made so by men") in the same metaphorical sense that the third clause has, claiming that the point at issue is not physical inability to have sex or be married but simply the state of being unmarried or being unsuited for marriage. While this is possible, one must admit that this is not the most natural sense of v 12a: "There are eunuchs such as were born so from their mother's womb...." Obviously, everyone is born unmarried or celibate, and for a good number of years everyone usually remains unmarried or at least unsuited for marriage and sex. Sand never makes clear in what sense some men are *born* unsuited for marriage. The most natural sense of v 12a is "unsuited because of some physical defect."

80 See the standard commentaries, e.g., E.-B. Allo, *Première épitre aux Corinthiens*(EBib;

Paris: Gabalda, 1935) 152-194; Hans Conzelmann, *Der erste Brief an die Korinther*(MeyerK 5; Göttingen: Vandenhoeck & Ruprecht, 1969) 138-161; Gordon D. Fee, *The First Epistle to the Corinthians*(NICNT; Grand Rapids: Eerdmans, 1987) 266-357. Strictly speaking, 1 Tim 3:2, 12; 5:9; Tit 1:6 do not belong in this discussion of voluntary virginity or celibacy, since they issue a prohibition of remarriage for certain special Church figures (the bishop, the deacon, the widow) after the death of the first spouse. In the mind of the author of the Pastoral Epistles, remaining unmarried after the death of the first spouse is not voluntary but obligatory for those assuming or holding such "offices."

81 See the standard commentaries on Revelation, e.g., E.-B. Allo, *Saint Jean. L'apocalypse*(EBib; Paris: Gabalda, 1921) 196-197. He rejects the idea that "virgins" is simply a metaphor for the pure of heart or for those who have not let themselves be defiled by idolatry or pagan uncleanness. Nor does it refer first of all to martyrs; the natural sense refers to those who are virgins within the Christian community. Robert H. Mounce(*The Book of Revelation*[NICNT; Grand Rapids: Eerdmans, 1977] 269-271) prefers to take the phrase symbolically as referring to the Church, the virgin bride of Christ, who keeps herself pure from the defiling relationships of the pagan world. A similar view is held by J. P. M. Sweet, *Revelation*(Pelican Commentaries; Philadelphia: Westminster, 1979) 222. The emphasis on males who are not defiled with women and the general context that suggests that a special group within the wider circle of the redeemed is being presented make this otherwise attractive interpretation difficult.

While Elisabeth Schüssler Fiorenza warns against too narrow an understanding of symbolic-poetic language, her interpretation is basically along the lines of Mounce and Sweet(i.e., symbolic rather than literal virginity); see her *The Book of Revelation. Justice and Judgment*(Philadelphia: Fortress, 1985) 181-192. Her concern, however, is more with the social and political context of the imagery. Taking a different approach, Adela Yarbro Collins(*Crisis and Catharsis: The Power of the Apocalypse*[Philadelphia: Westminster, 1984] 129) thinks that the concreteness and specificity of the language argue for a literal understanding, though she would restrict its application to older men who had been married. My own opinion is that the primary reference is to a special group of virgins within the Church; however, for the author, in a very concrete way they "embody" the reality of the virgin bride of Christ.

82 Unease or embarrassment with regard to the metaphor of eunuchs may partially explain why Matt 19:12 is not cited all that frequently in the patristic literature of the first four centuries; see Sand, *Reich Gottes*, 23-27. According to Eusebius(*Ecclesiastical History* 6.8 §1-3—note the very circumspect terminology of the passage!), Origen in his youth took the saying quite literally and castrated himself. In later years, Origen rejected such a literal interpretation and indeed moved to an allegorical interpretation that did not even acknowledge a reference to voluntary celibacy in the last part of the saying. See his *Commentary on Matthew's Gospel 15:1-5* in Erich Klostermann(ed.), *Origenes Werke. Zehnter Band. Origenes Matthäuserklärung*(GCS 40; Leipzig: Hinrichs, 1935), especially the summation on p. 361.

83 Sand(*Reich Gottes*, 50, 74) thinks that 19:12abc may be an authentic saying of Jesus.

He notes that Walter Grundmann and Herbert Braun favor this view, while Ethelbert Stauffer opposes it. Sand is also probably right in claiming that 19:12d("let him who can accept it accept it"), while pre-Matthean tradition, was attached to the eunuch logion secondarily by Matthew.

84 Note the proviso "in some form or other." As with many sayings of Jesus, we are not in a position to fix the exact wording of the original statement—which, indeed, might have been said a number of times in a number of ways. The arguments of embarrassment, discontinuity, and coherence concern the substance of the statement, especially the key idea of making oneself a eunuch for the sake of the kingdom. The exact wording need not be a major issue here.

85 Unfortunately, Phipps does precisely that, spinning out one conjecture after another. One of the most imaginative is that Jesus had married Mary Magdalene during the second decade of his life. She became an adulteress, but Jesus' love for her was unwavering. He pursued a course of reconciliation rather than of divorce, thus bringing her to repentance. His experience with his wife led Jesus to believe that divorce should be opposed(*Was Jesus Married?*, 66-67). Phipps seems to be working under the influence of later Western Church tradition, which in its preaching and liturgy tended to conflate Mary Magdalene with the unnamed sinful woman of Luke 7:36-50. The Eastern Church was on the whole more sober in distinguishing—quite correctly—between Mary Magdalene, Mary of Bethany, and the unnamed sinful woman. Need it be pointed out that male exegetes are all too ready to take for granted, with no basis in the text of Luke 7, that the sin of the sinful woman was prostitution or adultery?

86 As I have argued in Chapter 8, the indirect link Luke forges between Mary and priestly descent (via Elizabeth, 1:5, 36) is part of Luke's redactional work, as he welds together Baptist and Jesus traditions in his Infancy Narrative.

87 Matthew does add the Sadducees to scenes in which they did not originally figure, notably Matt 16:1-12. This is a prime example of his united-front-of-Judaism approach, and perhaps also of his ignorance of who exactly the Sadducees were(note the strange yoking of the Pharisees and Sadducees under the rubric of a supposedly common doctrine in 16:12).

88 Unless one prefers to date Mark before A.D. 70.

89 It was by no means impossible that an individual priest might adhere to the Pharisaic school of thought or learn the technical skills of a scribe. But, on the whole, Pharisaism was a lay spiritual movement, and the profession of scribe tended to be a lay profession.

90 Some other passages in the NT refer to Jesus' voluntary self-offering in terms that conjure up the idea of priesthood. But the term "priest" is never explicitly applied to Jesus in these passages(e.g., Eph 5:2; 1 Tim 2:5-6). When sacrificial terminology is used in the NT of Jesus' death, Jesus is more often presented as the willing victim than the priest of the sacrifice.

91 On this, see John D. Crossan, "The Good Samaritan. Towards a Generic Definition

of Parable", *Semeia* 2(1974) 82-112.

[92] Sean Freyne, *Galilee from Alexander the Great to Hadrian 323 B.C.E. to 135 C.E.* (University of Notre Dame Center for the Study of Judaism and Christianity in Antiquity 5; Wilmington, DE: Glazier; Notre Dame: University of Notre Dame, 1980) 259-297.

[93] With regard to the disputed meaning of Mark 3:21, I accept what seems to be the common view today, namely, that the *hoi par' autou* are the family of Jesus, that they are the subject of the verb *elegon* as well as the verb *exēlthon*, and that Jesus is the understood subject of *exestē*. (1) This is first of all the most natural meaning of the words in view of their order within the two sentences. No other plural subject intervenes between *exēlthon* and *elegon*, and *auton*(referring to Jesus) is the word immediately preceding *elegon gar hoti exestē*. Note also that the *elegon gar hoti* of v 21 is paralleled by the *elegon hoti* of v 22, where the other accusers, the scribes, are clearly the speakers. (2) Especially with regard to the ambiguous *hoi par' autou*, the sense I propose is the only likely meaning within the larger context of Mark's composition in 3:20-35. As often happens in Mark, we have duality(two similar accusations from two groups, *hoi par' autou* and the scribes) and also a chiastically ordered section(A: accusation by *hoi par' autou*, who set out to seize him[vv 20-21]; B: accusation by the scribes[v 22]; B′: Jesus' brusque rejection of the scribes[vv 23-30]; A′: Jesus' brusque rejection of his mother and brothers, who in the meantime have arrived outside the house where Jesus is teaching[vv 31-35]). The neat correspondence of A and A′ identifies the *hoi par' autou* concretely as *hē mētēr autou kai hoi adelphoi autou*(v 31). On all this see Taylor, *The Gospel According to St. Mark*, 236-237; Cranfield, *Mark*, 133-135; Pesch, *Markusevangelium*, 1. 212-213; Mann, *Mark*, 251-252(although he takes the *elegon* to mean "people were saying"). Needless to say, one must not take the exact configuration and details of Mark 3:20-35 and naively retroject all of it back to the historical scene of A.D. 28.

11장

"제십오년에…"

예수 생애의 연대표

독자는 예수 생애의 연대표에[1] 대한 논의가, 예수의 "감추인 세월"을 떠나며 그의 공생활을 탐구할 태세를 갖추고 있는 바로 그 순간에, 책의 이 지점에 놓이는 것에 약간 놀랄 것이다. 하지만 연대표의 논의를 이 지점에 위치시키는 좋은 이유들이 있다. 기본적으로, 역사적 예수에 관한 책에 연대표의 논의가 합리적으로 위치될 수 있는 세 곳이 있다. 이 세 곳은 예수의 생애에 대하여 중요한 연대기적 정보가 직간접적으로 제공되는 복음서들 안의 대략 세 곳에 해당한다. 곧 유아기 담화, 공생활의 시작(특히 루카 안에), 그리고 수난 담화이다. 하지만, 우리가 보게 될 것처럼 유아기 담화 안의 자료는 예수의 생애의 주요한 날짜들을 고정하기 위해 별로 쓸모가 없다. 반면에, 수난 담화까지 연대표의 문제를 미루는 것은 책의 대부분을 시간 공백에 떠돌아다니게 방치할 것이다. 이런 이유로 공생활의 시작 바로 앞에 놓음으로써 연대표의 정식 논의를 3, 1~2의 루카의 선례를 따르는 것이 가장 좋게 보인다.

예수의 생애의 주요한 날짜들이 근사치로 남아 있어야 하는 것은 고대의 역사를 알고 있는 누구도 불안하게 만들어서는 안 된다. 뛰어난 통치자들, 저자들, 그리고 사상가들을 제외하고, 그리스-로마 시대의 중요한 역사적 인물들의 대부분에 대해서 똑같은 것이 사실이다. 실제로, 몇몇 로마 황제들의 생일도 확실하지 않고,[2] 또 우리는 헤로데 안티파스와 본시오 빌라도의 출생과 죽음의 날짜를 전적으로 모른다. 아마 우리는 다작하는 작가요 서방 교회의 가장 위대한 교부 중 하나인 히에로니무스의 출생과 죽음의 날짜들이 여전히 학자들에 의해 논쟁이 되고 있다는 것을 기억함으로써 균형감을 얻을 수 있을 것이다.[3] 이렇게 하여, 우리를 놀라게 해야 하는 것은 예수의 출생, 직무, 그리고 죽음의 날짜들이 상당한 근사치로라도 알려질 수 있다는 것이다.

1. 한계들을 정하기 위한 초기의 조사

다섯 가지 중요한 부분들이 예수의 날짜들에 관한 우리의 추측들 위에, 개략적이기는 하지만, 최초의 한계들을 도입하는 데 도움이 된다. 일단 이 일반적인 한계들이 정해지면, 우리는 더욱 정확하게 되도록 시도할 수 있다.

A. 기본적인 시간 구성: 서기 26~36년

네 복음서(또 그것들 내에서 이른 전승의 다양한 흐름들[4]), 사도행전, 요세푸스, 그리고 타키투스는 모두 예수가 유다의 총독, 본시오 빌라도의 통치 동안에 죽음에 처해졌다는 것에 의견이 일치한다. 이 시기로부터 유다인, 그리스도인, 또는 외교인 사료들 안에 이 문제에 대한 절대적으로 맞설 만한 전승이 없다. 요세푸스 덕분에, 필론, 타키투스, 수에토니우스, 카시우스 디오, 그리고 에우세비우스의 보충하는 정보와 함께, 우리는 빌라도가 서기 26년부터 36년(또는 매우 이른 37년)까지 그의 직책을 맡았다고 추정할 수 있다.[5]

더욱이, 우리는 예수가 빌라도의 재임 기간의 바로 그 끝에 처형되지 않았다는 것을 꽤 확신할 수 있다. 바오로의 서간들과 사도행전의 자료와 더하여 아카이아의 지방 총독 갈리오를 언급하는 델피 비명으로서 이러한 성경 밖의 증거(참조: 사도 18, 12~17)는 바오로의 둘째 선교 여행 중 코린토에 도착(사도 18, 1)이 서기 49~51년 부근에 반드시 일어났다는 것을 결정하는 데 도움을 준다.[6] 예수의 죽음과 서기 50년경 바오로의 코린토 도착 사이에 초기 교회의 역사 안에 일어났어야 하는 모든 사건(예, 팔레스티나에 그리스도교의 전파, 그리스인들의 박해와 흩어짐, 안티오키아에 교회의 설립, 바오로의 회심과 안티오키아에서 교회에 합류하기 전 그의 은둔과 활동의 몇 해들, 그의 선교 여행과 소위 "예루살렘의 공의회")을 우리가 고려할 때 예수의 처형을 서기 36년처럼 늦게 위치시키는 것은 거의 불가능하다.[7] 그것은 빌라도의 장관직 안의 적어도 몇 년 뒤로 밀어져야 한다.

그러므로 예수는 서기 1세기 20년대 말이나 30년대 초의 언젠가 죽었다. 덧붙여, 요세푸스는 흔히 인정된 것으로 간주하지만 루카 3, 1에서 분명하게 말한 견해를, 곧 예수의 전체 직무는 빌라도의 통치 동안에 일어났다는 것을 확인시켜 주는 경향이 있다.[8] 이런 이유로 예수의 전체 직무는 서기 26년과 30년대 초 사이 어느 때에 계속되었다. 이 마지막 요건은 다음 중요한 구절, 루카 3, 1~3로 우리를 데려간다.

B. 시간 구성을 좁힘: 예수는 서기 28년과 33년 사이에 죽었다

예수가 20년대 말경에 활동했다는 인상은 루카 3, 1~2의[9] "동시 발생"에 의해 강조되는데, 거기에서 복음사가는 다양한 통치자들의 다스림을 세례자 요한의 직무 시작과 조화시킨다. "티베리우스 황제의 치세 제십오년[그는 서기 14~37년 유일한 황제로서 다스렸다.], 본시오 빌라도가 유다 총독으로[서기 26~36년], 헤로데[안티파스]가 갈릴래아의 영주로[기원전 4~서기 39년에 다스렸다.],[10] 그의 동생 필리포스가 이투래아와 트리코니티스 지방의 영주로[기원전 4~서기 33/34년에 다스렸다.], 리사니아스가 아빌레네의 영주로 있을 때[날짜 미상], 또 한나스와 카야파가 대사제로 있을 때[카야파는 서기 18~36년에 대사제였다.], 하느님의 말씀이 광야에 있는 즈카르야의 아들 요한에게 내렸다." 빌라도에 대한 언급은 요한의 직무 시작을 서기 26~36년의 십 년 내에 위치시키며 또 예수의 직무는 빌라도가 이미 유다의 장관으로서 취임한 다음에 시작되었다는 것을 가리킨다. 서기 33년이나 34년에 죽은,[11] 필리포스에 대한 언급은 다시 예수가 그의 직무를 빌라도의 재임 기간의 바로 그 끝에 시작하지 않았다는 것을 암시한다. 이것은 우리의 첫째 요건 아래 우리가 보았던 것을 많이 확인시켜주지만, 훨씬 더 멀리 우리를 데려가지 않는다.

티베리우스의 치세 제십오년에 해당하는 것을 우리가 확신할 수 있을 것이라면 우리는 더욱 정확할 수 있을 것이다. 불행하게도, 티베리우스 치세의 해들을 계산하는 여러 방법이 있다.[12] 티베리우스는 서기 12년경부터 로마제국의 주들의 아우구스투스 통치 중에 아우구스투스(곧 옥타비아누스)와 관련되었고 또 아우구스투스가 죽었을 때, 그다음 서기 14년에 당당하게 황제가 되었다. 루카가 사용하고 있었을, 서로 다른 달력들(율리아누스의, 시리아-마케도니아의, 이집트인의, 유다인의)을 감안할 때, 티베리우스의 제십오년은 서기 26과 29년 사이의 어떤 해에 고정될 수 있을 것이다.[13]

그럼에도 불구하고, 루카 3, 1~2의 정보는 예수의 직무의 연대기적 한계들을 확고히 하는 데에 약간의 도움을 우리에게 준다. 우리에게는 적어도 사건들의 명확한 연속이 있다. 곧 티베리우스의 그의 제십오년으로 들어감, 세례자의 직무의 시작, 또 그다음 예수의 직무 시작(아마 세례자가 그의 직무를 시작한 다음 너무 멀지 않게).[14] 더욱이, 공관복음서들 안에 제시된 그림의 최소화된 독해 안에도, 예수의 직무는 1년, 또 마르코는 1년 이상의 직무에 대한 약간의 힌트를 담고 있을 것이다.[15] 연대기적 목적을 위하여 요한의 복음서를 고려한다면—또 나는 반드시 그렇게 되어야 한다고 생각한다.—예수의 직무는, 그 이상은 아니지만, 약 2년에서 3년 계속될 수 있었을 것이다.[16]

어쨌든, 방금 열거한 사건들의 연속—티베리우스의 그의 제십오년으로 들어감(가장 이르게, 서기 26년), 세례자의 그의 공생활 시작, 또 그다음 적어도 1년을 계속했던 예수의 직무의 시작—은 예수가 서기 26년처럼 일찍 처형될 수 있었을 것을 불가능하게 만든다. 이런 이유로, 우리가 예수의 처형을 빌라도의 재임 기간의 끝(서기 36년)에 둘 수 없는 것과 똑같이, 그렇게 우리는 바로 그 시작(서기 26년)에 그것을 둘 수 없다. 그러므로 자료의 피상적인, 처음의 조사로부터도, 28년과 33년 사이 어딘가의 시기가, 그것을 선행하는 대략 1년에서 3년의 직무와 함께, 예수를 위한 죽음의 가장 가능성 있는 날짜로 보인다.

C. 다른 끝에: 예수는 헤로데 대왕의 죽음 얼마 전에 태어났다(기원전 4년)

8장의 유아기에 대한 우리 연구는 복음 전승의 저 구역 안에 왜 진술들이 극도의 주의로 사용되어야 하는지 보여 주었다. 목격자들의 직접적인 증언이 부족하여, 복음사가들과 그들이 사용했던 전승들은 구약성경 예언들과, 그리스도교의 교의의 형식 문구, 그리고 그리스도의 죽음과 부활의 전조들의 도움으로 불충분한 기억들을 연장해야 했다. 하지만 마태오와 루카의 유아기 담화는 서로 독립적이고, 자주 정반대의 방향으로 흐르며, 때로는 서로 모순되고, 구체적인 사실에 대한 가끔의 일치는 중요할 것이다. 예수가 헤로데 대왕의 통치 동안에(기원전 37~4년) 태어났다고 그들이 일치할 때가(마태 2, 1; 루카 1, 5) 그런 경우이다.[17] 이것은 전체로서 예수의 삶에 대한 막연한 한계를 설정한다. 곧 그는 기원전 4년 이후 태어나지 않았고,[18] 그의 직무는 대략 서기 20년대 말 또는 30년대 초에 일어났으며, 또 그는 서기 28과 33년 사이의 어딘가에 십자가에 못 박혔다.

이것을 넘어서, 우리가 더 정확히 예수 출생의 해를 고정할 수 있는가? 결국, 기원전 4년 이후 그가 태어나지 않았다고 말하는 것은 많이 말하는 것이 아니다. 달리 말하면, 우리는 예수의 생애의 길이에 대하여 합리적인 추측을 조심스럽게 말할 수 있는가?

만일 동방박사들에 대한 마태오의 이야기(마태 2, 1~12)가, 게다가 이집트로 여행과 거기서 돌아옴(2, 13~23)이, 기본적으로 역사적인 것으로 받아들여질 수 있다면, 우리는 예수가 기원전 4년에 헤로데의 죽음 오직 몇 년 이전에 태어났다고 가정하는 것에 대한 근거들을 가질 수 있을 것이다. 마태오의 기록에 의하면, 헤로데 임금은 아기 그리스도의 나이를 계산할 수 있기 위하여 별의 나타남의 때에 대하여 신중하게 알아보았다. 그 후에, 동방박사들이 그에게 보고하기 위해 돌아오지 않고 그들 자신의 나라로 돌아갔다는 것을 그가 발견했을 때, 그는 베들레헴과 그 부근의 "두 살과 그 이하" 모든 소년을 죽임으로써 살인적인 "수사망" 안에 아이 그리스도를 붙잡으려고 힘썼다(2, 16). 틀림없이 헤로데는 오류에 대한 여지를 남기기를 바라지 않았다. "두 살"은 아마 가장 나이 많은 아이 그리스도가 가능할 수 있었음을 나타낼 것이다.

헤로데에 의해 계산된 거의 정확한 나이는, 그런 취지로 몇몇 번역들에도 불구하고, 마태오가 결코 동방박사 이야기의 아이 그리스도를 유다인들의 새로 난 임금으로서 제시하지 않았다는(2, 2) 간과된 사실과 흔히 일치한다.[19] 마태오복음서의 2장이 이렇게 하여 주는 인상은 이집트로 여행 때에 한 살에서 두 살 아이의 것이다.[20] 마태오는 아이 그리스도가 헤로데의 죽음 이전에 얼마 동안 이집트에 계속 있었는지 직접적으로 우리에게 말하지 않지만, 복음사가는 그것이 많은 해는 아니었다는 일반적인 인상을 자아낸다. 그는 동방박사들의 방문(2, 11), 이집트로 여행(2, 13), 그리고 헤로데의 죽음 후에 이집트에서 돌아옴(2, 20) 동안 똑같은 약칭 단어 *paidon*("작은 아이")을 사용한다. 마태오의 유아기 담화의 마지막 구절(2, 23)은 베들레헴과 이집트에도 예수의 거주는 매우 짧았고 또 나자렛에서 그의 거주는 매우 길어서 그가 그의 어른 생활 전체를 통해 자연스럽게 "나자렛 사람"으로 알려졌다는 것을 넌지시 나타내는 데 취해질 수 있다. 간단히 말해서, 이 이야기들에 의해 지어진 전반적인 인상은 예수가 헤로데가 죽기 전 몇 해—그러나 많은 해가 아닌—에 태어났다는 것이다.

문헌적인 관점에서 완전히 사실인 이 모든 고찰들로 인한 문제는, 우리가 이미 보았던 것처럼, 동방박사들의 이야기들과 이집트로 여행과 돌아옴의 역사성이 대단히 의심스럽다는 것이다.[21] 여전히, 헤로데의 통치 동안에 예수의 출생에 대한 막연한 기억이 독립적으로 마태오와 루카의 유아기 전승들 안에 보존된 것과 똑같이, 우리는 적어도 예수가 헤로데의 통치의 시작도 아니고 중간도 아니며 오직 끝에 태어났다는 것이 마태오의 유아기 담화 안에 보존된 역사적인 회상담인지 물을 수 있다.

D. 루카 3, 23에서 확인

헤로데의 통치의 끝 무렵에 예수의 출생에 대한 마태오의 배치가 역사적일 것이라는 간접적인 그러나 독립적인 지표가, 예수가 그의 공생활을 시작했을 때,[22] 그는 "서른 살쯤"(*hōsei etōn triakonta*, 루카 3, 23)이었다는 루카의 진술 안에 나온다. 이 진술은 분명히 마태오의 유아기 담화와 독립적이며 또한 확실히 루카의 신학적 계획 안에 큰 역할을 하지 않는 지나가는 언급이다.[23] 이런 이유로 이 "방백"이 기본적으로 예수가 헤로데 왕의 생애의 끝 무렵에 태어났다는 마태오에 의해 지어진 인상을 지원한다는 것은 아주 흥미롭다. 틀림없이, 루카의 진술을 따져 보면서, 우리는 그의 조심스러운 수식 어구 "서른 살쯤"을 진지하게 생각해야 한다. 복음서 전승들의 특성을 감안할 때, "서른"은 오직 "예상치"이다. 그렇지만, 예수의 직무가 서기 27~29년 부근 어딘가에서 시작되었다고 우리가 결정해야 한다면, 루카의 "서른 살쯤에"는 예수의 출생 날짜를 추정하는 데 약간 도움이 될 수 있을 것이다.

만일, 예를 들어, 우리가 서기 28년을 임의적으로 예수의 직무의 시작으로 간주해야 한다면, 그는 적어도 서른한 살이었을 것이다.—또 그것은 그의 출생을 헤로데의 죽음 바로 얼마 이전에 놓기를 요구할 것이다. 그 대신, 헤로데가 죽기 몇 년 전에 예수가 태어났다고 넌지시 말함에 마태오가 어쨌든 정확하다면, 예수가 그의 공생활을 시작했을 때, 서른네 살쯤이었다는 것이 더욱 가능할 것이다. 반면에, 헤로데의 죽음 여러 해 전 출생은 예수를 그의 직무의 시작에 사십이나 오십 살에 놓을 것이며 또 루카의 3, 23의 언급을 걷잡을 수 없이 부정확하게 만들 것이다. 마태 2장과 루카 3, 23의 연관성은 예수가 기원전 4년 이전 몇 년, 그러나 오직 몇 년 이전에—비록 확실하지는 않지만—태어났다는 것을 가능한 것으로 만든다.[24]

E. 요한 8, 57과 2, 20에서 일반적인 개요의 확인

만일 마태오와 루카의 독립적인 전승들의 융합으로부터 결론을 끌어내는 것이 합리적이라면, 요한의 독립적인 전승이 예수의 연대표에 더 많은 빛을 비출 수 있는지 우리는 또한 올바르게 물을 수 있을 것이다. 실제로, 수난 담화 이외에(우리는 이를 아래에서 공부할 것이다.), 요한계의 전승은 그의 직무 동안 예수의 정확한 날짜와 나이에 대하여 말할 새로운 것이 없으며, 지금까지 우리 조사의 일반적인 결과들에 대한 그다지 대단하지 않은 확인을 제공한다. 공생활에서 두 구절(요한 8, 57과 2, 20), 둘 다 예루살렘의 예수의 적대자들 입안에 놓인 모욕하는 수사학적 질문들은 공관복음서들에서 모은 몇몇 연대기적 자료와 일치한다. 당연히 예수와 그의 적들 간의 속사포 대화는 예루살렘에 역사적 예수의 방문 동안 정확히 일어났던 것의 비디오테이프 재생으로 간주해서는 안 된다. 그러나 요한계 전승 안에 여러 번 일어나는 것처럼, 역사적인 정보의 덩어리는, 그 마지막 형태로, 분명히 복음사가에게서 오는 대화나 담론 안에 박혀 있을 것이다.

1. 요한 8, 57

요한 8, 57에서, "그 유다인들"(곧 예루살렘의 예수의 적대자들)은 아브라함이 예수의 "날"을 바라보고 기뻐했다는 예수의 주장(56절)에 응답한다. "그 유다인들"은 반대 이유를 댄다. "당신은 아직 쉰 살도 되지 않았는데 아브라함을 보았다는 말이오?" 분명히, 아브라함이 예수의 날을 보았다는 주장은 복음사가의 선재 그리스도론의 반영이며 또 역사적인 예수에게 거의 돌려질 수 없다. 그러나 예수가 아직 쉰 살도 되지 않았다는 반대는 무엇인가? 적어도, 그것은 복음사가, 또 짐작컨대 그의 전승이 그의 공생활 동안 예수의 나이에 대하여 생각했다는 것을 우리에게 이야기한다.

얼핏 보기에, 유다인들의 반대는 예수가 그의 사십 살에, 실제로 아마 그의 사십대 말엽에, 있다는 것을 암시하는 것으로 보인다. 우리는 보통 삼십대의 남자에게, "당신은 아직 쉰 살도 되지 않았소." 하고 말하지 않는 경향이 있다. 시간 제한은 그저 맞지 않을 것이다. 우리는 당연히 그 대신 그 사람이 아직 이르지 않은 다음 십 년을 말할 것이다. 실제로, 이레네우스는 한편 예수가 세례를 받았을 때 꼭 삼십 이하였지만, 요한 8, 57이 말해질 때 그는 이미 쉰 살이었다고 주장할 이런 종류의 추론을 사용했다 (*Adv. Haer.* 2.22.6).[25] 이런 이유로 이레네우스에게 있어서, 예수의 직무는 십 년 이상 지속되었다.

그러나 이것은 그 수사학 문맥 밖에서 구절을 해석하는 주된 본보기이다. 요한 8, 57은 7장과 8장의 전체(초막절 동안 논쟁들)가 그것을 향해 가고 있었던 신학적 및 극적인 절정 바로 이전에 온다. 곧 "나는 아브라함이 태어나기 전부터 있었다"(8, 58). 8장의 이후의 부분에서 갈수록 더, 예수는 아브라함의 참된 (영적) 자녀들이며 하느님의 참된 자녀들이라는 "유다인들"의 주장을 공격했다. 대신에, 하느님은 유다인들의 아버지가 아니라 오직 예수의 아버지라고 선언된다. 그러므로 누구든지 예수의 말을 지키면, 그는 결코 죽지 않을 것이다(51절).

유다인들은 아브라함도 예언자들도 죽음을 겪었다고 반대 이유를 댄다 (52절). 예수는 자신을 그들의 아버지 아브라함보다 더 훌륭하게 만드는가 (53절)? 7장의 시작부터 끓어 왔던 질문이 이렇게 하여 완전히 끓는다. "당신은 누구로 자처하는 것이오?" 예수는 먼저 "자신을 어떤 사람으로 만들"거나 자신의 영광을 구하지 않는다고 주장한다. 오히려, 그의 아버지 하느님이 그에게 영광을 주신다(54절). 그다음 예수는 아브라함에 관한 유다인들의 질문으로 돌아가 아브라함이 예수의 "날"을 보고 기뻐하였다고 주장한다. 유다인들이 예수는 아직 쉰 살도 되지 않았다고 반대하자, 예수는 복음서의 머리글에 먼저 나왔던 있음과 됨 간의 반대를 요약하는 자기 계시의 형식 문구로 대답한다. "아브라함이 존재하기(*genesthai*) 전부터 나는 있다(*egō eimi*)." 아브라함의 지상 생활의 짧은 기간과 대조되어 신성과 영원한, 변함없는 존재에 대한 이 노골적인 주장을 직면하며, 유다인들은 신성모독으로 예수에게 돌을 던지려고 힘쓴다(59절).

이 극적인 절정에 비추어 볼 때, 56절과 58절 사이에 끼워 넣어진 57절의 역할은 더 분명해진다. 유다인들은, 극단적으로 격노하여 또 신성모독으로 예수를 처형하려 시도하려는 찰나에, 예수가 속하는 삶의 정확한 10년을 고정하려 시도하는 것에 거의 관심이 없다. 예수 안에서 말씀의 육화를 어떻게든 미리 보았던, 아브라함을 다시 바라보는, 56절의 광대하고, 광범위한 연대표와 아브라함과 이스라엘의 역사를 포함하여, 예수를 모든 시간과 역사 위에 놓는, "나는 있다"라는 엄숙한 진술 사이에 엮여, 그 유다인들은 자신을 무수한 세기들의 면에서 말하는 이 선생은 나이가 반세기도 이르지 않았다는 조롱하는 어조로 반박한다.[26] 숫자 쉰은 인간 삶의 맥락으로 충분히 길지만, 아브라함과 자신에 관하여 예수의 어마어마한 주장들과 비교하여 믿을 수 없을 정도로 짧고 하찮은(불과 반세기), 대략적인 숫자로 정확히 선택된 것으로 보인다.[27]

요한 7~8장의 주장과 반론의 줄과 마찬가지로 8장의 끝에 폭발하는 붉게 달아오른 논쟁을 감안하면, 8, 57의 "쉰 살"은 예수의 막대한, 너무나 놀라운 주장들을 강력하게 배척하는 대략적이지만 대단하지 않은 숫자로 가장 잘 고려된다. 그 숫자는, 다른 모든 연대기적 구절들이 그의 공생활 동안 예수를 쉰 살 이하에 놓는 한, 우리가 보았던 모든 것과 일치한다. 그러나 요한 8, 57을 정확히 예수가 얼마나 많이 쉰 살 아래였는지 고정하기 위해 사용하는 것은 더 넓은 맥락의 수사학과 논쟁을 간과하는 것일 수 있다.[28]

2. 요한 2, 20

적어도 처음 읽기에, 더욱 유망한 구절은 요한 2, 20이며, 거기에, 파스카 축제 동안, "유다인들"은 "이 성전을 허물어라. 그러면 내가 사흘 안에 다시 세우겠다."(19절)라는 예수의 도전을 방금 들었다. 그들은 20절에서 반대 이유를 댄다. "이 성전을 마흔여섯 해나 걸려 지었는데[또는 "was", *oikodomēthē*], 당신이 사흘 안에 다시 세우겠다는 말이오?" 얼핏 보기에, 예수의 직무의 첫째 파스카에서 시기를 추정할 수 있는, 이 정확한 언급은 추정을 위한 확고한 기초를 우리에게 제공한다. 하지만, 우리가 이 구절을 더욱 주의 깊게 조사하자마자 여러 문제가 생긴다.

첫째, 부정 과거분사 *oikodomēthē*("지었다", "지어졌다", 또는 "지어지는 과정에 있었다")의 정확한 힘은 무엇인가? 그것은 실제로 과거에 많은 시간을 통하여 연장된 한 사건을 마치 그것이 단 하나의 지나간 행동이었던 것처럼 보는, "복합 부정 과거"인가?[29] 그렇지 않으면, 말하는 사람들이 성전을 짓는 활동을 최근에 완성된 또는 아직도 계속되는 것으로 상상하는 가능성을 열어 놓는, 과거나 현재의 의미로 여기 우리에게 부정 과거가 있는가?[30]

당연히, 우리가 문제가 어떤 종류의 부정 과거 *oikodomēthē*인지 대답하려고 힘쓸 때, 중요한 고려 사항은 헤로데의 성전 재건의 실제적인 날짜이다. 불행하게도, 이 날짜의 문제는 요세푸스의 글들의 분명한 반박들에 의해 복잡하게 되었다. 요세푸스는 그의 *Jewish Antiquities*(15.11.1 §380)에서 헤로데의 18년(곧 기원전 20~19년)에 재건되었다고 말한다. 그렇지만 그의 *Jewish War*(1.21.1 §401)에서 성전은 헤로데의 15년(곧 기원전 23~22년)에 복원되었다고 주장한다. 쉬러는 사실상 *Antiquities*(기원전 20~19년) 안의 날짜의 정확함을 주장하며, 또 피네간과 브라운도 그의 해결책을 따른다.[31] 피네간이 지적하는 것처럼, 더 많은 복잡성은 요세푸스가 *naos*(참된 성전 건물, 오직 사제들에게만 접근 가능한 내부 성전)에서 *hieron*(전체 성전 구내)을 어떤 대목에서 구별하는지 또 어떤 대목에서 그가 *naos*를 전체 성전 구내에 대하여 느슨하게 사용하는지 우리가 또한 결정해야 한다는 것이다.[32] 똑같은 질문이 요한 2, 20의 *naos*에 대하여 물어져야 한다.

이 모든 혼란스러운 변동이 심한 것들과 함께, 요한 2, 20의 여러 해석들이 가능하다. 단 셋을 말하자면, (1) 부정 과거는 성전 건축의 과정이 예수의 시대에 계속되고 있다는 의미로 간주될 수 있을 것이다. 이것은 브라운의 해석이며, 또 그것의 선호로 몇몇 부수적인 건축 활동이 성전 구내에서 서기 1세기 60년대에 계속되었다는 사실이 있다.[33] 이런 이유로 브라운은 요한 2, 20의 장면 날짜를 서기 27~28년, 또는 더욱 정확하게 28년의 파스카로 추측한다.[34]

(2) 한편 피네간은 건축의 계속되는 과정의 견해는 동사의 가능한 의미라는 것을 인정하면서, *oikodomēthē*의 엄격한 부정 과거를 강조하기를 선호한다. 곧 건축하는 행동은 오래전에 완결되었다. 연대기적 진술의 의미는

오히려 이렇다. "이 성전은 마흔여섯 해나 서 있었다."[35] 피네간은 요한의 복음서는 *naos*(좁은 의미로 성전)와 *hieron*(넓은 의미로 성전 구내) 간에 구별을 말한다고 계속해서 강조한다. 실제로, 요한 2, 19~21은 거기 *naos*가 사용된 넷째 복음서 안의 유일한 대목이다. 다른 곳에서 요한은 항상 *hieron*을 사용하며 또 분명히 그것으로 전체 성전 복합 건물을 의미한다. 이런 이유로 요한 2, 20은, *naos*의 그 특이한 사용으로, 성전 자체를 특별하게 하려는 것으로 보인다.[36] 이것은 피네간에게 있어서 중심이 되는 요건이다. 한편 사제들이 *naos*의 건축을 헤로데가 전체 *hieron*의 건축을 시작했던 똑같은 때에 *naos*를 건축하기 시작했지만(대략 기원전 19년), 사제들은 그들의 일을 기원전 17년에 마쳤다고 그는 계산하기 때문이다.[37] 만일 마흔여섯 해가 그 날짜부터 포괄적으로 계산되었다면, 요한 2, 20 안의 장면은 서기 29년에 놓일 수 있을 것이다.

(3) 피네간은 또한 또 다른 가능성을 지적한다. 만일 그 대신 마흔여섯 해가 *naos*의 완성에 뒤따르는 역년(曆年)으로 계산된다면, 그 장면의 날짜는 서기 30년이 될 수 있을 것이다. 어쨌든, 우리는 그리스어 구절과 달력 계산들에 신중한 주의와 함께라도, 요한 2장 안의 장면은 서기 28년에서 30년까지 어디에나 위치될 수 있을 것을 안다.

이 모든 고찰들을 넘어서라도, 예수의 생애의 정확한 날짜를 고정하기 위해 요한 2, 20을 사용하기에 또 다른 주요한 장애가 있다. 사료와 편집비평의 관점에서, 요한 2, 13~22의 성전의 "정화" 이야기는 그때 역사적 예수가 실제로 성전을 "정화했던" 정확한 해를 그 위에 계산하기에 불확실한 근거이다. 잘 알려진 것처럼, 공관복음서들은 성전의 정화를 공생활의 끝에 파스카 바로 전에 놓지만(예, 마르 11장), 반면에 요한은 직무의 시작에 가까운 파스카에 그것을 놓는다(요한 2장). 한편 이전 저자들은 이 기록을 두 정화가 있었다고 상상함으로써 이 기록들을 조화시키려고 힘썼고, 또 몇몇 학자들은 요한의 연대표를 선호하지만,[38] 대부분의 비평가는 신학적 또 문학적 목적들 때문에 요한이나 전승이 정화를 직무의 시작으로 일부러 뒤로 옮겼다고 주장한다(예, 전체 직무를 예수의 죽음과 부활의 그림자 아래 두기 위해, 또는 예수를 처형하려는 음모의 직접적인 이유로

서 라자로의 되살림을 위한 여지를 만들기 위해).[39]

만일 성전의 정화가 요한 안에 옮겨 놓아진 것이 사실이라면, 또 더욱이 만일 예수의 직무가 2~3년간 계속되었다는 요한의 말을 우리가 받아들여야 한다면, 우리에게는 물을 것이 남아 있다. 곧 "사십육 년"이란 구절은 어떤 날짜를 말하는가? 우리는 그것을 요한계의 전승 안에 그 원래의 곳, 곧 예수의 직무의 끝이었던 것에 따라 계산해야 하는가, 또는 복음사가가 정화를 몇 년 뒤 직무의 시작으로 그의 옮김에 대하여 보상하기 위해 20절("마흔여섯")에서 주요한 숫자를 바꾸었는가?[40]

요한 2, 20의 연구가 밝혀내는 모든 물음표를 감안할 때, 나의 견해는 예수 직무의 처음 파스카에 대한 정확한 날짜를 고정하기 위해 요한 2, 20을 사용할 수 없다는 것이다. 기껏해야, 우리는 요한 2, 20이 서기 27~30년 즈음 어딘가에서 일어났던 예수의 직무와 잘 맞는다고 말할 수 있다.

그러므로 적어도, 요한계의 대목들은 공관복음서들의 일반적인 묘사에 독립적 지지를 제공한다. 요한 8, 57은 예수가 그의 직무 동안 오십 살 이하였다는 그것들과 일치한다. 그리고 더 큰 맥락을 감안하면, 그 절은 그가 오십 살에 가까웠다는 것을 가리킬 필요는 없다. 요한 2, 20은, 한편 우리에게 정확한 날짜를 제공하기에 너무 많은 문제로 우리를 괴롭혔지만, 서기 27~30년 즈음을 예수의 직무의 일반적인 기간으로 확인시켜 준다.

F. 예비적 결론

요컨대, 신약성경 안의 주요한 연대기적 지표들에 대한 간단한 조사는 다음 가설들에 대하여 높은 정도의 개연성을 제공한다. (1) 예수는 그의 전체 직무를 실행했고 그다음 본시오 빌라도가 유다의 총독이었을 동안(서기 26~36년) 십자가형을 겪었다. (2) 그의 직무는 서기 28년과 29년 어딘가에 시작되었고, 적어도 일 년 넘게 또 아마 삼 년 몇 개월 동안 연장되었으며, 그리고 28과 33년 어딘가에 그의 처형으로 끝마쳤다. (3) 예수는 헤로데 대왕의 통치 동안에(기원전 37~4년) 태어났고, 또 약간의 암시들은 그가 헤로데의 통치의 그 시작이나 그 중간 해들보다는 오히려 끝 즈음에 태어났다는 것을 가능성 있게 만든다. 이런 이유로 예수는 아마 그의 직무의 시작 때 그의 이른 삼십 년대에 그리고 그 결말 때 삼십 년대 중간에서 말기에 있었을 것이다.

그리스-로마 역사의 변방의 인물에 대하여, 이 연대기적 한계들은 놀랄 만하게 좋으며, 또 아마 그것들은 우리가 바랄 수 있는 최선의 것일 수 있다. 물론, 우리가 이미 조사한 몇몇 대목들의 더 자세한 검토는, 다른 연대기적 언급들에 덧붙여, 이 그림을 더 선명하게 하도록 우리를 도와줄 것이다.

2. 더욱 정확하려는 시도

만일 우리가, 예수의 직무와 죽음이 일어났던, 서기 27~33년의 "통로"에 대하여 더욱 정확하기를 바란다면, 유용한 것으로 입증될 수 있는 정보의 두 사료가 있을 뿐이다. 곧 (1) 루카 3, 1~2의 대조 역사 연표(특히, 티베리우스의 치하 제십오년)와 (2) 네 복음서의 수난 담화 내의 다양한 시간 표지들이다.

A. 티베리우스의 제십오년

우리가 루카 3, 1~2의 대조 역사 연표를 더 자세히 바라보면서, 우리는 먼저 그것의 신학적 및 문학적 역할의 진가를 알아보아야 한다. 신학적으로, 루카는 그의 그리스-로마의 독자들에게 외견상 보잘것없는 예수의 공생활의 사건들이 역사의 진보와 실로 중심이 되는 순간에 속하며, 그 역사는 그리스도 안에서 이민족들과 유다인들도 받아들이려고 손을 뻗었다는 인상을 남기기를 바란다. 이런 이유로 루카는 요한과 예수의 직무의 장엄한 시작을[41] 전체 로마 세계의 한 황제와 팔레스티나에 가까운 또는 그 안의 많은 중요치 않은 통치자들과도 접촉시킨다. 문학적인 관점에서 보면, 루카는 그의 작업의 중요한 부분의 시작을 장황한 도미문(掉尾文)으로 표시한다(참조: 루카 1, 1~4; 사도 1, 1~5). 그의 교양 있는 독자에게 말하기 위해 그리스-로마의 역사 기록학의 유형과 양식을 사용하면서, 루카는 투키디테스(*History of the Peloponnesian War* 2.2.1), 폴리비우스(*Histories* 1.3.1~2),[42] 그리고 요세푸스(*Ant.* 18.4.6 §106)의 책들 안의 문학적인 병행들을 가진 대조 역사 연표를 사용하며, 한편 동시에 구약성경 묘사와 예언(예, 이사 1, 1; 예레 1, 1~3; 참조: 1마카 1, 10)의 관습과 연결을 유지한다.[43]

이 신학적 및 문학적 관심사는 섞여 있으며 또 서로 싸움을 붙여서는 안 된다. 세례자의 직무가 시작된 정확한 해를 지정하도록 루카를 움직이는 것은 역사 안의 예수의 자리에 대한 그의 신학적 관심이다. 루카가 가능한 한 정확하기를 바라는 것은 티베리우스의 통치 안의 한 특별한 해를 밝힘에서 분명하다. 그는 빌라도와 안티파스의 다스림에 대해 그가 여기서 하는 것처럼, 또 다른 곳에서 "임금 헤로데의 시대"(1, 5) 또는 퀴리누스가 시리아의 총독으로 있을 때에 아우구스투스 황제가 칙령을 내렸을 시대(2, 1~2)에 대해 하는 것처럼, 티베리우스의 통치에 대해 막연하게 말할 수 있었을 것이다. 루카는 그 대신 티베리우스의 제십오년을 명시하기 위해 노력한다. 물론, 루카는 옳거나 잘못할 수 있지만, 그의 연대기적 정보에서 정확히 하려는 그의 의도는 확실하다.[44] 재임 기간에 대해 다른 모든 언급이 오직 일반적인 기간을 따르기 때문에(예, 26년에서 36년까지 빌라도의 총독직), 루카가 우리에게 제공하는 어떤 정확한 정보도 티베리우스의 제십오년 위에 그의 분명히 의도된 초점으로 바뀌어야 한다.[45]

위에서 언급한 것처럼, 왜 "티베리우스의 제십오년"이, 서기 26년과 36년 사이의 어떤 해를 말할 가능성이 있는, 애매한 표시인지 여러 이유가 있다. 다행하게도, 애매함의 모든 이유들이 똑같이 무겁지 않으며, 또 몇몇은 안전하게 제외될 수 있다.

(1) 우리가 보았던 것처럼, 티베리우스는 아우구스투스가 죽기 전에 후자와 몇 해 동안 "공동 섭정"을 하였다. 한편 로마제국의 주들에 대한 이 연합 통치의 시작은 때로는 서기 11년 또는 13년이 시기로 정해졌지만, 십중팔구 12년일 것이다. 여러 이전 학자들은, 아마(Armagh)의 대주교 제

임스 어셔(James Ussher, 1581~1656년)의 지도를 따르면서, 이 공동 섭정의 때로부터 티베리우스의 제십오년을 계산하였고 또 그러므로 26년 또는 27년의 날짜에 이르렀다.[46] I. H. 마셜(I. H. Marshall)과 해럴드 회너(Harold W. Hoehner)도 주목하는 것처럼, 이 접근법은 오늘날 주로 버려졌는데, 티베리우스의 통치의 해들을 계산하는 이러한 방법은 고대의 역사적 문서들이나 주화들 안에도 아무 근거가 없기 때문이며, 그로 인해 티베리우스가 아우구스투스의 죽음부터 그의 통치의 첫해라고 생각했던 증거가 풍부하다.[47] 말할 것도 없이, 티베리우스의 통치의 해들을 계산하는 모든 주요한 로마의 역사가들—즉 타키투스, 수에토니우스, 그리고 카시우스 디오—은 아우구스투스의 죽음의 해인, 서기 14년부터 계산을 한다. 한편 이 모든 저자들이—나의 견해에—루카 이후에 글을 썼지만, 계산의 이러한 방식에 그들의 의견 일치는 정해진 관습을 보여 준다. 아마, 그리스-로마의 역사 기록학의 관습을 따르기 위해 노력하는 데에 열중하고 있는, 루카는 일반적으로 받아들여진 것을 넘어서 티베리우스의 해들을 생각하는 전례가 없는 방법을 선택하지 않았을 것이다.[48]

(2) 이런 이유로 루카가 제십오년을 서기 14년부터 생각하고 있으며—고대 세계에서 흔했던 것처럼—포괄적인 계산(곧 셈에서 연속의 양쪽 끝에 있는 해들을 포함하는)을 사용하고 있을 개연성이 있다. 이것은 가능성을 좁히지만, 여러 변수가 여전히 작동하기 시작한다.

예를 들어, 아우구스투스가 14년 9월 19일에 죽었지만, 그러나 티베리우스는 14년 9월 17일까지 후임자가 되도록 선출되지 않았다. 어떤 날짜부터 티베리우스의 해들이 되어야 하는가? 그때 역시, 루카는 9월/10월부터 다음 새해의 날까지 첫 즉위 해("비즉위 연도 제도")로서 시기를 셈할 수 있었을 것이며, 또는 즉위 해들(즉위 연도 제도)에 대한 그의 셈에서 저 부분적 해를 제외할 수 있었을 것이다. 그러나 그때, 새해가 루카의 "마음의 달력" 안에 언제 일어났는가? 몇 개의 달력들이 서기 1세기의 지중해 세계에 여전히 사용되고 있었다. 비교적 새로운 율리우스력은 새해의 날을 1월 1일에 두었지만, 유다인의 음력은 니산달(3월이나 4월 어딘가에 생기는)의 첫날로 시작했으며, 반면에 시리아-마케도니아력은 10월 1일 그리고 이집트력은 9월 29일에 시작했다.

이 모든 변수를 마주하며, 루카 3, 1~2의 정보의 사료들이 무엇이든지, 대조 역사 연표는 루카의 창조적 편집 산물이라는 것을 기억하는 것이 우리에게 도움이 된다.[49] 나의 견해로는, 교육을 받은 이방인 그리스도교인, 루카는 그의 두 권 작품을 아마 그리스나 소아시아, 또는 그의 복음적인 서사시가 끝나는, 로마에서 작성했을 것이다.[50] 어쨌든, 그는 분명히 야심적인 문학적 창작품을, 루카 1, 3과 사도 1, 1의 "존귀하신 테오필로"에 담긴, 교양 있는 그리스-로마의 청중을 목표로 하고 있다.[51] 이런 이유로 그리스도 사건을 그리스-로마 역사와 묶으려 의도된 이 엄숙한 대조 역사 연표의 시작에, 그가 유다인력이나 이집트력을 사용할 가능성은 없을 것으로 보인다.[52] 더 가능성 있는 것들은 다음과 같다.

(a) 루카는 단순히 티베리우스의 사실상의 즉위 해들을 셈했다. 곧 첫해는 14년 8월 19일, 15년 8월 18일까지, 기타 등등이었다. 제십오년은 28년 8월 19일부터 29년 8월 18일까지 걸쳤을 것이다.

(b) 루카는 율리우스력을 사용하였고, 시기를 14년 8월 29일부터 14년 12월 31일까지(비즉위 연도 제도), 티베리우스의 통치의 첫해로 셈했다. 둘째 해는 15년 1월 1일부터 12월 31까지 그리고 기타 등등 걸쳤다. 제십오년은 28년 1월 1일부터 12월 31일까지 걸쳤을 것이다.

(c) 루카는 율리우스력을 사용했지만 그러나 15년 1월 1일 이전 시기를 티베리우스의 통치의 별개의 해로 셈하지 않았다("즉위 연도 제도"). 이 경우에, 제십오년은 29년 1월 1일부터 12월 31일까지 걸쳤을 것이다.[53]

(d) 루카는 또한 시리아-마케도니아력을 사용할 수 있었을 것이다. 비즉위 연도 제도에서, 제십오년은 27년 10월 1일부터 28년 9월 30일까지 걸쳤고, 즉위 연도 제도에서는 28년 10월 1일부터 29년 9월 30일까지 걸쳤을 것이다.[54]

우리가 추정하는 이 방법들 중 어떤 것이 루카에 의해 사용되었는지 확인할 수 있는 길이 없다. 위에 나열된 주요한 가능성들을 살피면서, 우리는 티베리우스의 제십오년이 적어도 서기 27, 28, 또는 29년의 일부를 포함할 수 있었다는 것을 안다. 흥미롭게도, 계산의 다양한 방법의 대부분은, 전체는 아닐지라도, 제십오년에 속하는 것으로서 서기 28년의 적어도 일부를 포함한다. 실제로, 만일 루카가 율리우스력과 계산하는 비즉위 연도 제도를 사용했다면, 서기 28년은 정확히 티베리우스의 제십오년과 일치한다. 이런 이유로, 편의상 또 최종적이 아닌, 전제적 판단으로서, 나는 서기 28년을 그해에 요한이 그의 직무를 시작했고 또 예수에게 세례를 준 해로 받아들인다.[55] 비록 계산이 조금 빗나간다고 하더라도, 그것은 많이 빗나가지 않는데, 유일한 다른 진지한 후보들이 27년이나 29년이기 때문이다.[56]

공적인 장면에 요한과 예수의 출현의 시기에 대한 추정상의 판단에 이른 다음, 우리는 이제 예수의 직무의 다른 끝으로 반드시 돌아가 최후의 만찬과 십자가형의 날짜들에 대하여 물어야 한다.

B. 예수의 최후 만찬과 십자가형의 날짜들

만일 우리가 예수가 죽은 정확한 해를 정할 수 있을 것이면, 우리는 그의 직무의 길이를 계산하기 위한 훨씬 더 견고한 근거를 갖게 될 것이다. 불행하게도, 예수 십자가형의 해에 대한 계산은 어려움들로 가득하며, 그 대부분은 최후의 만찬과 십자가형의 날짜에 대한 공관복음서들과 요한 간의 불일치에서 생긴다. 많은 혼란스러운 질문들을 대면하여, 우리는 하나씩, 더 분명한 것부터 덜 분명한 것으로, 나아가는 것이 좋을 것이다.[57]

1. 주간의 날들

수난 연대표에 이를 때, 네 복음서는 중요한 것, 곧 그때 예수가 그의 최후의 식사를 그의 제자들과 함께 거행하고 그다음 죽음에 처해졌던 주간의 날들에 일치한다. 모든 복음서는 최후 만찬을 목요일 저녁에, 또 십자가형, 죽음, 그리고 장례를 해가 지기 전 금요일에 둔다. 실제로, 복음서 구절들에서 주간의 이날들을 확고히 하는 데에, 우리는 뒤로 물러나야만 하는데, 복음서들 모두가 어떻게든 예수의 십자가형 다음 날이 유다인의 안식일, 곧 토요일이었다고 진술하기 때문이다.

실로, 놀라울 정도로 확실한 방식으로, 마르코는 예수의 장례 이야기를 15, 42에 명시함으로써 진행한다. "이미 저녁때가 되어 있었다. 그날[곧 예수의 죽음의 날]은 준비일[*paraskeuē*] 곧 안식일 전날[*prosabbaton*]이었으므로…."[58] 이런 이유로, 마르코에 의하면, 예수는 금요일에 십자가에 못 박혔고, 또 예수의 죽음 이전 저녁에 가진, 최후의 만찬은 목요일에 일어났다.[59]

마태오는 똑같은 기본적인 개요를 가지지만, 그러나 예수의 장례의 담화 후에(27, 57~61) 무덤에 세워 둔 경비병들의 이야기를 덧붙임의 결과로 (27, 62~66) 그것을 더욱 "장황한" 방식으로 표현한다. 장례 이야기의 시작에, 마태오는 이야기의 마르코 버전 안에 있는 언급, 곧 "저녁때가 되자"를 오직 처음으로 취한다. 그다음, 따라오는 구절에, 경비병들이 무덤에 배치된 날이 길고 복잡한 방식으로 "이튿날 곧 준비일[*paraskeuē*] 다음 날에"라고 묘사된다. 이 이상한 구절에 의해 마태오는 분명히 안식일을 의미한다. 우리는 그 자신이 대사제들, 바리사이들, 그리고 빌라도 간에 엄숙한 파스카 주간에 부적절하게 사건이 일어나는 것의 사실 같지 않음을 깨닫기 때문에 그가 "안식일"을 말하는 이런 대단히 난해한 방식을 사용할지 이상하게 생각한다. 어쨌든, 마태오는 예수가 금요일에 죽었고 또 최후의 만찬을 목요일 저녁에 거행했다고 마르코와 의견이 일치한다.

루카는 똑같은 기본적인 시나리오를, 그럼에도 아마 더욱 추론에 의해, 제시한다. 예수가 묻힌 후에, 충실한 여자들이 향료와 향유를 준비하고 그다음 "안식일에는 계명에 따라" 쉰다(23, 56). "그러나 주간 첫날 새벽 일찍이 그 여자들은 준비한 향료를 가지고 무덤으로 갔다"(24, 1). 여자들은 향료를 준비한 다음 안식일이 끼어들지 않았다면 곧바로 몸에 기름을 바르러 나아갔을 것이 당연한 추론이다. 독자는 거의 자동적으로 장례를 둘러싸는 사건들—또, 실제로, 루카 22, 66("날이 밝자", *kai hōs egeneto hēmera*) 이후 이야기한 모든 발생하는 것—은 금요일에 두어야 한다. 거꾸로 셈을 하면, 우리는 여자들이 주일에 무덤에 갔고, 토요일에 쉬었으며, 또 금요일에 예수가 처형되었고 무덤에 묻힌 것을 본다. 따라서 이전의 저녁의 최후의 만찬은 목요일에 일어났다.

흥미롭게도, 비록 마태오도 또 루카도 그들의 수난 담화의 기본적인 사료로 가지고 있지만,[60] 그들은 날들 가운데 시간 관계성을 서로 다른 방법으로 표현하며 또 담화 안에 서로 다른 점들 위에 놓는다. 어쨌든, 날들의 연속을 표시하는 서로 다른 방법에도 불구하고, 그것이 수난 연대표 안의 주간의 날들을 밝히는 데에 이를 때 이 세 모든 공관복음서 안의 최종 결과는 똑같다.

요한은 이 점에 있어서 특히 중요한데, 그가 독립적인 수난 전승을 나타내기 때문이다.[61] 예수의 죽음 후에 그의 옆구리를 찌르는 이야기를 말하기 시작하자 곧바로, 요한은 왜 유다인들은 시체들이 십자가 위에 하룻밤 동안 남아 있기를 바라지 않는지 설명한다. 십자가형의 날은 준비의 날(*paraskeuē*, 마르코와 마태오 안의 똑같은 말)이었기 때문에, 안식일에 시체가 십자가들 위에 남아 있지 않도록, 서두를 필요가 있었다(19, 31). 똑같은 요건이 가까운 동산에서 서두른 장례에 대한 언급과 함께 만들어진다. "그날은 유다인들의 준비일(*paraskeuēn*)이었고 또 무덤이 가까이 있었으므로, 그들은 예수님을 그곳에 모셨다"(19, 42).[62] 다음 구절에서 우리는 "주간 첫날에" 마리아 막달레나가 무덤에 왔다(20, 1)는 말을 듣는다. 따라서 요한은 전날 밤 목요일에 일어난 이별 만찬과 함께 예수의 죽음의 날은 금요일이었다고 간접적으로 가리킨다. 이렇게 하여, 그들의 많은 연대기적 다름에도 불구하고, 마르코와 요한의 수난 전승들은 예수가 제자들과 함께 목요일 밤에 최후 만찬을 가졌고 금요일에 죽었다는 것에 일치한다. 이 결과들은 아무 논쟁이 필요하지 않을 만큼 매우 평범하게 보인다. 그러나 우리가 곧 보게 될 것처럼, 어떤 이들은 공관계와 요한계의 수난의 연대표 간에 분명한 반대 다리를 놓기 위해 그것들을 반박한다.

2. 유다인력에 따라 니산달 안의 날짜들

공관계와 요한계의 연대표 간의 선명한 차이점과 충돌하게 되는 것은 우리가 운명적인 목요일과 금요일의 날짜들을 명시하려고 힘쓸 때이다.

차이점을 이해하기 위해, 우리는 반드시 먼저 파스카에 대한 유다인력을 바라보아야 한다. 예수 시대에 "주류" 유다인들에 의해[63] 해석된 것처럼 탈출 12장의 법에 의하면, 파스카 어린양들은 니산달(3월/4월) 십사일에 예루살렘 성전에서 도살되었다. 탈출 12, 6은 어린양들의 죽임은 "두 저녁 사이에" 일어나야 한다고 지시하는데, 이는 아마 원래 "저녁 어스름 동안"을 의미할 것이다. 하지만, 서기 1세기에, 요세푸스에 의하면(*J.W.* 6.9.3 §423), 희생은 오후 3시에서 5시 사이에 일어났지만, 그래도 니산달의 14일이 금요일에 해당했을 때 시간은 약간 앞당겨졌을 것이다.[64] 탈출 12, 8은 파스카 어린양들을 "그 밤에" 먹도록 계속 지시하는데, 이는 문맥상 어린양들이 살해된 그날의 일몰 후를 반드시 의미한다. 이제, 예수의 시대에 전례적 날들을 계산하는 유다인의 방식에 따라, 일몰은 새로운 날의 시작, 니산달 15일, 파스카 당일을 표시하였을 것이다. 전례적 날들에 대한 이런 유형의 계산은 이미 구약성경에 증언되었으며(예, 속죄의 날에 대하여 레위 23, 27. 32)[65] 또 *Book of Jubilees* 49:1(기원전 2세기에 쓰인)에 파스카에 대하여 명확히 적용되었다. "주님께서 파스카에 대하여 너희에게 명령하신 명령들을 기억하여, 너희가 그것을 그 시간에, 첫째 달[니산]의 제십오일에 지키도록 하며, 저녁이 되기 전에 그것을 제물로 바치고 또 그로써 해 질 녘의 시간부터 십오일째 저녁에 밤 동안 먹을 수 있도록 하라."[66]

이제 우리는 공관계와 요한계의 연대표들 사이의 다른 점을 알아볼 자리에 있다. 공관복음서들은 최후 만찬을 목요일 저녁의 파스카 음식으로 나타낸다(특별히 식사 준비의 이야기 안에, 마르 14, 12~17 병행들; 또한 루카 22, 15). 이런 이유로 식사의 준비 이야기는 반드시 목요일 낮에 일어나야 하며, 이는 파스카 어린양들이 살해되던(그렇게 마르 14, 12; 루카 22, 7) 니산달 제십사일이다. 일몰 후 저녁에 개최된 파스카 식사(마르 14, 20~30 병행들)는, 니산달 제십오일, 파스카 당일이 시작되었을 때 일어났을 것이다. 그러므로 공관복음서들에 의하면, 예수의 잡힘, 재판, 십자가형, 죽음, 그리고 장례는 (해 질 녘까지) 니산달 제십오일, 파스카 당일이었던 금요일에 일어났다. 따라온 안식일은 니산달 제십육일이었다.

요한은 우리에게 서로 다른 연대표를 제시한다. 요한의 담화 안의 아무것도 최후 만찬을 파스카 식사로 지정하지 않지만, 그럼에도 식사는 아주 분명하게 목요일과 금요일 사이 저녁에 일어난다. 실로, 요한이 말하는 것은 그 뒤에 최후 만찬이, 그의 눈에, 파스카 식사였다고 말하기 불가능하게 한다. 금요일 아침 일찍(*prōi*, 요한 18, 28) 유다인 당국자들은 예수를 카야파에게서 총독 관저, 예루살렘의 빌라도의 거주지로 데리고 간다. 28절은 계속한다. "그들 자신[곧 유다인 당국자들]은 몸이 더러워질까 봐 총독 관저 안으로 들어가지 않았다. 오히려 [그들은 밖에 머물렀고 법적으로 깨끗하게 머물렀다.] 그로 인해 그들은 파스카를 먹을 수 있게 되었다." 여기 사용된 구절, *phagein to pascha*("파스카를 먹다")는 공관복음서들에 의해 최후 만찬 때 이루어져야 했던 것을 묘사하기 위해 사용된 바로 그것이다(마르 14, 12; 마태 26, 17; 루카 22, 8. 15). 분명히, 요한의 추정에, 파스카 식사는 아직 거행되지 않았다.

요한은 그의 입장을 빌라도 앞 재판의 절정에서 명백하게 한다. 빌라도가 그의 판결을 하려고 재판정의 그의 자리에 앉아마자 곧바로, 요한은 청중에게 작은 소리로 말한다. "이제 그날은 파스카 준비일[*paraskeuē tou pascha*]이었다(19, 14)."[67] 그러므로, 요한의 추정으로, 목요일은 일몰까지 니산달의 제십삼일이었다. 최후 만찬은 니산달의 제십사일이 시작되었을 때 개최되었고 그러므로 파스카 식사는 아니었다. 예수는 일몰까지인 니산달 제십사일 금요일에 십자가형을 당했고, 죽었고, 또 묻혔다. 또 파스카 날은 니산달 제십오일이 시작되면서, 금요일 일몰에 파스카 식사와 함께 시작되었다. 곧바로 볼 수 있는 것처럼, 요한에 의하면, 예수의 죽음의 저 운명적인 해에, 파스카 날은 안식일과 일치했다. 이것은 요한이 안식일이 시작하기 전에 십자가들에서 시체들을 치우도록 유다인들의 특별한 관심을 강조하는 이유일 것인데, "그 안식일은 큰 축일이었기 때문이다"(19, 31).[68] 곧 그 안식일은 특별히 성대한 날이었다.[69]

그러므로 첫 해독으로, 공관계와 요한계 연대표들 사이에 가망 없는 모순이 있는 것으로 보인다. 둘 다 최후 만찬을 목요일 저녁에 또 예수의 죽음을 일몰 전 금요일에 두지만, 그것들은 두 날의 날짜를 정하기에 일치하지 않는다. 공관복음서들에 있어서, 목요일에 최후 만찬은 파스카 식사였고 또 그러므로 예수는 파스카 날(니산달의 제십오일)이었던 금요일에 죽었다. 요한에게 있어서, 최후 만찬은 파스카 식사가 아니었다. 예수는 니산달의 제십사일이었던 금요일에 죽었고, 그날은 그해에 파스카를 위하여 또 안식일을 위하여도 모두 준비일이었다. 그해에, 두 의식은 니산달의 제십오일이었던 토요일에 동시에 일어났다.

이 연대표들은 어떻게 조화될 수 있는가?—또는 그것들은 조화되어야 하는가?

3. 공관계와 요한계의 연대표들을 조화시키려는 시도들

다양한 학자들이 여러 이유로 공관계와 요한계 연대표들을 조화시키려고 힘썼다. 몇몇 신학자들은 하느님의 계시를 가장 작은 역사적 지리적 세부 사항과 순진하게 동일시한다. 다른 이들은, 더욱 역사적 취향과 함께, 복음서들이 다른 고대의 역사적 문서들처럼 신뢰할 수 있다는 것을 보여 주기를 바란다. 정확한 이유가 무엇이든지, 조화에서 시도들은 보통 공관 복음서들과 요한 둘 다 옳다는 것을 보여 주는 어떤 이론으로—서로 다른 방법으로—압축시킨다. 그것들은 단순히 서로 다른 유다인력 또는 계산의 방식들에 따라 파스카의 날짜를 계산하고 있다.

(a) 옛날 해결책 중에 가장 잘 알려진 것은 헤르만 스트라크(Hermann L. Strack)와 폴 빌러베크(Paul Billerbeck)에 의해 만들어진 신약성경에 대한 거대한 "라삐계" 주석서에 명시된 것이었다. 장황한 여담에서, 빌러베크는, 예수의 죽음의 해에, 사두가이들과 바리사이들이 니산달이 언제 시작되었는지 또 그러므로 어떤 날에 파스카(니산달 제십오일)가 시작되었는지에 대해 일치하지 않았다는 이론을 채택했다.[70] 어느 편도 다른 편에게 이길 수 없었기 때문에, 그들은 파스카 어린양들이 목요일과 금요일 모두에 살해되게 함으로써 타협을 했다. 바리사이들은 (또 그들과 함께 예수는) 목요일을 니산달의 제십사일로 계산했고 그러므로 파스카 식사를 목요일 저녁에 거행했다. 사두가이들은 그 대신 금요일을 니산달의 제십사일로 계산했고, 또 그러므로 파스카 식사를 안식일이 시작되었을 때 거행했다. 거의 모든 이러한 조화시키는 해결들에 영향을 미치는 여러 문제 외에, 빌러베크의 제안에 가장 큰 반대는 단순한 신학적인 격언이다. 곧 거저 주장된 것은 거저 부인될 수 있다. 바리사이들과 사두가이 그룹 간의 불일

치에 대하여 그의 학문적인 논문들은 보에투시안(역주: 사두가이의 한 파)들을[71] 파스카 주간 동안 곡식단을 봉헌하는 적당한 날에 불렀기 때문에, 빌러베크는 파스카 어린양들의 어떤 두 날 살해가 예수의 시대 동안에 예루살렘에서 일어났다고 증명할 수 없다.[72]

(b) 빌러베크의 이론을 반박한 다음, S. 독스(S. Dockx)가 똑같은 기본적인 구분의 단순히 다른 버전을 제공하는 것은 이상하다. 곧 몇몇 유다인들은 예루살렘에서 한 방법으로 계산되는 파스카에 대해서 제시하고, 반면에 다른 유다인들은 또한 예루살렘에서 다른 방식으로 계산되는 것을 제시한다. 독스는, 예수가 죽었던 해에, 갈릴래아인들과 유다인들 간에 제십사일이 떨어진 날에 관하여 불일치가 생겼다고 제시한다.[73] 어느 편인가 하면, 독스의 이론은 빌러베크의 이론보다 한결 더 근거 없어 보인다. 그것은 그 시대의 역사적인 기록들 안에 아무 근거가 없다.[74]

(c) 이렇게 하여, 빌러베크와 독스 모두의 접근법들의 주요한 약점은 그것들이 예수의 시대에 유다교의 구체적인 역사에 닻을 내리지 않았다는 것이다. 아니 조베르(Annie Jaubert)는 그 시대의 구체적인 역사적 실제에 호소함으로써 이 약점을 극복하려고 힘쓴다. 곧 양력은 *Book of Jubilees*와 쿰란에서 분명히 밝힌다.[75] 조베르는 이 달력은 주요한 축일들을 영구적으로 주간의 특별한 날들 위에 두었던 고풍적인 사제적 달력을 나타낸다고 제시한다. 예를 들어, 파스카는 항상 수요일에 해당하였다.[76] 조베르는 그 다음 이 달력과 초기 그리스도교 전례 안에 반영된 달력 간에 연결을 설정하려고 힘쓴다. 그녀는 특히 최후 만찬을 화요일 저녁에 거행된 것으로 제시하는 3세기 *Didascalia apostolorum* 안의 전승을 강조한다.[77]

이 모든 것으로부터 조베르는, 옛 사제적 달력에 따라 파스카가 수요일에 해당하면서, 예수가 파스카 식사를 화요일 저녁에 지냈다고 근본적인 결론을 맺는다. 예수는 화요일과 수요일 사이의 밤 동안에 체포되었다. 화요일 밤, 수요일, 목요일, 그리고 금요일 아침에 다양한 청문회들과 심문들 후에, 그는 예루살렘 성전의 공식적인 음력에 따라, 니산달 제십사일, 파스카의 저녁이었던, 금요일에 처형되었다.[78] 이렇게 하여, 공관복음서들은 옛 사제적 달력을 반영했던 초기의 전승을 보존했다. 요한은, 예루살렘 성전에서 거행되었던 것처럼 유다인 축제들에 대한 예수의 대체에 그의 관심과 함께, 최후의 식사와 예수의 죽음을 공적인 달력을 따라 묘사한다.[79] 조베르의 견해에, 예수의 체포를 화요일 저녁에 두는 것은 공관복음서들과 요한 모두 안에 일어났다고 묘사되는 모든 청문회 그리고/또는 심문들을 위해 더 많은 시간을 만드는 덧붙여진 이점을 가진다.

조베르의 이론은 대단한 학식을 보이며 그 자체를 1세기 팔레스티나의 구체적인 실제들 위에 기반을 두려고 힘쓴다. 그럼에도 불구하고 그것 역시 극복하기 어려운 곤란들을 겪는다.

(1) 우리는 왜 예수가 유다교의 주요한 축제들을 위하여 분파적인 또는 특별히 쿰란의 달력을 사용했어야 하는지에 대한 적절한 설명을 결코 받지 못한다.[80] 이 책에서 이후에 보게 될 것처럼, 예수가 쿰란 공동체나 에세네파의 더 큰 그룹의 회원이었다고 생각하기 위한 확실한 이유가 없다. 율법의 좋은 점들에 대한 그의 자유분방한 태도는 쿰란의 법적인 극단주의자들에게 가장 소중한 모든 것에 180도로 반대되어 선다.[81]

(2) 더욱 특별히, 복음서들이 예수를 유다교의 공적인 지도자들과 상호작용 안에 제시할 때, 그것은 항상 예루살렘 당국자들 또는 그들의 대표들과 함께이며, 쿰란의 반당국자들과는 결코 아니다. 우리가 마르코에 설명된 예수의 예루살렘으로 한 번의 여행을 받아들이든지 또는 요한에 설명된 예루살렘 성전으로 많은 여행을 역사적인 것으로 받아들이든지, 예수가 주요한 유다인 축제들을 지내기 위해 가는 것은, 쿰란이 아니라 예루살렘이다. 그것이 축제를 곧바로 앞서는 날들 동안이거나(공관복음서들 안의 파스카를 위하여 그렇게) 또는 축제 자체 동안이라도(요한 7~8장의 초막절을 위하여 그렇게), 예수는 예루살렘 성전에서 활동한다.

이 일반적 맥락을 감안하면, 공관복음서들 안의 최후 만찬 준비의 이야기를 일반적으로 다른 유다인들이 또 특별히 성전 당국자들이 또한 그것을 지내고 있었을 날에 파스카의 거행과 다른 것을 가리키는 것으로 해독하기는 어렵다. 결국, 예수의 성전 지역에서 공적인 활동의 날들 후에 그것이 그렇게 나오는, 마르 14, 12 "무교절 첫날 곧 그들이 파스카 양을 희생하는 관례가 있는[*ethyon*] 날에"의 당연한 의미는 무엇인가? 관례적 행동에 대하여, 동사 *ethyon*의 미완료 시제, 더하여 동사 안에 포함된 표현되지 않은 주어, "그들"을 주목하라. 이름으로 언급도 되지 않을 정도로 그렇게 당연하게 고려된 이 "그들"은 정확히 누구이며, 또 그들은 어디서 파스카 어린양들의 의식적 희생을 관례상의 일로 행하였는가? 성전 안에 또 성전 주위에 설정된, 이전 장들의 전체 문학적 문맥을 감안하면, 달리 언급되지 않은 쿰란 사람들을 복음서와 이 특별한 구절로 갑자기 도입하는 것은 극도로 임의적이다.—예수와 그의 제자들을 희생하는 사제들로 만드는 것은 말할 것도 없다! 구절의 당연한 의미는 "성전 사제들이 [또 성전에 그들과 함께 있는 유다인들이] 파스카 어린양을 희생하는 데 익숙했다."이다. 조베르는 이 구절이 그녀의 이론에 얼마나 손상을 주는지 깨닫지만, 그녀가 할 수 있는 모든 것은 그것이 어떤 "주석자"에게서 온다고 근거 없이 상상하는 것이다(그렇지 않으면 설명되지 않는, 연대가 알려지지 않는, 또 밝혀지지 않는).[82] 그녀는 예수가 파스카 어린양 없이, 그러나 누룩 없는 빵을 포함하는 파스카 식사를 가졌다고 제시하는 데로 전락한다![83]

분명히 조베르는 주석을 크게 증가시켜야 하였을 것인데, 왜냐하면 그녀의 이론에 대한 똑같은 반대를 마르 14, 12에 대한 루카의 편집적 형식 안에서 우리가 만나기 때문이다. "파스카 양을 희생해야 하는 무교절 날이 왔다"(루카 22, 7). 그의 유아기 담화로부터 계속해서, 루카는 예루살렘 성전 안에 중심을 둔 또 거기서 다스리는 사제 당국자들에 의해 실천되는 것으로 모세의 율법을 완성하는 유다인의 독실함을 강조해 왔다(예, 루카 1, 5~23; 2, 22~24). 22, 7에서 그는 다시 율법을 따라 해야 할(*edei*) 일에 대한 이 주제를 취한다.[84] 이 지점에서 갑자기 성전을 반대하는 쿰란의 전례적 법에 순종할 필요성을 도입하는 것은 그의 복음서 전체를 통하여 루카의 전체 설명 앞에서 달아난다.

예루살렘 성전과 그 전례와 예수의 연관은, 이는 공관복음서들 안에서도 어느 정도 분명한데, 넷째 복음서 안에서 매우 과도하게 분명해진다. 가장 확연한 예로 요한은 다른 모든 사람이 축일에 올라간 후에 바로 초막절에 올라가는 것으로 예수를 설명한다(요한 7, 1~10). 분명히 축제의 시작 때 "조용히 지낸" 다음, 예수는 축제 주간 동안 중간에(7, 14) 또다시 축제의 마지막 날에(7, 37), 초막절을 지내면서 유다인들의 무리가 있을 때—분명히 성전에서 사용된 음력에 따라—성전에서 가르치고 토론을 하기 위해 나아간다.

하지만, 조베르는 전체 유다인의 전통을 손짓 하나로, 그러나 아무 자세한 논의 없이 완전히 없앤다. 우리는 왜 그런지 알 수 있다. 만일, 넷째 복음서에서 일찍, 다른 유다인들이 그것들을 준수하는 똑같은 때에 예수의 예루살렘 성전에서 축제들의 준수가 기본적으로 역사적인 것으로서 있게 한다면, 예루살렘에서 그의 마지막 파스카 준수가 그의 정해진 관습에서 벗어날 것이라고 생각할 아무 좋은 이유가 없다.

이런 이유로, 비록 요한의 복음서가 (그 마지막 형태로) 최후 만찬에 다섯 장—서로 다른 전승의 지층들에서 오는 복음서 자료의 다양한 형식들로 채워진 장들—을 쓰지만 식사가 파스카 식사인 것으로 생각되거나 생각되었다는 분명한 말이 아무 데도 없다. 최후 만찬을 비파스카 식사로 탈바꿈했던 것은 단순히 복음사가의 편집적 개입이 아니었다. 그것은 요한계 전승 안의 어느 단계에도 파스카 식사가 아니었다.[85]

주안점으로 돌아가서, 그것들의 모든 다른 점들에도 불구하고, 이전의 또 예수의 마지막 파스카를 포함하는 날들에 대한 공관계나 요한계의 설명도, 그의 삶의 마지막 날들 동안, 그가 상호작용을 했던 유일한 유다교의 전례적 중심인, 예루살렘 성전의 달력과 다른 어떤 달력을 예수가 지키고 있었다는 아주 경미한 인상을 만들지 않는다.

(3) 조베르의 접근법 안의 큰 약점은, 한편 그녀가 공관복음서들의 파스카 식사로서 최후 만찬 설명의 정당성을 입증하려고 힘쓰면서, 그녀는 동시에 공관복음서들이 주간 날들의 그들의 연대표에 관하여 잘못이 있다는 것을 주장해야 한다는 것이다. 곧 식사는 역사적으로 목요일이 아니라 화요일 저녁에 일어났고, 또 예수는 화요일 밤에 잡혔다. 이런 이유로 예수의 체포를 음모하기 위해 유다인 당국자들의 모임을 "파스카 이틀 전"(14, 1)에 놓을 때, 마르코는 또한 잘못해야 한다. 마르코가 파스카를 금요일에 두기 때문에, 당국자들의 모임은 마르코의 생각에 수요일에 일어난다(또는, 가능하기는, 포괄적인 계산에 의해 목요일에). 예수를 넘겨주려는 유다

의 제안은, 이는 이 모임을 따라오는데, 짐작컨대 수요일 늦게나 목요일에 일찍 일어난다. 그렇지만, 조베르에 의하면, 예수는 화요일 밤에 잡혔다. 이렇게 하여, 조베르 안의 마르코의 잘못들은, 단순히 최후 만찬이 개최된 그날보다 훨씬 더 많은 것을 포함한다.

요컨대, 공관복음서들과 요한의 최후 만찬과 십자가형의 연대를 정함에서 벗어남을 설명하려는 그녀의 노력에서, 조베르는 복음서들의 역사적인 신빙성에 대하여 극도로 이상한 입장으로 끝맺는다. 실제로, (1) 공관복음서들과 요한은 그것들이 불일치할 때 둘 다 옳다. 곧 서로 다른 달력들 덕분에, 최후 만찬은 파스카 식사였고(공관복음서들), 그러나 파스카는 예수가 죽은 다음 날에 경축하려 하고 있었다(요한). 그렇지만 (2) 공관복음서들과 요한은 최후 만찬과 예수의 체포가 목요일 저녁에 일어났다고 그들이 일치할 때 둘 다 잘못이다. 그들이 불일치할 때 모두 옳으며, 그들이 일치할 때 모두 잘못이다. 이것은 수난 연대표의 비평적인 연구를 완전히 뒤바꾸는 것이며 또 분명한 자료를 어리둥절하게 하는 이론으로 희생하는 것이다.[86]

공관복음서와 요한의 상이한 수난 연대표를 조화시키려는 또는 화해시키려는 전형적인 시도들의 이 조사 후에 더 슬프지만 더 현명하게, 우리는 이러한 조화시킴들은 좋은 의도를 갖고 있지만 한 가지 분명한 사실을 피하려고 억지로 만든 계책이라고 결론 내린다. 곧 공관복음서들과 요한은 파스카 식사로서 최후 만찬의 특성과 예수의 죽음의 날짜(니산달의 제십사일 또는 제십오일?)에 대하여 직접적으로 일치하지 않는다. 실존주의자들이 끊임없이 주장한 것처럼, 선택하려고 힘쓰지 않는 것은 이미 잘못된 선택을 한 것이다. 이제 우리는 반드시 선택을 해야 한다.

4. 공관복음서들과 요한의 수난 연대표 간에 선택하기

두 연대표 간의 선택은 분명하거나 쉬운 것이라고 주장하는 것은 어리석을 것이다. 위대한 학자들은 두 입장을 변호하였고 또 계속 변호한다. 예를 들어, 요아힘 예레미아스는 파스카 식사로서 최후 만찬의 열정적인 투사였고 요제프 블린츨러와 레이먼드 브라운은 수난의 요한계 연대표를 받아들임을 위한 무게 있는 논증들을 제기했다.[87] 때로 양쪽 편의 논증들은 서로를 상쇄하는 경향이 있다. 평소에는, 개연성의 균형이 매우 좋게 억제되어야 한다. 몇몇 비평가들의 추론은 순환적인 것 같다. 그러나 우리 자료들의 부족을 감안하면, 이러한 논증들 안의 순환성은 어느 정도 피할 수 없을 것이다. 바랄 수 있는 가장 좋은 것은 가능한 시나리오 중 어느 것이 가장 개연성이 있는지 묻는 것이다. 결국, 여러 고려들은 가장 가능성 있는 것으로 요한계 연대표의 기본적인 개요를 선호하도록 나를 이끈다.

(1) 한편 예레미아스는 숙련된 기량과 라삐계 전통들의 방대한 지식을 보여 주지만, 우리는 그의 전반적인 접근법 안의 어떤 불안감을 피할 수 없다. 구약성경, 쿰란, 필론, 그리고 요세푸스는 이르고도 또 늦은 라삐계 자료와 함께 자유롭게 함께 섞여 있다. 때로는 라삐계 자료가 그것이 예레미아스의 입장을 지원하는지 또는 하지 않는지의 근거 위에 예수의 시대에 적용할 수 있는지 적용할 수 없는지 선언되는 것으로 보인다. 복음서 구절들이 예레미아스가 바랐던 해석에 자체를 빌려주지 않을 때, 그리스어(이것은 그리스어로서 완전한 의미를 말한다.)가 어떤 알려질 수 없고 조정할 수 없는 아람어 원문의 잘못된 번역이라는 말을 우리는 듣게 된다. —복음서들에 대한 예레미아스의 접근법 안에서 흔히 볼 수 있는 탈출구. 때로는 복음서들은 단순히 읽히도록 자율적인 책들로 다루어지지 않으며 그것들 자체의 용어로 해석된다.

(2) 라삐계 자료와 유다인의 문제들에 대한 큰 지식과 함께, 예레미아스는 공관계 설명 안에, 얼핏 보기에 있을 것 같지 않은 어떤 사건들이 파스카 날에 실제로 일어날 수 있다는 것을 보여 줄 수 있다. 예를 들면, 그는 범죄자가 축제일에 처형되는 것이 불가능하지 않았으며,[88] 또, 물론, 예수의 경우에 처형을 수행한 사람들은 유다인 당국자들이 아니라 로마인들이었다고 지적한다.

하지만, 몇몇 사건들은 단순히 그렇게 쉽게 잘 해명될 수 없다. 예레미아스의 능숙한 자료 구사력에도 불구하고, 그는 예수 시대에 예루살렘에서 최고 유다인 당국자들이 사형 죄에 의심을 받는 사람을 체포하고, 곧바로 그 소송(사형에 해당하는 소송)을 청문하기 위해 산헤드린의 회의를 소집하며, 증인들과 함께 형식적인 심문을 하고, 범죄자가 죽어 마땅하다는 결정에 이르며,[89] 같은 날에 처형을 위한 요구와 함께 이방인 당국자들에게 범죄자를 넘겨줄 공산을 그는 실제로 수립할 수 없다.–모두 밤과 파스카 날, 니산달 제십오일의 이른 낮 시간들 내에! 그렇지만 이것은 공관계의 수난 연대표와 유다인의 "과정"의 설명이 기본적으로 요구하는 것이다. 그에 반해서, 니산달의 제십사일의 시작에 예수의 체포와 밤 시간 동안–반면에 그것 자체의 문제들이 없지 않지만–몇몇 유다인 공직자들 앞에서의 더욱 비형식적인 "청문"에 대한 그의 설명은 역사적으로 사실 같지 않음의 똑같은 엄청난 무거움 아래 시달리지 않는다.[90]

(3) 이 일반적인 판단은 양식 및 편집 비평의 통찰력에 의해 지원된다. 아주 흥미로운 사실은, 만일 마르코의 수난기가 추측컨대 전승의 이차적 수준이나 마르코 자신의 편집 활동에서 오는, 두 대목을 잘라 내면, 나머지 수난기는 최후 만찬이 파스카 식사였거나 예수가 파스카 날에 죽었다는 아무 말도 포함하지 않는다는 것이다.

양쪽 모두 마르코의 수난 연대표의 전달자들인, 문제의 두 대목은 전체 수난 담화(마르 14, 1a)와 최후 만찬 준비 이야기(14, 12~16)를 도입하는 반 구절이다. 14, 1a의 경우에, 많은 비평가는 선험적으로 복음서의 주요한 부분의 도입하는 구절이 추측컨대 저자에게서 나온다고 생각하는 경향이 있을 것이다. 우리 경우에 더욱 특별하게, 14, 1a의 단어 선택은 마르코에 의한 작문의 이론을 선호한다. "파스카와 무교절 (축제의) 이틀 전이었다"라는 표현은 "마르코의 이중성", 곧 둘째 구절은 첫째 것에 더 큰 특수함을 제공하면서, 상황을 두 번 말하는 마르코의 경향과 잘 맞는다. 프란스 네이링크는 마르코의 이중성을 좋아함은 특히 시간적인 표현에서 보인다고 지적했으며, 또 그는 마르 14, 1(마찬가지로 14, 12)을 그의 실례들 가운데에 포함시킨다.[91] 물론, 도입하는 구절이 이전-마르코의 수난 담화를 형성하기 위해 수난 전승의 다양한 단위가 처음 합쳐졌을 때 작성되었을 가능성도 있다. 어느 쪽이든, 14, 1a은 전승의 이차적 또는 편집적 단계에서 나온다.[92]

더 중요한 것으로, 마르 14, 1a 자체는 기껏해야 막연한 시간 지표이다.

"파스카와 무교절 (축제의) 이틀 전이었다"는 포괄적인 추산이 사용되었거나 그렇지 않았거나에 따라, 파스카 이전 하루나 이틀을 표시할 수 있었다. 비록 여전히 약간 혼란스럽지만, 의미가 더 명확하게 되는 것은 오직 마르 14, 1a이 마르 14, 12의 더 정확한 시간 지표와 연결될 때뿐이다. "무교절 첫날 곧 파스카 어린양을 잡는 날에 제자들이 예수님께 물었다…." 마르 14, 12은 분명히 우리를 사제들이 성전에서 파스카 어린양을 잡았던 니산 달 제십사일에 놓는다. 이것은 따라오는 것과 함께 완전한 의미를 말한다. 곧 예수가 파스카 식사를 위하여 알맞은 이층 방을 사용할 수 있게 해주는 예루살렘 사람 집 주인에게 가라고 두 제자에게 지시하는 이야기이다(12~16절). 그때, 괄목할 만한 점은, 14, 1a도 약간 애매하기 때문에, 최후 만찬을 파스카 식사로 분명히 말하는 것은 오직 14, 12~16뿐이라는 것이다. 일단 식사의 담화가 시작되자, 그 세 구절(배반의 예언, 17~21절; 성체성사의 제정, 22~26절; 그리고 베드로의 부인에 대한 예언과 함께, 겟세마니로 가는 도중에 전환의 구절, 26~31절) 중 아무것도 우리가 최후 만찬을 파스카 식사로 고려하도록 요구하는 어떤 요소를 포함하지 않는다. 실제로 14, 1+12~16 없이, 이 식사가 파스카 식사로 간주된다고 여겨졌다는 것이 독자의 마음속에 결코 스쳐 가지 않았을 것이다.

그렇다면, 식사의 파스카 특성에 대해 가장 충실한 요아힘 예레미아스마저, 식사의 준비에 대한 마르코의 이야기(14, 12~16)가 예레미아스가 사실로 상정하는 수난 담화의 네 단계의 가장 최근의 것으로 생각한다는 것은 매우 중요하다.[93] 그런데 사실상, 예레미아스 자신은 최후 만찬을 파스카 식사로 분명히 말하는 유일한 구절은 복음서 전승 안에서 늦은 발전이라고 인정한다. 더욱이, 예레미아스의 추론의 모든 것을 반드시 따라가지 않는 비평가들도 14, 12~16은 이전의 수난 전승들 안으로 삽입된 이후의 발전이라고 생각한다. 에두아르트 슈바이처는 특히 이 입장에 대해 근거가 확실한 이유를 제공한다.[94]

늦든 편집적이든 마찬가지로, 나의 견해에, 루카 22, 15~16은, 식사가 시작될 때 예수에 의해 말해진다. "내가 고난을 겪기 전에 너희와 함께 이 파스카 음식을 먹기를 간절히 바랐다. 내가 너희에게 말한다. 파스카 축제가 하느님의 나라에서 다 이루어질 때까지 이 파스카 음식을 다시는 먹지 않겠다." 그 엄밀한 의미로 보아, 이 어록은 (가장 좋은 비평적 본문에 따라)[95] 예수가 고난을 겪고 죽기 전에 그 앞에 있는 파스카 음식을 먹지 않을 것을 뜻할 것이다. 실제로, 예수가 그 앞에 있는 음식을 이미 먹기 시작했던 것을 전제하면서, 그것의 의미는 "나는 …때까지 그것을 다시 먹지 않을 것이다."일 가능성이 더 크다.[96]

더 중요한 것은, 우리가 여기에 독립적인, 이른 루카의 전승보다는 오히려 마르코의 성체성사적 담화의 재작업, 확장, 그리고 도치를 가질 가능성이 있다고 나는 생각한다.[97] 마르코에게는 그가 하느님의 나라에서 새로 마실 때까지(14, 25) 포도 열매로 만든 것을 더 이상(*ouketi*) 마시지 않겠다고 말하는 외마디가 따라오는 그의 두 성체성사적 형식 문구(14, 22~24)가 있다. 구절의 시작 쪽으로 마시지 않는 것에 대한 진술을 옮김으로써(루카 22, 17~18) 또 파스카 음식을 먹는 것에 대한 병행하는 말과 함께 그것에 균형을 맞춤으로써(22, 15~16) 루카는 개정했고 어록의 이 연속물과 더 큰 균형을 맞추었다.[98] 재작업을 한 자료는 이 결론을 정당화하기 위해 루카의 어휘, 문체, 그리고 신학의 충분한 말들을 포함한다.

이 모든 루카의 편집 결과는 빵과 포도주 위에 제정의 두 말이 따라오는, 어떤 일상적인 음식을 먹지 않음과 마시지 않음에 대한 두 말의 깔끔한 양식이다.[99] 그러나 비록 우리가 15~16절에서 특별한 루카의 전승을 보는 저 주석자들의 견해를 선호한다고 하더라도, 우리는 이 구절들이 오히려 최후 만찬에 대한 초기 그리스도교 반영보다 최후 만찬에서 예수의 정확한 말들을 반영한다는 입장에 이르기 위해 길고 거의 정당화되지 않는 도약을 해야 한다.

(4) 일단 공관계 수난 담화들이 파스카에 대한 그 늦은 또는 편집적 언급들을 빼앗긴다면, 우리는 근원적인 공관계 전승 안의 최후 만찬이 요한의 복음서의 최후 만찬이 그런 것보다 더 이상 파스카 식사가 아니라는 것을 깨닫는다. 실제로, 우리가 그것에 대하여 생각하기를 멈출 때, 요한의 복음서의 증언은 그 자체로 고려될 때 꽤 괄목할 만하다. 거의 모든 편집 비평가들이 일치할 것처럼, 요한계의 최후 만찬의 담화와 장황

한 고별 담론을 소중히 간직하는, 요한 13~17장은, 공관계 구절들(배반의 예언, 베드로의 부인 예고, 봉사에 대한 권고)과 병행하는 초기 자료부터, 복음사가에게서 오는 고별 담론의 형식(기본적으로 요한 14장), 마지막 편집자에게서 오는 고별 담론의 형식들(요한 15~17장)에 이르기까지 요한계 전승의 많은 서로 다른 층들을 보존한다. 주목할 만한 것은, 이 많은 층으로 된, 장황한 자료 전체를 통하여, 파스카 식사로서 최후 만찬에 대한 전승의 흔적이 없다는 것이다.[100] 전체 요한계 전승은, 일찍부터 늦게까지, 식사의 비파스카 특징에 대한 초기 공관계 전승과 완전히 일치한다.

(5) 예레미아스는 공관계와 요한계 수난 담화 모두의 다양한 세부 사항은 오직 최후 만찬이 파스카 식사였을 때만 의미가 있다는 것과 식사의 파스카 특성에 대한 분명한 반대들은 무효하다는 것을 보여 주려고 장황하게 계속한다.[101] 실제로, 그는 요한의 담화의 관점들은 넷째 복음서 안의 파스카 식사를 입증한다고 주장하기도 한다.[102] 하지만, 그의 많은 논증의 뿌리에는 한 가지 근본적인 약점이 있다. 예레미아스는 기본적으로 양자택일의 명제를 제기한다. 곧 각각 (1) 그 종교적인 과시적 요소와 함께, 어떤 종류의 성대한 유다인의 의식적 식사(특히 파스카 식사),[103] 또는 (2) 큰 격식, 정성을 들인 종교적 형식 문구와 찬미가, 포도주를 마심, 식탁에 기댐, 저녁 환경, 그리고 개최지 예루살렘에 의해 표시되지 않았을 평범한 일상적인 식사. 문제는 예레미아스가 잘못된 이분법을 제시하고 있다는 것이다.[104]

또 다른 가능한 시나리오가 있는데, 복음서 전승의 어떤 독해에도 꽤 타당할 것 같은 것이다. 곧 그의 원수들이 임박한, 마지막 공격을 위해 가까이 오고 있었던 것을 감지하거나 의심하면서, 또 그러므로 그의 제자들과 다가오는 파스카 식사를 거행할 수 있을 것인지 고려하면서, 예수는 그 대신 바로 파스카 이전에 그의 제자들의 핵심층과 성대한 고별 식사를 마련하였다. 프라이버시를 원하면서, 또 예루살렘 성전에서 가르치는 일로 날들을 보낸 다음, 예수는 니산달 제십사일이 시작되는, 목요일 일몰 무렵에 예루살렘의 어느 부유한 지지자의 집에서 그의 가장 가까운 추종자들과 함께 저녁 식사를 하기로 선택했다. 저녁 식사는, 비록 파스카 식사가 아니고 또 파스카 식사 대신으로 거행되지 않았지만, 물론 보통의 식사는 결코 아니었다. 예수가 그의 가장 가까운 제자들과 작별을 고함과 함께 임박한 또 폭력적인 죽음의 가능성에 대하여 자신을 준비하였을 때, 식사의 분위기는, 예레미아스가 식사의 파스카 특성을 증명하기 위해 사용했던 모든 격식(식탁에 기댐, 포도주를 마심, 찬미가를 부름 등등)을 동반하여, 당연히 엄숙하면서도 종교적이었을 것이다.

더욱이, 만일 우리가 성체성사적 담화(마르 14, 22~25 병행들)의 기본적인 역사성을 허용한다면, 우리는 예수가 어떤 놀랍고 전례 없는 것들을, 어떤 유다인의 의식적인 식사, 파스카나 다른 것의 맥락을 단순히 받아들임으로써 설명될 수 없는 것들을 최후 만찬에서 행하고 말하였다는 것을 인정해야 할 것이다.[105] 이 특이한 사람의 특별한 환경을 감안하면, 그가 제자들의 핵심층과 그의 최후 식사에서 행한 것이 당시의 어떤 전통적인 종교적 지시문과 깔끔하게 맞지 않았다는 것은 놀랍지 않다. 그것을 이러한 지시문 아래 맞게 만들려 힘쓰는 것은 수난 연대표에 대하여 매우 많은 문제가 생기게 했던 것이다. 어떤 의미에서, 공관복음서들은 "예외적인" 식사를 파스카의 지시문 아래 맞게 만듦으로써 저런 노선을 먼저 취했다. 이전-공관계와 요한계 전승들은, 예수 자신의 원의들과 특별한 환경들에 따라 예수에 의해 계획되었고 실행되었던, 특별한 고별 식사에 의해 훨씬 더 잘 설명된다.

(6) 어쩔 수 없이, 나는 내가 제시한 해결책에 대해, 공관계 연대표와는 대조적으로, 두 가지 이점들을 주목하고 싶다.

첫째, 요한계의 연대표는 바라빠 사건(마르 15, 6~14; 요한 18, 39~40)을 공관계 연대기보다 훨씬 더 쉽게 설명한다.[106] 이곳은 바라빠 사건이 실제로 역사적인지 아닌지 논쟁할 자리는 아니다. 마르코와 요한계의 전승들 양쪽 모두에 있기 때문에, 그것은 초기 수난 담화의 더 이른 층의 하나에 속한다고만 말해 두자. 그렇지만 바라빠 담화의 분명한 전제—파스카 때 어떤 유다인 재소자에게 승인하는 사면 또는 용서—는 저 사면 또는 용서가 정확히 그 유다인이, 석방되면서, 파스카 식사에 참여할 수 있게 하려고 주어졌다는 것이다. 파스카 날의 중요한 의식적 식사인, 파스카 식사 후에,

파스카 날에 유다인 재소자에게 석방을 승인하는 요건은 무엇이었을까? 달리 말하면, 만일 바라빠 사건이, 역사적이든 아니든, 수난 담화의 이른 유형으로 있었다면, 그때 수난 담화의 저 유형은 바라빠 사건이, 바라빠가 파스카 식사에 참여할 시간이 아직 있었을 때인, 니산달의 제십사일의 아침에 일어났고, 식사가 이미 끝났을 때인, 니산달 제십오일의 아침이 아니라는 인상을 당연하게 주었을 것이다. 수난 담화의 약간 이른 유형으로 바라빠 사건의 존재는, 적어도 함축적으로, 공관계가 아니라 요한계 연대기와 일치한다.

둘째, 마르코와 요한계 수난 담화는 둘 다 최후 만찬을 저녁 또는 밤 시간에 어떤 예루살렘 가정에 놓는다.[107] 그렇지만, 마르코와 요한 안에, 최후 만찬은 예수가 그의 가장 중심층의 제자들과 가지는 특별한 식사로 제시된다. 그것은 식탁 주위에 큰, 무분별한 모임은 아니다. 하지만, 만일 식사가 규칙적인 파스카 식사라면, 짐작컨대 그 후원자는 그 자신의 파스카 식사를 그의 친척들과 친구들과 예수가 그의 파스카 식사를 제자들과 함께 지내려 했을 똑같은 저녁에 지내야 했을 것이기 때문에, 우리는 예수가 특별하게 큰 집을 가진 대단히 부유한 후원자의 집에서 식사를 하는 것을 가정해야 한다. 만일 예수가 그의 후원자의 집을 니산달의 제십사일의 시작을 표시하는 그 저녁, 곧 준비일에 사용한다면 최후 만찬의 시나리오는 훨씬 더 상상할 만하다. 그 저녁에, 후원자는 예수의 특별한 그룹을 위하여 프라이버시와 더불어 식당 시설을 제공할 훨씬 더 좋은 입장에 있었을 것이다.

이 두 요건은 당연하게도 경미하고 또 그러므로 오직 주요한 논쟁들 다음에 언급되었다.[108] 그렇지만 이것들은 요한계의 연대기와 완전하게 맞으며 마르코의 것과 일치하지 않는 것으로 보인다. 우리의 탐구에서 매우 흔한 것처럼, 그것은, 많은 선택들 가운데, 어느 것이 가장 가능성 있는 시나리오인지 결정하도록 우리를 이끄는 개연성의 수렴선이다.[109]

C. 예수의 죽음의 해와 그의 직무의 길이

1. 예수의 죽음의 해

만일 우리가 수난에 대해 요한의 연대표가 역사적으로 더 정확할 것이라고 결정한다면, 그해에 예수가 죽었다는 그 정확한 해에 대해 어떤 말을 제공하는가? 그럴 것이다.—개연성의 어떤 범위 내에서. 한편, 우리는 이미, 총독으로서 빌라도의 통치의 10년 범위 내에(서기 26~36년), 예수의 직무는 서기 28년에 잘 시작했을 것인데, 27년과 29년 또한 신중한 후보들이다. 그것은 우리가 예수 죽음의 해를 위한 후보로서 28년까지 모든 해를 안전하게 간과할 수 있다는 것을 뜻한다. 그뿐만 아니라, 예수의 직무 시작으로 서기 28년쯤에 날짜가 주어지면, 빌라도의 집권의 바로 마지막 해들에 그의 처형은 또한 가능하지 않게 보이는데, 다섯에서 여덟 해 직무와 같은 것은 공관계와 요한계 양쪽 연대표와 확연히 불일치하게 될 것이기 때문이다. 현실적인 문제로 이러한 긴 직무는 흔히 주석자들이나 역사가들에 의해 옹호되지도 않는다.

그러면, 간단히 말해서, 예수의 죽음의 해는, 대부분 주석자들의 견해에, 반드시 서기 29~34년의 범위 내에 놓여야 한다.—또 그때에도 우리는 그물을 가능한 한 넓게 치고 있는 것이다. 우리가 보게 될 것처럼, 그물은 서기 30~33년의 범위 내에 더 자주 쳐진다. 고대 세계의 많은 유명 인물들의 정확한 죽음의 해에 대한 우리의 흔한 무지에 비추어 볼 때, 우리가 예수의 십자가형 해에 대하여 이 정도로 정확할 수 있다는 것을 우리는 기뻐해야 한다.

그렇지만 여전히 더욱 정확하기를 바라는 사람들이 있다. 한층 더 후보들을 줄이기 위해, 몇몇 주석자들은 어느 해들에—서기 29~34년의 범위 내에—니산달 제십사일이 금요일에 해당하는지 계산하기 위해 천문학의 통찰력에 도움을 청한다. 얼핏 보기에, 성서적 연대표의 이 문제를 해결하기 위해 과학의 이용은 매우 유망한 것으로 보인다. 그러나 명백한 과학적인 해결에는 여러 장애가 있다.

(1) 공식적인 음력에, 만일 두 믿을 만한 증인이 일몰 후 새로운 달의

새로운 빛을 보았다고 예루살렘의 달력 위원회에 증언할 수 있었다면 새로운 달(예, 니산달)은 지난달의 29일째 날의 저녁에 선언되었다.[110] 그러므로 선언은 새로운 빛이 실제로 존재했는지가 아니라, 인간들이 그것을 보았는지에 달려 있었다. 구름들, 비, 먼지, 그리고 그에 대해 우리가 이제 확신할 수 없는 다른 환경적 방해들이 새로운 빛의 목격을 지연시킬 수 있었다. 이런 어려움은 달들이 29일보다 짧아서도 30일보다 더 길어서도 안 된다는 법칙에 의해 약간 완화되었다. 이런 이유로 지체는 많아 봐야 오직 하루였다.

(2) 음력을 실제적인 양력에 조정하기 위해, 때로는 윤년이 유다인의 달력에 더해져야 했을 것이다. 짐작컨대 서기 1세기 초엽에 윤년의 규칙적인 순환이 없었다. 그것들이 필요하다는 당국자들이 구체적인 관찰로부터(특히 농업에 대하여) 결정할 때마다 그것들은 덧붙여졌다.[111] 우리는 서기 29년과 34년 사이에 윤년이 해당되었는지 확신할 수 없다.

모든 계산들은 그러므로 잠정적으로 남아 있어야 한다. 그것이 내가 논의 안에 이 비교적 늦은 지점까지 천문학의 문제를 도입하지 않았던 이유이다. 적어도 우리의 주요 결론들은 천문학적 계산들과 그것들이 수반하는 특별한 문제들에 호소를 제외하고 설 수 있다. 어쨌든, 예레미아스에 의해 만들어진 목록들에 따라, 서기 29~34년의 우리의 지정된 범위 내에서, 그 안에 니산달의 제십사일이 금요일에 해당하는 유일한 해들은 서기 30년(금요일, 4월 7일)과 서기 33년(금요일, 4월 3일)이다.[112] 부정적으로 생각하면, 서기 29년과 32년은 공관계나 요한계의 연대표가 아무리 선호되었어도 제외되어야 하는 것으로 보이며,[113] 또 서기 31년은 만일 우리가 요한계의 연대표를 선택한다면 실행 가능한 후보가 아니다. 그다음, 모든 실제적인 목적을 위하여, 우리는 서기 30년과 33년 사이에 선택의 여지가 있다.

나의 견해에, 서기 30년이 더 유력한 날짜다. 예수의 직무가 서기 28년에 시작되지만 그의 죽음을 서기 33년까지 미루는 것은 약 4년에서 5년까지의 직무의 결과가 될 것이다. 한편 이것이 불가능하지 않지만, 그것은 공관복음서들이나 요한이 가리키는 것을 넘어선다. 그러면 잠정적인 결론으로서, 나는 예수는 서기 28년에 세례자 요한의 직무 다음에 곧 그의 직무를 시작했고 또 그는 30년 4월 7일에 십자가 위에서 처형되었다고 제안한다.[114] 이 결론은 당연히 예수의 직무의 길이에 관하여 추가적인 것, 지금에 이르기까지 오직 스쳐 지나갈 정도로 논의했던 주제를 넌지시 나타낸다. 예수의 생애의 연대표에 대한 우리 논의 안의 마지막 단계로서, 우리는 그 직무의 기간에 대한 직접적인 숙고를 시작할 것이다. 우리는 이제 이 문제를 토론할 더 좋은 위치에 있으며, 그것은 또한 우리가 이미 채택했던 입장들의 약간 간접적인 확인을 제공할 것이다.

2. 예수의 직무의 길이

예수의 직무 기간에 관한 토론을 공관복음서들과 요한의, 반대되는 것은 말할 것 없고, 서로 다른 발표를 강조함으로써 시작하는 것이 관례적이다. 우리는 공관복음서들과 요한 안의 이야기들이 실제로 얼마나 다르거나 반대되는지 물음으로써 잘 시작할 수 있겠다. 나는 이 점에 대해 공관복음서들과 요한이 독자에게 그들의 문학적인 작업들 안에서 말하는 이야기들을 단순히 말한다는 것을 강조한다. 나는 아직 역사에 관하여 어떤 결론도 끌어내고 있지 않다.

마르코의 이야기가 한 해 이하 또는 한 해를 포함한다고 흔히 말한다. 그러나 우리는 우리의 문제의 공식화에 매우 신중해야 한다. 마르코의 이야기는—요한과 달리—이야기된 사건에 대하여 1년 이상을 요청하지 않는데, 단순히 오직 한 유다인 축제, 곧 예수의 죽음의 파스카만 마르코 안에 분명히 언급되기 때문이다. 달리 말하면, 마르코 안에 이야기된 모든 사건들을 일 년이나 그 이하 내에 압축할 수 있을 것이다. 그러나 우리는 질문을 돌려 보자. 곧 마르코의 이야기는 모든 사건들이 일 년 내에 일어나는 것을 요청하는가? 아니다. 일 년이나 그 이하의 직무를 허용하는 연대기적 말들의 정확히 똑같은 부재는 일 년 이상의 직무를 또한 허용한다.

더욱이, 순전히 복음서 이야기의 수준에서—다시, 그러므로, 어떤 역사적인 결론들을 끌어내기 전에—공관복음서들에 의해 말해진 이야기들 안의 다양한 세부 사항은 독자가 일 년 이상의 직무의 면에서 생각하도록 이끌 것이다. 예를 들어, 우리는 마르 3장과 6장에는 갈릴래아에 봄철 동안 일어나는 현상이 있다(익은 곡식의 머리를 뽑는 것, 2, 23; 사막 지역 잔디 위에 오천 명이 앉는 것, 6, 39)는 것을 이미 주목했다. 봄철에 대한 말은 14, 1의 파스카에 대한 직접적인 언급 때까지 마르코에 다시 나오지 않는다. 한편 이론적으로 이 모든 대목이 똑같은 봄을 언급할 수 있지만, 긴 여행들을 포함하여, 다량의 담화 자료는, 한편 2장과 6장 사이에 또 다른 한편으로 12장은 독자가 예수의 직무 내에 적어도 두 봄철의 면에서 생각하도록 쉽게 이끌 수 있을 것이다. 나는 이야기가 요청하거나 그것이 역사에 대하여 가리키는 것이 아니라, 암시할 수 있는 것에 대하여 단지 말한다는 것을 다시 강조한다.

그뿐만 아니라, 공관계 복음서들 안의 다른 산발적인 세부 사항은 요한이 분명하게 하는 것을 암시한다. 곧 그의 공생활 동안 예수는 예루살렘에 더 자주 갔고 마르코의 급한 독서에서 우리가 모을 수 있을 것보다 더 활동적이었다는 것이다. 그의 마지막 파스카를 위해 예루살렘으로 올라가는 동안에 루카가 예수의 입에 놓는, 그러나 마태오는 그것을 예루살렘에서 예수의 마지막 날들에 위치시키는, Q 어록에서 예수는 거룩한 도시를 향해 과장된 표현으로 말한다. "예루살렘아, 예루살렘아, 예언자들을 죽이고 자기에게 파견된 이들에게 돌을 던져 죽이기까지 하는 너. 새가 제 새끼들을 날개 밑으로 모으듯, 내가 몇 번이나 너의 자녀들을 모으려고 하였던가? 그러나 너희는 마다하였다"(마태 23, 37 ∥ 루카 13, 34). 예수가 이것을 예루살렘으로 가는 길 위에서(루카가 그렇게) 또는 며칠 후에 예루살렘에서(마태오가 그렇게) 말하는 것을 상상하든지, 공관계의 예수가 예루살렘에 대해 이러한 불평을 하는 것이, 무례하다고 말할 수는 없지만, 이상하게 보인다.—예수가 수많은 방문 동안 예루살렘을 설득하기 위해 반복되는("몇 번이나") 노력에 몰두하는 것과 또 예루살렘이 되풀이해서 거부하는 것을 상상하도록 독자가 초대되고 있지 않다면. 다시 한번, 나는 여기서 역사적인 결론을 끌어내고 있지 않으며, 그러나 단순히 공관복음서들의 이야기에 의해 독자 위에 만들어진 자연스러운 인상을 언급한다.[115]

실제로, 루카는 그가 공생활에서 매우 일찍 전반적으로 말할 때 이러한 인상에 대하여 독자를 준비시키고 있을 것이다. "또한 그[예수]는 유다의 회당에서 설교하고 있었다."[116] 루카는 이 시점에서 마르코를 밀접하게 따르고 있기 때문에(마르 1, 35~39 ‖ 루카 4, 42~44), 마르코의 지리적인 말, "갈릴래아의 모든 곳에"를 유다인들의 전 지역, 곧 "팔레스티나의 모든 곳에"로 알아듣는 더욱 포괄적인 "유다의"로 매우 의식적으로 넓혔던 것으로 보인다.[117] 루카는 이 주제를 7, 17에서 계속한다. "또 그[예수]에 관한 이 이야기가 온 유다와 그 둘레 온 지방에 퍼져 나갔다." 마찬가지로, 빌라도 앞에서의 재판 동안에, 대사제들은 예수의 전체 직무를 "갈릴래아에서 시작하여 이곳에 이르기까지, 온 유다 전체를 통하여 가르치는"(23, 5) 것으로 묘사함으로써 압축해서 보여 준다. 다시 한번, 나는 이 시점에서 우리는 역사적인 판단이 아니라 다만 구절들이 독자 위에 만드는 인상을 다룬다는 것을 강조한다. 예수가 여전히 그의 마지막 파스카를 위하여 거룩한 도성으로 여행을 하고 있는 동안에 만들어진, 예루살렘에 대한 예수의 꾸짖음의 외침은, "유다 전체를 통하여" 예수의 직무와 명성에 대한 다양한 언급들을 의식하는 독자에게 그렇게 이상하지 않을 것이다.

일단 공관계 예수가 그의 마지막 파스카를 위하여 예루살렘에 도달하자, 거기 성도에서 이전의, 더욱 확장된 직무에 대하여 한 마지막 암시가 있을 것이다. 마태오와 루카에 의해 넘겨받은, 파스카 식사의 준비에 대한 마르코의 이야기(14, 12~16)에는 두 제자에게 오히려 독단적인 태도로 어떤 예루살렘의 집주인에게 말하라고 명령을 하는 예수가 있다. "내가 내 제자들과 함께 파스카 음식을 먹을 내 방이 어디 있느냐?"(14절). 예수가 집주인에게 후자의 파스카 식사에 합류하기를 요청하지 않는 것을 주목하라. 예수는 날카롭게 그 자신의 것이라고 부르는 방이 그와 그의 제자들의 핵심층을 위하여 준비되도록 요구하거나 오히려 절대적으로 명령한다(17절에서, 열두제자). 예수는 두 제자에게 집주인이 그들에게 "자리를 깔아 준비된" 넓은 이층 방을 보여 줄 것이라고 계속 예언한다(15절). 자연스럽게, 제자들은 모든 것이 예수가 미리 말한 것과 똑같은 것을 발견한다(16절). 다시 한번 나는 여기서 나의 요건이 이 사건이 실제로 서기 30년에 일어났는지가 아니라 오히려 이러한 이야기가 예수가 이전에 예루살렘에서 활동을 했을 것이고 또 그러므로 재빨리 그에게 필요한 것을 공급하도록 충실하고 부유한 예루살렘인 제자에게 의지할 수 있었다는 인상을 독자 안에 만든다는 것이다.

공관계 대목들에 대한 이 간단한 검토를 통하여 이 시점에서 나는 이 대목들이 모두 역사적이며, 그러므로 역사적 예수에 대하여 끌어내질 더 많은 결론들을 허용한다는 것을 증명하려고 힘쓰지 않는다는 것을 강조하기 위해 괴로워하고 있다. 그 대신, 나는 예수의 공생활에 대한 공관계와 요한계 묘사 간의 모든 차이점에도 불구하고, 그것들은 엄밀히 말하면 그의 직무의 길이와 예루살렘에 찾아갔던 숫자에 대해 정식의 반대를 제기하지 않는다는 것을 단순히 지적하고 있다. 공생활에 대해 공관계 설명은 일 년 또는 그 이하로 압축될 수 있지만, 그럴 필요는 없다. 실제로, 예수의 직무가 일 년 이상 걸렸고 또 예루살렘에 한 번 방문 이상으로 관련되었다는 몇 가지 잠깐의 암시들이 있다.

우리는 이제 요한의 복음서로 가서 직무가 넷째 복음서에 말해지는 이야기에 따라 얼마나 많은 해 계속되었는지 묻기로 한다. 다시, 우리는 반드시 구별해야 한다. 만일 우리가 복음서 담화가 요구하는 어떤 최소한도 시간의 길이를 묻는다면, 그 대답은 두 해 더하기 한두 달이어야 한다.[118] 몇 주간 이상을 요구하지 않는 몇몇 최초의 활동 후에(요한 1, 35~2, 12), 예수는 그의 공생활의 첫 파스카를 위하여 예루살렘으로 올라간다(2, 13). 오천 명을 먹임의 시기에 우리는 (둘째) 파스카가 가까이 왔다는 말을 듣는다(6, 4). 또 물론 예수는 (셋째) 파스카를 위한 준비로 예루살렘에 가는데, 이를, 요한에 의하면, 살아서 경축하지 못한다(11, 55; 12, 1. 12; 13, 1; 18, 28). 그러므로 최소한도로 넷째 복음서는 두 해 더하기 한 달 또는 그 정도를 요구한다. 공관복음서들과 같이, 요한도 그러하며, 이 절대적인 최소한도는 넷째 복음서가 직무가 실제로 더 길게 걸렸다는 것을 우리가 상상하는 것을 금한다는 것을 의미하지 않는다. 실제로, 넷째 복음사가와 최후의 편집자는 그들이 예수의 행동의 완전한 보고를 제시하지 않는다는 것을 강조한다(요한 20, 30~31; 21, 25).

하지만, 만일 우리가 요한이 이야기하는 직무의 최소한의 기간에 더 가깝게 머문다면, 그것들의 많은 차이점에도 불구하고, 직무 기간의 공관계와 요한계 제시 간에 광대한, 메울 수 없는 간격은 없다. 공관복음서들은 오직 일 년이 걸릴 수 있을 직무를 그린다. 그렇지만 독자에게는 더 긴 직무와 더욱 잦은 예루살렘 방문을 가리킬 여러 암시가 주어진다. 공관계 이야기의 이 "확장된" 독해는 두 해와 몇 달의 직무에 대한 요한의 묘사와 그리 멀지 않다. 그러므로 순전히 복음서들 안에 제시된 이야기의 관점에서 볼 때, 직무 기간의 문제에 그것이 오면, 공관복음서들과 요한은 가끔 상상하는 것처럼 서로 그렇게 정반대되지 않는다.

우리는 이제 우리의 연대기적 탐구의 결과로 이 모든 문학적 관찰들의 연관성에 이른다. 우리는 예수가 그의 직무를 서기 28년에 시작했고 30년 4월 7일에 죽었을 것이라고 보았다. 만일 우리가 예수가 매우 일찍 서기 28년에, 적어도 그해의 파스카 몇 주간 전에 직무를 시작했고, 또 그다음 서기 30년의 파스카 전날에 죽었다고 가설을 세운다면, 우리에게는 요한계의 개요와 "꼭 끼워" 맞춤, 곧 두 해 더하기 한두 달이 있다.[119] 공관계 대목들에 대한 우리의 조사는, 한편 이러한 연대표가 직접 공관계 제시에서 나오지 않지만, 공관복음서들은 직접 그것을 반대하거나 제외하지 않으며 또 그 방향으로 가리키는 몇몇 대목들도 포함한다는 것을 내비친다.

동시에 예수의 직무를 근거 없이 요한이 최소한도로 요구하는 두 해와 몇 달을 훨씬 넘어서 연장하는 것은 현명하지 않다고 나는 생각한다. 한편, 요한의 것에 대체적인 복음서 연대표, 곧 공관복음서들의 연대표는, 얼핏 보기에 더 길지 않은 것, 더 짧은 것을 암시한다. 반면에, 요한의 제시에 의해 요구된 최소한도 시간과 내가 다른 근거들 위에 설정한 서기 28년에서 30년의 기간 간의 밀접한 연관성은 광범위한 추측보다는 오히려 신중함을 조언한다. 일단 우리가 우리 연관성이 그럴듯하게 만드는 한계들을 넘어가면, 어떤 역사적인 통제들보다는 오히려 억제되지 않은 상상력이 외부의 한계들을 설정하게 될 것이다.

3. 최종 요약과 마지막 경고

나는 예수의 생애에서 주요한 날짜들은 반드시 근사치로 남아 있어야 한다는 것을 강조함으로써 이 장을 시작했다. 이제 독자는 신약성경의 미로(迷路)를 방황했기 때문에, 왜 이것이 그런지 이해하기에 더 좋은 위치에 있다. 그렇지만 독자는 우리의 방황들이 완전히 헛되지 않았다는 것에 또한 안심할 수 있다. 우리가 추구하는 변방의 예수는 시간의 모래 위에 몇몇 족적을 남겨 놓았다. 다행스럽게도 저 연대기적 모래는 또한 헤로데 대왕의 죽음, 티베리우스의 제십오년, 본시오 빌라도의 지방 행정 구역, 그리고 예수 죽음의 해와 안식일과 일치하여 일어났던, 파스카의 연례 축제의 더 큰 자국을 제공한다. 그것은 주로 이 변방의 예수가 그 당시의 위대한 사람들과 종교적인 제도들이라고 간주되었던 것과 맞섰기 때문에 그의 생애의 몇몇 주요한 날짜들에 대하여 모험 삼아 추측할 수 있다.

우리가 보았던 연대표를 요약하기 위하여—마찬가지로 그것이 어떻게 예수 직무의 더 큰 그림과 맞는지 이해하기 시작하기 위하여—우리는 연대표와 지리학에 따라 예수의 생애의 골격 윤곽을 만들어 보자.

나자렛 예수는—아마 베들레헴이 아니라, 나자렛에서—기원전 7년 또는 6년경, 헤로데 대왕의 죽음(기원전 4년) 몇 년 전에 태어났다. 하부 갈릴래아의 유다인 소농민의 돈독한 가정에서 별스럽지 않은 양육 후에, 그는 세례자 요한의 운동에 매력을 느꼈으며, 요한은 서기 27년의 끝이나 28년의 시작에 즈음하여 요르단 계곡의 지역에서 그의 직무를 시작했다. 요한에 의해 세례를 받고, 예수는 이내 독립을 하여, 그가 대략 33살 또는 34살이었을 때에, 그의 공생활을 28년 초에 시작했다. 그는 정기적으로 갈릴래아의 그의 고향 지역과 예루살렘(유다의 인근 지역을 포함하여) 사이에서 번갈아 활동을 했으며, 큰 축제들을 위하여 거룩한 도성으로 올라갔는데, 그때 순례자들의 큰 군중이 그가 달리 닿지 못했을 청중을 보장하였을 것이다. 이러한 직무는 두 해와 몇 달을 지속했다.

서기 30년에, 예수가 다가오는 축제를 위하여 예루살렘에 있었을 동안, 그는 예루살렘 성전 당국자들과 자신 간에 점점 커지는 적대감이 바야흐로 절정에 이르는 것을 감지했다. 그는 제자들의 핵심층과 성대한 고별 식사를 목요일 저녁, 우리의 현대 계산에 의해 4월 6일, 또 니산달의 제십 사일의 시작에, 유다인의 전례적인 계산을 따라 파스카를 위한 준비일에 거행했다. 4월 6~7일의 밤에 겟세마니에서 붙잡혀, 그는 먼저 몇몇 유다인 공직자들에 의해(전체 산헤드린에 의해 가능성이 낮음) 조사를 받았고 또 그다음 4월 7일, 금요일 아침 일찍 빌라도에게 넘겨졌다. 빌라도는 곧 그를 십자가형에 의해 죽음에 처하게 했다. 채찍질을 당하고 조롱을 받은 후, 예수는 같은 날에 예루살렘 밖에서 십자가에 못 박혔다. 그는 30년 4월 7일, 금요일 저녁쯤에 죽었다. 그는 대략 36살이었다.

이제 나자렛의 예수가 무엇을 말했고 또 그의 죽음으로 이끌었던 저 두 짧은 그러나 세상을 변혁하는 해들 동안 무엇을 했는지 알기 위해 우리가 힘쓰게 될 것은 드문드문한 연대표의 배경에 대한 것이다. 한 가지 일이 이 요약을 읽음으로 거의 즉각적으로 독자의 마음에 떠올라야 한다. 거의 모든 날짜는—거의 정확한 것마저도—예수 생애의 그리고/또는 직무의 시작과 끝에 뭉쳐진다. 일단 두 해의 직무가 시작되면, 연대기적으로 말하면, 우리는 주로 어둠 속에 있다.

위에 있는 것과 같은 어떤 막연한 연대기적 윤곽에 이르는 저 모든 주석자가 너무 자주 요한과 공관복음서들에서 정교하게 정돈된 사건들의 표—어떤 균질화한 순서에 따라 사건들이 한데 어우러지고 가설적인 날짜들로 치장된—와 함께 공생활의 크게 벌어져 있는 구멍을 메우기 위해 나아가기 때문에 나는 이러한 부정적인 점을 강조한다. 때로는 요한의 복음서의 윤곽이, 때로는 공관복음서들의 윤곽이, 그리고 때로는 양쪽을 혼합한 것이 전체적인 양식을 제공한다. 물론, 어떤 주어진 해의 어떤 부분 동안 예수가 있는 곳을 정확히 찾아낼 수 있는 것은 지적으로 매우 만족스럽지만, 공생활의 연대표의 이러한 상세한 재구성을 위한 확고한 근거는 그야말로 없다.

이러한 모든 노력들에 대한 기본적인 반대는 그것들이 양식 비평과 편집 비평의 근본적인 통찰들을 간과한다는 것이다. 빌리암 브레데(William Wrede)와 카를 루트비히 슈미트(Karl Ludwig Schmidt)[120] 모두가 20세기에 일찍부터 보여 준 것처럼, 사건들의 현재 연속, 구절들과 장들을 둘러싸는 시간과 장소의 체제, 담화의 흐름과 "구성"—모두는 주로 복음사가 각각의 또는 복음사가가 의존했던 복음서 전승의 몇몇 수집자의 작업이다. 거기 많은 각각의 사건들이 오직 정돈된 전체의 부분으로서만 의미가 있을 수 난 담화의 특별한 경우 외에, 공생활 대부분의 이야기와 어록들은 아마 처음에 어떤 전체적인 연대기적 순서 없이, 실제로 시간 또는 장소의 어떤 정확한 정착 없이 유포되었을 것이다.

내가 이 장에서 분명히 말했던 것처럼, 우리에게는 요한의 복음서에 정착되어 예수가 큰 축제들을 위하여 예루살렘으로 갔고 몇몇 파스카를 위하여 거기 있었다는 역사적인 기억이 있다고 나는 생각한다. 실제로, 요한의 설명은 오직 상식이 어쨌든 예상할 만한 것이다. 만일 서기 1세기 초엽에, 팔레스티나의 유다인이 강한 종교적인 관심과 함께 순례 축제들을 위하여 정규적으로 예루살렘에 가지 않았다면 그것은 이상할 것이다.

그러나 막연하고 또 예수의 정규적인 예루살렘 순례들의 거의 놀랍지 않은 자료를 넘어서, 요한의 사건들과 어록들의 배치는 공관복음서들의 그것과 똑같이 신학적으로 동기가 된다.—실제로, 많은 이들이 그렇게 말할 것이다. 요한이나 공관복음서들을 공생활의 별개의 사건들을 위하여 연대기적으로 신뢰할 만한 격자 눈금으로 사용하는 것은 신학적 예술가적 기교를 역사적인 사실과 혼동하는 것이다.[121] 예를 들어, 예수 직무의 시작이 실제로 카나에서 혼인 축제에 의해(요한 2, 1~11), 또는 카파르나움 회당에서 설교와 악마 추방에 의해(마르 1, 23~28), 또는 산상의 설교에 의해(마태 5~7장), 또는 이 모든 것에 의해 표시되었는지, 또는 이들 중 아무것에 의해서도 그렇지 않았는지 우리는 알 길이 없다. 각 복음서 안에 공생활의 시작 때 이 계획적인 사건들과 설교들의 배치는 아마 각 복음사가의 의식적인 결정 때문일 것이다. 우리에게는 여기에 왜 "예수의 생애"(현대의 전기적인 의미로)가 쓰일 수 없는지 중요한 이유들이 있다.—비록 우리가 그 "생애"를 공생활과 죽음까지로 제한했다고 하더라도. 부분적인 것조차 오직 한 사람의 생애의 중요한 해들만 다루며, 만일 우리가 어떤 것 다음에 어떤 것이 왔는지 찾아내지 못한다면, 만일 이전과 이후의 역사적인 흐름, 원인과 결과를 알 수 없다면, 우리가 어떻게 전기를 쓸 수 있는가?

나는 왜 이 책의 제2권에 뒤따르는 장들의 대부분이 연대기적 체계가 아니라 오직 주요한 주제들, 예를 들면, 하느님 나라의 선포, 비유들, 모세 법에 대한 예수의 입장, 치유들 등등에 의해 정리될 것인지 단도직입적으로 밝혔다. 일단 우리가 세례자 요한과 예수의 세례를 둘러싸는 최초의 사건들을 떠나고, 또 서기 30년에 예루살렘에서 최후의 충돌을 향하여 가는 사건들에 이를 때까지, 우리는 몇몇 드문 경우를 제외하고, 전과 후에 대하여 제대로 말할 수 없다. 우리는 최선을 다하여 맞추어야 하는 우리의 모자이크 조각들의 이미지로 돌아온다. 그럼에도 불구하고, 또 다른 의미로, 우리의 전체 계획에 스며드는 원인과 결과, 전과 후의 어떤 역동성이 있다. 예수의 사건들과 어록들의 정확한 순서가 어떻든지, 전체로서 그것들은 앞에 가며 또 어느 모로 예루살렘에서 원수들과 최후의 대결로 치닫게 하며, 그의 십자가형을 결과로 가져온다. 예수의 폭력적 죽음의 기준은, 한편 연대표나 진정성의 개별적인 문제들을 해결하지 않지만, 끝까지 흐르는 가닥을 제공한다. 제2권을 여는 다음 장에서, 우리는 세례자 요한의 도움으로 저 가닥을 추적하기 시작할 것이다.

NOTES TO CHAPTER 11

1 For general surveys and special problems, see Urbanus Holzmeister, *Chronologia Vitae Christi*(Scripta Pontificii Instituti Biblici; Rome: Biblical Institute, 1933); George Ogg, *The Chronology of the Public Ministry of Jesus*(Cambridge: Cambridge University, 1940); J. Lebreton, "Jésus-Christ. II. Chronologie de la vie de Jésus", *DBSup* 4, cols. 970-975; Jack Finegan, *Handbook of Biblical Chronology*(Princeton: Princeton University, 1964); S. Dockx, *Chronologies néotestamentaires et vie de l'église primitive. Recherches exégétiques*(Paris/Gembloux: Duculot, 1976); Harold W. Hoehner, *Chronological Aspects of the Life of Christ*(Grand Rapids: Zondervan, 1977); Ormond Edwards, *The Time of Christ. A Chronology of the Incarnation* (Edinburgh: Floris, 1986); *Chronos, Kairos, Christos. Nativity and Chronological Studies Presented to Jack Finegan*, ed. Jerry Vardaman and Edwin M. Yamauchi(Winona Lake, IN: Eisenbrauns, 1989). Also useful—and often more critical—are Hans Conzelmann, *Jesus*(Philadelphia: Fortress, 1973) 20-25; Brown, *The Birth of the Messiah*, 547-556; Robert Jewett, *A Chronology of Paul's Life*(Philadelphia: Fortress, 1979) 25-29; J. A. Fitzmyer, "A History of Israel", *NJBC*, 1246-1250.

For an introduction to the problems connected with the chronology of the Passion Narrative, see Annie Jaubert, *La date de la cène*(EBib; Paris: Gabalda, 1957), and its English translation, *The Date of the Last Supper*(Staten Island, NY: Alba House, 1965); Eugen Ruckstuhl, *Chronology of the Last Days of Jesus. A Critical Study*(New York: Desclée, 1965); Joachim Jeremias, *The Eucharistic Words of Jesus*(London: SCM, 1966) 15-88; Josef Blinzler, *Der Prozess Jesu*(4th ed.; Regensburg: Pustet, 1969) 101-126; Paul Winter, *On the Trial of Jesus*(Studia Judaica 1; 2d ed.; ed. T. A. Burkill and Geza Vermes; Berlin/New York: de Gruyter, 1974); Brown, *The Gospel According to John*, 1. 555-556.

The volume by Finegan(*Handbook of Biblical Chronology*) is still in common use today, and it is a mine of valuable information. But it suffers from two weaknesses: (1) It lacks a thorough application of historical criticism, especially form and redaction criticism, to the Gospel texts, notably the Infancy Narratives, which are too often treated as modern historical records. (2) There is too ready a use of later patristic and rabbinic literature, without sufficient questioning of the sources and reliability of the claims made. The same sort of criticism holds for a number of essays in the *Chronos* volume dedicated to Finegan; at times the treatment of the NT text approaches fundamentalism. Dockx's *Chronologies* suffers even more from a naive, uncritical, harmonizing use of sources. While Hoehner's presentation in *Chronological Aspects* could not be accused of fundamentalism, a conservative evangelical theology is the driving engine of his whole project, as Chapter 6, on Daniel's prophecy of the seventy weeks, reveals(see, e.g., p. 139). Standing somewhat apart, Edwards' *The Time of Christ* is a strange mixture of chronology, theology, and philosophical speculation on human evolution and psychology. Insofar as its chronology seems dictated at times by theological presuppositions and goals, it may stand for many other popular presentations that I do not bother to list.

2 It need not surprise us that Grant(*The Roman Emperors*, 69, 71) expresses some doubt

about the exact birth dates of the last two emperors of the 1st century A.D. He writes that Nerva was born "probably in 30" and that Trajan was born "probably in about 53." Later on(p. 115), we are told that Coldius Albinus(reigned 195-197) "was probably born between 140 and 150."

[3] See J. N. D. Kelly, *Jerome. His Life, Writings, and Controversies*(Westminster, MD: Christian Classics, 1975) 1, 331, 337. Kelly prefers A.D. 331 as the date of Jerome's birth, though he admits that some biographers place his birth in the middle forties of the 4th century. Jerome's death took place in either 419(so Quasten) or 420(so Kelly). In contrast, the dates of Augustine of Hippo are fairly secure. He was born on November 13, 354, and died on August 28, 430; see Agostino Trapè, "Saint Augustine", in Angelo di Berardino, ed., *Patrology. Vol. IV. The Golden Age of Latin Patristic Literature*(Westminster, MD: Christian Classics, 1986) 345-350.

[4] The presence of Pilate in the story of Jesus' ministry and/or death is supported most strongly by the passion traditions behind Mark and John, and secondarily by special M and L material.

[5] The data in favor of this dating, which is almost universally accepted, can be found in Jean-Pierre Lémonon, *Pilate et le gouvernement de la Judée. Textes et monuments*(EBib; Paris: Gabalda, 1981). On pp. 15 and 126-127, Lémonon defends A.D. 26 as the date of arrival; on pp. 241-244, he suggests the time between December 15, A.D. 36 and the end of February in A.D. 37 as the period during which Pilate must have left Palestine for Rome. For earlier disputes on whether Pilate was dismissed from his office in A.D. 35, 36, or 37, see Blinzler, *Der Prozess Jesu*, 271-273. For a convenient list of the prefects and procurators of Judea, see Fitzmyer, "A History of Israel", 1248. In order to sustain his highly unusual theory that Jesus was born in 12 B.C. and died ca. A.D. 21, Jerry Vardaman("Jesus' Life: A New Chronology", *Chronos, Kairos, Christos*, 55-82) tries to date Pilate's rule in Judea from A.D. 14-15 to ca. 25-26(pp. 77-82). Not only must Vardaman give various passages in Josephus' *Antiquities* forced interpretations, he must even rewrite Luke 3:1 to make it say "in the second [instead of the fifteenth] year of Tiberius." This is pure fantasy.

[6] See the treatment of the date of Paul's arrival in Corinth in Jerome Murphy-O'Connor, *St. Paul's Corinth*(Wilmington, DE: Glazier, 1983) 129-140; Murphy-O'Connor favors A.D. 49. However, Joseph A. Fitzmyer("Paul", *NJBC*, 1332) while arguing from the same basic data that Murphy-O'Connor uses(the statements of Acts and the Corinthian correspondence, the Gallio inscription, Claudius' expulsion of Jews from Rome), prefers to place the arrival in early A.D. 51. Jewett(*A Chronology of Paul's Life*, 100) fits right in between, with A.D. 50. The attempt by Gerd Luedemann (*Paul, Apostle to the Gentiles. Studies in Chronology*[Philadelphia: Fortress, 1984] 157-177, 262) to place Paul's arrival notably earlier(ca. A.D. 41) has not met with general acceptance.

[7] See the standard works on the chronology of Paul's life, e.g., John Knox, *Chapters in a Life of Paul*(New York/Nashville: Abingdon, 1950) 74-88; Jewett, *A Chronology of Paul's Life*, 95-104; Luedemann, *Paul, Apostle to the Gentiles*, 262-263; Fitzmyer, "Paul", 1330-1332.

The positions of Jewett and Fitzmyer are more "mainstream" than those of Luedemann, whose dates many would consider too early.

8 Josephus' introductory phrase in the *Testimonium Flavianum*(*Ant.* 18.3.3 §63), *kata touton ton chronon*("during this time", "about this time", "at this time"), refers to the rule of Pontius Pilate, whose difficulties with the Jews Josephus has been narrating since 18.3.1 §55. The phrase in §63 directly introduces not a reference to Jesus' execution, but rather a short account of his ministry. At the end of that account Josephus repeats Pilate's name as he states that "Pilate, because of an accusation made by the leading men among us, condemned him to the cross...." The fact that Josephus feels no need to use the fuller form of identification, "Pilate, the governor of Judea"(as in §55), confirms that the *Testimonium Flavianum* in §63-64 is considered by Josephus to be simply a continuation of the Pilate stories starting in §55 and extending through §62. Thus, Josephus indicates that the whole of Jesus' ministry, from its beginning to its conclusion on the cross, took place during Pilate's rule of Judea. Curiously, only Luke among the evangelists states this point explicitly.

9 For standard treatments of these key verses, see Schürmann, *Das Lukasevangelium*, 1. 149-153; Fitzmyer, *The Gospel According to Luke*, 1. 455-458. Luedemann(*Paul, Apostle to the Gentiles*, 9) is too cavalier in his dismissal of the synchronism. To be sure, Luke makes chronological errors at times(the census under Quirinius in Luke 2:1-2, which really took place in A.D. 6-7, instead of at the birth of Jesus as Luke thinks; the revolt of Theudas, mentioned by Gamaliel in Acts 5:36—though the revolt actually took place ca. A.D. 44, years after the time when Gamaliel supposedly gave this speech). The difference here is that Luke's dating is basically in line with what we know from other traditions. Moreover, Luke goes out of his way to name an exact year, which is not his usual manner in chronological references. Hence it is not amiss to ask whether his statements can make our general knowledge of the time frame of Jesus' ministry more precise.

10 For the dates of Antipas, see Harold W. Hoehner, *Herod Antipas*(SNTSMS 17; Cambridge: Cambridge University, 1972) 10, 262-264. On p. 262 n. 4(continued on p. 263), Hoehner discusses the slight evidence for Antipas' reign extending into A.D. 40; but Hoehner himself thinks that Antipas' deposition by Caligula most likely took place in the summer of 39.

11 See Stewart Perowne, *The Later Herods. The Political Background of the New Testament* (London: Hodder and Stoughton, 1958) 56.

12 See the explanations and tables in Finegan, *Handbook of Biblical Chronology*, 259-273.

13 Actually, the first few months of the year 30 would have to be included if Luke, using the "accession-year system", were calculating the regnal years of Tiberius from the death of Augustus according to the calendar years of the Jewish calendar (beginning with the 1st of Nisan); on this point, see Finegan, *Handbook*, 269. As shall be seen below, it is highly unlikely that Luke was composing his synchronism according to the Jewish calendar.

14 Mark 1:14—and then the other Synoptics following him—creates the impression that

Jesus' ministry began only after John's ended with imprisonment. The presentation of the Fourth Gospel(notably Chapter 1 and 3:22-30) suggests that things were much more complicated: Jesus remained for a while in the entourage and shadow of the Baptist, drew some of the Baptist's followers to himself, and finally struck out on his own, though Jesus continued the Baptist's practice of baptizing followers, at least for the initial period of his own separate ministry—all this while the Baptist was still active. As we shall see later, this picture may well come closer to the historical truth than Mark's schematization. On this point, see Jerome Murphy-O'Connor, "John the Baptist and Jesus: History and Hypotheses", *NTS* 36(1990) 359-374.

15 If Mark 2:23(the disciples pluck the ears of grain, which are ripe enough to eat) and 6:39(the large crowd at the multiplication of loaves sits on the green grass) may be taken to indicate that a significant part of Jesus' ministry took place *according to Mark's redactional presentation* in and around Galilee over the course of a springtime, there may be an underlying idea *on the redactional level of Mark* of a ministry of over a year and perhaps about two years.

On differing views as to whether Mark 2:23 has any value as a chronological indication, see, in favor, M.-J. Lagrange, *Evangile selon Saint Marc*(EBib; 4th ed.; Paris: Gabalda, 1928; reprint 1966) 52; Karl Ludwig Schmidt, *Der Rahmen der Geschichte Jesu*(Darmstadt: Wissenschaftliche Buchgesellschaft, 1969; reprint of 2d ed. of 1919) 89-92[only for the pericope taken in isolation, not as a means of constructing a chronology of Jesus' ministry]; Taylor, *The Gospel According to St. Mark*, 216; against, Morton Smith, "Comments on Taylor's Commentary on Mark", *HTR* 48(1955) 21-64, esp. p. 28; William L. Lane, *The Gospel According to Mark*(NICNT; Grand Rapids: Eerdmans, 1974) 114 n. 79; C. S. Mann, *Mark*(AB 27; Garden City, NY: Doubleday, 1986) 237. The debate revolves around whether the plucking of the grain really took place during an extended tour of Galilee in springtime, perhaps after the feast of Passover(so, e.g., Lagrange) or whether we must give great weight to two opposing considerations: (1) Palestinian grain can at times ripen early in spring(hence before Passover), especially in the Jordan Valley; (2) there is no reason why this incident could not have taken place historically on the way up to Jerusalem for Passover. However, if we are asking simply about the impression that *Mark* creates in his presentation of the ministry (a distinction many of the older authors do not make), the mention of springtime circumstances early in the Galilean ministry does give one the impression, within Mark's literary work, of a ministry that extends over more than one year.

The mention of green grass in 6:39 is likewise ambiguous as a time indicator: (1) while green grass would usually denote springtime, some green grass could remain in sheltered areas or along the lakeside into summer, or sprout up as early as November (though Mark states that the area was "desert"[6:31, 35]); (2) the green grass could be merely a symbolic touch. However, in the same basic story, John 6:4, 10 independently notes that "Passover was near" and that "there was much grass in the place." Hence the detail may indeed be meant to indicate a springtime ministry in Galilee, reinforcing, *at least on the literary level of Mark's redaction*, i.e., on the level of Mark's story read in order and as a whole, the impression of 2:23.

In sum, it is one thing to say that Mark's presentation of the ministry can be fitted into one year and does not demand more than one year; that is true. It is quite another thing to say that Mark's presentation *demands* that Jesus' ministry last only one year and therefore excludes a multiyear ministry; that is not true. Obviously, it is still quite another thing to move from Mark's literary presentation to a decision about historicity.

16 See the cautious statement of Brown(*The Gospel According to John*, 1. XLIX-LI), who notes that, since John's Gospel explicitly denies that it is giving a full account of all Jesus did during his ministry(John 20:30), there "is no real reason why one cannot postulate a four- or five-year ministry."

17 Herod was appointed king by Mark Antony and Octavian(the future Caesar Augustus) in 40 B.C. However, he did not effectively begin his reign as king of the Jews until he captured Jerusalem in 37 B.C. Strictly speaking, Luke 1:5 tells us only that the parents of the Baptist lived during Herod's reign. But obviously the chronological note intends to date not their lives as a whole (if they were so advanced in years, they must have lived part of their lives before Herod's reign) but rather the birth of the Baptist, which occurred, according to Luke, some six months before the birth of Jesus. While these last details are questionable, the main point remains: Luke does intend to date the birth of Jesus during the reign of King Herod, and this agrees with the statement of Matthew, who explicitly places Jesus' birth during Herod's reign. The agreement of Luke's oblique reference and Matthew's direct dating is itself significant.

18 The attempts by a few historians to prove that Herod the Great died in some other year have not met with general acceptance. For example, W. E. Filmer("The Chronology of the Reign of Herod the Great", *JTS* 17[1966] 283-298) uses contorted arguments in an attempt to establish that Herod died instead in 1 B.C. As Timothy D. Barnes points out very well("The Date of Herod's Death", *JTS* 19[1968] 204-209), Filmer's thesis collides with two major pieces of evidence: (1) Herod's successors all reckoned their reigns as beginning in 5-4 B.C. (2) The synchronisms with events datable in the wider context of the history of the Roman Empire—synchronisms made possible by Josephus' narrative of the circumstances attending Herod's death—make 1 B.C. almost impossible to sustain. Barnes goes on to suggest that perhaps December of 5 B.C. may be a better candidate for the date of Herod's death than March/April of 4 B.C. As is the case with other alternatives, this innovation has not met with general approval.

The question of Herod's death is taken up once more in a number of essays in the *Chronos, Kairos, Christos* volume edited by Vardaman and Yamauchi. Ernest L. Martin("The Nativity and Herod's Death", 85-92) revives the theory that Herod died in 1 B.C., with Jesus' birth placed in 3 or 2 B.C. This does not receive support from the other contributors to the volume who address the same issue. Douglas Johnson("'And They Went Eight Stades Toward Herodeion'", 93-99) defends the traditional date of 4 B.C. for Herod's death, pointing out that Martin has mistranslated a key text concerning Herod's funeral in *Ant.* 17.8.3 §199. Harold W. Hoehner("The Date of the Death of Herod the Great", 101-111) likewise champions 4 B.C. Paul L. Maier("The Date of the Nativity and the Chronology of Jesus' Life", 113-130) adds still another voice in favor of 4 B.C., though his further thoughts on the exact year of Jesus' birth betray an uncritical use of the Infancy Narratives.

(Indeed, most of the authors never face the critical questions addressed in Brown's *Birth of the Messiah.*) All in all, the scattered attempts to undermine 4 B.C. as the year of Herod's death must be pronounced a failure.

[19] "Newborn king of the Jews" or similar phrases are found in Luther's German translation, the NAB, the Revised NAB, and Brown, *Birth of the Messiah,* 165, 170. The RSV correctly translates: "Where is he who has been born king of the Jews?"(Matt 2:2). The New Revised Standard Version of 1989 follows this tradition by translating: "Where is the child who has been born king of the Jews?" For Herod to inquire about the exact time that the star had appeared (in order to be able to calculate the child's age) and then to fix the upper limit of the children to be killed at two full years of age implies that, at least in the mind of the storyteller, Jesus had not just recently been born.

[20] This makes perfect sense in Matthew's overall view of things in his Infancy Narrative: Joseph and Mary are permanent residents of Bethlehem and have no intention in the beginning of the story of going to Nazareth.

[21] If this be the case, the interminable arguments about which astronomical phenomenon should be identified with the "star of Bethlehem" are beside the point. Of course, as Brown notes(*Birth of the Messiah,* 171), some historical phenomenon remembered by Christians could have served as a catalyst for the present Matthean story. But that is another matter, and the vague memory of some celestial phenomenon would not aid us in deciding when Jesus was actually born or how old he was when Herod died. The "star of Bethlehem" would help us in our calculations only if the Magi story were taken quite literally as precise history.

[22] As Fitzmyer(*The Gospel According to Luke,* 1. 499) notes, Luke's use of the participle *archomenos* here is "cryptic." But from the parallel uses of the verb *archesthai* (or its cognates) elsewhere in Luke-Acts to denote the beginning of Jesus' ministry(Luke 23:5; Acts 1:1, 22; 10:37), it is clear that *archomenos* is being used here absolutely to mean "as he began his public ministry." It therefore does not mean "Jesus began to be about thirty years of age"(so the KJV). As is clear even in the English translation, the very precise "was beginning to be thirty years old" clashes hopelessly with the vague "about." See also Maier, "The Date of the Nativity", 121. Hence Vardaman's attempt("Jesus' Life: A New Chronology", 57) to bolster his strange theory that Jesus was born in 12 B.C. and died ca. A.D. 21 by translating Luke 3:23 as the KJV does goes contrary both to Lucan usage and to the natural sense of the verse taken in itself. Finegan(*Handbook of Biblical Chronology,* 273-275) at first treats both the KJV translation and the translation espoused here equally; but in the end he inclines toward the KJV(see his conclusion on p. 300). It is symptomatic of his whole book that he never investigates the use of *archesthai* in Luke-Acts as does Fitzmyer.

[23] How Luke knew or calculated the number thirty is not clear. Schürmann(*Lukasevangelium,* 1. 199) suggests that Luke may have deduced the number from 2:2 and 3:1. Yet, granted that Luke is most probably mistaken about the census under Quirinius, what year 2:2 represented in Luke's mind is far from clear; nor are we completely sure what year

Luke understood by the "fifteenth year of Tiberius." Schürmann also suggests that the number thirty refers to the age of King David when he assumed the throne(2 Sam 5:4 [2 Kgdms 5:4] *huios triakonta etōn*). That is possible, and yet 3:23 is used to introduce a genealogy that plays down the theme of "royal son of David" in favor of the theme of "the new Adam" who comes directly as son from God(3:38). Note that, while Matt 1:1-17 traces Jesus' descent through the sons of David who actually reigned on the throne of Judah, Luke pointedly traces Jesus' lineage through sons of David who did not reign. One might also wonder why, if Luke was not constrained by some tradition, he did not make Jesus' age exactly thirty so that it would coincide perfectly with David's at the time of his accession. Fitzmyer(*The Gospel According to Luke,* 1. 499) rightly rejects Davidic and other possible OT allusions(e.g., Joseph's age in Gen 41:46 or the adult age at which Levites begin to serve in the tent in Num 4:3); such allusions would be farfetched in this context. Still more esoteric would be the idea that Joshua(=Jesus) son of Nun was thirty years old at the time of the exodus. The weakness of this supposed allusion is that the OT never says expressly that Joshua was thirty at the exodus Rather, one must count back from Joshua's age at the time of his death(a hundred and ten, as stated in Josh 24:29) through the generation of the settlement in Canaan(traditionally reckoned as forty years) and the generation of the wandering in the wilderness(likewise traditionally reckoned as forty years) to arrive at thirty. Another weakness of this suggestion is that Luke refers the word *exodos* not to the beginning of Jesus' ministry but to the entire event of his death, resurrection, and ascension(see Fitzmyer, *The Gospel According to Luke,* 2. 800).

24 The paradox that Jesus was born sometime before 4 B.C. is due to the fact that our present system of designating years B.C.("before Christ") and A.D.("anno Domini", "in the year of the Lord [Jesus]") comes from the monk Dionysius Exiguus. In the first half of the 6th century A.D., Dionysius suggested that Christians should count years from the birth of Christ, and not from the reign of the Emperor Diocletian(a notorious persecutor of Christians)—to say nothing of counting from the traditional date of the founding of the city of Rome(A.U.C. [*ab urbe condita,* from the founding of the city], which would be 753 B.C. in our system of reckoning). Unfortunately, Dionysius' piety was better than his arithmetic. He miscalculated the year of Herod's death (thus foreshadowing the views of some 20th-century exegetes) and hence the year of Jesus' birth. Dionysius thought that A.D. 1 was equivalent to 754 A.U.C.; he was off by at least four years, since Herod died in 750 A.U.C.

25 See the Latin text in *Irénée de Lyon. Contre Les Hé s. Livre II. Tome II. Texte et Traduction*(SC 166; ed. A Rousseau and L. Doutreleau. Paris: Cerf, 1982) 224-227.

26 Cf. the similar interpretation in Schnackenburg, *Das Iohannesevangelium. II. Teil,* 299. Barnabas Lindars(*The Gospel of John*[NCB; Grand Rapids: Eerdmans, 1972] 335) is quite right in taking fifty as a "round number" that is not to be pressed. Contrary to Ernst Haenchen(*John*[Hermeneia; 2 vols.; Philadelphia: Fortress, 1984] 2. 29 and 1. 184-185), he is also right in thinking that the number fifty has nothing to do with the number forty-six in 2:20.

27 Similarly Hoehner, *Chronological Aspects,* 23.

[28] Finegan(*Handbook*, 275) is disappointing here. All he can do is weakly suggest that perhaps "even more latitude must be allowed in the interpretation of 'not yet fifty' than in the case of 'about thirty.'" Yet he never explains why this is so.

[29] See Max Zerwick, *Graecitas Biblica*(5th ed.; Rome: Biblical Institute, 1966) 84(#253). C. F. D. Moule(*An Idiom-Book of New Testament Greek*[2d ed.; Cambridge: Cambridge University, 1960] 11) calls this phenomenon the "constative" or "summary" aorist.

[30] Brown(*John*, 1. 116) combines these two possibilities under the rubric of the complexive aorist, "...summing up the whole process of building which is not yet completed." Brown finds a "perfect parallel" in the LXX of Ezra 5:16: "And from that time on until now [the Jerusalem temple] has been in the process of being built[N.B., *ǭkodomēthē*, the aorist of *oikodomeō!*] and has not [yet] been finished."

[31] Schürer, *The History of the Jewish People*, 1. 292 n. 12; Finegan, *Handbook*, 277-278; Brown, *John*, 1. 116. Making matters still more murky, however, Finegan understands the temporal reference in the *Antiquities* in a pluperfect sense and so thinks that Herod had actually entered upon his nineteenth year.

[32] Finegan, *Handbook*, 278-279.

[33] Hoehner(*Chronological Aspects*, 41) points out that work continued on the temple until the procuratorship of Albinus(A.D. 62-64); cf. Josephus' statement in Ant. 20.9.7 §219.

[34] Brown, *John*, 1. 116; Schürer(*The History of the Jewish People*, 1. 292 n. 12) allows the Passover of either 27 or 28; Finegan(*Handbook*, 279) prefers the Passover of 27, *if* one accepts the interpretation that the act of building is still continuing. Such differences in calculation can easily occur in these chronological discussions, since it is not always clear, either in Josephus or in the Gospels, at what time of year an event is occurring, what calendar is being referred to, whether parts of years are being counted as whole years, and whether years are being counted inclusively(i.e., with both ends of the series being counted).

[35] For all that follows in the second and third solutions, see Finegan, *Handbook*, 279-280. Notice, though, that, for all the talk of the literal sense of the aorist, in effect this interpretation of the aorist makes it equivalent to a perfect tense: the act of building is over, but the effect of the action perdures into the present. Hence Hoehner(*Chronological Aspects*, 42) speaks of an "effective or perfective" aorist.

[36] Finegan argues this point in *Handbook*, 279-280. By examining various Johannine passages, he provides a more convincing argument than does Otto Michel, who simply affirms that "quite plainly... neither Jn. nor the NT takes naos in the strict sense for the temple proper"("naos", *TDNT* 4[1967] 884 n. 19). Michel goes on in the same note to observe that often Josephus uses naos and hieron without distinction(*J.W.* 6.2.1 §97 and §110), though at times he does distinguish between the two(*J.W.* 6.2.3 §121). Curiously, while Gottlob Schrenk admits that the NT at times observes the distinction, he flatly denies this in the case of John 2:19—though without any argumentation to support his point("hieron", *TDNT* 3[1965] 235).

37 While all this is perfectly true, we may wonder whether the evangelist, writing toward the end of the 1st century A.D., was aware of such chronological niceties.

38 See, e.g., J. A. T. Robinson, *The Priority of John*(Oak Park, IL: Meyer-Stone Books, 1987) 185.

39 See, e.g., Brown, *John*, 1. 118.

40 This problem is not addressed by Hoehner(*Chronological Aspects*, 42), who confidently uses John 2:20 to fix Jesus' first Passover in A.D. 30. But if the original cleansing took place just before Jesus' arrest and crucifixion, then John 2:20 argues for A.D. 30 as Jesus' last Passover(which for Hoehner is rather A.D. 33).

41 Adhering to the strict letter of the text of Luke 3:1-2, we must admit that the synchronism "dates" only the beginning of the ministry of the Baptist. However, I think Blinzler is quite correct when he says(*Der Prozess Jesu*, 102): "In 3:1f. Luke obviously wants to date not only the appearance of the forerunner but also at the same time the appearance of Jesus himself. Indeed, he gives no further exact date for the beginning of the public ministry of Jesus; rather he restricts himself to a remark about the approximate age of Jesus(3:13)"(translation mine).

42 For the texts, see *Thucydides. History of the Peloponnesian War*(LCL; 4 vols.; ed. C. F. Smith; Cambridge, MA: Harvard; London: Heinemann, 1962-1965) 1. 258-259; *Polybius. The Histories*(LCL; 6 vols.; ed. W. R. Paton; Cambridge, MA: Harvard; London: Heinemann, 1922-1927) 1. 6-7. Luke's synchronism is closer to Thucydides' than to Polybius'.

43 The text of 1 Macc 1:10 may not at first look like much of a parallel. But the author has an introductory biographical narrative precede a date that fixes events in Israel by the reign of a pagan monarch ruling outside Israel, and the date makes a glancing reference to Rome. There is therefore a vague resemblance in structure and content to Luke 1-2 preceding Luke 3:1-2.

44 It is with such texts that a purely modern literary-critical approach to the Gospels, intent on avoiding the "referential fallacy", runs into trouble. Luke is here simply making explicit what all the Gospels are implicitly doing: namely, putting forth truth claims about certain events that occurred (from the perspective of the evangelists) in recent human history. These truth claims may or may not, in actual fact, be true. But a critical method that cannot come to grips with the basic claims inherent in the Gospel literature is missing a good deal of what the Gospels as 1st-century Greco-Roman religious propaganda were all about.

45 The very positioning of *pentekaidekatǭ* as the first significant word in 3:1 highlights its importance: en etei de *pentekaidekatǭ*....

46 For our purposes, we may safely leave aside the possibility of part of the year 25 coming into play, since the synchronism with Pilate's rule does not allow a date earlier than 26 for the appearance of the Baptist.

47 I. H. Marshall, *Luke*, 133; Hoehner, *Chronological Aspects*, 31-32.

48 This tells against Finegan's preference for the fifteenth year of Tiberius equaling A.D. 26, based on a computation from Tiberius' coregency(*Handbook*, 300-301). Curiously, Finegan(p. 272) nevertheless notes that Josephus uses *hēgemonia*(the very word Luke 3:1 uses of Tiberius' rule) to refer to the passing of imperial rule to Tiberius upon Augustus' death(*J.W.* 2.9.1 §168). While hardly probative in itself, this detail joins other data in pointing in the direction of computation from Augustus' death in Luke 3:1.

49 This is rightly stressed by both Marshall(*Luke*, 132) and Fitzmyer(*The Gospel According to Luke*, 1. 450, 452).

50 For a quick survey of views, see Fitzmyer(*Luke*, 1. 57), who also mentions Caesarea and the Decapolis. I would agree with Fitzmyer that the Gospel was certainly not written in Palestine.

51 The address *kratiste* in Luke 1:4 is an indication that Theophilus—be he real or fictional—is to be conceived of as socially respected and probably well off, and possibly even a Roman official(see Fitzmyer, *Luke*, 1. 300).

52 Finegan, however, does consider the use of the Jewish calendar a serious possibility in his *Handbook*, 272-273. Hoehner(*Chronological Aspects*, 34) rightly rejects the likelihood of its use.

53 Finegan notes cases in which Tacitus and Suetonius use the accession-year system for Tiberius(*Handbook*, 273).

54 These and other possibilities are spelled out at great length with the help of tables in Finegan, *Handbook*, 259-273.

55 It is interesting to note that many authors, despite the great differences in the arguments employed, gravitate toward A.D. 28 as the most likely year for the beginning of John's ministry; so, e.g., Holzmeister, *Chronologia*, 82; and apparently Ogg, *Chronology*, 276-277.

56 The year 29 is preferred by Hoehner(*Chronological Aspects*, 37). Following the Syrian calendar, Blinzler(*Der Prozess Jesu*, 102) suggests that Jesus began his ministry probably at the beginning of 28, or at the latest the beginning of 29.

57 Hoehner(*Chronological Aspects*, 95-96) gives a brief overview of all the theories proposed in modern times, from the serious to the silly(Eisler proposed A.D. 21 as the year of Jesus' death, while Theodor Keim, Kirsopp Lake, and Hugh J. Schonfield pushed it to the spring of 35 or 36). The very late dating results from undue stress being given to the fact that Josephus mentions the Baptist's death in relation to Antipas' defeat by King Aretas IV in A.D. 36 or 37(*Ant.* 18.5.1 §116). But Josephus simply states that "it seemed to some of the Jews" that Antipas' defeat was divine punishment for his execution of the Baptist. Granted Josephus' sloppy ordering of events in the latter part of the *Antiquities*, no chronological conclusion can be drawn concerning the date of the death of the Baptist(which the Gospels place before the death of Jesus). This point is missed by Nikos Kokkinos, "Crucifixion in A.D. 36: The Keystone for Dating the Birth of Jesus", *Chronos, Kairos, Christos*, 133-163. In a more serious vein, the years 27, 28, 29, 30, 32,

and 33 have all had noted champions.

58 The use of *paraskeuē*, which occurs in pagan literature in the general sense of preparation, to mean the day of preparation for a feast, and specifically for the Sabbath, is found in Josephus(*Ant.* 16.6.2 §163). Note that, since *paraskeuē* could be the preparation day for some special annual feast(e.g., John 19:42, *paraskeuē tou pascha*), Mark strives to be precise by specifying that the paraskeuē he is referring to is the day before the Sabbath, the *prosabbaton*. We have here a typical example of the stylistic trait known as "Marcan duality."

59 Note the succession of time indications in Mark: *kai opsias genomenēs* for the beginning of the Last Supper(14:17), the first and second cockcrow in the scene of Peter's denial(14:68, 72), the decision to hand Jesus over to Pilate *prōi*(15:1), crucifixion at the third hour(15:25), darkness from the sixth to the ninth hour(15:33), and Jesus' cry at the ninth hour, followed soon by his death(15:34-37); finally there is the burial when it was evening on the *paraskeuē*, that is, the *prosabbaton*(15:42).

60 For Matthew's dependence on Mark, see the exhaustive study by Donald P. Senior, *The Passion Narrative According to Matthew*(BETL 39; Leuven: Leuven University, 1975). For Luke, see Fitzmyer, *Luke*, 2. 1365-1366. Fitzmyer allows that Luke also evinces a heavy use of special L material. My own opinion on these matters is slightly different. On the one hand, contrary to Senior's view, I would hold that Matthew at times uses special M traditions in his Passion Narrative, though he stays closer to Mark than does Luke. On the other hand, I think the work of Marion L. Soards and Frank J. Matera should make one cautious about positing large amounts of pre-Lucan oral or written traditions in Luke 22-23. Much of what is not found in Mark may come from Luke's creative redaction. See Marion L. Soards, *The Passion According to Luke. The Special Material of Luke 22*(JSNTSup 14; Sheffield: JSOT, 1987); and Frank J. Matera, "The Death of Jesus According to Luke: A Question of Sources", *CBQ* 47(1985) 469-485. Obviously, therefore, I would not accept the theory that there was a non-Marcan, pre-Lucan Passion Narrative that Luke drew upon in addition to Mark. For such a theory(usually propounded as part of a larger Proto-Lucan theory), see Vincent Taylor, *The Passion Narrative of St Luke. A Critical and Historical Investigation*(SNTSMS 19; ed. Owen E. Evans; Cambridge: Cambridge University, 1972); cf. Joachim Jeremias, "Perikopen-Umstellungen bei Lukcas?" *Abba*, 93-97. For reasons for rejecting the Proto-Luke hypothesis, see Fitzmyer, *Luke*, 1. 89-91.

61 On this point, see Dodd, *Historical Tradition*, 21-151; and Brown, *John*, 2. 787-791. Two attempts to reconstruct what the Johannine passion source would have looked like can be found in Robert Tomson Fortna, *The Fourth Gospel and Its Predecessor* (Philadelphia: Fortress, 1988) 149-186; and Urban C. von Wahlde, *The Earliest Version of John's Gospel* (Wilmington, DE: Glazier, 1989) 133-150.

62 We should note an intriguing difference: while Mark uses the word *parasleuē* to introduce his story of the burial of Jesus, John employs it one pericope earlier, to introduce the reason why Jesus' body was pierced rather than broken. In a sort of inclusion, John then repeats *paraskeuē* at the end of the story of the burial.

63 Qumranites and perhaps certain other Jewish sectarians used a solar calendar that differed from the lunar calendar then in use in the Jerusalem temple; they differed from "mainstream" Judaism in various liturgical matters. See Geza Vermes, *The Dead Sea Scrolls. Qumran in Perspective*(Philadelphia: Fortress, 1977) 175-177.

64 Literally, "from the ninth to the eleventh hour." Finegan(*Handbook*, 13-14) lists the various prescriptions for the time of the Passover sacrifice in both the Mishna and Josephus. As one would expect, the Mishna makes various detailed distinctions. Interestingly, it considers the special case of the eve of Passover falling on a Friday. In that case the Passover lambs were to be slaughtered after the daily evening offering was made at 1:30 P.M.; see *Pesaḥ*. 5:1. Philo, on the other hand, speaks in more general terms of the slaughtering of the lambs "from noon until evening"(*De Specialibus Legibus* [*The Special Laws*] 2.27.145); this idea is echoed in later rabbinic discussions. In my opinion, Finegan reasonably concludes that Josephus represents the standard practice of the Jerusalem temple in the 1st century A.D. Yet the specifications in *Pesaḥ*. 5:1 retain an importance for those who favor the Johannine chronology.

65 This reckoning of the day from evening to evening apparently replaced an older method of reckoning from morning to morning. The change seems to have occurred sometime between the end of the Israelite monarchy and the age of Nehemiah; see Roland de Vaux, *Ancient Israel. Its Life and Institutions*(2d ed.; London: Darton, Longman & Todd, 1965) 182. Finegan(*Handbook*, 290-291) tries to solve the differences between the Synoptic and Johannine passion chronologies by suggesting that the Galilean Jesus reckoned the festival days according to the older method of counting from morning to morning, while the temple authorities counted from evening to evening. Besides being a gratuitous assumption, this theory does not explain how Jesus obtained a Passover lamb for a Passover meal in Jerusalem by Thursday evening (according to the Synoptics), if John is correct in telling us that the Passover lambs were being slain in the temple on Friday.

66 Translation by O. S. Wintermute in *The Old Testament Pseudepigrapha*(2 vols.; ed. James H. Charlesworth; Garden City, NY: Doubleday, 1983, 1985) 2. 140. Wintermute dates *Jubilees* around 161-140 B.C.(p. 44) and considers its provenance to be Hasidic or Essene(p. 45). Although the book may display Essene tendencies, it seems to have been written before the definitive split between the Essenes and the Jerusalem authorities(pp. 48-49). While the solar calendar of *Jubilees* differed from the lunar calendar used in the Jerusalem temple of Jesus' day, there is no indication that the custom of reckoning the beginning of liturgical days from sundown was a point of dispute.

67 The phrase probably reflects the Hebrew *'ereb pesaḥ*, "the vigil[i.e., the day before] Passover"; see Brown, *John*, 2. 882.

68 Note, by the way, that, alone among NT authors, John displays two different liturgical applications of the word *paraskeuē*: (1) used absolutely, it means Friday as the preparation for the Sabbath(19:31); (2) used with tou pascha, it means the fourteenth of Nisan, the day of preparation for Passover(19:14). In this, John correctly reflects the flexibility of the Hebrew *'ereb*.

69 However, the adjective "great" could also be applied to the Sabbath that fell during Passover week since, in Pharisaic tradition, it was the day for offering sheaves; see Brown, *John*, 2. 933; Str-B, 2. 847-848; cf. Lev 23:9-14.

70 The entire excursus on the day of Jesus' death is found in Str-B, 2. 812-853; Billerbeck's own solution is found on pp. 847-853. His reasoning, besides being talmudic in more than one sense, proceeds from the naive supposition that the Synoptic tradition is to be identified wholly with the tradition of that will-o'-the-wisp, the *Urgemeinde*. There is a painful lack of any sense of the diversity present in the earliest streams of NT tradition.

71 On the Boethuseans, see Joachim Jeremias, *Jerusalem in the Time of Jesus*(London: SCM, 1969) 194-195.

72 This is likewise the gist of the criticism of Billerbeck's theory by Jeremias, *Eucharistic Words of Jesus*, 23-24. Dockx(*Chronologies*, 25) develops a subtle argument against Billerbeck: Mark 14:1 presents "the high priests and the scribes"(representing the whole Sanhedrin) as hatching a plot to arrest Jesus. This whole scene is put under the introductory rubric: "Now it was the Passover and the [feast of] unleavened bread after two days." Mark thus places the Passover on Friday and this meeting on Wednesday (or, less likely, Thursday), and all the Jewish authorities in this scene—and throughout the Passion Narrative—seem to march together according to the calendrical indications given here. Yet the "scribes" in the Sanhedrin certainly included at least some, if not many, Pharisees. Hence, not only does Mark give no indication of a difference between Sadducees and Pharisees in computing the date of Passover; what Mark does say leaves the natural impression that both groups are counting the days in the same way.

73 Dockx, *Chronologies*, 26-28.

74 Of the drawing of arbitrary and unsubstantiated distinctions among Jewish groups in reference to Passover observance there is no end. Jeremias(*Eucharistic Words of Jesus*, 24) mentions another version of the Galilean-Judean distinction, which he attributes to J. Pickl. Still another version can be found in Fritz Chenderlin, "Distributed Observance of the Passover—A Hypothesis", *Bib* 56(1975) 369-393; and "Distributed Observance of the Passover. A Preliminary Test of the Hypothesis", *Bib* 57(1976) 1-24. Hoehner (*Chronological Aspects*, 87) creates the dubious distinction between Galileans and Pharisees on the one hand and Judeans and Sadducees on the other. In a somewhat different vein, Massey H. Shepherd, Jr.("Are Both the Synoptics and John Correct about the Date of Jesus' Death?" *JBL* 80[1961] 123-132) suggests that John was following the Palestinian mode of reckoning, while Mark, reflecting the tradition of his church in Rome, followed the reckoning customary in the Diaspora. Massey gives the best refutation of his own theory when he asks rhetorically(p. 131): "What do we know, however, about Jewish calendar systems in the Dispersion? Very little.... Of the synagogal usage at Rome, we know nothing."

75 Jaubert, *La date de la cène*. For the convenience of the reader, I will give citations according to the English translation, *The Date of the Last Supper*. Jeremias(*Eucharistic Words of Jesus*, 24-25) issues a salutary warning about our ignorance of many details of this solar calendar.

[76] Jaubert, *The Date of the Last Supper*, 48.

[77] Jaubert, *The Date of the Last Supper*, 69-76. Jeremias(*The Eucharistic Words of Jesus*, 25) dismisses her use of the Didascalia by arguing that "the strange passion week chronology first found in the Didascalia is a secondary development out of the fasting practice of the Church...."

[78] Jaubert, *The Date of the Last Supper*, 111-112.

[79] Jaubert, *The Date of the Last Supper*, 97-98.

[80] Actually, as she develops her thesis, Jaubert feels the need to posit an intermediate kind of calendar, a solar calendar that had been somewhat assimilated to the lunar calendar. Only thus will her hypothesis work smoothly. One of course becomes wary when hypothetical entities have to be multiplied to explain the data adequately.

[81] For a critique of Jaubert's picture of Jesus using an Essene calendar, as well as for more general criticism of Jaubert's theory, see Raymond E. Brown, "The Problem of Historicity in John", *New Testament Essays*(Garden City, NY: Image Books, Doubleday, 1968; originally 1965) 187-217, esp. 207-217. Brown, it should be noted, has done detailed research on the Qumran documents and has not been loath to see certain parallels between Qumranite and Johannine theology.

Eugen Ruckstuhl has attempted to support Jaubert's hypothesis by stressing Jesus' connections with the Essenes and suggesting that in Jesus' time the Essenes had their own separate part of the Jerusalem temple in which they could observe the liturgy and offer sacrifice through their own priests and according to their own calendar. According to Ruckstuhl, Jesus, who opposed the Pharisees and the Sadducees but who felt a certain affinity to the Essenes, followed their calendar for the Last Supper. For this theory, which has no solid basis in the literature of the time and has not found wide support among scholars, see his *Chronology of the Last Days of Jesus. A Critical Study*, esp. 97-101, 117-124. Jaubert herself does not accept the idea that, at the time of Jesus, the Sadducean priests in the Jerusalem temple would have allowed the Essenes to immolate their own lambs in the temple on a different date of Passover. She proposes instead a "secret" celebration of Passover in a private house; see her article, "Jésus et la calendrier de Qumrân", *NTS* 7(1960-1961) 1-30, esp. 25.

A careful consideration and rejection of the theories of both Jaubert and Ruckstuhl can be found in Blinzler, *Der Prozess Jesu*, 109-126.

[82] Jaubert, *The Date of the Last Supper*, 97-98. She bases her theory of a gloss on the fact that the difficult clause does not appear in Matthew. Her whole defense thus rests on an unlikely reading of the Synoptic relationships. The weakness of the gloss theory is noted by Dockx, *Chronologies*, 24-25. He goes on to observe that the various references in the Synoptics to eating the pascha can only mean eating the Passover lamb.

[83] Jaubert, *The Date of the Last Supper*, 163 n. 4: "...it may be questioned whether, in many cases, a ritual of unleavened bread was not sufficient for the celebration of the Pasch. This solution appears the most likely for the Supper of Jesus."

84 Walter Bauer places the use of the impersonal verb *dei* in Luke 22:7 under the rubric of necessity "from the force of Law or custom"; see Walter Bauer, *Griechisch- deutsches Wörterbuch zu den Schriften des Neuen Testaments und der frühchristlichen Literatur*(6th ed.; ed. Kurt and Barbara Aland; Berlin/New York: de Gruyter, 1988) col. 343.

85 Here I obviously disagree with the claims of Jeremias, *Eucharistic Words of Jesus*, 79-81; and even to a certain degree with Brown, John, 2. 556. My reasons for disagreeing with Jeremias will be given below.

86 Jaubert sought to refine her thesis and defend it against attacks in "Jésus et la calendrier de Qumrân"; "Les séances du sanhédrin et les récits de la passion", *RHR* 166(1964) 143-169 and 167(1965) 1-33; and "Le Mercredi où Jésus fut livré", *NTS* 14(1967-1968) 145-164. She made no substantive change in her thesis in these articles; and, in my opinion, she never adequately answered the basic objections raised against her hypothesis.

87 Jeremias, *Eucharistic Words of Jesus*, 15-84; Blinzler, *Der Prozess Jesu*, 102-103; Brown, *John*, 2. 555-558, 787-802. One reason why Jeremias is such a passionate champion of the Passover nature of the meal is that otherwise his whole approach to the eucharistic words of Jesus is undermined.

88 Jeremias, *Eucharistic Words of Jesus*, 76-79.

89 I purposely use this vague phraseology to avoid becoming entangled in the vexed question of whether, at the time of Jesus, the Jerusalem Sanhedrin enjoyed the right to impose and/or inflict the death penalty in the general run of capital cases. We shall have to investigate this question when we come to the treatment of the Passion Narratives in Volume Two of this work.

90 Jeremias(*Eucharistic Words of Jesus*, 78) tries to defend himself by claiming that the Mishna, while forbidding the Sanhedrin to sit in judgment on a feast day(*m. Beṣa* 5:2; cf. Philo *De migratione Abrahami*[*On the Migration of Abraham*] 16.91), also forbade criminal processes on the day of preparation for a feast(*m. Sanh.* 4:1). But there is a basic weakness in his argument. Many of those who prefer the Johannine chronology also interpret John as narrating not a formal session of the Sanhedrin in John 18:13-14, 19-24, 28, but only an informal hearing before Annas and/or Caiaphas before he/they handed Jesus over to Pilate. All Jeremias can say at that point is, "I am sure that John 18:24, is intended to describe an official hearing at which... the High Council[=Sanhedrin] is present"(p. 78 n. 4). His being sure is not enough; the text indicates otherwise. Moreover, it is not simply a question of whether this event or that event could have happened on Passover Day. One must face the larger question of whether it is likely that a whole chain of events (the arrest of Jesus, the convening of the Sanhedrin, the hearing of a capital case, the verdict that Jesus deserved to die, and the handing of Jesus over to Pilate with the request that he be put to death on the same day) could or did actually occur in the night and early morning hours of one Passover Day. When the question is posed in that way, I think that John presents the more historically probable scenario.

91 Frans Neirynck, *Duality in Mark. Contributions to the Study of the Markan Redaction* (BETL 31; Leuven: Leuven University, 1972) 45-46, 49; and see 14:1 and 12 in the Greek

text of Mark, set in outline form, that concludes the book. (*Duality in Mark* is made up of three essays that first appeared in the 1971 and 1972 volumes of *ETL.*) Neirynck remarks on duality in temporal expressions in Mark: "...we are faced here with one of Mark's most characteristic features of style."

92 In favor of the origin of 14:1a in a secondary or redactional stage of the tradition, see Bultmann, *Geschichte,* 300; Dibelius, *Formgeschichte,* 181; Taylor, *St. Mark,* 527; Eduard Schweizer, *Das Evangelium nach Markus*(NTD 1; 2d ed.; Göttingen: Vandenhoeck & Ruprecht, 1968) 163-165; Walter Grundmann, *Das Evangelium nach Markus*(THKNT 2; 6th ed.; Berlin: Evangelische Verlagsanstalt, 1973) 275; Mann, *Mark,* 552. Pesch(*Das Markusevangelium,* 2. 319) is almost alone in thinking that everything from Mark 14:1 onward is a complete pre-Marcan Passion Narrative into which Mark has inserted nothing of his own.

93 Jeremias, *Eucharistic Words of Jesus,* 92-93, 95-96.

94 See Schweizer(*Markus,* 169-170), who lists the following reasons for seeing 14:12-16 as a late addition to the Passion Narrative: (1) Four times in the one pericope(vv 12, 13, 14, 16) the phrase "the disciples" is used to describe the inner circle of Jesus. In the surrounding context, the descriptive phrase is rather "the Twelve"(so vv 10, 17, 20, 43; "disciples" appears again only at v 32). (2) Despite attempts at saving its accuracy, the introductory time indicator in v 12, "on the first day of the unleavened bread, when they were accustomed to sacrifice the Passover lamb", most likely betrays an author not completely at home with things Jewish. Strictly speaking, the day on which the lambs were sacrificed was the fourteenth of Nisan(which is what Mark means); the first day of the feast of the unleavened bread is rather the fifteenth of Nisan, which coincides with Passover Day proper. The examples of the loose application of "the first day of unleavened bread" to mean the fourteenth of Nisan are all much later(the two Talmuds; see Jeremias, *Eucharistic Words of Jesus,* 17 n. 2) and occur in learned rabbinic discussions; they can hardly be presupposed in the popular parlance of a 1st-century Christian, be he of Jewish or Gentile origin. If we do not accept Jeremias's escape hatch of a mistranslation(the words make perfect sense in Greek and simply display an inaccurate knowledge of things Jewish), the only conclusion to be made is that whoever composed 14:12a not only was not an eyewitness to the original events but also cannot be trusted to give us exact detailed chronological information about the Last Supper. Indeed, even Jeremias, who prefers the solution of a mistranslation, admits the possibility of a "faulty expression of a non-Jewish author"(*Eucharistic Words of Jesus,* 93). (3) The whole episode is lacking in John's Passion Narrative; this is another point that leads even Jeremias to see Mark 14:12-16 as a later addition. (4) The general structure of the story and whole parts of verses(14:13a, 16) echo the story of the finding of the donkey for Jesus' triumphal ride into Jerusalem in Mark 11:1-7, and the whole of Mark 14:12-16 may have been constructed on that model. Since Schweizer is quite aware that only Mark 14:12-16 explicitly depicts the Last Supper as a Passover meal, these considerations lead him to decide that the Johannine chronology is to be preferred. Other exegetes who think 14:12-16 is a later addition to the primitive passion tradition include D. E. Nineham, *Saint*

Mark(Pelican NT Commentaries; Harmondsworth: Penguin, 1963) 376; and Shepherd("Are Both the Synoptics and John Correct", 130), who lists other commentators who share this view.

95 See the discussion in Metzger, *Textual Commentary*, 173. Although the reading without "again"(*ouketi*) receives only a "C" rating("considerable degree of doubt"), nevertheless Metzger is right in declaring: "If the word[*ouketi*] were present originally, there is no satisfactory explanation to account for its absence" from a large number of early and good manuscripts.

96 Hence the addition of *ouketi* in later manuscripts does not distort but simply clarifies the meaning.

97 In favor of Lucan redaction("a new redactional arrangement by Luke") is Pesch (*Markusevangelium*, 2. 365-366), who considers the so-called Semitisms in Luke 22:15-16 to be taken over from Mark and who also points out clear Lucanisms in the text. Other proponents of Lucan redaction of Marcan tradition include Gerhard Schneider(*Das Evangelium nach Lukas*[Ökumenischer Taschenbuchkommentar zum Neuen Testament, 3/1-2; Gütersloh: Mohn; Würzburg: Echter, 1977] 2. 444) and A. R. C. Leaney(*The Gospel According to St. Luke*[Black's NT Commentaries; 2d ed.; London: Black, 1966] 267). An earlier proponent of this view was Emmanuel Hirsch, *Frühgeschichte des Evangeliums* (2 vols.; Tübingen: Mohr [Siebeck], 1941) 2. 255-257; while I agree with his basic point, I would not follow his theories on Marcan sources and Lucan redactional intent.

In seeing Luke 22:15-16 as Lucan redaction, I differ from Fitzmyer(*Luke*, 2. 1386-1387), who follows the opinion of Heinz Schürmann. Schürmann has dealt with the Lucan version of the Last Supper in a number of writings. Perhaps his most influential work on the subject is found in the two volumes, *Der Paschamahlbericht. Lk 22, (7-14.) 15-18*(NTAbh 19/5; 2d ed.; Münster: Aschendorff, 1968, originally 1952); and *Der Einsetzungsbericht. Lk 22, 19-20*(NTAbh 20/4; Münster: Aschendorff, 1955). The point at issue here is treated in *Der Paschamahlbericht*, 1-74. He gives a list of scholars opposing and favoring Luke's dependence on Mark on p. 1 nn. 1 and 2. On p. 74, Schürmann summarizes his position: "...Luke 22:15-18 presents a piece of tradition that is literarily independent of Mark 14:25 and is slightly redacted by Luke; Mark 14:25 and its parallel in Matthew witness only in fragmentary fashion to this piece of tradition"(translation mine).

One should note, however, that Schürmann's judgment on 22:15 by itself is more reserved(pp. 3-14). While he argues for pre-Lucan tradition redacted by Luke, it is telling that he waives any attempt to reconstruct the wording of the tradition; that, he says, would be a step backward into hypotheses that cannot be tested(p. 14). Actually, if one looks at Schürmann's data, it seems that there are very few if any elements in v 15 that could not be assigned to redaction. Schürmann's argument relies to a heavy degree on the general belief that Luke is conservative in handing on the words of the Lord and that examples of Luke's creation of such words are rare. It is this general thesis—in addition to the more specific views of Schürmann—that has come under greater scrutiny in recent years. In my opinion, Schürmann's conclusions on 22:15 are made highly questionable by the careful analysis of Soards, *The Passion According to Luke*; see esp. 45, 50, 116. On

p. 50 Soards states: "Luke created a new setting for the Markan material in 17a-18c by composing 15a-16c on the model of the dislocated Markan material."

98 Commentators debate whether *touto to pascha* in Luke 22:15 means the Passover lamb or the Passover meal, but this argument does not affect the question at hand.

99 I here take for granted the originality of the "longer text" of Luke 22:17-20; for a discussion, see Metzger, *Textual Commentary*, 173-177. The eucharistic traditions will be discussed in Volume Two. I may note here, though, that Luke's artistic reworking of Mark in terms of two groups of two words was apparently misunderstood by the scribe of Codex Bezae(D), who proceeded to omit all reference to the cup in the second group of words since he understood the cup word in the first group to be the eucharistic "consecration" of the cup. In my opinion, it was this scribal misunderstanding that led to the "shorter text." It is sobering to remember that Codex Bezae is the only manuscript in the entire NT Greek manuscript tradition to omit the longer text. It should also be noted that Fitzmyer(*Luke*, 2. 1388) feels confident enough about the longer reading to suggest that the *UBSGNT3*'s rating of "C" for the longer text be raised to a "B."

100 At times commentators will speak of a Passover tone, mood, or character visible in John's portrayal of the Last Supper. Insofar as John pointedly places the meal just before Passover(13:1), the Passover "tone", which indeed permeates the whole Gospel, is indisputable. But I deny that in John the meal itself has any characteristics that necessarily refer to Passover. I maintain that such an idea would not have crossed the minds of exegetes if they did not also know the Synoptic Last Supper in its present Marcan form.

101 Jeremias, *Eucharistic Words of Jesus*, 41-84.

102 See especially pp. 79-84 of his *Eucharistic Words of Jesus*.

103 Besides Passover, the options Jeremias considers are the *kidduš*(sanctification) meal for Sabbath and feasts, the *ḥăbûrâ*(fellowship) meals to fulfill a religious duty, and the ceremonial meals of the Essenes.

104 This is pointed out by Xavier Léon-Dufour, *Sharing the Eucharistic Bread. The Witness of the New Testament*(New York/Mahwah, NJ: Paulist, 1987) 307-308.

105 Since we will not be examining the historicity of the eucharistic narratives until much later on in this book, this argument must remain for now an ad hominem argument against Jeremias's approach. Jeremias wants the Last Supper to be a Passover meal because that will provide an explanatory framework for his interpretation of the eucharistic words and actions of Jesus. But if those words and actions are historical in some form or other, they burst any Jewish *Sitz im Leben* that might be proposed for them, be it *kidduš*, or *ḥăbûrâ*, or Essene meal, or Passover.

106 I stress that the argument I make here has nothing to do with the interpretation of *m. pesaḥ.* 8:6, which Jeremias discusses in his *Eucharistic Words of Jesus*, 73. In a sense, it is a shame that the discussion of this Mishna passage obscures the fact that Jeremias never does come to grips with the problem of the Barabbas incident.

107 While this is explicitly stated in the Marcan pericope of the preparation of the

Last Supper(Mark 14:12-16 + the transitional v 17), it must be inferred—correctly, in my opinion—from various statements in John(John 13:2, 4-5, 12, 30; 18:1). It is intriguing to note that, shorn of the all-decisive 14:12-16, the pre-Marcan Passion Narrative, very much like the Johannine, would intimate rather than specify the location of the Last Supper.

108 Other minor arguments could be adduced; but their value is more confirmatory, and so they should be considered only after we have made our decision on the basis of the main arguments. For example, proponents of both the Synoptic and the Johannine chronologies appeal to the relatively early statement of Paul in 1 Cor 5:7, where he exhorts the Corinthians to purge the sinful elements from their community, just as Jews would purge their houses of leaven before Passover: "Purge out the old leaven, that you may be a fresh batch [of dough], since you are [in fact] unleavened loaves. For indeed our Passover lamb has been sacrificed—namely, Christ!" Commentators sometimes suggest that Paul was writing this passage around the time of Passover/Easter, but that is pure speculation; for a detailed exegesis of 5:7, see Gordon D. Fee, *The First Epistle to the Corinthians*(NICNT; Grand Rapids: Eerdmans, 1987) 216-218.

What is of interest is that, as early as the mid-fifties, Paul, who does not in his own theology exploit the idea of Christ's death as a Passover sacrifice, mentions the idea in passing in a parenetic context. He apparently can presuppose that his Gentile converts understand the metaphor without any explanation. This implies that as early as the mid-fifties of the 1st century the idea of Christ's death as a Passover sacrifice was common Christian tradition. What is of greater importance to us is that the immediate context in 1 Corinthians 5 has nothing to do with the eucharist or the Last Supper, and so the natural reference of "our Passover lamb has been sacrificed—namely, Christ" is to the physical death of Christ on the cross. This comes close to the Johannine imagery of Christ's passion and death(e.g., John 18:28; 19:14, 29, 36) and to a chronology that puts Christ's physical death on the fourteenth of Nisan, when the Passover lambs were sacrificed in the temple. I repeat, however, that this argument is at best confirmatory.

109 I have spent a great amount of time choosing between the Synoptic and Johannine chronologies simply because these are the two presented in the Gospels and the two most scholars argue over. In theory, of course, it is possible that *both* Mark *and* John are wrong; we have already seen one version of this possibility in the position of Annie Jaubert—as well as the difficulties such an approach entails. Let us, though, for the sake of argument, spin out another scenario: The reason both Mark and John agree about a general Passover milieu is that Jesus did die during Passover week. The reason Mark and John disagree is that all either had was a vague memory about Passover, which each one developed according to his own theology. In fact, Jesus was put to death during Passover week, but a day or two after the fifteenth of Nisan.

Viewed in the abstract, such a theory is by no means impossible. But once we examine it more closely, it runs into some serious problems of both method and content. (1) As to method, we should consider a rough analogy from text criticism. Given a number of different readings in different manuscripts of the same text, text critics must use various criteria to decide which text is original. Sometimes elements of a number of different readings will be brought together to reconstitute what seems most likely to have been the original reading. Only in the rarest of cases, though, will all the extant readings be rejected in favor of a hypothetical reconstruction that is witnessed in none of the manuscripts or versions. That is allowable only when none of the extant readings enjoys solid arguments in favor of its being the original reading. By analogy, to create a scenario for the date of Jesus' death that is supported by none of the Gospel traditions and to prefer it over Gospel traditions that are by no means impossible brings us close once again to writing a novel. All controls are abandoned in favor of a fertile imagination.

(2) To pursue this methodological objection further: such an approach flies in the face of the criterion of multiple attestation. Precisely because Mark and John disagree so sharply on the dating of the Last Supper and Jesus' death, all the more striking is their agreement on the days of the week: the Last Supper was on Thursday evening and Jesus died on the next day, Friday. 1 Cor 11:23 gives very early independent confirmation of a "tight" succession of events, while 1 Cor 5:7 presupposes that first-generation Christians who knew neither the Gospel of Mark nor the Gospel of John would naturally understand Jesus' death as *the* Passover sacrifice—a metaphor that follows immediately after Paul's allusion in the same verse to the removal of leaven from Jewish houses prior to the Passover meal. In short, multiple attestation points to the historical truth of some key points of the Passion Narrative chronology that Mark and John do have in common. To dismiss them in favor of a scenario that is simply unattested in all the NT traditions is to forsake any scholarly investigation controlled by the criteria of historicity examined in Chapter 6. (These first two arguments of mine are equally valid against a theory that would want to push Jesus' death back a few days before the Friday designated independently by both the Johannine and the Synoptic tradition.)

(3) As to content, the hypothetical scenario sketched above may appear attractive at first glance. But in the long run it must face some of the same difficulties that confront the Marcan chronology. To take but one example: we have seen that the Barabbas incident, whether historical or not, goes back to an early pre-Marcan and pre-Johannine stage of the passion tradition. Two things should be noted about this tradition: (a) in all the Gospels it occurs in the narrative of Jesus' trial before Pilate, soon before Pilate condemns Jesus to execution; indeed, it would make sense nowhere else; (b) the Barabbas story makes sense only if the amnesty or pardon is being given so that an imprisoned Jew may take part in the Passover meal upon his release. Hence, early on, in both the pre-Marcan and pre-Johannine passion tradition there stood a story that makes perfect sense given the Johannine chronology and that creates difficulties for the Marcan chronology and likewise for a hypothetical scenario that places Jesus' execution sometime later in Passover week. Since this hypothetical scenario runs up against a number of the difficulties that render Mark's chronology unlikely, the Johannine chronology, in my view, remains preferable.

I readily admit that one must remain suspicious of a chronology that fits so neatly into John's theology(e.g., Jesus the true Passover lamb is condemned to death as the Passover lambs are about to be sacrificed in the temple). Yet, if we pushed this objection to the extreme, we should likewise reject the larger assertion that Jesus was put to a bloody death in Jerusalem on or just about Passover. It is this larger historical fact (which few would contest) that gave rise to much of the theologizing in all the various forms of the Passion Narrative. Such subsequent theologizing does not render doubtful the basic historical event that gave rise to the evangelists' reflections. The underlying problem is that the influence of history on theology and theology on history is a two-way street. My conclusion from all the arguments we have seen is that most likely certain historical events in the Passion Narrative either gave rise to or happened to coincide with specific theological concerns of the Fourth Evangelist.

110 See the discussion in Jeremias, *Eucharistic Words of Jesus*, 36-37.

111 See the sobering warning of Blinzler(*Der Prozess Jesu*, 108) against depending too much on arguments from astronomical calculations. Yet even he allows them a certain confirmatory role, after we have reached our position on other grounds. Similar warnings are issued by Roger T. Beckwith in his article, "Cautionary Notes on the Use of Calendars and Astronomy to Determine the Chronology of the Passion", *Chronos, Kairos, Christos*, 183-205. It is unfortunate that Beckwith proves to be so uncritical in his use of Gospel material in the last part of his article(pp. 198-205). Regrettably, this uncritical use of NT texts is even more evident in the article by Colin J. Humphreys and W. G. Waddington, "Astronomy and the Date of the Crucifixion", *Chronos, Kairos, Christos*, 165-181; note the bizarre use of Acts 2:14-21 to show that there was a lunar eclipse following the crucifixion. Perhaps the strangest article of all in this collection is the one that mixes a misreading of Josephus and astronomy to arrive at A.D. 36 as the year of the crucifixion; see Kokkinos, "Crucifixion in A.D. 36", *Chronos, Kairos, Christos*, 133-163.

112 One must be extremely cautious here, since different authors will quote different results from the calculations of different astronomers. Indeed, both astronomers and exegetes have at times modified their positions. For example, Jeremias went out of his way to emphasize that he employed a more cautious formulation of his views concerning possible years for Jesus' death when he revised the *Eucharistic Words of Jesus* for the third German edition(reflected in the English edition, pp. 39-40). The tentative nature of all these calculations must therefore be stressed.

113 Jeremias, *Eucharistic Words of Jesus*, 41.

114 April 7, 30, as the date of Jesus' death is supported by a wide range of scholars who take differing views on many other questions; see, e.g., Holzmeister, *Chronologia*, 205-215; Blinzler, *Der Prozess Jesu*, 101-108; Ruckstuhl, *Chronology*, 1-9; Dockx, *Chronologies*, 9-10, 28-29. Blinzler gives a lengthy list of authors who opt for various years; he himself claims that by far the majority of scholars choose A.D. 30. It should be noted that Jeremias(*Eucharistic Words of Jesus*, 41), who of course prefers the Marcan chronology and who earlier upheld A.D. 30, remains—in the third German edition of his book—undecided between 30 and 33, and does not exclude the possibility of 31. Finegan(*Handbook*, 298-301) allows for three possible schemas, the first two of which would place Jesus' death on Friday, April 7, 30, while the third would place it on April 3, 33. The first schema, which locates the beginning of Jesus' ministry in late A.D. 26, is the one that Finegan considers most probable.

115 Alfred Plummer(*The Gospel According to S. Luke*[ICC; 5th ed.; Edinburgh: Clark, 1922] 352) does draw the historical conclusion that this verse is evidence in the Synoptics for John's portrayal of Jesus' many visits to Jerusalem; similarly, though with various emphases, M.-J. Lagrange, *Evangile selon Saint Luc,* 395; Marshall, *Luke,* 575; Ellis, *Luke,* 190-191. Fitzmyer(*Luke,* 2. 1036) refers the rhetorical cry "how often!" simply to Jesus' "untold desires"; but Fitzmyer does not explain how Jesus could rightly complain that Jerusalem refused these ardent and frequent desires if there were no previous visits.

116 The *UBSGNT3* rightly reads *Ioudaias* and gives it a "B" rating("some degree of doubt", but fairly certain), since it has excellent early witnesses(p^{75}, Sinaiticus, Vaticanus) and the other candidates("synagogues of the Jews", "their synagogues", "synagogues of Galilee") are all obvious attempts to correct what is the more difficult reading, granted that Luke basically follows the Marcan outline of the public ministry and that he specifically presents Jesus returning "to Galilee" in 4:14. See Metzger, *Textual Commentary,* 137-138.

117 This is the interpretation given *Ioudaias* by Schürmann, *Lukasevangelium,* 1. 256 n. 268.

118 Hoehner(*Chronological Aspects,* 48-49) objects that, to find a two-year ministry in John, one must invert the order of Chapters 5 and 6. While it is true that some exegetes do invert the two chapters because of their own presuppositions, such an inversion is not necessarily tied to the idea of a two-year ministry, which is the natural impression the Fourth Gospel gives on any reading. As Hoehner himself admits(p. 55), the three-year ministry he champions demands that one read an extra Passover into John's Gospel where none is mentioned. To take the unnamed "feast of the Jews" in John 5:1 as Passover is arbitrary for a number of reasons: (1) The best critical reading (supported by p^{66}, p^{75}, Alexandrinus, Vaticanus, Bezae, and many other manuscripts) is "a feast of the Jews", not "the feast of the Jews." (2) Even if the reading were "*the* feast of the Jews", the feast could easily be tabernacles(cf. John's usage in 7:2, 10, 14, 37). (3) John is obviously at pains throughout his Gospel to emphasize the Passovers of Jesus' public ministry. That he would present Jesus working a major sign and delivering a weighty discourse in Jerusalem during a feast and yet not mention that the feast involved was Passover seems very unlikely. The vague "a feast of the Jews" would rather point to a minor observance, such as Purim. But obviously for the evangelist, whichever minor observance it may be, it is—unlike the major feasts—of no great importance to his theology.

To import another Passover into the Fourth Gospel, Finegan(*Handbook,* 283) appeals to Jesus' words in 4:35: "Do you not say: 'Four more months and then the harvest comes'?" Finegan reasons that, since the harvest referred to would come in April or May of the year, this saying should be situated in the preceding January or February. Hence another Passover, which is not otherwise mentioned in the Fourth Gospel, occurred after the one in Chapter 2 and before the one of Chapter 6. But this is to take part of a single verse out of context and press it beyond its proper intent. (1) The initial "Do you not say" implies that Jesus is quoting a proverb that the disciples might use to express the need for patience while waiting for a desired event that is still in the future but certain to happen within a relatively short time. For a similar introduction to a proverbial saying, see Matt 16:2(though the reading of the Greek text is dubious here; see Metzger, *Textual Commentary*, 41). In defense of the idea that a proverb is being cited in John 4:35, see Lagrange, *Saint Jean*, 118-119; Bultmann, *Das Evangelium des Johannes*, 144-145; Dodd, *Historical Tradition in the Fourth Gospel*, 394-395; Brown, *John*, 1. 173-174; Lindars, *John*, 195. While rejecting the idea of a proverb, Barrett(*The Gospel According to St. John*, 202) likewise rejects the use of the verse for chronological computations. He rather takes the "Do you not say...?" to mean "On the common reckoning, there is a four month interval between sowing and harvest." (2) If Finegan is engaged in the reconstruction of historical events in John 4, he has to explain why Jesus and his disciples are undertaking a difficult journey through hostile (Samaritan) territory precisely during the miserable rainy season of the Palestinian winter(January/February), when many roads would be nigh impassable—to say nothing of Jesus' needing to find a drink of water at a time when one would likely be inundated by torrents. Schnackenburg's comment is apropos: "The text cannot be used as a firm pointer for the chronology of Jesus's ministry"(*The Gospel According to St John*, 449).

119 This is essentially the position of Blinzler(*Der Prozess Jesu*, 103), though he leaves open the possibility of a ministry of three years and some months. It should be noted that the basic chronology I propose could be adopted by those who place the beginning of the Baptist's and Jesus' ministries somewhere in the latter part of A.D. 27. The only difference would be that more time could be allowed for the Baptist's ministry prior to his baptism of Jesus and for Jesus' early activity before the Passover of John 2.

120 William Wrede, *Das Messiasgeheimnis in den Evangelien*(4th ed.; Göttingen: Vandenhoeck & Ruprecht, 1969, originally 1901); Schmidt, *Der Rahmen der Geschichte Jesu*.

121 That, I think, is the basic flaw in such erudite works as John A. T. Robinson's *The Priority of John*; cf. Heinz Kruse, "Jesu Seefahrten und die Stellung von Joh. 6", *NTS* 30(1984) 508-530.

예수 시대의 팔레스티나
정치적 경계
서기 6~44년
주요 도로
기타 도로
데카폴리스의 도시들
요새
시리아
헤르몬산
파네아스
사렙타
티로
레오리스
카이사리아 필리피
(파네아스)
티로의
사다리
울라타
골란고원
페니키아
기스칼라
바타네아
갈릴래아
프톨레마이스
코라진
벳사이다 – 율리아스
라파나
카파르나움
가르멜 산
막달라
갈릴래아 호수
카나
세포리스
티베리아스
히포스
디온?
지중해
가배
나자렛
타보르산
야르무크강
아빌라
가다라
도라
이즈르엘
평야
나인
크로코딜리온
아그리피나
아르벨라
카이사리아
스키토폴리스
펠라
데카폴리스
나르바타
샤론평야
사마리아
살림
애논
세바스테
(사마리아)
게라사
에발산
아마투스
시카르
그리짐산
아폴로니아
야뽁강
안티파트리스
알렉산드리움
야포
아리마태아?
파셀리스
가다라
고프나
에프라임
페레아
필라델피아
리따(로드)
아르켈라이스
야브네
예리코
엠마오
(니코폴리스)
엠마오?
키프로스
베타람프타
(리비아스, 율리아스)
에스부스
예루살렘
베타니아
아스돗
유다
쿰란
베들레헴
히르카니아
메데바
아스칼론
헤로디움
마리사
벳수르
칼리로에
마케루스
아그리피아스
헤브론
가자
아스팔티티스 호수(사해)
엔가디
아르논강
이두매아
마사다
아레오폴리스
베르사베
말라타
나바테아
카라크모바
0
20 miles
0
20 km

예수의 직무 동안의 갈릴래아
티로
카이사리아 필리피
지중해
페니키아
세메코니티스 호수
티로의 사다리
기스칼라
시리아
요르단강
셀레우키아
프톨레마이스
갈릴래아
코라진
카파르나움
벳사이다 – 율리아스
타브가
겐네사렛
막달라
갈릴래아해
게르게사
시키미눔
요타파타
카나
티베리아스
히포스
가르멜산
세포리스
가배
나자렛
타보르산
야르무크강
키손강
가다라
나인
도라
아그리피나
테카폴리스
카이사리아
0
10 miles
0
15 km
스키토폴리스

헤로데 대왕의 가계

헤로데 대왕은 열 명의 아내를 두었다. 신약성경에 관심이 많은 이들에게 직접 관련된 아내들과 후손들만 여기에 나열한다.

b. = 출생
d. = 사망
r. = 통치
m. = 결혼
K. = 왕
E. = 지배자
T. = 분봉왕

헤로데 대왕
b. 기원전 73년경
d. 기원전 4년
m.

- 마리암네 1세(하스모니아가) d. 기원전 29년
  - 아리스토불루스 4세 d. 기원전 7년; m. 베르니케 1세
    - 헤로데(칼키스의)
      m. 베르니케 2세
      r. 칼키스 서기 41~48년(K.)
      d. 서기 48년
    - 헤로데 아그리파스 1세
      r. 기원 37년부터 왕으로서 필리포스와 리사니아스 영지 지배 – 서기 40년 안티파스의 영지 지배 – 서기 41~44년 유다와 사마리아 지배
      d. 서기 44년
    - 헤로디아
      m. (1) 헤로데 (필리포스로 잘못 불림)*
      (2) 헤로데 안티파스
- 마리암네 2세
  - 헤로데(필리포스로 잘못 불림)
    m. 헤로디아
    - 살로메 3세
      m. 필리포스
- 말타케(사마리아인)
  - 아르켈라우스
    r. 기원전 4년~서기 6년(E.)
  - 헤로데 안티파스
    m. (1) 아레타스 4세(나바테아 K.)의 딸
    (2) 헤로디아
    r. 기원전 4년~서기 39년(T.)
- 클레오파트라(예루살렘의)
  - 필리포스
    m. 살로메 3세
    r. 기원전 4년~서기 34년(T.)
    d. 서기 34년

*마르코복음서는 마리암네 2세의 아들 헤로데를 필리포스와 혼동한다. 이는 신약성경 학자들이 "헤로데 필리포스"를 헤로디아의 첫째 남편으로 (잘못) 말하도록 했다.

로마 군주들(황제들)의 통치 연도

유다, 사마리아와 이두매아의 총독들/지방장관들의 연대들과 비교하여

로마 군주들	총독들/지방장관들	연대
옥타비아누스(아우구스투스)	[총독들]	
31 B.C. (악티움 전쟁)	코포니우스	A.D. 6~9
27 B.C. (아우구스투스 호칭을 취함)	M. 암비비우스	9~12(?)
A.D. 14 (죽음)	안니우스 루푸스	11~15(?)
티베리우스		
14~27	발레리우스 그라투스	15~26
	본시오 빌라도	26~36
	마르켈루스	36~37
가이우스(칼리굴라)		
37~41	마룰루스	37~41(?)
클라우디우스	[유다인들의 회복된 왕국에 대한 아그리파 1세의	
41~54	다스림, 41~44]	
	[지방장관들]	
	C. 쿠스피우스 파두스	44~46
	티베리우스 율리우스 알렉산데르	46~48
	벤티디우스 쿠마누스	48~52
네로		
54~68	M. 안토니우스 펠릭스	52~60(?)
	포르키우스 페스투스	60~62(?)
	루케이우스 알비누스	62~64
	게시우스 플로루스	64~66
갈바, 오토, 비텔리우스		
(모두 69년에)		
	유다인의 봉기	66~70
베스파시아누스		
69~79		

약어 목록

1. Abbreviations of the Names of Biblical Books (with the Apocrypha)

Gen	Nah	1-2-3-4 Kgdms	John
Exod	Hab	Add Esth	Acts
Lev	Zeph	Bar	Rom
Num	Hag	Bel	1-2 Cor
Deut	Zech	1-2 Esdr	Gal
Josh	Mal	4 Ezra	Eph
Judg	Ps (pl.: Pss)	Jdt	Phil
1-2 Sam	Job	Ep Jer	Col
1-2 Kgs	Prov	1-2-3-4 Macc	1-2 Thess
Isa	Ruth	Pr Azar	1-2 Tim
Jer	Cant	Pr Man	Titus
Ezek	Eccl (or Qoh)	Sir	Phlm
Hos	Lam	Sus	Heb
Joel	Esth	Tob	Jas
Amos	Dan	Wis	1-2 Pet
Obad	Ezra	Matt	1-2-3 John
Jonah	Neh	Mark	Jude
Mic	1-2 Chr	Luke	Rev

2. Abbreviations of the Names of Pseudepigraphical and Early Patristic Books

Adam and Eve	Books of Adam and Eve
2-3 Apoc. Bar.	Syriac, Greek Apocalypse of Baruch
Apoc. Mos.	Apocalypse of Moses
As. Mos.	Assumption of Moses
1-2-3 Enoch	Ethiopic, Slavonic, Hebrew Enoch
Ep. Arist.	Epistle of Aristeas
Jub.	Jubilees
Mart. Isa.	Martyrdom of Isaiah
Odes Sol.	Odes of Solomon
Pss. Sol.	Psalms of Solomon
Sib. Or.	Sibylline Oracles
T. 12 Patr.	Testaments of the Twelve Patriarchs
T. Levi	Testament of Levi
T. Benj.	Testament of Benjamin, etc.
Acts Pil.	Acts of Pilate
Apoc. Pet.	Apocalypse of Peter
Gos. Eb.	Gospel of the Ebionites
Gos. Eg.	Gospel of the Egyptians

Gos. Heb.	Gospel of the Hebrews	*Magn.*	Ignatius, Letter to the Magnesians
Gos. Naass.	Gospel of the Naassenes	*Phld.*	Ignatius, Letter to the Philadelphians
Gos. Pet.	Gospel of Peter	*Pol.*	Ignatius, Letter to Polycarp
Gos. Thom.	Gospel of Thomas	*Rom.*	Ignatius, Letter to the Romans
Prot. Jas.	Protevangelium of James	*Smyrn.*	Ignatius, Letter to the Smyrnaeans
Barn.	Barnabas	*Trall.*	Ignatius, Letter to the Trallians
1-2 Clem.	1-2 Clement	*Mart. Pol.*	Martyrdom of Polycarp
Did.	Didache	Pol. *Phil.*	Polycarp to the Philippians
Diogn.	Diognetus	*Bib. Ant.*	Ps.-Philo, Biblical Antiquities
Herm.	Hermas,		
Man.	Mandate		
Sim.	Similitude		
Vis.	Vision		
Ign. *Eph.*	Ignatius, Letter to the Ephesians		

3. Abbreviations of Names of Dead Sea Scrolls and Related Texts

CD	Cairo (Genizah text of the) Damascus (Document)	1QapGen	*Genesis Apocryphon* of Qumran Cave 1
Ḥev	Naḥal Ḥever texts	1QH	*Hôdāy ôt* (*Thanksgiving Hymns*) from Qumran Cave 1
Mas	Masada texts	1QIsa[a,b]	First or second copy of Isaiah from Qumran Cave 1
Mird	Khirbet Mird texts	1QpHab	*Pesher on Habakkuk* from Qumran Cave 1
Mur	wadi Murabbaʿat texts	1QM	*Milḥāmāh* (*War Scroll*)
P	Pesher (commentary)	1QS	*Serek hayyaḥad* (*Rule of the Community, Manual of Discipline*)
Q	Qumran		
1Q, 2Q, 3Q, etc.	Numbered caves of Qumran, yielding written material; followed by abbreviation of biblical or apocryphal book		
QL	Qumran literature		

1QSa	Appendix A (*Rule of the Congregation*) to 1QS	4QPrNab	Prayer of Nabonidus from Qumran Cave 4
1QSb	Appendix B (*Blessings*) to 1QS	4QTestim	*Testimonia* text from Qumran Cave 4
3Q15	Copper Scroll from Qumran Cave 3	4QTLevi	*Testament of Levi* from Qumran Cave 4
4QFlor	*Florilegium* (or *Eschatological Midrashim*) from Qumran Cave 4	4QPhyl	Phylacteries from Qumran Cave 4
4QMess ar	Aramaic "Messianic" text from Qumran Cave 4	11QMelch	*Melchizedek* text from Qumran Cave 11
		11QtgJob	*Targum of Job* from Qumran Cave 11

4. Targums

Tg. OnQ.	*Targum Onqelos*	*Tg. Neof.*	*Targum Neofiti 1*
Tg. Neb.	*Targum of the Prophets*	*Tg. Ps.-J.*	*Targum Pseudo-Jonathan*
Tg. Ket.	*Targum of the Writings*	*Tg. Yer. I*	*Targum Yerušalmi I**
Frg. Tg.	*Fragmentary Targum*	*Tg. Yer. II*	*Targum Yerušalmi II**
Sam. Tg.	*Samaritan Targum*	*Yem. Tg.*	*Yemenite Targum*
Tg. Isa.	*Targum of Isaiah*	*Tg. Esth I, II*	*First or Second Targum of Esther*
Pal. Tgs.	*Palestinian Targums*		

*Optional title

5. Abbreviations of Orders and Tractates in Mishnaic and Related Literature

To distinguish the same-named tractates in the Mishna, Tosepta, Babylonian Talmud, and Jerusalem Talmud, we use (italicized) *m.*, *t.*, *b.*, or *y.* before the title of the tractate. Thus *m. Pe'a* 8:2; *b. Šabb.* 31a; *y. Mak.* 2.31d; *t. Pe'a* 1.4(Zuck. 18[=page number of Zuckermandel's edition of the Tosepta]).

ʾAbot	*ʾAbot*	*Bek.*	*Bekorot*
ʿArak.	*ʿArakin*	*Ber.*	*Berakot*
ʿAbod. Zar.	*ʿAboda Zara*	*Beṣa*	*Beṣa(=Yom Ṭob)*
B. Bat.	*Baba Batra*	*Bik.*	*Bikkurim*

B. Meṣ.	*Baba Meṣiʿa*	*Nid.*	*Niddah*
B. Qam.	*Baba Qamma*	*Ohol.*	*Oholot*
Dem.	*Demai*	*ʿOr.*	*ʿOrla*
ʿErub.	*ʿErubin*	*Para*	*Para*
ʿEd.	*ʿEduyyot*	*Peʾa*	*Peʾa*
Giṭ.	*Giṭṭin*	*Pesaḥ.*	*Pesaḥim*
Ḥag.	*Ḥagiga*	*Qinnim*	*Qinnim*
Ḥal.	*Ḥalla*	*Qidd.*	*Qiddušin*
Hor.	*Horayot*	*Qod.*	*Qodašin*
Ḥul.	*Ḥullin*	*Roš. Haš.*	*Roš Haššana*
Kelim	*Kelim*	*Sanh.*	*Sanhedrin*
Ker.	*Keritot*	*Šabb.*	*Šabbat*
Ketub.	*Ketubot*	*Šeb.*	*šebiʿit*
Kil.	*Kilʾayim*	*Šebu.*	*šebuʿot*
Maʿaś.	*Maʿaśerot*	*Šeqal.*	*Šeqalim*
Mak.	*Makkot*	*Soṭa*	*Soṭa*
Makš.	*Makširin*	*Sukk.*	*Sukka*
	(=Mašqin)	*Taʿan.*	*Taʿanit*
Meg.	*Megilla*	*Tamid*	*Tamid*
Meʿil.	*Meʿila*	*Tem.*	*Temura*
Menaḥ.	*Menaḥot*	*Ter.*	*Terumot*
Mid.	*Middot*	*Ṭohar.*	*Ṭoharot*
Miqw.	*Miqwaʾot*	*Ṭ. Yom*	*Ṭebul Yom*
Moʿed	*Moʿed*	*ʿUq.*	*ʿUqṣin*
Moʿed Qat.	*Moʿed Qaṭan*	*Yad.*	*Yadayim*
Maʿas. Š.	*Maʿaśer Šeni*	*Yebam.*	*Yebamot*
Našim	*Našim*	*Yoma*	*Yoma(=Kippurim)*
Nazir	*Nazir*	*Zabim*	*Zabim*
Ned.	*Nedarim*	*Zebaḥ*	*Zebaḥim*
Neg.	*Negaʿim*	*Zer.*	*Zeraʿim*
Nez.	*Neziqin*		

6. Abbreviations of Other Rabbinic Works

ʾAbot R. Nat.	*ʾAbot de Rabbi Nathan*	*Kalla*	*Kalla*
		Mek.	*Mekilta*
ʾAg. Ber.	*ʾAggadat Berešit*	*Midr.*	*Midraš*; cited with usual abbreviation for biblical book; but *Midr. Qoh.* = *Midraš Qohelet*
Bab.	*Babylonian*		
Bar.	*Baraita*		
Der. Er. Rab.	*Derek Ereṣ Rabba*		
Der. Er. Zuṭ.	*Derek Ereṣ Zuṭa*		
Gem.	*Gemara*	*Pal.*	*Palestinian*

Pesiq. R.	*Pesiqta Rabbati*
Pesiq. Rab Kah.	*Pesiqta de Rab Kahana*
Pirqe R. El.	*Pirqe Rabbi Eliezer*
Rab.	*Rabbah* (following abbreviation for biblical book: *Gen. Rab.* [with periods] = *Genesis Rabbah*)
Ṣem.	*Ṣemaḥot*
Sipra	*Sipra*
Sipre	*Sipre*
Sop.	*Soperim*
S. ʿOlam Rab.	*Seder ʿOlam Rabbah*
Talm.	*Talmud*
Yal.	*Yalquṭ*

7. Abbreviations of Nag Hammadi Tractates

Acts Pet. 12 Apost.	*Acts of Peter and the Twelve Apostles*
Allogenes	*Allogenes*
Ap. Jas.	*Apocryphon of James*
Ap. John	*Apocryphon of John*
Apoc. Adam	*Apocalypse of Adam*
1 Apoc. Jas.	*First Apocalypse of James*
2 Apoc. Jas.	*Second Apocalypse of James*
Apoc. Paul	*Apocalypse of Paul*
Apoc. Pet.	*Apocalypse of Peter*
Asclepius	*Asclepius 21-29*
Auth. Teach.	*Authoritative Teaching*
Dial. Sav.	*Dialogue of the Savior*
Disc. 8-9	*Discourse on the Eighth and Ninth*
Ep. Pet. Phil.	*Letter of Peter to Philip*
Eugnostos	*Eugnostos the Blessed*
Exeg. Soul	*Exegesis on the Soul*
Gos. Eg.	*Gospel of the Egyptians*
Gos. Phil.	*Gospel of Philip*
Gos. Thom.	*Gospel of Thomas*
Gos. Truth	*Gospel of Truth*
Great Pow.	*Concept of our Great Power*
Hyp. Arch.	*Hypostasis of the Archons*
Hypsiph.	*Hypsiphrone*
Interp. Know.	*Interpretation of Knowledge*
Marsanes	*Marsanes*
Melch.	*Melchizedek*
Norea	*Thought of Norea*
On Bap. A	*On Baptism A*
On Bap. B	*On Baptism B*
On Bap. C	*On Baptism C*
On Euch. A	*On the Eucharist A*
On Euch. B	*On the Eucharist B*
Orig. World	*On the Origin of the World*
Paraph. Shem	*Paraphrase of Shem*
Pr. Paul	*Prayer of the Apostle Paul*
Pr. Thanks.	*Prayer of Thanksgiving*
Sent. Sextus	*Sentences of Sextus*
Soph. Jes. Chr.	*Sophia of Jesus Christ*
Steles Seth	*Three Steles of Seth*
Teach. Silv.	*Teachings of Silvanus*

Testim. Truth	*Testimony of Truth*
Thom. Cont.	*Book of Thomas the Contender*
Thund.	*Thunder, Perfect Mind*
Treat. Res.	*Treatise on Resurrection*
Treat. Seth	*Second Treatise of the Great Seth*
Tri. Trac.	*Tripartite Tractate*
Trim. Prot.	*Trimorphic Protennoia*
Val. Exp.	*A Valentinian Exposition*
Zost.	*Zostrianos*

8. Abbreviations of Commonly Used Periodicals, Reference Works, and Serials

(Titles not found in this list are written out in full. Titles of periodicals and books are italicized, but titles of series are set in roman characters, as are acronyms of authors' names when they are used as sigla.) Short, one-word titles not on this list are not abbreviated.

AAS	*Acta apostolicae sedis*
AASOR	Annual of the American Schools of Oriental Research
AB	Anchor Bible
AcOr	*Acta orientalia*
ACW	Ancient Christian Writers
AfO	*Archiv für Orientforschung*
AGJU	Arbeiten zur Geschichte des antiken Judentums und des Urchristentums
AH	F. Rosenthal, *An Aramaic Handbook*
AJA	*American Journal of Archaeology*
AJBA	*Australian Journal of Biblical Archaeology*
AJP	*American Journal of Philology*
AJSL	*American Journal of Semitic Languages and Literature*
AJT	*American Journal of Theology*
ALBO	Analecta lovaniensia biblica et orientalia
ALGHJ	Arbeiten zur Literatur und Geschichte des hellenistischen Judentums
AnBib	Analecta biblica
ANEP	J. B. Pritchard (ed.), *Ancient Near East in Pictures*
ANESTP	J. B. Pritchard (ed.), *Ancient Near East Supplementary Texts and Pictures*
ANET	J. B. Pritchard (ed.), *Ancient Near Eastern Texts*
Ang	*Angelicum*
AnOr	Analecta orientalia
ANQ	*Andover Newton*

Quarterly

ANTF Arbeiten zur neutestamentlichen Textforschung

ANRW *Aufstieg und Niedergang der römischen Welt*

AOAT Alter Orient und Altes Testament

AOS American Oriental Series

AP J. Marouzeau (ed.), *L'Année philologique*

APOT R. H. Charles (ed.), *Apocrypha and Pseudepigrapha of the Old Testament*

Arch *Archaeology*

ARW *Archiv für Religionswissenschaft*

ASNU Acta seminarii neotestamentici upsaliensis

ASOR American Schools of Oriental Research

ASS *Acta sanctae sedis*

AsSeign *Assemblées du Seigneur*

ASSR *Archives des sciences sociales des religions*

ASTI *Annual of the Swedish Theological Institute*

ATAbh Alttestamentliche Abhandlungen

ATANT Abhandlungen zur Theologie des Alten und Neuen Testaments

AtBib H. Grollenberg, *Atlas of the Bible*

ATD Das Alte Testament Deutsch

ATR *Anglican Theological Review*

Aug *Augustinianum*

AusBR *Australian Biblical Review*

AUSS *Andrews University Seminary Studies*

BA *Biblical Archaeologist*

BAC Biblioteca de autores cristianos

BAGD W. Bauer, W. F. Arndt, F. W. Gingrich, and F. W. Danker, *Greek-English Lexicon of the NT*

BAR *Biblical Archaeologist Reader*

BARev *Biblical Archaeology Review*

BASOR *Bulletin of the American Schools of Oriental Research*

BBB Bonner biblische Beiträge

BBET Beiträge zur biblischen Exegese und Theologie

BCSR *Bulletin of the Council on the Study of Religion*

BDB	F. Brown, S. R. Driver, and C. A. Briggs, *Hebrew and English Lexicon of the Old Testament*
BDF	F. Blass, A. Debrunner, and R. W. Funk, *A Greek Grammar of the NT*
BDR	F. Blass, A. Debrunner, and F. Rehkopf, *Grammatik des neutestamentlichen Griechisch*
BeO	*Bibbia e oriente*
BETL	Bibliotheca ephemeridum theologicarum lovaniensium
BEvT	Beiträge zur evangelischen Theologie
BFCT	Beiträge zur Förderung christlicher Theologie
BGBE	Beiträge zur Geschichte der biblischen Exegese
BHEAT	Bulletin d'histoire et d'exégèse de l'Ancien Testament
BHH	B. Reicke and L. Rost (eds.), *Biblisch-Historische s Handwörterbuch*
BHK	R. Kittel, *Biblia Hebraica*
BHS	*Biblia hebraica stuttgartensia*
BHT	Beiträge zur historischen Theologie
Bib	*Biblica*
BibB	Biblische Beiträge
BibBh	*Bible Bhashyam*
BibLeb	*Bibel und Leben*
BibOr	Biblica et orientalia
BibS(F)	Biblische Studien (Freiburg, 1895-)
BibS(N)	Biblische Studien (Neukirchen, 1951-)
BIES	*Bulletin of the Israel Exploration Society* (=*Yediot*)
BIFAO	*Bulletin de l'institut français d'archéologie orientale*
Bijdr	*Bijdragen*
BIOSCS	*Bulletin of the International Organization for Septuagint and Cognate Studies*
BJPES	*Bulletin of the Jewish Palestine Exploration Society*
BJRL	*Bulletin of the John Rylands University Library of Manchester*
BK	*Bibel und Kirche*
BKAT	Biblischer Kommentar: Altes Testament
BLit	*Bibel und Liturgie*

BN	*Biblische Notizen*		graph Series
BO	*Bibliotheca orientalis*	CC	Corpus christianorum
BR	*Biblical Research*	CCath	Corpus catholicorum
BSac	*Bibliotheca Sacra*	*CH*	*Church History*
BSOAS	*Bulletin of the School of Oriental (and African) Studies*	*CHR*	*Catholic Historical Review*
BT	*The Bible Translator*	*CIG*	*Corpus inscriptionum graecarum*
BTB	*Biblical Theology Bulletin*	*CII*	*Corpus inscriptionum iudaicarum*
BTS	*Bible et terre sainte*	*CIL*	*Corpus inscriptionum latinarum*
BurH	*Buried History*	*CIS*	*Corpus inscriptionum semiticarum*
BVC	*Bible et vie chrétienne*	*CJ*	*Classical Journal*
BWANT	Beiträge zur Wissenschaft vom Alten und Neuen Testament	*CJT*	*Canadian Journal of Theology*
ByF	*Biblia y fe*	CNT	Commentaire du Nouveau Testament
BZ	*Biblische Zeitschrift*	ConB	Coniectanea biblica
BZAW	Beihefte zur *ZAW*	ConBNT	Coniectanea biblica, New Testament
BZNW	Beihefte zur *ZNW*	ConBOT	Coniectanea biblica, Old Testament
BZRGG	Beihefte zur *ZRGG*	*ConNT*	*Coniectanea neotestamentica*
CAH	*Cambridge Ancient History*	*CP*	*Classical Philology*
CabEv	*Cabiers évangile*	*CQ*	*Church Quarterly*
CahRB	Cahiers de la Revue biblique	*CQR*	*Church Quarterly Review*
CahThéol	Cahiers théologiques	*CRAIBL*	*Comptes rendus de l'académie des*
CAT	Commentaire de l'Ancien Testament		
CB	*Cultura bíblica*		
CBQ	*Catholic Biblical Quarterly*		
CBQMS	Catholic Biblical Quarterly—Mono		

inscriptions et belles-lettres
CRINT Compendia rerum iudaicarum ad Novum Testamentum
CSCO Corpus scriptorum christianorum orientalium
CSEL Corpus scriptorum ecclesiasticorum latinorum
CTJ *Calvin Theological Journal*
CTM *Concordia Theological Monthly* (or *CTM*)
CTQ *Concordia Theological Quarterly*
CurTM *Currents in Theology and Mission*
DACL *Dictionnaire d'archéologie chrétienne et de liturgie*
DBSup *Dictionnaire de la Bible, Supplément*
DJD Discoveries in the Judaean Desert
DRev *Downside Review*
DS Denzinger-Schönmetzer, *Enchiridion symbolorum*
DTC *Dictionnaire de théologie catholique*
EBib Études bibliques
EDB L. F. Hartman (ed.), *Encyclopedic Dictionary of the Bible*
EHAT Exegetisches Handbuch zum Alten Testament
EKKNT Evangelisch-katholischer Kommentar zum Neuen Testament
EKL *Evangelisches Kirchenlexikon*
EncJud *Encyclopedia Judaica* (1971)
EnchBib *Enchiridion biblicum*
ErIsr Eretz Israel
ErJb *Eranos Jahrbuch*
EstBib *Estudios bíblicos*
EstEcl *Estudios eclesiásticos*
EstTeol *Estudios teológicos*
ETL *Ephemerides theologicae lovanienses*
ETR *Études théologiques et religieuses*
EvK *Evangelische Kommentare*
EvQ *Evangelical Quarterly*
EvT *Evangelische Theologie*
EWNT H. Balz and G. Schneider (eds.), *Exegetisches Wörterbuch zum Neuen Testament*
ExpTim *Expository Times*
FB Forschung zur Bibel
FBBS Facet Books,

	Biblical Series	*HibJ*	*Hibbert Journal*
FC	Fathers of the Church	HKAT	Handkommentar zum Alten Testament
FRLANT	Forschungen zur Religion und Literatur des Alten und Neuen Testaments	HKNT	Handkommentar zum Neuen Testament
GAT	Grundrisse zum Alten Testament	HNT	Handbuch zum Neuen Testament
GCS	Griechische christliche Schriftsteller	HNTC	Harper's NT Commentaries
GKB	Gesenius-Kautzsch-Bergsträsser, *Hebräische Grammatik*	*HR*	*History of Religions*
GKC	*Gesenius' Hebrew Grammar*, ed. E. Kautzsch, tr. A. E. Cowley	HSM	Harvard Semitic Monographs
GNT	Grundrisse zum Neuen Testament	HSS	Harvard Semitic Studies
GRBS	*Greek, Roman, and Byzantine Studies*	HTKNT	Herders theologischer Kommentar zum Neuen Testament
Greg	*Gregorianum*	*HTR*	*Harvard Theological Review*
GTA	Göttinger theologische Arbeiten	HTS	Harvard Theological Studies
GTJ	*Grace Theological Journal*	*HUCA*	*Hebrew Union College Annual*
HALAT	W. Baumgartner et al., *Hebräisches und aramäisches Lexikon zum Alten Testament*	HUT	Hermeneutische Untersuchungen zur Theologie
HAT	Handbuch zum Alten Testament	*IB*	*Interpreter's Bible*
HDR	Harvard Dissertations in Religion	*IBS*	*Irisb Biblical Studies*
HeyJ	*Heythrop Journal*	ICC	International Critical Commentary
		IDB	G. A. Buttrick (ed.), *Interpreter's Dictionary of the Bible*
		IDBSup	Supplementary volume to *IDB*

IEJ	*Israel Exploration Journal*
Int	*Interpretation*
IOS	*Israel Oriental Society*
ITQ	*Irish Theological Quarterly*
JA	*Journal asiatique*
JAAR	*Journal of the American Academy of Religion*
JAC	Jahrbuch für Antike und Christentum
JAL	Jewish Apocryphal Literature
JANESCU	*Journal of the Ancient Near Eastern Society of Columbia University*
JAOS	*Journal of the American Oriental Society*
JAS	*Journal of Asian Studies*
JB	A. Jones (ed.), *Jerusalem Bible*
JBC	R. E. Brown et al. (eds.), *The Jerome Biblical Commentary*
JBL	*Journal of Biblical Literature*
JBR	*Journal of Bible and Religion*
JDS	Judean Desert Studies
JEH	*Journal of Ecclesiastical History*
JEOL	*Jaarbericht ... ex oriente lux*
JES	*Journal of Ecumenical Studies*
JETS	*Journal of the Evangelical Theological Society*
JHNES	Johns Hopkins Near Eastern Studies
JHS	*Journal of Hellenic Studies*
JJS	*Journal of Jewish Studies*
JMES	*Journal of Middle Eastern Studies*
JNES	*Journal of Near Eastern Studies*
JPOS	*Journal of the Palestine Oriental Society*
JPSV	*Jewish Publication Society Version*
JQR	*Jewish Quarterly Review*
JQRMS	Jewish Quarterly Review Monograph Series
JR	*Journal of Religion*
JRelS	*Journal of Religious Studies*
JRH	*Journal of Religious History*
JRS	*Journal of Roman Studies*
JRT	*Journal of Religious Thought*
JSHRZ	Jüdische Schriften aus hellenistisch-römischer Zeit
JSJ	*Journal for the Study of Judaism in*

	the Persian, Hellenistic and Roman Periods
JSNT	*Journal for the Study of the New Testament*
JSNTSup	Journal for the Study of the New Testament—Supplement Series
JSOT	*Journal for the Study of the Old Testament*
JSOTSup	Journal for the Study of the Old Testament-Supplement Series
JSS	*Journal of Semitic Studies*
JSSR	*Journal for the Scientific Study of Religion*
JTC	*Journal for Theology and the Church*
JTS	*Journal of Theological Studies*
Judaica	*Judaica: Beiträge zum Verständnis...*
KAT	E. Sellin (ed.), Kommentar zum A.T.
KB	L. Koehler and W. Baumgartner, *Lexicon in Veteris Testamenti libros*
KD	*Kerygma und Dogma*
KJV	*King James Version*
KIT	Kleine Texte
LB	*Linguistica biblica*
LCC	Library of Christian Classics
LCL	Loeb Classical Library
LCQ	*Lutheran Church Quarterly*
LD	Lectio divina
LLAVT	E. Vogt, *Lexicon linguae aramaicae Veteris Testamenti*
LPGL	G. W. H. Lampe, *Patristic Greek Lexicon*
LQ	*Lutheran Quarterly*
LR	*Lutherische Rundschau*
LS	*Louvain Studies*
LSJ	*Liddell-Scott-Jones, Greek-English Lexicon*
LTK	*Lexikon für Theologie und Kirche*
LTP	*Laval théologique et philosophique*
LumVie	*Lumière et vie*
LW	*Lutheran World*
McCQ	*McCormick Quarterly*
MDB	*Le monde de la Bible*
MDOG	Mitteilungen der deutschen Orient-Gesellschaft
MeyerK	H. A. W. Meyer, Kritisch-exegetischer Kommentar über das Neue Testament
MGWJ	*Monatsschrift für Geschichte und Wissenschaft des*

	Judentums
MM	J. H. Moulton and G. Milligan, *The Vocabulary of the Greek Testament*
MNTC	Moffatt NT Commentary
MPAIBL	Mémoires présentés à l'académie des inscriptions et belles-lettres
MScRel	*Mélanges de science religieuse*
MTZ	*Münchener theologische Zeitschrift*
Mus	*Muséon*
MUSJ	*Mélanges de l'université Saint-Joseph*
NAB	*New American Bible*
NCB	New Century Bible
NCCHS	R. D. Fuller et al. (eds.), *New Catholic Commentary on Holy Scripture*
NCE	M. R. P. McGuire et al. (eds.), *New Catholic Encyclopedia*
NEB	*New English Bible*
Neot	*Neotestamentica*
NFT	New Frontiers in Theology
NHS	Nag Hammadi Studies
NICNT	New International Commentary on the New Testament
NICOT	New International Commentary on the Old Testament
NIV	*New International Version*
NJBC	*New Jerome Biblical Commentary*
NJV	*New Jewish Version*
NKZ	*Neue kirchliche Zeitschrift*
NovT	*Novum Testamentum*
NovTSup	Novum Testamentum, Supplements
NRT	*La nouvelle revue théologique*
NTA	*New Testament Abstracts*
NTAbh	Neutestamentliche Abhandlungen
NTD	Das Neue Testament Deutsch
NTF	Neutestamentliche Forschungen
NTS	*New Testament Studies*
NTTS	New Testament Tools and Studies
Numen	*Numen: International Review for the History of Religions*
OBO	Orbis biblicus et orientalis

OIP Oriental Institute Publications
OLP Orientalia lovaniensia periodica
OLZ *Orientalische Literaturzeitung*
Or *Orientalia* (Rome)
OrAnt *Oriens antiquus*
OrChr *Oriens christianus*
OrSyr *L'Orient syrien*
OTA *Old Testament Abstracts*
OTL Old Testament Library
PAAJR *Proceedings of the American Academy of Jewish Research*
PCB M. Black and H. H. Rowley (eds.), *Peake's Commentary on the Bible*
PEFQS *Palestine Exploration Fund, Quarterly Statement*
PEQ *Palestine Exploration Quarterly*
PG J. Migne, Patrologia graeca
PGM K. Preisedanz (ed.), *Papyri graecae magicae*
Phil *Philologus*
PJ *Palästina-Jahrbuch*
PL J. Migne, Patrologia latina
PO Patrologia orientalis
PSB *Princeton Seminary Bulletin*
PSTJ *Perkins School of Theology Journal*
PTMS Pittsburgh Theological Monograph Series
PVTG Pseudepigrapha Veteris Testamenti graece
PW Pauly-Wissowa, *Real-Encyclopädie der klassischen Altertumswissenschaft*
PWSup Supplement to PW
QD Quaestiones disputatae
QDAP *Quarterly of the Department of Antiquities in Palestine*
RAC *Reallexikon für Antike und Christentum*
RANE Records of the Ancient Near East
RArch *Revue archéologique*
RB *Revue biblique*
RCB *Revista de cultura bíblica*
RE *Realencyclopädie für protestantische Theologie und Kirche*
REA *Revue des études anciennes*
RechBib Recherches bibliques
REJ *Revue des études juives*

RelS	*Religious Studies*
RelSoc	*Religion and Society*
RelSRev	*Religious Studies Review*
RES	*Répertoire d'épigraphie sémitique*
ResQ	*Restoration Quarterly*
RevExp	*Review and Expositor*
RevistB	*Revista bíblica*
RevQ	*Revue de Qumran*
RevScRel	*Revue des sciences religieuses*
RevSem	*Revue sémitique*
RGG	*Religion in Geschichte und Gegenwart*
RHE	*Revue d'histoire ecclésiastique*
RHPR	*Revue d'histoire et de philosophie religieuses*
RHR	*Revue de l'histoire des religions*
RIDA	*Revue internationale des droits de l'antiquité*
RivB	*Rivista biblica*
RNT	Regensburger Neues Testament
RQ	*Römische Quartalschrift für christliche Altertumskunde und Kirchengeschichte*
RR	*Review of Religion*
RRef	*La revue reformée*
RSO	*Rivista degli studi orientali*
RSPT	*Revue des sciences philosophiques et théologiques*
RSR	*Recherches de science religieuse*
RSV	*Revised Standard Version*
RTL	*Revue théologique de Louvain*
RTP	*Revue de théologie et de philosophie*
RUO	*Revue de l'université d'Ottawa*
RV	*Revised Version*
SacEr	*Sacris erudiri*
SANT	Studien zum Alten und Neuen Testament
SB	Sources bibliques
SBA	Studies in Biblical Archaeology
SBAW	*Sitzungsberichte der bayerischen Akademie der Wissenschaften*
SBB	Stuttgarter biblische Beiträge
SBFLA	*Studii biblici franciscani liber annuus*
SBJ	*La sainte bible de Jérusalem*
SBLASP	Society of Biblical Literature Abstracts and Seminar Papers
SBLDS	SBL Dissertation Series
SBLMasS	SBL Masoretic Studies

SBLMS	SBL Monograph Series
SBLSBS	SBL Sources for Biblical Study
SBLSCS	SBL Septuagint and Cognate Studies
SBLTT	SBL Texts and Translations
SBM	Stuttgarter biblische Monographien
SBS	Stuttgarter Bibelstudien
SBT	Studies in Biblical Theology
SC	Sources chrétiennes
ScEccl	*Sciences ecclésiastiques*
ScEs	*Science et esprit*
SCHNT	Studia ad corpus hellenisticum Novi Testamenti
SCR	*Studies in Comparative Religion*
Scr	*Scripture*
ScrB	*Scripture Bulletin*
ScrHier	Scripta hierosolymitana
SD	Studies and Documents
SE	Studia Evangelica I, II, III, etc. (= TU 73[1959], 87 [1964], 88[1964], 102[1968], 103 [1968], 112[1973])
Sem	*Semitica*
SHT	Studies in Historical Theology
SJ	Studia judaica
SJLA	Studies in Judaism in Late Antiquity
SJT	*Scottish Journal of Theology*
SMSR	*Studi e materiali di storia delle religioni*
SNT	Studien zum Neuen Testament
SNTSMS	Society for New Testament Studies Monograph Series
SO	Symbolae osloenses
SOTSMS	Society for Old Testament Study Monograph Series
SP	J. Coppens et al. (eds.), *Sacra pagina*
SPap	*Studia papyrologica*
SPAW	*Sitzungsherichte der preussischen Akademie der Wissenschaften*
SPB	Studia postbiblica
SPC	*Studiorum paulinorum congressus internationalis catholicus 1961*(2 vols.)
SR	*Studies in Religion/Sciences religieuses*
SSS	Semitic Study Series
ST	*Studia theologica*
STANT	Studien zum Alten und Neuen Testament

STDJ Studies on the Texts of the Desert of Judah
Str-B [H. Strack and] P. Billerbeck, *Kommentar zum Neuen Testament*
StudNeot Studia neotestamentica
StudOr Studia orientalia
SUNT Studien zur Umwelt des Neuen Testaments
SVTP Studia in Veteris Testamenti pseudepigrapha
SymBU Symbolae biblicae upsalienses
TAPA *Transactions of the American Philological Association*
TBei *Theologische Beiträge*
TBl *Theologische Blätter*
TBü Theologische Bücherei
TBT *The Bible Today*
TCGNT B. M. Metzger, *A Textual Commentary on the Greek New Testament*
TD *Theology Digest*
TDNT G. Kittel and G. Friedrich (eds.), *Theological Dictionary of the New Testament*
TDOT G. J. Botterweck and H. Ringgren (eds.), *Theological Dictionary of the Old Testament*
TextsS Texts and Studies
TF *Theologische Forschung*
TGI *Theologie und Glaube*
THKNT Theologischer Handkommentar zum Neuen Testament
ThStud *Theologische Studiën*
TLZ *Theologische Literaturzeitung*
TP *Theologie und Philosophie*
TPQ *Theologisch-Praktische Quartalschrift*
TQ *Theologische Quartalschrift*
TRE *Theologische Realenzyklopädie*
TRev *Theologische Revue*
TRu *Theologische Rundschau*
TS *Theological Studies*
TSK *Theologische Studien und Kritiken*
TToday *Theology Today*
TTZ *Trierer theologische Zeitschrift*
TU Texte und Untersuchungen
TWAT G. J. Botterweck and H. Ringgren (eds.), *Theologisches*

Wörterbuch zum Alten Testament

TWNT G. Kittel and G. Friedrich (eds.), *Theologisches Wörterbuch zum Neuen Testament*

TynBul *Tyndale Bulletin*

TZ *Theologische Zeitschrift*

UBSGNT United Bible Societies *Greek New Testament*

UNT Untersuchungen zum Neuen Testament

USQR *Union Seminary Quarterly Review*

VC *Vigiliae christianae*

VCaro *Verbum caro*

VD *Verbum domini*

VE *Vox evangelica*

VF *Verkündigung und Forschung*

VKGNT K. Aland (ed.), *Vollständige Konkordanz zum griechischen Neuen Testament*

VP *Vivre et penser* (=*RB* 1941-1944)

VS Verbum salutis

VSpir *Vie spirituelle*

VT *Vetus Testamentum*

VTSup Vetus Testamentum, Supplements

WDB *Westminster Dictionary of the Bible*

WHAB *Westminster Historical Atlas of the Bible*

WHJP World History of the Jewish People

WMANT Wissenschaftliche Monographien zum Alten und Neuen Testament

WO *Die Welt des Orients*

WTJ *Westminster Theological Journal*

WUNT Wissenschaftliche Untersuchungen zum Neuen Testament

WVDOG Wissenschaftliche Veröffentlichungen der deutschen Orientgesellschaft

WZKM *Wiener Zeitschrift für die Kunde des Morgenlandes*

WZKSO *Wiener Zeitschrift für die Kunde Süd-und Ostasiens*

ZAW *Zeitschrift für die alttestamentliche Wissenschaft*

ZDMG *Zeitschrift der deutschen morgenländischen Gesellschaft*

ZDPV *Zeitschrift des deutschen Palästina-Vereins*

ZHT *Zeitschrift für historische Theologie*

ZKG *Zeitschrift für Kirchengeschichte*

ZKT *Zeitschrift für katholische*

	Theologie
ZMR	*Zeitschrift für Missionskunde und Religionswissenschaft*
ZNW	*Zeitschrift für die neutestamentliche Wissenschaft*
ZRGG	*Zeitschrift für Religions-und Geistesgeschichte*
ZTK	*Zeitschrift für Theologie und Kirche*
ZWT	*Zeitschrift für wissenschaftliche Theologie*

9. Miscellaneous Abbreviations

LXX	The Septuagint
MT	Masoretic Text
NT	New Testament
OT	Old Testament
par(r).	parallel(s) in the Gospels
Vg	The Vulgate
VL	Vetus Latina (Old Latin)
‖	two pericopes (often in the Q document) that are basically parallel, though possibly with some differences in wording

성경 찾아보기

저자 찾아보기

주제 찾아보기

지은이

존 P. 마이어는 가톨릭 사제로, 인디애나의 노트르담대학교 신약학 교수였다. 그는 가톨릭성서학회 회장이었으며 *Catholic Biblical Quarterly*의 편집장이었다. 그는 인디애나 사우스벤드(South Bend)에서 살았으며 2022년에 생을 마쳤다.

옮긴이

조장윤 신부는 1975년 대전교구 사제로 서품되었으며, 신탄진성당, 공주 교동성당, 미국 시애틀 타코마 한인교회, 천안 오룡동성당, 대화동성당 등에서 사목했다. 미국 Puget Sound University에서 상담학(석사)을 공부하고 병원 사목교육(C.P.E.)을 받았다. 충남대학교 병원, 건양대학교 병원, 단국대학교 병원 등에서 병원 사목을 했다. 옮긴이는 안식년에 웨스턴신학대학원에서 해링턴 교수의 강의를 들었다. 역서로는 『하느님을 갈망하며』(2011), 『충만한 기쁨의 여정』(2012)이 있으며, Sacra Pagina 시리즈 18권(2016~2022)을 완역·출간했다.